Croatie

DOBRODOŠLI U HRVATSKU !

Ces dernières années, les obstacles aux voyages liés à la pandémie mondiale nous ont appris à apprécier encore plus les expériences de proximité. En Europe du Sud, la Croatie fut l'un des premiers pays à rouvrir ses frontières au printemps 2021. Tout chanceux, les vacanciers visitaient en toute tranquillité des hauts lieux du tourisme croate habituellement bondés. Pour rassurer tout le monde, les autorités se sont toujours montrées transparentes sur l'évolution de l'épidémie. Elles ont bien entendu imposé les directives sécuritaires. La Croatie possède un autre atout. C'est une destination soleil très accessible. Que ce soit en avion, train, bus, voiture ou même bateau, il n'est pas nécessaire de réserver très à l'avance pour s'y rendre… Nous sommes donc repartis à la découverte de ce petit pays désormais bien intégré dans le club des incontournables de la Méditerranée.

Pour beaucoup d'entre nous, ce sera direction la mer ! La route du littoral défile sur des centaines de kilomètres. Partout, des rochers, des pontons aménagés pour se baigner, parfois une plage, un port tranquille, une station balnéaire animée. Les plaisanciers apprécient autant les petits ancrages insulaires que les marinas modernes. Sur le continent, de superbes paysages également, des parcs nationaux impressionnants. À cela s'ajoute le patrimoine historique remarquable, une vie culturelle dense, le riche terroir, la gastronomie, le sens de la fête. Oui, la Croatie remplit toutes les cases !

OFFERT CE GUIDE au format numérique

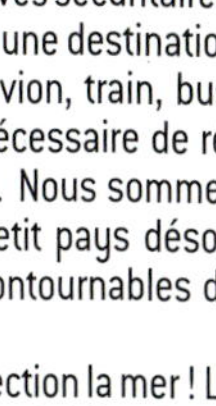

Retrouvez cette offre en page 111

SOMMAIRE

6 INSPIRER

Carnavals, fêtes patronales, Pâques traditionnelles, célébration du printemps, concerts et festivals en été, fêtes agricoles en automne, fêtes des lumières, fêtes de l'avent… le calendrier annuel est bien rempli !

39 DÉCOUVRIR

Un littoral adriatique long de 5 835 km, des archipels de rêve, une biodiversité préservée, des paysages de l'intérieur peu connus, un patrimoine humain deux fois millénaire.

113 ZAGREB ET L'ARRIÈRE-PAYS

La capitale croate mérite plus qu'une simple escale avant la mer ! Monuments, musées, promenades, boutiques… En plus, une bonne vie nocturne.

163 SLAVONIE

La région du Zagorje, le mont Medvednica, les villes thermales, la route des vins et châteaux, Varaždin, Karlovac…

177 ISTRIE

La péninsule se visite par la côte ouest (Rovinj, Vrsar, Poreč), la côte est (Pula, îles Brijuni, Premantura, Labin), de l'intérieur (villages sur les collines).

225 GOLFE DU KVARNER

La ville de Rijeka, escapades au château de Trsat, au parc national de Risnjak, sur les rivieras jusqu'à Crikvenica ou Opatija, les îles (Krk, Cres, Lošinj, Rab).

277 ZADAR ET SA RÉGION

Le centre de Zadar, son littoral (Nin Starigrad, Biograd Na Moru, Pakoštane), les parcs nationaux (Velebit, Paklenica), les îles (Pag, Ugljan, Pašman, Dugi Otok).

315 ŠIBENIK ET SA RÉGION

Le centre historique de Šibenik, le littoral, Skradin, le parc national de la rivière Krka, la forteresse de knin, île de Murter et l'archipel des Kornati.

337 RÉGION DE SPLIT

Que l'on prenne la route de la Zagora vers l'intérieur des terres dalmates, celles de la riviera sud-est jusqu'à Omiš ou nord-ouest jusqu'à Trogir, sans oublier l'archipel, il y a beaucoup à voir autour de Split.

423 RÉGION DE DUBROVNIK

Dans la partie la plus méridionale du pays, Dubrovnik aimante, mais ne saura occulter ses rivieras, la grande presqu'île Pelješac, les stations balnéaires et ports historiques, les splendides archipels au large.

503 ORGANISER SON SÉJOUR

Une destination facile d'accès, ni démarches administratives ni contraintes sanitaires. Vous aurez juste à choisir si vous voulez partir seul ou recourir à un voyage organisé.

ITALIE
SLOVENIE
VARAŽDIN
Save
Krapina
TUHELJSKE TOPL
ZAGREB
KARLOVAC
Kupa
Dobra
ISTRIE
OPATIJA
LOVRAN
POREČ
VRSAR
Raša
PARC NATUREL
DE UČKA
ROVINJ
CRES
BAŠKA
KAPELA
ALPES DINARIQUES
PULA
VELI BRIJUNI
VALUN
PARC NATIONAL
DE VELEBIT
PREMANTURA
RAB
PLITVIČKA JEZERA
VELI LOŠINJ
ÎLE DE SUSAK
PAG
VELEBIT
PARC NATIONAL
DE PAKLENICA
Golfe de Kvarner
Novigrasko More
KORNAT
ZADAR
VRANSKO JEZERO
Vransko
Jezero
Krka
BETINA
MURTER
SKRADIN
PARC NATIONA
DE KRKA
LAVSA
ŠIBENIK
PRIMOŠTEN
TROGIR
SPLI
PRESQU'ÎLE
DE KABAL
MER ADRIATIQUE
ÎLE DE SVETI KLEMENT
HVAR
KOMIŽA
VIS
ÎLE DE BIŠEVO
ÎLE DE VIS
80 KM

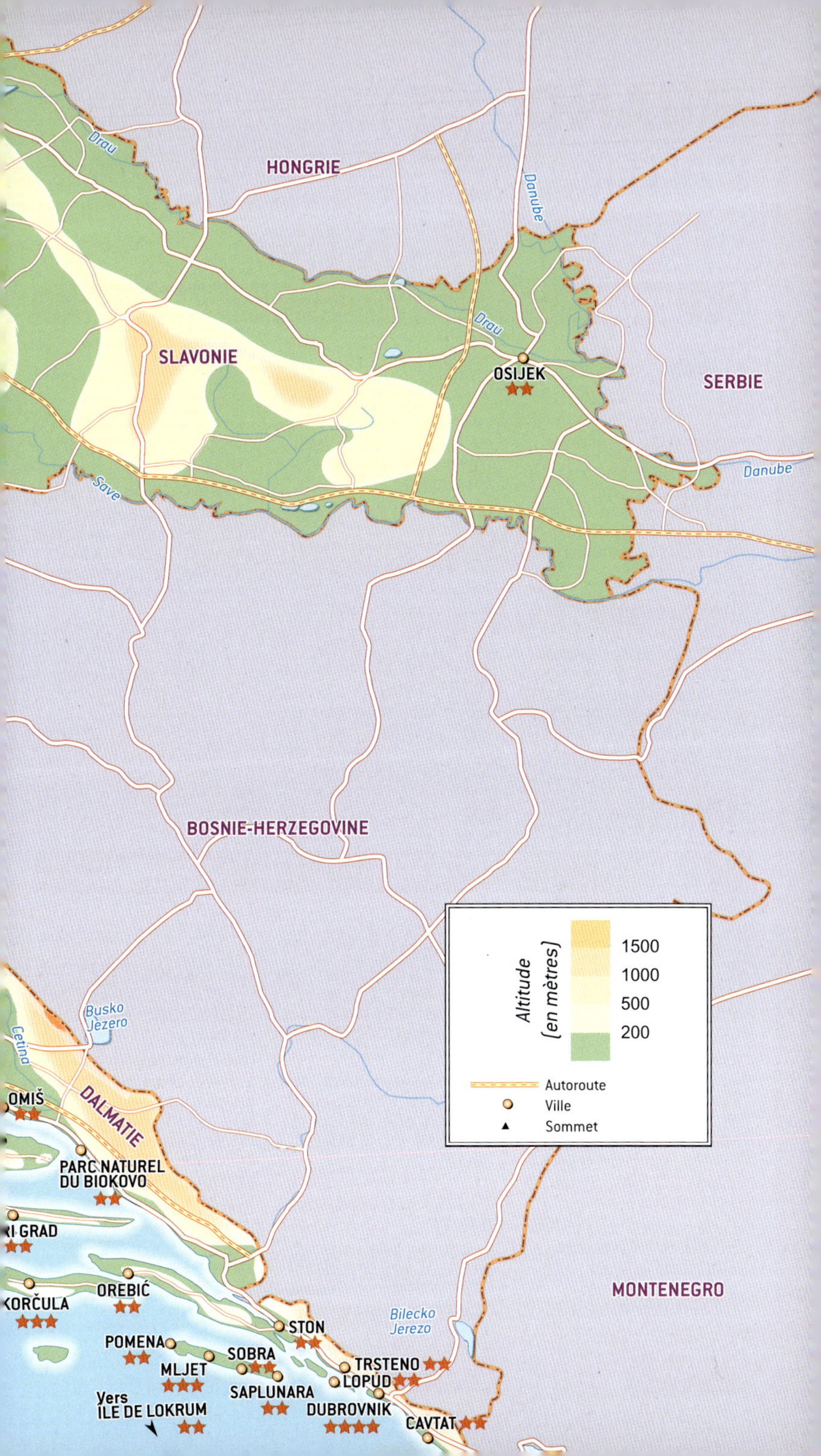
HONGRIE
Drau
Danube
SLAVONIE
Drau
OSIJEK
SERBIE
Save
Danube
BOSNIE-HERZEGOVINE
Altitude (en mètres)
1500
1000
500
200
Autoroute
Ville
Sommet
Busko Jezero
Cetina
OMIŠ
DALMATIE
PARC NATUREL DU BIOKOVO
I GRAD
OREBIĆ
KORČULA
POMENA
MLJET
SOBRA
SAPLUNARA
STON
TRSTENO
LOPUD
DUBROVNIK
CAVTAT
Yers ILE DE LOKRUM
Bilecko Jerezo
MONTENEGRO

QUAND Y ALLER

JANVIER

6° / 12°

CARNAVAL DE RIJEKA
(RIJEKA)
Un carnaval chatoyant ! En plus des chants et des fanfares, une ambiance arty et festive vient réchauffer les rues.

NUIT DES MUSÉES (NOĆ MUZEJA)
En Croatie aussi, le rendez-vous culturel et artistique de l'hiver anime plusieurs musées des grandes villes et des galeries.

$

FÉVRIER

6° / 13°

CARNAVAL DE SAMOBOR (SAMOBORSKI FAŠNIK)
(SAMOBOR)
Carnaval haut en couleur, le Samoborki Fašnik est le plus réputé de la région. Il attire une foule costumée prête à accueillir la nouvelle année sous de meilleurs auspices.

SAINT-BLAISE (FESTA SVETOG VLAHA)
(DUBROVNIK)
Grande fête en l'honneur du saint patron de la ville. Qu'il pleuve ou qu'il vente, de nombreuses processions.

$

MARS

8° / 14°

SAMEDI MATIN D'HIVER EN VILLE
(DUBROVNIK)
Alors que la cité historique n'est pas encore envahie, une visite guidée organisée par l'office de tourisme est une bonne approche !

$

JUILLET

21° / 29°

PULA FILM FESTIVAL
(PULA)
Dans le cadre magnifique de l'amphithéâtre romain, l'un des premiers festivals de films européens. Plus de soixante années d'existence.

BLUES FESTIVAL SPLIT
(SPLIT)
Chaque année, les fans de blues rock se retrouvent à Split. Toute la scène, nationale et internationale, se donne rendez-vous à Split.

$ $ $

AOÛT

21° / 28°

FESTIVAL INTERNATIONAL DE MUSIQUE CLASSIQUE
(ZADAR)
Belle acoustique dans l'église Saint-Donat. D'autres musiciens sont programmés à la cathédrale, sur la place du Forum.

JOURS DE DIOCLÉTIEN
(SPLIT)
Au cœur du palais impérial, port de la toge et coiffe romaine conseillés ! Passage de chars, défilés de centurions, animations…

$ $ $

SEPTEMBRE

18° / 25°

DIMENSIONS FESTIVAL
(TISNO)
Un festival électro sur un superbe site marin. Les organisateurs proposent des forfaits incluant hébergement et tickets d'entrée.

SPLIT FILM FESTIVAL
(SPLIT)
Un festival à la riche programmation : cinéma indépendant, longs-métrages internationaux, premiers films, séries, documentaires.

$ $

Le calendrier annuel commence vraiment autour du mardi gras avec les nombreux *karnaval* pour s'achever avec les festivités de fin d'année. Mais c'est surtout en été que la Croatie propose son plus grand choix éclectique. Des *Summer festivals* (concerts, spectacles de rue, reconstitutions historiques, expos, marchés nocturnes, produits gourmands, etc.) aux nombreux festivals de musique, folklore ou cinéma. S'informer de la programmation mise à jour auprès des offices de tourisme locaux.

AVRIL

11° / 17°

FESTIVAL DES ASPERGES À LOVRAN
(LOVRAN)
C'est en avril que les restaurants la cuisinent à toutes les sauces. Concerts, tombola, omelette géante avec des tonnes d'asperges.

PÂQUES (USKRSNE PROSLAVE)
Avec ses nombreux rites religieux et ses traditions populaires, les fêtes pascales en Croatie sont presque aussi importantes que les fêtes de l'Avent.

MAI

14° / 21°

ZADAR OUTDOOR FESTIVAL
(ZADAR)

© XBRCHX - SHUTTERSTOCK.COM

Au programme, trail sur l'île d'Ugljan, vélocross, kayak, yoga… En centre-ville, marché touristique au forum, concerts.

JUIN

18° / 25°

PULA SUPERIORUM
(PULA)
Le centre-ville, l'amphithéâtre vivent à l'heure des anciens Romains. Activités du quotidien mises en scène en costumes d'époque.

ZRCE SPRING BREAK
(PAG)
Le premier festival de la saison à inaugurer le retour du phénomène clubbing à Pag. Tout l'été, des DJ nationaux et internationaux mixent, jour et nuit, EDM, hardstyle et musique électronique.

OCTOBRE

14° / 21°

FESTIVAL DES LUMIERES ZAGREB
Spectacle son et lumière, le festival donne à voir le ciel et les monuments de la cité autrement. Il fait scintiller les yeux.

INTERNATIONAL SOUND & FILM MUSIC
(PULA)
La mission de ce festival est de promouvoir les bandes originales de films. Au programme : cinéma, concerts et colloques.

NOVEMBRE

10° / 17°

FÊTE DE LA SAINT MARTIN MEĐIMURJE
Dans la région du Međimurje, quand le moût se transforme en vin, la localité devient festive (musique, dégustation, gastronomie).

DÉCEMBRE

8° / 14°

FÊTES DE L'AVENT
Marché de Noël, illuminations, traditions festives et gourmandes autour des fêtes de fin d'année. Un événement à ne pas manquer.

LES BONNES RAISONS D'Y ALLER

© OLEH_SLOBODENIUK

DUBROVNIK, PERLE DE L'ADRIATIQUE

Dans l'ancienne Raguse, tant de patrimoine classé à découvrir !

DES CITÉS HISTORIQUES PORTUAIRES

À voir absolument : Split, Trogir, Zadar, Primosten, Šibenik, Cavtat, Korčula…

© TRAVELER1116 - ISTOCKPHOTO.COM

© XBRCHX - ISTOCKPHOTO.COM

LES ARCHIPELS DALMATES

L'Adriatique croate compte des centaines d'îles réunies en archipels.

© LOVRIC - SHUTTERSTOCK.COM

LES ÎLES IMMANQUABLES
Krk, Cres, Losinj, Rab, Pag, Dugi Otok, Hvar, Brač, Korčula, Mljet, Vis…

© XBRCHX - ISTOCKPHOTO.COM

PARCS NATIONAUX [CÔTÉ MER]
Archipels classés, Kornati, 150 îles et îlots sur 300 km, Brijuni (Istrie), lacs salés…

© DENIS KABANOV - ISTOCKPHOTO.COM

PARCS NATIONAUX [CÔTÉ TERRE]
Lacs et cascades de Plitvice et Krka, montagnes du Velebit, canyon de Paklenica…

© EXTREME-PHOTOGRAPHER - ISTOCKPHOTO.COM

L'ISTRIE VERTE ET BLEUE
À l'intérieur des terres, les villages perchés, par la mer, Pula, Rovinj, Poreč…

LES BONNES RAISONS D'Y ALLER

SLAVONIE, L'AUTRE CROATIE

Ici, les routes des vins croisent souvent celles des châteaux et des stations thermales.

ZAGREB, LA CAPITALE

Été comme hiver, il y a de quoi faire dans cette ville culturelle et festive.

LA ROUTE DES FESTIVALS

Que l'on soit Croatia-Ibiza, rock, reggae, hip-hop ou classique, il y a des festivals pour tous.

LES 12 MOTS-CLÉS

#ALPHABET

Jusqu'au XVe siècle, les Croates rédigeaient en caractères glagolitiques (*glagoljica*). L'alphabet moderne est en latin et possède trente lettres. Quelques lettres diffèrent cependant de notre alphabet : dž, š, ž. Par ailleurs, les lettres q, x, y et w n'existent pas dans l'alphabet croate ni aucune lettre muette ; toutes les lettres se prononcent.

#BORA

Ce vent du nord arrive du Velebit, le massif montagneux de la Croatie continentale, qui longe le littoral dalmate avant de plonger dans la mer Adriatique. Des cités côtières comme Senj, Karlobag, Makarska et même Dubrovnik y sont soumises. S'il rafraîchit l'été, ce vent violent en hiver donne la sensation de perdre dix degrés sur le thermomètre.

#CRAVATE

L'un des rares mots que la langue française doit au croate (*hrvatski*) date de la guerre de Trente Ans quand des hussards croates, venus en France pour s'engager dans l'armée royale, arboraient une écharpe blanche sur l'uniforme. En 1666, le régiment de cavalerie recevra, de Louis XIV, le nom de Royal-Cravates, né de la déformation du nom Croate.

#DALMATIEN

Ce beau chien célèbre dans le monde entier, originaire de la région côtière de Dalmatie, est reconnaissable à son poil blanc à taches noires. Déjà, l'évêque Petar en a fait une description en 1374. Dressé pour attaquer les chevaux, il a été utilisé lors des guerres contre les Ottomans. Le dalmatien figure sur certains blasons de nobles croates.

© ONETOUCHSPARK - ISTOCKPHOTO.COM

#GLAGOLITIQUE

Alphabet inventé en Croatie au IXe siècle par deux moines grecs, saint Cyrille et son frère saint Méthode. Les Croates étaient les seuls catholiques européens autorisés par le pape à ne pas utiliser le latin. Les premiers missels en caractères glagolitiques furent imprimés en 1483. Cet alphabet a perduré en Croatie jusqu'à la fin du XVe siècle.

#KAVA

Comme en Italie, le café (espresso, cappuccino, *latte macchiato*) se boit à toute heure de la journée, d'ailleurs les terrasses sont souvent pleines. Ici on dit *kava*. Même pendant les jours ouvrés, les gens font des pauses café aux bars, restaurants à proximité de leur lieu de travail. À la maison, on peut le préparer à l'orientale (ou à la turque).

© LECHATNOIR - ISTOCKPHOTO.COM

#KLAPA

On entend souvent ce chant *a cappella* traditionnel dalmate à la radio, par les fenêtres. Ces polyphonies composées d'hommes, principalement, répètent souvent dans les églises. Elles se produisent dans la rue, sur les places en période de festival. Parfois, quelques anciens poussent la *klapa* à la terrasse d'un café, lors d'un rassemblement familial.

© DIMITRINA LAVCHIEVA - SHUTTERSTOCK.COM

LES 12 MOTS-CLÉS

#MARENDA

Même si la tradition se perd, il reste des bars où vous verrez le mot apparaître en devanture. Vers 10h/11h, on sort ou bien on se prépare un bon encas salé. Un sandwich de charcuterie, fromage ou au poisson, qui permet aux ouvriers levés de bonne heure de faire une pause en fin de matinée. Aujourd'hui, la *marenda* pourrait s'apparenter à un brunch…

#MARASCHINO

Une liqueur obtenue avec des cerises acides appelées *marascas*. Balzac, dans *Un début dans la vie*, parle de Zadar, la « ville où l'on fabrique le maraschino ». Dans l'Europe de la seconde moitié du XIXe siècle, il était fort prisé. D'autres preuves de la popularité de cet alcool dalmate chez Baudelaire et même à la table de Napoléon Bonaparte.

© STEFANO DA MOMMIO - SHUTTERSTOCK.COM

#NATURISME

Tout le long de la côte croate, en Istrie, sur les îles, de nombreuses plages et criques sont dédiées au naturisme. L'ex-roi d'Angleterre Édouard VIII et Wallis Simpson auraient lancé la mode. Le sigle FKK (*Freikörperkultur*) indique ces zones protégées. On trouve des campings naturistes, dotés d'infrastructures modernes de type village de vacances.

#PAŠKI SIR

Sur l'île de Pag, on fabrique ce fromage de brebis à pâte dure. Il est roulé dans la cendre et l'huile d'olive puis affiné. Le goût vient aussi du lait des brebis qui se nourrissent d'herbes aromatiques et du sel marin. Souvent apprécié à l'apéritif, en entrée (antipasti), on l'accompagne de jambon fumé dalmate (*pršut*), de pain et de vin.

#PHARE

Avec les progrès de l'électronique, les valeureux gardiens de phare se font plus rares. Résultat, les logements sont peu à peu aménagés en gîtes pour vacanciers ayant soif de solitude et d'air marin. Un bateau les amène sur place avec les courses pour la semaine et revient les chercher le jour voulu. Le gardien du phare peut dépanner si nécessaire.

VOUS ÊTES D'ICI, SI…

- **En été,** vous louez votre maison ou appartement aux touristes et partez squatter chez la famille.
- **À la mer,** vous déplacez des galets pour tracer un chemin dans l'eau sans oursins.
- **Vous laissez votre serviette de bain** sur les rochers quand vous partez déjeuner ou en fin de journée. Il n'y a pas de voleurs à la mer !
- **Vous mangez votre fromage en entrée** (antipasti) et, l'été, vous préférez le vin rouge frais sorti du frigo.
- **En début d'excursion sur un bateau,** vous buvez le shot de rakija offert par le capitaine. Efficace contre le mal de mer, bon pour la convivialité.
- **Vous ne montez pas dans le bus** en maillot de bain, serviette sur l'épaule.
- **Vous couvrez vos épaules** dans les églises et les monastères.
- **Vous savez que l'éclatement de l'ex-Yougoslavie** est un sujet sensible. Les uns parleront de la guerre d'indépendance, les autres de la dernière guerre, certains louent la mémoire de Tudjman, d'autres le traitent de fasciste.

MA CROATIE

avec Alenka Šuljić Petrc, guide officielle

Interview

Alenka Šuljić Petrc est professeure à la Faculté de tourisme et de gestion de l'hôtellerie à Opatija et guide officielle en Croatie. Elle est spécialisée dans les tours guidés à Rijeka (capitale européenne de la culture en 2020) et autour de la région du Kvarner en langues française, italienne et anglaise. Elle participe à de nombreux projets mettant en avant l'héritage gastronomique, culturel et artistique de la Croatie.

DISTANCES

TEMPS DE TRAJET

	ZAGREB	OSIJEK	VARAŽDIN	PULA	ROVINJ
ZAGREB		283 KM 2h45 6h30	89 KM 1h15 1h45	268 KM 3h 4h	251 KM 3h 3h
OSIJEK	283 KM 2h45 6h30		341 KM 3h15 7h	546 KM 5h30 10h30	529 KM 5h30 10h30
VARAŽDIN	89 KM 1h15 1h45	341 KM 3h15 7h		350 KM 3h45 9h	333 KM 3h45 8h45
PULA	268 KM 3h 4h	546 KM 5h30 10h30	350 KM 3h45 9h		36 KM 45mn 1h
ROVINJ	251 KM 3h 3h	529 KM 5h30 10h30	333 KM 3h45 8h45	36 KM 45mn 1h	
RIJEKA	162 KM 2h 2h30	440 KM 4h15 8h13	244 KM 2h30 6h	110 KM 1h30 2h15	92 KM 1h30 4h
OPATIJA	176 KM 2h 5h	454 KM 4h30 8h	257 KM 2h45 7h30	102 KM 1h30 2h	84 KM 1h15 4h
ZADAR	287 KM 3h 3h30	565 KM 5h15 8h	369 KM 3h30 8h	396 KM 4h15 7h	378 KM 4h 6h45
ŠIBENIK	343 KM 3h30 8h	621 KM 5h30 12h30	425 KM 4h 9h30	452 KM 4h30 8h30	435 KM 4h40 8h30
SPLIT	410 KM 4h 5h15	688 KM 6h15 11h45	492 KM 4h30 9h	519 KM 5h15 12h30	502 KM 5h 10h
MAKARSKA	460 KM 4h30	738 KM 6h30	542 KM 5h	569 KM 5h30	552 KM 5h30
DUBROVNIK	602 KM 6h 11h	537 KM 8h 15h	683 KM 7h 13h	710 KM 7h30 15h	693 KM 7h30 20h

Le réseau des bus est nettement plus dense que celui des trains. Si l'on n'est pas véhiculé, c'est le moyen le plus pratique pour se déplacer, le plus agréable aussi, spécialement sur la route du littoral. Les gares routières sont bien conçues et l'on n'a guère de mal à trouver sa destination et les informations aux guichets. Les départs pour les grandes villes sont réguliers et les prix raisonnables, comparables à ceux pratiqués par le train. Si vous avez votre propre véhicule ou une voiture de location, sachez que chaque année, le réseau routier s'améliore mais parfois il faut encore éviter les trous dans le bitume, et les pierres sur les routes de montagne. Faites preuve d'une vigilance accrue sur les routes du littoral, parfois très escarpées, où la beauté du paysage peut distraire.

RIJEKA	OPATIJA	ZADAR	ŠIBENIK	SPLIT	MAKARSKA	DUBROVNIK
162 KM 2h 2h30	176 KM 2h 5h	287 KM 3h 3h30	343 KM 3h30 8h	410 KM 4h 5h15	460 KM 4h30	602 KM 6h 11h
440 KM 4h15 8h13	454 KM 4h30 8h	565 KM 5h15 8h	621 KM 5h30 12h30	688 KM 6h15 11h45	738 KM 6h30	537 KM 8h 15h
244 KM 2h30 6h	257 KM 2h45 7h30	369 KM 3h30 8h	425 KM 4h 9h30	492 KM 4h30 9h	542 KM 5h	683 KM 7h 13h
110 KM 1h30 2h15	102 KM 1h30 2h	396 KM 4h15 7h	452 KM 4h30 8h30	519 KM 5h15 12h30	569 KM 5h30	710 KM 7h30 15h
92 KM 1h30 4h	84 KM 1h15 4h	378 KM 4h 6h45	435 KM 4h40 8h30	502 KM 5h 10h	552 KM 5h30	693 KM 7h30 20h
	14 KM 30mn 1h	237 KM 3h 4h30	294 KM 3h30 6h	416 KM 4h 9h45	466 KM 4h30	552 KM 6h15 13h
14 KM 30mn 1h		302 KM 3h 5h	359 KM 3h30 6h45	426 KM 4h 11h	476 KM 4h30	617 KM 6h15 16h
237 KM 3h 4h30	302 KM 3h 5h		91 KM 1h 1h30	158 KM 1h45 2h45	207 KM 2h	349 KM 4h 13h
294 KM 3h30 6h	359 KM 3h30 6h45	91 KM 1h 1h30		88 KM 1h 2h30	138 KM 1h30	280 KM 3h30 11h45
416 KM 4h 9h45	426 KM 4h 11h	158 KM 1h45 2h45	88 KM 1h 2h30		89 KM 1h15	230 KM 3h 4h45
466 KM 4h30	476 KM 4h30	207 KM 2h	138 KM 1h30	89 KM 1h15		153 KM 2h30 3h30
552 KM 6h15 13h	617 KM 6h15 16h	349 KM 4h 13h	280 KM 3h30 11h45	230 KM 3h 4h45	153 KM 2h30 3h30	

IDÉES DE SÉJOUR

On peut opter pour dix jours dans le Sud adriatique. Arrivée à Split, pour sa position centrale et retour par Zadar ou Dubrovnik, selon la partie du littoral et les différents archipels que l'on choisit d'explorer. Un séjour thématique peut mixer plusieurs points d'intérêt, plongée, plaisance, yoga, thermal/détente, balades et randonnées dans les parcs nationaux, visites du patrimoine, œnotourisme/gastronomie, festivals, etc. La recherche de la plage idéale est aussi une option ! Sur trois semaines, voire un mois, on peut parcourir tout le pays. Si possible, avec son véhicule loué sur place à Zagreb ou Dubrovnik pour plus de liberté. La Croatie est très bien dotée pour l'accueil des voyageurs, partout des comptoirs de réceptifs, des loueurs de véhicules à moteur, des professionnels du nautisme, etc., autant de spécialistes du tourisme qui aident à construire le séjour. On peut aussi suivre les recommandations d'un guide.

10 JOURS EN DALMATIE

Cité historique deux fois millénaire au patrimoine exceptionnel, **Split** ★★★★ (p.347) est une station balnéaire ultra dynamique au centre de la Dalmatie. De là, on peut partir à la découverte d'îles mythiques, de la lacustre **Trogir** ★★★★ (p.372)à la festive **Hvar** ★★★ (p.403), les options ne manquent pas pour rejoindre la médiévale **Dubrovnik** ★★★★ (p.433).

› Arrivée à Split

Profitez de cette première journée en Croatie pour prendre vos marques en vous baladant tranquillement dans **Split** ★★★★ (p.347), la capitale de la Dalmatie, le Palais de Dioclétien, qui vaut à lui tout seul au moins un jour !

› Trogir, petite cité lacustre fortifiée

Départ matinal en bus ou voiture pour une quinzaine de kilomètres au nord-ouest de Split. Crochet possible dans l'après-midi pour l'île de Ciovo en face de Trogir (patrimoine historique, baignade, nature). Retour à Split pour une soirée festive sur la plage de Bacvice.

› L'île de Brač, l'une des plus populaires de Croatie

Départ matinal en ferry du port de Split pour 1/2 h de bateau environ. Sur cette île très animée par endroits (**Bol** ★★ (p.398), **Zlatni Rat** (p.398)), on fait la fête tout l'été dans les beach-bars et autres discothèques de plage jusqu'au petit matin. Visite du port de **Supetar** ★ (p.395), baignade, farniente ou excursion en bateau-taxi pour l'île de Palmizana, un petit havre de paix.

› L'île de Hvar la blanche

De port de **Supetar** ★ (p.395), départ matinal en bus pour **Milna** ★ (p.411), où un ferry part pour l'**île de Hvar** ★★★ (p.403). Arrivée à **Stari Grad** ★★ (p.412), visite du port, **Jelsa** ★ (p.414) et ses environs, **Vrboska** (p.416) « la petite Venise », les célèbres carrières de pierres blanches. Pauses baignades dans les criques abritées de la côte ou sur une plage aménagée.

› Arrivée à Korčula ville

Du port maritime de **Hvar** ★★★ (p.403), départ pour l'île de la Dalmatie du Sud. Installation et balade dans la vieille ville ★★★★ sur les pas présumés de Marco Polo. Un superbe patrimoine historique à visiter, plage et détente sur les quais.

› L'île de Korčula

Račišće (p.493), **Lumbarda** ★ (p.494). Promenades à pied, baignades, visite rapide de **Vela Luka** (p.495), les grottes préhistoriques de **Vela Spila** (p.496), retour à **Korčula** ★★★ (p.488).

› La presqu'île de Pelješac

Départ matinal pour le ferry. Arrivée à **Orebic** ★★ (p.485), cité corsaire, qui a du caractère ! Traversée de la presqu'île par la route des vignobles et producteurs de vin. Parvenus à **Ston** ★★ (p.480) et **Mali Ston** ★ (p.482), les domaines des salins, des ostréiculteurs et des bons restaurants côtiers (produits de la mer frais) attendent les visiteurs. Retour en fin de soirée et nuit à **Dubrovnik** ★★★★ (p.433).

› Dubrovnik, perle de l'Adriatique

La vieille ville ★★★★ de Raguse, en deux jours, balades sur les remparts, dans les lacis de ruelles, énorme héritage culturel (**monastère** (p.412), **palais du recteur** (p.442), **cathédrale** (p.253)), des musées, galeries, vieux port, **plages** (p.302) hors les murs, baignades... Prendre un verre au soleil couchant dans un des bars calés sur les rochers, vue sur l'**île de Lokrum** ★★ (p.476), dîner en terrasse d'un café-restaurant de la vieille ville ★★★★.

› Excursion en bateau pour les îles Élaphites

Lokrum, **Lopud** ★★ (p.478), **Kolocep** (p.478). Deux options : visiter les trois îles dans la journée avec organisateurs (déjeuner sur le voilier) ou en mode indépendant, prendre un bateau au vieux port ou au port de Gruz ★ et choisir une ou deux îles pour prendre son temps, se baigner, marcher dans la nature méridionale. Retour en fin de journée à **Dubrovnik** ★★★★ (p.433).

› Retour par la Riviera de Dubrovnik

Prenez le temps d'emprunter la route du littoral pour aller à l'aéroport. Découvrir ou revoir la vue panoramique sur **Dubrovnik** ★★★★ (p.433), sa riviera de toute beauté laisse un bon souvenir de l'Adriatique. Pour les vols de soirée, un crochet à **Cavtat** ★★ (p.470), une petite ville côtière pleine de charme à 5 km de l'aéroport, pourrait inviter à revenir.

LE GRAND TOUR DE LA CROATIE

Quand on évoque la Croatie, les images défilent : une mer cristalline, des **plages** (p.302) et des criques qui se succèdent et des archipels de toute beauté. Mais la nature méridionale ne saurait éclipser les fantastiques paysages de l'intérieur. Les parcs nationaux y sont impressionnants. Autre richesse nationale, le patrimoine historique. Et le charme opère aussi à **Zagreb** ★★★ (p.120), la capitale jeune et branchée, dans les villages de l'**Istrie** ★★★★ (p.177), ou dans les vénérables châteaux de la **Slavonie** ★ (p.163).

IDÉES DE SÉJOUR

› L'arrivée à Zagreb, capitale de la Croatie

Visite des vieux quartiers, Gradec et Kaptol, musées au choix avec pauses repas dans le centre où les bars et restaurants abondent. Si beau temps, soirée au lac de Jarun, le quartier vert et animé, le préféré de la jeunesse zagreboise.

› La ville basse de Zagreb

Promenade sur l'allée verte (fer à cheval). Squares, musées (Mimara (p.129), arts décoratifs (p.129)), théâtre municipal (p.355), gare ferroviaire, jardin botanique (fermé en hiver) jalonnent ce quartier historique. En soirée, sortie culturelle ou festive (opéra, théâtre, concert, club, voir l'agenda à l'office de tourisme).

› La région nord de Zagreb

Location d'une voiture pour visiter la Krapina ★ (p.149), la cité Samobor ★ (p.143). En route, vue panoramique ou arrêt pour visiter les châteaux (Miljana, Veliki Tabor (p.148), Trakoscan). Nuit dans la vieille ville ★★★★ baroque de Varazdin ★★ (p.151).

› L'ouest de Zagreb, le Zagorje

Route des vignobles et châteaux, nuit au château de Bezanec ou dans l'une des stations thermales de la région, par exemple Lipice Toplice.

› Osijek en Slavonie

Visite de la ville ★★ (p.168), parcs et musées. Déjeuner dans l'un des restaurants traditionnels (goûter au vin mousseux de Slatina !).

› Le Parc national du Kopački Rit

Balade naturaliste en bateau. Visite de la région de la Baranja. Retour à Osijek ★★ (p.168), dîner et nuit en ville.

› Les villes historiques de Slavonie

Visite de Vukovar ★ (p.167) et Djakovo ★ (p.173) puis retour par Vinkovci (p.174), Nasice ★ (p.172) en prenant la route des vins et des domaines viticoles. Nuit à Zagreb ★★★ (p.120).

› Plein sud-ouest vers l'Istrie

Départ matinal, itinéraire par la Slovénie (Ljubljana), l'Italie. Pause à Trieste. Passage de la frontière italo-croate et premier contact avec la mer Adriatique à Umag ★ (p.199) ou Novigrad ★ (p.197). Détente balnéaire. Nuit à Novigrad ★ (p.197) ou autoroute directe pour arriver à Pula ★★★ (p.204) dans la soirée. Réserver l'hôtel à l'avance.

› Pula la cité antique

Visite dans la matinée de l'amphithéâtre (p.206), du temple d'Auguste (p.209), pause au forum romain. L'après-midi, départ pour le port de Fazana, prendre le ferry pour les îles de Brijuni. Visite guidée du parc national. En individuel, on peut aussi louer un vélo, se promener à pied, se baigner sur le site d'une ancienne villa romaine. Nuit à Fazana ou Pula ★★★ (p.204).

› Rovinj, perle de l'Istrie

Départ matinal pour choisir un hôtel. Un séjour de 2 nuits pour flaner dans le port, la vieille ville ★★★★. Balades à vélo sur la côte, parc de Zlatni Rat (p.398), plage, détente. Le soir, retour dans le centre historique, pour l'animation des bars, et restaurant en terrasse au bord de la mer.

› L'Istrie verte, les terres intérieures

Départ matinal avec arrêt au Canal de Limski Fjord (p.188). Découverte des villages perchés, Motovun ★★ (p.201), Groznjan, Buzet ★ (p.203), Pazin, la route des vins et autres produits gourmands. Nuit à Porec ★★★ (p.190).

› La vieille ville de Porec

Visite de la basilique euphrasienne, ses mosaïques byzantines. L'après-midi, escapade sur la presqu'île de Premantura encore sauvage. Plongée ? Pour la nuit, arrêt aux abords du parc naturel, dans un camping (mobil-home) ou à l'hôtel à Medelin ou Labin, une vieille ville qui domine la mer.

› La Riviera d'Opatija

Départ matinal pour longer la côte, Rabac, Lovran, Opatija jusqu'à Rijeka. Là vous trouverez un bus et un ferry qui embarque les véhicules pour l'île de Cres. Autre option en été, après Labin, il y a la possibilité d'une liaison en bateau à l'embarcadère de Brestova-Porozina. Nuit à Cres-Port. Détente, baignade.

› Cres et les deux Losinj

Direction le sud, voir Lubenice, Osor puis Mali Lošinj et nuit à Veli Losinj. Une île idéale pour se reposer (baignade, randonnée, plongée).

› Cres du nord au sud

Départ matinal. Pousser jusqu'à la côte rocheuse du nord de Cres, vertigineuse et splendide. Retour à l'embarcadère de Merag-Valbiska, pour l'île de Krk. Baignade à Stara Baška et nuit au camping ou à Baška.

› Golfe du Kvarner

De Baška, faire le tour de l'île de Krk par le sud, Vrbnik, les criques sauvages. En fin de journée, passer le pont futuriste de Križišće pour revenir sur le continent. Coucher du soleil sur la route du littoral avec le golfe du Kvarner en panoramique. Nuit entre Crikvenica et Novi Vinodolski.

› La côte adriatique, Senj, Rab

Continuer sur la route côtière qui longe les montagnes du Velebit jusqu'à Senj, puis s'arrêter à l'embarcadère de Jablanac-Mišnjak pour passer sur l'île de Rab. Traverser le Parc naturel Kampor qui longe la mer jusqu'au port de Rab ville. Nuit dans l'élégante vieille ville.

› Le Parc national du mont Velebit

Redescendre au sud de l'île de Rab pour revenir par ferry à l'embarcadère Mišnjak-Jablanac. Arrivé sur le continent, descendre quelques kilomètres jusqu'à Dušikrava. De là, une route montagneuse conduit au Parc national du mont Velebit. Faire une pause montagne aux abords de la rivière Lika. Nuit dans un refuge ou chez l'habitant (nombreuses offres).

› Le Parc national des lacs de Plitvice

Départ tôt le matin, prendre la route d'Otočac, Vrhovine, puis suivre l'itinéraire bien indiqué du célèbre parc. Nuit aux alentours (multiples possibilités) pour une randonnée matinale dans le parc, à la découverte de la nature grandiose, au plus près des cascades, rivières et étangs. Nuit à Gospič.

› Le Parc national de Paklenica

La route qui descend sur Zadar passe à proximité du parc. A voir : les grottes, le pic rocheux, la rivière et les chutes d'eau Anića Kuk. Nuit à proximité du parc ou à Zadar.

› Le centre historique de Zadar

Avec son patrimoine historique exceptionnel, comptez une bonne journée dans la vieille ville. Baignade à Borik ou Kolovare.

› L'archipel de Zadar

L'archipel de Zadar ou des Kornati. Du port de Zadar, escapades sur l'île de Dugi Otok, dans le Parc naturel de Telašćica (lac salé) ou sur la presqu'île de Pag, en excursion organisée pour le Parc national des îles Kornati. On peut aussi, à Tisno ou Murter, à quelques kilomètres au sud de Zadar, louer un bateau et profiter librement des merveilles naturelles de l'archipel.

› Šibenik, la ville Renaissance

Visite du centre historique, de son patrimoine architectural classé par l'Unesco. Flâner sur la promenade de la mer, dans la vieille ville, ou partir en excursion organisée en bateau sur la rivière Krka, avec parc national et monastère franciscain sur un îlot (Visovac). Retour et nuit à Šibenik.

› Primosten et Trogir

Sur la route côtière, escale à Primosten et arrivée dans l'après-midi à Trogir, romantique et très touristique. Visite du patrimoine et nuit dans la cité lacustre.

› Split, le palais de Dioclétien

Avant d'entrer dans la grosse agglomération, possibilité de baignade sur la presqu'île de Ciovo. Visite du palais de Dioclétien. Nuit dans le centre historique ou dans la ville balnéaire moderne.

› Au choix, une île (Brač, Hvar) ou la riviera de Makarska

Tôt le matin, prendre le ferry pour le port de Supetar (Brač), visite des carrières de pierre antiques, pauses baignades, criques, douceur de vivre. Seconde option, ferry pour l'île de Hvar, la mondaine, l'élégante Hvrar-ville, Sari Grad, l'ancienne cité grecque. Retour et nuit à Split en fin de journée ou départ direct pour la Dalmatie du Sud, par la route côtière au coucher du soleil. Nuit à Omis, Brela, Gradac ou Makarska.

› La presqu'île de Pelješac

En longeant la côte sud, prendre le ferry à Ploče pour la presqu'île. Arrivé à l'embarcadère de Trpanj, possibilité de baignade. A Orebić, ferry pour Korčula. Visite et nuit dans la vieille ville et départ tôt le matin. Revenir par l'intérieur des terres de la presqu'île, crochet par Ston et arrivée nocturne à Dubrovnik. Première découverte de la vieille ville, le Stradun, le vieux port. Nuit dans le centre historique ou à Lapad, ville moderne.

› Korčula

Revenir par l'intérieur des terres de la presqu'île, crochet par **Ston** ★★ (p.480) et arrivée nocturne à **Dubrovnik** ★★★★ (p.433). Première découverte de la vieille ville ★★★★, le **Stradun** (p.443), le vieux port. Nuit dans le centre historique ou à Lapad, ville moderne.

› Dubrovnik

Fin du voyage par la Riviera. Réveil matinal pour visiter la perle de l'Adriatique, ses remparts, la cathédrale, le palais du Recteur, les ruelles, les fontaines. Pour vous rendre à l'aéroport, empruntez la route du littoral (15 km) et profitez des dernières vues panoramiques sur la côte rocheuse de la Riviera de Dubrovnik. Remise du véhicule de location à l'aéroport.

HAUTS LIEUX DU BAROQUE ET ROUTE DES CHÂTEAUX

Dans la région de Zagreb (Zagorje), de belles balades seront plus faciles à entreprendre en voiture. Itinéraires verts et vallonnés entre forêts touffues, châteaux baroques, palais princiers et villages de chaumières.

Riječki karneval

› Arrivée à Zagreb
Louer une voiture pour le lendemain matin. Sur la grand-place (Trg bana Jelačića), passage à l'office de tourisme pour demander des plans et livrets de découvertes/itinéraires détaillés (Zagreb et ses environs), se renseigner sur les possibilités d'hébergement. Repérer le seul gratte-ciel du centre, monter jusqu'au dernier étage pour la vue à 360 degrés sur la ville ancienne et moderne et au-delà. Un bar lounge panoramique vous y attend (Zagreb Eye). Puis balades dans les quartiers historiques de Kaptol et Gradec (promenades vertes, musées, églises, palais baroques, rues médiévales). Dîner dans l'un des restaurants du centre-ville.

› Direction Krapina
À ne pas manquer, dans cette cité baroque, l'église de Sainte-Marie-de-Jérusalem (1750), important lieu de pèlerinage du Zagorje. Petit tour au château romantique de Trakoscan et aux villages de Pregrada ★ (p.148), Vinagora, Marija Bistrica ★ (p.146), au château de Mijana.

› Journée à Varaždin
Riche patrimoine baroque, architecture et sculpture, admirablement restauré. Assister à un concert de musique ancienne en cathédrale ou dans l'un de ses superbes palais. Se renseigner à l'office de tourisme.

› Colline du Veliki Tabor
La silhouette de l'imposant château se manifeste déjà. À voir absolument ! Sur le chemin du retour à Zagreb, un détour par le village-musée de Kumrovec ★ (p.147), le bourg de Klanjec par la ville basse. Arrivée à Zagreb en fin de journée.

UNE SEMAINE DE VOILE DANS L'ARCHIPEL DE ZADAR

› Arrivée à l'aéroport de Zadar
Louer un voilier ou un catamaran à la marina de Sukošan, faire les courses pour la semaine et hisser les voiles sans tarder ! Direction l'île de Pašman (p.302), où une baie bien abritée sera facile à trouver pour ancrer la première nuit.

› Île de Pašman
De nombreuses criques désertes tout au long de la côte. La mer est ici peu agitée, et donc parfaite pour le cabotage.

› Cap sur l'île d'Iž
Ici, il n'y a pas foule, même au mois d'août. Débarquez donc tranquillement, sans déranger les insulaires. Visite à pied de l'île et retour au bateau pour rejoindre Dugi Otok ★ (p.303), la plus grande île de l'archipel. Ancrez pour la nuit au petit port de Sali.

› Baie de Telašćica
Protégée par une haute falaise, au sud de l'île Dugi Otok, ce parc naturel est plus fréquenté que l'île d'Iž. C'est un abri bien connu des marins, et un bon spot de plongée. Une balade jusqu'au lac intérieur s'impose.

› Archipel des Kornati
À vous de trouver votre île ! Attention, le séjour dans le parc national est très règlementé, et payant. Pour y naviguer, un permis bateau et un droit d'entrée vous seront demandés (se renseigner à Murter). Ici, la plongée et la chasse sous-marines sont interdites, et n'espérez pas y contrevenir car les contrôles sont fréquents.

› Arrivée matinale au port de Primošten
Nombreuses criques en poursuivant la navigation vers le sud. Retour par la côte jusqu'au canal de Šibenik, où l'on passe la nuit (belle marina, superbe ville à visiter).

› Retour à Sukošan et Zadar
Départ matinal pour une arrivée en journée, ce qui facilitera les démarches de remise du bateau.

La ville de Zagreb.

INTERVIEW

SOYEZ VOYAGEUR ET NON TOURISTE

DÉCOUVRIR LA CROATIE AVEC MARIA-GRACIA BAĆAC

Parlez-nous de vous !

Mon engagement dans le tourisme a commencé il y a 38 ans. Par hasard, on cherchait dans une agence à Rovinj une guide parlant français. J'ai été la seule à me présenter car très peu de personnes connaissaient cette langue. En 1994, j'ai ouvert ma propre agence de voyages, spécialisée sur la francophonie.

Pourquoi choisir la Croatie ?

Pour aller à l'encontre de quelque chose de différent, découvrir de merveilleux paysages à couper le souffle, entrer en contact avec les gens, partager leurs habitudes, être accueilli à bras ouverts et repartir avec une richesse incroyable au fond du cœur.

Quel est votre circuit favori ?

Je n'ai pas de circuit favori à proprement parler. Ils sont tous différents, que ce soit du séjour de quelques jours aux circuits de quinze jours et plus. Je me donne à fond pour essayer de créer quelque chose de très bon, car ma meilleure récompense est la satisfaction de mes clients.

Pourquoi voyager avec MG Express ?

Pour découvrir les derniers secrets des Balkans et des pays de l'ex-Yougoslavie. MG Express a reçu de nombreux prix, dont celui de meilleure petite agence DMC de Croatie. MG Express est membre du Travelife Partner Program, de l'EOS Code qui tient énormément à l'écologie, et travaille avec de petits fournisseurs locaux. MG Express est spécialisée dans le réceptif des clients des pays francophones européens et du Québec.

Quelle est la « pépite croate » à découvrir en 2022 ?

Une pêche de nuit en mer Adriatique en attendant le lever du soleil en prenant votre petit déjeuner avec les pêcheurs, des cours de cuisine sur une île isolée des Kornati, ou encore chercher des pépites d'or dans un fleuve non contaminé dans le Nord-Ouest, boire du champagne croate au milieu de centaines d'hectares de vignes… Faites-moi signe, vous serez accueilli à bras ouverts !

MG EXPRESS

Brajkovici 31 ✆ +33 598 921 29 00
www.mgexpress.hr

© JULIEN DUVAL

© MG EXPRESS

© TOURISM BOARD CROATIE

SE REPÉRER / SE DÉPLACER

DE L'AÉROPORT AU CENTRE-VILLE

Dans chaque aéroport croate, les services de taxi, de location de véhicules, de bus et de navettes pour le centre-ville sont mis en place, ainsi que des distributeurs de billets et des change-monnaie.

Navettes aéroport : compter de 25 à 40 kn.

À l'aéroport Zračna Luka de Dubrovnik, des taxis proposent la course pour le centre-ville (environ 25 €, maximum 4 personnes).

Dans le Sud, en hiver, les avions sont parfois obligés d'éviter l'aéroport de Dubrovnik pour cause d'intempéries ou de vents violents. Ils atterrissent alors à l'aéroport de Split, mieux équipé ; une liaison par autocar est alors assurée jusqu'à Dubrovnik.

ARRIVÉE EN TRAIN

Loin d'être le mode de transport le plus développé, comparé aux bus et aux bateaux, le train reste intéressant pour ceux qui voyagent de nuit, sans contrainte de temps. Correspondances avec des pays frontaliers (Italie, Slovénie, Autriche, Hongrie, Serbie), lignes directes à partir de Zagreb vers Rijeka, Split et Osijek. Sur la ligne Split-Zagreb, on peut prendre le train de nuit-couchettes avec son véhicule (voiture, deux-roues) et le récupérer à l'arrivée.

Plus d'infos, principales liaisons et horaires sur le site Internet de la société nationale des chemins de fer croates (www.hzpp.hr/).

ARRIVÉE EN BATEAU

Pour aborder la Croatie par la mer, les Français pourront se rapprocher de la centrale de réservation Euromer & Ciel Voyages qui représente les compagnies maritimes naviguant sur l'Adriatique : Jadrolinija, Snav, Blue Line et Venezia Line. Envoi gratuit de devis et de brochures, achat de billets en ligne (www.euromer.com).

Sur toute la côte dalmate, on circule presque mieux en bateau qu'en voiture, surtout l'été. Les billets coûtent moins cher que ceux des bus régionaux. Avec sa grosse flotte de ferries, la compagnie nationale assure quantité de rotations dans l'Adriatique croate, auxquelles s'ajoutent trois liaisons avec l'Italie (Ancône-Split, Ancône-Zadar de juin à septembre, Bari-Dubrovnik de mars à octobre). On peut embarquer son véhicule sur de nombreux ferries (www.jadrolinija.hr).

La société anglaise Direct Ferries représente la compagnie maritime croate G&V Line. L'été, ses catamarans rapides connectent les grandes villes de la côte adriatique avec les principaux ports des archipels (www.gv-zadar.com). Achat des billets sur Internet ou sur place avant le départ. Chaque port ou embarcadère possède son point de vente. Se renseigner à l'office de tourisme local et prévoir d'arriver à l'avance pour la réservation (surtout en été). Exemples de prix (ferries et catamarans) : Split-Stari Grad (île de Hvar) avec véhicule : 5 € par personne et 35 € pour la voiture. Trajet sans véhicule : 6 €.

▶ **Les marinas :** Les vingt-deux ports de plaisance croates constituent la plus grande chaîne de marinas de la Méditerranée. Points d'ancrage ou de départ, elles répondent aux exigences actuelles des navigants en termes de confort et de sécurité (capitaineries modernes, services, commerces, itinéraires, sécurité, confort, détente). Stratégiquement réparties de l'extrême nord de l'Istrie (Umag) à la riviera de Dubrovnik (Veljko Barbieri Slano), les bases nautiques croates offrent aux plaisanciers l'occasion de découvrir les sites culturels et naturels de la côte, et préparent aux routes des archipels. Sur le site officiel de la société, liste et description complète des marinas, informations marines actualisées, météo, itinéraires, ainsi qu'un système informatisé pour la réservation d'emplacements (www.aci-marinas.com).

TRANSPORTS EN COMMUN

▶ **Cars et bus croates.** Prix variables selon la compagnie, entre 0,07 et 0,10 € du kilomètre. Zagreb-Split environ 22 €, Split-Dubrovnik 16 € (www.arriva.com.hr). Un ticket de bus urbain : 10 à 15 kn.

VÉLO, TROTTINETTE & CO

Sur place, la culture du vélo est bien ancrée. On peut louer des deux-roues dans les grandes villes et dans les stations balnéaires. Le réseau des itinéraires et pistes cyclables européens (quinze routes) traverse tous les pays de l'UE et fait une belle boucle en Croatie. Utilisée par les touristes pour des voyages longue distance ou par les locaux, l'EuroVelo 8 passe par l'Italie, la Slovénie et prend son temps en Istrie, puis de Rijeka à Split, *via* Jablanac, les îles de Krk, Rab, Brač, la presqu'île de Pag… Entre mer et montagnes, se trouvent des kilomètres de côtes, des paysages marins sublimes et des cités historiques magnifiques. Un voyage sportif, car le territoire est montagneux, avec de gros dénivelés. Le vent peut souffler fort, les grosses chaleurs en été imposent de partir tôt le matin. La circulation est dense sur la Magistrala, cette route nationale qui longe la côte. Parfois, il vaut mieux vaut la contourner, se reposer dans les ferrys et descendre directement vers le sud *via* les îles de la Dalmatie du Sud (www.eurovelo.org/routes/).

AVEC UN CHAUFFEUR

Comparativement, la course est chère en Croatie. Elle est calculée sur compteur ou sur la base d'un forfait selon la destination. Par exemple, comptez 25 € pour le transfert aéroport de Dubrovnik/centre historique (4 personnes au maximum). Chaque localité a son réseau de chauffeurs, qu'il est très facile de trouver (aéroport, gares, office de tourisme). Prix du kilomètre au compteur : 0,89 €.

EN VOITURE

▶ **Depuis la France, deux itinéraires possibles :**

Axe nord-est. Depuis Paris, le trajet le plus court emprunte l'autoroute de l'Est (A4), direction Reims, Metz et Strasbourg. Prendre ensuite l'A35, avant d'entrer sur le territoire allemand, direction Stuttgart, Munich puis l'Autriche *via* Innsbruck et Salzbourg. Ensuite prendre l'A10 qui descend sur Ljubljana (Slovénie). Comptez environ 2 000 km par l'autoroute, avec de nombreux péages.

Axe sud-est. Par l'autoroute du Sud, longer la côte méditerranéenne *via* Marseille et Nice jusqu'en Italie. À Gênes, deux options, soit par Livourne, Florence, Bologne, Venise et Trieste pour entrer en Slovénie (Piran) et enfin Umag (Istrie). Soit, une fois arrivé à Gênes, remonter vers Milan, Bergame, Vérone puis rattraper l'axe Venise-Trieste. Possible également, la traversée des Alpes par un tunnel à péage (Mont-Blanc ou Fréjus) jusqu'à Turin. À titre indicatif, pour le trajet Paris-Turin, comptez environ 8 heures de route pour 800 km, Paris-Venise : 11 heures. Ces itinéraires *via* le nord de l'Italie prennent du temps mais ils offrent les plus beaux paysages.

Vignette voiture obligatoire pour la Slovénie ! L'affichage d'une vignette permet de circuler sur ses autoroutes et voies rapides, y compris sur le périphérique de Ljubljana. Son coût varie selon la durée du séjour sur le territoire slovène : 15 € la semaine, 30 € le mois ou 110 € l'année. Elle peut être achetée dans les stations-service des autoroutes. Toute personne circulant sans vignette valide peut être verbalisée, amende de 300 à 800 €.

On peut évaluer son itinéraire sur des sites Internet français (www.viamichelin.fr/ www.mappy.fr/ www.rome2rio.com/fr/) et sur le site officiel des autoroutes croates (map.hak.hr/). Le prix des péages est variable selon le véhicule et la distance parcourue. Exemple, un trajet Zagreb-Split, 380 km : 20 € environ. Pour les formalités administratives, voir le site de l'ambassade de France à Zagreb (hr.ambafrance.org/Informations-pour-les-touristes-francais).

Location de voiture. Prix moins élevés en agences locales mais différences de traitement sur les assurances. À partir de *37* € par jour (assurances comprises), le carburant, autour de 1,39 €/l.

Assistance routière : ✆ 1987

LES PHRASES CLÉS

Bonjour, comment puis-je me rendre à…
Bok, kako mogu doći do...

Est-ce loin à pied ? Y a-t-il le métro ou un bus... pour y aller ?
Je li daleko pješice? Ima li podzemna ili autobus na koji mogu sjesti do tamo?

Pouvez-vous me montrer cet endroit sur la carte s'il vous plait ?
Možete li mi pokazati to mjesto na karti, molim vas?

Où puis-je acheter les tickets de transport ? Est-ce que je peux payer en carte de crédit ?
Gdje mogu kupiti prijevozne karte? Mogu li platiti kreditnom karticom?

Où est la sortie ? A gauche, à droite ou tout droit ?
Gdje je izlaz? Lijevo, desno ili pravo naprijed?

Je suis perdu et je suis en retard, s'il vous plait, aidez-moi ! Merci beaucoup !
Izgubio/la sam se i kasnim, molim vas pomozite mi! Puno vam hvala!

PRATIQUE

A VOIR / A FAIRE

HORAIRES

Musées nationaux. En général, les horaires varient selon la saison avec des amplitudes d'ouverture plus longues en été. A Zagreb, certains musées et galeries ferment le dimanche après-midi, voire toute la journée. D'autres le sont aussi dès le samedi après-midi ou le lundi. Pour les courts séjours autour du week-end dans la capitale, c'est à prévoir !

Pendant la basse saison, nombre d'agences de location ou d'informations touristiques ferment vers 15h-16h. En haute saison, elles ouvrent non-stop toute la journée, certaines font la pause déjeuner et ferment autour de 21 h.

BUDGET / BONS PLANS

Musées nationaux. Ticket d'entrée : 3 à 4 €. Plus d'infos sur le site Internet de chaque musée, celui de la réunion des musées croates (www.mdc.hr/).

Parcs nationaux, ticket d'entrée (par jour/adulte) : Brijuni : 28 €, Plitvice : 25 €, Velebit nord : 6 €, Paklenica : 7 €, Kornati : de 20 € à 105 € (prix varient selon si vous avez votre propre bateau) et de 35 à 40 € pour une excursion organisée, Krka : 13 €, Mljet : 13 €. Consulter les sites Internet des parcs nationaux avant de vous y rendre (météo, infos pratiques, billets).

FUMEURS

Depuis 2009, en Croatie, il est interdit de fumer dans les lieux publics.

LES PHRASES CLÉS

Bonjour, puis-je avoir deux entrées adultes et un enfant s'il vous plait ?
Bok, mogu li dobiti dvije karte za odrasle i dvije za djecu?

Le tarif enfant est jusqu'à quel âge ? Et pour les seniors, est-ce qu'il y a une réduction ?
Koja se dob računa kao dijete? Postoji li popust za OAP?

Est-ce qu'il y a des visites guidées en français ou un audioguide ?
Je li dostupna vođena tura na francuskom ili audiovodič?

Combien de temps faut-il pour faire la visite ?
Koliko posjet traje?

J'ai du mal à monter les escaliers, avez-vous un ascenseur ?
Teško mi je ići stepenicama, imate li dizalo, molim vas?

Excusez-moi, pouvez-vous me dire où sont les toilettes ? Merci beaucoup.
Ispričavam se, možete li mi reći gdje su toaleti? Puno vam hvala.

SE RÉGALER

HORAIRES

Dans les petites localités de la Croatie, villes ou villages, ports ou stations balnéaires, vous trouverez toujours un restaurant, une *konoba* ou *gostionica* (taverne), un fast-food local, enfin quelque chose d'ouvert en été. Les horaires varient d'un établissement à l'autre, en général entre midi et 14h et entre 19h30 et 22h. En revanche, la pause hivernale peut transformer des centres historiques de station balnéaire, des promenades de la mer ou des ports touristiques en véritables déserts culinaires ! Si l'on veut s'offrir un repas dans un restaurant gastronomique ou un établissement réputé avec une table bien placée avec vue, mieux vaut réserver à l'avance.

BUDGET / BONS PLANS

- **Entrée/dessert :** 3 à 8 €.
- **Un plat chaud :** de 5 à 10 €.
- **Carte de vins locaux :** à partir de 10 €/l.
- **Les prix des menus varient selon le standing de l'établissement,** autour de 10 € et à partir de 50 € pour une table gastronomique.

EN SUPPLÉMENT

L'usage du pourboire n'est pas aussi systématique qu'en France, mais il est assez répandu, surtout dans les lieux touristiques. Dans les restaurants, vous pouvez laisser 10 % de la note, si vous êtes satisfaits du service.

C'EST TRÈS LOCAL

Vous trouverez quantité de fast-foods, snacks et boulangeries (*pekara*) qui préparent des sandwichs locaux, aux ***čevapi*** (petites saucisses épicées avec frites, salade), des ***burek*** (friand local), pizza, hamburger : de 30 à 50 kn (sur place ou à emporter).

ENFANTS

Des menus enfants sont souvent proposés dans les restaurants des localités touristiques qui affichent la plupart du temps des cartes imprimées.

FUMEURS

Depuis 2009, en Croatie, il est interdit de fumer dans les restaurants.

LES ATTRAPE-TOURISTES

Attention au poisson proposé au kilo au restaurant, pas toujours facile à évaluer quand on vous le montre entier dans le plat avant cuisson.
Si l'addition est salée dans les bars-restaurants, bien vérifier les prix avant de commander.

LES PHRASES CLÉS

Bonjour, je voudrais réserver une table pour deux personnes pour ce midi ou ce soir.
Bok, htio bih rezervirati stol a dvoje danas u vrijeme ručka ili uvečer.

Avez-vous un menu en français ou en anglais ?
Imate li meni na francuskom ili engleskom?

Je suis végétarien, y a t-il des plats sans viande ?
Ja sam vegetarijanac/vegetarijanka, ima li nekih jela koja ne sadrže meso?

Je n'ai vraiment plus faim mais avez-vous une carte des desserts ?
Sad sam pun/puna, ali mogu li ipak vidjeti dezertni meni?

Puis-je avoir l'addition s'il vous plait ? Je peux payer par carte ou en espèces ?
Mogu li molim vas dobiti račun? Mogu li platiti karticom, li vam treba gotovina?

C'était très bon, nous reviendrons. Merci et à bientôt.
Bilo je jako ukusno, doći ćemo ponovno. Hvala vam, vidimo se uskoro.

FAIRE UNE PAUSE

HORAIRES

Dans les zones touristiques, les cafés-bars et restaurants sont en général ouverts non stop de 9h à minuit ou 1h du matin, assurant le service du petit déjeuner, du déjeuner et du dîner. Si l'établissement se transforme en lieu festif, il peut fermer plus tard dans la nuit, surtout à Zagreb, dans les grandes villes, sur la côte adriatique (les beach-bars notamment).

BUDGET / BONS PLANS

Le café est un rituel. Tous les Croates boivent beaucoup de café d'ailleurs ! On commence le matin avec un petit espresso, noir sans sucre, ou un espresso long avec plus d'eau au même prix (8 à 10 kn), ou encore un espresso double, deux fois plus de café, deux fois plus cher. Pour le macchiato, indiquez au serveur si vous souhaitez du lait chaud ou froid (autour de 10 kn). Le nescaffe, instantané avec de l'eau ou du lait, et le cappuccino en sachet, mélangé à l'eau et/ou lait ont leurs adeptes ici. Bien meilleur est le fait maison, avec un espresso et du lait chaud monté en mousse onctueuse. Le chocolat chaud comme en Italie est épais et se boit à la cuillère (20 kn). Les thés et infusions, qui ont plus de saveur qu'en France, sont servis avec une dosette de miel. Goûtez par exemple un thé vert aux fruits rouges ou une camomille (10 à 20 kn). Toutes ces boissons chaudes s'accompagnent de gâteaux et de viennoiseries dans les salons de thé, à moins que vous ne soyez déjà passé dans une boulangerie-pâtisserie (*pekarna*). Une boisson fraîche et un soda coûtent aussi de 10 à 25 kn, une glace en cornet (une boule) 25 kn.

- **Un café :** de 8 à 10 kn.
- **Une boisson chaude :** de 10 à 20 kn.
- **Une glace en cornet (une boule) :** 25 kn.
- **Une boisson fraîche, un soda :** de 10 à 25 kn.
- **Un demi de bière :** de 15 à 25 kn.
- **Un verre de vin régional :** autour de 15 kn, cocktail (alcool) : à partir de 45 kn.

A PARTIR DE QUEL ÂGE

L'âge légal pour l'achat et la consommation de boisson alcoolisée en Croatie est de 18 ans.

FUMEURS

Depuis 2009, en Croatie, il est interdit de fumer dans les lieux publics et les restaurants. En revanche, il existe une tolérance pour les cafés-bars.

LES PHRASES CLÉS

Bonjour, quelle est la spécialité de la maison ? Nous voulons découvrir.
Bok, koji je ovdje specijalitet? Mi ga želimo probati.

Avez-vous de la place en terrasse ?
Imate li mjesta na terasi?

Quel est votre nom ? Je m'appelle… Ravi de vous rencontrer !
Kako se zovete? Ja sam... Drago mi je što smo se upoznali!

A votre santé ! Zut, j'ai renversé mon verre… pouvez-vous m'aider ?
U zdravlje! O ne, prevrnuo/la sam piće... možete li mi pomoći?

C'était très bon. Nous allons reprendre la même chose s'il vous plait.
Bilo je jako ukusno. Uzet ćemo ponovo isto.

PRATIQUE

(SE) FAIRE PLAISIR

HORAIRES

Les magasins d'alimentation, supermarchés et centres commerciaux sont pour la plupart ouverts de 8h à 20h/21h. Certains ferment entre midi et 17h, mais c'est assez rare. Ils sont parfois ouverts le dimanche matin. Dans les centres touristiques, pendant l'été, ils sont en général ouverts 7j/7.

BUDGET / BONS PLANS

Le coût de la vie est moins élevé en Croatie qu'en France. C'est frappant sur les cigarettes, l'alcool et les biens alimentaires, qui sont soumis à des taux de taxes réduits (5 %), mais sur les autres produits également. C'est le moment de vous faire plaisir.

Les paiements par cartes de crédit ou de débit sont acceptés partout, même dans les campagnes. Au marché en revanche, on paye en kunas et le marchandage n'est pas du tout pratiqué. Les prix annoncés ou affichés sont fixes. Les supérettes et les supermarchés (Konzum, Billa, Mercator, Spar) ont des rayons entiers de produits régionaux. Pour connaître le prix des produits alimentaires, consulter le site Internet du leader croate de la grande distribution. *ww.konzum.hr/klik*

C'EST TRÈS LOCAL

Des opérations spéciales comme le Love Shopping à la Saint-Valentin, le Late Night Shopping (juin) ou le shopping de la Saint-Nicolas sont des traditions festives organisées par les commerçants dans toute la Croatie. Aux marchés artisanaux et touristiques, le marchandage n'est pas du tout pratiqué. Les prix annoncés ou affichés sont fixes (taxes incluses).

LES ATTRAPE-TOURISTES

Sur les bords de routes, sur les marchés touristiques, méfiez-vous de l'huile d'olive dite naturelle qui est vendue dans des bouteilles en plastique. Assurées de production locale, elles peuvent tout aussi bien relever de produit de coupe, de mélange et de provenance européenne. Préférez les bouteilles en verre avec bouchon scellé.

LES PHRASES CLÉS

Bonjour, c'est superbe, mais combien ça coûte ?
Bok, ovo je zapanjujuće, ali koliko je to?

Vous auriez ma taille ? Où se trouvent les cabines d'essayage ?
Imate li to u mojoj veličini? Gdje su sobe za presvlačenje?

Est ce que je pourrai vous le rapporter et l'échanger si ça ne va pas ?
Mogu li ovo zamijeniti ako ne pristaje?

J'ai trop dépensé aujourd'hui, pouvez-vous me faire une réduction sympa ?
Potrošio/la sam več previše danas, ima li kakve šanse za popust?

Je prendrai celui-ci. Pouvez-vous me faire un paquet cadeau ?
Uzet ću ovo. Možete li mi ovo umotati za poklon?

Vous prenez la carte de crédit ? Où puis-je trouver un distributeur de billets ?
Uzimate li kreditne kartice? Gdje mogu pronaći točku za gotovinu?

BUDGET / BONS PLANS

Avec son grand littoral, la Croatie se place comme une destination idéale pour les joies du balnéaire, que l'on soit *farniente* ou vacances actives à la mer. L'Adriatique est souvent calme, ce qui offre l'opportunité de nombreuses activités aquatiques, à commencer par la baignade. Le terrain ? De multiples plages avec souvent des aménagements gratuits pour les jeunes (bouées géantes, barge au large pour les plongeons), des criques de galets, un peu moins de sable, des rochers et des pontons où l'on installe confortablement sa serviette. Les locaux la laisse sur place pendant leur pause déjeuner. Attention aux oursins dans l'eau et à la sève de pins transparente sur les rochers !

Escalade, alpinisme, ski. La région de Paklenica (montagnes du Velebit central) est réputée pour l'escalade. Chaque printemps, on y organise une grande compétition internationale, Big Wall Speed Climbing, qui rassemble les alpinistes du monde entier. Un peu plus au sud, dans la région d'Omiš, on peut escalader les falaises du Biokovo. Enfin, certains sites naturels ont été aménagés en Istrie ou dans les îles du golfe du Kvarner. Pour le ski, c'est sur les monts Papud ou près de Zagreb (Sljeme) que vous trouverez de belles pistes.

Plongée avec ou sans bouteille. La Croatie, comme ses voisins méditerranéens, est un pays de marins, de pêcheurs et de plongeurs. Il s'y trouve de nombreux spots car l'Adriatique connaît des marées de faible amplitude, l'eau de mer translucide offre une visibilité excellente jusqu'à 30 m. D'une salinité moyenne pour la Méditerranée, au nord et en Dalmatie centrale, la mer est peu profonde. Après le seuil de Palagruža, commencent les grands fonds du bassin de l'Adriatique sud. Informez-vous auprès des différents centres pour connaître les spots de plongée locaux. L'un des endroits les plus convoités pour la plongée, le parc national des Kornati, possède le statut de zone protégée avec un nombre limité de sites ouverts à la plongée La pêche y est interdite depuis 1980. Dans ses eaux claires et propres, on peut déjà, avec un masque et un tuba, croiser des espèces protégées.

Les premières écoles de plongée se sont installées dans les îles du golfe du Kvarner, à Krk et Cres. Aujourd'hui, on compte des clubs sur toute la côte et, sur les îles, de l'Istrie à la frontière monténégrine, de toute taille, de l'entreprise familiale, qui possède son bateau et ses propres bouteilles d'oxygène, au groupe européen. Les animateurs doivent tous être diplômés. Avec eux, vous pourrez décider de faire votre baptême de mer ou un stage pour améliorer votre niveau. Les écoles vous proposent souvent des forfaits de plongée, avec transfert et hébergement, voire demi-pension. Exemples de prix pour une à deux sorties en bateau avec équipement : 40 € à 60 €.

Sports de glisse en mer. Les conditions météorologiques des côtes croates et le cycle journalier des vents sont souvent favorables pour la pratique de la planche à voile, du kayak, du paddle et du kitesurf. Ce dernier est très populaire sur les îles de Brač ou Korčula. Plusieurs clubs organisent des séjours et des stages pendant la saison estivale. Pour les stages de voile, se renseigner auprès des capitaineries, dans les marinas des lieux où vous séjournez.

Rafting et plongée en eaux douces. Le rafting se pratique sur les rivières Zrmanja, Krupa, Kupa, Mrežnica, Dobra et Cetina. Le niveau demandé est variable, mais ce sport est accessible à tous, avec des descentes toujours assurées par des guides expérimentés. À partir de 30 € (matériel compris).

Plongée dans la grotte de Lucice.

Nautisme, plaisance. Dans chacune des 22 marinas, des loueurs de bateaux offrent leurs services, que l'on soit amateur de frégates ou simple plaisancier. En amont, se renseigner à l'office de tourisme local ou sur Internet (www.aci-marinas.com). À titre indicatif, à la location un bateau à moteur de 5 m pouvant accueillir jusqu'à 6 personnes coûte de 50 à 80 € par jour (permis bateau obligatoire), avec les services d'un skipper autour de 160 € en saison estivale.

Yoga. Depuis quelques années, faire un stage de bien-être en Croatie est devenu très tendance, surtout l'été, sur la côte adriatique. Liste de contacts, prix et lieux des stages sur experitour.com/fr/listings/croatia-yoga-adventure.

C'EST TRÈS LOCAL

Zipline. À 3 km d'Omiš (région de Split), au-dessus de la rivière Cetina, on pratique la descente en tyrolienne (Zipline) sur huit câbles en acier plantés dans la roche. Sanglés et casqués, les participants en toute sécurité glissent en surplomb du cours d'eau qui serpente dans le canyon. Le paysage est à couper le souffle. Pour traverser tout le polygone, sur près de 2 100 m, les amateurs d'adrénaline sont accompagnés par deux guides, durant deux heures et demie. Personnes sujettes au vertige s'abstenir ! https://zipline-croatia.com/en/

VOS PAPIERS SVP

La plongée dans les parcs nationaux est autorisée aux personnes accompagnées, inscrites dans une école ou un club. Sous réserve de l'obtention du permis par les autorités portuaires, la plongée en solo (initiés) se pratique également. Liste complète des clubs de plongée auprès de la Fédération croate (www.diving-hrs.hr).
Pour la voile, le permis bateau est obligatoire.

LES ATTRAPE-TOURISTES

À Zadar et à Split, sur les quais, nombre d'excursionnistes proposent une journée en mer jusqu'au parc national des Kornati. Mais du port de Zadar, il faut compter 2h aller et 2h retour pour juste approcher le grand parc marin. C'est beaucoup de temps passé sur le bateau. Si possible, mieux vaut prendre la route et s'installer pour quelques jours dans les ports au plus près de l'archipel (Šibenik, Vodice, Tisno ou encore Murter) et y consacrer plus de temps.

LES PHRASES CLÉS

Bonjour, comment puis-je me rendre à… ? Est-ce loin ?
Bok, kako mogu doći do...? -Je li to daleko?

J'aimerais aller courir. Il y a un coin sympa pour cela dans la ville ?
Htio/htjela bih ići trčati. Ima li negdje dobro mjesto za trčanje u gradu?

J'adore cuisiner. Savez-vous où je peux trouver des cours de cuisine ?
Volim kuhati. Znate li gdje mogu uzeti časove iz kuhanja?

Vous pourriez m'indiquer une salle de sport pas très loin ?
Možete li mi reći gdje je najbliža javna gimnastička dvorana?

Quel est le sport national ?
Koji je nacionalni sport?

Pensez-vous que nous pourrions voir cela ou même participer ?
Smatrate li da bismo ga mogli negdje pogledati, ili ga možda probati?

HORAIRES

De nombreux clubs et discothèque ne sont ouverts qu'en fin de semaine, à partir de 22h mais la plupart des gens arrivent après minuit.

BUDGET / BONS PLANS

Le prix d'entrée des discothèques et salles de concert varie de 20 à 100 kn, selon la soirée, les artistes et DJ invités. Les cocktail bars et les beach-bars incluent l'animation musicale dans le prix des boissons. Compter autour de 60 kn le cocktail. Pour les gros festivals de musique électronique à Umag ou Pula, par exemple, qui visent les touristes européens, les prix des tickets sont élevés, autour de 100 € pour un pass de trois soirées (sans réservation). Des agences spécialisées en ligne proposent leurs services pour la vente de tickets seuls ou des forfaits avec en plus l'hébergement et le transport.

Dans le cadre des *summer festivals*, l'agenda des concerts et animations gratuits, à Pula, Poreč et Rabac, est bien rempli. Il est offert par la municipalité. L'entrée varie de 20 à 100 kn, selon la soirée et les DJ's invités. L'été, sur le littoral, ce sont les beach-bars clubs qui prennent le relais pour des soirées en bords de mer.

A RÉSERVER

Pour les gros festivals de musique électronique à Split (Ultra Europe) ou Pag (Zrce Beach, Novalja) par exemple, qui visent les touristes européens, les prix sont plus élevés. Des agences spécialisées en ligne proposent leurs services pour la vente de tickets seuls ou des forfaits pour l'hébergement et les tickets avec ou sans le transport (www.destinationclubbing.com / www.festicket.com/fr/festivals/).

TRANSPORTS NOCTURNES

A Zagreb, sur les 133 lignes de bus : 4 ont un service de nuit (de minuit à 4 h), À Dubrovnik, 10 lignes de bus circulent de 5 h du matin à minuit, à Split, 35 lignes, dont 2 nocturnes.

C'EST TRÈS LOCAL

Sur toute la côte adriatique, des beach-bars font le bonheur des estivants. Un vrai plaisir de se baigner et juste à côté d'avoir la possibilité de commander un verre, une glace ou une petite restauration tout en écoutant les sets du DJ.

FUMEURS

Depuis 2009, en Croatie, il est interdit de fumer dans les lieux publics.

LES PHRASES CLÉS

Bonsoir, comment puis-je me rendre à...
Dobra večer, kako mogu doći do...

Est ce que cet endroit est tranquille ? Il n'y a pas de problème de sécurité ?
Je li to mirno mjesto? Ima li nekih sigurnosnih pitanja?

J'aimerais voir un spectacle typique ! Qu'est-ce qu'il y a en ce moment ?
Volio/voljela bih vidjeti tradicionalni šou! Što se trenutačno daje?

Je ne comprends pas... pouvez-vous répéter s'il vous plait ? Merci.
Ne shvaćam, možete li ponoviti molim vas? Hvala vam.

Est-ce que je peux vous offrir un verre ? Quel est le meilleur cocktail de la maison ?
Mogu li vam kupiti piće? Koji je najbolji koktel kuće?

J'ai la gueule de bois, auriez-vous quelque chose pour que j'aille mieux ?
Mamuran/mamurna sam, imate li nešto da mi pomogne?

SE LOGER

BUDGET / BONS PLANS

▶ **Location saisonnière** dans un appartement privé, à partir de 35 € la chambre double (*sobe*), le studio : à partir de 45 €. Pour l'appartement entier, le prix varie selon le nombre de pièces, la saison, le standing, à partir de 65 € (2 personnes), une maison/villa à partir de 140 € par jour (4 personnes).

▶ **Une nuit dans une auberge de jeunesse (*hostel*)** : à partir de 10-15 € par jour et par personne, en formule dortoir. Les *hostels* proposent souvent des chambres doubles, à partir de 50 €.

▶ **Hôtel 3 étoiles :** entre 70 et 90 € la chambre double (moyenne et hors saison) ; de 120 à 150 € (pleine saison touristique) dans les grandes villes de la côte adriatique, les îles et à Zagreb.

▶ **Camping :** selon la catégorie, entre 3 et 5 € (hors saison), 7 et 8 € (pleine saison) par personne et par jour. L'emplacement pour les camping-cars entre 15 et 25 €, les bungalows autour de 50 à 60 € par jour.

A RÉSERVER

Comme partout, dans les zones très fréquentées par les touristes, ceux qui réservent à l'avance seront les mieux servis. Pour des hôtels avec vue imprenable sur la mer, des villas de rêve avec piscine, des résidences balnéaires luxueuses, des appartements, studios ou chambres dans le centre historique ou encore des maisons de pêcheurs transformées en robinsonnade, des mobil-homes et bungalows les mieux placés dans le camping, il faut prévoir de réserver dès le printemps, spécialement si le séjour se passe entre le 15 juillet et le 15 août.

C'EST TRÈS LOCAL

La Croatie est certainement le pays où l'on compte le plus de locations saisonnières privées. Bien avant le phénomène Airbnb, la traditionnelle *pansion* familiale accueillait le touriste en formule chambres d'hôte. Aujourd'hui, sur tout le territoire des villas, maisons, appartements, studios et chambres (toute catégorie) sont à louer pour les touristes. Les offices de tourisme et les agences réceptives possèdent des catalogues entiers à vous proposer, sans parler des centrales de réservation sur Internet. En général, le ménage est inclus dans le prix de la location.

FUMEURS

La législation est moins stricte en Croatie qu'en France mais, de plus en plus, les hôtels ou les résidences de vacances récentes interdisent la cigarette dans les chambres et sont équipés de détecteurs de fumée. Les propriétaires de locations saisonnières privées sont moins regardants.

© SIMONSKAFAR - ISTOCKPHOTO.COM

LES ATTRAPE-TOURISTES

Dans les gares routières, à la sortie du bus, il peut arriver d'être accueilli par des personnes, souvent âgées, qui vont tendent une carte de visite. Ce ne sont pas réellement des rabatteurs mais les propriétaires eux-mêmes qui cherchent à appâter le client sans passer par une agence touristique ou une centrale de réservation. L'état de location n'a donc pas été vérifié par un professionnel.

LES PHRASES CLÉS

Bonjour, avez-vous de la disponibilité pour une chambre double pour ce soir ou demain soir ?
Bok, imate li sobu s dva kreveta dostupnu noćas ili sutra?

Avez-vous un code wifi… les enfants ne tiendront pas sans !
Imate li šifru za Wi-Fi... inače će moja djeca poludjeti!

C'est bruyant, est ce que je peux changer de chambre ?
Bučno je, mogu li se premjestiti u drugu sobu?

Jusqu'à quelle heure est-ce que nous pouvons aller à la salle de sport et à la piscine ?
Kad se zatvaraju bazen i gimnastička dvorana?

Est-ce que je peux laisser mon bagage et revenir plus tard le récupérer ?
Mogu li ostaviti ptrljag i vratiti se kasnije da ga preuzmem?

Est-ce que vous pouvez nous appeler un taxi ? Merci beaucoup.
Možete li nam pozvati taksi? Puno vam hvala.

ALLO ?

La Croatie est divisée en 21 zones téléphoniques correspondant aux limites des 21 *zupanija* (régions). Les indicatifs téléphoniques sans le (0) sont les deux premiers chiffres de leur code postal, exception faite de la capitale : Zagreb : 1, Dubrovnik : 20, Split : 21, Šibenik : 22, Zadar : 23, Osijek : 31, Varaždin : 42, Rijeka : 51, Pula : 52

Appels sur les téléphones fixes. La Croatie depuis l'étranger : composer l'indicatif international 00 + puis celui de la Croatie 385, enfin l'indicatif régional, sans le 0 initial, suivi du numéro local. Exemple pour un appel de France à Zagreb : 00 385 1 489 8555 ; pour un appel à Pula : 00 385 52 223 588.
La France depuis la Croatie : 00 33, suivi de l'indicatif régional de l'Hexagone sans le 0. Depuis la Croatie en local : appel de la même région, directement le numéro sans l'indicatif régional. Exemple : 489 85 55. D'une région à l'autre en Croatie : indicatif régional complet avec le 0, suivi du numéro local à six ou sept chiffres. Exemple de Split à Dubrovnik : 020 362 900.
Dans les bureaux de poste, les kiosques à journaux, on peut se procurer des cartes SIM de différentes compagnies (Simpa, VIP, Tele 2), de 15 kn, 50 kn pour 20 minutes de communication à 100 kn.

Appels sur les téléphones mobiles. La quasi-totalité du territoire national est couverte par les opérateurs téléphoniques. Les numéros précédés de 0 91, 0 98 ou 0 99 correspondent à des téléphones portables locaux. Exemple pour un appel sur un mobile à Dubrovnik : 00 385 91 765 5991. Ceux commençant par 0 60 sont des numéros gratuits.

Smartphones, tablettes, ordinateurs. Skype permet aux utilisateurs de passer des appels téléphoniques ou vidéo *via* Internet. L'utilisation est simple : un micro, un casque et une webcam si vous en avez une. L'application gratuite pour smartphones Viber permet également de téléphoner sans frais.

Si vous souhaitez garder votre forfait français, pas de problème. Les frais de roaming n'existant plus dans l'Union européenne, vous pouvez téléphoner comme si vous étiez en France sans frais supplémentaires. Renseignez-vous toutefois auprès de votre opérateur.

ACCESSIBILITÉ

La Croatie a été parmi les premiers États européens à ratifier la convention internationale relative aux droits des personnes handicapées. Cependant sur le terrain, il y a encore du chemin à faire même si des initiatives en faveur des personnes vivant avec un handicap se mettent en place, notamment dans les services publics et touristiques. Par exemple, les visites de Zagreb en langue des signes, l'école de plongée pour les sourds-muets ou la compagnie du tramway électrique de la capitale (ZET), qui offre le transport gratuit aux voyageurs à mobilité réduite ; leurs accompagnateurs doivent toutefois s'acquitter d'un ticket. Plus d'infos : Fédération des associations croates de personnes handicapées, *via* le site Internet www.soih.hr.

URGENCES SUR PLACE

- **Appel d'urgence unique européen :** ✆ 112
- **Urgence médicale :** ✆ 194
- **Pompiers :** ✆ 193

SÉCURITÉ

- **Police :** ✆ 192

LGBTQ

La Croatie est un pays conservateur de tradition catholique. Les orientations sexuelles ne s'affichent pas en public mais les temps changent. Des établissements LGBTQ-*friendly* ont fleuri à Zagreb, sur la côte adriatique à Split, Hvar et Dubrovnik, et en Istrie. Dans la capitale, la Gay Pride a été rebaptisée Zagreb Pride. Ce défilé annuel, le plus populaire du pays, est aussi la première marche pour les droits des personnes LGBTQ qui, dans le sud-est de l'Europe, réussit à réunir le plus de participants. La ville a accordé des distinctions au comité d'organisation de la manifestation festive et militante (www.gay-voyageur.com/croatie/guide-gay-zagreb).

AMBASSADE ET CONSULATS

Les administrations publiques sont ouvertes du lundi au vendredi de 8h à 16h.

POSTE

Les bureaux de poste (Hrvatska Pošta) sont reconnaissables à leur panneau jaune avec le logo bleu. Comme dans les kiosques à journaux et les bureaux de tabac, on peut y acheter des timbres pour les cartes postales (3,10 kn).
Les livraisons de courrier et de colis ailleurs en Europe prennent un délai de 5 à 7 jours ouvrables. Compter de 12 à 21 jours pour l'international.

MÉDIAS LOCAUX

En plus des journaux nationaux publiés à Zagreb (*Jutarnji list* et *Večernji list*), chaque région possède son quotidien régional : *Slobodna Dalmacija* pour la Dalmatie, *Novi list* pour le Kvarner, par exemple. Dans les villes touristiques, la plupart des grands quotidiens internationaux sont disponibles… avec quelques jours de retard, tandis que des éditions en langue anglaise sont spécialement dédiées au tourisme.

Radio. Plusieurs programmes quotidiens d'informations sont diffusés en langues étrangères durant la saison touristique. Par exemple, sur la radio croate HRT1 (92.1 FM), des flashes en anglais arrivent chaque jour. Sur HRT2 (98.5 FM), de juin à septembre, les actualités en croate sont suivies de rapports de la compagnie des autoroutes croates (HAK) sur la circulation routière, en anglais, allemand et italien, en simultané avec les programmes de la radio bavaroise et de la radio autrichienne, italienne (RAI 1) et britannique (Virgin). Plusieurs fois par jour également, des infos pour les plaisanciers, des flashs d'actualités et l'agenda des sorties.

Télévision. Les trois chaînes publiques diffusent de nombreux programmes étrangers. Les films sont souvent des productions internationales en version originale sous-titrée en croate. Les bouquets numériques de la télévision par câble augmentent l'offre.

Internet. Les bars et restaurants utilisent volontiers Facebook pour présenter leur actualité. De nombreux organismes publics ou privés, des agences de communication, touristiques et culturelles ainsi que des particuliers tiennent un blog, des érudits locaux et les réseaux sociaux également (www.likecroatia.com, www.croatia-times.com, www.timeoutcroatia.com).

LES PHRASES CLÉS

Bonjour, mon téléphone ne fonctionne pas, pouvez-vous m'aider s'il vous plait ?
Bok, ne radi mi telefon, možete li mi molim vas pomoći?

Je ne me sens pas bien, pouvez-vous m'amener à l'hôpital le plus proche ?
Ne osjećam se dobro, možete li me odvesti do najbliže bolnice?

Est-ce que vous avez un médecin qui parle français ?
Imate li liječnika koji govori francuski?

Je viens de me faire voler mes papiers, où est le poste de Police le plus proche ?
Moja putovnica je upravo ukradena, gdje je najbliža policijska postaja?

Est-ce un quartier dangereux ou je peux y aller sans crainte ?
Je li ova zona opasna, ili mogu prošetati okolo bez brige?

Avez-vous des timbres pour une carte postale à envoyer en France ? C'est combien ?
Imate li pečata za razglednicu za Francusku? Koliko je to?

PASSPORT

DÉCOUVRIR

Commençons par le sud du pays ! Sur les routes du soleil, de l'Istrie à la Dalmatie, de vastes domaines maritimes défilent comme dans un film. C'est la mer infinie, un riche littoral à découvrir par la côte adriatique ou ses grands fonds. Si on entre un peu plus dans l'intérieur des hautes terres, les images de grandes plaines, des montagnes tournées vers la mer apparaissent, celles que les fans de la série *Game of Thrones* connaissent bien. Ils pourront marcher sur le pas de leurs héros. La Croatie est une jeune république, à l'histoire rythmée par les grandes civilisations latine, occidentale, orientale. Son patrimoine culturel n'est pas en reste sur la nature. Monuments historiques de toute époque dialoguent avec l'art contemporain, l'artisanat vivant, le folklore, la scène musicale, les nombreux festivals. Sans oublier la gastronomie, les produits gourmands et quantité de souvenirs à rapporter dans ses valises.

SELFIES À PORT-RÉAL !

L'intégrale des saisons de *Game of Thrones* restera marquée dans la mémoire des fans. Rarement une série aura autant remué les foules. Cette dernière décennie, il y a eu d'autres phénomènes télévisuels mondiaux, *Harry Potter* par exemple, qui mobilisa des millions de spectateurs et blogueurs en Grande-Bretagne. Mais les chiffres du tourisme engendrés par *Le Trône de fer* dépassent tous les pronostics. Tous, jeunes et moins jeunes, veulent marcher dans les pas de leurs héros en Islande, en Irlande du Nord, en Espagne, au Maroc, à Malte, où le tourisme s'est largement amplifié sous les effets magnétiques de la série, qui demeure, à ce jour, la plus regardée dans l'histoire de HBO. Dans cette quête du décor parfait, la Croatie, tout spécialement la Dalmatie, ne pouvait échapper à l'imagination fertile des réalisateurs. Retour sur une saga aux multiples rebondissements, entre fiction et réalité.

Westeros en Croatie

Depuis 2012, saison 2, Raguse est pour tous les fans Port-Réal, la capitale du royaume des Sept Couronnes, là où siège la famille Westeros. Un flux de touristes un peu spéciaux débarque régulièrement à Dubrovnik et se lance à la recherche du King's Landing, en réalité le fort Lovrijenac, monument emblématique de l'ancienne cité-État, qui trône *extra-muros*. Toile de fond de nombreuses scènes, le palais est dominé par le fantastique Red Keep (donjon Rouge), totalement réinventé. Pour la saison 1, les scènes extérieures furent tournées à Malte mais un différend avec la municipalité poussa les réalisateurs à trouver un autre lieu de tournage. Tant mieux pour Dubrovnik, qui pouvait se réjouir d'un tel revers de situation en sa faveur. Avait-elle oublié les dommages de la dernière guerre ? Effacé les marques des bombardements serbes et monténégrins ? En surface, en effet, tout est réparé. Dès les années 2000, la cité historique avait retrouvé l'harmonie architecturale de son extraordinaire tissu urbain, médiéval et baroque, grâce au vaste programme de reconstruction et de restauration, coordonné par l'Unesco.

Depuis 2016, le coup de projecteur généré par la série culte a fait augmenter le nombre de visiteurs en Dalmatie d'environ 15 à 20 %. En avril 2019, lors d'une avant-première privée, au fort Revelin, avant la projection de l'ultime épisode (huitième et dernière saison), le directeur du Croatian National Tourist, Kristjan Staničić, s'est à nouveau félicité de cet impact positif sur la promotion de son pays. Aujourd'hui, c'est une aubaine pour les tour-opérateurs, qui ont édité nombre de brochures thématiques, construit des parcours découverte sur les lieux de tournage ou employé des guides spécialisés.

Bien choisir son Game of Thrones Tour

Selon le temps passé en Croatie et le budget vacances, vous aurez l'embarras du choix, du jeu de pistes au pas de courses (2h) au circuit d'une demi-journée avec un accompagnateur passionné, qui arrive en costume médiéval, vous conduit aux sites, dans les monuments, vous donnant au passage un cours d'histoire sur la culture de Raguse, tout en vous inondant d'anecdotes sur les coulisses de tournage. Tout l'enjeu est de montrer le patrimoine historique tout en restituant les scènes mémorables. On reconnaît la silhouette de la tour-horloge, la jetée ouest, où la bataille de Blackwater fit rage dans la saison 2, avec des combats filmés sur les remparts, la façade du **Musée ethnographique** (p.353), qui servit d'entrée au bordel de Petyr Baelish, la cour du palais du Recteur, parfaite en résidence royale, la grand-rue publique (Stradun), les puissantes fortifications de Lovrijenac qui ont protégé Port-Réal, la porte Pile où le roi Joffrey affronta une révolte de citoyens, la baie de Pila, où la princesse Myrcella partit pour Dorne, où Sansa complota avec Littlefinger. Mention spéciale pour l'escalier de l'église des Jésuites Saint-Ignace-de-Loyola, où fut tournée l'une des scènes les plus choquantes de la série, la marche de la honte de la reine Cersei nue (final de la saison 5). Les parcours s'achèvent par une traversée en bateau jusqu'à Lokrum pour la fameuse photo souvenir sur le trône de fer, qui appartenait aux étonnants sujets du royaume de Qarth. Cette petite île, à quelques miles du vieux port de Dubrovnik, est une réserve naturelle où l'on vient toute l'année pour se détendre, l'été pour se baigner.

Certains fans, vraiment *addict*, choisissent l'immersion totale ! En plus de tous les lieux de la vieille ville *intra-muros* et de Lokrum, le tour inclut une visite dans l'ancien **arboretum de Trsteno** (p.468), à 15 km de Dubrovnik, puis la montée au mont Srđ au sommet duquel, comme le roi du King's Landing, on jouit d'une vue imprenable sur la perle de l'Adriatique.

Jet-setters, fans, croisiéristes ou simples vacanciers... quand c'est trop, c'est trop !

Mais tous ces lieux de tournage, toile de fond à la fiction, sont aussi des lieux de vie. Une manne économique qui s'avère très rentable pour certains riverains mais lourde à supporter pour d'autres qui habitent encore à l'intérieur des murs. Déjà prise d'assaut par le cortège quotidien des croisiéristes, des groupes qui voyagent en cars, la vieille ville étouffe littéralement d'un trop plein de visiteurs. Le tourisme de masse indispose au quotidien. De 5 000 au début des années 1990, le nombre de résidents a officiellement chuté à 1 500. En réalité, ils seraient moins de 700. Certains spéculent, louent leurs logements à prix d'or, en font des cafés-restaurants et vivent ailleurs. Ceux qui résistent, les moins aisés en général, subissent les nuisances sonores, l'intrusion des indiscrets dans leur immeuble, les petites incivilités. Voulant répondre à la grogne de ses administrés et à la menace de déclassement lancée par l'Unesco, le maire de Dubrovnik, Mato Franković, a dû signer des arrêtés courageux pour déterminer des quotas. La municipalité a installé un compteur à l'entrée de la cité close, afin d'abaisser à 4 000 le nombre de visiteurs à entrer chaque jour dans la cité historique.

Découvrir d'autres lieux de tournages tout aussi évocateurs

Ironie de l'histoire, les déboires de Dubrovnik en termes de surtourisme font le bonheur d'autres villes de l'Adriatique, ainsi que des communes plus modestes, où l'on conseille de se rabattre quand Port-Réal doit fermer ses portes pour juguler la foule. Split d'abord. La capitale dalmate, qui n'avait pas vraiment besoin de l'effet « GoT » pour remplir ses réservations d'hôtels, s'est pourtant prise au jeu. Au printemps 2019, elle vient même d'ouvrir un musée, le Game of Thrones Museum. Vetus-Itinera, une agence spécialisée splitoise, entièrement dédiée aux fans de la série, organise des séjours sur tous les lieux de tournages européens et croates.

Dans le centre historique, le **palais de Dioclétien** (p.356) fut construit à la gloire de la Rome antique, autour de 300 apr. J.-C. Ensemble architectural unique, classé au patrimoine mondial de l'Unesco, la résidence impériale repose sur un système ingénieux de soubassements sous voûtes, de tunnels et réseaux souterrains particulièrement bien restaurés. À l'intérieur de ces murs épais, sombres et suintants, on a filmé la salle du Trône de Daenerys et des puissants Targaryen, des luttes et des combats, le plus mémorable, celui de la reine de Westeros contre les seigneurs propriétaires d'esclaves, Mereen et Yunkai. En remontant à l'air libre, on passe par l'étroite rue Papaliceva (rébellion des esclaves), puis on part en banlieue verte, à quelques kilomètres de Split pour Žrnovnica, une commune qui abritait à l'époque médiévale des moulins à grains. Quelques-uns très pittoresques ont été méticuleusement restaurés. C'est là que Missandei, la servante et confidente de Daenerys, prend son bain. Toujours dans la région de Split, il y a aussi la localité lagunaire Kaštel Gomilica (ville libre de Braavos) et surtout la forteresse de Klis. Construite sur des falaises, la massive silhouette militaire fut le lieu de tournage choisi pour établir le fief de Danaerys Targaryen. Dans la vraie histoire croate, Klis fut le premier duché à statuer sur des lois, sous l'égide de Trpimir I, qui régna de 845 à 864. Aujourd'hui, la petite ville, qui a vu le nombre de visiteurs augmenter de plus de 60 % en 2018, profite directement du succès de la place forte. Les élus locaux et les musées municipaux voisins (Šibenik, Herceg Novi, Zenica) rêvent d'un plan de revalorisation du patrimoine régional. Ils ont pour projet commun un développement en agrotourisme durable, avec « ethnovillages », base de loisirs, pistes cyclables et autres restaurants de terroir.

Si vous choisissez un séjour sur plusieurs jours, vous entrerez aussi dans le vieux Trogir, filmé pour son ambiance de rues moyenâgeuses (scènes de saison 2, épisode 6) ; vous poserez pour la photo sur le parvis de la cathédrale Saint-Jacques de Šibenik, qui sert de décor imposant pour la Banque de fer de Braavos ; vous gravirez les marches de la **muraille de Ston** (p.480). À Imotski, dernier lieu de tournage mais pas des moindres, les deux lacs profonds captivent les fans. Le lac Rouge comme le sang des morts, le lac Bleu, comme les vêtements royaux de Daenerys. Toute une histoire... dont on se souviendra longtemps.

© JOACHIM BAGO - SHUTTERSTOCK.COM

Forteresse de Klis.

TOP 10

LIEUX DE TOURNAGE

À Dubrovnik et ses alentours, retrouver les lieux de tournage de l'heroic fantasy est comme un jeu de pistes. Pour vous aider à créer votre propre GoT Tour, voici une sélection des meilleurs spots où vous pourrez immortaliser les décors naturels de scènes mythiques avec votre image incrustée.

ENTRÉE DU BORDEL DE LITTLE FINGER

Quelques marches devant l'entrée du Musée ethnographique Rupe (ancienne Raguse).

DONJON ROUGE

Fort Lovrijenac redessiné sur un rocher surplombant la mer et les remparts. Entrée principale à la porte Pile (Vrata od Pila).

© ROMAN BABAKIN - SHUTTERSTOCK.COM

MARCHES DU GRAND SEPTUAIRE DE BAELOR

Escalier de l'église jésuite Saint-Ignace, dans la rue du même nom.

© MICHAEL PASCHOS - SHUTTERSTOCK.COM

JARDINS DU DONJON ROUGE

L'arboretum de Trsteno, dans la commune du même nom, à 15 km sur la riviera ouest de Dubrovnik.

© NADTOCHIY - SHUTTERSTOCK.COM

RUES ET CLOCHER DE PORT-RÉAL

Les arches du palais Sponza sur la grand-rue (Stradun) et au pied de la tour de l'Horloge.

© DREAMER4787 - SHUTTERSTOCK.COM

ROYAUME DE QARTH ET LE TRÔNE DE FER

Île de Lokrum, à voir un petit musée qui évoque les scènes de la série tournées sur place.

© OPIS ZAGREB - SHUTTERSTOCK.COM

PORT-RÉAL, QUAI EST

Le vieux port où se trouve l'embarcadère, bateau pour l'île de Lokrum.

© MILA ATKOVSKA - SHUTTERSTOCK.COM

PORT-RÉAL (KING'S LANDING)

La cour dans le palais du Recteur et le musée historique de la ville de Dubrovnik.

© IHOR PASTERNAK - SHUTTERSTOCK.COM

PALAIS DE QARTH

La cour dans le palais du Recteur et le musée historique de la ville de Dubrovnik.

© PAUL PRESCOTT - SHUTTERSTOCK.COM

ARÈNE DU DUEL ENTRE LA MONTAGNE ET LA VIPÈRE ROUGE

L'hôtel Belvédère, bombardé pendant la dernière guerre, encore à l'abandon.

© DONATAS DABRAVOLSKAS - SHUTTERSTOCK.COM

L'ANTIQUITÉ, SI LOIN SI PROCHE

En matière d'archéologie, le pays bénéficie d'un dispositif législatif exigeant. Le développement des fouilles systématiques est récent mais exemplaire, avec une place importante accordée aux chantiers préventifs. Des chercheurs nationaux collaborent volontiers avec leurs homologues suisses, italiens ou encore de l'Hexagone. La communauté scientifique européenne s'intéresse de près à cette nouvelle aire où des découvertes restent à faire. La Croatie a toujours été un carrefour migratoire. Dès le VIIIe siècle av. J.-C., les primo-arrivants venus du Nord vont s'installer au sud de l'actuelle Europe et dans les Balkans déjà occupés par les Illyriens. Puis ils noueront des contacts commerciaux avec les Grecs et les Étrusques, qui commencent sérieusement à convoiter ces côtes facilement abordables. Sur tout le territoire, un ensemble de sites, monuments et musées nous éclairent sur la civilisation antique en Mare Adriaticum et jusque dans l'ancienne Pannonie.

La Croatie hellénistique et romaine

Dans *L'Odyssée*, Homère choisit l'île de Mljet (Dalmatie du Sud) pour le repos d'Ulysse. Le héros navigateur y séjourne avec Calypso pour oublier Ithaque. Du mythe à la réalité, alors que les Illyriens peuplent l'intérieur de la terre insulaire, le port de Polače, blotti au fond d'une baie abritée, sert de mouillage aux marins romains, qui y fondent un village au Ier siècle, avec un palais. Des pans de murs en bel *opus reticulatum* tiennent encore debout.

L'île de Vis (Dalmatie centrale), connue des Grecs sous le nom d'Isa, avec son port du même nom, était déjà un point stratégique au IVe siècle av. J.-C. Une tête en bronze d'Artémis, conservée au musée archéologique, est un exemple de cet art hellénistique raffiné. Mais lors de la première guerre d'Illyrie, en l'an 229 av. J.-C., Démétrios de Pharos livre l'île aux Romains qui y instaurent leur premier protectorat. L'aventurier des mers est né dans sur une île voisine, l'actuelle Hvar. Ces primo-habitants, forts bien organisés, ont laissé sur place une influence durable dans l'écriture, la frappe des monnaies, le commerce, la viticulture, l'oléiculture. Entre Stari Grad et Vrboska, la campagne paisible n'a jamais cessé de donner ses fruits. Depuis sa première colonisation grecque, la plaine a gardé la même occupation des sols. Les parcelles géométriques délimitées par des murs de pierres sèches, les petites constructions, abris de jardin, que les paysans ont retapés avec soin : rien n'a changé. Le système de récupération des eaux de pluie avec citernes et petites rigoles fonctionne toujours. Le site nommé Ager fertile est déclaré réserve naturelle et classé par l'Unesco depuis 2008.

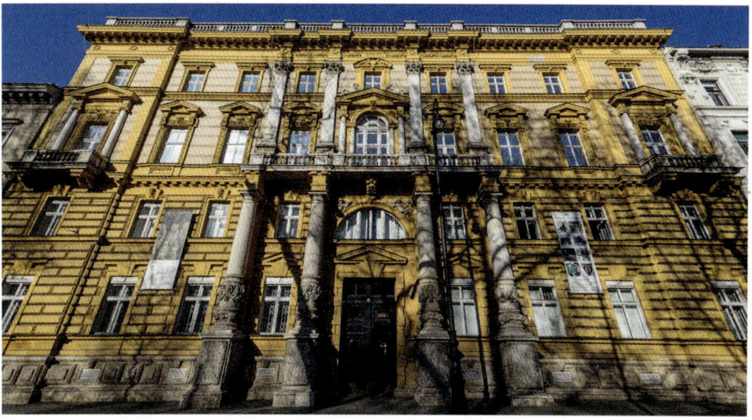

© ASTROBOBO - SHUTTERSTOCK.COM

Musée archéologique de Zagreb.

Arène de Pula.

Un savoir-faire agricole qui perdure, une organisation administrative en marche

En Dalmatie comme en Istrie, les Grecs puis les Romains ont introduit l'œnologie et l'ostréiculture sur ces terres ensoleillées. Aujourd'hui, des paysans entreprenants reprennent les méthodes antiques pour produire des vins doux, des huiles aromatisées. Par exemple, le vin de Pharos, que l'on produit à Bastijana (Jelsa/Hvar) ou ce cépage rouge croate, à base de plavac, qui repose une à deux années dans un chai sous-marin, de 18 à 25 m de profondeur. En température constante, les bénéfices de l'immersion du vin en cours de fermentation étaient déjà connus à l'époque antique. Au domaine viticole Edivo Wine situé à Drače (Pelješac), on organise des sorties en mer pour approcher les amphores, entreposées dans l'épave d'un bateau ancien.

Sur l'île de Korčula (baie de Lumbarda), on a découvert un texte grec sur un fragment de pierre gravée, qui remonterait au IVe ou au IIe siècle av. J.-C. Ce décret de loi (*psephisma*), l'un des plus anciens jamais trouvés en Croatie, régissait le régime de propriété des colons. Il est conservé au Musée archéologique national de Zagreb. Proche de la capitale, la Pannonie, au nord de la Croatie, vit naître des villes thermales, comme Aquae Iasae aujourd'hui inclus dans le complexe de bien-être Varaždinske Toplice, et d'autres agglomérations dont ne subsistent que quelques vestiges (Siscia/Sisak, Marsonia/Slavonski Brod, Mursa/Osijek, Cibalae/Vinkovci), la nécropole de Certissia à Štrbinci près de Đakovo.

Trouver un bronze antique aux fonds des mers, le rêve de tout plongeur

Mais le plus incroyable fut la découverte fortuite de René Wouters. Ce touriste belge, plongeur amateur, se trouvait, le 21 juillet 1996, au large de l'îlot Vele Orjule (Mali Losinj) sous 40 m de profondeur. Désirant se stabiliser pour prendre une photo, il réalise que le rocher sur lequel il s'appuie… est un homme, une sculpture recouverte de mollusques et coraux, couchée sur le flanc, en partie enfouie sous le sable. Trois ans plus tard, on ramènera enfin la statue sur la terre ferme. Il s'agissait bien de l'Apoxyomène, non pas une réplique romaine, comme celle du musée du Vatican, mais un original grec datant du VIe ou IVe siècle av. J.-C. Après restauration, on remarque qu'il ressemble à l'Apoxyomenos d'Éphèse. Presque complet, il lui manque juste l'auriculaire de la main gauche et dans un état de conservation exceptionnel, il est représenté de pied sur sa plinthe antique. L'historien d'art italien Paolo Moreno l'attribue à Dédale de Sicyone. Un musée, inauguré en 2017, lui est entièrement dédié à Mali Losinj. Il faut voir ce colosse de 1,94 m, pesant 184 kg, magnifique athlète nu à sa toilette. Il portait un strigile, sorte de racloir avec lequel les sportifs enlevaient le sable et la sueur de leur peau. On ne sait pour l'heure comment il a échoué là. La statue était-elle sur un bateau qui a fait naufrage ? On a trouvé près d'elle des jas d'ancre dont étaient équipés les navires romains. En tout cas, cette découverte impressionnante nous permet aujourd'hui d'admirer l'un des rares grands bronzes antiques si bien conservés.

À partir du IIe siècle, la Rome impériale se stabilise sur le pourtour méditerranéen

Peu à peu, les autorités consulaires découpent les provinces (Histria, Dalmatia, Pannonia). Les villes s'organisent selon un plan urbanistique formel, avec une architecture/sculpture typiques de la civilisation hellénistique, confortant leur impérialisme avec les progrès de l'agriculture (irrigation notamment), la frappe de la monnaie, le respect des cultes, le développement culturel. En Istrie, première région romanisée, on a trouvé de nombreux exemples du style gréco-romain. Par exemple, sur l'île de Veli Brijuni (baie de Verige), la villa rurale en bordure de mer avec petit port et dépendances ou, près de l'actuelle localité de Tar-Vabriga, sur un promontoire côtier, la villa Loron, implantée dès le début du Ier siècle sur le territoire de la colonie de Parentium (Poreč). Sur un site archéologique près d'Omišalj (île de Krk), c'est toute une cité (Fulfinum) qui s'augmentera plus tard du complexe paléochrétien *extra-muros* (Mirime).

Les monuments romains de Pula, Zadar ou Split sont au cœur des festivités estivales

D'une toute autre ampleur, Pula, la Colonia Iulia Pollentia Herculanea, s'impose déjà comme la capitale, le centre urbain suractif. Au milieu du Ier siècle, on commence les grands travaux dans le chef-lieu de l'Istrie. Portes monumentales, véritables arcs de triomphe à la gloire de l'empereur Auguste, place forte, forum, temple, théâtre, autant de bâtiments historiques monumentaux qui ont traversé deux millénaires. Mais le monument le plus célèbre, c'est bien sûr l'**amphithéâtre** (p.206). Classé sixième plus grand de l'Empire romain, il pouvait contenir jusqu'à 24 000 spectateurs. Aujourd'hui, il joue toujours son rôle d'accueil du public. Monument historique très visité, salle de spectacle, à la fois arènes populaires et haut lieu culturel. Rendez-vous préférés des locaux, en mai, les sons et lumières du salon multimédia Visualia, début juin, les Journées de l'Antiquité, en été, le festival de films européens, les concerts de stars internationales, etc.

D'autres sites antiques plus modestes émaillent le littoral et la région dalmate, ainsi l'augusteum de Narona (Vid, près de Metković), le camp militaire récemment restauré à Burnum/Ivoševci, près de Kistanje, et les ruines de l'aqueduc dans le **parc national de Krka.** (p.327)

Le passé de l'ancienne Zadar, nommée Iader, apparaît d'abord sur le forum, formidable agora et point central, où l'on se donne toujours rendez-vous aujourd'hui. Puis on entre dans l'église Saint-Donat, à la formidable acoustique. Elle fut construite au IXe siècle avec des fûts, des colonnes et des chapiteaux romains trouvés sur place. Le Musée archéologique de Zadar, à voir absolument, bénéficie d'une nouvelle scénographie. Les cinq grandes statues impériales y sont admirablement mises en valeur. Moins imposant, tout aussi précieux, le musée du Verre antique, unique en son genre, fut inauguré en 2009 à Zadar. On peut observer le travail des artisans, qui restituent devant nos yeux tout l'art des verriers de l'Antiquité.

Zadar et son église Saint Donat.

© MICHAEL PASCHOS - SHUTTERSTOCK.COM

Palais de Dioclétien à Split.

Le palais de Dioclétien, unique en son genre

En l'an 303 de notre ère, l'empereur romain Caïus Aurelius Valerius Diocletianus (Dioclétien) se retire en Dalmatie centrale, sa province d'origine. Il se sent affaibli par la maladie. Il juge plus sage de quitter les affaires de l'Empire décadent. C'est sur sa terre natale qu'il veut retourner. Il veut revoir Solina, la ville où il est né. Là, le convalescent retrouve une santé et vit encore neuf années. Pour sa retraite, il se fera construire cette cité rurale mais c'est surtout pour son palais à Split, face à l'Adriatique, qu'on le retient. À ceux qui l'implorent de reprendre les commandes de la maison qui brûle à Rome, l'homme transformé assure trouver plus de plaisir à cultiver son propre jardin qu'à « gouverner toute la terre ». Ces propos sont rapportés par Lactance, célèbre rhéteur et chroniqueur de l'époque. C'est ainsi que le despote Dioclétien, l'impérialiste impitoyable, finit en philosophe accompli au crépuscule de sa vie. Ce renoncement au pouvoir reste dans l'histoire comme la première abdication de tous les temps, celle que l'on cite en exemple aux dirigeants de ce monde.

La construction du palais de Dioclétien (p.356) *intra-muros*, au plan quadrilatère, tient une place à part parmi les monuments de cette époque. À la fois camp militaire et résidence impériale dotée de dépendances et de puissants soubassements, ce complexe monumental, l'un des mieux conservés de l'Empire romain, est inscrit sur la liste du patrimoine mondial de l'Unesco depuis 1979. De nos jours, ce centre historique est très vivant, les Splitois viennent à la criée aux poissons et faire leur shopping dans les boutiques-ateliers. Les rues piétonnes fourmillent des visiteurs avides de spectacles sous le péristyle, de galeries d'art, d'artisans et de bars-restaurants-terrasses. Toujours présents, de fiers gladiateurs sont prêts pour la photo souvenir, une troupe de théâtre chaque jour y fait revivre le quotidien de la grande Spalatum.

Pendant l'Antiquité tardive, la magnificence de Byzance brille dans l'Adriatique

Avec l'édit de Milan, signé par Constantin en 313, la persécution des premiers chrétiens prend fin, ce qui favorise la naissance d'une nouvelle forme d'art religieux. La période paléochrétienne se nourrit de la culture hellénistique tout en élevant de nouveaux canons esthétiques plus hiératiques. La Croatie est riche de plusieurs exemples architecturaux, à Salone (près de Split), deux basiliques parallèles érigées à la charnière du IVe et du Ve siècle, à Nin (près de Zadar), une église double rurale, dotée d'un baptistère, et plus tard en Istrie. Au VIe siècle, Byzance contrôle toute l'Adriatique, grâce à un système de fortification massif sur la rive orientale de la côte, afin de sécuriser le trafic maritime. Ainsi le stratégique *castrum* de Veli Brijun, dans l'archipel au large de Pula. Mais la grande fierté de la Croatie, le complexe de la basilique Euphrasienne (p.192), se trouve à Poreč. Avec son abside centrale, le baptistère octogonal, l'atrium rectangulaire, de somptueuses mosaïques, c'est le seul ensemble épiscopal paléochrétien aussi bien conservé, classé lui aussi au patrimoine mondial de l'Unesco (1997). Mais à la fin du VIe siècle, le déclin de l'Empire romain d'Orient touche tous ses territoires. L'actuelle Croatie se retrouve désormais incluse dans le royaume ostrogoth.

DANS LES PROFONDEURS DE L'ADRIATIQUE

Sur le littoral et dans les archipels croates, l'eau de l'Adriatique est si claire que tout plongeur amateur, avec juste un masque et un tuba, peut entreprendre son parcours « no kill ». Mais la grande aventure commence à l'approche des bateaux-épaves, échoués dans les fonds ou affleurant à la surface, proches du rivage... Certains navires remontent à l'époque antique. Encore chargés de leurs amphores comme à Cavtat, ils relèvent de l'archéologie sous-marine et leur accès est strictement contrôlé. D'autres galions furent lancés sous l'empire vénitien ou durant les dernières guerres du XXe siècle. Impressionnants récifs artificiels, ces colosses de bois et de métal abritent une riche faune et flore. Mais il arrive aussi que le plongeur tombe nez à nez avec d'autres types d'épaves, des carcasses plus exactement, balancées à la mer. Ainsi cette machine à laver, devenue l'abri préféré d'une pieuvre mythique, que l'on a localisée à proximité de Makarska.

Tour de la Croatie par ses grands fonds

Commençons par l'Istrie ! L'abordage de la grande presqu'île peut se faire par sa côte ouest, considérée par les marins comme la plus dangereuse de toute la Croatie. Plusieurs épaves, pour la plupart des pavillons de guerre, y reposent sous quelques dizaines de mètres de profondeur.

La plus impressionnante, au large de Rovinj, est sans conteste le ferry *Baron Gautsch*, long de 85 m et large de 12 m, coulé en 1914 par une mine sous-marine lors de son trajet Kotor-Trieste. 240 personnes périrent. Aujourd'hui, le bateau s'aperçoit enfin entre 28 m et 42 m de profondeur. Dans le golfe du Kvarner, au large de l'île de Krk, deux épaves (le *Lina* et le *Peltastić*) furent localisées. La première a heurté un rocher lors d'une tempête en 1914 et coulé à pic. La seconde affleure à quelques mètres de la surface. Il peut donc être visité par des plongeurs non expérimentés. La proue est dirigée vers les rochers de Krk ; le corps du bateau (mât, cheminées, winchs et même cabines) est particulièrement bien conservé. Avec prudence, on peut explorer « l'intérieur » en évoluant lentement pour ne pas soulever la boue.

Traçons à présent vers l'archipel des Kornati, véritable paradis pour la plongée. À partir de Pakostane, Biograd, Tisno ou Murter, on reste à proximité des îles protégées. Ces eaux ne font pas partie du grand parc national marin mais la faune et la flore y sont tout aussi belles. Près du phare de Veli Rat (p.304) (Dugi Otok), on peut aussi trouver une épave à visiter.

Au sud de la Dalmatie, les côtes offrent des fonds marins plus profonds qu'au nord. On découvre de nombreuses falaises rocheuses recouvertes de corail et des grottes. À quelques kilomètres au sud de Dubrovnik, on peut accéder à l'épave du *Seka od Mrkana* (entre 23 m et 52 m de profondeur), un bateau de transport de la marine italienne, touché par une mine des Alliés en 1943. Couchée dans un angle de 70 degrés, l'épave gît, la proue dirigée vers la surface. Des morceaux de sa cargaison et des pièces du moteur sont encore visibles. Dans la baie de Cavtat, à quelques kilomètres de la frontière avec le Monténégro, la fameuse épave de *Pithos* date du IVe siècle avant J.-C. Le navire a été transformé en musée sous-marin, où sont « exposées » à 30 m de profondeur des amphores en terre cuite toujours bien entreposées, où des jarres globulaires aux larges ouvertures sont si grosses qu'un homme peut tenir dedans. Mais c'est bien pour le transport du vin et du grain que l'on utilisait ces poteries monumentales.

Outre ses beautés naturelles, les fonds marins de Vis, aux confins de l'Adriatique croate, recèle des trésors d'archéologie militaire. Une trentaine d'avions, repérés à quelques miles de la terre ferme, datent de la Seconde Guerre mondiale. Avec l'assistance d'agences locales de plongée, on peut approcher le bombardier B-17G qui a coulé le 6 novembre 1944 à 150 m près du cap de Polivalo (baie de Rukavac).

Epave du ferry Baron Gautsch.

© ANGYALOSI BEATA - SHUTTERSTOCK.COM

Blue Cave.

La plongée exige de descendre à plus de 70 m de profondeur pour voir l'une des épaves d'avion les plus spectaculaires. Pratiquement intacte, la cabine du pilote est toujours en place. Autre île lointaine, Lastovo conserve l'épave du *Drasan plic*, indiquée en surface par une balise. Elle témoigne de la dangerosité de la zone.

Des grottes chromatiques au zénith

Au sud-ouest de l'île de Premuda, un site réputé baptisé la « katedrala » (baie de Široka) cache des grottes sous-marines reliées entre elles par des passages et laisse apparaître une roche poreuse. Quand les rayons du soleil entrent dans les cavités, un jeu d'ombres et de lumières fascinant se crée.

Sur l'île de Brač, les meilleurs spots de plongée se trouvent dans le canal qui la sépare de sa voisine Hvar. Dans une eau transparente, poissonneuse, on explore de nouvelles grottes, des tunnels et quelques petites falaises comme à Golubinja Spilja, Babaca Stine et Murvica ou, de l'autre côté (Hvar), à Zala Luka, Tatinja et Kabal. Un peu plus au large, dans l'archipel des îles Pakleni, une des plus belles falaises commence à partir de 5 m et descend jusqu'à 45 m. Au plus profond, se trouve d'innombrables gorgones rouges et violettes, des algues où se cachent les poissons, les escargots marins ou encore des oursins.

Vis offre toujours aux amoureux de la mer un grand nombre de plages et de baies magnifiques comme Srebrna, Stiniva, Stončica ou Rukavac. À 5 miles de Komiža, sur l'îlot de Biševo, la grotte Bleue fut découverte par le baron Eugen Ransonnet en 1884. Formidable phénomène naturel, la fameuse Modra Spilja, avec ses reflets azur projetés à la surface de l'eau et sur les parois rocheuses, aimante les visiteurs comme des papillons. La grotte Verte (Zelena Splija) (p.417), sur l'îlot moins fréquenté de Ravnik, n'est pas moins spectaculaire. Dans le parc naturel de Lastovo, les fonds marins de l'archipel révèlent aussi des passages secrets menant à des grottes mystérieuses, comme à Seka Drašan (nord-est de l'île), Petrovac (îlot Bijelac) ou près de Tajan, la falaise Struga, qui atteint 80 m de profondeur.

Mémo de prévention

Pour bien préparer et réussir sa plongée sous-marine, quelques conseils à appliquer avant, pendant et après la sortie en mer.

- Être en règle avec l'administratif. Pouvoir présenter ses papiers ID, la carte de diplômé, l'autorisation de plongée, le certificat médical.
- État de santé. Ne pas plonger si l'on ne se sent pas en forme, si l'on a fait la fête la veille.
- Pression de l'eau. Lors d'une plongée, une carie peut devenir douloureuse.
- Temps de réadaptation. Après plusieurs mois voire semaines sans plongée, prévenir le club réceptif de votre reprise.
- Lestage nécessaire. Pour une plongée plus confortable. On peut perdre jusqu'à 2 kg entre deux plongées quotidiennes.
- Plonger seul. À éviter ! Votre binôme doit pouvoir vous rassurer et réciproquement. Sinon, signalez votre présence (pavillon rouge avec diagonale blanche).
- Refroidissement. Dès les premiers frissons, prévenir le moniteur car plus on descend en profondeur, plus il fait froid.
- Réserves naturelles. Surpris dans un site interdit, vous pouvez être verbalisé ou voir votre matériel saisi par les gardes maritimes.
- Pas de collecte ! Ne rien remonter en surface (à part des déchets plastiques !), ni fragment d'épave, ni corail, éponge, coquillage ou rocher.
- Voyage en avion. Selon le nombre de plongées et leurs profondeurs, il ne faut pas prendre un vol dans les 24h ou 48h qui suivent.

DUBROVNIK
Une ville à découvrir toute l'année

GÉOGRAPHIE

Jouissant d'une grande variété de paysages, sur une petite superficie, le territoire de la Croatie, en forme de croissant, occupe une place centrale dans le sud-est européen. Ses frontières communes avec la Bosnie-Herzégovine, la Slovénie, la Hongrie, la Serbie et le Monténégro forment une mosaïque. Elle partage avec ces pays montagnes et hauts plateaux, forêts d'altitude et collines boisées, grandes plaines alimentées de puissantes rivières. L'intérieur des terres croates offre quantité de richesses naturelles. Pourtant, c'est bien la mer Adriatique, son littoral rocheux et ses archipels qui font l'essentiel de son attrait touristique. De ce côté-là, on peut dire que le pays est privilégié. L'Adriatique trace une façade littorale de 5 835 km au total. La côte croate a donné naissance à 698 îles, 389 îlots et 78 récifs. Aujourd'hui, seules 47 sont habitées, dans le sens où au moins une personne y réside à l'année.

Une nature généreuse, entre terre, mer et montagnes

Du nord au sud, la géographie croate et le climat varient du tout au tout. La Croatie continentale et la façade méditerranéenne sont coupées par la barrière montagneuse des Alpes dinariques, soit deux parties bien distinctes qui ont façonné culturellement deux visages. Une troisième zone intermédiaire, au climat semi-continental, se distingue dans le centre, assimilé au nord. Le pays est divisé en six territoires (Croatie du Nord, Croatie centrale, Slavonie, Istrie, Kvarner, Dalmatie), vingt *županija*, l'équivalent de nos régions, chacune dirigée par un *župan* (préfet).

Des terres agricoles et une nature préservée aux portes de Zagreb

Les deux régions continentales, fières de leurs montagnes, ont leurs pistes de ski, aménagées près de Sljeme, Ogulin ou Bilogora. Parcourues par de nombreuses rivières, rapides et lacs, les vallons et les plaines abritent des grottes préhistoriques comme celles de la Krapina, où l'on a découvert un important gisement d'ossements humains remontant à l'ère de Neandertal, qui vivait là il y a 125 000 ans.

Depuis, le développement de Zagreb s'est accéléré. Plus grande ville du pays, c'est aussi la seule à avoir le statut de comté (comitat). Au nord de la capitale, les régions du Zagorje et de Varaždin étaient déjà connues des Romains pour leurs sources d'eaux chaudes riches en souffre. Aujourd'hui, les stations thermales de Stubičke Toplice, Krapina ou Tuheljske Toplice profitent toujours de ces vertus curatives. Mais, c'est aussi une région instable.

Le 22 mars 2020, Zagreb est frappée par un séisme de magnitude 5,3 faisant d'énormes dégâts matériels, occasionnant la fermeture de lieux public et de musées. Le 29 décembre 2020, c'est Petrinja une municipalité à une cinquantaine de kilomètres au sud-est de Zagreb, qui est touchée par un tremblement de terre de magnitude 6,4. La moitié selon le maire de la ville est détruite.

La Slavonie – ne pas confondre avec la Slovénie ! – est délimitée par les plaines alluviales de la Drave, de la Save et du Danube. Cette région est régulièrement soumise aux caprices de ses cours d'eaux, plus ou moins imprévisibles, qui inondent d'immenses espaces, des marais à la riche biodiversité, classés parcs naturels (Kopački Rit et Lonjsko Polje). Sur les terres arables, au sol argileux fertile, on cultive de grands champs de blé, d'orge, de maïs, de betteraves à sucre ainsi que des vignobles. Une terre de légendes, appréciée des touristes pour ses superbes châteaux et ses routes des vins.

À l'ouest, d'autres plaines s'étendent vers Sisak, jusqu'à Kordun et les monts du Žumberak, dans le comitat de Karlovac. Cette ville aux quatre rivières a su tirer avantage de l'écotourisme en milieu aquatique. Les régions délimitées par le triangle que forment les villes de Karlovac, Rijeka et knin incluent des paysages de montagne (Gorski Kotar, Risnjak) et le parc national Plitvička Jezera, site le plus visité de Croatie, célèbre pour ses lacs d'altitude et ses chutes d'eaux spectaculaires.

© PETER POLIC - SHUTTERSTOCK.COM

Vue depuis le sommet Vojak, parc national de l'Ucka.

© XBRCHX -SHUTTERSTOCK.COM

Iles Kornati.

Encaissés entre les chaînes montagneuses du Velebit et de la Dinara, les hauts plateaux karstiques de la Lika font la frontière avec la Bosnie-Herzégovine. La roche calcaire a été érodée par l'eau, créant toutes sortes de phénomènes géologiques étonnants. Ainsi les dolines, ces trous géants, dus aux affaissements de terrain impressionnants, qui apparaissent souvent en groupe (*ouvala*) et forment des gouffres, des lacs, des lapiaz et autres grottes.

L'Istrie et le Kvarner mutualisent leur patrimoine naturel

L'Istrie couvre une péninsule située à l'extrémité occidentale de la Croatie, proche de l'Italie et de la Slovénie. Surnommée la Toscane de la Croatie, la région est située aux pieds des Alpes et borde l'Adriatique. Une combinaison de zones côtières, archipels et arrière-pays vallonné avec de pittoresques villages perchés. L'Istrie partage, sur sa côte ouest, une large baie, qui a donné son nom à la région du Kvarner.

Au centre de cette mer bordière, on a construit Rijeka, premier port et troisième ville croate. Le golfe ouvre sur plusieurs grandes îles, Krk, Cres, Lošinj ou encore Rab. Administrativement, Krk et Cres constituent la quatrième grande région croate, nommée Istrie-Primorje.

Dans le parc naturel de l'Ucka, au nord-est, le long des Alpes dinariques, la montagne reste bien présente, couplée au puissant Velebit, qui nous accompagne de Rijeka à Makarska sur la route nationale magistrale.

Le vrai Sud croate, c'est la Dalmatie !

Dans l'Empire romain antique, la province de Dalmatie s'étirait le long du littoral adriatique, de la côte ouest de l'Istrie jusqu'au port ancien d'Ulcinj (Monténégro). Ce trait commun s'affirme déjà : végétation d'altitude, ambiance méditerranéenne pour la côte et les îles avec cultures d'arbres fruitiers (oliviers, figuiers, citronniers, amandiers), vignobles ou paysages semi-désertiques.

Aujourd'hui, pour sa partie croate, la Dalmatie s'étend sur plus de 350 km, de l'île de Pag et de la rivière Zrmanja, voisine la Bosnie-Herzégovine, pour s'étirer jusqu'à la presqu'île de Prevlaka. La région est fermée à l'est par la chaîne des Alpes dinariques, qui borde de près les villes et bourgs du littoral, les ports et les stations balnéaires dalmates.

Autour de Šibenik, Dubrovnik, Zadar et Split (deuxième ville du pays), les quatre comitats représentent pour les touristes de bonnes bases pour un séjour terre et mer. On peut organiser des journées entières dans le parc national de Paklenica (p.312) (canyon), les grottes de Špilja Modrič, les cascades de Krka, le Biokovo, puissant mont du Velebit qui culmine à 1 762 m (Sveti Jure). Les locaux décrivent bien sa double nature, « les pieds dans l'eau, la tête dans les éclairs ».

En Dalmatie, on distingue trois sous-régions, qui possèdent chacune de superbes sites marins souvent protégés, mais menacés par la pollution qui sévit dans toute la Méditerranée. La Dalmatie du Nord, les îles Losinj, Dugi Otok et son lac salé Telašćica, l'archipel des Kornati ; la Dalmatie centrale, très fréquentée, en face de Split, l'île de Brač et sa célèbre plage Zlatni rat, Hvar, les îlots Pakleni, Vis, Biševo ; et pour finir, la Dalmatie du Sud, avec la péninsule de Pelješac, les îles Élaphites, Korcula et Mljet.

Pour un comparatif des différentes cartes géographiques du pays (relief, découpages régionaux, infrastructures, transport) : www.croatie-tourisme.com/geographie/

NATURE

L'attention particulière que nombre de concitoyens croates portent à la biodiversité ne cache pas l'inquiétude grandissante devant le succès public de certains parcs nationaux qui, chaque année, enregistrent des taux record de fréquentation. Pourtant, sur tout le territoire, on compte quelque 779 sites naturels ou semi-naturels, soit 36,6 % des surfaces terrestre et marine (56 594 km²). Ce pays gâté par la nature a fait de ce patrimoine fragile l'un de ses principaux atouts touristiques et économiques. Huit parcs nationaux et onze parcs naturels protègent ces paysages, entre terre et mer, montagnes et archipels. Un pays où les gens du Nord vivent en bonne intelligence avec les ours et les loups, où l'on gagne le Sud en moins de 4h de voiture. Le contraste est saisissant à l'image du mont Biokovo, massif abrupt qui plonge dans la mer. Autre rareté, dans le golfe du Kvarner, la vie insulaire convient aux vautours fauves et les habitants de Losinj adoptent des dauphins.

Au nord, près de la frontière slovène

Dans les forêts des Alpes dinariques, domaine naturel des grands arbres, les conifères dominent (sapins, pins noirs, épicéas) mais aussi les genévriers, qui résistent bien aux neiges hivernales. Dans les parties basses, s'étendent les collines boisées, les vallons, les vastes prairies, où poussent différentes espèces de chênes pédonculés, charmes, noisetiers, hêtres, érables sycomores.

Dans le grand Nord croate, le roi de la forêt, c'est l'ours brun !

Ils seraient plus d'un millier à s'y reproduire. Si la chasse aux sangliers, cerfs ou chevreuils est largement autorisée, tirer sur l'ours est strictement règlementé (quatre mois par an) ; le plantigrade faisant partie des trois grands carnassiers protégés avec le lynx et le loup. À l'université vétérinaire de Zagreb, la recherche sur l'ours brun est dirigée par l'un des meilleurs spécialistes européens, le professeur Djuro Huber. L'association Kuterevo, dans un village du même nom (30 km de Senj), participe également à sa sauvegarde. Une équipe de bénévoles y gère un refuge pour les ours orphelins, que l'on peut visiter.

Dans la forêt toujours, l'observateur patient pourra apercevoir sangliers, chats sauvages ou renards roux. Avec le loup, c'est plus difficile ! Réintroduit en Slovénie dans les années 1990, le canidé redouté vient de réapparaître au nord de la Croatie et dans les hauteurs du parc de Plitvice. Beaucoup moins crainte, la martre des pins, la kuna, tient une place particulière dans le cœur des Croates. Ce petit mammifère carnivore, de la famille des mustélidés, a été choisi comme symbole de la devise nationale (HRK). Au Moyen Âge, la fourrure de sa queue longue et touffue servait de monnaie d'échange. Aujourd'hui, l'animal est gravé sur les pièces toujours en vigueur tout comme l'ours, le poisson, la tourterelle ou l'iris jaune endémique (*Degenia velebitica*).

Autre animal emblématique, l'étrange protée anguillard (*Proteus anguinus*), que les plongeurs ont débusqué dans les grottes karstiques des Alpes dinariques (Slovénie, Croatie, Bosnie-Herzégovine, Italie). Protégé au même titre que les amphibiens, le prédateur des souterrains aquatiques appartient à la famille des salamandres. On le surnomme parfois « poisson humain » car sa peau photosensible ressemble à celle de l'homme. Protégée également, la loutre de mer, qui vit dans les eaux des parcs nationaux de Plitvice et Krka, se nourrit d'écrevisses et de poissons d'eau douce.

© NEIL BURTON - SHUTTERSTOCK.COM

Ourson brun.

© ADAM KE - SHUTTERSTOCK.COM

Fonds marins près de l'île de Hvar.

Dans ces lacs et rivières, on trouve aussi des anguilles, carpes, truites, brochets, huchons, silures. Dans les zones humides slavones (nord-est), de nombreux oiseaux migrateurs font le bonheur des ornithologues. Dans le parc naturel du Kopački Rit (p.172), on compte plus de 275 espèces d'oiseaux. Il y a le héron cendré, le canard sauvage, la poule d'eau, la grue, l'aigle doré, l'aigle aux pieds courts ainsi que des cormorans, aigrettes, sternes, pygargues, cigognes…

Surpêche et réchauffement climatique

Les fonds marins, ceux de l'archipel des Kornati par exemple, sont tapissés de posidonies. Accrochés aux rochers, des gorgones, des coraux, des nudibranches. On peut voir des étoiles de mer, des éponges, plus rarement des hippocampes et très fréquemment des oursins, signes d'une excellente qualité de l'eau. Au large de l'île de Losinj, une petite colonie de dauphins sauvages est choyée par l'association Blue World Institute's alors que l'on vient de réintroduire des tortues de mer sur la côte istrienne. Sur l'île de Cres, la colonie de vautours-fauves ne fait pas bon ménage avec les vacanciers. On tente de les réimplanter sur le continent.

Sur les terres méridionales, les fosses karstiques ont créé des lacs profonds, des lacs salés où l'eau douce se mêle à l'eau de mer. La flore endémique s'adapte aux fortes températures. Cyprès, oliviers, figuiers, amandiers sauvages puisent l'eau en profondeur. Dans la garrigue ou le maquis, parfumés de plantes aromatiques, se cachent la mangouste, l'hypolaïs des oliviers, la tortue d'Hermann, des lézards, des insectes. Dans le canyon de Paklenica, logent faucons pèlerins, éperviers, busards-chouettes, sans oublier les vipères, deux espèces endémiques, l'unicorne et la péliade. Oui il y a pas mal de serpents en Croatie ! La plupart non venimeux, comme le serpent-léopard, la couleuvre ou l'orvet. En somme une biodiversité admirable !

Un pays partagé entre tourisme et écologie

Mais aujourd'hui, la Croatie n'échappe pas au paradoxe planétaire. Ses eaux cristallines en mer Adriatique attirent toujours plus de monde. Cette surfréquentation nuit à l'écosystème. Ces dernières années, une prise de conscience collective pointe les problèmes de la pression environnementale. Le constat est simple : la poule aux œufs d'or est fragile.

Après la dernière guerre, la Croatie a rapidement valorisé ses ressources naturelles pour les transformer en une véritable mono-industrie. Les enjeux économiques liés au tourisme reposent sur l'attrait de cités historiques mais surtout sur les joies du balnéaire, de la plaisance, sur la découverte des fantastiques parcs nationaux. Avoir la chance d'entrer dans une nature intacte, se baigner au pied des cascades, guetter le passage des oies sauvages, trouver une île déserte, observer les fonds marins, croiser des mammifères marins ou des grands oiseaux… tout cela est possible en Croatie. Problème : chaque été, le tourisme de masse dans le Sud est tel qu'il menace à terme l'équilibre de ce formidable patrimoine naturel. Le bétonnage des côtes et des îles se conjugue avec l'augmentation des bateaux de croisière, de l'exploitation offshore et autres polluants. Mais comment trouver un compromis entre la nécessité d'exploiter la nature et le devoir de préserver notre bien commun ? C'est l'énorme défi qui attend les dirigeants politiques croates et, partant, toute la société civile.

CLIMAT

Comme partout en Europe du Sud, la période printemps/été est idéale. Cependant, de mi-juillet à mi-août, le grand littoral sud connaît un afflux de visiteurs étrangers. Les températures sont parfois caniculaires, les plages comme certains sites sont bondés. Pourtant, on peut se baigner de début juin à octobre (température de l'eau entre 21 et 24 °C), le tourisme de masse n'est pas arrivé ou déjà reparti. En avril et fin octobre, il fait frais pour dormir sous la tente ou se baigner, mais la côte adriatique bénéficie encore de journées ensoleillées. Des épisodes pluvieux sont à prévoir. On enregistre des hausses de fréquentation sur les demi-saisons (printemps/automne), appréciées par les amateurs de découverte, de patrimoine, d'art de vivre, de bien-être, de cyclotourisme, de randonnée… En Croatie, la magie de l'hiver se vit plutôt dans les villes parfois enneigées (Zagreb, Rijeka, Split, Dubrovnik), qui misent sur les fêtes de fin d'année.

À l'intérieur des terres, un climat continental

La région nord au climat continental connaît des hivers rigoureux et des étés chauds et secs. Dans les Alpes dinariques, on a recensé une vingtaine de pics montagneux de plus de 1 000 m d'altitude, celui de Dinar, le plus élevé, culmine à 1 830 m. On skie à Sljeme ou à Platak. Les températures d'altitude oscillent de - 5 °C (janvier) à + 15 °C (août). Les précipitations extrêmes vont de 30 mm (juillet) à 270 mm (mars). Le taux annuel moyen d'humidité relative se situe autour de 75 %. Dans l'ensemble, peu d'habitants vivent dans ces montagnes inhospitalières. La densité démographique augmente dès que l'on descend dans les vallées et plaines centrales. Le climat devient semi-continental avec des hivers froids, alternant des chutes de neige fréquentes et des températures souvent négatives. Les étés sont chauds, une moyenne de 25 °C (juillet et août) avec des orages en fin de soirée.

À l'est, les précipitations extrêmes sont de 30 mm (février) et 180 mm (juillet). Le taux annuel moyen d'humidité est de 68 %. Au printemps 2014, la Slavonie, frontalière de la Serbie et de la Bosnie, a connu la pire dépression pluvieuse de son histoire – un cumul de 205 mm à Belgrade, qui a entraîné le débordement de la rivière Save et l'effondrement des digues. Le bilan fut lourd : deux morts en Croatie, la perte du bétail, des déplacements de populations, la destruction de certaines infrastructures.

Le climat méditerranéen de la côte adriatique

De type méditerranéen, l'Istrie et la Dalmatie bénéficient d'un bel ensoleillement toute l'année. Les températures douces se situent entre 7 °C (février) et 28 °C (juillet et août), avec des pics dépassant les 35 °C au plus fort de la saison estivale. De juin à octobre, la température de l'eau oscille entre 20 et 26 °C, avec des étés indiens qui se prolongent. En automne et au printemps, des orages et de brusques épisodes pluvieux peuvent surprendre. Des précipitations extrêmes de 15 mm au printemps peuvent aller jusqu'à 135 mm (décembre).

Des vents – facteurs importants du climat croate –, retenons les plus influents. La bora (nord-est), aux rafales qui peuvent atteindre les 200 km/h, se fait fortement ressentir sur la côte qui borde la montagne Lika, parfois même jusqu'à Dubrovnik, où le trafic aérien est stoppé quand elles sont trop fortes. De l'autre côté, le jugo, (du sud-est), plutôt chaud, annonce l'orage. Enfin, le maestral (nord-ouest), allié des véliplanchistes, peut apporter en été de légères brises continues. Durant l'été 2017, où l'on enregistra des pics de températures autour de 35 °C et des vents violents, l'épisode caniculaire a vu d'énormes feux de forêt se déclarer à la mi-juillet, emportant des centaines d'hectares de pinèdes aux portes de Split. Mais comparé au Portugal, à l'Espagne ou même à la France, la Croatie est plutôt épargnée par cette catastrophe naturelle.

ENVIRONNEMENT

Un littoral préservé, un nombre élevé de zones naturelles par rapport à la superficie, peu d'industries polluantes... La Croatie se montre plutôt vertueuse sur le plan environnemental. Son adhésion à l'Union européenne, en 2013, passait d'ailleurs par des engagements sur ce sujet. En termes d'émissions de CO_2, ce petit pays de 4 millions d'habitants se révèle bon élève. Ses émissions ont ainsi diminué de 4,3 % entre 2017 et 2018. Il n'y a que deux centrales à charbon, une grande partie de l'électricité (37,8 % en 2016) provient de centrales hydroélectriques, tandis que l'éolien a été développé depuis les années 2000. Mais des problématiques environnementales demeurent, notamment l'impact désastreux du tourisme de masse (certes un peu réduit avec la pandémie) ou l'énorme exploitation commerciale du Terminal de gaz naturel liquéfié (GNL), qui flotte au large de l'île de Krk. La société civile et les mouvements écolo veillent au grain mais ils ne font pas le poids face aux enjeux géo-économiques.

DÉCOUVRIR

Les escapades nature incontournables

On compte, en Croatie, huit parcs nationaux, onze parcs naturels et deux réserves naturelles. Le parc national des Lacs de Plitvice (p.158) est le plus incontournable. Huit itinéraires différents, sous forme de boucle, balisés, permettent de faire des parcours de 3 à 8 heures autour de seize lacs reliés entre eux par d'impressionnantes cascades. On peut y observer la plus grande chute d'eau de Croatie (Veliki Slap) et faire du bateau sur le grand lac Kozjac. Aux abords, du site vous trouverez hôtels, gîtes, campings... Pour les amateurs de randonnées, le parc national du Biokovo, classé parc naturel, est également parmi les incontournables. Il offre de sublimes panoramas au-dessus de la mer. Son sommet le plus élevé, le Saint-Georges, culmine à 1 762 m. Ce site, qui se visite toute l'année, abrite une faune variée : chamois, loups, une grande variété d'oiseaux ou encore des aigles fauves. On peut également y faire du parapente et de l'escalade. Le parc naturel d'Ucka offre également de très belles vues sur le golfe du Kvarner. Des espèces d'oiseaux rares vivent et se reproduisent dans ce parc : la campanule d'Ucka, le vautour griffon ou encore l'aigle d'or. Moins fréquenté mais également intéressant, le parc naturel de Risnjak, avec ses pistes le long de la rivière Kupa, son lac et ses parois d'escalade, est la garantie d'un grand bol d'air. Le parc national de Sjerverni Velebit abritait autrefois des éleveurs de troupeaux. Il a été institué parc en 1999. Les hivers y sont rigoureux, mais dès qu'il fait beau c'est un paradis pour les amoureux de la nature intacte. À Zagreb, le Botanicnki Vrt (p.127) est un petit écrin de verdure dans la ville avec deux lacs artificiels et des allées plantées, ouvert le printemps et l'été.

© GORAN_SAFAREK - SHUTTERSTOCK.COM

Parc national de Velebit.

Le tourisme, bon pour l'économie, mauvais pour l'écologie

La Croatie abrite une biodiversité riche, dans un vaste réseau d'aires protégées. Ses huit parcs nationaux et onze parcs naturels couvrent à eux seuls une superficie de 5 151 km², soit 9,1 % du territoire national. Les lacs de Plitvice sont inscrits sur la liste du patrimoine naturel mondial, tandis que le massif du Velebit et le parc régional Mur-Drave-Danube participent au réseau international des réserves de biosphère MAB. Les zones Natura 2000 représentent 36,5 % de la surface du pays. Mais cette beauté des paysages aiguise l'appétit des investisseurs, au risque de mettre la nature en péril. Le meilleur exemple à ce propos est la situation du parc national des lacs de Plitvice, dont le nombre de visiteurs est passé de 500 000 en 1979 à 1,7 million, en 2017. Les constructions qui ont fleuri autour du parc, ainsi que leurs systèmes d'évacuation non conformes, affectent directement l'écosystème des lacs. De plus, les touristes ne respectent pas toujours les itinéraires balisés ou les interdictions de se baigner.

Parc national du Velebit.

Résultat, l'Unesco a menacé de déplacer le parc dans la liste du patrimoine mondial en péril

Les littoraux croates souffrent également de paradoxes. Les plages et les eaux croates sont de très bonne qualité environnementale, parmi les meilleures du pourtour méditerranéen. Mais là encore, le tourisme n'est pas sans impact. Les activités nautiques non réglementées, les constructions sur des espaces protégés du littoral, ou encore les déchets générés par le flux de touristes pèsent sur la mer Adriatique. Les bateaux de croisière, même s'ils sont moins nombreux qu'il y a quelques années, continuent de générer de nombreuses pollutions, notamment à cause de leurs rejets de produits chimiques et d'eaux usées. Autre sujet d'inquiétude : l'entrée dans l'UE de la Croatie a eu pour conséquences d'intensifier la pêche industrielle dans ses eaux. Le déclin des poissons et crustacés de toute sorte est particulièrement marqué dans cette région de la Méditerranée, également affectée par les changements climatiques.

Des associations mobilisées pour la préservation des littoraux et du climat

Face au tourisme de masse et ses conséquences, Zelena Akcija (Action verte en français), membre de la fédération internationale des Amis de la Terre, est l'une des associations les plus connues. Elle se mobilise contre la bétonisation des littoraux depuis une dizaine d'années. Parmi ses autres chevaux de bataille figure la lutte contre l'exploration gazière et pétrolière. Elle a été rejointe dans ce combat par l'association Fridays for Future – Zagreb, créée dans la foulée de l'appel pour le climat lancé par l'activiste suédoise Greta Thunberg.

L'un des gros projets contestés par les associations environnementales, le terminal de gaz naturel liquéfié flottant de l'île Krk, est entré en service en 2020. Le GNL est une énergie fossile qui émet du CO_2. alors que l'installation de ce terminal d'une capacité annuelle de 2,6 milliards de mètres cubes fait craindre pour le littoral. L'Union européenne soutient ce gros projet, premier du genre en Croatie, qui est censé réduire la dépendance du pays à la Russie. Les associations écologiques estiment elles que l'exploitation commerciale du Terminal GNL de Krk sert surtout des intérêts privés.

Gestion des déchets : l'urgence d'agir

C'est l'un des gros points faibles de la Croatie en termes d'environnement. Le pays est l'un des membres de l'Union européenne les moins efficaces dans la gestion de ses déchets et peine à remplir ses objectifs de recyclage. Les centres de déchets sont très mal gérés, en particulier celui de Marišcina, dont les associations réclament la fermeture. La municipalité de Krk est sur la bonne voie, avec plus de 50 % de déchets triés, mais à côté, la situation de la capitale Zagreb est effroyable. Cette ville, qui abrite 25 % de la population croate et génère un tiers des déchets du pays, est la moins bonne capitale européenne en termes de tri et de recyclage. Il n'est pas rare d'y voir des tas de déchets s'accumuler sur les trottoirs, faute de collecte bien organisée. On note toutefois une initiative remarquable dans le pays : l'île de Zlarin a décidé de s'engager dans la lutte contre le plastique à usage unique. Les magasins, restaurants, associations et autorités locales y ont signé une déclaration s'engageant à réduire leur utilisation du plastique. Vous aussi, vous pouvez prendre le pli, en évitant les gobelets en plastique ou les aliments suremballés…

HISTOIRE

Tour à tour au centre d'influences marquantes, entre Occident et Orient, ce discret pays nous raconte pourtant une histoire bien mouvementée. Des premières tribus illyriennes, carpatiques ou celtiques à la Pax romana, de l'Empire byzantin au Moyen Âge, des premiers rois croates aux appétits impérialistes des pays voisins, auxquels s'ajoute la menace ottomane. La Croatie doit se battre pour imposer l'unité souveraine. Au début du XIXe siècle, le nationalisme croate se réveille et s'affirme durant la Première puis la Seconde Guerre mondiale, où l'on verra arriver au pouvoir un parti d'extrême droite, sous tutelle du IIIe Reich allemand. La résistance antifasciste s'organise. Elle sera matée sur fond de guérilla royaliste serbe et d'extrémismes de tous bords. L'après-guerre est marqué par l'adoption du collectivisme soviétique au sein des républiques yougoslaves, mais la mort du maréchal Tito fait exploser l'État fédéral et précipite la région dans la dernière guerre (1991 et 2001). En juin 1991, la Croatie déclare son indépendance. Un grand pas est fait vers la démocratie, la modernité, soutenu par l'UE, qu'elle intègre en juillet 2013.

900 AV. J.-C. - 400 AV. J.-C

Arrivée des Illyriens puis des tribus venues du nord des Carpates et des Celtes, sur l'actuel territoire croate. À partir du Ve siècle av. J.-C., ce sont les Grecs qui naviguent dans la mer Adriatique et installent des colonies dans les archipels et sur la côte.

168 AV. J.-C

Troisième guerre d'Illyrie

Les Romains s'opposent aux Illyriens sur une zone de campagne militaire, qui longe le littoral adriatique (Histria, Liburnia, Dalmatia).

229 AV. J.-C

Domination romaine

Le début des conquêtes impériales en mer Adriatique.

1ER MAI 305

Abdication de Dioclétien, l'empereur romain quitte Rome pour finir sa vie sur ses terres natales. Il se fait construire un palais fortifié à Split à partir de 295 apr. J.-C.

FIN IVE SIÈCLE AP. J.-C

L'Antiquité tardive

Le territoire de l'actuelle Croatie voit l'effondrement de la civilisation antique romaine à laquelle succède une période faste pour la région dominée par l'Empire byzantin, qui la pare de superbes monuments religieux.

DÉBUT DU IXE SIÈCLE

Après les invasions germaniques, ce sont des pirates slaves qui détruisent le village de Sipar (Istrie) et s'opposent directement à l'autorité de Basile Ier, l'empereur romain d'Orient. Il réussira plus tard à les réunifier à la Dalmatie byzantine.

Traité d'Aix-la-Chapelle

812 Dans la période du haut Moyen Âge, Charlemagne domine un large territoire de la chrétienté occidentale. Par ce traité, l'Illyrie est intégrée à l'Empire franc, à l'exception de trois villes, Zadar, Trogir et Split, plus quelques îles adriatiques, des fiefs territoriaux qui, jusqu'aux deux dernières guerres mondiales, lors des redécoupages de frontières, seront encore revendiquées côté italien.

Statue représentant le Roi Tomislav.

Tomislav Ier, premier roi croate

925 Le duc couronné devient le véritable souverain indépendant de Croatie. À sa mort, suit une longue période de déchirements interrégionaux et de luttes de succession qui ruine toute tentative de réunification des royaumes et duchés. La guerre des clans va profiter à Byzance, qui reprend possession de certaines villes sur cette façade littorale de l'Adriatique si convoitée.

1102 Pacta Conventa. Les Croates acceptent la tutelle des rois de Hongrie et signent ce traité qui devait en principe garantir l'autonomie du pays.

1301-1358 Les princes d'Anjou et les rois de Naples sont sur le trône hungaro-croate. Défaite des Vénitiens face à Charles d'Anjou. La Dalmatie est rattachée à la couronne.

La République de Venise dans la mer Adriatique

XIIIe SIÈCLE Gagner du terrain dans les eaux territoriales de la Croatie était un moyen pour la Sérénissime de dominer « l'économie monde » au début du XIIIe siècle. Elle contrôlait ainsi la majeure partie de la côte et la plupart des villes-États dalmates. Après la conquête des îles (Korčula, Lastovo, Hvar...), Venise renforce ses liens avec l'Istrie. Les cités portuaires, Pula, Poreč et Rovinj, acceptant une protection militaire et maritime contre les débordements des Hongrois, durent remettre les terres environnantes au doge, reconnu alors comme seul maître de la presqu'île. À partir du XIVe siècle, entreprenant une véritable « vénitisation » du littoral croate, la République de Venise étend son influence politique, économique et artistique. De Cavtat, Raguse (ancienne Dubrovnik) et Ston à Split, Zadar, Šibenik et Trogir jusqu'aux principaux archipels (ports de Pag, de Rab, d'Osor et de Krk) et l'Istrie, l'empire maritime se constitue une formidable source de revenus grâce aux ressources et aux routes commerciales qu'il maîtrisait. Une colonisation, à son apogée du XVIe au XVIIIe siècle, laisse derrière elle une urbanisation organisée (remparts, fortifications, pavement), un raffinement dans l'architecture des églises, campaniles, monastères, hôtels de ville, loges municipales, palais, etc., un goût manifeste pour les beaux-arts.

1493

Début de la menace ottomane

À partir de 1493 et jusqu'en 1526, les armées croates se voient régulièrement attaquées par les bataillons turcs. Elles perdent plusieurs villes, des parties entières de son territoire.

29 AOÛT 1526

Bataille de Mohács

Sur la rive ouest du Danube hongrois, les hommes armés de l'Empire ottoman s'opposent aux soldats du royaume de Hongrie, Louis II meurt au combat. Cette victoire écrasante des Turcs signe la partition de la Hongrie entre l'Empire ottoman, les souverains Habsbourg d'Autriche et la principauté de Transylvanie.

1527

Face à l'anarchie politique en Hongrie, les seigneurs croates pragmatiques choisissent Ferdinand de Habsbourg comme nouveau roi.

1557

Naissance du Parlement croate. Une assemblée reconnue par l'Autriche-Hongrie, le Hrvatski sabor, s'installe à Zagreb, ville qui n'est jamais tombée aux mains des Ottomans. Dans tout le pays, sur la côte adriatique, on construit des fortifications, en même temps qu'une « frontière » plus administrative que militaire permet aux représentants des terres habsbourgeoises de prélever droit de passage et taxes sur les marchandises importées, par les Turcs notamment.

1540 - 1707

© LERO - SHUTTERSTOCK.COM

Fort Nehaj.

Les Uskoks, pirates de la mer Adriatique

Alors que les relations entre les empires austro-hongrois et vénitiens se stabilisent, survient alors la « guerre des Uskoks », du nom de ces légendaires guerriers croates, protégés par Vienne. Quand, en 1537, les Turcs assiègent la forteresse de Klis, les Uskoks se replient au port de Senj, où ils construisent une autre place forte imprenable, qui domine toujours la colline de Nehaj. Ils commencent alors à fomenter des attaques éclair contre les routes maritimes vénitiennes. Ces voies commerciales importantes sont également utilisées par les navires ottomans, normalement protégés par l'armada de la Sérénissime, qui leur garantissait la sécurité de circulation depuis la paix de 1540. Mais à bord de leurs petites embarcations légères, ces pirates des mers très mobiles étaient organisés en véritables guérillas, causant plus de dommages aux riches galions de la Sérénissime qu'aux navires ottomans. Les Vénitiens essayèrent de les éliminer militairement mais la stratégie bien rodée des Uskoks déjoua toutes les contre-attaques alliées, ce qui conduisit à une guerre ouverte entre la République de Venise et l'Autriche dans le marquisat de Frioul en 1616 (guerre de Gradisca). En 1617 enfin, un cessez-le-feu est signé, les Uskoks doivent se retrancher dans les terres (région de Karlovac). Leurs bateaux détruits, c'est la fin de leur légende belliqueuse même si une ultime attaque survint en 1707.

1er août 1664

Paix de Vasvár

Le pacte signé entre le roi Léopold Ier de Habsbourg et Soliman le Magnifique met fin aux hostilités entre les deux empires tout en laissant aux Ottomans le champ libre sur certaines parties du territoire croate. Le ban, Petar Zrinski (1621-1671), n'accepte pas ce traité de paix « honteux ». Le vice-roi croate prépare une insurrection, aidé dans son entreprise par le marquis Fran Krsto Frankopan, dernier membre d'une grande famille aristocratique, écrivain, poète, épris de politique. Les deux hommes se rendent à Vienne dans l'intention de plaider la cause souveraine de leur pays. Mais le conseil militaire viennois ordonne leur décapitation en place publique.

1667

Un tremblement de terre détruit Dubrovnik.

12-14 septembre 1683

Échec du siège de Vienne

L'armée turque recule. Militairement asphyxié par ses adversaires, l'Empire ottoman entre dans une période de stagnation. Après l'ultime guerre austro-turque (1699), un traité de paix sera signé (Sremski Karlowitz), qui redonne à la Maison de Habsbourg les territoires croates perdus en 1664.

Années 1700 - 1750

© GEORGIOSART - ISTOCKPHOTO.COM

L'Impératrice Marie-Thérèse.

L'Empire ottoman est définitivement repoussé. L'Autriche établit son pouvoir central en Croatie. Durant la guerre de Succession d'Autriche (1740-1748), les Croates soutiendront militairement l'Impératrice Marie-Thérèse, forte tête et fine stratège, qui sera couronnée « roi » de Hongrie, reine de Bohême et de Croatie.

1797

Chute de la République de Venise. La Dalmatie et l'Istrie reviennent à l'Autriche.

1809 - 1815

Guerres napoléoniennes

Sous le premier Empire, l'incursion du régime de Napoléon Bonaparte en Croatie fut de courte durée mais pleine de répercussions. À l'issue des deux campagnes de Dalmatie, Napoléon concède à l'Autriche les possessions du sud de l'Adriatique et fonde, en 1809, les Provinces Illyriennes (Istrie, Kvarner, Dalmatie, Baie du Kotor). Au congrès de Vienne en 1815, l'Autriche récupère des parties de l'Istrie et de la Dalmatie qui appartenaient à Venise. Les Austro-hongrois reprennent des ports (Pula, Rijeka), tracent de nouvelles routes pour relier les infrastructures maritimes aux capitales (Vienne, Budapest, Zagreb), construisent des chantiers navals pour leur arsenal de guerre.

1842 - 1848

Sursaut identitaire croate

Parallèlement à l'essor économique, on assiste en Croatie à une politique de germanisation et d'italianisation menée par les régimes impérialistes. En réaction, naîtra un sentiment de nationalisme romantique, dans un contexte d'idées contestataires impulsées par le mouvement des Lumières et la Révolution française. Une nouvelle génération d'intellectuels (mouvement des illyriens), suivant le premier programme national complet, rédigé par le comte Janko Drašković (Karlovac), engage tous les territoires à se réunifier en une seule entité politique, la Grande Illyrie, ralliant la Croatie, la Slavonie, la Dalmatie, la Vojna Krajina, Rijeka, la Bosnie et le nord de la Slovénie Kranjska, la Styrie et la Carinthie (actuelle Autriche), avec constitution d'un gouvernement autonome et l'adoption du croate comme langue officielle. Encouragées par les insurrections qui secouent l'Europe en 1848, les forces politiques croates votent leurs premières mesures : abolition du régime féodal, unification des régions, élection d'une assemblée représentative. Mais cette même année, après la Révolution autrichienne, après la création de la double monarchie d'Autriche-Hongrie, la Croatie perd à nouveau son autonomie.

1908

Après l'échec du mouvement illyrien, le pays est divisé politiquement. Ante Starčević, élu au Sabor, plaide à nouveau pour un État croate indépendant. Son rival, Strossmayer (évêque de Bosnie), avec son parti nationaliste, réclame l'union des Slaves du Sud. Apparaissent aussi des mouvements non favorables à la souveraineté croate. Dans la région adriatique nord, des opposants à l'unification croate créent un mouvement autonomiste pro-italien. Des Serbes ont des visées sur la Dalmatie. Mais l'Autriche-Hongrie annexe la Bosnie-Herzégovine et contrarie du même coup les visées expansionnistes de la Serbie.

28 JUIN 1914

L'attentat (dit) de Sarajevo

Perpétré contre l'archiduc François-Ferdinand et sa femme par le nationaliste serbe Gavrilo Princip, ce double meurtre déclenche, par le jeu des alliances, la Première Guerre mondiale.

1915 - 1918

Des militants en exil

Un comité d'hommes politiques yougoslave est fondé par des Slovènes, des Croates et des Serbes en vue de la création d'un État yougoslave commun.

1920

Traité de Rapallo

D'importants territoires croates sont attribués à l'Italie : Istrie, Zadar et sa région, les îles de Cres, de Lošinj et de Lastovo.

9 OCTOBRE 1934

Alexandre II de Serbie, proclamé Alexandre Ier en son royaume de Yougoslavie, impose à tous une nouvelle Constitution. Il sera tué à Marseille par un Macédonien activiste de l'organisation séparatiste croate Ustaše (Oustachi), ce qui veut dire insurgés. Ce parti d'extrême droite, indépendantiste, conduit par Ante Pavelić, fomentait dans l'ombre. Il jouera un autre rôle dans la Seconde Guerre mondiale.

Seconde Guerre mondiale

1941-1945

Invasion allemande de la Yougoslavie en avril 1941. Les forces de l'Axe installent des régimes satellites du IIIe Reich. À Zagreb, le pouvoir est confié au parti oustachi. Son territoire englobe la Bosnie-Herzégovine et l'ensemble des terres intérieures, l'Istrie et une large partie de la Dalmatie étant annexées par l'Italie de Mussolini. Mise en place d'une politique systématique de persécution des opposants politiques (Serbes, antifascistes communistes croates, Juifs, Tziganes). Pavelić, qui a aboli le Parlement croate, introduit des lois raciales, ouvre des camps de déportation et/ou de concentration, dont le tristement célèbre Jasenovac. Des dizaines de milliers de prisonniers y trouveront la mort. Les enjeux de politique intérieure, les idéologies ultranationalistes se superposent à ceux de la Seconde Guerre mondiale, particulièrement meurtrière en Croatie (près de 300 000 victimes). Dès l'été 1941, la résistance croate commence à s'organiser. Deux mouvements principaux voient le jour : les Partisans antifascistes menés par le Croate Josip Broz dit Tito et le parti du Royaume de Yougoslavie (Tchetniks), dirigé par le général serbe Draža Mihajlović. En juin 1943, le maquis croate se dote d'un état-major civil, qui deviendra l'État fédéré de Croatie (Federalna Država Hrvatska).

29 NOVEMBRE 1945

Proclamation de la Fédération yougoslave. Le maréchal Tito est mis à la tête de six républiques (Slovénie, Croatie, Serbie, Bosnie-Herzégovine, Monténégro et Macédoine) et deux régions autonomes (Kosovo et Voïvodine).

31 JANVIER 1946

La Constitution organise la seconde Yougoslavie en un État totalitaire collectiviste sur le modèle soviétique. Le régime est dominé par la personnification du chef.

Mouvement des non-alignés

1948-1956

La rupture avec l'Union soviétique souhaitée par le maréchal Tito entraîne des difficultés économiques pour la Yougoslavie, qui pourtant n'abandonnera pas le titisme. Fondé sur l'autogestion, la décentralisation, l'assouplissement de la collectivisation et de la planification, le fameux mouvement des non-alignés s'instaure aux yeux du monde par la déclaration de Brioni (19 juillet 1956). Il engage les pays signataires à se protéger de l'influence des États-Unis et de l'URSS, les deux puissances en pleine guerre froide.

Le « printemps croate »

1971

La Constitution de 1963 avait renforcé l'autonomie des États fédérés et laissé une place à l'économie de marché, mais les institutions stratégiques sont dominées par la Serbie. En 1970, le Parti communiste croate commence à critiquer ouvertement l'unitarisme. Il réclame davantage de réformes étatiques, plus d'autonomie dans le cadre d'une nouvelle république populaire. Étudiants et ouvriers déclenchent une grève générale dans tout le pays. Tito met fin brutalement au mouvement par une violente répression et une purge sévère. Il dissout la section procroate du PC (KPH), limoge la direction réformatrice. Seule concession, le changement de Constitution de 1974 esquisse les contours d'une Yougoslavie confédérale. Vingt ans plus tard, lorsque la Croatie accède à l'indépendance, le sentiment nationaliste, antifédéral, reviendra sur le devant de la scène politique.

Mort de Tito

4 MAI 1980

Avec la fin de l'ère titiste, l'éclatement de la Fédération fait basculer l'ex-Yougoslavie dans une dernière guerre (1991-2001).

HISTOIRE

1991 - 2001	Guerres de Yougoslavie.
DEPUIS JUIN 1999	Pacte de stabilité. La Croatie participe à ce pacte pour l'Europe du Sud-Est.
JANVIER 2000	Après la mort du président Franjo Tuđman, victoire de la coalition d'opposition lors des élections législatives.
FÉVRIER 2000	Stjepan Mesić est élu président de la République de Croatie.
2001	Accord de coopération avec l'Union européenne.
2002	La Croatie est candidate pour entrer à l'OTAN.
ÉTÉ 2004	Reprise du tourisme. Les Français « découvrent » la Croatie.
2005 - 2007	Réélections de Stjepan Mesić et d'Ivo Sanader, Premier ministre.
2009	**Pourparlers pour l'adhésion à l'UE** Mise en place d'un organigramme de structures d'État croates en vue des négociations d'adhésion à l'Union européenne.
JUIN-JUILLET 2009	Jadranka Kosor succède à Ivo Sanader et devient Première ministre.
2010	Ivo Josipović est élu président de la République de Croatie ; poursuite des négociations pour l'entrée dans l'UE.
22 JANVIER 2012	Référendum sur l'adhésion à l'Europe, avec 66 % des suffrages exprimés en faveur de l'adhésion.
1ER JUILLET 2013	Adhésion de la Croatie à l'UE, qui devient le vingt-huitième État membre avec douze députés au Parlement européen.
25 MAI 2014	Élections européennes. Seuls 25 % des votants croates ont élu onze députés européens.

11 JANVIER 2015

Élections présidentielles

La conservatrice Kolinda Grabar Kitarović, qui bat Ivo Josipović avec 50,74 % des voix, est élue à tête du gouvernement. Zoran Milanović est Premier ministre depuis le 23 décembre 2011.

© ALEXANDROS MICHAILIDIS - SHUTTERSTOCK.COM

Kolinda Grabar Kitarovic.

2016

Crise politique

En début d'année, la présidente nomme son nouveau Premier ministre, Tihomir Orešković, un nationaliste, sur fonds de crise migratoire. En juin, le Parlement ayant adopté une motion de censure (125 voix pour, 15 contre et 2 abstentions), le cabinet du Premier ministre Tihomir Orešković, est renversé. Le nouveau Premier ministre, un conservateur, Andrej Plenković, forme le quatorzième gouvernement, une coalition de centre droit entre l'Union démocratique croate (HDZ) et le Pont des listes indépendantes (Most).

MAI – JUIN 2017

Dans un contexte marqué par les scandales financiers du géant agroalimentaire Agrokor (15 % du PIB croate), le HDZ remporte les élections locales et change de coalition gouvernementale en s'ouvrant au HNS (centre gauche).

2018

Coupe du monde de football : la Croatie accède à la finale, où elle a été battue par la France en juillet. Le Premier ministre demeure à son poste en raison d'une situation économique plus favorable, dopée par une saison touristique record. Pour le gouvernement, recherche d'équilibre constant entre son aile la plus conservatrice et ses objectifs déclarés, comme la réforme de l'Éducation nationale.

23-16 MAI 2019

Élections européennes

Les conservateurs de l'Union démocratique croate (HDZ) reculent (23 % des voix) face à une opposition morcelée entre les sociaux-démocrates, la liste du magistrat Mislav Kolakušić, anticorruption, le parti antisystème eurosceptique Bouclier humain, les centristes libéraux, l'eurodéputée sortante ultraconservatrice Ruža Tomašić. Les partis d'extrême droite échouent en revanche à emporter un siège.

21 DÉCEMBRE 2019 - 5 JANVIER 2020

Élections présidentielles

La présidente sortante prétend à sa réélection, mais est battue au second tour par le candidat de la gauche Zoran Milanović, avec 52,7 % des voix. Il fut Premier ministre de 2011 à 2016.

1991-2001 : DERNIÈRE GUERRE DANS L'EX-YOUGOSLAVIE

Contexte et début des hostilités

Après la mort de Tito (4 mai 1980), un système de présidence alternée est voté avec une rotation tous les quatre ans, respectée par les États membres. Mais elle ne satisfait pas les parlementaires et le changement de Constitution ne résout ni les problèmes nationaux ni les inégalités politico-économiques quand divers scandales financiers nourrissent le mécontentement social. Les moteurs économiques, que sont la Croatie et la Slovénie, ont des velléités d'autonomie. Les deux États revendiquent une plus forte représentativité aux assemblées centralisatrices de Belgrade, où sont prises les grandes décisions politiques pour la fédération. La prise de pouvoir de Slobodan Milošević, en mai 1989, marque le début des hostilités en lançant la bataille pour la Grande Serbie. L'ultranationaliste abolit l'autonomie du Kosovo et de la Voïvodine, place ses partisans à la tête du Monténégro. La formation d'un bloc proserbe paralyse le fonctionnement de la présidence collégiale yougoslave. Milošević part en croisade pour contrôler toutes les autorités yougoslaves.

En Croatie, le pluripartisme s'instaure en 1990. Les élections d'avril et mai sont remportées par l'Union démocratique croate de Franjo Tuđman, ancien général de l'armée des partisans. Trois mois plus tard, la rébellion des Serbes de Croatie autoproclame la République autonome de Krajina (est de la Croatie) avec knin pour capitale. Le 30 mai, Tuđman est élu président de la République croate. L'armée yougoslave (JNA), dont l'état-major est désormais constitué uniquement de Serbes, lance une première attaque sur la Croatie le 13 juin 1991, alors que le Parlement croate déclare la souveraineté et l'indépendance nationale. Très vite, un quart du pays tombe aux mains des Serbes. Des terroristes serbes en Croatie soutenues par la JNA font des raids meurtriers dans les régions de la Lika, de Kordun, de Banija et en Slavonie orientale. La JNA se fixe pour mission de maintenir l'État fédéral yougoslave. Les combats font rage dans la ville de Vukovar, les massifs du Dinara-Velebit, la région de Krajina.

Entre les pays autrefois fédérés, la guerre inéluctable

Les conflits verront s'opposer Croates, Serbes et Bosniaques, ces derniers étant appuyés par des milices djihadistes venues de l'étranger. L'Istrie et le golfe du Kvarner n'ont pas été directement touchés, tandis que Zadar, Šibenik et Dubrovnik ont subi des tirs de roquettes et des bombardements. La chute de Vukovar, le 18 novembre 1991, est un vrai massacre. Plusieurs centaines de personnes sont tuées, au moins 20 000 civils déplacés.

Les déclarations d'indépendance de la Croatie et de la Slovénie sont reconnues en 1992 par la communauté internationale. La Croatie rejoint les rangs de l'Onu et retrouve l'intégralité de son territoire en reconquérant la Slavonie.

Le 14 décembre 1995, les accords de paix de Dayton, signés avec les Serbes et les Bosniaques, mettront fin aux conflits qui auront fait près de 15 000 morts et 50 000 blessés dans l'ex-Yougoslavie. Mais l'Otan n'en a pas fini avec la Serbie. Au printemps 1996, les forces alliées déclenchent la guerre du Kosovo et lancent des frappes aériennes sur des positions serbes (sud du pays et au Kosovo), en raison entre autres du nettoyage ethnique que les troupes de Milošević pratiquent contre les civils albanais du Kosovo. Le gouvernement croate apporte son soutien politique et logistique.

Après-guerre, des procès retentissants pour le TPYI

Franjo Tuđman meurt d'un cancer le 12 décembre 1999 alors que le Tribunal pénal international pour l'ex-Yougoslavie (TPIY), mandaté par l'ONU en mai 1993, s'efforce de juger les coupables de violations graves du droit international sur le territoire. Dans la cinquième année de son procès, Milošević meurt lui en prison, le 11 mars 2006, sans qu'aucun jugement n'ait pu être rendu. Le 26 mai 2011, c'est Ratko Mladić qu'on arrête après quinze années de cavale. Extradé vers La Haye afin de comparaître devant le TPIY, le chef militaire des Serbes de Bosnie, surnommé « le boucher des Balkans », est reconnu coupable de crimes contre l'humanité et de génocide. Il est condamné à la prison à vie. Le 14 avril 2011, c'est au tour d'Ante Godovina, général croate, d'être condamné pour les mêmes crimes. Pourtant, le militaire reste encore considéré par certains comme un héros de guerre dans son pays. Le 29 mai 2013, le président des Croates de Bosnie, Jadranko Prlić, est condamné à vingt-cinq ans de prison pour répression politique et militaire dans son pays (minorités musulmane, non croates en Herzégovine). Autre procès retentissant pour le TPIY, le 29 novembre 2017, celui du Croate de Serbie Slobodan Praljak, jugé pour crimes de guerre. Mais en pleine audience, le vieux général se suicide avec le contenu d'une fiole de cyanure qu'il tenait dans sa poche.

TOP 10

PERSONNAGES HISTORIQUES

L'empereur Caius Aurelius Valerius Diocletianus Augustus (244-311 apr. J.-C.), dit Dioclétien, est bien le premier nom que l'on retient, se référant à son abdication exemplaire en politique, à son palais à Split. D'autres figures importantes ont marqué l'histoire croate.

GRÉGOIRE DE NIN
Évêque vénéré en Croatie pour s'être opposé au pape en utilisant sa propre langue natale plutôt que le latin.

© CPIFBG13- SHUTTERSTOCK.COM

STOJAN JANKOVIĆ
L'un des plus célèbres guerriers uskoks, capturé par les Ottomans, il s'échappe et meurt combat en août 1687.

© ZVORNIKDANAS.COM - WIKIMEDIA COMMONS

TOMISLAV IER
Premier roi de Croatie, couronné en 925, il parvint à unir les duchés de Pannonie et de Dalmatie.

© WIKIMEDIA COMMONS

MARIE-THÉRÈSE D'AUTRICHE
L'archiduchesse devint, reine de Bohême, de Hongrie, de Dalmatie, de Croatie et de Slavonie.

© GRAFISSIMO - ISTOCKPHOTO.COM

GABRIELE D'ANNUNZIO
Écrivain et dramaturge italien, il tente de torpiller Bakar, qu'il occupe et rebaptise État libre de Fiume (1919).

© CLU - ISTOCKPHOTO.COM

FRANJO TUĐMAN
Général de l'armée yougoslave en 1960, il devint le premier président de l'indépendance de la Croatie de 1990 à 1999.

© OCSKAY BENCE - SHUTTERSTOCK.COM

JOSIP BROZ DIT TITO
Président de la Fédération yougoslave, de 1953 à sa mort, il occupe un rôle de premier plan sur la scène internationale.

© VKILIKOV - SHUTTERSTOCK.COM

JADRANKA KOSOR
Première ministre au sein du gouvernement d'Ivo Josipović, elle manque de peu la présidence de la République en 2005.

© NINOPAVISIC - SHUTTERSTOCK.COM

IVO JOSIPOVIĆ
Durant son mandat, la Croatie fut le seul pays au monde où le président était aussi compositeur de musique contemporaine.

BAN JELANOVIĆ
Homme politique croate avec une carrière ascendante, il fut baron, comte puis vice-roi de Croatie jusqu'en 1859.

LES ENJEUX ACTUELS

Jeune démocratie parlementaire, la Republika Hrvatska (HR) s'est bâtie sur sa Constitution du 22 décembre 1990. Trente ans plus tard, l'arrivée des sociaux-démocrates, un parti de gauche majoritaire, a montré l'aspiration toujours grandissante des Croates pour plus de justice sociale, pour la moralisation de la vie publique, la lutte contre la corruption notamment. Puis l'entrée dans l'Europe, en juillet 2013, a nourri de nombreux espoirs, sur le plan du développement économique, notamment. Mais battu lors des élections européennes (2014), le SDP cède sa place devant une coalition de droite, conservatrice et nationaliste, l'Union démocratique de Croatie (HDZ). Nourries de ballotages et d'alternance, ces dix dernières années ont donc connu des périodes de fortes turbulences au pouvoir, aujourd'hui tassées dans une coalition de centre droit, jusqu'à l'élection, le 5 janvier 2020, du candidat de gauche Zoran Milanović. Les dossiers à traiter sont nombreux.

Une politique réformatrice

Depuis 2011, les gouvernements successifs ont mis en place des réformes structurelles, cherchant ainsi à répondre aux engagements des plans-programmes financés sur fonds européens (10,7 milliards d'euros) sur la période 2014-2020. Principaux secteurs concernés, la transition écologique, l'efficacité énergétique, la compétitivité des PME, les infrastructures de transports.

Début 2015, le HDZ trouve un nouveau souffle. Le 9 janvier, c'est une femme, Kolinda Grabar-Kitarović, qui pour la première fois devient présidente de la République croate. Sur fond de crise migratoire majeure, le virement à l'extrême droite du treizième gouvernement s'accélère sur des questions de rhétorique connue comme celles des valeurs traditionnelles et patriotiques, le repli identitaire.

Six mois après la constitution d'un gouvernement radical, avec un Premier ministre (Tihomir Orešković) ultracatholique et une révisionniste à la culture (Zlatko Hasanbegović), le mécontentement social s'accroît. Une motion de défiance au gouvernement est lancée. Les causes sont multiples, dérive droitière, la réforme de l'éducation, la critique des médias qui se sentent mis au pas, le négationnisme, les soupçons de conflits d'intérêt touchant de près le vice-Premier ministre, Karamarko. Les députés au pouvoir et les sociaux-démocrates n'ayant réussi à s'entendre, la dissolution du Parlement est votée le 20 juin 2016. Lors des élections législatives anticipées (11 septembre), les conservateurs du HDZ se maintiennent au pouvoir grâce notamment au ralliement du parti conservateur Most, proche de l'Église catholique.

Stabilité politique et prospérité économique

À la tête de ce nouveau gouvernement de coalition (le troisième en deux ans !), Andrej Plenković, le chef du HDZ, ancien diplomate et eurodéputé, ramène une certaine stabilité. Le Premier ministre s'attache à maintenir un cap centriste, souhaitant tourner le dos à l'aile populiste et nationaliste de son prédécesseur.

Plenković désigne sept nouveaux ministres, à l'Éducation et la Construction, ce qui démontre une volonté manifeste pour sortir des querelles intestines. Son programme reste centré sur la restructuration de l'administration et des entreprises publiques, voire leur privatisation, afin de renforcer la compétitivité. En 2017, l'adoption d'une réforme fiscale mais aussi la réduction des effectifs de l'État, la révision des avantages sociaux des fonctionnaires, d'autres réformes encore (système des retraites, régime hospitalier) et la gestion de la crise de la natalité sont les dossiers majeurs touchant directement les intérêts de la société civile

À partir de 2018, la reprise économique

Avec des prévisions de croissance positives (autour de 2,7 % pour 2020), un PIB de 49,8 milliards d'euros, les observateurs économiques confirment les bons résultats, obtenus grâce au rebond de la demande intérieure mais surtout grâce à l'envolée des chiffres du tourisme (de 20 à 25 % du PIB). Véritable manne de devises et d'investissements étrangers, est concentrée sur le littoral adriatique, dans les archipels, la capitale et les cités historiques.

Mais à long terme, sans parler de son impact environnemental, cette mono-industrie présente des risques, qui se conjuguent à la faible productivité globale (bois, textile, transformateurs électriques, turbines, pièces auto, bateaux, médicaments) et au poids de la dette extérieure. Les transactions s'émoussent alors que les importations augmentent et l'agriculture et la pêche sont en peine au sein du marché européen… Dans les prévisions du gouverne-

© ALEXANDROS MICHAILIDIS - SHUTTERSTOCK.COM

Andrej Plenkovic.

ment, la meilleure orientation de l'emploi, les retombées touristiques plus équitables et le probable allègement de l'imposition des revenus devaient soutenir la consommation des ménages, malgré la réapparition de pressions inflationnistes. L'investissement public, notamment dans l'énergie et les transports devait bénéficier d'une meilleure absorption des fonds structurels européens. Ceux-ci continueront à apporter leurs aides au financement de projets des plans-programmes.

L'inquiétant chômage des jeunes

D'un taux aux alentours de 16 % en mai 2015, le taux de chômage national est descendu à 7,1 % (juin 2019) touchant encore près d'un jeune sur trois. Conséquences, depuis 2013, alors que la population vieillit, les jeunes émigrent massivement à la recherche d'un meilleur avenir ailleurs, en Europe notamment. La plupart des jeunes qui restent au pays souhaitent s'orienter ou se recycler dans le secteur tertiaire, les services du tourisme, sachant que le salaire moyen croate à Zagreb est 877 €. Si la croissance est revenue en 2018, la démographie déclinante demeure donc préoccupante. Pour lutter contre ce manque de perspectives, les partis politiques, tous bords confondus, devront prendre des mesures fortes.

Coronavirus, impacts majeurs sur l'économie

En 2020, la dépendance de l'économie au secteur touristique fut aggravée par la pandémie mondiale liée à la Covid-19. Son PIB s'est contracté à 8,4 % et, en 2021, la reprise attend le retour du tourisme international. La perte de ces revenus entraînera également un déficit de la balance courante en 2020. Relativement épargnée par la première vague du virus (début 2020), la Croatie a connu une seconde vague plus sévère avec un total de 267 000 cas recensés et 5 900 personnes décédées (fin mars 2021). Printemps 2020, le Gouvernement impose une quatorzaine à l'arrivée des voyageurs sur le territoire. Début mai 2020, le pays rouvre partiellement ses frontières. Tout entrant doit remplir un formulaire spécifique de séjour alors que le ministère du tourisme et de la santé conjoints créent un label de sécurité (Safe Stay in Croatia) afin de rassurer les voyageurs. Celui-ci recense les activités sûres et les professionnels du secteur qui appliquent bien toutes les recommandations sanitaires. Mais en fonction de l'évolution de la situation sanitaire, les règles peuvent changer, tant localement qu'au niveau national.

La Croatie est parvenue à intégrer le mécanisme de taux de change européen (MCE) et son adhésion à la zone euro devrait se confirmer en 2023. Mais le choc de la crise sanitaire et les tremblements de terre au nord du pays (mars et décembre 2020), ont entrainé une récession (- 8 %). La reprise est à venir, mais 2021 n'a pas compensé entièrement l'impact de la pandémie sur l'économie croate, dépendante du secteur du tourisme (25 % du PIB). Dans le même temps, la région très touristique de Split-Dalmatie, qui figurait parmi les régions les moins vaccinées d'Europe (fin 2021), a toujours enregistré le plus fort taux de contamination du pays. Situation paradoxale qui pourrait affecter le retour à la normale tant espéré.

Le 25 novembre 2021, Emmanuel Macron s'est rendu à Zagreb. Il s'agissait de la première visite officielle d'un Président français en Croatie depuis l'indépendance du pays. Un partenariat stratégique franco-croate a été signé avec le Premier ministre Zoran Milanović, pour aller vers davantage de coopérations économiques, scientifiques, culturelles.

ARCHITECTURE

Berceau d'une histoire millénaire, la Croatie a dressé sur son territoire de superbes témoins architecturaux. Aux cours des siècles, le pays se retrouve au carrefour des influences stylistiques occidentales puis, dans l'ère moderne, il est très marqué par le formalisme du collectivisme soviétique. Il s'est approprié les différents types de construction et de décoration pour les augmenter de matériaux naturels. Certains très nobles, comme la fameuse pierre calcaire de l'île de Brač, prisée par de nombreux architectes et jusque pour la Maison Blanche américaine. Les vestiges de l'Antiquité, qui comptent parmi les mieux conservés au monde, les églises byzantines, les cités médiévales, l'arsenal militaire, les palais et villas gothiques et renaissance, les splendeurs baroques, le néo-classique, le modernisme minimaliste jusqu'aux créations contemporaines, tout un ensemble architectural qui souvent cohabite et constitue un patrimoine culturel exceptionnel.

Trésors antiques

Pharos (actuelle Stari Grad) fut une puissante colonie grecque à partir de laquelle se diffusèrent les techniques urbanistiques hellènes. On peut encore y apercevoir des traces du cadastre grec dans la plaine environnante, classée au patrimoine mondial depuis 2008. Mais c'est surtout au savoir-faire romain que la Croatie doit son urbanisation. De l'Illyricum, riche province romaine, on peut encore admirer de superbes témoins, comme à Pula, qui regorge de monuments parfaitement conservés, tels son arc de triomphe des Serge (qui inspira les maîtres Michel-Ange et Andrea Palladio), son **temple d'Auguste** (p.209) et surtout son amphithéâtre qui compte parmi les six plus vastes du monde. De nombreuses agglomérations croates, à commencer par Poreč et Zadar, se sont établies sur le plan en damier romain et leur *decumanus* est souvent resté leur artère principale. Routes, ponts, grandes exploitations agricoles, aqueducs et thermes comptent parmi les trésors laissés par les Romains que l'on peut admirer par exemple sur le **site archéologique de Salona** (p.390) (Solin). Mais le témoin le plus impressionnant de cette présence romaine est bien sûr le palais de Dioclétien à Split qui, avec ses 38 000 m², est le plus vaste édifice antique du pays. Ville dans la ville, il comprenait des appartements impériaux, des bâtiments militaires et religieux, des commerces, et son péristyle était le cœur névralgique de la cité.

À partir du IVe siècle, et malgré les persécutions lancées par Dioclétien, le culte chrétien se répand, notamment sur le littoral qui se couvre de

© ANSHARPHOTO - SHUTTERSTOCK.COM

Site de Salona.

centaines d'églises. Basiliques et cathédrales sont également construites dans la plupart des grandes villes romaines.

À cette époque, l'Empire romain d'Occident est supplanté par celui d'Orient dont l'influence marque profondément l'architecture religieuse croate d'alors.

Le plus beau chef-d'œuvre byzantin est sans conteste la basilique Euphrasienne de Poreč, dont on admire l'harmonie et la simplicité. Ce vaste complexe épiscopal réunit un baptistère et une basilique à trois nefs disposés autour d'un élégant atrium aux colonnades de marbre. Autre témoin étonnant de cette évolution vers la chrétienté : la cathédrale Saint-Domnius de Split (p.354) érigée… sur l'ancien mausolée de Dioclétien, au cœur même de son palais !

Du haut Moyen Âge à l'époque romane

Au carrefour des grandes puissances, la Croatie est convoitée par les deux grands empires carolingien et byzantin. Les Francs et leurs églises monumentales à triple abside se sont surtout implantés en Istrie et à l'intérieur des terres, comme en témoignent les vestiges de l'église du Saint-Sauveur à la source de Cetina.

Les Byzantins, eux, sont davantage présents sur le littoral et dans les îles. Leurs édifices religieux se caractérisent par leurs rotondes comme à la Sainte-Trinité de Split. Parfois ces deux influences se rejoignent comme dans l'église Saint-Donat de Zadar. Son déambulatoire et ses trois absides sont de style carolingien, tandis que sa rotonde donnant accès à des annexes latérales est d'inspiration byzantine. À cette époque, les ordres monastiques se développent également et dotent le pays de nombreux monastères et oratoires. La transition avec l'art roman se fait par le biais d'un style que l'on pourrait qualifier de « vieux croate », basé sur le réemploi de matériaux et techniques antiques et sur des savoir-faire locaux qui se traduisent notamment par de superbes décors de pierre ciselée et de mosaïque tout en entrelacs et volutes. À l'époque romane, on reconstruit les basiliques paléochrétiennes qui vont se parer de couleurs lombardes, toscanes ou vénitiennes. L'église Saint-Chrysogone de Zadar, avec sa superbe crypte et sa nef rythmée de colonnes et piliers à faisceaux, porte la marque toscane, tandis que le campanile de Sainte-Marie, avec ses chapiteaux supportant des voûtes d'ogives, lui, est lombard. La cathédrale Saint-Laurent de Trogir est un des plus beaux chefs-d'œuvre de l'art roman, notamment grâce au portail du grand sculpteur Radovan. Position stratégique, la côte adriatique est très convoitée, surtout par la puissante Venise qui va apposer sa marque dans de nombreuses villes qui connaissent un réel essor. Le lion de Saint-Marc décore alors les façades des édifices municipaux et autres loggias édifiés autour de places publiques.

Du gothique à la Renaissance

Le premier gothique apparaît dès le XIIIe siècle et trouve sa plus belle réalisation en la cathédrale de Zagreb, reconstruite sur un plan qui rappelle celui de la cathédrale de Troyes. Les ordres monastiques – cistercien et franciscain notamment – participent à l'essor de ce style qui se lit tout particulièrement dans le portail de la cathédrale de Zadar et dans l'autel de la cathédrale Saint-Domnius de Split (p.354).

À Poreč, c'est une architecture gothique civile qui se développe. Parmi les plus beaux témoins notons la Goticka Kuca, maison aux fenêtres à colonnes, la maison des Deux Saints, et surtout la place de la Nation avec son hôtel de ville dressé sur une élégante loge gothique.

La Renaissance, elle, est marquée par l'avènement d'une école dalmate d'architecture qui prône l'intégrité du matériau (pas de couleurs, même pierre utilisée à l'intérieur et à l'extérieur) et l'unité entre architecture et décor (qui doit être sculpté sur les éléments mêmes de la construction), tout en imaginant une nouvelle méthode d'assemblage innovante sans mortier.

La construction de la cathédrale de Šibenik, démarrée à la période gothique, a été continuée selon ses principes par Georges le Dalmate (dont on peut admirer également l'incroyable cordon de soixante-douze têtes sculptées) et achevée par Nicolas le Florentin (qui était déjà à l'origine du superbe portail aux Lions de style gothique fleuri). C'est à ce dernier que l'on doit également la chapelle du Bienheureux-Jean-de-Trogir et son incroyable ensemble sculptural. Ce mélange gothico-Renaissance est très visible au palais Sponza de Dubrovnik (p.443) avec ses arcades, son fronton Renaissance et son premier étage au gothique flamboyant. Mais à Dubrovnik, les idéaux de la Renaissance vont surtout se lire dans les élégantes villas que se construisent nobles et marchands. Loin du tumulte de la ville, l'homme cultivé s'y retire pour y communier avec la nature très présente. Se développe, en effet, un véritable art des jardins. Clos par des murs, ils abritent des essences variées et constituent de véritables oasis de calme. La Renaissance est aussi une période marquée par la pression constante de l'Empire ottoman qui convoite les terres croates. On construit alors de nombreuses forteresses selon des principes bien définis : plan carré avec tours cylindriques, murs plus épais et plus bas pour résister à l'artillerie, présence de plateformes pour supporter les canons. Ston se dote d'une des plus longues fortifications d'Europe (quarante tours, cinq forteresses). Mais l'une des plus remarquables architectures défensives est surtout à voir au château de Veliki-Tabor (p.148) qui présente cinq tours semi-circulaires monumentales et trois étages d'arcades toscanes, ouverts sur une cour ovale.

© YANA GEORGIEVA - SHUTTERSTOCK.COM

Le palais Sponza.

La Croatie baroque

Art total, le baroque intervient autant sur l'architecture que sur l'urbanisme. C'est à cette époque que la cité fortifiée d'Osijek est créée de toutes pièces, à l'image des grandes places fortes de l'Empire austro-hongrois sous l'influence duquel se trouve désormais la Croatie. Dubrovnik porte également la marque du baroque. Touchée par un séisme en 1667, ses palais gothiques et Renaissance sont remplacés par des créations baroques, comme sur le Stradun (« grand-rue » en vénitien) dont on peut admirer l'unité architecturale avec ses façades de calcaire blanc. Le baroque va être très largement diffusé par les Jésuites, alors en pleine bataille de la contre-Réforme. Pour construire leurs édifices, ils font appel à des artistes italiens ou autrichiens qui apposent leur marque comme dans la cathédrale Sainte-Catherine de Zagreb ou la cathédrale de l'Assomption de Varaždin, ville considérée comme la capitale du baroque. Stucs, sculptures dorées et colonnes torses y sont utilisées en abondance. À Dubrovnik, l'Italien Andrea Pozzo érige l'église Saint-Ignace, l'un des plus beaux complexes baroques de la côte. Les églises de pèlerinage se développent également, comme l'église Sainte-Marie-de-Jérusalem à Trški Vrh. Son clocher, avec ses nombreux décrochements et son bulbe tout en mouvement, ainsi que sa nef monumentale et ses coupoles en font un chef-d'œuvre du baroque. Les savants jeux de lignes convexes et concaves sont l'une des grandes caractéristiques de ce style.

Du néoclassicisme au modernisme

Le XIXe siècle marque un renouveau urbanistique en Croatie. De nombreuses fortifications sont démantelées et remplacées par des promenades et jardins, tandis que les cœurs de ville se dotent de nouveaux édifices municipaux et culturels. C'est le cas notamment à Zagreb où l'on construit la ville basse, qui s'organise autour du « fer à cheval » de Milan Lenuci, une suite d'espaces verts en forme de U, jalonnée d'édifices publics imposants tels le Théâtre national et l'Académie croate des arts et des sciences. Cette transformation urbaine s'accompagne d'un puissant courant historiciste qui se traduit par l'apparition de styles « néo ». Le néoclassique est porté par l'architecte Bartol Felbinger, à qui l'on doit de nombreux hôtels particuliers et le palais du baron Vrkljan à Janusevec, près de Zagreb, dont on admire la façade décorée d'atlantes et la vaste loggia sur colonnes. Herman Bollé, lui, va développer un style éclectique, dont le cimetière de Mirogoj à Zagreb est le chef-d'œuvre. Fruit de l'urbanisme moderne et d'un style néo-Renaissance, il impressionne par ses dimensions monumentales, son enceinte pensée tel un rempart et son intérieur peuplé d'arcs cintrés et de colonnes qui se déploient à l'infini.

Le début du XXe siècle sera marqué par la Sécession viennoise. Version autrichienne de l'Art nouveau, ce style est marqué par un recours plus systématique aux formes géométriques.

Parmi les grandes réalisations de style Sécession : les immeubles de l'avenue de l'Europe à Osijek, dont le cinéma Urania avec ses motifs géométriques floraux, et surtout le fonctionnel mais richement décoré bâtiment des Archives nationales à Zagreb, conçu par Rudolf Lubynski. Viktor Kovačić, disciple du Viennois Otto Wagner (célèbre pour son usage des lignes épurées et des volumes géométriques), proche du style Sécession, va progressivement glisser vers le modernisme. Rompant avec l'historicisme du siècle précédent, il prône une architecture fonctionnelle et s'intéresse aux nouveaux matériaux de construction comme le béton armé, de dont témoignent les formes pures de la Bourse de Zagreb. Mais les témoins les plus marquants de ce courant moderniste sont les villas Pferferrmann et Krauss, construites dans les années 1930. La première avec ses surfaces lisses et son toit rectiligne est caractéristique du fonctionnalisme radical. La seconde, largement influencée par l'œuvre de Le Corbusier, placée sur ses étroits piliers, semble comme en lévitation.

Depuis 1945, des architectes visionnaires

Au sortir de la seconde guerre mondiale, les architectes de l'école de Zagreb tentent de faire la synthèse entre les courants fonctionnalistes et organiques. Mais il est difficile de sortir des lourds codes formels et collectivistes du socialisme. Le musée d'Art contemporain de Zagreb, de l'architecte Igor Franić (né en 1954), fut l'un des rares grands projets publics réalisés durant cette période. Dans les années 1960, Novi Zagreb sort de terre. La création de cette ville nouvelle a été largement influencée par les principes novateurs du Corbusier.

Aujourd'hui, une nouvelle scène architecturale croate se dessine. Tout en gardant un profond attachement au passé, elle cherchant à briser les carcans formalistes, au gré d'œuvres souvent très minimalistes.

Le chef de fil de cette nouvelle scène, l'architecte le plus célèbre de Croatie, Nikola Bašić est originaire de Zadar. Son œuvre est liée à la mémoire de la nation, au respect du patrimoine, à la célébration de la nature. Ses maîtres mots, continuité, contextualité et communication. Dans ses créations, il utilisa beaucoup la pierre blanche de Brač où les matériaux locaux. De 1993 à 1998, sur l'île d'Okit, au large de Vodice, il élève la Chapelle Notre-Dame du Carmel, dont le minimalisme fait référence aux églises paléochrétiennes. On lui doit également le Champ de croix sur l'île de Kornat (2010), puissant mémorial aux soldats du feu qui ont péri lors de la « tragédie de Kornati » en 2007. Ces croix, de 25 m de long et 15 m de large, ont été construites à main d'homme, selon les techniques traditionnelles des murs en pierres sèches. En 2005-2008, l'aménagement du port de Zadar lui donne l'opportunité de concevoir deux installations urbaines uniques au monde. D'un côté, les Orgues maritimes, qui fonctionnent grâce à des tubes immergés dans la mer, logés ous les marches monumentales du quai. Elles produisent une musique sérielle, qui se renouvelle au gré des vagues plus ou moins fortes. De l'autre, le **Salut au soleil** (p.287) utilise l'énergie solaire pour animer un cercle au sol, de 22 m de diamètre. La nuit tombée, le cercle renvoie un jeu de faisceaux lumineux aux multiples couleurs. En 2020, son bureau d'architecture livre un hôtel de luxe sur l'île dalmate de Dugi Otok. En parfaite harmonie avec son environnement naturel, la Villa nai 3.3 est creusée dans une colline sous une oliveraie centenaire. Elle semble littéralement sortir de terre.

L'agence d'architecture 3HLD, basée à Zagreb, est également très prolifique. On lui doit le Memorial Bridge de Rijeka, promenade piétonne symbolisant le chemin de la nation vers l'indépendance, mais aussi la V2 House, superbe villa conçue pour maximiser les ouvertures sur l'océan, l'aquarium d'eau douce de Karlovac quasiment enfoui dans l'herbe, ou bien encore l'aménagement élégant du bord de mer à Rovinj. Autre villa étonnante à ne pas manquer, la villa Gumno à Krk. Géométrique et minimaliste, elle impressionne notamment par son étonnante terrasse tout en angle surplombant l'entrée de la maison. On peut citer par ailleurs la villa Issa Megaron de l'agence PROARH pour son originalité. Cette résidence de béton se fond littéralement dans les collines de l'île de Vis, incrustée dans les anciens murs de pierres. Ses toits et terrasses ont été recouverts de pierres et de plantes pour parfaire le camouflage. Une maison qui n'est pas sans rappeler certains habitats primitifs.

Le Salut au Soleil de Nikola Bašić.

BEAUX-ARTS

La Croatie a une histoire de l'art de plusieurs millénaires, qui remonte au IVe siècle av. J.-C., pendant l'époque hellénique en Méditerranée. De la Dalmatie à la Croatie que l'on connaît aujourd'hui, de nombreux courants constituent l'art de cette jeune nation. Province romaine, elle passe pendant le Moyen Âge à Byzance, puis connaît la Renaissance et le baroque. Pays des Balkans, cette région est fortement influencée par les mouvements de l'Europe de l'Est et de l'Empire austro-hongrois, et est le fer de lance d'une génération d'artistes de la Sécession puis de l'Art nouveau. Il y eu des artistes modernes et l'avènement du gouvernement soviétique consacre le réalisme socialiste. Si la photographie est très développée également, le pays, après la guerre de Yougoslavie, a vu de nombreux artistes contemporains émerger ainsi que les street artists. Une vitalité de l'art croate toujours renouvelée.

De la période hellénistique à Byzance

Si les premières sculptures apparaissent sur le sol croate au néolithique et à l'âge du cuivre, c'est au IVe siècle av. J.-C. que la Croatie développe des liens forts avec les cultures méditerranéennes grecques, sur les îles de Vis, Hvar et Korčula. L'Apoxyomène, le bronze haut de 2 m d'un athlète nu à sa toilette, a été découvert en 1996 au large de l'île de Vele Orjule. Restauré à Zagreb, il a rejoint le giron du musée de l'Apoxyomène de Veli Lošinj. Province de l'Empire romain, la Dalmatie, située autour de Split (Salona), possède son école de sculpture qui produit nombre d'œuvres dont un buste en marbre blanc de l'empereur Auguste, découvert à Nin au XXe siècle. Après la chute de l'Empire, la Dalmatie reçoit l'influence byzantine. Les reliefs du baptistère et les sarcophages de la basilique de Split ou les mosaïques de la basilique de Poreč en sont les meilleurs témoignages. Des manuscrits enluminés du Musée sacré de Zadar, les évangéliaires de la cathédrale de Split, datent des VIe et VIIe siècles. En Istrie, les fresques dans l'église Saint-Jérôme (Hum), de style byzantin, celles de l'église Sainte-Foška près de Peroj, de style roman, suivant les modèles français, datent du XIIe siècle. Le crucifix de bois sculpté et peint du monastère Saint-François à Zadar est le plus ancien que l'on ait découvert. Le visage du Christ s'anime davantage et le style s'éloigne de l'icône byzantine. Ils marquent le début de l'art roman.

▸ En plein gothique international, l'école dalmate s'illustre à Trogir ou Korčula, avec les œuvres de Blaž Jurjev notamment. Son polyptyque sur bois de l'église de Tous-les-Saints, parfaitement restauré, témoigne de l'influence italienne. La peinture enlumine aussi les manuscrits, de manière sophistiquée. Le plus fameux est l'évangéliaire de Trogir (1231-1250).

▸ Pendant l'époque romane, les basiliques à plusieurs nefs avec absides comme à Rab, Zadar et Trogir possèdent des portails très ouvragés de

DÉCOUVRIR

© VLADIMIR KOROSTYSHEVSKIY - SHUTTERSTOCK.COM

Entrée de la cathédrale Saint-Laurent de Trogir.

bas-reliefs et sculptures relatant les épisodes de la Bible. Ainsi le portail de la cathédrale de Split, dont la porte en bois est signée de l'atelier du maître Buvina, celui de Trogir, au tympan ouest, sculpté par maître Radovan en 1240. Par ailleurs, au XIIIe siècle, les peintres et les ateliers se multiplient, la personnalité du maître d'œuvre s'affirme tout comme le rayonnement de son influence.

▶ Du XIIIe au XVe siècle, le style gothique est présent au nord de la Croatie (cathédrale de Zagreb). En Dalmatie, le développement du style gothique rayonnant et flamboyant voit émerger la signature de l'architecte et sculpteur Juraj Dalmatinac, qui a fait ses écoles à Venise. Cet artiste complet a travaillé à Split, Dubrovnik et Zadar, mais c'est dans la cathédrale de Šibenik, classée par l'Unesco au patrimoine mondial, que l'on a trouvé son mystérieux baptistère (1443), décoré de structures réticulaires et de sculptures en forme de stalactites, faisant penser à une grotte.

De la Renaissance à l'Art nouveau

L'avènement du nouveau style trouve un terrain favorable à Raguse (Dubrovnik), où les sculpteurs et les peintres collaborent, s'inspirant des artistes italiens du Quattrocento sans oublier les leçons du gothique. Au milieu du XVe siècle, Lovro Dobričević fait, le premier, entrer la tridimensionnalité dans la représentation de ses personnages. Il faudra attendre le XVIe siècle, avec les peintres Mihajlo Hamzić ou Nikola Božidarević, pour s'émanciper des structures traditionnelles, des aplats de dorure et dégager l'espace derrière les figures.

▶ À partir du XVIIe siècle et jusqu'au XVIIIe, le baroque se développe au nord du pays dans les églises jésuites et les demeures privées (Zagreb, Varaždin, Trški Vrh, près de Krapina, les châteaux de Hrvatsko Zagorje). Sur la côte adriatique, les échanges avec Venise seront bénéfiques aux peintres, Federico Benković (1677-1733) notamment, sera influent dans toute l'Europe centrale. D'autres peintres ragusains, Stay et Matejević-Matteï, choisissent Rome ou Naples pour se former. On assiste à l'apparition de la peinture illusionniste sur des murs où s'accrochent dorures et moulures, personnages en apesanteur, angelots virevoltants.

▶ Vlaho Bukovac (1855-1922), né à Cavtat, au sud de Dubrovnik, vit de son art comme dessinateur et portraitiste avant de partir pour San Francisco et de prendre des cours de peinture. De retour à Dubrovnik, l'évêque Strossmayer lui offre une bourse pour aller à Paris où il fréquente les ateliers de Tcheramok et de Cabanel. On assiste chez lui à l'apparition de la peinture symbolique. Il retourne à Zagreb avant d'être nommé professeur à Prague. À Cavtat, sa maison familiale est devenue un atelier-musée avec nombre de ses peintures exposées, qui représentent ces nouvelles tendances de la Zagrebačka šarena škola et influencent la formation du mouvement séçessionniste en Croatie, avec Josip Račić, Bela Čikoš-Sesija, Crnčić.

▶ Le tir sur tableau, un art populaire et profane au XIXe siècle. À la fin du XVIIIe siècle, la multiplication des sociétés de tir en Europe centrale est à l'origine d'une pratique étonnante : le tir sur tableau. Fondée en 1786, la société de tir de Zagreb rassemble des citoyens distingués, aristocrates ou marchands, qui se retrouvent au cours de réunions mensuelles et de concours de tir. L'attraction et le divertissement sont les objectifs principaux de ces événements en plein air, du printemps à l'automne, où se mêlent danses, bals, fêtes populaires, lectures et autres jeux. Encore aujourd'hui, le musée de la Ville de Zagreb et de Varaždin présentent un bon nombre de ces cibles bien que cette pratique quelque peu dangereuse, si elle n'est pas réglementée, ait fort heureusement disparu depuis. Exposées au musée de la Chasse et de la Nature à Paris en 2012 à l'occasion de la saison culturelle croate, elles avaient beaucoup inspiré la célèbre et ténébreuse philosophe française Annie Le Brun qui avait préfacé le catalogue. Méconnues, ces cibles ont été particulièrement bien conservées en Croatie tant et si bien que cette pratique n'était pas spécifique à la région. À l'époque, ce jeu aux règles très strictes était tout à fait profane et les tableaux peints sur des canevas ronds pouvaient représenter des anges et des animaux tout aussi bien que des scènes mythologiques, allégoriques ou comiques, des armoiries ou des paysages. Les tableaux montrent que tout peut devenir cible : le roi, les dieux, les monuments, le temple et même le globe terrestre. Soit destinées à être choisies par les vainqueurs des concours de tir, soit commandées pour être attribuées aux meilleurs tireurs, et bien qu'elles fussent peintes par des auteurs anonymes, elles sont un témoignage authentique d'un temps passé et d'une pratique sociale réservée à l'élite, pourtant populaire en Croatie. Les artisans qui les ont peintes, souvent sur commande, car dédiées à des tireurs émérites, ont laissé également une vision de la société croate et austro-hongroise, dont il n'est pas négligeable de prendre connaissance pour mieux saisir ce qu'a pu être ce pays à l'histoire mouvementée. Par ailleurs, c'est voir à quel point la peinture était populaire, même si ces cibles ne se contemplaient qu'une fois criblées. Trophées d'orgueil et de virilité pour les hommes qui s'adonnaient à cette pratique, ces cibles n'ont malheureusement pas été visées par des femmes, qui étaient exclues du jeu. C'est voir aussi à quel point le droit des femmes dans la région s'est vu censuré, et qu'elles ont été tout à fait soumises à des règles d'une société dominée par les hommes, longtemps après le XIXe siècle. Heureusement, le jeune État croate d'aujourd'hui a beaucoup progressé à ce sujet.

▶ La fin du XIXe siècle en Croatie est marquée par les mouvements révolutionnaires actifs en Europe. Inspirés par la Sécession autrichienne et allemande, les peintres entrent de plain-pied dans l'Art nouveau, qui se dresse contre le traditionalisme en art. Les arts graphiques deviennent un mode d'expression autonome grâce au développement des techniques de la lithographie (Tomislav Krizman), de l'affiche, du papier peint et du lettrisme. Les sculpteurs Robert Frangeš-Mihanović et Rudolph Valdec développent des thèmes funéraires et symboliques propres au style Sécession. À cette époque, le sculpteur Ivan Meštrović, celui que l'on nomme le Rodin croate, développe un style expressionniste personnel.

Des modernes à la photographie croate

▶ Au début du XXe siècle, la Croatie suit la mode artistique européenne du paysage sur le motif (impressionnisme) tout en développant une thématique identitaire liée au renouveau de la conscience nationale (Quiquerez, Mašić, Iveković). Les modernistes croates ont fait leur école à Paris ou Munich (Josip Račić Kraljević, Becić).

▶ C'est à Zagreb en 1939 que fut créé le premier département de la photographie au musée des Arts appliqués. La naissance de la Zagreb School a entériné l'engagement artistique et poétique des photographes tels que Bela Cikoš Sessia, un peintre symboliste qui faisait des études photographiques préalables à ses tableaux, ou Franjo Mosinger, un des premiers photographes d'avant-garde d'Europe. Quant à Đuro Janeković (1912-1989) ou Tošo Dabac (1907-1970), ils inaugurent un âge d'or du photoreportage pour la presse écrite. Les magazines étrangers, *Life*, *Stern*, *Paris Match*, *Elle*, *Tempo* et *Gente*, ont ainsi beaucoup engagé des photographes croates, parmi eux Tošo Dabac, connu pour son travail durant la Grande Dépression de 1929, Frank Horvat, photographe de mode et reporter, qui sont publiés dans le monde entier. Depuis 1970, le musée d'Art contemporain de Zagreb conserve un important fonds de photographies remontant aux années 1920.

Du réalisme socialiste au street art

▶ Le cercle de Munich (Münchenski krug) est le terme donné par les historiens de l'art au début du Xe siècle à un groupe de peintres croates (Josip Račić, Miroslav Kraljević, Vladimir Becić et Oskar Herman), qui ont fréquenté l'Académie des beaux-arts de Munich. Influencés par l'impressionnisme français et l'expressionnisme allemand, ils jetèrent les bases du modernisme croate.

▶ Pendant l'entre-deux-guerres, la Croatie connaît donc les modes picturaux expressionnistes, cubistes, abstraits (Tartaglia, Šulentić, Gecan) mais les dogmes du réalisme socialiste des années 1950 ont freiné les développements de l'avant-garde. L'ère du réalisme socialiste des années 1950-1960 voit s'ériger nombre de statues de figures illustres ou populaires partout dans le pays. Parallèlement, avant et après la Seconde Guerre mondiale, une école d'art naïf est fondée à Koprivnica, un bourg à la frontière hongroise. La galerie Hlebine et le musée dédié à Zagreb présentent l'histoire de ces artistes ruraux, les pionniers Ivan Generalić, Franjo Mraz, Mirko Virius, la seconde génération, Dragan Gazi, Ivan Vecenaj, Mijo Kovačić, Franjo Filipović, Martin Mehke, Krsto Hegedušić, et le grand Ivan Generalić. Toute une tradition de peintres populaires qui ont créé un art régional, imagé, original.

▶ Au début des années 1960, débute l'époque de la « seconde avant-garde » avec ses bouleversements conceptuels. L'abstraction lyrique d'Edo Murtić, les aplats colorés et craquelés de Drazen Grubišić, la peinture brute de Zlatko Keser, les installations avec sérigraphies d'Antun Maračić ou les nouvelles technologies du multimédia interrogent la place de l'art dans les galeries, le rôle de l'artiste dans la société. Peu, parmi eux, ont réussi à s'implanter dans un marché international, excepté Zoran Mušič ou Andrea Andriya Filipović.

▶ La photographie croate s'illustre encore aujourd'hui par le regard d'artistes contemporains comme Ivan Faktor qui travaille entre la photographie, la vidéo et la performance, et a notamment participé à la 46e Biennale de Venise en 1995, ou encore l'artiste conceptuel et actif sur la scène croate jusqu'à très récemment Antun Maračić, mais aussi Boris Cvjetanović qui, avec Ana Opalić, a représenté la Croatie à la 50e Biennale de Venise en 2003. Mladen Stilinović est sans doute le plus connu de ces artistes à l'international car il est représenté par plusieurs galeries étrangères, notamment françaises. Il est un artiste multimédia très engagé politiquement qui utilise la photographie mais aussi toutes les techniques que les installations conceptuelles requièrent. Les instantanés de Pavo Urban, mort sous les bombes à Dubrovnik en 1991, alors qu'il exerçait son métier de reporter, sont saisissants. L'arrivée massive du numérique contribue à l'émergence en Croatie d'une nouvelle scène de très jeunes artistes photographes comme Bojan Mrđenović, Luka Kedzo, Davor Konjikusić ou encore Sinisa Glogoski.

Installé en France, Veljko Vidak est photographe, cinéaste et peintre. Sa dernière exposition s'est tenue à La Criée de Marseille en 2020. Intitulée *Traversée*, sa série d'huiles sur toile grands formats impressionne. Toutes ont un ciel menaçant qui pèse sur la mer. L'homme que l'on imagine migrant sonde l'horizon et s'immerge dans l'espoir de survie.

▶ Pour les amateurs de street art, la capitale compte de superbes murs signés Slaven Kosanović *aka* Lunar, né en 1975 à Zagreb, qui peint des fresques à la bombe depuis 1993, ou OKO (« l'œil » en français). Les graffeurs Morka, Dengan Skor, Mosk, Pejac sont originaires de la ville balnéaire de Rijeka, capitale européenne de la culture 2020.

TOP 10

ŒUVRES D'ART

Cette magnifique sélection de tableaux et de sculptures, touchant tant à l'art hellénistique qu'à la Shoah, reflète les grands noms d'artistes croates qui ont façonné la réputation artistique de ce pays. De quoi traverser avec intensité plus de deux mille ans d'histoire comme si on y était.

LES MESSES BASSES

Vlaho Bukovac peint *Scandal* en 1890 : une jeune femme légèrement habillée murmurant à l'oreille d'une autre.

L'ABYME DE JOB

Ivan Meštrović a sculpté ce *Job mis à l'épreuve par Satan* en 1946, sorti des horreurs de 1939-1945.

HIVER AVEC LICORNE

Ivan Generalić peint ce paysage de forêt hivernale en 1974 : des paysans ébahis devant une licorne.

LA SHOAH DÉPEINTE

Zoran Mušič est un rescapé de Dachau. *Nous ne sommes pas les derniers, T. 8* est une série d'œuvres sur les camps.

CHIC ET CHOC

Frank Horvat réalise la célèbre série des photographies de mode « Givenchy Hat » à Paris en 1958.

PUB PARESSEUSE

L'œuvre Material Value of Laziness a été réalisée dans les rues de Zagreb par Mladen Stilinović.

RAČIĆ IMMORTALISÉ

Josip Račić a peint cet autoportrait en 1908 et est mort peu de temps après, à l'âge de 23 ans.

© WIKIMEDIAS COMMONS

SOURIRE À VENDRE

Miroslav Sekulić-Struja a dessiné ces planches tragi-comiques en 2009 où un homme achète un sourire.

APOXYOMÈNE RETROUVÉ

Ce bronze du IVe siècle av. J.-C. a été découvert à 45 m de profondeur sous l'Adriatique en 1996.

ZAGREB EN BULLE

Lunar peint cette fresque à Zagreb en 2011 : un garçon titubant marche dans une forêt énigmatique.

MUSIQUES ET SCÈNES

La Croatie accorde une place importante à la musique. Des écoles instrumentales pullulent dans les bourgades, les groupes folkloriques et les chœurs résonnent des plaines de Slavonie à la côte dalmate. C'est le seul pays au monde à avoir élu un musicien pour président de la République, de 2010 à 2015. Ivo Josipović était « le seul président capable de déceler la mauvaise doublure de la basse dans un renversement d'accord parfait », s'amusait-on à l'Académie de musique de Zagreb, où il fut professeur d'harmonie. La scène croate est particulièrement éclectique, de la klapa au blues, rock en passant par la musique classique jusqu'aux turbo folk et les musiques actuelles. Au-delà du fameux ensemble des solistes de Zagreb, le pays possède un riche patrimoine folklorique qui s'exprime à travers les instruments traditionnels, la danse et les costumes. Un motif de fierté et a contribué à renforcer le sentiment d'identité nationale.

La klapa et les musiques traditionnelles

La Klapa est une musique traditionnelle des régions croates méridionales de Dalmatie. Les hommes chantent l'amour du pays et de la mer, *a capella* ou accompagnés d'une mandoline ou d'un harmonium. Durant la représentation, les chanteurs sont liés par les épaules en demi-cercle. Chaque chanteur s'exprime par un chant à mi-voix, le plus souvent dans une tessiture élevée. Un autre trait distinctif de la klapa est son penchant à chanter sans notation écrite. Les amateurs héritent de la tradition de leurs prédécesseurs. Les communautés locales y voient un marqueur principal de leur identité musicale, un pur héritage dalmate, un peu comme les polyphonies corses ou les chants basques, que les Klapa Ikson ou Klapa Cakulone (sept femmes) perpétuent. Dans les versions actuelles, les chants sont dilués dans une orchestration omniprésente et de lourds arrangements. Ainsi chantent Tomislav Bralić & Klapa Intrade ou encore Klapa S Mora, le jeune groupe qui a représenté la Croatie à l'Eurovision 2013. Les chanteurs de rue écument souvent les terrasses des bistrots, mais si vous désirez écouter les meilleurs ensembles, alors vous devez assister au festival Dalmatian Klapa à Omiš, qui met en vedette des groupes croates de la diaspora. Ce festival prestigieux a lieu chaque année, à la périphérie de Split, depuis 1966 et il s'agit du plus important événement klapa du pays. Il commence début juillet et dure la majeure partie du mois. Des groupes klapa de tout le pays donnent des concerts tous les

Chanteurs traditionnels de Dalmatie sous le dôme de la cathédrale de Split.

© IVAN SMUK - SHUTTERSTOCK.COM

Musiciens croates en costume traditionnel.

soirs sur la place principale et le meilleur reçoit un prix. Tenu à Dubrovnik fin avril, le nouveau festival Aklapela de chants dalmatiens célèbre également la musique klapa avec des concerts à Lazareti.

▶ Plusieurs traditions musicales de Croatie distinctes ont été inscrites sur la liste du patrimoine immatériel de l'Unesco. En dehors de la klapa, la musique d'Istrie et le chant ojkanje, deux autres musiques rurales, y aussi ont été récemment inscrites. La première se caractérise par une gamme unique au monde, fondée sur une échelle de six notes. Les chanteurs et les instruments à vent se répondent sur des pièces à deux voix. Cette musique atypique, souvent improvisée, est parvenue à se pérenniser au fil des années grâce à une communauté de musiciens, qui se transmettent leur chant oralement. La seconde tient sa spécificité à une technique particulière d'interprétation qui vient du fond de la gorge. Le chanteur produit un tremolo pendant que ses compagnons l'accompagnent, jusqu'à ce que l'interprète principal n'ait plus la force de continuer. Très peu de villages de Dalmatie pratiquent encore cet art si particulier et cette musique aux harmonies discordantes est devenue de plus en plus rare et difficile à trouver.

La manière la plus authentique de faire l'expérience du folklore croate est de participer à un festival local, lié en général à une fête religieuse. Rare est la ville ou le village croate qui n'a pas de troupe de folklore local prête à animer des églises, des salles de concert et des places de village avec de la musique et des danses, comme au village de Čilipi, en Dalmatie du Sud, tous les dimanches matin. Les événements autour de Noël et de Pâques impliquent souvent un spectacle folklorique, mais également les fêtes des saints comme celle de Saint-Blaise à Dubrovnik. Les festivals d'été organisés dans les villes le long de la côte et des îles croates incluent également des spectacles de folklore au programme.

▶ Les danses traditionnelles croates restent un patrimoine culturel vivant que l'on transmet aux enfants et aux jeunes gens. Si dans les montagnes et l'arrière-pays dalmate (sphère culturelle dinarique), la ronde muette (nijemo kolo) ou ronde dite de Vrlika, Lika ou Sinj est la danse typique avec pas, sautillements et sans musique apparaît un peu austère, dans le nord-ouest et le centre de la Croatie, le drmeš s'exécute en couple ou en petites rondes, accompagné d'un petit orchestre d'instruments à cordeaux (guci). La danse populaire caractéristique de la Slavonie et de la Baranja utilise aussi la ronde (kolo) pour les mouvements de groupe sur les accords de la cornemuse (gajde) puis de la tamboura, une sorte de luth. En Istrie, comme dans la région du Primorje, on sort les bombardes pour donner le tempo aux chants et danses de groupe, que l'on nomme balun et tanac des sopele (rožnice). À la mi-juillet, vous trouverez les meilleures troupes de folklore du pays et du monde entier à Zagreb dans le cadre de la Fête folklorique qui y déploient leurs talents artistiques. Les représentations ont lieu sur des scènes ouvertes et dans des salles de concert de la capitale croate. Le festival d'été de Dubrovnik, qui a lieu chaque été, propose une variété de styles musicaux, mais comprend toujours des spectacles de folklore croate.

L'évolution de la musique classique

La musique classique croate a d'abord été majoritairement dominée par les figures vocales puis, avec la période du classicisme, le pays a vu naître les premières grandes compositions de musique instrumentale. À partir du XIXe siècle, le cœur de la vie musicale s'est ensuite déplacé plus au nord. Le plus vieil établissement musical du pays, le Musikverein (devenu le Hrvatski glazbeni zavod – HGZ), a été créé à Zagreb en 1827. Cette société a permis de structurer l'offre locale et a offert à la ville sa première salle de concert en 1876. Le compositeur Blagoje Bersa a marqué de son empreinte la musique moderne croate. Très influencé par Mahler et Strauss, il a offert au public des œuvres pour piano puissamment conçues et d'une riche diversité. Par la suite le courant « néonational » a trouvé ses chefs de file avec les compositeurs Josip Štolcer Slavenski, Krešimir Baranović (aussi chef d'orchestre de l'Opéra de Zagreb) et Jakov Gotovac (auteur du plus populaire des opéras croates, *Ero de l'autre monde*). La Biennale musicale de Zagreb, créée en 1961, est l'un des festivals internationaux de musique contemporaine les plus prestigieux et les plus anciens. En été, Zagreb propose aussi de nombreux concerts en plein air, surtout dans la ville haute. Plusieurs festivals jouissent aussi d'une solide réputation, tel le festival d'Été de Split, le festival de Musique de chambre de Dubrovnik, les Soirées musicales de Saint-Donat à Zadar, une basilique à l'acoustique parfaite, ou les Soirées baroques de Varaždin en la cathédrale de l'Assomption-de-la-Bienheureuse-Vierge-Marie, dédiées au baroque.

En lyrique, le jeune Max Emanuel Cenčić, qui s'est produit en public pour la première fois à l'âge de 6 ans, est aujourd'hui considéré comme l'un des meilleurs contre-ténors. Les Solistes de Zagreb ont commencé leur carrière en 1953 comme ensemble de la radiotélévision zagréboise, sous la direction artistique du violoncelliste et chef d'orchestre italien Antonio Janigro. Cet orchestre de chambre est l'un des plus remarquables sur la scène internationale. Depuis mars 2012, le violoncelliste français Marc Coppey est leur directeur artistique. Avec plus de soixante-dix albums studios à leur actif, les Solistes de Zagreb conservent un large répertoire classique tout en s'intéressant au contemporain.

Des villes de théâtre et de danse

Si vous désirez profiter de votre séjour dans la capitale croate pour assister à un spectacle, tous les choix sont possibles, que vous ayez envie d'une comédie musicale, d'un drame, d'un ballet classique ou même d'un spectacle de marionnette. Le Théâtre national croate (p.355) (CNT) et sa façade néobaroque jaune vif est la référence de la ville. Fondé en 1860 par Dimitrije Demeter, le théâtre a accueilli les plus grands artistes croates et a initié des réformes qui ont permis au théâtre croate de trouver un nouveau souffle. De nombreux spectacles de danse classique et contemporaine, des concerts et des opéras y sont régulièrement programmés. Le théâtre Komedija propose des spectacles plus légers, de l'opéra-comédie à la comédie musicale, comme *Mamma Mia* et, plus récemment, *Jesus Christ Superstar*. Le théâtre de Gavella propose des œuvres dramatiques, plutôt contemporaines et classiques. Quant au théâtre de la Jeunesse de Zagreb, il allie cours à destination des plus jeunes, théâtre, danse et opéra, avec une volonté marquée de proposer des œuvres originales, qui suscitent bien souvent la controverse. Assister à un spectacle au théâtre de Marionnettes de Zagreb est une alternative originale et intéressante, parmi l'offre de sorties locales, même si le spectacle est d'abord conçu pour les plus jeunes. L'offre de la capitale est complétée par des manifestations organisées à travers tout le pays comme les Jeux d'été de Dubrovnik créés en 1950 et le festival d'Été de Split initié en 1954. Par leur rayonnement international, ils participent également à l'affirmation du théâtre croate à l'étranger.

Depuis 1949, Zagreb possède une École de danse classique. Elle a essaimé pour offrir aujourd'hui plusieurs compagnies prestigieuses : la Compagnie de danse de Zagreb, le Studio de danse contemporaine et l'Ensemble de chambre de danse libre. Tous les ans la semaine de la danse contemporaine de Zagreb, un festival international créé en 1984, participe au dynamisme de la scène croate du ballet. Une scène particulièrement vivante, puisqu'en plus de Zagreb, les villes de Split, de Rijeka et d'Osijek possèdent également des troupes de ballet permanentes.

La musique populaire et le rock

Le rock yougoslave était une industrie florissante et structurée avant l'explosion de la Fédération de Yougoslavie, qui en a provoqué la chute. L'histoire de la pop et du rock croate est fortement liée à celle du label Jugoton. Créé en 1947, celui-ci était la plus grande maison de disques de l'ex-Yougoslavie. Basé à Zagreb, le label a édité quantité d'artistes pop rock. Véritable entreprise d'État, il possédait ses studios, sa radio, sa propre usine de pressage, son réseau de magasins. L'une des particularités de Jugoton est d'avoir su signer, à côté de la musique *mainstream*, de nombreux groupes punks et new wave, peut-être pas les plus radicaux, mais qui interpellaient parfois le pouvoir en place. À l'approche de la guerre, le label est privatisé et devient propriété de l'État croate après l'éclatement de la Yougoslavie. La société est débaptisée pour devenir tout simplement Croatia Records, un nom simple qui marque l'enracinement de l'ex-Jugoton à la jeune nation croate.

Lorsque les crises politiques surviennent, toute prise de position affecte la société tout entière et influence bien souvent les œuvres artistiques. Lorsque la crise est survenue dans les Balkans, les artistes ont dû faire des choix : s'opposer au régime nationaliste ou lui servir d'étendard.

Des artistes émigrent à l'Ouest comme Branimir Stulić, auteur-compositeur du groupe Azra, originaire de Zagreb, ou encore Dušan Kojić Koja, bassiste et chanteur du groupe alternatif de Belgrade Disciplina Kicme. À l'inverse, d'autres musiciens, comme ceux de Prljavo Kazaliste, vont revendiquer fièrement leur soutien aux nationalistes. Les musiciens croates contemporains, en dehors de leurs frontières, ont eu du mal à faire entendre leur différence, à l'image de ladno Pivo (bière froide), l'un des groupes de hard rock les plus connus. Quant à Marko Perković, sa dérive vers le rock d'extrême droite lui vaudra d'être qualifié de fasciste... mais il est tout de même resté très populaire. Engagé dans la guerre en 1991, armé d'un fusil Thompson, il s'est fait connaître avec sa chanson « Bojna Cavoglave », qui redonnait le moral aux soldats. Symbole de la lutte croate pour l'indépendance, ce fervent catholique chante l'amour pour Dieu, la famille et la patrie avec outrance.

Pendant l'ère Milošević, le rock s'est fait souterrain. La paix revenue, il a repris mais sans rencontrer le même succès. La pop et la dance ont pris le relais. En 1989, le groupe Riva remporte la victoire au concours Eurovision de la chanson avec la chanson « Rock Me ». Oliver – Oliver Dragojević – est l'un des chanteurs croates les plus populaires depuis les années 1970. Ses hits les plus célèbres sont « Cesarica », « Luce mala » (Petite Lucie) et « Moje prvo pijanstvo » (Ma première ivresse). Décédé en juillet 2018, il demeure pour tous l'un des fondateurs de la chanson dalmate. Severina est le sex-symbol de Croatie, autant connue pour sa musique que pour son physique. Gibonni avait commencé dans un groupe de heavy metal, puis a fait évoluer son style vers une pop rock rappelant parfois Peter Gabriel et Genesis. Qu'il compose pour lui ou pour les autres, ses chansons sont particulièrement appréciées en Croatie. INmusic, qui se tient en juin sur le lac Jarun à Zagreb, est le plus grand festival de rock indé de Croatie, avec toujours des têtes d'affiche internationales, sans oublier de faire jouer des groupes locaux en 1ère partie.

Rap et hip-hop

Quelques artistes rap et hip-hop ont aussi acquis une certaine reconnaissance : The Beat Fleet a débuté à Split en 1992 en enregistrant trois titres dans leur garage, les radios locales ont suivi. En 1997, ils sortent leur premier album et sont depuis une référence dans le milieu hip-hop croate. Au nord, c'est le collectif Zagreb Elemental, composé de sept membres, qui joue un rôle important. Le reggae est défendu par So ! Mazgoon, un petit groupe écolo, qui met en avant les riddims et percussions tropicales, l'amour de la mer et la terre, alors que Zinedin Zidan (c'est leur vrai nom !) célèbrent le roots *made in Split*. Les Zaprešić Boys, eux, se sont imposés comme un groupe de rock-rap supporter du Dinamo de Zagreb. Ils sont le symbole d'un patriotisme ultratransposé dans le football. Bien plus cool, Edo Maajka, le rappeur de la capitale, est lui ouvertement antifasciste.

© GORAN JAKUS- SHUTTERSTOCK.COM

Le groupe Foals en concert au 14e festival INmusic au bord du lac Jarun à Zagreb, 2019.

Clubbing et turbo-folk

Alors que le rap trouvait son public, le phénomène clubbing a pris en Croatie dans les années 1990, avec de plus en plus de *beach bars* et de clubs organisateurs de soirées, et des festivals tout l'été sur des plages entièrement dédiées à la culture dance. Ultra Europe est l'édition européenne du célèbre festival dance, qui a lieu chaque année en Croatie, où il investit le stade Poljud de Split pour y recevoir les plus grands noms de l'EDM, de la house et de la techno. De nombreuses autres soirées sont aussi organisées, dont l'Ultra Beach Party (île de Hvar), la Regatta Beach Party sur l'île de Brač. Le turbo-folk a aussi pris racine au cours de ces années-là, en même temps que disparaissait l'unité yougoslave, au profit des nationalismes serbes, croates et bosniaques. Ce style musical est controversé en Croatie, principalement dû au fait qu'il s'identifie principalement à la partie orientale de l'ex-Yougoslavie. Pourtant, malgré toutes les controverses et une qualité très inégale, il est très populaire dans le pays. Il existe un embargo sur les médias, ce qui signifie que le genre est banni de la plupart des chaînes de télévision et de radio, mais les clubs qui jouent du turbo-folk ne désemplissent pas. Indissociable de son contexte d'émergence, le turbo-folk rime invariablement avec la montée des nationalismes. Avec les bouleversements socio-économiques, ces nouveaux sons musicaux sont venus remplacer les groupes rock yougoslaves.

DÉCOUVRIR

À L'ÉCRAN

Longtemps le cinéma croate fut intimement liée à l'histoire de la Yougoslavie. Aucune fiction parlante n'est produite avant la Seconde Guerre mondiale. Le régime oustachi pro-nazi s'emploie à développer l'industrie cinématographique à des seules fins de propagande. Celle-ci sera remise aux mains des Partisans à la fin de la guerre. Oktavijan Miletič, auteur de courts-métrages amateurs, peut être considéré comme le père du cinéma croate. En 1944, il réalise le premier long-métrage parlant, *Lisinski*, une biographie du compositeur d'opéra zagrébois (1819-1854). Fondés à Zagreb en 1946, les studios Jadran vont longtemps rivaliser avec ceux de Vienne ou de Prague. Des centaines d'œuvres yougoslaves comme internationales, plus ou moins bien financées, y seront tournées aux cours des décennies suivantes. Aujourd'hui, d'autres studios ont pris le relais, mais c'est toujours la capitale qui centralise la plus grosse partie de la production.

Jeune cinéma et films d'animation cherchent à s'affranchir de la censure

Le cinéma des années 1950 est encore très empreint de classicisme ; il en va des films de Branko Bauer dont le plus célèbre, *Mon fils, ne te retourne pas* (1956), met en scène les retrouvailles difficiles d'un Partisan avec son jeune fils endoctriné par l'idéologie fasciste. *H-8* (1958) de Nikola Tanhofer préfigure peut-être, dans ses partis-pris narratifs, le courant moderniste qui traverse les années 1960. Le spectateur, qui était averti au début du film, voit s'acheminer les protagonistes d'un accident de la circulation vers leur mort. Quelques libertés qui préfigure une légère détente du régime fédéral, dont certaines prérogatives sont confiées à des institutions locales favorables à l'expérimentation. Coïncidence amusante, qui s'inscrit complètement dans le climat de l'époque, Orson Welles tourne à Zagreb sa version du *Procès* (1962) de Kafka.

Prométhée de l'île de Viševica (Vatroslav Mimica (1964) rénove le thème déjà éculé du Partisan et de la guerre en tentant de retranscrire la façon dont les souvenirs affluent à la mémoire du personnage principal lorsqu'il retourne sur son île natale. Dans la même veine, on citera *Rondo* (1966) de Zvonimir Berković, filmé dans un noir et blanc léché, comme inspiré par le nouveau roman, où le jeu d'échec sert de symbole pour montrer la guerre sourde que livrent, derrière les apparences et les civilités, les protagonistes d'un triangle amoureux. Dans une Croatie rurale et lugubre, encore en proie à des coutumes archaïques, habitée de personnages aux antipodes de ceux de *Rondo*, *Breza* (1967) d'Ante Babaja fait preuve d'une semblable sophistication.

Cette période féconde s'épuise petit à petit à la fin des années 1960. On citera également *Une vie accidentelle* d'Ante Peterlić (1969), qui suit le quotidien désœuvré de deux jeunes de Zagreb. *Qui chante ne pense pas à mal*, de Krešo Golikse (1970), est un nouveau triangle amoureux qui reste jusqu'à aujourd'hui l'un des films les plus populaires du cinéma croate. L'évocation nostalgique du Zagreb des années 1930, est baignée de chansons folkloriques. La même année, dans un film âpre et sec comme la Zagora, la région où il fut tourné, le film de Krsto Papić (*Les Menottes*) raconte comment l'arrivée de deux agents titistes, en charge d'une arrestation, vient troubler un mariage dans un village des environs de Vrlika. L'histoire revient sur des événements remontant à 1948 mais préfigure de manière effrayante les querelles intestines qui vont mettre les Balkans à feu et à sang quelques années plus tard. Son film suivant, *Représentation de Hamlet au village* (1972), est une satire plus légère des compromissions du pouvoir.

Parallèlement, l'avènement du cinéma d'animation croate dans les années 1950 cherche à s'affranchir de la censure communiste. L'École de Zagreb contribue à fixer la spécificité du genre. Sa renommée culmine en 1961 quand Dušan Vukotić remporte, avec *Succédané,* l'Oscar de sa catégorie, un prix qui n'était jamais arrivé à un réalisateur non-américain. Vatroslav Mimica, dont la carrière navigue entre courts-métrages d'animation et longs-métrages en prises de vues réelles, est aussi un éminent représentant de ces studios.

À la fin de la décennie, *L'Occupation en 26 images* (Lordan Zafranović, 1978) montre, non sans un certain raffinement, comment le quotidien idyllique de trois amis d'origines différentes, vivant à Dubrovnik, se trouve bouleversé par la guerre. Il condense en une scène terrible les exactions oustachistes.

Alors que le soin apporté aux productions semble avoir largement fléchi, le travail des cinéastes dans les années 1980 souffre de la concurrence féroce que représente la télévision.

Pourtant, en 1982, le film romantique de Rajko Grlić, *On n'aime qu'une seule fois* de (1982), sélectionné à Cannes, fera date dans l'histoire du cinéma croate. Ces années-là sont surtout marquées par la tentative de réalisateurs croates, comme Zoran Tadić, d'accommoder un cinéma de genre d'inspiration américaine à un contexte communiste sur le point de s'effondrer. La Dernière guerre, qui commence en 1991, provoque le démantèlement de la Yougoslavie et plonge évidemment le cinéma croate dans une crise profonde.

Fantômes du passé et émancipation contemporaine

En 1996, *Comment la guerre a commencé sur mon île de* Vinko Bresan (1996) remporte un franc succès auprès des Croates. En prenant le parti de l'humour noir pour traiter de plaies encore ouvertes, il trouve d'emblée son public. En effet, longtemps, le cinéma croate donnait l'impression d'être irrémédiablement traumatisé par la guerre, devant sans distanciation passer irrémédiablement du social-communisme aux conflits intercommunautaires à une démocratie précaire. C'est dans ce contexte contraignant inconsciemment qu'une nouvelle génération de cinéastes fait peu à peu surface. *Fine Dead Girls* de Dalibor Matanić (2002) met en scène un couple lesbien en butte à l'intolérance de ses voisins. *Une merveilleuse nuit à Split* d'Arsen-Anton Ostojić (2004) donne à voir, avec un humour volontiers cynique, une image inédite de la ville portuaire, dissipée, un peu interlope, où la narration tourne autour d'un dealer dans un concert de rock. Ostojić s'est également distingué en signant *Le Chemin d'Halima* (2012) sur le versant serbo-bosniaque du conflit en Yougoslavie. *Métastases* de Branko Schmidt (2009) est une sorte de chronique sociale suivant trois hooligans du Dinamo de Zagreb, adeptes de drogues et d'alcool.

Aujourd'hui, on assiste à un renouveau des coproductions balkaniques, signe de relations pacifiées entre les pays dont il faut se réjouir. Mais ces films mettent parfois du temps à nous parvenir : ainsi, il a fallu attendre quatre ans pour que *Quiet People, un jour à Zagreb* Ognjen Svilicić (2014) sorte en France. La série *Novine ou The Paper* (2016) a tenu les Balkans en haleine avant d'être la première importation de Netflix en langue slave : le rachat d'un journal indépendant de Rijeka par un homme d'affaires mafieux sert de point de départ à une plongée dans les arcanes de la politique et corruption croates. *The Eigth Commissioner* d'Ivan Salaj (2018) aborde le même thème mais sur un ton comique, en montrant la conversion morale d'un politicien véreux, forcé de s'exiler à Vis une île lointaine de l'Adriatique. C'est toujours Vis, éloignée de tout, qui sert en partie de décor à *Comic Sans* de Nevio Marasović (2018), dans la mouvance d'un cinéma jeune et branché, faisant écho aux angoisses du monde, celles de la société contemporaine auxquelles s'ajoute la thématique spécifique des relations toujours compliquées entre les pays frontaliers. Ainsi, en 2020, *Mare* d'Andrea Staka sur la soif de liberté d'une mère au foyer, *Mater Croatia* le premier long-métrage de Jure Pavlović ou encore la série *Maličke* de Dora Šustić, qui a remporté le prix HBO Europe du Meilleur Projet. Où l'on suit le combat d'une jeune femme à l'heure où les ultra-conservateurs anti-avortement gagnent en popularité.

© VIGO-S - SHUTTERSTOCK.COM

Cinéma sur l'île de Vis.

Dans le même temps, le pays devient un studio à ciel ouvert, attirant des superproductions venues du monde entier, ce qui semble aller de pair avec la fortune nouvelle que le pays connaît sur le plan touristique. Des circuits sont désormais proposés à travers les sites naturels, les centres historiques et les monuments qui ont pu servir de décor à la série *Games of Thrones* : Dubrovnik y joue en effet le rôle de King's Landing. C'est là-bas aussi qu'a été tournée la dernière saison des *Borgia*. L'Adriatique, ses plages et eaux bleues, sa proximité géographique et ses coûts avantageux attirent aussi logiquement les productions de l'Europe entière, comme récemment *L'Odyssée* (Jérôme Salle, 2016), biopic consacré à Cousteau. Dans *En amont du fleuve* de Marion Hänsel (2017), le périple du personnage principal nous emmène à l'intérieur des terres, à travers les sublimes gorges du parc national de Paklenica.

Le film d'animation, en coproduction européenne, *Chris the Swiss* d'Anja Kofmel (2018) a marqué les esprits. La réalisatrice enquête sur la mort de son cousin, un journaliste suisse qui a été assassiné en Croatie pendant les combats de la Dernière guerre.

LITTÉRATURE

Plonger dans l'histoire littéraire de la Croatie confronte à une réelle complexité. L'histoire de la langue déjà, qui a manié trois alphabets (glagolitique, cyrillique, latin) et, au moins, trois dialectes (tchakavien, chtokavien et kaïkavien). Ces évolutions linguistiques soulèvent, comme souvent, des interrogations politiques, à peine résolues de nos jours. Pour certains, l'usage commun du terme serbo-croate affirme une cohabitation plus qu'une unicité communautaire véritable. C'est dire combien l'idiome peut exprimer de volonté à affirmer une identité propre. Dans le même temps, la langue croate et les écrivains se sont enrichis d'influences multiples et mouvantes, à l'image de ses frontières. Résolument européenne, voire internationale avec les mots de la diaspora, la riche littérature croate est aussi très ancrée sur un territoire. La première pierre est insulaire, tout commence avec une stèle trouvée sur une île adriatique.

Des origines au Moyen Âge, de la poésie à l'Encyclopédie

En 1851, sur l'île de Krk, une pierre de 800 kg datée approximativement de l'an 1100 est découverte dans le dallage de l'église Sainte-Lucie. Sur cette stèle, dite de Baška, du fait de la proximité de la ville éponyme, se lit une inscription en vieux-croate, mélange de tchakavien et de slavon, rédigée en glagolitique, un alphabet composé par les frères Cyrille et Méthode. Bien qu'il ne s'agisse pas du plus ancien vestige retrouvé dans le pays, il est d'importance car il comporte, pour la première fois en langue vernaculaire, le terme Croatie.

Durant une longue période, l'écrit se met essentiellement au service de la foi. D'ailleurs, dès 1483, soit trente années après la parution de la célèbre Bible à quarante-deux lignes de Gutenberg, le *Missale Romanum Glagolitice* est imprimé. Le tout premier missel à ne pas être rédigé en latin.

Au Moyen Âge, la poésie gagne le cœur des hommes. Les vers du Ragusain, Džore Držić (1461-1501), portent l'influence de Pétrarque dans une poésie lyrique et contemplative. Son dialogue pastoral *Radmio i Ljubmir* préfigure la future dramatique croate. Certainement très apprécié de son temps, une partie de ses écrits trouve une bonne place dans la compilation que débutera en 1507 le jeune Nikša Ranjina, alors âgé de 14 ans. Ce premier recueil poétique, surnommé *Ranjinin zbornik*, donne la part belle à Šišmundo Menčetić. Né également à Dubrovnik, en 1458, ce dernier perdra la vie en 1527 lors d'une épidémie de peste. Tout comme son compatriote ragusain, il s'inspire du maître florentin, évoquant l'amour courtois, s'autorisant parfois une certaine sensualité.

Leur contemporain, Marko Marulić (1450-1524), voit le jour à Split. Il est considéré aujourd'hui comme le père de la littérature croate. Ses œuvres latines, l'*Evangelistarium* et l'*Insti-*

La stèle de Baška, l'un des premiers monuments de la langue croate datant du XIIe siècle.

tutio bene vivendi per exempla sanctorum, rencontrent un succès fulgurant qui les fait connaître, dit-on, jusqu'au lointain Japon. Mais c'est son poème épique *Judita*, composé en tchakavien, qui est surtout resté à la postérité. L'auteur relate l'épisode biblique du livre de Judith, au moment même où sa ville natale est menacée par les troupes ottomanes. Peut-être s'agit-il là d'une prière à la puissance divine ou d'un encouragement donné à ses compatriotes.

L'enfant de Zadar, Petar Zoranić, signe quant à lui le premier roman pastoral croate, *Planine* (*Les Montagnes*), qui sera imprimé à titre posthume à Venise, en 1569. Dans cette histoire, un berger que des fées délivrent de la souffrance d'un amour non partagé, finira par suivre la voie religieuse. Il s'y dessine aussi la crainte de l'envahisseur et se forme déjà le regret que si peu de textes soient écrits en langue vernaculaire.

Toujours dans la cité des doges, l'année précédente, était paru *Ribanje i ribarsko prigovaranje* de Petar Hektorović (1487-1572), un enfant de l'île de Hvar. Son texte inclassable, à la croisée du récit de voyage, du discours sur la pêche et de réflexions philosophiques, offre un magnifique aperçu de la vie en Croatie en ce milieu du XVIe siècle. L'auteur est également connu pour ses traductions en croate du poète Ovide et pour les chants de marins qu'il avait récoltés. Sa maison natale se visite encore à Stari Grad sur ses terres insulaires.

Autre figure majeure de la Renaissance dalmate, Marin Držić (1508-1567), neveu de Džore, et joyeux fanfaron dont la vie écrit à elle seule sa légende. Tout avait pourtant commencé plutôt sérieusement puisque c'est qu'il entre dans les ordres à l'adolescence. Mais très vite, la passion du théâtre le submerge et un séjour à Sienne aggrave son penchant. De retour dans à Dubrovnik, il écrit l'essentiel de son œuvre. De sa première comédie en prose, *Pomet*, il ne nous reste rien, pourtant on se souvient qu'elle fut présentée un jour de carnaval, en 1548. Elle lui valut certainement l'une des nombreuses agressions dont il fut victime, entre autres accusations de plagiat. C'est que l'homme, débonnaire, n'a pas la langue dans sa poche, ses farces éraflent à qui mieux mieux et son dégoût de l'injustice sociale est revendiqué. Nous retiendrons de lui son chef-d'œuvre, *Dundo Maroje*, *L'Oncle Maroje* en français, truculent récit d'un jeune homme qui oublie les directives de son père et s'en va dépenser à Rome tout l'argent qui lui avait été confié.

La deuxième partie du XVIe siècle est marquée par la Réforme, qui n'influence que peu la littérature de Croatie. Citons Matija Vlačić Ilirik (1520-1575), théologien protestant né à Labin en Istrie, auteur de plusieurs textes d'envergure, dont *La Clé de l'Écriture sainte*, célèbre lexique biblique. Le prêtre jésuite Bartol Kašić (1575-1650) fut premier traducteur de la Bible (l'intégralité en croate). La religion, toujours, imprègne *Les Larmes du fils prodigue* d'Ivan Gundulić (1589-1638), fleuron du style baroque et sommité vantée pour son poème épique, *Osman*. Sa morale chrétienne et ses idées nationalistes font écho aux préoccupations d'un peuple qui doit se positionner face à des influences extérieures fortes, parfois antinomiques.

Le dessein patriotique d'Andrija Kačić Miošic (1704-1760) s'inscrit dans cette lignée. Il illumine le temps des Lumières. Théologien, philosophe, il publie en langue vernaculaire *Conversation agréable du peuple slave* en 1756. Sa volonté première, outre celle de sauvegarder un certain folklore patriotique, est de fixer l'histoire de son peuple. Cette œuvre encyclopédique, entrecoupée de poèmes, continuera d'être enrichie, même après sa mort, il en existe aujourd'hui près de quatre-vingts éditions.

Identité nationale, réalisme, écrits postraumatiques

Au XIXe siècle, le besoin d'affirmation d'une identité croate aboutit au Mouvement des Illyriens, appelé encore Renouveau national croate, porté par Ljudevit Gaj (1809-1872). Le linguiste et politique œuvre à l'édification d'un alphabet et d'une langue littéraire propres et unifiés, basés sur le chtokavien. Puis, il impulse la publication du premier journal croate de Zagreb et de son supplément littéraire.

Bien que l'ère soit au romantisme, tout comme dans le reste de l'Europe, le chef-d'œuvre d'Ivan Mažuranić, qui occupera la fonction suprême de ban de 1873 à 1880, a des accents épiques. Les cinq chants de *La Mort de Smaïl-aga Tchenguitch* prônent en effet la haine contre la tyrannie, gage de puissance libératrice. Un patriotisme que reprend également Petar Preradović (1818-1872) dans ses chansons, même s'il n'hésite pas à mettre aussi l'amour en mots.

Le virage vers le réalisme s'incarne en la personne de l'éditeur, poète et dramaturge August Šenoa. Il marque tellement son époque qu'il est d'usage de désigner une partie de la deuxième moitié du XIXe siècle par son nom. Si dans *Le Mendiant Luka* (1879) et *Branka* (1881) il peint une fresque contemporaine, c'est au roman historique qu'il se consacre dans *Le Trésor de l'orfèvre* (1871) et *La Révolte des paysans* (1877). Par ailleurs, rédacteur en chef de la revue *Vienac* jusqu'à sa mort, en 1881 à Zagreb, il réunira autour de lui toute une génération d'auteurs résolument tournés vers la modernité, n'hésitant pas à repousser les frontières de l'identité nationale croate. La littérature entre alors dans son âge d'or, les lecteurs se laissant séduire par les livres de Vjenceslav Novak (1859-1905), affectueusement surnommé le Balzac croate, l'autobiographie d'Ante Kovačić (1854-1889) ou la poésie militante de Silvije Strahimir Kranjčević (1865-1908).

Début XXe siècle, les plumes s'abreuvent encore aux esthétismes européens. Le Zagrébois, Antun Gustav Matoš (1873-1914), que la bohème a mené jusqu'à Paris, s'inspire du symbolisme français, pendant que son contemporain Vladimir Vidrić achève sa courte vie de poète maudit à l'hôpital psychiatrique de Zagreb. Terrible aussi la brève existence de Janko Polić Kamov (1886-1910), écrivain si clairement avant-gardiste que son roman *Le Bourbier desséché* ne paraîtra pas avant 1957. La littérature de l'époque se révèle foisonnante, offre de grands textes, tels que *La Trilogie de Dubrovnik* (1902) d'Ivo Vojnović. *Les Étranges Aventures de l'apprenti Lapitch* (1913) est le premier titre d'Ivana Brlić-Mažuranić, auteure croate de livres pour la jeunesse, qui sera par deux fois pressentie pour le prix Nobel de littérature.

Aux lendemains du premier conflit mondial, qui présage des drames à venir, s'affirme le talent de Miroslav Krleža. Protéiforme, son œuvre le fera reconnaître en tant que nouvelliste (*Mars dieu croate*), dramaturge (*Le Cycle des Glembay*) et romancier (*Le Retour de Philippe Latinovicz*). Son grand engagement en faveur de la langue croate l'incitera à fonder l'Institut de lexicographie en 1950, puis à militer pour la reconnaissance d'une nation indépendante.

En poésie, c'est Tin Ujević (1891-1955) qui fait montre d'une véritable virtuosité. Grand connaisseur de ses prédécesseurs, traducteur de ses pairs européens, prolixe et assidu, il aurait réalisé le petit miracle de fusionner styles classique et moderne. À ses côtés, Antun Branco Šimić (1898-1925) développe une poétique personnelle, fulgurance guidée peut-être par le pressentiment que le temps lui était compté.

Au sortir de la Seconde Guerre mondiale, c'est le poète Vladimir Nazor qui devient président de la République populaire de Croatie, et la poétesse Vesna Parun pleure son premier amour dans *Zore i vihori*, prémisse des nombreux recueils qu'elle publiera par la suite. Ranko Marinković, quant à lui, prend la direction du Théâtre dramatique de Zagreb, devenu Théâtre national, et Slobodan Novak fait son entrée sur la scène littéraire qui le verra récompensé de multiples prix, notamment le NIN pour son roman *Mirisi, zlato, tamjan*.

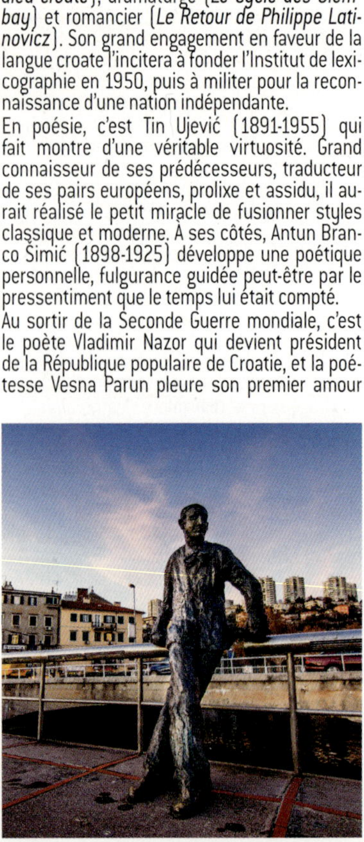

© IVAN NEMET - SHUTTERSTOCK.COM

Statue du poète Janko Polic Kamov à Rijeka.

Si certains font le choix de l'exil et donnent naissance à la littérature dite de l'émigration, d'autres se réunissent autour de publications, *Krugovi* dans les années 1960, *Quorum* vingt ans plus tard. Le postmoderne peu à peu s'impose, n'hésitant pas à flirter avec le fantastique, comme dans *Le Cimetière englouti* de Goran Tribuson, traduit en français par les éditions Serge Safran, où se croisent des personnages excentriques et oniriques ou le roman documentaire de Daša Drndić, *Sonnenschein* (Gallimard, traduit en 2013), immense fresque d'une famille habitée par l'histoire croato-juive durant les deux guerres mondiales (Gallimard).

Dubravka Ugrešić a dû se résoudre à partir après avoir affirmé sa peur et son dégoût pour le nationalisme. Plusieurs de ses romans sont publiés en français, notamment *Le Ministère de la douleur* (Albin Michel, 2008) ou *Karaoke Culture* (Galaade, 2012). Même parcours pour Slavenka Drakulić (*Je ne suis pas là*, Belfond, 2002), journaliste croate qui évoque les guerres de Yougoslavie, à partir de 1991. En 2014, Clara Usón nous plonge dans la psyché d'Ana Mladić, 23 ans, dont le père n'est autre que le général Ratko Mladić, surnommé « le boucher des Balkans » (*La Fille de l'Est*, Gallimard).

En 2017, Durieux, la maison d'édition zagréboise, publie une *Anthologie d'auteurs croates contemporains – Le fantôme de la liberté ?*, un hors-série avec des nouvelles, des extraits de romans et de nombreuses contributions, tant sur la scène littéraire, poétique, théâtrale ou musicale. Disponible sur le site du *Courrier des Balkans*, où l'on trouve d'autres livres croates traduits en français.

Du côté du théâtre, les scènes internationales accueillent les pièces d'Ivo Brešan et de Slobodan Šnajder, qui écrit aussi des romans historiques, dont le dernier paru, *La Réparation du monde*, est traduit en 2021 (Liana Levi Éditions). Aujourd'hui, différents auteurs se lancent dans le roman réaliste, tous plus ou moins marqués par l'ex-Yougoslavie ou la dernière guerre. Citons Miljenko Jergović, *Le Jardinier de Sarajevo*, *Volga, Volga* (2015, Actes Sud), Olja Savicevic, *Adios cowboy* (JC Lattès, 2020). Ces dernières années, deux auteurs, le Français Thierry Beinstingel pour *Yougoslave* (Fayard, 2020) et l'Israélien David Grossman pour *La vie se joue de moi* (Points 2021), s'attaquent tous deux à une histoire de famille complexe. Ces deux récits ou romans réalistes ont croisé de près les méandres de l'histoire croate.

TOP 10

LECTURE

Pays meurtri par la guerre, la Croatie exorcise ses démons grâce à la plume de ses auteurs. Mais si la valeur du témoignage, parfois mêlé à la fiction, est primordial, il ne faut pas oublier qu'une nouvelle génération est en train de voir le jour et n'hésite pas à ajouter son grain de sel, parfois épicé.

SUNSTONE

Dessinateur et scénariste né en 1981, Stjepan Šejić imagine deux femmes qui préfèrent s'attacher pour mieux rester libres.

Stjepan Šejić, Éditions Panini Comics

PELOTE DANS LA FUMÉE

© ÉDITIONS ACTES SUD

Quatre saisons croates, un orphelinat imaginaire et le récit féroce d'une enfance guerrière par l'œil d'un peintre d'exception.

Tomes I et II, Miroslav Sekulić-Struja, Éditions Actes Sud

LA DAME DE ZAGREB

Le roi de la fresque historique envoie son commissaire Bernie Gunther sur les traces de Dalia Dresner dont le père est un antisémite croate de la première heure.

Philip Kerr, Éditions Le Livre de poche

LA JEUNE FILLE ET LA GUERRE

Un livre qui raconte de l'intérieur l'horreur qui amènera Ana à perdre sa famille, puis à trouver refuge aux États-Unis.

Sara Nović, Éditions Fayard

RUTA TANNENBAUM

© ÉDITIONS ACTES SUD

Dans le Zagreb des années 1930, une fillette juive, Lea Deutsch, monte sur la scène du Théâtre national. L'auteur s'inspire de son sombre destin.

Miljenko Jergovi, Éditions Actes Sud

TITO, UNE VIE

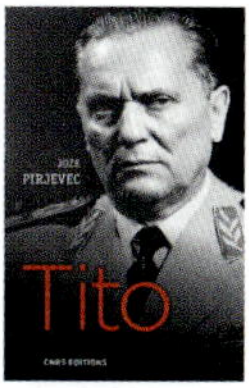

© CNRS ÉDITIONS

La biographie très complète d'un homme qui permet également de comprendre l'histoire de plusieurs pays et celle de l'ex-Yougoslavie.

Jože Pirjevec, CNRS Éditions

CROATIE : LE DÉFI DES FRONTIÈRES

© ÉDITIONS NEVICATA

Sortir d'une guerre puis rejoindre l'Europe, le grand reporter spécialiste des Balkans s'interroge sur l'identité contemporaine de la Croatie.

François d'Alançon, Éditions Nevicata

LA MARTRE ET LE LÉOPARD

© ÉDITIONS GALLIMARD

L'écrivain évoque ses errances dans les campagnes, prétexte aux rencontres et à l'évocation de l'histoire d'un pays qu'il aime comme le sien.

Jean-Marie Laclavetine, Éditions Gallimard

L'AIR DE LA GUERRE

© ÉDITIONS POINTS

Le journaliste a sillonné l'ex-Yougoslavie pendant deux ans avant d'être blessé et rapatrié en 1992, il livre un témoignage rare et précieux.

Jean Hatzfeld, Éditions Points

BANQUET EN BILITHUANIE

© ÉDITIONS INCULTE

À nouveau disponible en français, ce chef-d'œuvre mêle absurde et satire, pour mieux parler des dérives politiques d'hier et d'aujourd'hui.

Miroslav Krležža, Éditions Inculte

POPULATION

Avant la pandémie, la Croatie battait des records de fréquentation touristique avec un total de 20,7 millions de touristes accueillis en 2019 soit + 5 % par rapport à 2018). Parallèlement, la démographie enregistrait des taux les plus bas d'Europe. En 2011, d'après le recensement, la population croate était de 4,29 millions d'habitants, 4,047 millions (2020) d'après la Banque mondiale avec une espérance de vie à la naissance de 78,42 ans et un taux de fécondité de 1,5 enfant par femme (2019). Le recensement 2021 n'annonce pas de meilleurs chiffres. Inexorablement, la population vieillit, le pays se vide de sa jeunesse. Pourquoi un tel paradoxe ? Pourquoi un pays si séduisant, qui attire tant de monde – l'été surtout – ne réussit plus à faire rêver ses enfants ? Un retour sur l'histoire du peuplement croate, les mouvements de population et les migrations aide à visualiser ce qui se passe aujourd'hui.

Des origines incertaines

Scientifiques et historiens cherchent toujours l'origine exacte des Croates. Les théories sur des ascendances slaves ou perses sont les plus communément admises. Plus sûre est l'origine du mot. Les Romains, qui craignaient les tribus autochtones qui les attaquaient en leur lançant des cris effrayants, *Huraa ! Huraa ! U rat !*, « En guerre ! », ces cris auraient donné Hurati. Les Latins, n'utilisant pas le son *h* dans leur langue, les baptisèrent avec le mot Kroati, d'où viendrait Croatie. Il y a aussi la version plus récente datant du XVIIe siècle, quand les rois de France (Louis XIII et Louis XIV) avaient à leur service un régiment de cavalerie slave, qui portait sur leur col de chemise un tissu noir. On les appelait les Royal-Cravates, un nom propre qui est devenu « cravate » pour Croate.

Longtemps enclavé, le territoire présentait trois grands foyers de peuplements : bergers dans les Alpes dinariques, paysans dans les campagnes, pêcheurs sur les bords de l'Adriatique. Cette répartition géographique explique que certains milieux naturels soient encore aujourd'hui quasiment vides (montagne, forêts, îles désertes) alors que les sols fertiles de la Croatie continentale, le climat doux du littoral et les villes concentrent les plus forts taux de population. Après la Seconde Guerre mondiale, les progrès de l'industrialisation et le développement du tourisme accélèrent la désertification des campagnes. Dans les montagnes, on ne compte guère plus de 20 ou 23 habitant au kilomètre carré pour une densité globale de 72, 5 habitants au kilomètre carré, environ 60 % de la population réside en milieu urbain, tandis qu'un habitant sur quatre habite l'une des quatre principales villes croates (Zagreb, Split, Rijeka et Osijek).

La dernière guerre dans l'ex-Yougoslavie (1991-1995) bouscule la distribution spatiale de la population

Les conflits ont fait plus de 20 000 morts en Croatie. Une grande partie de la population a été déplacée ou s'est réfugiée dans des régions plus sûres, sur la côte adriatique ou à l'étranger. Les Croates de Bosnie-Herzégovine qui, depuis le Moyen Âge, faisaient partie intégrante de la population, aux côtés des Bosniaques et des Serbes, ont fui vers la Croatie qui, au plus fort de la guerre, a accueilli jusqu'à 800 000 personnes. En 2009, la grande majorité des réfugiés est repartie en Bosnie-Herzégovine. La population d'origine serbe a également subi de lourdes pertes. Ils seraient 3 %, contre 12 % avant le début de la guerre, soit 135 000 Serbes à vivre en Croatie, principalement dans les régions de Vukovar-Srijem, Sisak-Moslavina, Lika-Senj, Karlovac, Šibenik- knin et Osijek-Baranja.

Aujourd'hui, le pays se caractérise par une grande homogénéité : 80,4 % des habitants sont d'origine croate. Pourtant, la question de la diversité s'est posée dès la déclaration d'indépendance. Le préambule de la Constitution (22 décembre 1990) en souligne d'emblée l'importance : « La République de Croatie se constitue en État national du peuple croate qui est aussi l'État de ceux qui, tout en appartenant à d'autres nations et à des minorités, sont ses citoyens : les Serbes, les Musulmans, les Slovènes, les Tchèques, les Slovaques, les Italiens, les Hongrois, les Juifs et autres, auxquels sont garantis l'égalité avec les citoyens de nationalité croate ainsi que le respect de leurs droits nationaux en conformité avec les règles démocratiques de l'ONU et des autres pays du monde libre. » Ces minorités nationales bénéficient de la liberté d'enseigner dans leur langue, d'une autonomie culturelle et sont représentées au Parlement ainsi que dans les collectivités territoriales. Ombre au tableau, 3 000 personnes apatrides ou menacées d'être vivent en Croatie sans papier, des Roms pour la plupart.

2015, crise migratoire sans précédent

Historiquement, des filières mafieuses ont toujours fait entrer une immigration clandestine par la « route des Balkans », *via* la Grèce, la

© GORAN VRHOVAC - SHUTTERSTOCK.COM

La ville de Zagreb.

Slovénie, l'Italie et les pays d'Europe du Nord. Automne-hiver 2015-2016, conséquence directe des guerres en Syrie/Irak et des tensions au Moyen-Orient (Afghanistan, Pakistan), des milliers de réfugiés et candidats à l'exil sont arrivés à la frontière serbo-croate. La frontière avec la Hongrie devenant difficile puis impossible à franchir, ces migrants en transit se sont retrouvés coincés sur le territoire croate (plus de 35 000 personnes en septembre 2015). On a ouvert des camps pour les enregistrer, les accueillir quelque temps, à Slavonski Brod notamment. Des tensions se sont réactivées entre les pays frontaliers (Hongrie, Slovénie, Autriche, Serbie), on assista, en Croatie comme dans l'UE, à la montée de l'extrême droite.

Cette gestion du flux migratoire a refroidi les relations entre Zagreb et Ljubljana, qui déjà avaient un différend territorial, chaque pays revendiquant la baie de Pjran. D'après la Cour de justice européenne, un État membre a le droit d'autoriser l'arrivée de migrants pour des motifs humanitaires que sur son propre territoire. L'Autriche et la Slovénie pouvaient donc légitimement renvoyer en Croatie les demandeurs d'asile arrivés illégalement sur leur territoire. Finalement, les membres de l'UE ont voté la prolongation de l'accord avec la Turquie, ainsi qu'un renforcement des protections aux frontières. Puis, le gouvernement croate a annoncé la mise en place d'un projet pilote pour mieux intégrer les demandeurs d'asile (1 600 personnes). Finalement, le pays n'en a accepté que 10 %, selon un rapport d'Amnesty International. Pourtant, considérant sa démographie en berne, elle en aurait bien besoin.

Démographie en berne

Depuis trois décennies, la population croate est en lente diminution. Elle est passée de 4,773 millions habitants (1990) à 4,178 millions (premier semestre 2019), un bouleversement démographique lié à la hausse de la mortalité lors de la dernière guerre puis au facteur économique récurrent. L'entrée du pays dans l'UE (2013) n'y a rien changé. Aujourd'hui, nombre de jeunes et diplômés préfèrent s'installer à l'étranger, lassés par la corruption et le clientélisme. La concrétisation du rêve européen a ouvert les portes du marché unique à des milliers de Croates qui y ont trouvé de meilleures conditions de travail et des salaires plus élevés. La diaspora croate compterait plus de 2,5 millions de personnes émigrées. De nombreux ressortissants, directs et descendants, s'installent aux États-Unis, au Canada, en Amérique du Sud, en Australie, en Nouvelle-Zélande et en Europe (Allemagne, Autriche, Irlande, Suisse, Italie, France, Suède).

La maîtrise de la démographie reste donc une priorité pour l'avenir du pays, un enjeu politique, comme l'a démontré le début du recensement décimal (septembre 2021). En 2022, les résultats de celui-ci devraient montrer combien de Croates ont quitté le pays ces dernières années. Ils établiront encore une fois le rapport de forces entre la majorité nationale croate et les minorités, comme la communauté serbe de Croatie, que certains voudraient voir se déclarer « Croates » membres de l'« Église orthodoxe croate », ou les Italiens d'Istrie. L'exécutif, qui s'attend à une baisse générale de la population due au vieillissement et à l'émigration, est accusé de ne pas faire assez pour enrayer cette hémorragie. Alors, début janvier 2022, le gouvernement a lancé un programme d'envergure : une somme d'argent conséquente sera allouée aux expatriés qui reviennent vivre au pays et jusqu'à 26 000 € pour inciter les futurs candidats à la création d'entreprise. Des mesures similaires pourraient suivre afin de repeupler les zones rurales faiblement peuplées.

Source : bureau des statistiques croates : www.dzs.hr

SOCIÉTÉ

Avec une certaine disparité Nord-Sud, le peuple croate montre plusieurs dénominateurs communs, dont la fierté de la nation au sens du bien collectif, un certain fatalisme tout balkanique, le réveil des consciences contestataires. Dans cette société civile, des valeurs positives priment, comme le partenariat, l'esprit d'entreprise privée, le sentiment de la nature et la solidarité. Avant l'ouverture à l'Europe, on disait ce peuple trop sur la réserve. Aujourd'hui, si vous avez la chance d'être invité dans une famille, chez des amis ou de simples connaissances, vous serez surpris par la convivialité de vos hôtes, qui ne ratent pas une occasion de bien boire et bien manger, de chanter, danser. Surtout l'été, les gens sont relax, les locaux se mélangent aux touristes. Cependant, vues de l'intérieur, les traits de caractère croates sont plus contrastés. La gestion de la pandémie a ici aussi ouvert des brèches dans cette cohésion sociale.

Égalité femmes-hommes

L'égalité des sexes, récemment acquise, était l'une des conditions pour l'adhésion à l'Union européenne. Durant la dernière guerre (1991-1995), les femmes en Croatie ont subi le durcissement de la structure sociale paternaliste, surtout dans les milieux ruraux. La politique nataliste avait relégué la femme à sa seule fonction maternelle. Il faudra attendre l'action militante des féministes (années 2000) pour que des législations commencent à sanctionner les violences conjugales et favoriser une meilleure parité au travail, notamment dans la sphère politique. Aujourd'hui, les femmes occupent 25 % des sièges au Parlement, ce qui place l'État croate, avec son ancienne présidente Kolinda Grabar-Kitarović, au-dessus de la moyenne européenne. Autre combat pour les femmes, le droit à l'avortement. Bien que voté durant l'ère yougoslave, il est régulièrement remis en cause par les médecins réticents, qui sont soutenus dans leur « cas de conscience » par des militants antiavortement, très actifs, comme aux États-Unis.

L'enseignement primaire, secondaire et supérieur

La scolarité dans les établissements publics d'enseignement primaire et secondaire est gratuite. Les élèves rentrent en CP à l'âge de 7 ans, où ils commencent à apprendre l'anglais – quasiment tous les jeunes Croates parlent couramment au moins une langue étrangère. Ils alternent cinq jours par semaine de 8h à 13h et de 14h à 19h. Il n'y a pas donc pas de cantine mais les enfants ont plus de temps pour les classes de sport, les cours de musique, de danse de d'arts plastiques. Les grandes vacances durent de mi-juin à début septembre plus deux semaines à Noël et une seule à Pâques.

Les établissements d'enseignement secondaire se répartissent en fonction des programmes des lycées généraux (gymnases), professionnels (techniques, industriels, artisanaux) ou artistiques (musique, danse, arts plastiques). Au bout de quatre ans, la réussite à l'examen final dit de maturité (niveau bac) est obligatoire pour s'inscrire à la faculté. Depuis 2009, les universités appliquent le système de Bologne, le diplôme obtenu en Croatie a ses équivalences dans toute l'UE.

Le système des bourses d'État n'existe pas encore. L'ensemble des dépenses de la vie quotidienne de l'étudiant est à la charge des familles. Nombre de jeunes diplômés vont étudier à l'étranger et souvent y restent. Une réforme de l'éducation s'impose pour renouveler les programmes, affirmer l'engagement financier de l'État, qui devrait favoriser l'accès aux études supérieures, la formation continue en phase avec les demandes du marché du travail.

La famille, entre traditionalisme, entraide et solidarité

Dans un pays à l'économie néolibérale, où les aides financières de l'État sont insignifiantes, la solidarité familiale n'est pas un vain mot. Dans les campagnes, quand les jeunes sont en âge de prendre leur autonomie, s'ils n'ont pas les moyens de s'installer, on élève pour eux un étage. On voit trois, voire quatre générations partager le même toit. Par ailleurs, il est courant que des jeunes travaillant à l'étranger envoient de l'argent à leurs parents.

L'attachement de nombreux Croates à la défense des valeurs traditionnelles chrétiennes a des répercussions sur la société. Ainsi, en 2013, un référendum réclamé par des associations catholiques portait sur la définition constitutionnelle du mariage comme « fondement de la famille et de la société ». Il a consacré une seule union possible, celle d'un homme et d'une femme. Parmi les votants, 65,76 % ont dit non au mariage gay. Après un débat d'idées virulent, l'Église a fait pencher la Cour constitutionnelle, l'enseignement de l'éducation sexuelle a également été interdit à l'école. En juillet 2014, le Parlement a tout de même adopté une loi autorisant les unions civiles entre personnes de même sexe, leur accordant les mêmes droits en matière de succession, d'avantages sociaux et de fiscalité, mais excluant le droit à l'adoption. Si les comportements homophobes inquiètent toujours les militants des droits LGBTQ, les droits des homosexuels sont mieux acceptés. La petite communauté bénéficie d'une meilleure visibilité grâce à de nouveaux lieux d'accueil associatifs et à des manifestations festives, comme la Gay Pride.

Des soins de santé louables

La médecine légale, tout à fait fiable, évolue dans un système de santé moderne, qui applique des normes de qualité rigoureuses dans ses pratiques et propose même des offres en tourisme médical (chirurgie esthétique et dentaire). Pour les usagers croates, le régime de sécurité sociale obligatoire inclut les assurances maladie-maternité, invalidité-vieillesse-décès, chômage, mais sert de maigres prestations familiales. Il n'existe pas d'assurances spécifiques pour les accidents du travail ou les maladies professionnelles. La prise en charge des malades et indigents est couverte par des assurances maladie et des fonds de pensions privés. Pour les foyers modestes, des dépenses de santé importantes font souvent s'en remettre aux remèdes de grands-mères.

À partir du dernier trimestre 2021, pour faire barrage à la propagation du coronavirus, l'obligation du passeport sanitaire a été progressivement instituée. Comme partout en Europe, les opposants antivax ont manifesté dans les grandes villes alors que le pays enregistrait des records de contaminations. Pour les voyageurs entrant dans le pays, les directives sont fluctuantes. Il est recommandé de bien se renseigner sur les dernières obligations sanitaires. Consultez les sites officiels gouvernementaux :

- www.visitzagrebcounty.hr/en/koronavirus-covid-19-pitanja-odgovori-informacije-o-putovanju-29995
- www.koronavirus.hr/en

Une cohésion sociale qui met en avant les valeurs de l'honnêteté

La corruption et le clientélisme toujours rampants, jusque dans l'administration, la police, les écoles et les hôpitaux, laissent une partie de la population plus ou moins apathique. Les gens déplorent ces pratiques mais vivent avec. Glisser une petite enveloppe dans les mains des fonctionnaires de l'État « peut » arranger les choses, accélérer la prise en charge d'un patient par exemple. Depuis l'entrée dans l'UE, ce fléau recule mais d'après de récents sondages, il demeure l'un des moteurs à l'émigration des jeunes. Des élus, des directeurs de clubs sportifs, des chefs d'entreprise… ont été condamnés.

La délinquance de voie publique en revanche est très faible. Il convient tout de même d'appliquer des règles de prudence élémentaire, notamment l'été dans les stations balnéaires (pickpockets). Au restaurant mieux vaut regarder son addition à deux fois, mais la Croatie reste un pays sûr. Le Global Peace Index, qui classe 163 pays du monde selon leur degré de pacifisme, en prenant en compte l'étendue de leur implication dans les conflits locaux et internationaux et le degré d'harmonie ou de discorde à l'intérieur du pays, positionnait en 2018 la Croatie en 27e position, derrière la Slovénie 11e mais largement devant la France (61e).

Stradun, la rue principale de Dubrovnik.

RELIGIONS

En Croatie, toutes les communautés de croyants sont égales devant la loi. Cependant, dans un pays où plus de 88 % de la population se déclarent de confession catholique, l'influence de l'Église est prégnante sur la société civile alors que l'on observe l'importance du tourisme religieux, l'augmentation des voyagistes qui accompagnent les pèlerinages. Partout sur le territoire, on peut remarquer la multitude de chapelles et d'églises ouvertes mais aussi de magnifiques monastères et prieurés des ordres franciscain, dominicain ou jésuite. Omniprésents en ville, ils sont aussi installés sur des sites naturels, sur des îlots, où l'on vient aussi pour se détendre ou pour se baigner. À l'heure de la messe, les lieux de culte se remplissent ; cérémonies et autres fêtes calendaires ponctuent l'année. En Croatie, l'identité catholique est un socle, une pensée dominante qui se présente comme la gardienne des valeurs morales judéo-chrétiennes.

La place majoritaire du catholicisme

Sur le plan politique, objectivement, des liens étroits entre l'Église et l'État existent Dans l'histoire de la gouvernance, ils ont appuyé des orientations conservatrices et nationalistes, une large partie du clergé prenant ouvertement parti pour la droite traditionaliste et identitaire. Si l'ère communiste fut très répressive à l'encontre des religieux, considérés comme opposants au régime, l'effondrement du bloc de l'Est et la fin de l'idéal collectiviste a redonné une place significative au catholicisme. Entre 1996 et 1998, l'ancien président de la République Franjo Tuđman a signé quatre accords d'intérêt mutuel avec le Vatican, ce qui reconnaissait officiellement l'importance historique et culturelle du christianisme en Croatie. Aujourd'hui, malgré le désintérêt et l'athéisme des différents dirigeants, l'Église peut peser sur des questions éducatives, familiales, sur les orientations d'ordre général, éthique ou sanitaire. On a pu le constater lors des manifestations contre le mariage gay, antiavortement ou dernièrement contre la théorie du genre, le mouvement antivax.

Des minorités religieuses ou laïques bien présentes

La répartition des religions en Croatie compte aussi sur les chrétiens orthodoxes, surtout représentés par la communauté serbe de Krajina où de Slavonie orientale (4,7 %), les Hongrois protestants (0,3 %), les musulmans (1,3 %) et quelques milliers de juifs pratiquants. La communauté musulmane est originaire de Bosnie-Herzégovine, de Macédoine et du Kosovo. Vivant dans les Balkans depuis des siècles, les musulmans parlent le serbo-croate, ce qui contribue à une relative bonne intégration. En revanche, en Bosnie-Herzégovine, la situation politique s'est dégradée ces dernièrement années. En cause, les partis ethno-nationalistes au pouvoir, qui attisent les divisions entre Bosniaques musulmans, Serbes orthodoxes et Croates catholiques. En Croatie, si la majorité de la population est d'obédience chrétienne, une tendance anticléricale, héritage du collectivisme socialiste, persiste dans la fonction publique, dans les professions libérales, et globalement chez les intellectuels. Cette forme de pensée laïciste, notable dans les médias, s'exprime aussi dans les institutions culturelles et de façon plus délicate dans l'enseignement. À l'école, la famille s'en mêle et des débats réactionnaires s'agitent, notamment sur la question de l'éducation sexuelle, qui reste un tabou chez de nombreux traditionalistes.

Mais globalement, dans sa quête de coexistence confessionnelle, de cohésion sociale, la Croatie évolue pacifiquement entre conservatisme des idées et pragmatisme moderne, respect réciproque des pratiques religieuses, initiatives communautaires et actions citoyennes laïques.

Fêtes calendaires, pèlerinages, le tourisme religieux attire des croyants du monde entier

Si l'Épiphanie, les fêtes de Pâques, de l'Assomption, de la Toussaint, la veillée de Noël ou la Saint-Étienne sont très suivies à l'église par une assemblée multigénérationnelle, les processions des saint protecteurs, comme la Saint-Blaise (3 février) à Dubrovnik ou la Saint-Domnius (7 mai) à Split donnent lieu à de grands rassemblements. Certains sanctuaires et lieux de pèlerinage, nombreux sur tout le territoire, sont si célèbres que l'on vient de loin pour y participer. En ce sens, on peut parler de tourisme religieux, comme à Marija Bistrica, Vepric, Sinj, Solin, Ludbreg, Aljmaš, Voćin, Trsat, Karlovac et Biskupija, sans oublier Međugorje, lieu d'apparition de la Vierge, localisé en Bosnie-Herzégovine voisine. Dražen Kutleša, l'évêque de Pula et de Poreč, responsable de ce secteur d'activité au sein de la Conférence des évêques de Croatie, estime que son pays dispose là d'une ressource insuffisamment développée. Plusieurs agences réceptives proposent circuits et hébergements sur place. Par exemple, Meridian, un tour-opérateur basé à Podgora (Split), s'est spécialisé sur ce segment porteur.

Chemin de croix sur l'île de Vis.

© STJEPAN TAFRA - SHUTTERSTOCK.COM

SPORTS ET LOISIRS

La Croatie, pays relativement petit par la taille et le nombre de ses habitants, se distingue régulièrement sur la scène sportive internationale. En 2018, lors de la Coupe du monde de football, les Croates ne se sont inclinés qu'en finale face à nos Bleus ! La team de tennis, qui a remporté la coupe Davis 2005 et 2018, a manqué de peu celle de 2021. Il y a aussi le handball, le basket, le waterpolo, le ski, l'athlétisme, le trek... la Croatie est un pays passionné de sports. Pour les touristes qui voudraient se dépenser pendant leurs vacances, côté terre, les sentiers de randonnée ou courses à pied, les pistes cyclables, les stations de ski, les spots d'escalade, les terrains d'équitation sont autant d'options où l'on découvre la flamboyante nature croate. Côté mer, le littoral et toutes ces îles offrent quantité d'idées pour les activités et loisirs nautiques. La plaisance et la plongée y sont particulièrement appréciées. Les voyagistes organisent de nombreux séjours thématiques en mer adriatique.

Le football

Le football croate aura toujours une place à part dans le cœur des supporters français. En 1998, l'équipe a bien failli barrer la route des futurs champions du monde français en demi-finale, en ouvrant le score avant de s'incliner 2-1 suite au célèbre doublé de Lilian Thuram. Davor Šuker, meilleur buteur de cette Coupe du monde en France, avait ensuite décroché la médaille de bronze avec la sélection croate.

Vingt ans plus tard, la sélection croate atteint enfin la finale d'un tournoi majeur et se retrouve face à la France de Kylian Mbappé et Paul Pogba. Si c'est déjà une consécration pour la génération d'Ivan Rakitić, le souvenir de la défaite, en 1998, lors de la demi-finale, a traumatisé tous ses supporters... Cette fois, Luka Modrić et ses coéquipiers y croient fermement, remercient le Ciel lors des séances de tirs au but en leur faveur, en huitièmes de finale contre le Danemark et contre la Russie en quart. En demi-finale, la Croatie sort l'Angleterre (2-1) après prolongation et fut considérée par beaucoup de commentateurs comme la formation qui a proposé le jeu le plus plaisant de la Coupe du monde 2018 même si à la fin, c'est toujours la France qui gagne ; les Croates seront battus 4 à 2. Lot de consolation : Modrić est élu meilleur joueur de la compétition. Les vice-champions du monde croates rentrent tout de même chez eux en héros. Le 16 juillet, leur avion, en provenance de Moscou, a été escorté dans l'espace aérien national par deux chasseurs de l'armée de l'air. Tapis rouge sur le tarmac et autobus à impériale pour les joueurs qui doivent rejoindre la place du Ban Jelačić à Zagreb où plusieurs centaines de milliers de personnes les attendent. Une liesse populaire énorme, qui se renouvellera à Zadar, dans la ville d'origine de Luka Modrić, le capitaine de l'équipe nationale et milieu du Real Madrid. Les fans se retrouveront une nouvelle fois quelques mois plus tard pour fêter à nouveau leur capitaine, qui va décrocher le Ballon d'or en décembre 2018 à Paris devant Cristiano Ronaldo et Antoine Griezmann. Si, dans leur grande majorité, les joueurs de la sélection à damier évoluent dans les grands clubs, les équipes croates comme l'Hajduk Split ou le Dinamo Zagreb (dont les stades sont toujours très chauds) ont plus de mal sur la scène européenne.

© DARIOZG - SHUTTERSTOCK.COM

Luka Modric.

Handball, basket et water-polo

En handball également, les Croates se distinguent régulièrement sur la scène internationale. Champions olympiques en 1996 à Atlanta et en 2004 à Athènes, vice-champions d'Europe en 2008 et 2010 et champions du monde en 2003, ils ont souvent affronté les indéboulonnables Français ces dernières années dans les grandes compétitions, une équipe de France, emmenée notamment par les frères Luka et Nikola Karabatić, d'origine... croate.

En basket-ball, la Croatie a vécu de très belles années juste après la dislocation de la Yougoslavie. Avec Toni Kukoč, la jeune sélection croate s'est hissée jusqu'en finale des Jeux

Escalade dans le parc national de Paklenica.

olympiques de Barcelone en 1992, simplement battue par l'invincible équipe américaine de Michael Jordan (d'ailleurs coéquiper de Kukoč aux Chicago Bulls). Si aujourd'hui la sélection de basket est plus discrète, ce n'est pas le cas de celle de water-polo, qui a gagné la médaille d'argent aux Jeux olympiques de 1996 à Atlanta et à ceux de Rio de Janeiro en 2016 et l'or aux championnats du monde de 2007 et aux Jeux de 2012. Bref, une discipline où le pays excelle.

Dans les sports individuels, des grands champions aussi

En sport individuel aussi, de nombreux Croates se distinguent. En tennis notamment où le pays a toujours produit d'excellents joueurs, à commencer par Goran Ivanišević dans les années 1990, vainqueur à Wimbledon et n° 2 mondial en 1994. Le 25 novembre 2018, l'équipe de tennis de Croatie remporte la finale de la Coupe Davis face à la France (3-1), renouvelant l'exploit de 2005 contre la Slovaquie (3-2). Emmenée par Marin Čilić et Borna Ćorić, l'équipe tricolore (Tsonga, Chardy et Pouille) a plié sous les coups de raquette des Croates.

Lors de la Coupe Davis 2021, la Croatie se hisse en demi-finale contre la Serbie mais sera battue en finale contre la Russie (2-0).

Pour les sports olympiques d'été, c'est derrière Blanka Vlašić que pousse le pays. La native de Split détient la deuxième marque mondiale de tous les temps en saut en hauteur (2,08 m) et s'était préparée pour les Jeux olympiques de Tokyo en 2020.

En hiver, les Croates se passionnent aussi pour le ski. Le nom le plus marquant dans cette discipline est celui des Kostelić : Ivica, le frère, et Janica, la sœur. Ivica s'est illustré en slalom (champion du monde en 2003, vainqueur du globe de cristal de la spécialité en 2002) puis gagne trois médailles d'argent aux JO d'hiver (2006, 2010, 2014). Janica, elle, fut la reine des JO de Salt Lake City (2002), où elle a remporté le géant, après le combiné et le slalom, en plus de l'argent du super G. Pour ses 20 ans, Janica Kostelić est devenue la première skieuse à remporter trois médailles d'or dans les mêmes Jeux. Lors des JO de Turin (2006), elle remporte l'or en combiné et l'argent en super G, après avoir raflé à nouveau trois médailles d'or aux championnats du monde de 2005 à Bormio. Suite à ses blessures, elle prend sa retraite en 2007 à l'âge de 25 ans. Une légende.

Sur terre, à la découverte de la nature

Dans ce pays de sportifs, les activités sont nombreuses. Sur terre, on part facilement à la découverte des paysages croates. La Croatie de l'intérieur est en effet le paradis des bons marcheurs et autres amateurs de vacances actives en pleine nature. Les touristes arpentent les sentiers de randonnées classiques, mais enfourchent aussi des VTT ou montent à cheval. Les possibilités sont très nombreuses : on peut organiser des marches dans le **parc national des Lacs de Plitvice** (p.158) (à la découverte des lacs et cascades notamment), des explorations de canyons dans le **parc national de Paklenika** (p.312), partir à la recherche du lynx dans le parc national de Risnjak, entreprendre des remontées de sentiers à Premužić jusqu'au refuge de jeunes ours, faire des treks en VTT en Istrie ou au parc national de Velebit, ou encore des journées à cheval dans les ranchs des parcs nationaux. Bref, pas le temps de s'ennuyer !

Pour les amateurs d'escalade, les montagnes du Velebit, dans la région de Paklenica, sont particulièrement réputées. Le climat agréable permet de pratiquer au printemps, en été et à l'automne (en ayant pris soin de vérifier la météo avant de partir quand même). Chaque printemps, on y organise une grande compétition internationale, le Big Wall Speed Climbing, qui rassemble les alpinistes du monde entier. Un peu plus au sud, dans la région d'Omi', on peut escalader les falaises du parc naturel du Biokovo. Enfin, certains sites ont été aménagés en Istrie ou dans les îles adriatiques. Pour le ski, c'est sur les monts Papud ou près de Zagreb (Sljeme) que vous trouverez de belles pistes.

© ADAM KE - SHUTTERSTOCK.COM

Plongée dans les eaux de Hvar.

Pour la pêche, les plus belles rivières se trouvent entre Zadar et Split, sur les rivières de Zrmanja, Cetina ou Gacka près de la ville d'Otocac, entre Senj et les lacs de Plitvice. La rivière Gacka est parfaite pour les amateurs de pêche et pour les confirmés. On peut aussi passer des journées de pêche à la truite sur les bords des rivières Drave ou Kupa.

Sur l'eau mais surtout sous l'eau !

Avec son grand littoral, ses rivières et cascades dans les parcs nationaux, la Croatie se place comme une destination idéale pour des vacances sportives. Elle offre l'opportunité de nombreuses activités aquatiques, à commencer par la baignade. Le terrain ? De multiples plages de galets, un peu moins de sable, des pontons aménagés et des kilomètres de côte où l'on peut s'installer.

Si le littoral permet toutes les activités nautiques (jet-ski, kayak de mer, voile, etc.), c'est surtout la plongée sous-marine qui attire les visiteurs. Il faut dire que la beauté sauvage de la côte croate et de ses 1 200 îles est un véritable paradis pour les plongeurs. L'eau y est particulièrement bleue et transparente, et offre une visibilité excellente jusqu'à 30 m et les températures de la mer sont très plaisantes de mai à octobre.

Au nord et au centre de la côte, la mer est peu profonde, tandis qu'après le seuil de Palagruža commencent les grands fonds du bassin de l'Adriatique Sud. Il existe des clubs de plongée sur toute la côte et dans toutes les îles.

Dans les parcs nationaux, la plongée n'est autorisée qu'aux plongeurs accompagnés d'une école. L'un des endroits les plus convoités est le parc national des Kornati. Dans ses eaux claires, on peut, avec juste un masque et un tuba, croiser des espèces protégées. Mljet, une autre île mythique au sud de Dubrovnik, plus éloignée de la côte, est moins connue des plongeurs que les Kornati. C'est aussi un haut lieu de plongée dans l'Adriatique du Sud. Ici aussi, on trouve de nombreuses espèces protégées dans une eau cristalline. Il vous faudra payer le permis d'entrée dans ces parcs nationaux, mais cela vaut vraiment le coup de tenter l'expérience.

Comme celle d'aller s'aventurer dans les nombreuses épaves qui peuplent les fonds de l'Adriatique. Certaines, remontant à l'époque antique, sont encore chargées de leurs amphores comme à Cavtat. D'autres ont été coulées durant l'invasion vénitienne ou durant les combats des dernières guerres du XXe siècle. Toutes abritent une faune et flore qui valent la descente, pleine d'aventures !

Outre les parcs nationaux, on trouve donc de nombreux spots pour aller promener ses palmes.

- En Istrie, plusieurs épaves dorment encore, comme le ferry *Baron Gautsch*.
- Dans le golfe du Kvarner, au large de l'île de Krk, on a localisé deux épaves : le navire *Lina*, qui a sombré en 1914 lors d'une tempête et se trouve aujourd'hui entre 22 m et 55 m de profondeur, et le *Peltastic* qui affleure à quelques mètres de la surface.
- En face de Zadar, le sud-ouest de l'île de Premudace est un site réputé que l'on nomme la « cathédrale », un ensemble de grottes sous-marines reliées entre elles.
- La Dalmatie centrale et du Sud est un superbe terrain de jeux pour les plongeurs un peu plus expérimentés avec des fonds marins plus profonds que ceux du nord.
- Entre les îles de Brač et de Hvar, dans une eau particulièrement poissonneuse, on peut s'aventurer dans des grottes, tunnels et quelques petites falaises.
- À Dubrovnik, à quelques kilomètres au sud de la vieille ville, on peut accéder à l'épave du *Seka od Mrkana*, un bateau de transport de la marine italienne qui a coulé en 1943, touché par une mine des Alliés. Le navire est échoué entre 23 m et 52 m de profondeur.

Dans la baie de Cavtat, vous pourrez admirer, à 30 m de profondeur, la fameuse épave de *Pithos*, qui date du IVe siècle av. J.-C. et où l'on trouve encore des amphores et d'énormes jarres en terre cuite.

QUE RAPPORTER ?

Dans toutes les localités touristiques, vous trouverez quantité de petites choses *made in Croatia* (ou *China*). Pour le bon goût, mieux vaut entrer dans les boutiques de créateurs, musées, galeries, ateliers d'artistes ou d'artisans, sans oublier les marchés et les offices de tourisme. Commençons notre shopping dans l'artère principale de Zagreb (ul Ilica) où le prêt-à-porter international côtoie la confection nationale, par exemple de belles écharpes et des cravates en soie. Le mot cravate, l'un des rares que la langue française ait adaptés du croate *hrvatska* [xrʊaːt.skaː], remonterait à la guerre de Trente Ans, quand des hussards de l'Est sont arrivés en France pour soutenir la monarchie. Ils portaient un foulard sur l'uniforme. Surnommés par Louis XIV les Royal-Cravates, ces cavaliers influencèrent les Français qui commencèrent à porter un tour du cou « à la croate ». Aujourd'hui, on tient à ce détail historique. Le Parlement a d'ailleurs proclamé le 18 octobre Journée internationale de la cravate !

Cravates et dentelle

La marque Croata, leader du marché de la cravate, a ouvert sept boutiques à Zagreb et des Museum Concept Shops à Osijek, Rijeka, Zadar, Split et Dubrovnik. D'autres vêtements de créateurs de mode et des accessoires s'exposent au Croatian Design Superstore (Take me Home), dans la boutique Etno Butik Mara, celle d'Ana Žarković (Nit) et chez le bijoutier Mladen Grubić Art Jewellery.

La tradition de la dentelle remonte à loin également. Sur l'île de Pag, le musée de la Dentelle raconte les origines croates de l'ouvrage ajouré. Créées à l'aiguille, par entrelacements de diverses fibres, en fil d'agave (île de Hvar) ou au fuseau (à Lepoglava dans le Hrvatsko Zagorje), les trois créations sont inscrites par l'Unesco sur la liste représentative du patrimoine culturel immatériel de l'humanité. En vendant leurs travaux, les dentellières croates préservent ce savoir-faire.

L'artisanat s'achète local !

Sur les marchés touristiques des grandes villes, attention aux contrefaçons. Particulièrement vrai pour la dentelle, le conseil vaut aussi pour les broderies en soie du Konavle, la vaisselle en cristal de Samobor, les colombes en céramique de Vučedol. Direction l'île de Brač, où l'on exploite encore les célèbres carrières de pierre blanche, parfaite pour les bijoux et les objets du quotidien. À la descente du ferry, on ne peut manquer les stands des nombreux marchands installés sur le port de Supetar/Brač mais aussi à Pučišća, où se trouve un célèbre atelier des tailleurs de pierre et même au marché de Split, très proche.

Fabrication de dentelle.

L'autre belle spécialité de la capitale dalmate, c'est la bijouterie traditionnelle en filigranes or et argent, qui perdure dans la boutique-atelier Filigran Split (rue Bosanka). À Dubrovnik, chez **Clara Stones** (p.463) (rue Nalješkovićeva) ou **Dubrovnik Treasures** (p.463) (rue Celestina Medivića), on travaille encore le corail rouge et les pierres précieuses.

Les musées réservent aussi de bonnes surprises. Par exemple, à Zadar, le musée du Verre ancien est épatant. La visite inclut une démonstration de verre soufflé et dans la boutique des objets du quotidien authentiques, fabriqués à la manière antique. À Zagreb, le **musée des Arts décoratifs** (p.129) vend aussi d'admirables répliques (arts de la table, bijoux, flacons, etc.) alors que le **Musée ethnographique** (p.167) propose des jouets en bois, dont la fabrication retrouve l'artisanat traditionnel du Hrvatsko Zagorje. **Au musée de l'Art naïf,** (p.128) on choisira de charmantes reproductions, petits formats, au musée d'Art contemporain, des objets design (papeterie, arts graphiques), au musée des Cœurs brisés, des cadeaux arty plus décalés.

Mais pour dégotter un vrai stylo plume Penkala, il faut du temps et de la chance. Le nom d'origine contrôlée vient de son inventeur, Slavoljub Eduard Penkala, un ingénieur né en Slovaquie qui fut naturalisé croate. C'est lui qui crée, à Zagreb en 1907, le premier stylo mécanique à réservoir intégré. Peut-être le dimanche matin sur le marché brocante (place Britanski)…

Le marché Dolac (p.136), lui, s'active tous les jours. Il réserve toujours de la place aux petits artisans qui confectionnent des bouquets colorés de fleurs séchées, des compositions décoratives rupestres, des hochets, clapets et de superbes œufs colorés à Pâques. À proximité, le bouquiniste Antikvarijat vend des vieux livres d'histoire en français.

Si vous êtes plutôt peinture, les galeries de Rovinj, Pula et les paysagistes de Labin en Istrie pourraient vous intéresser. Mais pour l'art contemporain, *the place to be*, c'est Rijeka, qui fut capitale européenne de la culture en 2020. Sur le site Internet officiel de la ville, on peut consulter l'agenda culturel ainsi que le catalogue de la boutique en ligne. On y vend des bijoux en bronze avec des pierres serties au motif du Petit Maure (Morčić), symbole de la région du Kvarner.

En Croatie, les cosmétiques naturels et les huiles essentielles sont de qualité. Ces produits de beauté/bien-être, qui misent sur les mélanges d'apothicaires régionaux, s'achètent en pharmacie (ljekarna), dans la boutique Ulola, les magasins spécialisés Aromatica, DM. En revanche, si l'envie vous prend de posséder un gentil petit chien blanc à taches noires (AOC croate !), nous vous conseillons vivement de vous rapprocher du Dalmatien club français. Ses membres vous donneront tous les renseignements généraux concernant la race et vous aideront à effectuer un achat ou une adoption dans les règles.

Brocante de Britansk.

TOP 10

GASTRONOMIE LOCALE

Vous trouverez facilement les marchés, épiceries et supérettes. Sinon, les *corners duty free* des aéroports peuvent dépanner. Dans les vitrines réfrigérées, charcuterie et fromages labellisés sont bien conditionnés. Pratique pour ceux qui n'ont pu emporter de grandes contenances liquides (cosmétique, huile, miel, alcool).

JAMBON FUMÉ

Pršut, charcuterie d'Istrie ou de Dalmatie, chorizo de Slavonie (*kulen*).

© NADISJA - ISTOCKPHOTO.COM

FROMAGE DE BREBIS

Paški sir, produit sur l'île de Pag, vendu sur tout le territoire.

© FROMAGE DE BREBIS.

HUILE D'OLIVE

Maslinovo ulje, huile de pépins de courge *bučino sjeme*, condiments à la truffe *bijeli tartuf*.

© JOHN_SILVER - SHUTTERSTOCK.COM

HERBES SÉCHÉES EN SACHETS

Metvica, kadulja, timijan, origano, ružmarin, kamilica : menthe, sauge, thym, origan, romarin, camomille.

© MAJAIVA - ISTOCKPHOTO.COM

À TARTINER

Le miel des montagnes. En Dalmatie, miel de sauge, de thym ou de romarin, ou confiture de figues, *džem od smokve*, aux fruits rouges.

© GORAN JAKUS PHOTOGRAPHY - ISTOCKPHOTOS.COM

CŒURS EN PAIN D'ÉPICE DE ZAGREB

Licitarsko srce. Biscuits à la cannelle en forme d'étoiles, de sapins, de petits personnages *medenjaci*.

© ARINA7 - ISTOCKPHOTO.COM

ŒUFS COLORÉS

Šaranja jaja, sur tous les marchés durant les fêtes pascales. Ceux de Zagreb et de Dubrovnik sont particulièrement flamboyants.

© GWENGOAT - ISTOCKPHOTO.COM

PELURES D'ORANGES CONFITES

Arancini. En Dalmatie du Sud, où les agrumes abondent, une spécialité de confiseur traditionnel.

© STJEPAN TAFRA - SHUTTERSTOCK.COM

VINS

Teran, plavac mali (rouge), malvazija, graševina, pošip (blanc). Liqueur de cerise maraschino.

© S_PHOTO - SHUTTERSTOCK.COM

EAUX-DE-VIE

Rajika. Préparation aux noix (*orahovac*), graines de caroube (*rogača*), marc de raisin (*lozovača*), herbes aromatiques (*travarica*).

© XBRCHX - SHUTTERSTOCK.COM

GASTRONOMIE

Entre deux berceaux culturels, Méditerranée et Europe centrale, la gastronomie croate est variée. Dans les terres, à l'est et au nord du pays, les influences slaves, hongroises et autrichiennes ont donné naissance à une cuisine riche où les légumes racines, la choucroute et les féculents sont associés aux salaisons, charcuterie et autres viandes fumées. Sur la côte adriatique, plusieurs siècles de domination vénitienne ont laissé leur marque. Les poissons, l'agneau, les légumineuses et les légumes de saison sont cuisinées à l'huile d'olive, parfumés d'herbes aromatiques.Tous ces produits sont achetés aux marchés, pierres angulaires de la vie sociale croate. En pâtisserie, l'emblématique *licitar*, un cœur en pain d'épices, est typique de l'Europe centrale. Il symbolise l'hiver et les fêtes de fin d'année. D'autres produits gourmands à (s')offrir, vins, liqueurs, huile, condiments, charcuterie, fromage, miel, gâteaux secs, tisanes...

La cuisine de terroir

Au contact des pays voisins comme la Hongrie ou la Serbie, le centre et l'est de la Croatie présentent les caractéristiques communes d'une cuisine d'Europe centrale. Le chou, les pommes de terre, les légumineuses, les céréales (blé, orge, maïs) et les viandes fumées mijotent longuement. Les soupes et les riches plats en sauce permettent ainsi de lutter contre les hivers froids alors que les produits laitiers, vache surtout, sont utilisés abondamment sous forme de crème ou de fromage.

Les régions montagneuses du Gorski Kotar et de la Lika forment une barrière naturelle entre l'est du pays et les côtes croates. Dans ces hautes terres, la cuisine reflète les habitudes des montagnards vivant au milieu des pâturages et des forêts, qui sont riches en gibier et en champignons. Les étés y sont courts, les hivers rigoureux. L'alimentation très nourrissante se base aussi sur des plats aux cuissons longues comme le *lovački gulaš*, un goulasch ou ragoût de sanglier, accompagné d'une sauce épicée au paprika.

Le nord-ouest de la Croatie s'articule autour de Zagreb, la capitale du pays. Cette région entourée de plaines et de collines, offre une grande variété de produits. Les plats roboratifs utilisent des légumes de saison souvent mélangés à du porc et de la volaille (dinde de Zagorje). En hiver, le chou accompagne les haricots et les pommes de terre, les tripes (*tripice*) et le goulasch alors, qu'en été, on sert des salades de tomates et de concombres frais servis avec de la crème aigre à l'ail et des légumes sautés (courgettes, haricots verts et petits pois). C'est d'ailleurs en cette saison que l'on prépare des conserves pour l'hiver. On trouvera donc, à côté de l'indispensable choucroute, des bocaux de concombres, betteraves rouges et autres oignons au vinaigre. La dinde, l'oie et le canard de la région de Turopolje sont réputés. Parmi les plats célèbres, on peut citer le *štrukli sa sirom* originaire de la région du Zagorje, au nord de Zagreb. Ce plat d'hiver ressemble à une tourte garnie de fromage frais de vache et nappée de crème fraîche avant d'être gratiné au four. Le porc et notamment les saucisses constituent également un élément central de la cuisine de cette région. On observe par exemple le *krvavice*, une sorte de boudin noir alors que la *češnjovka*, qui pourrait se traduire par saucisse à l'ail, est souvent servie avec de la moutarde.

Samobor, petite ville gastronomique près de Zagreb, est fière de ses restaurants. Tous affichent à la carte les fameuses *samoborski kotleti*, un plat de côtes de porc dans une

Strukli de Zagorje.

© IGOR DUTINA - SHUTTERSTOCK.COM

Cevapcici.

riche sauce aux herbes, consommé avec des pommes de terre. La très copieuse *samoborska kotlovina* s'impose comme un plat de fête, où saucisses, pièces de bœuf, poulet ou encore gibier sont cuits longtemps, avec des légumes et des champignons, dans une sauce au vin et aux oignons. Le *zagrebački odrezak*, originaire de la capitale croate est une escalope de veau roulée est farcie de fromage et de jambon, puis panée et frite.

La Slavonie et la Baranja, principalement composées de plaines fertiles, forment le grenier la Croatie. On y cuisine des plats complets, des pâtes aux œufs, des plats de volaille et de porc en sauce, des gratins de pommes de terre avec du fromage fermier maison, de la crème fraîche, du fromage à pâte dure. Fumé et séché, le porc se décline en jambon, lard et saucisses. Les légumes en saumure (poivrons, tomates, concombres et oignons jeunes) appelés *turšija* sont très appréciés en apéritif. La truite et la carpe sont utilisées pour préparer le *fišpaprikaš*, une soupe épaisse et légèrement épicée. Le *čobanac*, dont le nom vient de *čobani* (fermier en croate), est un ragoût de viande (porc, veau ou gibier) agrémenté de quenelles de pomme de terre.

Le centre et surtout l'est de la Croatie ont souvent été sous l'influence, voire sous la tutelle de l'Empire ottoman. Les Turcs et les Bosniaques ont ainsi donné le goût des épices et des viandes blanches grillées mais aussi des saucisses *cevapčići*, connues dans tous les Balkans. Elles tirent leur nom du mot turc *kebap*. Ces petites croquettes allongées à base de porc haché sont généreusement agrémentées d'oignon, herbes et paprika. Le *pljeskavica* ressemble à un steak haché, généralement à base d'agneau. On le sert avec des frites et des piments en saumure. Les *ražnjićii* sont, quant à elles, de petites brochettes de porc ou de poulet épicées.

Le régime méridional

Découpée en une myriade d'îles, de golfes, baies, péninsules et caps, la côte croate s'étire sur quelque 5 800 km. Séparée du reste de la Croatie par les Alpes dinariques, la côte adriatique s'étend de la Slovénie au Monténégro et offre une gastronomie complètement différente de ce que l'on consomme dans le reste du pays. Le régime méditerranéen est naturellement d'usage, fruits, légumes cuits ou assaisonnés à l'huile d'olive, avec ail, oignon, thym, sauge, fenouil, romarin. Dans les îles et les ports, la cuisine du pêcheur est majoritaire. La criée du matin livre les fruits de la mer adriatique : Saint-Pierre, merlu, loup de mer, mérou, dorade royale, thon, sardine, maquereau, poulpe sont généralement grillés au four, la petite friture, calmars, gambas, crevettes, crustacés, saisis dans l'huile d'olive ; les fruits de mer, crabe, homard, juste ébouillantés alors que les huitres se mangent crues. Près de la baie de Ston (presqu'île de Pelješac), les huîtres seraient d'ailleurs, selon les locaux, les meilleures du monde. Le *crni rižot*, le fameux risotto à l'encre de seiche, est également un classique. Les *šurlice* de l'île de Krk, de longues pâtes tubulaires, sont généralement servies avec une sauce aux fruits de mer. Plus rustique, le *viška pogača* est une tourte fourrée de poivrons confits et d'anchois ou de sardines, très populaire sur l'île de Vis. En terres insulaires, à Hvar, Korčula ou Brač, on apprécie la cuisine du pêcheur mais aussi un plat plus rustique, à base d'abats d'agneau grillé.

Les fromages de chèvre ou de brebis, ceux de Pag notamment , les olives, figues et fruits à coques (cerise, noix amandes, jujube) sont dégustés avec un verre de vin rouge de Dalmatie. La région a été sous domination de la République de Venise pendant une bonne partie de son histoire et les influences italiennes sont indéniables. On retrouve par exemple en Istrie la *pašta-fažol*, la maneštra ou maneštrun, sorte de minestrone, soit une soupe de haricots blancs ou de pois chiches faites avec ou sans viande et divers légumes de saison. Les *fuži* sont des pâtes en forme de tubes, servies avec une sauce aux truffes et au jambon cru, ou encore avec un ragoût de bœuf. Plus copieux, le *mlinci* est un pain plat généralement coupé en lanières puis arrosé de sauce et gratiné au four.

De Zadar à Dubrovnik, impossible de rater la *pašticada*, l'un des plats dalmates les plus populaires. Ce ragoût est composé de bœuf, confit pendant plusieurs heures dans une riche sauce au vin doux, à la tomate et à la cannelle, le tout garni de pruneaux. Les anguilles du delta de la Neretva, près de Dubrovnik, simplement grillées, sont également très prisées. Spécialité de la ville de Sinj, les *arambašići* sont des boulettes de viandes roulées dans des feuilles de chou vert.

La Dalmatie intérieure fait la part belle à la viande ovine (agneau, mouton), au porc et au gibier qui sont servis avec des pâtes de blé, de la semoule de maïs (polenta), des bouillies de céréales ou des légumes comme les asperges sauvages. Un accompagnement très digeste que l'on sert pour la viande ou le poisson, la fameuse *blitva*, est un écrasé à l'huile d'olive de pousses vertes (blettes) et de pommes de terre. Le *soparnik*, un encas dalmate très populaire se présente sous forme d'un friand garni de blettes et badigeonné d'huile d'olive aillée. La *peka* n'est pas en soi une recette mais une méthode de cuisson qui trouve son origine en Dalmatie. Ce grand plat creux en terre cuite est rempli de viande (porc ou agneau) ou de mollusques (poulpe) et ou de morue avec des légumes avant d'être fermé par une cloche (peka). On couvre le tout de braise afin qu'il cuise plusieurs heures à feu très doux.

Autre coutume dont la popularité dépasse les frontières de la Dalmatie, la *marenda* est une sorte de petit déjeuner tardif pris entre 10h et 11h, qui permettait à l'origine aux ouvriers agricoles levés de bonne heure de faire une pause en fin de matinée. On l'appelle *gablec* dans la région de Zagreb. La plupart du temps, il se résume à un sandwich de charcuterie, poisson ou fromage.

Bucnica.

Pain d'épice et autres douceurs

Grâce à ses multiples influences, à la fois slave, italienne et austro-hongroise, la Croatie possède une étonnante palette de desserts. Sur les côte, les pâtisseries se composent principalement de petits biscuits aux fruits secs et autres entremets délicats. Dans l'intérieur des terres plus au nord du pays, les desserts se rapprochent plus de de ce que l'on peut trouver dans les salons de thés autrichiens et dans le reste de l'Europe centrale avec des préparations raffinées mais copieuses fourrées de crème et autres viennoiseries aux graines de pavot, pommes, noix, du genre strudel.

S'il y a bien une pâtisserie croate qui mérite une attention toute particulière c'est le *licitar* ou *cœur de Zagreb*. La fabrication de ce pain d'épice, produit dans le nord du pays, est si minutieuse qu'il fut inscrit en 2010 par l'Unesco sur la liste représentative du patrimoine culturel immatériel de l'humanité. Dans le nord de la Croatie, au Moyen Âge, les moines qui commencèrent à faire du pain d'épice étaient également apiculteurs. La recette se compose de farine eau, bicarbonate de soude et bien sûr, sucre et miel. Mais pas d'épices, malgré son nom ! Bien qu'il soit souvent vendu en hiver, qu'il rappelle Noël, il est aussi destiné aux mariages, d'où la forme de cœur. On le décore avec le nom des nouveaux époux et la date de l'heureux événement. Le glaçage et les motifs réalisés à l'aide de colorants alimentaires font toute son originalité. Un savoir-faire qui requiert une certaine habileté et se transmet d'une génération à l'autre depuis des siècles. Ces gâteaux secs sont accompagnés de *medica* et de *gvirc*, des boissons à base de miel, proches de l'hydromel, qui sont elles vendues lors de fêtes et des processions religieuses. Outre le *licitar*, le nord de la Croatie est riche en spécialités sucrées d'hiver, comme les *medenjaci*, les biscuits à la cannelle en forme d'étoiles, de sapins ou de petits personnages, accrochés au sapin de Noël.

Le *zlevanka*, un délicat flan de semoule, est originaire de Medimurje, à la frontière hongroise. Autre spécialité de la région, le très copieux *međimurje gibanica*, composé de couches de pâte filo, façon strudel, fourrées de pomme, de pavot, de fromage frais et de noix. Pour les grosses faims, donc. Le *bučnica* est également garni d'une purée de courge sucrée.

Dans le nord de la Croatie, comme en Europe centrale, les gâteaux sont généreux. Comme le *makovnjača*, un roulé aux graines de pavot ou le *orehnjača*, fourré lui d'une purée de noix. Le *kremšnita, très* populaire à Samobor, ressemble à un millefeuille avec ses couches de pâte feuilletée croustillante fourrées de crème à la vanille. Les beignets (*buhli, krafne*) sont souvent servis lors de fêtes religieuses et de carnavals. Enfin le *bajadera* est à mi-chemin entre le gâteau et la confiserie. Il se présente sous la forme de barres comprenant plusieurs couches de biscuits, de nougat, de crème de noix et de chocolat. C'est un dessert très apprécié dans toute l'ex-Yougoslavie.

En Dalmatie on retrouve la *skradinska torta*, un gâteau aux noix et à l'orange nappé d'une ganache au chocolat. La *rožata* est une crème aux œufs renversée originaire de la région de Dubrovnik, parfumé avec une liqueur de rose locale appelée *rozalin*. La *rapska torta* est une étonnante tarte en forme de spirale, propre à l'île de Rab, fourrée d'une crème à l'amande et au marasquin. On pense que ce dessert fut servi pour la première fois en 1177 au pape Alexandre III, à l'occasion de la bénédiction de la cathédrale de l'Assomption de Rab. Si vous êtes à Korčula, pourquoi ne pas rapporter des *cukarini*, ces délicieux anneaux vanillés aux amandes, parfumés d'un soupçon de *rakija*, une liqueur de raisin. Enfin les *paprenjak*, des sablés épicés dont la recette remonte à la Renaissance, sont souvent ornés de délicats motifs de plantes ou d'animaux. Mais la palme de l'originalité revient au gâteau de Ston préparé avec des pâtes macaronis sucrées, des oeufs, du chocolat, de la carouble, des amandes, noisettes, du beurre et du citron. Le miel de montagne (*planinski med*) croate est corsé, gorgé des arômes de sauge, de mélisse et de romarin.

Du pain, du vin et du fromage / prsut

S'il n'est pas possible de tout déguster sur place, rien ne vous empêche de rapporter dans vos valises des spécialités croates. Bien sûr les biscuits cités précédemment feront de délicieux présents, mais il est impossible d'évoquer les produits locaux sans parler des vins de Croatie. Jusqu'à la fin des années 1980, seules deux coopératives étaient autorisées à acheter du raisin pour produire du vin. Une inégalitaire réalité quand on sait que le vin est produit dans la région depuis plus de 2 500 ans. Depuis l'assouplissement de la législation, quelques régions se distinguent par la classification de leurs vins avec un label de qualité comparable au système de l'AOC. Attention toutefois car les vins croates sont parfois plus forts que leurs homologues français titrant jusqu'à 15 degrés d'alcool. Les meilleurs crus proviennent de l'ouest de la Croatie.

D'une manière générale, les vins de Slavonie sont plus souvent des blancs légers et secs proches de ce qu'on retrouve en Hongrie ou en Autriche, alors que les vins d'Istrie et de Dalmatie du Sud sont souvent des rouges plus capiteux. La côte croate est le terrain idéal pour la culture de la vigne grâce à l'aridité du sol, l'ensoleillement garanti et l'air iodé. Ces bonnes conditions phytosanitaires ont donné naissance à des vins tanniques originaux. Sur la presqu'île de Pelješac, la région viticole des plavac mali, dingač et autres poštup rivalise avec le teran istrien. En Istrie, au climat plus tempéré, les vins sont plus légers et plus subtils. Parmi les plus réputés figurent le poreški merlot, le teran, le malvasia istarka, le cabernet sauvignon poreški. Parmi les vins cuits, impossible de ne pas citer le prošek que les Romains connaissaient déjà sous le nom de *vinum sanctum*. On le boit généralement en dessert. Malgré son nom il n'a rien à voir avec le *prosecco* italien, qui est un vin pétillant. Dans la région de Zadar, le marasquin (*maraschino*) est un alcool de cerise, qui se boit frais à l'apéritif. La Croatie et l'Italie se disputent d'ailleurs la paternité de cette liqueur. En guise de digestif, on ouvrira une bouteille de *šljivovica*, une eau-de-vie de prunes, à moins que l'on préfère la *rakija*, à base de raisin, très populaire dans le reste des Balkans.

Les huiles d'olive sont aussi excellentes dont certaines bénéficient d'une dénomination d'origine protégée (DOP) : la šoltansko maslinovo ulje, la korčulansko maslinovo ulje, la krčko maslinovo ulje et la ekstra djevičansko maslinovo ulje. On peut même visiter certains caves comme celle du colisée de Pula qui – chose rare – sont ouvertes au public. Les propriétaires du domaine Chiavalon, les deux frères Sandi et Tedi, quant à eux, ont planté des milliers d'oliviers et restauré la ferme familiale avec un design contemporain.

La Croatie possède une vaste tradition de charcuterie, salaisons et fromages savoureux : le *dalmatinski pršut* (jambon fumé de Dalmatie), l'*istarski pršut* (jambon fumé d'Istrie), le *šunka* (jambon de Slavonie) ou encore le *kulen* (saucisson sec légèrement pimentée). La *samoborska muštarda* est une moutarde légèrement adoucie d'une pointe de marc de raisin, produite à Samobor. Enfin il ne faudrait pas oublier le *paški sir*, un fromage de brebis fabriqué sur l'île de Pag ainsi que les truffes blanches d'Istrie que vous pourrez rapporter conditionnées en bocaux (*bijeli tartuf*), sous la forme de condiments ou d'huiles parfumées. Ces produits gourmands sont souvent proposés en plateau dans les bistrots à vins.

AGENDA

En Croatie, on ne manque pas une occasion de se réunir dans les fêtes, festivals et autres foires. Musique, toutes les musiques, danse, folklore, cinéma, carnavals, arts de la rue, terroir, fêtes votives et religieuses… le calendrier annuel se remplie de multiples dates. L'hiver, les nombreux carnavals bravent le froid puis, enfin, c'est le retour des fêtes pascales avec ses rites et traditions familiales. La saison des festivals de musiques électroniques s'ouvre au printemps à Tisno et, sur l'île de Pag, les beach clubs rivalisent de BPM tout l'été. Toutes les villes, de grande ou moyenne importance, ont leur programme musical alors que Pula, Split, Zagreb ou Varaždin organisent leurs festivals de cinéma. La saison automnale célèbre les produits du terroir (asperges, vigne, châtaigne, truffes) jusqu'aux fêtes de fin d'année, qui s'animent autour des marchés de Noël conviviaux, avec patinoires, illuminations et feux d'artifices.

CARNAVAL DE RIJEKA

RIJEKA

www.rijecki-karneval.hr

Déguisements, fanfares, ambiance festive, musique populaire, soirées DJ, et bonne humeur viennent réchauffer les rues ! La fête commence avec la traditionnelle remise des clés au prince du carnaval et se termine le mercredi des cendres où l'on brûle le *pust*, une marionnette qui symbolise les maux de l'an passé. À l'origine, une loi datant de 149 interdisait aux habitants de porter des masques, mais le carnaval s'est développé peu à peu à rebours de cette interdiction jusqu'à devenir le plus important de Croatie, à ne pas manquer lors de votre visite hivernale.

CARNAVAL DE SAMOBOR (SAMOBORSKI FAŠNIK)

SAMOBOR

www.samobor.hr/fasnik

Première quinzaine du mois.

Dans les environs de Zagreb, c'est le carnaval le plus chatoyant de Croatie centrale, et ce depuis 1855 ! Véritable fête populaire, il attire les habitants de toute la région, tous joyeusement costumés. Au programme, musique, masques et déguisements pour assister au jugement du Prince Fašnik, l'épouvantail chargé des malheurs de l'année écoulée. On le brûle le jour du mardi gras afin de chasser l'hiver, ses vieux démons et accueillir la nouvelle année sous de meilleurs auspices.

CARNAVAL DE ROVINJ

ROVINJ

www.rovinj-tourism.com

En février.

Autour du mardi gras, le carnaval profite d'un climat méditerranéen relativement doux même en février. Les parades en fanfare déambulent dans la cité historique, sur le port. Elles partent de la rue piétonne Obala Aldo Negri et poussent jusqu'à la place du Maréchal Tito (vieux port). Les visiteurs pourront également assister à des concerts, visiter des musées et galeries ouverts toute l'année. Ils trouveront au marché touristique des stands plus authentiques qu'en été avec des petits paysans, tout prêts à faire goûter leurs produits gourmands.

CROATIAN SUMMER SALSA FESTIVAL

ROVINJ

www.crosalsafestival.fr

De la mi-juin au début juillet.

Ce festival estival se déroule en trois parties. Une semaine ouvrée à Opatija et deux semaines à Rovinj. On commence par le SummerSensualDays, soit cinq jours de mise en jambe pour les danseurs puis seize jours (et nuits festives) à Rovinj. Au programme, pour les festivaliers, des vacances sea, sun et musica latina. Tous les styles qui se dansent : salsa cubaine, bachata, kizomba, cha-cha-cha, etc. Des cours et ateliers de tous niveaux (amateurs, intermédiaire, avancé).

SUMMER FESTIVAL

En soirée en juillet-août, animations et festivités gratuites, demander le programme à l'office de tourisme local.

De nombreuses municipalités touristiques, spécialement sur la côte adriatique, organisent pour la saison estivale leur propre festival de l'été : soirées musicales, danses, démonstrations folkloriques, expositions, dégustations au marché artisanal. Par exemple, les arts de la rue à Labin, les soirées des pêcheurs à Trogir, les chants (*klapa*) à Ston ou Cavtat, le cinéma en plein air à Vela Luka, les jeux d'épées et autres reconstitutions de combats à Korčula ou Krk, les tournois de chevalerie à Sinj, les jeux anciens dalmates à Pakoštane, etc.

DUBROVNIK INTERNATIONAL OPERA FESTIVAL

www.dso.hr

Première semaine de juillet.

L'Orchestre symphonique de Dubrovnik, qui a célébré ses 95 ans d'existence en 2020, fait partie intégrante du patrimoine culturel de la ville. Toute l'année, les musiciens se produisent à domicile, partent en tournées et, l'été, accueillent de grands noms de la scène lyrique. C'est ainsi que le festival d'été est né dans les années 1950, proposant des opéras avec des artistes internationaux accompagnés du DSO. Les concerts ont lieu principalement au palais du Recteur.

DEFECTED CROATIA

The Garden Resort Ul. Petrića Glava 34

TISNO

defected.com

Première semaine d'août.

Defected Records est un label de musique britannique. Forts de leur expérience anglaise à Ibiza, New York ou Miami, les organisateurs ont créé Defected Croatia, qui est devenu le festival de *house music* par excellence, avec des soirées comparables en qualité à celles d'Ibiza. Que l'on soit sur la plage, sur un bateau ou sur la côte (club Barbarella), les meilleurs DJ internationaux se succèdent aux platines. Line up à découvrir sur le site Internet dès le début de l'année. Possibilité de réserver un forfait séjour hébergement avec tickets d'entrée au festival.

FESTIVAL ANA EN VILLE (ANA U GRADU)

DUBROVNIK

www.dubrovnik-festival.hr

Troisième week-end de juin.

Chaque année, autour du 21 juin, c'est aussi la fête de la musique en Croatie. Dubrovnik offre une expérience unique à vivre depuis l'amphithéâtre de l'Excelsa Real Estate du mont Srđ. Il faut se lever tôt pour assister au premier concert, qui commence au lever du soleil du premier jour de l'été. Au programme, musique classique et traditionnelle autour du violoncelle de la star nationale Ana Rucner, en solo ou accompagnée (piano, voix et instruments acoustiques).

DIMENSIONS FESTIVAL

TISNO

www.dimensionsfestival.com

Première semaine de septembre.

Sur un superbe site marin à l'entrée de Tisno, les organisateurs de ce festival ont tout prévu. Des DJ internationaux sélectionnés par les producteurs du label anglais Defected Records mixent de la musique électronique, house, techno, electronica, mais aussi jazz, funk, soul, drum and bass, dubstep… Les scènes sont montées au camping, à la plage, à bord de bateaux. Le *line-up* est annoncé en début d'année, ce qui laisse le temps aux vacanciers de prévoir leur séjour sur place. Voir sur le site Internet forfait hébergement avec tickets d'entrée au festival.

FESTIVAL D'ÉPIDAURE (EPIDAURUS FESTIVAL)

CAVTAT

www.epidaurusfestival.com

Pendant deux semaines en septembre.

Sous l'égide d'Ivana Marija Vidović, pianiste classique de renom et directrice artistique du festival Epidaurus, qui emprunte son nom à l'ancienne cité romaine (Cavtat). Au programme, des concerts et moments musicaux, des découvertes de jeunes talents, des expositions et des présentations artistiques thématiques (théâtre, littérature, poésie, folklore, tourisme culturel et gastronomique) afin de promouvoir la région de Cavtat/Konavle proche de Dubrovnik.

FESTIVAL D'ÉTÉ [DUBROVAČKE LJETNE IGRE]

DUBROVNIK

www.dubrovnik-festival.hr

Début juillet-fin août.

L'un des festivals les plus prestigieux du pays qui a vu grand pour fêter ses soixante-dix ans en 2019, avec plus de 2 000 artistes invités provenant d'Europe et des États-Unis, des spectacles gratuits et payants donnés dans vingt salles et lieux historiques, que ce soit *intra-muros* ou hors les murs. Chaque année, des représentations théâtrales, musicales, des spectacles de danse classique/ballet, du folklore, du cinéma, des expos. La soirée d'ouverture est particulièrement attendue.

FESTIVAL DE CONTES [INTERNATIONAL FESTIVAL OF OGULIN FAIRYTALES]

OGULIN

Mi-juin.

Les conteurs donnent rendez-vous au public, aux petits et grands, sur les places de la ville pour partager leurs histoires et légendes. Le patrimoine magique de la région de Gorski Kotar/Lika, la nature, le mystères des montagnes, forêts et châteaux, mais aussi l'histoire tumultueuse autour d'Ogulin ainsi que les traditions populaires ont toujours nourri l'imagination des habitants. Véritable patrimoine immatériel, ce folklore oral a été valorisé par les auteurs de contes pour enfants, Ivana Brlić-Mažuranić et Priče iz Davnine.

FESTIVAL D'ÉTÉ DE SPLIT [SPLITSKO LJETO]

SPLIT

www.splitsko-ljeto.hr

De mi-juillet à mi-août

Dans un cadre historique qui n'a rien à envier à celui de Dubrovnik, le festival d'été de Split jouit d'une scène sublime. Nombre de spectacles sont donnés sous le péristyle du palais de Dioclétien. Parfait pour les opéras grandioses en costumes, comme les fameux *Turandot*, *Nabucco*, *Rigoletto* ou encore *Aïda*, qui enchantèrent le public. D'autres concerts de musique classique, de la danse, des ballets, des compagnies contemporaines, du théâtre, des chorales traditionnelles de *klapa* dalmates.

FESTIVAL DE MUSIQUE BAROQUE DE KORKYRA [KORKYRA BAROQUE FESTIVAL]

Starigrad - **KORČULA**

www.korkyrabaroque.com

2e semaine de septembre

Depuis 2012, ce festival de musique baroque ne cesse de gagner en importance. Des soirées de concert de qualité ont assis sa réputation à l'échelle internationale. Chaque année, sont invités de prestigieux musiciens, des chanteurs, contre-ténors et solistes européens et nationaux, spécialisés dans l'interprétation de la musique baroque. Ces artistes sont rejoints par l'Ensemble baroque croate, dirigé par la célèbre violoniste et directrice artistique du festival, Laura Vadjon.

FESTIVAL DE CINÉMA DE ZAGREB

ZAGREB

zff.hr/en

Première quinzaine de novembre au cinéma Tuškanac.

Le plus grand festival de films en Croatie. Chaque année, ZFF présente le meilleur de la production cinématographique actuelle, européenne et mondiale, avec pour mission de promouvoir le cinéma indépendant, les premiers films de réalisateurs, à la fois grand rendez-vous public et plateforme de distribution avec des sélecteurs renommés (Berlinale, festivals du Film de Venise, de Sarajevo, festival du Film méditerranéen de Split). Projections en version originale sous-titrée en anglais.

FESTIVAL DES ASPERGES À LOVRAN

www.tz-lovran.hr

Avec le changement climatique, elles arrivent plus tôt mais traditionnellement, c'est en avril que *konoba* (tavernes) et restaurants cuisinent les asperges à toutes les sauces. Le dernier jour du festival est festif, concerts, tombola, frittata géante pour tous, concoctée avec des centaines d'œufs et des dizaines de kilos d'aubergines ! C'est le moment idéal pour découvrir les spécialités locales, tout en dégustant une cuisine *healthy* et gourmande.

FESTIVAL DES LUMIERES ZAGREB

www.festivalsvjetlazagreb.hr

Tout le mois d'octobre.

Le mois où la nuit tombe plus vite ne déprime plus les gens de Zagreb, car ils savent que c'est aussi le mois du festival des lumières. Les maîtres mots sont éclairer, allumer, étonner, incandescence et confusion chromatique. L'art de la lumière, nouvelle discipline qui a échappé aux murs des musées, fait des merveilles dans la capitale croate. Les artistes éclairagistes utilisent comme toile de fond les monuments de la ville, le ciel nocturne lui-même participant à la féerie optique.

FESTIVITÉS DE L'AVENT À ZAGREB

ZAGREB

Du 26 novembre au 8 janvier.

En 2017, la ville de Zagreb a été distinguée marché de Noël préféré en Europe. Ce que l'on aime ici, c'est le côté pittoresque des stands de l'artisanat, on s'offre du vin chaud, un petit cœur rouge (*licitar*), du pain d'épice... sur la place Jelačića. Les animations sur la place de l'Europe ou du Roi Tomislav (patinoire en plein air), sur les allées Zrinjevac ou le passage du funiculaire, sont joyeuses. Le soir, la ville s'anime de concerts, danses et chants de Noël.

FESTIVAL INTERNATIONAL DE FOLKLORE

ZAGREB

https://msf.hr/

Fin juillet.

Dans un pays où la fierté du peuple passe aussi par la forte identité des régions, ce festival, créé en 1966, tient une place particulière dans le paysage politique croate. En 2014, le ministère de la Culture et la ville de Zagreb ont déclaré qu'il s'agissait d'un événement d'importance nationale. Au départ, il présentait le patrimoine ethnographique des différentes communautés. Puis, il s'est élargi à d'autres pays. De nombreux groupes folkloriques, locaux et de tous les continents perpétuent les costumes, la musique, les chants et les danses.

FÊTE DE LA SAINT MARTIN MEĐIMURJE

www.strigova.info

Mi-novembre.

Dans la petite localité de Štrigova, au cœur de la région viticole du Međimurje, il est une tradition paysanne qui perdure. Autour de la Saint-Martin (11 novembre) quand le moût se transforme en vin, la municipalité célèbre une fête agricole dans l'allégresse. Les vignerons proposent des dégustations gratuites du vin nouveau, des musiciens et chanteurs animent les rues alors que les restaurateurs revoient leur carte vers une offre plus gastronomique.

FESTIVAL SALJSKE UŽANCE

SALI

dugiotok.hr/en/offer-festivities

Début août.

La capitale administrative de l'île Dugi Otok, dans l'archipel de Zadar, a une grande tradition de pêche mais aussi une réputation d'habitants bon vivants. Depuis près de 50 ans, on organise sur le port une grande fête folklorique, où se réaniment des jeux anciens. Courses d'ânes, musiques traditionnelles, notamment la *mužika* de l'âne de Sali, jouée dans des cornes de vaches, des tambourins, des chants et des danses, des repas de poissons pour tous et de la convivialité assurée.

FÊTES MÉDIÉVALES DE ŠIBENIK (SREDNJOVJEKOVNI FESTIVALI U ŠIBENIKU)

Starigrad - **ŠIBENIK**

www.sibenik-tourism.hr

1er week-end de septembre

Juste après le festival de la Chanson dalmate, le centre historique est à nouveau en liesse. C'est le retour de sa grande manifestation annuelle, que la cité prépare longtemps à l'avance pour organiser au mieux l'ambiance médiévale festive. Musiciens, chanteurs, danseurs, jongleurs, artisans, tous en costumes d'époque, participent aux parades, démonstrations, spectacle séquestre, arts de la rue, sans oublier la gastronomie, les vins et les produits du terroir.

FOIRE DES PRODUITS DU TERROIR

POREČ

www.myporec.com/

En septembre.

Ce Salon de l'agriculture est très couru ! Le rendez-vous s'adresse aux connaisseurs de la table, sachant que Poreč est la capitale de la gastronomie istrienne. L'office de tourisme municipal a d'ailleurs édité un guide papier, *Istria Gourmet*, qui conseille sur les plats traditionnels locaux, concoctés avec les produits, vins et huiles de qualité. Des fruits et légumes, pâtes, viande, poisson, salaisons bien conditionnées, du fromage, miel, des croquants aux amandes, des cookies istriens (*cukerančići*), etc. Toute chose que l'on peut trouver à la foire.

JOURNEES DE L'OLIVE NOUVELLE

En novembre.

Après le week-end de la truffe à Buzet, direction Vodnjan-Dignano, localité au cœur des champs d'oliviers. Salon professionnel international ouvert au public, des traiteurs aux ménages, pour rencontrer les producteurs, s'informer sur les différentes qualités et les usages. Point d'orgue, le gastro-show d'une journée rassemble les meilleurs chefs cuisiniers d'Istrie et du Kvarner. Plus de 10 000 repas sont préparés à partir d'ingrédients et produits de la région. Notez que l'huile d'olive multiprimée de Vodnjan est classée parmi les meilleures au monde.

INMUSIC

Parc de loisirs Jarun

ZAGREB

www.inmusicfestival.com

Fin juin.

Plus gros festival de musiques actuelles de Croatie ! Près de Zagreb, sur une île du lac Jarun, trois jours de musique en plein air. À chaque édition, INmusic rassemble les talents de la scène inde rock et musiques actuelles internationales, faisant la promotion des plus populaires auprès du public croate et étranger. On peut dormir sur place, dans un immense camping. Pour le line-up de l'année, s'inscrire à la newsletter et voir les conditions d'accès au site.

JOURS DE DIOCLÉTIEN

SPLIT

www.visitsplit.com

Différentes dates en été.

Au cœur du palais impérial, on remonte le temps durant ce festival historique. Nous voilà à l'époque de l'*Adriaticum mare*, au IVe siècle, sous le règne de Dioclétien. Port de la toge et coiffe romaine conseillés ! Dans les ruelles, des passages de chars, des défilés de patriciens, des gladiateurs et centurions, des jeux, des animations, de la musique. Le plus, ce sont les stands dégustation et convivialité autour de la cuisine antique (à découvrir !) accompagnée des vins sirupeux et épicés. Dans le même esprit, vous avez aussi le festival Pula Superium en juin.

INTERNATIONAL SOUND & FILM MUSIC FESTIVAL

PULA

www.isfmf.com

Troisième week-end d'octobre.

Original dans sa thématique, ce festival est entièrement dédié aux musiques de film et aux bandes originales, qu'elles soient orchestrales, symphoniques ou électroniques. L'ISFMF fait la promotion de cet élément irremplaçable du film, qui génère de l'émotion. Le programme international inclut des concerts avec les compositeurs, des rencontres, des ateliers de créations, des master classes, un marché du film et des soirées dansantes pour finir les soirées.

LABIN ART REPUBLIC

LABIN

En été.

Cette invitation estivale ne se refuse pas ! Les ateliers d'artistes (Open Studio Days) sont ouverts du 1er juillet au 31 août, tous les lundis de 19h à 21h et tous les mercredis de 11h à 13h. L'occasion de venir à des vernissages, rencontrer les créateurs dans leur univers et « craquer » sur une œuvre ! Toute la cité historique participe : visites guidées nocturnes, théâtre et arts de la rue, spectacles en costume d'époque, afin de célébrer l'héritage culturel de la cité médiévale. Également des concerts et festivals (jazz et chorales klapas).

MOTOVUN FILM FESTIVAL

Starigrad - **MOTOVUN**

www.motovunfilmfestival.com

Fin juillet.

Un festival de films indépendants, une sélection de longs-métrages européens, des fictions récentes qui reflètent la diversité esthétique, thématique et géographique des auteurs. En plus, des rencontres, des débats avec le public, des concerts et la fête au village. Des projections en plein air et des soirées animées dans le centre historique de Motovun qui, depuis 2008, veut rester à taille humaine et donner une dimension écologique à son festival.

PÂQUES À POREČ

POREČ

www.myporec.com/

Les fêtes de Pâques s'accompagnent de traditions qui perdurent. Après la semaine sainte et le jeûne respecté jusqu'au bûcher de Pâques (Vuzmenka), le feu nocturne du samedi saint devant la basilique puis la procession des cierges. Le dimanche et le lundi festifs, on célèbre la Résurrection avec des chansons, la sortie des hochets et clapets, le panier d'offrandes, les œufs colorés, la brioche, le chocolat et l'agneau pascal à table. Concerts, ateliers créatifs pour les enfants, théâtre, jeux traditionnels, foire régionale.

NUIT DE LA SAINT LAURENT

ROVINJ

Du 9 au 10 août.

Cette nuit-là, de nombreuses étoiles filantes traversent le ciel de Rovinj. Comme c'est le jour de la Saint-Laurent qui arrive, la pluie d'étoiles *Laurentides* en français est devenue *larmes de saint Laurent* en Croatie. Le spectacle se fait magique à Rovinj quand les lampadaires publics de la riva s'éteignent pour que spectateurs et promeneurs puissent regarder le ciel transfiguré. Les restaurateurs allument alors des bougies dans leurs salles pour créer une ambiance calme et romantique.

FETES DE PÂQUES (USKRSNE PROSLAVE)

Dans ce pays très catholique, les fêtes pascales s'accompagnent de rites et traditions. Après le dimanche des Rameaux, la Semaine Sainte et le jeûne sont respectés jusqu'au bûcher de Pâques (Vuzmenka), le feu nocturne du Samedi Saint devant l'église principale, la procession des cierges. Le dimanche et le lundi, on célèbre la Résurrection avec des chants, la sortie des hochets et clapets, le panier d'offrandes, les œufs colorés, la brioche, l'agneau pascal à table, les repas de festin.

NUIT DES MUSÉES (NOĆ MUZEJA)

www.hrmud.hr

Fin janvier

Comme en France, un événement culturel gratuit qui anime plusieurs musées des grandes villes, nombre de salles d'expositions et de galeries d'art. Plus de 70 musées dans l'ensemble du pays participent à cet événement et proposent gratuitement l'entrée à tout visiteur. Ainsi, le 18 mai 2019, la ville de Dubrovnik proposait aux fans de *Game of Thrones* de découvrir les lieux de tournage de Port Réal, la capitale fictive de la série. Restez à l'affût des bons plans !

PULA FILM FESTIVAL

PULA

www.pulafilmfestival.hr

Fin juillet.

De l'aveu de cinéphiles, ce festival, créé en 1938, reste incontournable. Devoir attendre les 22h en été pour assister, la nuit tombée, à la projection en plein air de courts-métrages et de fictions (sélection nationale et internationale) dans le cadre impressionnant de l'amphithéâtre romain, c'est déjà en soi une belle expérience. Autre rendez-vous en octobre pour l'International Sound & Film Music Festival dédié aux BOF. Au programme : films, concerts, rencontres à l'Hotel Park Plaza Histra.

PULA SUPERIORUM

PULA

www.pulainfo.hr

Mi-juin

Avec ses nombreux vestiges romains et surtout son amphithéâtre, Pula ne pouvait s'empêcher de revivre à la romaine toute l'année. Point d'orgue de ces manifestations annuelles aux arènes : le Pula Superiorum et ses combats de gladiateurs. Pendant quelques jours, le centre-ville et l'amphithéâtre célèbrent l'Antiquité, avec musique, danse, jeux du cirque, cuisine et autres pratiques du quotidien, mises en scène avec des comédiens et animateurs habillés en costumes d'époque.

SAMEDI MATIN D'HIVER EN VILLE

DUBROVNIK

tzdubrovnik.hr

Du début novembre à fin mars. Réservation obligatoire.

Dans le programme du festival d'hiver de Dubrovnik et afin d'encourager les visites touristiques à cette période de l'année, l'office de tourisme de Dubrovnik organise des visites guidées gratuites pour les touristes individuels dans la cité close. Rendez-vous à 10h devant le TIC Pile (Brsalje 5). Après la découverte de la ville, une représentation gratuite de l'ensemble folklorique FA Linđo à partir de 11h30 devant l'église Saint-Blaise (sauf intempéries).

SAINT-BLAISE (FESTA SVETOG VLAHA)

Stradun

DUBROVNIK

3 février.

Grande fête religieuse et populaire en l'honneur de Sveti Vlaho (saint Blaise), le saint patron de Dubrovnik depuis le Xe siècle. Au cœur de l'hiver, qu'il pleuve ou qu'il vente, Raguse brille alors de mille feux. On sort les reliques pour l'occasion : de nombreuses processions religieuses sont accompagnées d'un programme musical, dons de gâteaux dalmates. Tout le monde est en ville dès 9h du matin. L'occasion également de visiter la très belle église Saint-Blaise, de style baroque.

SEASPLASH FESTIVAL

ŠIBENIK

seasplash-festival.com

Fin juillet.

Le Fort Punta Christo près de Pula n'est plus assez grand pour accueillir tous les festivaliers. Mais ce n'est pas la fin du Seasplash Festival, qui a élu domicile en Dalmatie centrale sur l'île de Martinska, au large de Šibenik au grand plaisir des fans de ska, reggae, ragga, dancehall... Des artistes internationaux mais aussi croates car le style jamaïquain est très apprécié ici. Prendre le ferry au port de Šibenik ou le taxi boat, courses 24h/24 (départ en face du bar Azimut).

SALUT AU PRINTEMPS

LABIN

www.skitaci.com

Magie d'une randonnée nocturne éclairée à la lampe frontale... Afin de célébrer l'arrivée du printemps, le Skitaci Mountaineering Club de Labin organise une marche facile de nuit. Rendez-vous le 20 mars à 20h sur la place principale de Labin. En compagnie des guides de montagne, on prend le sentier de Gondolići pour monter jusqu'au sommet de l'Oštri (531 m). On redescend du côté de la chapelle Saint-Matthieu en direction de Skitača. Vers minuit, le comité d'accueil à l'arrivée est convivial. Se renseigner à l'office de tourisme sur la météo.

SOIREES DES TRADITIONS DE LA PECHE

ROVINJ

En juin.

En été, les habitants de Rovinj font connaître leurs traditions ancestrales au travers de deux manifestations thématiques. Autrefois, les pêcheurs sortaient en mer dans leurs *batanas*, des barques dont la réputation a fait le tour du monde. Ils partaient aux aurores pour revenir le soir nourrir leur famille avec la pêche du jour. Aujourd'hui, on célèbre ce mode de vie ancien mais aussi la construction ingénieuse de la *batana*, dont la mise à l'eau attire du monde sur le port.

ŠPANCIRFEST

VARAŽDIN

spancirfest.com

Fin août.

Simply the best! Voici le slogan, et c'est vrai que les organisateurs du plus grand festival de rue du pays mettent les bouchées doubles à chaque édition pour réussir cette semaine festive et décalée. Sur différentes scènes improvisées de la ville historique : programmation musicale, fanfares, jongleurs, mimes, équilibristes, cracheurs de feu, magiciens, échassiers en costume, artificiers et autres spectacles époustouflants, ainsi que des ateliers interactifs avec le public. Sans oublier la convivialité autour de la street food et des vins régionaux.

VOI'SA FESTIVAL

SUPETAR

www.voisafestival.com

Premier week-end d'août.

Ce festival 100 % croate est organisé par un beach bar très actif sur la longue plage de Supetar. Toute l'année, il monte une petite scène pour des concerts de musiques actuelles, ce qui le prépare à son événement estival, le Voi'Sa, à la programmation assez éclectique (pop rock, electro, EMD, hip-hop, reggae, etc.), qui invite surtout des stars nationales et quelques musiciens internationaux, pour un ticket d'entrée plus accessible que ceux des gros festivals de la côte (Pag, Tisno ou Split). Bonne ambiance musicale et festive, les pieds dans le sable.

SPLIT FILM FESTIVAL

Ulica Slobode 28

SPLIT

www.splitfilmfestival.hr

Mi-septembre.

En 2020, le festival du Film a fêté ses vingt-cinq années d'existence et d'engagements auprès des producteurs et du public cinéphile de plus en plus nombreux. Des projections dans toutes les salles de la ville avec, un enjeu, un prix international pour les longs métrages et les courts métrages. Au cœur du programme trois supports, film, vidéo et nouveaux médias, qui seront visionnés par un jury étranger et croate. Du cinéma indépendant, des séries et documentaires en version originale (sous-titres anglais), souvent des premiers films…

ZADAR OUTDOOR FESTIVAL

ZADAR

zadaroutdoor.com

Début mai.

Ce rendez-vous s'adresse aux amateurs de vacances actives, aux familles qui ont la forme physique, aux groupes qui souhaitent participer à une expérience commune, comme celle de se lancer un défi sportif entre amis, au voyage *incentive*, pris en charge financièrement par la société ou l'entreprise, afin de souder l'équipe de salariés dans un programme d'activités plus ou moins physiques. Trail sur l'île d'Ugljan, escalade, vélo-cross, kayak, yoga, danse. En ville, beaucoup plus facile, visite du marché touristique au Forum, restaurants et concerts en soirée.

Spancirfest.

www.petitfute.com
1er site d'information touristique
GUIDES DE VOYAGE
ADRESSES ET AVIS
EXPÉRIENCES
IDÉES DE SÉJOURS
JEUX CONCOURS
BONS PLANS
PLUS D'INSPIRATION SUR
petit futé

ZAGREB ET L'ARRIÈRE-PAYS

Centre culturel et politique depuis le Moyen Âge, la capitale de la République de Croatie comptait 684 524 habitants en 2021. Voie de passage stratégique au cœur de l'Europe centrale, cette cité historique très active accueille encore peu de vacanciers comparativement aux stations balnéaires de la côte adriatique. Pourtant, été comme hiver, Zagreb dévoile ses richesses patrimoniales, son offre culturelle dense, ses multiples musées, boutiques, promenades, cafés restaurants. Le charme romantique de la ville haute, les ruelles médiévales, le quartier du Parlement et celui de la cathédrale dialoguent avec le classicisme et le modernisme de la ville basse.

En dehors du centre-ville, il ne faut pas manquer le cimetière Mirogoj, le lac Jarun, le parc Maksimir et, dans l'arrière-pays, des excursions dans les régions vallonnées du nord du pays, le château de Trakoscan, les montagnes Samoborska, le Međimurje et sa route des vins, Varaždin la ville baroque.

Zagreb et l'arrière-pays
SLOVENIE
Gor. Vratno
VARAŽDIN
Donji Kneginec
Bednja
Macelj
Trakošcan
Ivanec
A 2
LEPOGLAVA
Ivanšcica 1059 m.
Novi Marof
ZAJEZDA
Durmanec
Golubovec
KRAPINA
Belec
Budinšcina
Sutinjske Toplice
Breznica
PREGRADA
MILJANA
TUHELJSKE TOPLICE
KRAPINSKE TOPLICE
Zlatar Bistrica
KUMROVEC
MARIJA BISTRICA
Komin
Zabok
KLANJEC
GORNJA STUBICA
Sv. Ivan Zelina
STUBIČKE TOPLICE
DONJA STUBICA
Kašina
SLJEME 1032 M.
PARC NATUREL DE LA MEDVEDNICA
A 4
A 2
Sesvete
Dugo Sel
Zaprešic
A 4
Podsused
ZAGREB
A 3
SAMOBOR
Sava
Stupnik
Velika Gorica
Trdinov vrh 1181 m.
871 m.
Konstanjevac
Klinča Selo
Buševec
JASTREBARSKO
Krašić
Lekenic
A 6
Ozalj
Jamnička Kiselica
Ribnik
Dobra
Pokupsko
Rečica
Kupa
Netretic
KARLOVAC
Bosanci
Duga Resa
Tušilovic
Glina
Gvozd
Korana
VERS OGULIN
VERS TUŠILOVIC
D4

Ville
Sommet
Frontière internationale
Autoroute
Route principale
Route secondaire
Autre route
12 KM
HONGRIE
Altitude (en mètres)
1500
1000
500
250
Mura
A 4
Čakovec
Prelog
Drava
Legrad
Ludbreg
Drnje
Gola
ARAZDINSKE TOPLICE
Koprivnica
Kalnic
Novigrad Podravski
Ferdinandovac
Carevdar
Duröevac
Drava
Rakitnica
Kloštar Podravski
Stari Gradac
Križevci
Čvrstec
Veliki Raven
Sv. Ivan Žabno
Šandrovac
Špišic Bukovica
Bjelovar
Haganj
Vrbovec
Narta
Dubrava
Česma
Veliki Gröevac
Lončarica
Lupoglav
Berek
Čazma
Veliki Zdenci
Hercegovac
Ivanic Grad
Podgaric
Daruvar
Ilova
Garešnica
Uljanik
Badljevina
Popovača
Potok
Kutina
Banova Jaruga
Lipik
SISAK
Lonja
A 3
Petrinja
Lonja
PARC DE LONJSKO POLJE
Novska
Blinja
Sunja
Jasenovac
Sava
Prevršac
BOSNIE-HERZ.

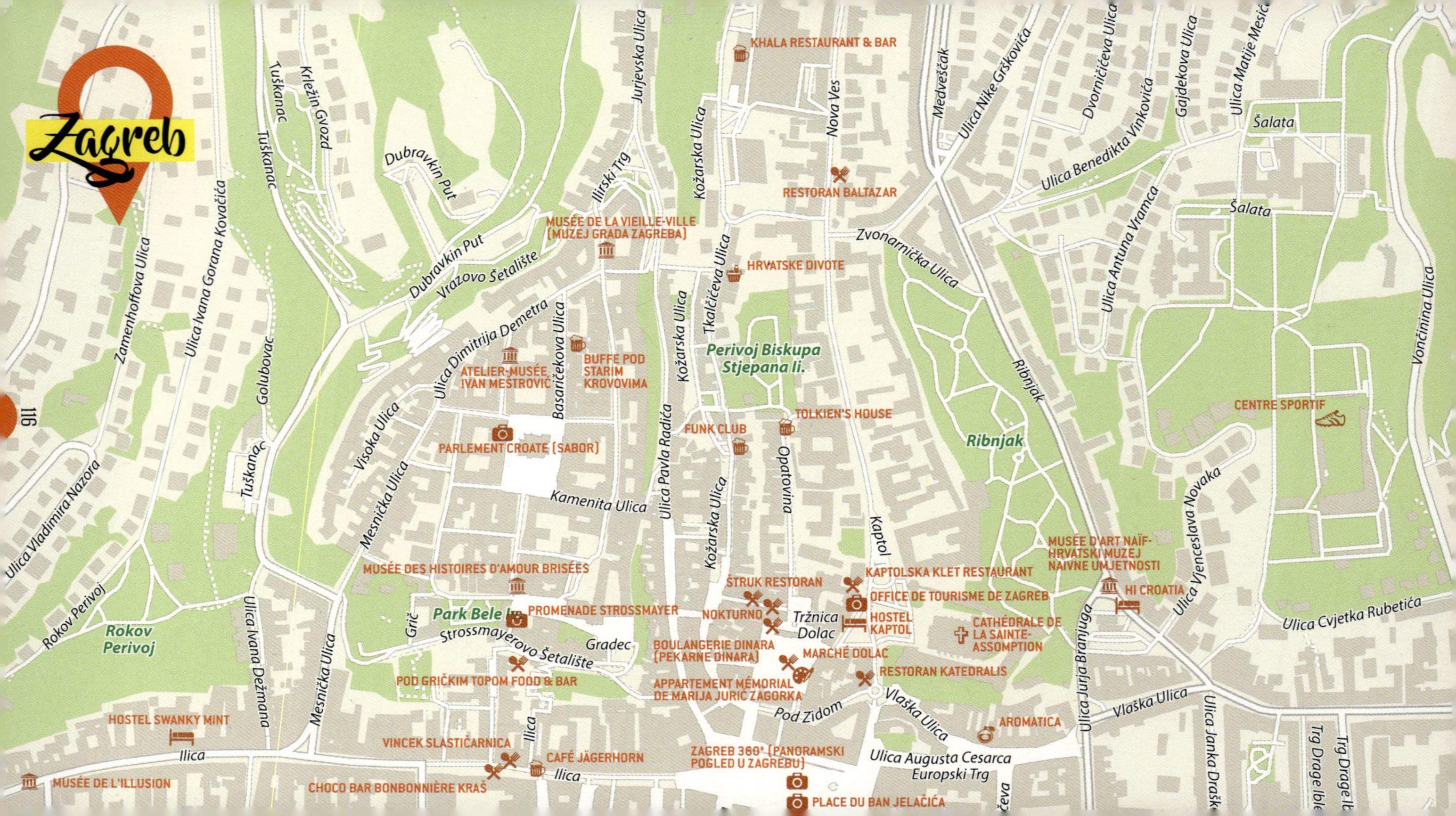
Zagreb
KHALA RESTAURANT & BAR
RESTORAN BALTAZAR
MUSÉE DE LA VIEILLE-VILLE (MUZEJ GRADA ZAGREBA)
HRVATSKE DIVOTE
BUFFE POD STARIM KROVOVIMA
ATELIER-MUSÉE IVAN MEŠTROVIĆ
Perivoj Biskupa Stjepana II.
TOLKIEN'S HOUSE
FUNK CLUB
PARLEMENT CROATE (SABOR)
Ribnjak
CENTRE SPORTIF
MUSÉE D'ART NAÏF-HRVATSKI MUZEJ NAIVNE UMJETNOSTI
HI CROATIA
KAPTOLSKA KLET RESTAURANT
OFFICE DE TOURISME DE ZAGREB
HOSTEL KAPTOL
CATHÉDRALE DE LA SAINTE-ASSOMPTION
ŠTRUK RESTORAN
NOKTURNO
MUSÉE DES HISTOIRES D'AMOUR BRISÉES
Park Bele
PROMENADE STROSSMAYER
BOULANGERIE DINARA (PEKARNE DINARA)
MARCHÉ DOLAC
RESTORAN KATEDRALIS
APPARTEMENT MÉMORIAL DE MARIJA JURIĆ ZAGORKA
POD GRIČKIM TOPOM FOOD & BAR
AROMATICA
Rokov Perivoj
HOSTEL SWANKY MINT
VINCEK SLASTIČARNICA
CAFÉ JÄGERHORN
ZAGREB 360° (PANORAMSKI POGLED U ZAGREBU)
PLACE DU BAN JELAČIĆA
MUSÉE DE L'ILLUSION
CHOCO BAR BONBONNIÈRE KRAŠ
Tuškanac
Krležin Gvozd
Dubravkin Put
Jurjevska Ulica
Ilirski Trg
Kožarska Ulica
Nova Ves
Medveščak
Ulica Nike Grškovića
Dvorničićeva Ulica
Gajdekova Ulica
Ulica Matije Mesića
Šalata
Ulica Benedikta Vinkovića
Zvonarnička Ulica
Ulica Antuna Vramca
Vončinina Ulica
Vrazovo Šetalište
Tkalčićeva Ulica
Zamenhoffova Ulica
Ulica Ivana Gorana Kovačića
Golubovac
Ulica Dimitrija Demetra
Basaričekova Ulica
Opatovina
Visoka Ulica
Mesnička Ulica
Kamenita Ulica
Ulica Pavla Radića
Kaptol
Ulica Vjenceslava Novaka
Ulica Vladimira Nazora
Rokov Perivoj
Ulica Ivana Dežmana
Grič
Strossmayerovo Šetalište
Gradec
Tržnica Dolac
Ulica Jurja Branjuga
Ulica Cvjetka Rubetića
Pod Zidom
Vlaška Ulica
Ulica Janka Draškovića
Trg Drage Iblera
Ilica
Ulica Augusta Cesarca
Europski Trg

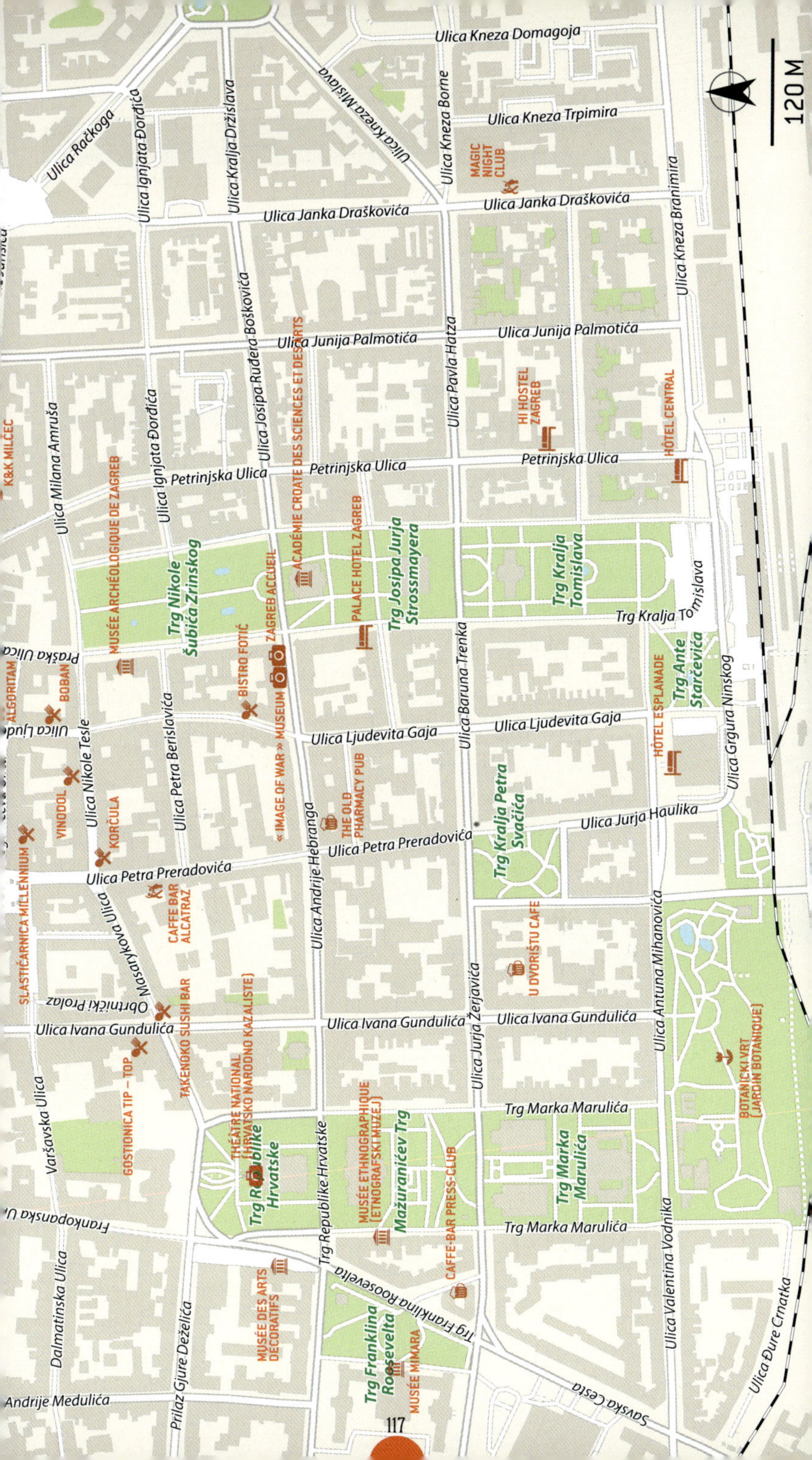
120 M
Ulica Kneza Domagoja
Ulica Kneza Mislava
Ulica Kneza Borne
Ulica Kneza Trpimira
MAGIC NIGHT CLUB
Ulica Račkoga
Ulica Ignjata Đorđića
Ulica Kralja Držislava
Ulica Janka Draškovića
Ulica Kneza Branimira
Ulica Josipa Rudera Boškovića
Ulica Junija Palmotića
ACADÉMIE CROATE DES SCIENCES ET DES ARTS
Ulica Pavla Hatza
HI HOSTEL ZAGREB
HÔTEL CENTRAL
K&K MILČEC
Ulica Milana Amruša
MUSÉE ARCHÉOLOGIQUE DE ZAGREB
Petrinjska Ulica
PALACE HOTEL ZAGREB
Trg Josipa Jurja Strossmayera
Trg Kralja Tomislava
Trg Nikole Šubića Zrinskog
ZAGREB ACCUEIL
Trg Kralja Tomislava
Praška Ulica
ALGORITAM
BOBAN
BISTRO FOTIĆ
« IMAGE OF WAR » MUSEUM
Ulica Ljudevita Gaja
Ulica Baruna Trenka
HÔTEL ESPLANADE
Trg Ante Starčevića
Ulica Grgura Ninskog
Ulica Nikole Tesle
VINODOL
KORČULA
Ulica Petra Berislavića
THE OLD PHARMACY PUB
Ulica Andrije Hebranga
Ulica Jurja Haulika
Trg Kralja Petra Svačića
SLASTIČARNICA MILLENNIUM
Ulica Petra Preradovića
CAFFE BAR ALCATRAZ
Masarykova Ulica
U DVORIŠTU CAFE
Ulica Antuna Mihanovića
Obrtnički Prolaz
TAKENOKO SUSHI BAR
Ulica Ivana Gundulića
Ulica Jurja Žerjavića
GOSTIONICA TIP – TOP
THÉATRE NATIONAL (HRVATSKO NARODNO KAZALIŠTE)
MUSÉE ETHNOGRAPHIQUE (ETNOGRAFSKI MUZEJ)
Mažuranićev Trg
BOTANIČKI VRT (JARDIN BOTANIQUE)
Trg Marka Marulića
Varšavska Ulica
Trg Republike Hrvatske
CAFFE-BAR PRESS-CLUB
Trg Marka Marulića
Frankopanska Ul.
Ulica Valentina Vodnika
MUSÉE DES ARTS DÉCORATIFS
Trg Franklina Roosevelta
Dalmatinska Ulica
Prilaz Gjure Deželića
MUSÉE MIMARA
Andrije Medulića
Savska Cesta
Ulica Đure Crnatka

PAGES

●● ZAGREB

120

ZAGREB ★★★

120 Si on compare sa fréquentation touristique avec celle des villes côtières comme Dubrovnik ou Split, Zagreb reste encore un peu confidentielle. Pourtant, la capitale de la Croatie mérite plus qu'une simple escale avant la mer ! Les amateurs de culture seront comblés même si le dernier violent séisme (22 mars 2020) a laissé des traces et occasionné des travaux et des fermetures temporaires de musées.

●● LE HRVATSKO ZAGORJE

142

Cette région nord-ouest est réputée pour ses châteaux au cœur de paysages boisés, parcourus de routes sinueuses qui traversent des vignobles vallonnés. Son propre véhicule est nécessaire si l'on veut admirer une gorge fluviale ou la silhouette d'une noble demeure.

142 **SLJEME ★**

143 **SAMOBOR ★**

143 **KRAPINSKE TOPLICE**

DONJA STUBICA ★

144 À moins de 30 km de Zagreb, aux portes du parc naturel de Medvednica, ce petit village historique, siège de la jacquerie du XVIe siècle, est devenu un site de bien-être et de remise en forme. Des hôtels récents ou rénovés, bénéficiant des vertus des eaux thermales, organisent des séjours au calme dans la nature.

GORNJA STUBICA ★

145 Un village construit en haut de la colline de Donja Stubica. Au centre, trône toujours le vieux tilleul. Selon la légende remontant au XVIe siècle, le meneur Matija Gubec et ses acolytes s'étaient réunis sous cet arbre pour fomenter une révolte paysanne.

146 **MARIJA BISTRICA ★**

147 **KLANJEC ★**

147 **KUMROVEC ★**

PREGRADA ★

148 Ce bourg devient, au XIXe siècle, capitale de district, ce qui lui laisse en héritage la cathédrale de Zagorje ou le château de Veliki Tabor, à proximité. À Pâques, depuis des siècles, des troupes en costumes d'époque arrivent de toutes les régions croates pour rejouer ici des faits d'armes historiques.

149 **KRAPINA ★**

150 **LEPOGLAVA ★**

VARAŽDIN ★★

151 Varaždin possède un centre historique romantique à souhait. En 1209, la cité médiévale devient une ville royale libre, la première à obtenir ce statut en Croatie. Son patrimoine baroque attire aujourd'hui des milliers de visiteurs.

PAGES

154 ## ●● AU SUD DE ZAGREB

La Croatie continentale, pour sa partie au sud de Zagreb, apparaît comme une région vallonnée et boisée, qui s'étend des plaines alluviales du Turopolje (sud-est) à la Banija (au sud de Sisak).

KARLOVAC ★★

154 Chef-lieu de région, Karlovac, qui se trouve au carrefour de cours d'eau importants (Kupa, Dobra, Korana et Mrežnica), est surnommée la ville aux quatre rivières. Une bonne base pour sillonner *The Green Heart of Croatia* (le cœur vert de la Croatie).

155 ### JASTREBARSKO ★

SISAK ★

156 L'ancienne capitale romaine s'est développée dans la période moderne grâce au commerce fluvial. Fait marquant, le 30 décembre 2020, la région du comitat de Sisak-Moslavina a été secouée par un séisme de magnitude 6,4. L'épicentre se situait à Petrinja, occasionnant la mort de sept personnes. Les localités proches et des dizaines de villages environnants ont été également touchés.

156 ### PARC DE LONJSKO POLJE ★

PLITVIČKA JEZERA ★★★★

157 Le parc national des lacs de Plitvice est celui de tous les superlatifs ! Véritable fierté du pays, le site naturel des Plitvička Jezera (lacs de Plitvice) fut le premier en Croatie à s'inscrire au patrimoine mondial de l'Unesco (1979).

161 ## ●● MEĐIMURJE

Comitat le plus septentrional du nord du pays et région frontalière où se rejoignent la Croatie, la Slovénie et la Hongrie, le Medjimurje est délimité par les rivières Mur (nord) et Drave (sud). A voir principalement trois localités de caractère, Čakovec, Štrigova, Sveti Martin na Muri, un circuit qui vous fera emprunter une route de vins cotés.

ČAKOVEC

161 À environ 90 km de Zagreb, parmi les trois villes du comté, c'est Čakovec qui devint le chef-lieu du nord de la Croatie. C'est donc à Čakovec que l'on trouve l'office de tourisme de Međimurje, qui abrite l'écomusée ainsi que le musée municipal et régional dans le château de l'ancienne famille Zrinski.

162 ### SVETI MARTIN NA MURI

162 ### ŠTRIGOVA

ZAGREB ★★★

À ceux qui prendront le temps de la visiter, elle dévoilera des secrets insoupçonnés. Le visiteur découvrira le charme romantique de ses façades historiques et pourra entrer dans les églises souvent ouvertes, visiter des musées variés, riches ou insolites, flâner sur les coulées vertes des promenades anciennes jusqu'au jardin botanique... Au cours de ses balades urbaines, le visiteur croisera au coin des rues les statues de personnages historiques. En revanche, ne cherchez plus la Trogir Maršala Tita car le maréchal Tito a perdu sa plaque en ville. En septembre 2017, la prestigieuse place est donc rebaptisée place de la République de Croatie, sur décision du très controversé maire nationaliste Milan Bandić. Enfin, pour se détendre, les cafés-restaurants ne manquent pas à Zagreb. L'ambiance calme et provinciale des anciens quartiers de la ville haute, à l'atmosphère austro-hongroise, n'est pas sans rappeler Vienne, Budapest ou même Prague. Pour les pressés, deux ou trois jours dans le centre-ville suffiront, mais il faut prendre du temps pour sortir des sentiers battus, connaître la ville active, la cité branchée ou alternative. La station de bus et de tram au centre de la place Jelačića, véritable carrefour de la ville, contraste avec le quartier quasi piéton de Gradec. En ville haute, on monte avec un funiculaire ou par des ruelles pavées dans ce havre de paix fleuri, encore éclairé par des lampadaires à gaz.

En automne, le marché Dolac regorge de fruits et légumes. C'est le temps des nombreuses foires, comme la fameuse Kestenijada ou la Maronniade. En hiver, on apprécie la magie de la ville enneigée, les pistes de ski sur le mont Medvednica, les balades romantiques dans la brume et le vin chaud aux épices sur le marché de Noël qui déploie, chaque année, ses chalets sur la place principale (Josip Jelačic). Un plaisir chromatique vient au printemps, quand les parterres fleuris ou le jardin botanique se réveillent de couleurs chatoyantes, quand les terrasses des cafés se chauffent au soleil jusqu'aux mois d'été, période des festivals de musique et de folklore et des joies de la baignade et autres activités nautiques sur la base de loisirs du lac Jarum.

Histoire

Sur le territoire de Zagreb, peu de traces préhistoriques de la présence humaine subsistent. Mais les archéologues, actuellement sur le terrain dans la ville haute, ont retrouvé des matériaux d'habitation remontant à l'âge de bronze. Des époques anciennes, c'est la période antique qui est la mieux représentée, avec autels, pierres tombales, sarcophages, statues et de multiples objets du quotidien qui ont été mis au jour dans la ville et ses environs. Vers 600 apr. J.-C., la tribu illyrienne des Andautoniens, victime des invasions des Avars et des Slaves, s'est installée dans la région.

À l'origine, deux villes qui s'affrontent. L'histoire de Zagreb commence véritablement en 1093 ou 1094. À côté de petites agglomérations, l'évêché de Zagreb, comme centre religieux de la Croatie, se crée. Autour, la cité se construit en deux centres fortifiés dressés sur deux collines : d'un côté, la ville ecclésiastique qui se développe à l'ombre de la cathédrale (Kaptol), sur l'autre colline, un peu plus à l'ouest, le quartier Gradec-Grič, est peuplé par la classe des nobles et des bourgeois. Au XIIIe siècle, Gradec-Grič reçoit les privilèges des « villes libres » en obtenant sa propre administration judiciaire et sa pleine autonomie. Elle devient le centre du pays, après de longues luttes avec la cité épiscopale voisine et, pour quelques siècles, le siège du Parlement (Sabor). Solidement fortifiée à la demande du roi, Gradec déploie ses faubourgs aux pieds des remparts. Kaptol est fortifiée plus tardivement, au XVe siècle, lors des invasions ottomanes. Entre les deux bourgs, les conflits sont fréquents. Les villages et les biens sont alors entièrement saccagés et les victimes nombreuses, d'un côté comme de l'autre. Seul le retour des foires annuelles apporte une trêve à ces luttes territoriales, chacune des villes tenant à profiter de l'avantage économique de l'autre. Au XVIe siècle, sous la menace de l'invasion turque, les conflits se tassent. Une partie de la noblesse (Gradec) élit le puissant Ferdinand de Habsbourg comme roi de sa cité, afin de défendre le pays. L'autre partie (Kaptol) se range derrière le Sabor, qui interdit l'accès au trône à un étranger et se rallie à un noble hongrois. Puis les luttes vont à nouveau s'intensifier pour devenir guerre civile, qui ne prend fin qu'au moment de la victoire des Habsbourg, après le pillage de Kaptol. Vers la fin du XVIe siècle, les Turcs s'emparent de l'ensemble de la rive droite de la Save. Les deux cités, Kaptol et Gradec, menacées, observent les mouvements de l'armée ottomane depuis leurs collines. Bien que les villes n'aient jamais été envahies, leurs privilèges et leurs richesses diminuent largement, plusieurs de ces domaines tombant aux mains de l'occupant.

Zagreb, centre de l'État croate. Les terres croates morcelées sont placées sous l'autorité turque pour les parties est et sud, tandis que les Vénitiens règnent sur la côte dalmate et l'Istrie. Zagreb devient la capitale d'un centre politique et de territoires réduits et appauvris. Le pays endetté par les guerres, ravagé par les épidémies de peste, souffre mais trouve la force de se soulever contre l'oppresseur. Les paysans, les militaires et, parfois même, la noblesse de Zagreb se révoltent violemment à plusieurs reprises. Le ban de Croatie, inquiet de l'insécurité qui règne dans la capitale, se déplace à Varaždin jusqu'en 1776. Le gouvernement croate n'a, à cette époque, qu'un seul cheval de bataille, la défense du croate face à la langue allemande. Zagreb prend la tête de ce mouvement et le clan croate remporte sa victoire en 1789. Aux XVIIIe et XIXe siècles, Zagreb s'étend au-delà des premières fortifications, dont la ville haute préserve des restes en bon état. Elle rejoint alors les faubourgs et constitue un tout homogène qui se développe rapidement. À la fin du XVIIIe siècle, des plans sont établis pour réguler le territoire hors des murs. Au XIXe siècle, la ville basse commence à se construire. Des voies de communication sont percées en direction des villes côtières de Rijeka et Split, mais aussi dans les terres vers Ljubljana, Trst, Maribor, Vienne, Koprivnica et Budapest. Un véritable désenclavement de la ville s'opère au profit des entreprises individuelles qui se montent. Zagreb vit au début du XXe siècle un bel essor économique, elle devient le centre politique mais aussi culturel de la Croatie. La naissance du patriotisme croate renforce la résistance aux méthodes germaniques et hongroises. Zagreb devient aussi le siège de la lutte pour la sauvegarde de l'identité croate. Plusieurs partis bourgeois sont alors formés ainsi que divers mouvements. Certains réclament une union complète avec les Slaves du Sud et la constitution d'un État croate indépendant. Au lendemain de la Seconde Guerre mondiale, le développement industriel reprend de plus belle. Certaines entreprises existantes sont rénovées tandis que des usines géantes sont construites. Au début du XXe siècle, un mouvement ouvrier est créé, que Josip Broz dit Tito (1892-1980) encourage durant l'entre-deux-guerres. Pendant les conflits de la dernière guerre (1991-1995), la capitale croate s'est attribué le rôle de centre décisionnaire. C'est à Zagreb que la communauté démocratique s'est présentée en public pour la première fois. Cette affirmation unitaire s'accompagne d'une augmentation rapide de la population. De 7 706 habitants en 1807, 59 690 en 1900, 290 246 en 1948, on comptait 684 524 habitants à Zagreb en 2021.

Quartiers

▶ **Gradec.** On peut accéder à Gradec, la ville haute, en s'aventurant dans des petites ruelles-escaliers. À partir de la rue Radićeva (rue des Cordonniers), il faut gravir la colline à pied. Un funiculaire fut mis en service en 1889. À cette époque, il fonctionnait à la vapeur puis fut électrifié en 1934. La promenade Strossmayer (Strossmayerovo šetalište) offre une vue dégagée sur les toits de Zagreb et même au-delà. Ce quartier homogène constitué de bâtiments des XVIIe, XVIIIe et XIXe siècles a un charme un peu austère. Dans ces maisons aux toitures de tuiles rouges, séparées par des rues étroites et tortueuses, et aux arrière-cours dans lesquelles on peut s'aventurer discrètement, sont logés les organismes administratifs et politiques du pays. En hiver, on peut s'y promener longtemps sans croiser personne ; en été, on rencontre quelques touristes, mais il n'y a jamais foule. Suivant cette promenade, on découvre les traces de remparts construits au XIIIe siècle pour protéger Gradec. Revenant vers l'intérieur du quartier, on peut emprunter la rue Opatička, où il reste des morceaux de remparts.

Vue sur la ville de Zagreb.

▶ Puis on passe devant une tour carrée imposante, qui date des XVIIe et XVIIIe siècles, et face à une grande construction plus récente qui fut longtemps utilisée comme école primaire. Au sud de cet ensemble architectural, le couvent des Clarisses, construit au XVIIe siècle, est reconnaissable à ses fenêtres peintes en trompe l'œil sur la façade. Il abrite aujourd'hui les collections du musée de la ville de Zagreb (à ne pas manquer). En sortant du musée de la ville, en direction d'Opatička, on longe l'allée des palais aristocratiques du XVIIIe siècle. À l'angle, se trouve la deuxième plus vieille pharmacie de Croatie après celle de Dubrovnik. En tournant à droite, on rejoint la place Saint-Marc, la plus connue de la ville haute. Sur la place Saint-Marc, siège la cathédrale du même nom. La toiture colorée de l'imposante église dessine le blason du royaume triunitaire : Croatie, Dalmatie, Slavonie et le blason de Zagreb, l'un des symboles de la capitale croate. Cette place accueille également le Gouvernement et le Parlement (Sabor) ainsi que l'ancien hôtel de ville. À quelques dizaines de mètres en direction de la promenade Strossmayer, sur la gauche, la place Sainte-Catherine. Les bâtiments organisés autour de l'église du même nom sont l'œuvre des Jésuites et datent de la première moitié du XVIIe siècle.

▶ **Kaptol.** À l'est, sur l'autre colline, du côté est de la rue Tkačićeva, le quartier Kaptol fait face à la ville haute. C'est la partie la plus ancienne de Zagreb, le versant religieux de la ville, qui s'organise autour de la cathédrale, tandis que Gradec, dans la ville haute, rassemblait les institutions politiques. Les remparts, qui protégeaient autrefois ce quartier, sont aujourd'hui mêlés aux habitations, on ne les distingue plus du réseau urbanisé. Aux abords de la cathédrale, commencent les étals du fameux marché Dolac. Dans le voisinage, l'église et le couvent des franciscains datent de la première moitié du XIIe siècle. La légende veut que saint François d'Assise ait séjourné dans ce monastère. Au nord de la cathédrale, le parc Opatovina, avec ses grands arbres, constitue une promenade agréable dans la chaleur de l'été et si romantique en automne.

▶ **Ville basse.** La place Trogir Bana Jelačića, toujours très animée, fait la jonction entre les différentes parties de la ville. C'est là que vous trouverez l'office de tourisme principal. Au sud des deux collines, s'étend la ville basse, un tissu urbain qui s'est constitué à partir de la seconde moitié du XIXe siècle, lorsque la Croatie était autrichienne, quand Zagreb voulait s'affirmer comme capitale régionale et culturelle de langue croate. La ville basse se situe entre la gare et la grande place du Ban Jelačić, le centre névralgique de la ville. Ce quartier se prolonge en allées et contre-allées suivant un plan en forme de U qui lui vaut le surnom de fer à cheval. Bordé de palais de styles néoclassique et néo-Renaissance, demeures nobles devenues musées, théâtres ou fondations, il est plein d'attraits pour le promeneur. Cet ensemble architectural a été dessiné par l'ingénieur Milan Lenuci. De la succession d'espaces verts et de beaux bâtiments publics, on trouve dans la partie nord-ouest le Théâtre national (Hrvatsko narodno kazalište), l'Opéra, construit à la fin du XIXe siècle, de l'autre côté de Frankopanska, le musée des Arts décoratifs. En continuant vers le sud, on longe le musée ethnographique et l'on aperçoit un peu plus à l'ouest le musée Mimara. En passant devant les Archives nationales, on arrive au jardin botanique (fermé en hiver). L'angle sud est formé par le pavillon des Arts (Umjetnički paviljon). En poursuivant vers le nord, on passe devant la galerie d'art moderne et l'Académie croate des arts et des sciences. Enfin, la place Zrinski, située à l'extrémité nord-est du fer à cheval, est bordée de grands platanes et des bustes de personnages illustres qui ont fait l'histoire de la Croatie.
Côté ouest, depuis la place Trg Bana Jelačića, un bon chemin pour pénétrer dans la ville commerçante est d'emprunter la rue Ilica, l'artère centrale la plus longue de Zagreb. À l'est, le parc Maksimir mérite une balade alors que le sud de la ville basse, par-delà la gare ferroviaire, est occupé par les facultés, le musée d'art contemporain, les centres sportifs et commerciaux.

Sortir

Des cafés-bars lounge, des bars à cocktails, où souvent des DJ officient le soir, quelques cybercafés, qui font aussi salles de concert, des cafés-terrasses, des brasseries, des salons de thé, certains historiques, d'autres dans les musées, des pubs, des cafés cachés dans les cours (*dvorište*) et autres bars à jus de fruits ou bistrots animent les différents quartiers du centre, parfois des rues entières. Dès que les beaux jours arrivent, le secteur piéton autour de la rue Bogovićeva jusqu'à la place principale (Trg Bana Josipa Jelačića) est très vivant, tout comme celui de la rue Tkalčićeva (Kaptol).

Transports

▶ **Voiture.** Pour gagner le centre-ville, suivre la sortie Zagreb-Zapad (ouest) puis prendre la direction Centar. Les panneaux Zagreb Jug (sud) indiquent la ville nouvelle alors que Zagreb Istok indique l'est de la ville. Dans le centre, la plupart des stationnements sont payants, le prix du parking variant selon la zone. La zone 1, la plus près du centre-ville, est la plus chère. Certains hébergements privés comme les hôtels disposent de leur propre parking, renseignez-vous lors de votre réservation. Pour visiter les quartiers historiques de Zagreb (Gradec et Kaptol), l'usage de la voiture est déconseillé. Dans ces zones piétonnes à 90 %, il est quasiment impossible de se garer. Les courtes distances entre les points d'intérêt vous enjoignent en outre à laisser la voiture au parking ! On peut aisément parcourir les différentes parties de la ville basse en prenant les transports en commun (tram, bus) ou choisir de se promener à pied, à vélo, en trottinette. La ville haute est accessible en voiture mais encore une fois, tout le charme de la cité ancienne se découvre lorsqu'on y déambule tranquillement. Pour la location de véhicules, les agences nationales et internationales sont présentes à l'aéroport et en centre-ville.

Tramways et bus. Le centre-ville est bien desservi par un réseau de trams rapide et régulier, soit quinze lignes, dont certaines fonctionnent la nuit. Les trams de jour roulent de 4h du matin à minuit. Les tickets s'achètent dans les kiosques. Ils coûtent à l'unité entre 10 et 15 kn pour une ou deux zones, 25 kn pour trois zones et 32 kn pour quatre zones. Valides pour une durée de 1h30, ils permettent les changements de lignes. À noter : si vous prenez le tram de la place centrale (Trg Josipa Jelačića), les deux premières stations dans chaque direction sont gratuites. Il existe un ticket à la journée (30 kn) et deux types de pass transport pour les touristes : les Zagreb Card 24h (30 kn) ou 72 h (70 kn). On peut aussi acheter son ticket avec son téléphone portable en envoyant un SMS au 8585, vous recevrez un message de confirmation et le délai d'expiration. Infos sur le réseau et les itinéraires : www.zet.hr/en

Taxis. Partout dans le centre-ville, on trouve des taxis facilement repérables (blancs avec panneaux lumineux jaunes sur le capot). Nombreux ont un site Internet professionnel. On peut aussi réserver une course en appelant le 1717 ou *via* l'appli gratuite Radio taxi 1717. Le trajet de 2 km en taxi coûte environ 2 €, auxquels on applique une majoration pour les courses nocturnes de 20 % (de 22h à 5h) ainsi que le dimanche et les jours fériés.

Vélo. À la location, voire à l'achat, les prix sont comparables à ceux pratiqués en France. Vous pourrez effectuer des réparations en ville, acheter des pièces de rechange, récupérer des plans et des itinéraires à l'office de tourisme.

La ville aujourd'hui

Zagreb est une ville jeune et universitaire. On y trouve une quarantaine de facultés et d'instituts d'études supérieures qui encadrent des milliers d'étudiants. En ville active, dans la partie basse, par-delà la ligne de chemin de fer et le jardin botanique, le centre des affaires s'est érigé après-guerre avec différentes organisations administratives et publiques, des banques et la grande gare de bus qui dessert tout le pays. Sur l'avenue Dubrovnik, un énorme centre commercial (Avenue Mall) s'impose en voisinage direct avec le mégamusée d'art contemporain. Tous deux sont ouverts le dimanche, une bonne idée pour la balade dominicale quand, l'après-midi, tout (ou presque) est fermé dans la ville historique. Au sud-est et à l'ouest de la ville, l'activité des manufactures, fabriques et industries se mêlent au trafic routier important. Comme toutes les grandes villes, Zagreb doit faire face à un calendrier de nombreux travaux pour rénover les routes. Les Zagrébois utilisent beaucoup le tram pour se déplacer, avec un petit clin d'œil nostalgique au passé, quand ils regardent passer ces anciens wagons bleus.

Tramway de Zagreb.

AÉROPORT INTERNATIONAL DE ZAGREB

Međunarodna zračna luka Zagreb
✆ +385 1 456 22 22
www.zagreb-airport.hr

A une quinzaine de kilomètres du centre-ville, l'aéroport dessert la plupart des grandes villes européennes. L'accueil pour les vols nationaux (*domestic flights*) ou internationaux se font au rez-de-chaussée, près des espaces de services (change et distributeur de monnaie, comptoir touristique, location de véhicule, etc.). Des bus de Croatia Airlines partent toutes les demi-heures pour la gare routière de Zagreb. Le trajet dure environ 30 minutes et coûte 30 kn (environ 250 kn en taxi).

GARE ROUTIÈRE (AUTOBUSNI KOLODVOR)

Avenija Marina Držića b.b.
✆ +385 60 313 333
www.akz.hr
Ouverte 24h/24.

De l'aéroport, si vous prenez la navette, vous arriverez au terminus de cette gare routière. A proximité, des lignes de tramway et de bus vous déposent à la gare ferroviaire, dans le centre historique (tram n° 6). Cette gare routière n'a rien d'engageant, avec ses grands espaces en béton et ses galeries commerçantes en sous-sol mais les services sont là : bureau d'informations touristiques, billets pour les lignes urbaines et régionales, consigne, change et retrait d'argent...

GARE FERROVIAIRE (ŽELJEZNIČKA KOLODVOR)

Trg kralja Tomislava 12
✆ +385 1 457 7111
www.hzpp.hr
Comptoir pour les infos touristiques/renseignements, ouvert tous les jours de 6h à 22h.

Datant de la fin du XIXe siècle, cette gare reste un bel écrin classique car elle n'a jamais été prise dans un entrelacs de rails à ciel ouvert. Le bâtiment porte un fronton néoclassique, un escalier royal et des frontispices. L'intérieur très remanié est moins impressionnant. Vous y trouverez consignes à bagages, cafés-bars et quelques boutiques. Trains régionaux mais aussi des liaisons pour Rijeka, Karlovac ou Zadar en train de nuit puis correspondance à knin (fin de trajet en car).

AUTO-CLUB CROATE HRVATSKI AUTOKLUB (HAK)

Avenija Dubrovnik 44
✆ 072 777 777
www.hak.hr
Ligne téléphonique 24h/24.

L'auto-club croate est une société de transport qui a son siège dans la banlieue sud de Zagreb, gère les autoroutes du pays. Sur le site Internet, on peut préparer son itinéraire en ligne ou obtenir une assistance téléphonique. L'application gratuite d'assistance routière en anglais (Croatia Traffic Info) donne quantité d'informations pour les conducteurs, état du trafic en temps réel et prévisions à 24h, stations-service, prix du carburant, webcams, adresses utiles, etc.

CROATIA BUS

Marina Držića 4
✆ +385 01 235 2345
www.croatiabus.hr
Agence ouverte du lundi au vendredi de 8h à 16h.

Une compagnie nationale, avec des bureaux implantés dans la gare routière, qui assure plusieurs liaisons pour les grandes villes du pays ainsi que des trajets internationaux (Allemagne, Autriche, Slovénie, Bosnie-Herzégovine). Les bus et autocars sont souvent confortables mais les trajets restent longs, considérant la vitesse modérée, surtout sur le littoral quand le relief escarpé impose encore plus de prudence. Pour relier Dubrovnik à Zagreb, par exemple, il faut compter environ 12 heures, avec des arrêts et des pauses dans les restos routiers.

ENTERPRISE RENT A CAR CROATIA

Škorpikova 32
✆ +385 99 733 0862
www.enterprise.hr

Cette enseigne, reconnue dans une centaine de pays, est bien représentée en Croatie, présente sur la côte adriatique (Zadar, Split, Makarska, Dubrovnik), à Rovinj, Pula, Rijeka et Zagreb. L'avantage, c'est que l'on peut louer son véhicule à l'aéroport de la capitale, visiter le nord du pays puis descendre vers le sud *via* l'Istrie, le golfe du Kvarner et la rendre à l'aéroport de Dubrovnik. Ou l'inverse ! Prix compétitif. Flotte moderne et équipe très professionnelle.

NEXTBIKE

Trg kralja Tomislava
✆ +385 1 777 65 34
www.nextbike.hr
A partir de 5 kn la demi-heure, 100 kn la journée.

Zagreb et de nombreuses villes sur tout le territoire bénéficient d'un système municipal de location de vélos par distributeur automatique (paiement en carte bancaire). Les deux-roues Nextbike sont disponibles 24h/24, sans engagement. Dans cette ville au domaine piétonnier étendu et plat dans sa partie basse, vous trouverez de nombreuses bornes automatiques, près de la place du Ban Jelačić, sur la place K. Tomislava, à la gare ferroviaire, devant le musée des Techniques, au centre commercial, etc. (voir sur le site Internet toutes les adresses).

RADIO TAKSI ZAGREB

Božidara Magovca 55
✆ +385 1 6600 671
www.radio-taksi-zagreb.hr

Un service de taxis sur la ville et alentour qui ne fait pas qu'enregistrer la demande de course ! Sur le site Internet de Radio Taksi Zagreb, vous trouverez un simulateur de prix, qui vous indiquera un montant selon votre destination. La compagnie assure le transport 24h/24. La prise en charge par passager s'élève à 10 kn + 6 kn par kilomètre. Il faut donc compter autour de 40 kn l'heure. Cette compagnie ne prend pas de supplément pour les bagages et autre argument intéressant, les chauffeurs acceptent les petits animaux de compagnie.

ROCKER MOTORCYCLE

Kustošijanska 32 ✆ +385 92 302 1927
www.rockermoto.com
Ouvert du lundi au vendredi de 9h à 16h et le samedi de 10h à 12h. Location : 1 jour 90 €, la semaine 490 €.

En 2009, une bande de copains motards décide de vivre de leur passion. Pionniers sur le secteur ils furent les premiers à investir dans la location de motos pour touristes qu'ils traitent plus comme des comparses que des clients. Conseils techniques, avis sur les différentes routes et les itinéraires (Croatie, Slovénie, Bosnie-Herzégovine, Monténégro), mais aussi assistance en cas de problèmes : autant de services que les *bikers* vous proposent avec la bécane ! Il vous faudra bien sûr posséder le permis moto avec deux ans d'expérience et être âgé de plus de 25 ans.

GLOBTOUR

Trg Republike Hrvatske 8/1
✆ +385 1 488 11 00
www.globtour.hr
Ouvert toute l'année du lundi au vendredi de 8h à 16h.

Globtour est une agence spécialisée dans l'événementiel, notamment l'organisation de congrès et salons professionnels qui ont lieu dans les grandes villes croates. Une offre tournée vers le voyage d'affaires ou la motivation d'équipe de travail, le *team buiding* en Croatie, les centres de bien-être, qui peut intéresser autant les exposants que les visiteurs. Vous l'aurez compris, cette agence est idéale si vous souhaitez partir en Croatie avec des collègues de votre entreprise. L'agence se charge de vous monter des séjours conviviaux et originaux.

OFFICE DE TOURISME DE LA RÉGION DE ZAGREB

Preradovićeva ul. 42
✆ +385 1 487 3665
www.tzzz.hr
Ouvert toute l'année du lundi au vendredi de 8h à 16h.

Ce bureau complète le travail de l'agence municipale (Tourist Information Center), située place Ban Jelačić. Il délivre de nombreux conseils pour le séjour, hébergement, visites et excursions au départ de Zagreb : routes des vins et châteaux, stations thermales, gastronomie, agendas culturels, festivals mais aussi transport et hébergement. Le bureau d'accueil est fermé le week-end mais le site Internet vous délivrera toutes les informations nécessaires.

OFFICE DE TOURISME DE ZAGREB

Kaptol 5
✆ +385 1 48 98 555
www.infozagreb.hr
Ouvert tous les jours sauf le dimanche

Dans le palais des congrès, cette agence municipale vise particulièrement le tourisme d'affaires, les visiteurs de la ville qui viennent pour des événements, congrès, festivals et autres salons. Elle facilite les conditions de séjour (hébergement, vie culturelle, calendrier et agenda complets). Sur le site Internet ou via l'appli Meet Zagreb, on peut télécharger brochures et documentations. Vous y trouverez quantité d'informations sur la capitale et ce qu'il ne faut pas manquer.

ZAGREB ACCUEIL

Hebrangova 2

www.zagrebaccueil.com

Cette association de Français et francophones installés en Croatie fait office de bureau touristique officiel. Les membres, bien sûr, parlent couramment notre langue. Zagreb Accueil propose diverses activités : sorties, loisirs, cours, rencontres, convivialité… Sur son site Internet, vous trouverez toutes les informations nécessaires sur la capitale et sur le pays (plans, hébergement, transports, musées, galeries, loisirs, excursions, brochures thématiques, etc.). Il est possible de télécharger un miniguide touristique sur le pays en PDF.

ACADÉMIE CROATE DES SCIENCES ET DES ARTS ★

Trg Nikole Šubića Zrinskog 11

✆ +385 1 489 51 11

www.hazu.hr

Ouvert du lundi au dimanche de 11h à 18h. Entrée gratuite.

Ce musée abrite une collection léguée par l'évêque J.-J. Strossmayer. Dans la cour, un buste sculpté par I. Meštrović rend hommage au grand donateur. La galerie des maîtres anciens, semblable à une pinacothèque, présente des peintres classiques (écoles italienne, flamande et française), des œuvres croates, du Moyen Age à la fin du XIXe siècle, un cabinet d'estampes et dessins. Toute l'année, des expositions permanentes, des rétrospectives et une triennale d'art moderne et contemporain.

SECRET ZAGREB ★

Trg bana Jelačića

✆ +385 97 6 738 738

secret-zagreb.com

Zagreb Ghosts and Dragons Tour : 75 kn, Christmas Carols Tour : 75 kn. Zagrebarium Tour : 90 kn.

Ces guides touristiques originaux vous emmènent en balades nocturnes dans la ville haute, là où même en journée règne une ambiance feutrée. Les secrets du quartier vous seront dévoilés durant une heure ou deux. Se rendre sur le site Internet pour choisir sa thématique, puis rendez-vous à 21h devant l'office de tourisme. On commence la montée au Kaptol par les escaliers, visite du musée municipal, particulièrement mystérieux la nuit, découverte de l'atelier des sorcières, recettes de potions magiques, cadeaux, amulettes… Les enfants et les ados adorent !

APPARTEMENT MÉMORIAL DE MARIJA JURIĆ ZAGORKA ★

Dolac 8 ✆ +385 1 487 2406

www.zenstud.hr

Visites publiques les jeudis et dimanches de 11h à 16h.

La Simone de Beauvoir croate est née à Negovec près de Vrbovec, le 2 mars 1873. Marija Jurić Zagorka a vécu toute sa vie à Zagreb. Femme d'engagement, militante contre la discrimination sociale, l'hungarisation et la germanisation du peuple, elle fut la première journaliste professionnelle croate. L'intellectuelle crée, en 1896, le premier magazine féminin croate, écrit des romans. Certains de ses livres seront adaptés au cinéma. Aujourd'hui, son appartement d'écrivain se visite.

« IMAGE OF WAR » MUSEUM

Ulica Andrije Hebranga 4 ✆ +385 1 6150 450

http://imageofwar.hr/

Ouvert tous les jours sauf le lundi de 10h à 20h. Tickets : 50 kn (adulte), 40 kn réduit.

Si le fracas de la guerre dans l'ex-Yougoslavie résonne toujours dans de nombreuses têtes en Croatie, ce musée a pour objectif de contrecarrer les tendances à l'oubli, à la banalisation croissante des conflits survenus il y a vingt-cinq ans. Suivant l'exemple de Dubrovnik, l'environnement multimédia dans les salles d'exposition, les photographies, les documentaires et autres supports informatifs cherchent à établir un dialogue avec les visiteurs. Pour rester vigilants sur les traumatismes de la guerre, sur l'impératif de la paix pour tous.

ATELIER-MUSÉE IVAN MEŠTROVIĆ ★

Mletačka 8 ✆ +385 1 485 11 23

www.mestrovic.hr

Ouvert du mardi au vendredi de 10h à 18h, samedi et dimanche de 10h à 14h. Tarif : 30 kn adultes, 15 kn réduit.

La maison-atelier du maître sculpteur, où il vécut de 1922 à 1942, se visite. Des salles d'exposition sobres conservent une belle collection, plus de 300 œuvres sculptées en pierre, en bronze ou en bois, mais aussi des dessins, des esquisses et un large choix de photos et documentations éclairant sur le travail monumental. A voir également, à Split, les deux autres musées consacrés au phénoménal « Rodin croate » ainsi que l'église de Ružić (Otavice) dans la région de Šibenik- knin.

BOTANICKI VRT [JARDIN BOTANIQUE] ★★

Marulicev trg 9a ✆ +385 1 48 98 060
hirc.botanic.hr

Ouvert du 1er avril au 1er novembre, lundi et mardi de 9h à 14h30, de mercredi à dimanche jusqu'à 19h. Entrée gratuite.

Parallèle à la rue Mihanović, le parc donne sur la gare ferroviaire. Il fut créé en 1889 par Antun Heinz dans l'esprit d'un jardin anglais et « asiatique », avec son pavillon japonisant et son millier de plantes variées. On peut se promener au hasard des allées, faire le tour des deux lacs artificiels où poussent les joncs, bambous et nénuphars, suivre les sentiers le long des parterres de fleurs et d'arbustes taillés à la française. L'hiver, tout reste en jachère, le parc est fermé.

CATHÉDRALE DE LA SAINTE-ASSOMPTION ★★

Kaptol 31

Ouverte de 10h à 17h, dimanche de 13h à 17h.

Avec ses deux clochers (104 et 105 m), la cathédrale est le bâtiment religieux le plus élevé du pays. De style roman, le premier édifice (XIe siècle) fut détruit par l'armée mongole. Après le tremblement de terre de 1880, l'architecte de la ville, Herman Bollé, disciple du Viennois Friedrich von Schmidt, le redessine en style néogothique. À l'intérieur, des peintures et des sculptures, dont le triptyque de la Passion, signé Albrecht Dürer (1495), et un trésor sacré inestimable.

CIMETIÈRE MIROGOJ ★★

Aleja Hermanna Bollea

À partir du parvis de la cathédrale, 30 minutes à pied ou prendre le bus n° 106 jusqu'à l'arrêt Mirogoj. Entrée libre.

Le Mirogoj fait partie des plus beaux sites funéraires d'Europe. Dessiné en 1876 par l'architecte allemand Hermann Bollé (1845-1926), le cimetière néo-Renaissance est clos par une enceinte aux arcades monumentales. À l'intérieur : chapelles, pavillons, arbres centenaires. Un livret aide à repérer les sépultures des poètes Petar Preradović et Antun Gustav Matoš, celle du peintre Vladimir Becić (buste de la main de Meštrović), le mausolée de Tuđman, les croix mémorielles des centaines de soldats morts lors de la dernière guerre. Le demander à l'office de tourisme.

GLYPTOTHÈQUE DE L'AC. DES SCIENCES ET DES ARTS ★

Medvegradska Ulica 2 ✆ +385 1 466 60 50
www.hazu.hr/glitoteka.hr

Ouvert du mardi au vendredi de 11h à 19h et les samedis et dimanches de 10h à 14h. Entrée : 25 kn

Tout en haut de la rue Ivana Tkalčićeva, début Medvegradska, ce musée de moulages (Glypto) a trouvé refuge dans une usine de cuir désaffectée, aujourd'hui réhabilitée. Il expose une riche collection de sculptures en plâtre, des copies de maîtres. De l'époque antique, classique, moderne et jusqu'au monde contemporain, tous ces répliques servaient de modèles aux élèves. Des œuvres originales de sculpteurs croates des XIXe et XXe siècles et des expositions temporaires également.

© XBRCHX - SHUTTERSTOCK.COM

Botanicki Vrt (Jardin Botanique).

HDLU - MAISON DES ARTISTES CROATES

✆ +385 1 4611 818
www.hdlu.hr

Ouvert du mercredi au vendredi 11h-19h, samedi et dimanche 10h-18h. Fermé le lundi. Tickets 30 ou 20 kn.

L'Association croate des artistes visuels (HDLU) est installée dans le célèbre pavillon Meštrović (1934), une énorme rotonde blanche impressionnante, située sur la place des Victimes du Fascisme. Cette fondation, non gouvernementale, soutient la création contemporaine, protège la liberté d'expression des artistes et leurs droits sociaux. Surtout portée sur les nouveaux médias et l'art expérimental, elle organise aujourd'hui de nombreuses expositions nationales et internationales.

MUSÉE ARCHÉOLOGIQUE DE ZAGREB ★★

Trg Nikole Šubića Zrinskog 19 ✆ +385 1 487 31 01
www.amz.hr

Ouvert de 10h à 18h, le jeudi jusqu'à 20h, samedi et dimanche de 10h à 13h. Fermé le lundi. Ticket : 10 à 20 kn.

Dans un superbe palais de style Sécession, le musée comprend plusieurs collections d'environ 460 000 objets trouvés en Croatie. De la Préhistoire aux civilisations antiques et jusqu'au Moyen Âge. Chaque département témoigne du quotidien et de l'histoire de l'art. Un important fonds numismatique également et des œuvres d'artistes contemporains inspirés par l'archéologie. Dans le jardin, une agréable buvette parmi les sarcophages et les fûts de colonnes romaines abandonnées dans l'herbe.

MUSÉE D'ART CONTEMPORAIN DE ZAGREB ★★

Avenija Dubrovnik 17 ✆ +385 1 605 27 00
www.msu.hr

Trams 6, 7 et 14 jusqu'aux stations MSU ou Sopot. Ouvert du mardi au dimanche de 11h à 18h, samedi 20h. 15/30 kn.

Dans la ville moderne, ce musée fut fondé en 1954, en pleine période collectiviste. Le bâtiment, tout de béton et de verre, se révèle apaisant à l'intérieur avec ses grands espaces où la lumière domine. Des escaliers, ascenseurs et passerelles mènent à des salles toute l'énergie créatrice croate, moderne et contemporaine s'expose des années 1950 à nos jours. Café du musée agréable et boutique intéressante. Vaut le déplacement, en plus c'est ouvert le dimanche !

MUSÉE D'ART NAÏF- HRVATSKI MUZEJ NAIVNE UMJETNOSTI ★★

Ćrilometodska 3 ✆ +385 1 485 19 11
www.hmnu.org

Ouvert du mardi au vendredi de 10h à 18h, samedi et dimanche de 10h à 13h. Entrée de 10 à 20 kn.

Le musée s'est installé dans l'ancienne résidence princière Ratkay. Un palais pour les naïfs ? En Croatie, cet art n'est pas considéré comme mineur. Il correspond à une tradition picturale populaire qui raconte le pays par le prisme de peintres proches du peuple, des paysans dans leurs villages et campagnes, des gens dans leurs croyances et traditions. Quatre salles se partagent la présentation de la collection, soit environ 80 peintures et sculptures.

MUSÉE DE L'ILLUSION ★

Ilica 72 ✆ +385 1 7999 609
muzejiluzija.com

Ouvert du lundi au dimanche de 9h à 22h. Tickets, 50 kn (adulte), 30 kn (enfants), 40 kn (étudiants, séniors).

Comme Vienne, Ljubljana, Muscat et d'autres villes en attente d'ouverture, Zagreb et Zadar voulaient leur musée de l'illusion. Depuis 2015 dans la capitale, un bâtiment rénové de l'artère principale abrite un monde ludique où l'on peut apprendre sur des lois de la nature déconcertantes, où l'on peut explorer différents modules et installations et interagir avec les écrans numériques et les objets. Labyrinthes, puzzles, énigmes, renversement de la réalité, défiance de la gravité (salle où l'eau coule vers le haut par exemple), déformations visuelles, hologrammes.

MUSÉE DE LA VIEILLE-VILLE (MUZEJ GRADA ZAGREBA) ★★

Opatička ul. 20 ✆ +385 1 485 13 61
www.mgz.hr

Ouvert de 10h à 19h, le dimanche de 10h à 14h. Fermé le lundi et les jours fériés. 30 kn, 20 kn réduit.

Aménagée dans l'ancien couvent des religieuses Sainte-Claire (1650), la collection nationale est présentée sur plusieurs niveaux. Capitale oblige, Zagreb conserve plus de 75 000 œuvres et objets usuels et religieux, qui retracent les grandes étapes de l'histoire croate. De la préhistoire jusqu'au XXe siècle, incluant les épisodes de la dernière guerre (1991-1995), l'ensemble des collections se découvre en suivant un parcours muséographique exemplaire, dû à l'architecte Željko Kovačić.

MUSÉE DES ARTS DÉCORATIFS ★★

Trg Republike Hrvatske 10 ✆ +385 1 48 82 111
www.muo.hr

Ouvert tous les jours sauf le lundi. Du mardi au samedi de 10h à 19h, le dimanche de 10h à 14h. Entrée : 30 kn.

Dans un superbe palais à trois étages, le musée fut fondé en 1880, afin d'exposer un formidable fonds d'arts décoratifs croates (design et mobilier de différentes périodes, Sécession surtout, objets du quotidien, parure, accessoires, bijoux). Une importante collection d'instruments de musique, peinture, sculpture décorative, horlogerie, vitraux, photographies, affiches, objets liturgiques, jouets. Ne pas manquer la boutique du musée et le café-restaurant, avec son patio intérieur.

MUSÉE DES HISTOIRES D'AMOUR BRISÉES ★★

Ćirilometodska 2
✆ +385 1 485 10 21
www.brokenships.com

Ouvert tous les jours de 9h à 22h30, l'hiver fermeture à 21h. Tarif 30 kn.

Ce qui devait être qu'une exposition s'est institué en musée ! Le lieu apporte une touche contemporaine dans le quartier historique. Un jour, on a exposé un objet personnel qui évoquait l'amour déçu, puis on a brodé autour. Derrière chaque « chose » relationnelle, se raconte une histoire, chacun y allant de sa relique, vieux vélo, peluche, livre de poche, hache, porte-clés menottes jusqu'au nain de jardin pleureur… Au rez-de-chaussée, une boutique souvenirs et le salon de thé agréable.

MUSÉE ETHNOGRAPHIQUE (ETNOGRAFSKI MUZEJ) ★

Trg braće Mažuranić 14 ✆ +385 1 482 62 20
www.emz.hr

Ouvert du mardi au jeudi de 10h à 18h, vendredi, samedi et dimanche de 10h à 13h. Fermé le lundi. Tarif 10 à 20 kn.

A voir surtout pour la collection d'habits traditionnels croates. Ceux des Uscoques de la région de Senj, par exemple, sont particulièrement élégants, tout comme les parures féminines. Riche collection de dentelle de Pag, broderies au fil d'or de Đakovo, objets d'orfèvrerie du Konavle et artisanat du pays… Des salles dédiées à la période contemporaine ainsi qu'une petite boutique à l'entrée, où l'on peut acheter des objets-cadeaux souvenirs, de provenance régionale authentique.

MUSÉE MIMARA ★★★

Trg Franklina Roosevelta 5 ✆ +385 1 482 81 00
www.mimara.hr

Ouvert du mardi au samedi de 10h à 17h, et le dimanche de 10h à 14h. Fermé le lundi. Tarif : de 30 à 40 kn.

Sur la place Roosevelt, le bâtiment néo-Renaissance du XIXe siècle en impose. Dessiné par Kuno Waidmann, il a servi de lycée jusqu'à ce que l'institution publique de la collection d'Ante et Wiltrud Topić Mimara décide d'en faire un musée (ouvert en 1987). Mais il pèse sur ce musée une histoire rocambolesque, de lourdes accusations, portées par d'éminents historiens de l'art, comme l'Américain Thomas Hoving ou l'Italien Federico Zeri. D'après leurs enquêtes, cette collection serait constituée à 95 % de faux !

Dans les années 1920, le peintre A.- T. Mimara se forme auprès des historiens de l'art allemands, avant de devenir collectionneur d'art. A cette époque, un grand nombre d'œuvres mineures sont volées dans de petites églises du pays. On sait que Mimara essaie de vendre des tableaux qu'il fait passer pour des Titien, Rubens ou Giotto. En vain. Puis son mariage avec une aristocrate italienne, Edina Pjelik de Ina, l'aide à acheter quantité d'œuvres religieuses tout en continuant à vendre ses copies. En septembre 1929, il sera extradé de France pour le vol du trésor de la cathédrale de Zagreb (remplacé par des faux). Pendant la Seconde Guerre mondiale, Mimara le faussaire est conseiller artistique de Goering. Il s'installe à Berlin, et y achète à bas prix des œuvres confisquées aux Juifs. On le retrouve à Munich à fouiller dans les stocks d'œuvres volées par les Nazis. Exilé après guerre, il revient à Zagreb dans les années 1970, cède son fonds énorme à la Croatie, en échange d'une indemnité annuelle et de deux maisons. Il meurt en 1987.

Vous verrez donc des œuvres « attribuées à »… Lorenzetti, Raphaël, Giorgione, Veronese, Caravage et Canaletto, aux maîtres hollandais (Van Goyen, Ruisdael), flamands (Van der Weyden, Bosch, Rubens, Van Dyck), espagnols (Vélasquez, Murillo, Goya), allemands (Holbein, Liebermann, Leibl), anglais (Gainsborough, Turner, Bonington) et français (Georges de La Tour, Boucher, Chardin, Delacroix, Corot, Manet, Renoir, Degas). Des dessins de Bronzino, Guardi, Claude Lorrain, Le Brun, Oudry, Greuze, Géricault, Friesz… Quantité d'autres œuvres parfaitement authentifiées ont été acquises honnêtement par l'État croate. Un fonds allant de la Préhistoire au XXe siècle, que l'on découvre dans les grands espaces intérieurs. Au rez-de-chaussée, l'archéologie (Égypte antique, période hellénistique, arts d'Extrême-Orient), les arts décoratifs ainsi qu'une salle dédiée aux expositions d'art contemporain et un grand salon de thé pour les événements. Pour bien faire, comptez au moins 3 h !

MUSÉE NATIONAL D'ART MODERNE ★

Moderna galeririja ✆ + 385 1 60 410 40
www.moderna-galerija.hr
Ouvert du mardi au vendredi de 11h à 19h, samedi et dimanche de 11h à 14h, fermé le lundi. Entrée : 40-30 kn.

Dans la ville basse (Gornji Grad), un palais austro-hongrois des années 1880 abrite un fonds permanent d'œuvres croates du XIXe au XXIe siècle. Des maîtres classiques, Bukovac, Kraljević, Račić, aux artistes contemporains et multimédias, les sculpteurs Mihanović, Meštrović, Kerdić, Kršinić et Dešković, des paysagistes, des portraitistes, du figuratif à l'art abstrait, de la sculpture animalière, des installations spatiales à la vidéo. Expositions temporaires également.

PARC MAKSIMIR-ZOO (ZOOLOŠKI VRT GRADA) ★★

Maksimirski perivoj bb ✆ + 385 1 2302 198
https://zoo.hr
Ouvert tous les jours de 9h à 20h en été, ferme plus tôt en hiver. Parc gratuit, entrée du zoo : de 20 à 30 kn.

À quelques kilomètres au nord de la ville, cette vaste forêt, desservie par les trams 11 et 12, est devenue le plus grand parc d'Europe du Sud-Est (18 ha). Chacun pourra donc y trouver son coin pour quitter l'agitation urbaine, se détendre au milieu des chênes centenaires, près des lacs et des ruisseaux. Aux beaux jours, on peut y passer une demi-journée, la journée avec son pique-nique ou faire une pause au Restoran Kod Morskog Lava. Une partie clôturée est réservée au zoo.

PARLEMENT CROATE (SABOR) ★

Trg Svetog Marka 6
www.sabor.hr

A l'est de la place, le Parlement croate (Sabor) fait face au palais du ban, la haute institution parlementaire, composée, dès le haut Moyen Âge, de nobles et de représentants du clergé. Cet édifice public fut l'un des derniers exemples de l'architecte baroque en ville. Ne se visite pas.

Pont Ensanglanté : Au début de la rue Tkalčićeva, en continuant vers Radićeva, ce pont historique porte un nom morbide qui remonte au temps des conflits violents qui ont éclaté entre belligérants voisins. La ville haute et la ville basse se sont opposées pendant des siècles.

PLACE DU BAN JELAČIĆA ★★

Trg Bana Jelačića

Aux pieds des collines, cette grand-place, qui existe depuis le XVIIe siècle, accueillait les foires des villes de Gradec et Kaptol. Débaptisée après la Seconde Guerre mondiale par les communistes qui lui préfèrent « place de la République », elle retrouva son ancien nom en 1991, et la statue équestre du ban Jelačić. Aujourd'hui, avec son arrêt de bus et de tram, ses terrasses de cafés et multiples animations toute l'année, c'est véritablement le cœur, le carrefour névralgique de la ville, surtout le samedi matin ! Vous ne la manquerez pas.

Promenade Strossmayer.

© RINEK

Le théâtre national de Zagreb.

PROMENADE STROSSMAYER ★★

Kula Lotrščak

Avec ses airs de Montmartre – les locaux la surnomment Strossmartre –, cette allée boisée de la ville haute a été créée au XIXe siècle. On y accède, d'un côté, par un passage piéton qui part de la rue Radičeva et monte jusqu'aux remparts, de l'autre côté par un funiculaire, d'autres escaliers qui descendent jusqu'à la rue Tomićeva. La vue panoramique sur la ville basse récompense de l'effort ! On peut se reposer à côté d'un frêle personnage de bronze, assis sur l'un des bancs publics. C'est Antun Gustav Matoš, le poète, figure emblématique de la bohème de Zagreb.

ZAGREB 360° [PANORAMSKI POGLED U ZAGREBU] ★★

Trg Bana Jelačića

✆ +385 1 644 6400

www.zagrebeye.hr

Ouvert tous les jours de 10h à 22h. Ferme à minuit le samedi. Entrée enfant : 30 kn, adulte : 60 kn.

Le dernier étage du plus haut gratte-ciel du centre-ville vous accueille dans un café-bar lounge panoramique. Ses grandes baies vitrées s'ouvrent sur un tour de ronde sécurisé par de solides rambardes. De là, on jouit d'un point de vue urbain à 360 degrés au pied de la place centrale. Tout le Zagreb historique et moderne s'offre à vous. Un conseil, pour apprécier cette déambulation vertigineuse, préférez les journées par temps dégagé, sans vent.

THÉÂTRE NATIONAL [HRVATSKO NARODNO KAZALISTE] ★

Trg Maršala Tita 15

✆ +385 1 4888 488

www.hnk.hr

Le théâtre national croate, dit aussi opéra de Zagreb, se dresse comme un palais. Il fut bâti en 1894 par deux architectes viennois, Ferdinand Fellner et Hermann Helmer, à l'époque où les autorités urbaines pariaient sur l'extension de la ville basse au sud. Sont programmées des pièces de théâtre, de la musique et de la danse classique et/ou contemporaine. En face du monument, se dressent deux sculptures symboliques de Meštrović : *La source de vie* et *L'histoire des Croates*.

HI HOSTEL ZAGREB €

Petrinjska 77

✆ +385 1 484 12 61

www.hfhs.hr

Chambres single, double, triple : 23- 31-37 €, 6 personnes : 60 €, dortoirs mixtes 4-6 : 11-10 €, 3 femmes : 12 €.

Proche de la gare, un grand immeuble moderne, avec une capacité totale de 210 lits, répartis en chambres et dortoirs. Le hall d'accueil est vaste, avec un espace détente, 2 ordinateurs, une machine à café mais pas de cuisine. Un peu collectiviste dans l'esprit mais propre, central, cosmopolite et accueil sympathique. Vous devrez acquérir une carte de la fédération Hostelling International qui, à partir d'un cumul de cinq nuits sur l'année, vous donne droit à des réductions dans l'un des HI Hostels du pays. Dans le même réseau à Zagreb, le Chill Out Youth Hostel.

HOSTEL KAPTOL €

Kaptol 4a

✆ +385 1 488 02 61

www.hostelkaptol.com.hr

Lit en dortoir : 30 €, chambre double à partir de 40 €, triple : 50 € (petit déjeuner compris).

Dans un bâtiment ancien rénové, une auberge de jeunesse nouvelle génération tout confort, à deux pas de la cathédrale, proche des rues animées du centre historique, du marché Dolac et du parc Zrinjevac. Tout peut donc se faire à pied. Si vous ne voulez pas trop bouger, l'Hostel Kaptol dispose d'un bar-restaurant et d'une cuisine commune. Proche de la réception, un espace bureau avec des ordinateurs connectés et, bien sûr, le Wifi gratuit dans tout l'établissement. Les chambres doubles et triples sont claires, climatisées et équipées d'un coffre-fort.

HOSTEL SWANKY MINT €

Ilica 50

✆ +385 1 400 4248

www.swanky-hostel.com

Dortoirs et chambres privées, de 27 € à 150 € la nuit, selon la catégorie. Garage à proximité : 5 € la journée.

Cette ancienne usine désaffectée a été entièrement transformée pour devenir une auberge de jeunesse nouvelle génération. Les architectes ont pensé au confort des résidents, que ce soit intérieur ou extérieur. Au choix, selon le budget, des chambres privées et des studios avec télé, clim, kitchenette, des dortoirs bien agencés. Terrasse ensoleillée donnant sur un jardin potager ainsi qu'une cuisine extérieure. Accueil à l'ambiance détendue et snack-bar, le Swanky Monkey Garden, ouvert aux clients comme aux visiteurs, du matin au soir.

HI CROATIA €

✆ +385 1 48 29 294

www.hicroatia.com/en

Fondée en 1953, l'Association croate des auberges de jeunesse (CYHA) promet une mission d'hébergement économique. Au départ, c'était surtout pour encourager les jeunes à explorer le pays mais, avec le temps, on voit de plus en plus d'adultes et de seniors séduits par le concept. À Zagreb, Dubrovnik, Pula, Rijeka, Zadar, Kaštel Štafilić près de Split, entre autres, tout un réseau d'hostels est fédéré dans le même esprit : des lits en chambres privées, des dortoirs, des espaces communs partagés, le petit déjeuner inclus, le Wifi gratuit et une ambiance cosmopolite.

RAVNICE YOUTH HOSTEL STUDENSKE €

Ravnice 38 d ✆ +385 1 233 2325

www.ravnice-youth-hostel.hr

Ouvert de début juillet à fin septembre à partir de 17 € par personne en dortoir, 38 € la chambre double.

À 15 minutes du centre de Zagreb, accessible en tram (n° 4, 7, 11 ou 12), l'auberge de jeunesse propose un hébergement simple mais confortable. Une quarantaine de lits en chambres doubles et dortoirs, salles de bains communes, modernes, une petite cuisine, une buanderie, des transats dans la cour. À l'accueil, des conseils touristiques, excursions possibles. L'été, les participants au INmusic Festival de Zagreb peuvent bénéficier d'une réduction sur leurs tickets d'entrée.

HOTEL BLUE €€

Ulica Grada Vukovara 20

✆ +385 1 3333 600

www.hotelblue.eu

Ouvert toute l'année, chambres doubles de 47 à 91 € (petit déjeuner inclus). Parking privé (10 € par jour).

Dans la ville basse, à proximité des facultés et de la gare routière et à 3 km du centre historique, ce nouvel hôtel gagne son nom de son architecture aérienne. Dans un style contemporain et minimaliste, l'établissement propose des chambres spacieuses, où les couleurs bleu, gris et blanc, qui dominent, ont un effet relaxant. Des fenêtres et des balcons, la vue urbaine panoramique a un côté cinématographique. Un hôtel bien pratique pour les voyageurs motorisés (parking privé souterrain), qui apprécieront le café lounge, le salon et le restaurant.

HÔTEL CENTRAL €€

Branimirova 3

✆ +385 1 484 11 22

www.hotel-central.hr

Chambres de 53 € à 122 € la nuit, selon la catégorie et la saison (petit déjeuner inclus).

Près de la gare ferroviaire et de la ligne des trams, l'hôtel Central, qui porte bien son nom, est un établissement moderne, bien pratique autant pour les voyageurs d'affaires que pour les touristes. Au total, 63 chambres confortables dont 16 singles, 39 doubles, 8 triples et 4 suites familiales, toutes avec la connexion wifi gratuite. Au rez-de-chaussée, se trouve un coin bureau avec un ordinateur connecté. Pour la détente, le bar-restaurant, le casino avec machines à sous ainsi qu'un service de change de monnaie à la réception. Parking privé à proximité.

HÔTEL ILICA €€

Ilica 102
✆ +385 1 377 75 22
www.hotel-ilica.hr

Chambres et appartements de 23 € à 76 € la nuit selon la saison et la catégorie (petit déjeuner inclus).

Un style rococo assez kitsch pour cet hôtel du centre-ville. Les fenêtres de nombreuses chambres donnent sur la cour, à l'abri du bruit de la fameuse rue commerçante. Doté d'un parking, ce qui est rare en centre-ville, l'établissement est aussi desservi par le tramway (station dans la rue), qui vous mènera directement à la grande place centrale et aux gares. Même si vous êtes seul, demandez une chambre double car les simples sont minuscules. La suite pour 4 à 5 est spacieuse. Accueil sympathique et bon rapport qualité-prix pour une nuit.

HÔTEL JADRAN €€

Vlaska 50
✆ +385 1 4553 777
www.hotel-jadran.com

Chambres doubles de 57 à 61 € et suites familiales 97 € (petit déjeuner inclus). Parking payant (40 kn la journée).

Situé au centre-ville, au pied de la ville haute et proche de la ligne du tram, cet hôtel moderne 3 étoiles compte une cinquantaine de chambres pour une clientèle internationale. L'extérieur peu engageant cache en réalité un intérieur lumineux et cossu où les chambres, récemment rénovées, sont confortables, bien agencées. Toutes sont bien équipées, comme il se doit pour un établissement de ce standing (télévision, air conditionné, lit douillet…). Bien pratique, le parking extérieur dans la cour de l'hôtel est vite plein. Bon accueil.

TIMEOUT HERITAGE HOTEL ZAGREB €€

Ilica 16 ✆ +385 98 160 0 123
https://out.city

Café ouvert tous les jours, restaurant fermé le dimanche. Chambres de 36 à 85 € la nuit (petit déjeuner inclus).

Ce nouvel hôtel on ne peut plus central est d'emblée entré dans le cœur des Zagrébois qui y viennent boire un verre sur le rooftop, très tendance. Pourtant il s'agit bien d'un bâtiment historique (1874) qui a gardé sa façade ancienne mais revu totalement les espaces intérieurs. Chambres confortables, certaines avec balcon, toutes dans avec un design factory, avec climatisation, télévision LCD, coin salon, Wifi gratuit. Au rez-de-chaussée, le restaurant est aussi ouvert à tous.

HOTEL JAGERHORN €€

Ilica 14
www.hotel-jagerhorn.hr

Chambre entre 70 € et 160 € la nuit, selon la saison et la catégorie. Parking gratuit à 200 minutes de l'hôtel

© HOTEL JAGERHORN

Idéalement situé au cœur de Zagreb, au pied de la cité historique (ville haute), dans l'une des rues les plus commerçantes de la capitale, ce boutique-hôtel a du caractère. On y accède par une petite ruelle piétonne pas moins charmante. L'hôtel y a même installé un café-terrasse pour accueillir ses résidents ainsi que les passants qui seraient tentés par les lieux. On apprécie ici l'accueil personnalisé, le calme, les chambres plutôt joliment décorées et l'accès direct aux principaux lieux de visite. C'est donc une bonne base pour tout faire à pied.

HÔTEL ARISTOS €€€

Cebini 33, Buzin
✆ +385 1 6695 900
www.hotel-aristos.hr

La nuit en chambre double selon la catégorie de 84 € à 118 €, triple standard : 108 €, suites familiales de 149 à 185 €.

Entre l'aéroport et le centre-ville, à proximité d'une station de bus, cet hôtel est pratique pour l'accès en voiture à Zagreb (parking gratuit). A l'intérieur, vous y découvrirez un design contemporain, avec des chambres équipées d'un mini-bar, de la télévision avec écran LCD, d'un bureau avec connexion Internet. Tout pour le confort. Dans les espaces en commun, une salle de gym, des équipements bien-être, un bar lounge, un restaurant gastronomique, une terrasse d'été, un bureau de change. Petit déjeuner copieux inclus dans le prix de la chambre.

HÔTEL DUBROVNIK €€€

Ljudevita Gaja 1 ✆ +385 1 4863 512
www.hotel-dubrovnik.hr
Chambres de 92 € à 168 € la nuit selon la saison et la catégorie, suite royale : 354 € (petit déjeuner compris).

Un 4-étoiles historique donnant sur la grand-place Bana Jelačića. Le rez-de-chaussée s'organise autour d'un vaste hall lumineux aux grandes baies vitrées. Divers services (salle de conférences, équipements sport/détente, restaurant, bar lounge). L'animation du quartier central, où les locaux se rendent tous les jours, spécialement le samedi matin, ne dérange pas le calme des nombreuses chambres insonorisées. Elles sont bien équipées, confortables et décorées avec goût. Certaines en façade bénéficient de balcon avec vue panoramique. Parking payant gardé.

HÔTEL ESPLANADE €€€

Mihanovićeva 1
✆ +385 1 4566 666
www.esplanade.hr
Chambres de 96 € à 151 € la nuit, selon la catégorie et la saison. Petit déjeuner : 24 €.

L'hôtel historique le plus luxueux de Zagreb. Autrefois appelé le Regent, l'Esplanade a été construit en 1925. Il a gardé son architecture classique, l'intérieur et le mobilier Art nouveau, son casino, le tout parfaitement préservé. Y ont séjourné des personnalités internationales et autres aristocrates, voyageurs de l'Orient-Express. 200 chambres 5 étoiles, ainsi que la présence d'un chef cuisinier plusieurs fois primé au Zinfandel'Restaurant. Si possible choisir une chambre donnant sur la place. On peut s'installer au café-bar sans être résident de l'hôtel.

PALACE HOTEL ZAGREB €€€

Trg J.J. Strossmayera 10 ✆ +385 1 4899 600
www.palace.hr
Fermé pour cause de restauration. Chambres selon la catégorie et la saison de 70 € à 156 € (petit déjeuner inclus).

A proximité du centre historique, sur une place arborée, le plus vieil hôtel de Zagreb a ouvert en 1891. Il continue de charmer les amateurs d'art et les romantiques avec sa décoration Art nouveau. C'est un établissement 4 étoiles, doté d'un bar lounge, d'un bon restaurant et d'un espace culturel polyvalent (galerie Zrinski) qui présente des expositions d'artistes peintres croates. 122 chambres modernes. Parmi les services, un centre de remise en forme, une salle de conférences, une navette aéroport. De plus, le personnel sympathique se montre très professionnel.

ZAGREB POINT APARTMENTS €€

✆ +385 995 622 485
www.zagrebpoint.net
Réservation en ligne ou par téléphone. Selon la saison et la superficie, studio, F1, F2, entre 82 € et 130 € la nuit.

Une agence en ligne qui propose 9 appartements design et contemporains. Ils sont situés dans le centre-ville, dans la périphérie de la grand-place Jelačića ou en proche banlieue. Conçu par un jeune architecte d'intérieur croate, chaque appartement est de superficie variable (entre 25 m^2 et 120 m^2). On peut choisir entre le studio pour deux personnes à l'appartement 2 chambres, dont le plus spacieux peut accueillir jusqu'à 5 personnes. Certains disposent du parking gratuit, un bon point ! Tous peuvent accueillir un animal (5 €/jour).

BISTRO FOTIĆ €

Gajeva 25
✆ +385 1 481 0476
www.bistrofotic.com
Ouvert tous les jours sauf dimanche et jours fériés de 8h à 23h. Plats complets, à la carte autour de 100 kn.

À quelques minutes de la place principale et à proximité du parc Zrinjevac, ce restaurant a bonne réputation. La décoration romantique, les expos photo apportant chaleur au lieu cosy y sont pour quelque chose. Côté cuisine, des plats variés et copieux. A la carte, la fusion slavonne et istrienne met à l'honneur viandes et poissons, pâtes et gnocchis frais, pizzas, ragoûts, soupes, salades, légumes au wok, menu végétarien, etc. On peut aussi commander des petits déjeuners roboratifs avec le journal, des goûters, thés ou cafés gourmands. Wifi gratuit.

BOBAN €€

Ljudevita Gaja 9 ✆ +385 1 4811 549
www.boban.hr
Ouvert de 11h à 23h, vendredi et samedi jusqu'à minuit, le dimanche de midi à 23h. 110 kn le repas environ.

Adresse assez courue en ville. On s'installe au café-bar en terrasse aux beaux jours mais, pour un repas plus confortable, on préfère la grande salle intérieure, avec ses voûtes de briques rouges et sa déco postmoderne. Propose plusieurs formules, une petite restauration, snacking antipasti, plateau charcuterie/fromage de pays, des menus ou à la carte. Une cuisine italienne classique, des salades complètes, des pâtes fraîches maison ou des gnocchis en sauce parmesan, un risotto à l'encre de seiche ainsi que des viandes grillées savoureuses. Bonne carte des vins.

BOULANGERIE DINARA [PEKARNE DINARA] €

Dolac ul

Ouvert tous les jours de 5h30 à 19h, fermé plus tard en été.

A l'entrée du marché de Dolac, l'une des meilleures boulangeries de la ville. Une fois à l'intérieur, vous serez face à un large choix de pains, brioches, couronnes, gâteaux roulés, cheesecakes, strudels, ainsi que des sandwiches et autres *burek*. Goûtez le *saftkorn*, un pain sans levure, le *zlevanka*, le gâteau à la farine de maïs mélangée à de la crème et du fromage frais, la *bučnica*, une pâtisserie à la citrouille. Des pains originaux que l'on ne trouve pas en France.

FOOD DIVISION €€

Julija knifera 7

✆ +385 92 414 4285

www.facebook.com/FoodDivisionZG

Ouvert tous les jours sauf le dimanche de midi à 23h. Plats chauds de 78 à 290 kn.

Ce nouveau restaurant a misé sur le quartier Središće et sa *food fusion* pourrait bien plaire au public international qui visite le musée d'art contemporain juste en face. Belle salle à manger au style minimaliste mais, dommage, pas de terrasse. Inspirés de la cuisine japonaise, les plats sont servis dans des bols, assiettes et plateaux noirs. La carte est concise : tartare de bœuf, dips salés, grillades de viande ou de poisson accompagnées de pain indien (naan) ou de gaufres salées, nouilles asiatiques, tempeh tofu, *bowl* végétarien, falafel. Tout est bon.

BOULANGERIE DUBRAVICA €

Martićeva -Tomašićeva 1

✆ +385 1 45 50 0320

www.pekara-dubravica.hr

En semaine de 6h à 21h, le samedi de 7h à 14h, le dimanche de 7h à 13h.

Fière de sa longue histoire, la boulangerie a fêté ses soixante ans en 2021. 1961, la famille Mikelec commence à faire du pain dans sa maison à Dubravica (région de Zagreb). 1962, premières livraisons dans la capitale. 1963, le batteur sur socle remplace le pétrissage manuel. 2001, premier étal sur le marché de Zaprešić. 2012, le premier magasin ouvre rue Gajeva. Aujourd'hui, avec une trentaine de boulangeries à Zagreb, la production s'élargit à divers produits, pains multigrains à l'eau de source, sandwiches, bureks, pizzas, salades, gâteaux et pâtisseries.

GOSTIONICA TIP - TOP €

Gundulićeva 18

✆ + 385 483 0350

Ouvert du lundi au samedi de 11h à 22h. Les plats à la carte, de 60 à 160 kn.

Dans le grand salon néorustique, des photos aux murs rappellent l'époque de la bohème à Zagreb. Depuis, le restaurant est toujours aussi bien fréquenté. Table prisée des artistes et écrivains qui viennent pour la cuisine dalmate traditionnelle à un prix raisonnable. Petit déjeuner sucré-salé copieux, choix de soupes maison, grillade et viandes en sauce généreuse, risotto au fromage frais, sarmas (choux farci) mais aussi poissons marinés ou grillés accompagnés de frites ou blitva (écrasé de pommes de terre et pousses vertes). Happy-hour en fin de journée.

CHOCO BAR BONBONNIÈRE KRAŠ €

Ilica 15

✆ +385 1 487 63 62

www.kraschocobar.com

Ouvert du lundi au samedi de 8 h à 22 h.

Dans l'artère principale au niveau de la place Jélačića, une boutique salon de thé, installée dans un décor néoclassique. On vous propose de céder à la tentation des saveurs sucrées de la marque Kras, le chocolatier le plus connu du pays, qui a fêté ses cent ans en 2011. Goûtez la praline croate Bajadera, les gâteaux, les bouchées au chocolat ainsi que le chocolat chaud onctueux à l'italienne, les cocktails au cacao, chauds ou froids mais aussi les tisanes aux herbes croates, etc.

KAPTOLSKA KLET RESTAURANT €€

Kaptol 5

✆ +385 01 4876 502

www.kaptolska-klet.eu

Ouvert tous les jours de 11h à 23h. Spécialités de la maison de 110 à 280 kn.

On accède à la cour-terrasse du restaurant de l'hôtel Kaptol par un porche. Dans la grande salle totalement rénovée, l'ambiance brasserie s'accommode de la cuisine traditionnelle croate. Si la décoration a redonné un coup de jeune, on garde ici le goût des viandes grillées à la broche, mijotées sous *péka*, des charcuteries et fromages de Slavonie, soupes aux céréales et autres cakes aux légumes. Bonne nourriture, servie avec soin et professionnalisme. Pensez à réserver.

KORČULA €€

Ul Nikole Tesle 17
✆ +385 1 4872 159
www.restoran-korcula.hr

Ouvert du lundi au samedi de 12h à 22h, fermé le dimanche. Comptez 40 € pour un repas complet.

Fier de ses soixante ans d'expérience, au milieu des adresses branchées de la capitale, dans une rue où les restaurants rivalisent (au 1er étage, Ribice i tri Tockice), cet établissement propose des spécialités dalmates et plus largement de la côte adriatique. Une cuisine du pêcheur, soupe, carpaccio, poisson du jour grillé, crustacés, bien sûr, légumes méridionaux mais aussi les fameux gâteaux traditionnels de Korčula. Attention cependant, le pain est payant ! Carte impressionnante des vins de l'île ou de la péninsule de Pelješac.

NOKTURNO €

Skalinska 4
✆ +385 1 4813 394
www.nokturno.hr

Ouvert du lundi au jeudi de 8h à minuit. Vendredi et samedi de 9h à 1h du matin. Plats entre 50 kn et 80 kn.

Dans le quartier de la cathédrale, un restaurant italien très populaire auprès des jeunes de Zagreb et des touristes, notamment ceux qui dorment à l'hostel du même nom. Le Nokturno commence le service dès le matin, pour le petit déjeuner ou l'expresso quotidien, sert le déjeuner et le dîner (pizza, salades, risotto, pâtes en sauce, gnocchis, plats végétariens, etc.). Il reste ouvert dans l'après-midi et sert tard le soir (glaces, boissons fraîches ou chaudes). Grosse amplitude au niveau des horaires et carte énorme. La terrasse ne désemplit pas !

MANO €€

Medvedgradska 2
✆ +385 1 46 69 432
www.mano.hr

Ouvert tous les jours sauf dimanche de 12h à 1h. A partir de 60 kn le plat. Menus dégustation : 650 et 850 kn.

Voici un restaurant contemporain, dont la carte semi-gastronomique s'inspire des influences locales, internationales façon grill house barbecue de bœuf irlandais. La cuisine est séparée de la salle par une vitre, ce qui permet d'observer les chefs, tout calmes, aux fourneaux. Les assiettes sont présentées avec style, le vin servi au pichet. Demandez conseil pour savoir quel cru assortir à votre plat. Sur le même principe de l'open space, la direction a ouvert un second restaurant (ManO 2) dans le centre commercial Green Gold Centar, près de la gare ferroviaire.

POD GRIČKIM TOPOM FOOD & BAR €€

5 Zakmardijeve stube
✆ +385 1 483 3607

Ouvert tous les jours de 10h à 22h. A la carte, plats chauds de 63 à 165 kn. Réservation conseillée.

Ce restaurant jouit d'une superbe vue sur les toits de la ville, les monuments historiques en contrebas. On y accède aussi par l'escalier mais la voiture est interdite dans ce secteur piétonnier. Au menu à l'ardoise, une cuisine du marché, des antipasti, plateaux de fromage-charcuterie, poissons marinés, pitas aux légumes, soupes, grillades de viandes ou de poissons avec blitva, risotto aux fruits de mer à l'encre de seiche… On apprécie la carte de vins régionaux au verre.

MARCHÉ DOLAC €

Tržnica Dolac
✆ + 385 1 6422501

Tous les jours, de 6h à 15h, le week-end fermeture plus tôt dans l'après-midi.

Derrière la place Jelačić, le grand marché central, à ne pas manquer. Ses origines remontent aux années 1930, quand la cité haute et la cité basse bataillaient encore. Chaque jour, surtout le samedi, y règne une animation haute en couleur. Petits paysans, maraîchers, bouchers, poissonniers, fleuristes, artisans du bois, vendeurs de pacotille... chacun avec son étal. Une boulangerie pour les *burek*, pizzas, sandwichs et un nouveau coffeshop (Broom44).

▶ Tous les dimanches également, le marché aux puces Hrelic près de la rivière Save et la brocante place Britanski.

RESTORAN BALTAZAR €€

Nova Ves 4
✆ +385 1 466 6999
www.baltazar.hr

Ouvert du lundi au samedi de midi à minuit, le dimanche ferme à 17h. Entre 100-150 kn le repas, 90 kn le plat du jour.

Associé à l'hôtel Baltazar, ce restaurant sert une cuisine internationale. Une table plutôt salades et grillades où l'on peut manger une grosse pièce de bœuf, d'agneau, de volaille, des viandes cuites à la façon slavone. La maison propose aussi des plats tournés vers les produits de la mer. Aux beaux jours, on cherche une table au jardin. Laissez-vous conseiller par le personnel sur le menu qui change selon les arrivages du marché. Le choix des vins est important et l'on saura vous indiquer lequel se marie le mieux avec votre plat.

RESTORAN CANZONA-TRATTORIA €

Švearova 9

✆ +385 1 4617 777

www.canzona.hr

Ouvert tous les jours de 12h à 23h. 50 kn à 130 kn pour un plat. Pizza entre 30 et 60 kn

Voici un restaurant italo-croate, en centre-ville, où l'on peut choisir parmi une large sélection de pizzas, pâtes, lasagnes, risottos. On peut aussi goûter de la cuisine méridionale, comme les viandes et légumes grillés, les boulettes d'agneau en sauce, les hamburgers et pitas, les poissons et fruits de mer, dans une bonne ambiance. Un grand choix varié, simple, pour combler la faim à tout moment de la journée. La direction a ouvert une autre adresse à Zadar.

RESTORAN KATEDRALIS €€

Ul. Tome Bakača 9

✆ +385 1 4814 938

www.katedralis.eu

Ouvert tous les jours de 10h à 23h. Plats entre 50 et 70 kn.

Avec son emplacement de choix, sa grande terrasse en surplomb orientée vers le parvis de la cathédrale, ce restaurant historique jouit d'un bel ensoleillement et d'une vue imprenable. Dès le matin, on peut y apprécier un petit-déjeuner (thé, café, chocolat avec un excellent strudel). Le midi ou le soir, on peut choisir de goûter la cuisine régionale (encornets/blitva, truite à la poêle, risotto à l'encre de seiche, cevapcici), des plats internationaux de tradition hôtelière (escalope viennoise-frites, grillades et petits légumes, plats en sauce, nuggets).

SLASTIČARNICA MILLENNIUM €€

Bogovićeva 7 ✆ + 385 1 4810 850

millennium.eatbu.com

Ouvert tous les jours de 8h à minuit. Le samedi, fermeture à 1h du matin

Le maître pâtissier-chocolatier propose un grand choix de desserts au cacao, des gâteaux, des cheesecakes et génoises, des tartes, des cafés gourmands avec des mignardises ainsi que des glaces aux multiples parfums ou des verrines élaborées. Un choix tellement vaste et alléchant qu'on ne sait pas quoi choisir… Propose aussi de prendre son repas du midi et du soir avec des plats italiens tout aussi bien cuisinés que la partie sucrée. Sa devise, donner « de la douceur dans le cœur de Zagreb ». Bon accueil dans un cadre confortable et lumineux, service impeccable.

LA ŠTRUK RESTORAN €

Skalinska 5

✆ +385 1 483 7701

Tous les jours en été de 11h à 22h. Comptez 15 € pour deux plats typiques et deux boissons. Réservation conseillée.

Quand on est à Zagreb, il faut goûter la *štruk* ! Quelques restaurants en ville la proposent mais ici on ne mange que ça ! Cette spécialité locale est une sorte de lasagnes ou de gratin dauphinois, que l'on accommode avec des légumes, du fromage, de la crème ou des pâtes, le tout passé au four. C'est finalement convivial de tous manger la même chose, en apparence seulement puisque chacun peut choisir sa garniture. Ce plat se décline aussi en version sucrée. Le *štrukli* aux pommes et à la cannelle, servi en automne, rappelle un peu l'*Apfelstrudel* allemand.

TAKENOKO SUSHI BAR €

Masarykova 22

✆ +385 1 6463 385

www.takenoko.hr

Ouvert du lundi au samedi de midi à 1h, le dimanche de midi à 18h. Menus de 110 à 160 kn.

Les restaurants japonais sont de plus en plus nombreux à Zagreb. Celui-ci fut l'un des premiers à ouvrir. Il sert une cuisine raffinée au wok et des menus sushis. La décoration et le style épuré du mobilier extrême-oriental, les couleurs élémentaires et la grande fraîcheur des produits concourent au succès de la formule. La direction qui possède un autre établissement à Dubrovnik propose deux menus dégustation au nom des deux grandes villes du pays. Service professionnel et courtois. Possibilité de manger sur place ou de prendre à emporter.

VEGEHOP €

Vlaska 79

✆ +385 1 46 49 400

www.vegehop.hr

Tous les jours de midi à 20h. Livraison semaine de 11h à 20h, week-end de midi à 20h. Menus : 56 kn.

Un peu excentré, proche du Galleria Business Center, le restaurant se trouve au fond d'une cour. On ne vient pas ici pour le décor mais par choix végétalien. Les menus changent chaque jour, à base de céréales, légumes, légumineuses et autres ingrédients riches en nutriments et goût (riz, boulgour, millet, quinoa, amarante, tofu, seitan, tempeh, pois chiche, sarrasin et épeautre, pousses vertes, algues…). À la carte, soupes, moussakas, lasagnes, tortillas, burger végétarien, falafel, pâtes et salades fraîches, etc. Sur place ou à emporter.

VINCEK SLASTIČARNICA €

Ilica 18

✆ + 385 1 4833 612

www.vincek.com.hr

Ouvert du lundi au samedi de 10h à 21h30.

Dans cette maison fondée en 1977, le célèbre pâtissier officie à la croisée des influences viennoises et méridionales. Une institution à Zagreb que les locaux adorent et que les touristes découvrent avec délectation ! La maison d'exception propose un grand choix de glaces, de tartes, de gâteaux, de biscuits, de croquants et des chocolats bien sûr. À consommer sur place en terrasse ou à emporter pour se régaler en visitant Zagreb, ou en se posant dans un parc, ou encore à l'hôtel en fin de journée. Bref, pour tous les gourmands.

VINODOL €

Teslina 10

✆ +385 1 481 1427

www.vinodol-zg.hr

Ouvert tous les jours de midi à 22h. Plats chauds à la carte de 60-160 kn, spécialités de 125 à 185 kn.

Avec sa grande salle à manger sous voûtes, ses pierres apparentes et le patio-terrasse éclairé aux bougies, le restaurant Vinodol séduit par sa décoration. On y sert ici des plats traditionnels croates, grillades de viandes, dont l'agneau ou le veau *peka*, cuits au feu de bois, pâtes aux truffes noires ou plus simplement une assiette de charcuterie et fromages dalmates accompagnée de vins régionaux ou italiens. Un plat végétarien également. Un bon signe, la présence des locaux qui se mêlent aux touristes. Réservation conseillée.

BROOM44

Dolac 8

✆ + 385 95 907 4047

Ouvert tous les jours de 6h30 à 15h ; le dimanche de 8h à 14h.

Broom44 ? Non, ce n'est pas un nom de code secret mais, d'après les propriétaires, ce serait le nombre de pas qu'il faut faire pour arriver au cœur du marché Dolac, d'où l'idée ! Avant ou après les courses, il est bon de se poser dans ce coffeeshop sympathique, en terrasse quand il fait beau. Ce nouveau lieu branché, aux horaires bien calés avec ceux du marché, est parfait pour le brunch ou le déjeuner léger. Très bon espresso, café filtre, thé, jus de fruits pressés, petite restauration simple mais consistante (œufs au plat, club sandwich, salade, soupe, gâteau).

BUFFE POD STARIM KROVOVIMA

Basaričekova 9

✆ +385 1 4851 808

Ouvert tous les jours, sauf le dimanche, de 9h à 23h, plus tard les soirs de concerts.

Dans une maison du XVIe siècle en ville haute, la plus ancienne taverne de Zagreb, d'où son nom – traduisez « sous le vieux toit ». Cette brasserie authentique qui a su fidéliser ses clients, tous âges confondus. On vient pour le café du matin, une bière en journée, un verre de vin de pays avec une assiette de charcuterie ou le plat du jour, éventuellement. Parfois, le soir, un concert (blues, chanson croate), une lecture de poésie sont programmés. Ambiance locale garantie !

CAFÉ JÄGERHORN

14 Ilica

✆ + 385 1 483 38 77

www.hotel-jagerhorn.hr

Ouvert tous les jours de 7h à 23h.

Point d'intérêt en soi, le Café Jägerhorn est fréquenté autant par les résidents de l'hôtel que les Zagrébois ou les touristes. Avec ses voûtes et murs en briques apparentes (XIXe siècle), ses tables et fauteuils de style club anglais, le salon est très cosy. La déco apporte un mariage éclectique de design chic et de confort classique. Propose d'excellentes boissons chaudes (café espresso 1862 Premium de Julius Meinl, thés bios, chocolat à l'italienne) ou fraîches (bières artisanales locales, vins supérieurs de Croatie). Belle terrasse entourée de verdure.

CAFFE-BAR PRESS-CLUB

Perkovčeva 2

✆ +385 1 4826 103

www.cajic.hr

Ouvert tous les jours sauf le dimanche de 6h30 à 23h.

Installé au rez-de-chaussée de l'immeuble où siège l'association des journalistes croates, cet établissement, véritable institution en ville, apparaît comme un havre de paix après la visite du musée Mimara à côté. Un lieu cosy, à la décoration sobre et élégante, où se reposer en compagnie de livres, magazines et presse du jour. On peut s'installer dans la grande salle, en mezzanine, en terrasse... La direction met aussi à la disposition des clients un poste Internet. On peut donc y passer du temps tranquillement, éventuellement commander une petite restauration.

CAFFE BAR SPUNK

Ul. Hrvatske Bratske Zajednice
✆ +385 1 615 15 28
Ouvert tous les jours de 7h à 1h et plus tard le samedi. minuit. Fermé le dimanche matin.

À la fois un bar et une petite salle de spectacle, le Spunk se trouve en face de la bibliothèque universitaire. Ainsi, vous l'aurez deviné, le lieu est très fréquenté par les étudiants mais les amateurs de musique rock pop indépendante sont les bienvenus. Ils savent que la playlist du DJ est vraiment excellente. Pour l'agenda des concerts, consulter la page Facebook qui est régulièrement mise à jour. Du matin au soir, on s'y installe et on prend d'abord le café, puis au fil de la journée des boissons plus alcoolisées (ou pas !).

FUNK CLUB

Tkalčićeva 52
Ouvert tous les jours de 10 h à 2h. Le vendredi jusqu'à 4h du matin. Le dimanche ferme à 14h.

Près d'Opatovina Park, ce café de quartier est calme en journée, avec des chaises et des tables hautes à l'intérieur et un service en terrasse. Le lieu se réveille le soir avec un DJ résident qui mixe dans une salle voûtée au sous-sol. Immédiatement, on y ressent la bonne ambiance musicale (électro, house, funk, dub, dancefloor), un peu underground dans ce petit club à l'ancienne. Population plus locale que touristique et de tous âges. Pour connaître l'agenda des soirées, rendez-vous sur la page Facebook du Funk Club qui la met très régulièrement à jour.

K&K MILČEC

Jurišićeva 3
✆ +385 1 4813 558
kk-milcec-cafe.eatbu.hr
Ouvert du lundi au jeudi de 7h30 à 23 h, vendredi et samedi ferme à 2 h du matin. Fermé dimanche et jours fériés.

Havre de paix dans le quartier de la bouillonnante grand-place, ce café-bar cosy a l'atmosphère d'un salon de thé littéraire. Toujours en place, la vieille machine à écrire du journaliste et écrivain de Zagreb, Zvonimir Milčec, qui était le grand-père du propriétaire actuel. Le nom de l'établissement vient de *knjiga* et *kava* (livre et café). Tout est dit ! On peut aussi commander d'excellents chocolats liégeois, thés, tisanes ou des boissons fraîches, avec ou sans alcool. Vous passerez bien y faire un petit tour lors de votre passage à Zagreb.

KHALA RESTAURANT & BAR

Tkalčićeva ulica 88
✆ +385 98 273 116
www.khala.hr
Ouvert de 8h à 1h et jusqu'à 4h du mercredi au samedi. Pour une table au restaurant, réservation conseillée.

Entre les rues Tkalčićeva et Nova Ves, l'établissement mêle différentes ambiances tout au long de la journée. Il réserve une partie lounge aux influences orientales, où l'on peut fumer au narguilé, boire du thé, un cocktail ou choisir toutes autres boissons sur une carte impressionnante. En formule, bar à vin, la dégustation peut se faire au verre alors que la partie restaurant propose une cuisine d'inspiration japonisante (sushis), thaïe mais aussi istrienne. La musique *deep house* s'amplifie en soirée et anime le dancefloor en fin de semaine.

THE MOVIE PUB (& RESTORAN)

Savska 141
✆ +385 1 400 680
www.the-movie-pub.com
Ouvert de 7h à minuit, vendredi et samedi de 7h à 4h du matin, dimanche de 7h à 22h. Restaurant de midi à 23h.

Le bar de l'hôtel du même nom s'apparente à un grand pub ouvert toute la journée où l'on peut prendre son petit déjeuner, boire du thé de la bonne bière, déjeuner et dîner au steak house, le tout dans une ambiance décontractée. Le week-end, on peut y passer la soirée sur place. Le night-club propose des animations karaoké, des concerts rock, jazz, une piste de danse avec DJ. Depuis la grand-place Jelačića, les tramways n° 4, 5, 14 et 17 vous déposent à proximité.

THE OLD PHARMACY PUB

Andrije Hebrangova 11
✆ +385 1 4921 912
facebook.com/oldpharmacypub
Ouvert tous les jours de 8h à 2h du matin, minuit le dimanche.

L'un des beaux pubs de Zagreb, installé dans une ancienne pharmacie de la ville. A l'intérieur, les pots d'apothicaire toujours en place ainsi que divers objets et documents historiques rappelant le passé sanitaire du lieu. Si vous appréciez l'atmosphère cosy du vieux pub, tranquille au fond de votre box ou fauteuil club, le confort apaisant d'un grog ou d'une bière pression partagée avec vos amis, ne venez pas ici les soirs de matchs ! Ceux-ci sont retransmis en direct sur grand écran, car c'est le QG des supporters du Dinamo, l'équipe de foot de Zagreb.

TOLKIEN'S HOUSE

Opatovina 49

✆ +385 1 485 2050

Ouvert en semaine de 7h à minuit. Le samedi, ouverture à 8h. Le dimanche de 9h à 23h.

Vous entrez dans ce bar comme dans une maison tout droit sortie de la chevalerie et de l'univers de l'écrivain anglais, auteur du *Seigneur des Anneaux* et de *Bilbo le Hobbit*. La déco néo-médiévale se marie bien avec l'ambiance de ce bar à bières qui propose un choix conséquent à la pression, mais aussi des cidres locaux, des boissons chaudes, thés et bons cafés. Dans l'après-midi, ce sont surtout les gens du coin qui viennent. Un lieu authentique donc, avec une âme. Un bémol, la fumée de cigarettes, tolérée dans certains établissements en Croatie.

U DVORIŠTU CAFE

Jurja Žerjavića 7/2

Ouvert du lundi au samedi de 9h à 17h.
Le dimanche ferme à 15 h.

Dans un quartier bourgeois et paisible, à deux pas du musée Mimara, un café-terrasse que vous trouverez dans la cour de l'immeuble, au fond à droite. N'hésitez pas à entrer ! L'intérieur est décoré de façon créative. On y sert de bons cafés équitables, plusieurs variétés de thé, des pâtisseries mais aussi bières, vin au verre, alcools forts. Le lieu expose souvent des artistes, propose des livres et des revues aux clients, la connexion wifi gratuite. Il organise des lectures, des concerts acoustiques de jazz. Bref, un vrai bar culturel.

ALGORITAM

Ljudevita Gaja 1

✆ +385 1 481 7497

www.algoritam.hr

Ouvert du lundi au vendredi de 9h à 21h
et le samedi de 9h à 15h. Fermé le dimanche.

A deux pas de la grand-place Bana J. Jelačića, cette librairie fait partie d'une chaîne avec d'autres boutiques en ville et dans toutes les localités d'importance. Spécialisée dans le multimédia, elle propose aussi des ouvrages en langues étrangères. Vous arpenterez probablement le rayon consacré à la littérature anglaise et française qui est bien fourni. Les prix affichés sont sensiblement les mêmes qu'en France. Vous ressortirez donc avec votre livre de vacances ou un ouvrage plus spécifique. N'hésitez pas à demander des renseignements à l'équipe sur place.

AROMATICA

Vlaška 15

✆ +385 1 4811 584

www.aromatica.hr

Ouvert tous les jours de 8h à 20h.

Entreprise de cosmétiques et de produits de bien-être, l'enseigne utilise des ingrédients naturels et un mode de fabrication traditionnel. Ses herbes officinales et aromatiques sont cultivées en Istrie, sur une propriété que l'on peut visiter (Park Histria Aromatica). Si tout n'est pas strictement labellisé bio, les huiles essentielles, crèmes, baumes et autres bases lavantes relèvent d'une expérience ancienne de la distillerie croate. En plus des magasins à Zagreb et dans tout le pays, point de vente dans les aéroports et sur la e-boutique.

FRANJA COFFEE AND TEA HOUSE

Heinzelova 6b

✆ +385 1 461 6744

www.franja.hr

Ouvert tous les jours sauf le dimanche.

En plus du réseau de distribution en grandes surfaces et supérettes sur tout le territoire, le café et le thé de la maison Franja s'achètent dans ces boutiques de souvenirs. À côté des café, thé et infusions, on trouve du miel, de l'huile d'olive, des chocolats, des bouteilles de vin, des cafetières, des théières et autres produits gourmands croates. Visitez aussi la boutique de la famille de torréfacteurs au 24 de la rue Ilica, à Dubrovnik et à Split.

HRVATSKE DIVOTE

Tkalčićeva 80

✆ +385 91 308 600

Ouvert du lundi au samedi de 10 h à 22 h,
le dimanche de 12 h à 20h

Cette boutique concept met en avant les ressources culinaires et l'artisanat de la Croatie. Depuis l'extérieur d'abord, en vitrine bien aménagée, puis à l'intérieur, vous y trouverez toute une gamme de produits gourmands : vins, huiles, fromages secs, charcuterie et salaisons, herbes aromatiques, pâtes et risottos prêts à cuire, condiments, légumes et truffes en bocaux, ainsi que différents miels, confitures, fruits et gâteaux secs, vins, liqueurs et rakiya, thés tisanes, etc. Un savoureux mélange de senteurs et de produits alléchants.

CENTRE SPORTIF

Schloserove stube 2
✆ +385 1 4616 300
www.sportskiobjekti.hr
Ouvert tous les jours de 8h à 16h.

Ce grand complexe sportif et récréatif, en croate Ustanova Upravljanje sportskim objektima, est ouvert à tous. Vous y trouverez une grande piscine couverte avec solarium et des équipements pour la détente (wellness). L'hiver, une grande patinoire et un club sportif, qui vous renseignera pour le ski dans la région, le snowboard, les sorties raquettes dans la station de Sljeme, qui se trouve autour du mont Medvednica. Propose également la vente et la location de matériel, des contacts pour un moniteur ou un guide, des carte et des bulletins météo.

KLUB MOČVARA

Trnjanski nasip b.b.
✆ +385 1 615 9668
www.mochvara.hr
Ouvert pour les concerts et les soirées clubbing à partir de 20h30.

Une ancienne usine sur les bords de la rivière Save, reconvertie en salle musicale et club. Vous voilà au « Marécage », qui garde le côté obscur du rock. C'est un lieu culte à Zagreb, avec un agenda régulier de concerts dark rock 80's, métal, *balkan music*, dub, ska, qui a su passer aux musiques actuelles, *dancehall*, *electro indus*, *hardcore*, etc. A suivre sur le site Internet ou sur les réseaux sociaux. Pour tous les fêtards qui aiment danser et se laisser un peu surprendre par la musique diffusée. Très bonne ambiance, pour durer jusqu'au bout de la nuit.

CAFFE BAR ALCATRAZ

Preradivićeva 12
✆ + 385 91 521 3703
alcatraz.pondi.hr
Ouvert tous les jours de 7h à 2h voire 4h du matin. Le dimanche à partir de 9h.

Voici un bar façon pub qui ouvre du matin au soir. Repère des supporters de foot mais aussi des jeunes qui aiment le rock et la bière, telle est la marque de fabrique du Caffe Bar Alcatraz ! On aime la décoration bariolée, les innombrables souvenirs accumulés aux murs et au plafond (figurines de super-héros, mugs, drapeaux, sous-bocks, mosaïques de photos, etc.), le prix des boissons très raisonnable, les soirées concerts jusque tard dans la nuit et les barmen qui savent rester zen dans une ambiance parfois festive et survoltée.

KSET

Unska 3
✆ +385 1 612 97 58
www.kset.org
Ouvert du lundi au jeudi de 9h à 16h et le week-end, de 20h à 3h pour les concerts et soirées.

Derrière la gare, près de la faculté des sciences, le Klub Studenata ElektroTehnike (plus connu sous le nom de KSET), est une petite salle associative, qui marche très bien grâce à l'énergie des étudiants. Au programme, des concerts de rock et jazz, de la musique électronique, des artistes locaux, des sessions rap, hip-hop, des séances de ciné club, des animations multimédia, etc. Tout cela grâce à l'action des étudiants qui font vivre le lieu. C'est donc la surprise à chaque fois. Vous l'aurez compris, le KSET accueille une population jeune.

GALLERY CLUB

Aleja Matije Ljubeka 33 (Lac Jarun)
✆ +385 99 444 2444
www.gallery.hr
Ouvert du vendredi au samedi de 22h à 6h du matin ; du dimanche au jeudi, fermeture à 2h du matin.

Envie de sortie nocturne en dehors de Zagreb ? Voici un bel espace, intérieur comme extérieur, un club en face du lac Jarun, qui propose de bons cocktails, des sets de DJ's, des soirées à thème. Une formule branchée qui marche à Zagreb. Eté comme hiver, il y a toujours du monde à la discothèque. De plus, les prix ne sont pas excessifs. Dès les beaux jours, vous pourrez profiter de la grande terrasse et des sofas pour prendre le dernier soleil en face du lac, un cadre superbe ! Pour connaître l'agenda du lieu, consulter le site Internet et la page Facebook !

MAGIC NIGHT CLUB

Draškovićeva ul. 41
✆ +385 98 273 116
www.magicnightclub.hr
Ouvert en week-end de 22h à 4h du matin.

Une discothèque ouvert il y a quelques années, entre l'hôtel Sheraton et le casino. Ce club a l'avantage d'être central, bien fréquenté par des locaux et les touristes qui y viennent de plus en plus. Il dispose de deux parkings pour se garer en sous-sol, ce qui mettra le véhicule bien à l'abri. A l'intérieur, l'ensemble est vaste et élégant, le bar bien équipé avec de nombreux barmans qui servent de bonnes boissons et des cocktails (avec ou sans alcool), des gogo danseuses et une bonne ambiance. Un lieu *magic* pour ceux qui aiment ce genre-là.

SLJEME ★

C'est par cette ville que vous accéderez au parc naturel de la Medvednica. De Zagreb, prendre le bus 128, direction Črnomerec puis Lukšić. De la place Britanski, bus 102, descendre à l'église de Šestine ; continuer à pied en suivant le sentier de randonnée n° 12 (de Lagvić à Medvedgrad). En tramway (14), depuis la place Jelačić, direction Mihaljevac, descendre au terminus. Ensuite, prendre un autre tram (15) en direction de Dolje, aller jusqu'au terminus également. À 100 m sur la gauche, on arrive à l'entrée du parc (tunnel). On prend alors la cabine téléphérique qui mène au sommet de la montagne (ouverte tous les jours de 8h à 20h30).

HÔTEL TOMISLAVOV DOM €€

Sljemenska cesta 24
✆ +385 1 4560 400
Chambre double de 46 € à 67 € selon la saison et la catégorie.

A 30 minutes en voiture de Zagreb, ou en bus et tram, cet hôtel, aux abords du parc Medvednica, est le plus confortable des alentours. Il fut construit en forme de Y, dans les années 1930, par l'architecte Stephen Planica. Le Tomislavov Dom dispose aujourd'hui de chambres modernes auxquelles s'ajoutent des appartements à louer pour 2 à 6 personnes, dans un autre immeuble. Les clients ont accès au centre de remise en forme, à la piscine couverte et peuvent manger au restaurant. L'hiver, c'est une bonne base pour un séjour ski.

PARC NATUREL MEDVEDGRAD ★

(PARK PRIRODE MEDVEDGRAD)
✆ +385 1 458 6317
www.pp-medvednica.hr
Ouvert tous les jours sauf le lundi de 11h à 19h. Entrée du parc : 15 kn.

Le massif montagneux de la Medvednica abrite un parc naturel de 228 km² au pied du mont Sljeme et de la forteresse médiévale. Du point culminant du mont (1 035 m), par temps clair, on profite d'une superbe vue sur la capitale, la région de Zagorje et, par-delà, les Alpes slovènes. L'extension géographique de la ville a, en grande partie, vidé la montagne de sa faune. Le dernier lynx a été tué en 1883, le dernier coq de bruyère en 1916, les ours aussi ont disparu depuis longtemps. Cependant, le parc naturel, où l'on pratique plein d'activités de plein air, reste un poumon vert pour tous. Un grand parc d'attraction privé où le public familial peut se promener librement dans la nature. Petits et grands peuvent suivre des parcours dans la forêt, sur les pas de l'homme de Neandertal, ou découvrir des grottes où vivent des colonies de chauves-souris. On peut aussi visiter la forteresse médiévale, érigée de 1249 à 1254, qui avait pour fonction de défendre les populations locales des incursions tartares. Après d'importants travaux de restauration, qui ont demandé une quinzaine d'années, la place forte, qui domine toujours le parc montagneux, occupe depuis 1994 une fonction commémorative : elle est devenue un mémorial national à la mémoire des combattants morts durant la guerre d'indépendance croate (entre le 17 août 1990 et le 12 novembre 1995). On peut aussi y skier entre novembre et avril, l'enneigement variant selon les saisons. Les descentes ne sont pas très difficiles, mais il y a tout de même quelques pistes rouges.

Château mediéval de Medvednica.

© IASCIC

Samobor.

SAMOBOR ★

À 20 km de Zagreb sur la route de Zadar, cette petite ville, dominée par des fortifications du XIIIe siècle, est une escapade agréable en toute saison. Son joyeux carnaval de février prend ses aises sur la belle place centrale, bordée de grandes maisons bourgeoises des XVIIIe et XIXe siècles. Réputée pour ses chemins de randonnée qui l'entourent, ses aires de pique-nique, sa cuisine et sa pâtisserie traditionnelles, elle propose quelques bonnes tables et des produits gourmands. Par exemple, il faut goûter le gâteau *samoborska kremšnita* avec un verre de Bermet, apéritif local (vin aromatisé aux herbes), que l'on fabrique uniquement dans la région.

KRAPINSKE TOPLICE

Un petit village thermal situé de la région du comitat de Zagorje (à moins de 50 km de Zagreb). Avec les thermes de Varaždin, l'amateur de cures peut donc alterner entre deux régions et villes d'eaux, qui sont réputées depuis longtemps pour les séjours de remise en forme, les soins du corps spécifiques, les séances de bien-être à la carte. Fréquentés par une clientèle internationale et par les équipes sportives nationales, ces centres, souvent imposants, datent des années 1960-1970. Ils viennent d'être privatisés et sont en phase de rénovation. Les services de l'hôtel Matija Gubec situé à Stubičke Toplice sont de bonne qualité également.

HÔTEL MATIJA GUBEC €€

Viktora Šipeka 27 - **STUBIČKE TOPLICE**
✆ +385 49 282 501
www.hotelmatijagubec.com
La nuit en chambre double entre 70 et 78 €. Sauna ouvert tous les jours de 7h à 22h. À partir de 50 kn la séance.

Les vertus des eaux thérapeutiques étaient déjà connues des Romains et de la population locale. Au XIXe siècle, l'évêque de Zagreb, Maksimilijan Vrhovac, crée le premier un centre thermal dans la région. Aujourd'hui modernisé, il développe un concept contemporain de la cure (santé et bien-être). Une adresse indiquée pour son équipement thermal design. Proche d'une rivière, espaces verts, vaste piscine intérieure et extérieure chauffée (entre 31 et 34 °C). Les jeunes sportifs de la représentation croate y viennent pour des traitements de mise en forme.

TOPLICE HOTEL €€

Ul. Antuna Mihanovića 2,
✆ +385 49 202 202
www.toplice-hotel.hr
Chambre double à partir de 63 €. Séjour de 3 jours 124 € par personne ou 248 € pour 2 personnes.

Un ancien bâtiment des années 1970 rénové en immense complexe hôtelier pour les familles, les couples ou les groupes qui viennent au parc aquatique. Moins luxueux que la villa Magdalena, le Toplice Hotel propose des chambres confortables, à des prix plus abordables. Possibilité de réserver des forfaits nuit ou séjours avec accès au centre de remise en forme, aux deux piscines thermales (l'une couverte, l'autre extérieure), au sauna, à l'espace enfants avec toboggan et jeux. Les enfants comme les adultes apprécieront donc l'endroit.

WELLNESS & SPA HOTEL MAGDALENA €€

Mirna ulica 1 ✆ +385 49 233 333
www.villa-magdalena.net
Chambre double de 58 € à 89 € la nuit. Possibilité de différents forfaits bien-être (demi-pension ou pension complète).

Un établissement haut de gamme qui se trouve dans un immeuble moderne au centre de la station thermale. Chambres et suites luxueuses avec confort assuré, terrasse avec une superbe vue, jardins, bar lounge restaurant, environnement naturel calme. Séjour remise en forme/bien-être, nouvelle génération : spa, sauna, bains à remous et eau thermale, bancs chauffants, espace relaxation, réflexologie plantaire, massages ayurveda, drainage lymphatique, aromathérapie, etc.

MOULIN (MAJSEKOV MLIN)

Obrtnička 47
✆ +385 49 551 566
www.majsecov-mlin.com
Site et restaurant ouvert de 9h à 22h en été. Fermé le dimanche soir. Plats à la carte de 55 à 95 kn.

Que diriez-vous de passer une journée champêtre dans un cadre rustique, avec découverte de la vie des paysans du Zagorje ? Une sortie qui plaira à toute la famille. Il s'agit de la visite d'un moulin à aubes qui fonctionne toujours, de la découverte de quelques maisons traditionnelles en bois, de balades dans les prairies, d'une pause près de la rivière. Possibilité de se détendre au restaurant Dunav (cuisine de terroir) ou de pique-niquer sur les aires de repos aménagées. Majsecov Mlin propose aussi un hébergement dans 5 chambres avec 11 lits.

DONJA STUBICA ★

À moins de 30 km de Zagreb, aux portes du parc naturel de Medvednica, ce village historique fut le siège d'une révolte paysanne au XVIe siècle. Aujourd'hui, il est connu pour ses établissements thermaux, où l'on vient faire des cures de bien-être, de soins du corps et de remise en forme. Des hôtels récents ou rénovés, bénéficiant des vertus des eaux minérales et médicinales, organisent des séjours au calme dans la nature. Autour d'un moulin traditionnel encore en état de marche, le village a construit un parc arboretum avec une aire de repos autour d'une maison traditionnelle, où il est possible de s'attabler pour goûter aux recettes de terroir.

HÔTEL DVORAC GJALSKI €€

✆ +385 49 201 100
www.dvorac-gjalski.hr
Chambre double de 74 à 85 € la nuit selon la saison. 3 menus gastronomiques. A la carte, plats à partir de 11 €.

Proche de la frontière slovène, à l'entrée de Zajezda, au lieu-dit Zabok, ce bel établissement occupe une demeure du XVIIIe siècle admirablement rénovée. Des chambres de bon standing, soigneusement décorées avec un vaste restaurant-terrasse qui propose des spécialités locales et nationales. C'est donc une base agréable pour se détendre au parc aquatique (Aquae Vivae Krapinske Toplice), sillonner la région montagneuse, visiter des châteaux, faire une étape à l'entrée ou au départ de Croatie, le tout avec un accueil professionnel et souriant.

HRVATSKI VRT IRISA (LE JARDIN D'IRIS CROATES)

Toplička 80
✆ +385 49 288 081
www.gupcev-kraj.hr
Ouvert de mi-mai à mi-juin de 8h à 19 h (gratuit).

Fleur longtemps oubliée, qui revient dans les jardins traditionnels et urbains, l'iris méritait bien un musée. C'est dans le Zagorje que le projet a pris forme. Le jardin comprend différentes sections, avec des espèces venant de tout le pays et de l'étranger, de l'iris croate sauvage, nain, polychrome. Plus symbolique, le sentier Iris Rainbow joue sur les couleurs, les senteurs et les légendes associées à cette fleur un peu mythique. Balade florale enivrante.

HÔTEL TERME JEZERČICA €€

Toplička 80 ✆ +385 49 200 600
www.terme-jezercica.hr
Chambre double de 92 € à 115 € selon la saison (petit déjeuner compris).

Dans le village, ce complexe thermal permet de profiter de la qualité de l'air, des eaux de source bénéfiques pour la santé, autant que des prestations de bien-être et de détente avec les enfants : piscines intérieures et extérieures (bien grandes pour nager de belles longueurs), bains à remous, saunas finlandais, bain à vapeur... Toutes les chambres disposent de la télé par câble, du téléphone et bien sûr du Wifi gratuit. Certaines avec balcon offrent une vue panoramique sur la nature. Toutes sont confortables. Pour un séjour ressourçant.

GORNJA STUBICA ★

Un village construit en haut de la colline de Donja Stubica. Au centre, trône toujours le vieux tilleul. Selon la légende remontant au XVIe siècle, le meneur Matija Gubec et ses acolytes s'étaient réunis sous cet arbre pour fomenter une révolte paysanne. Le vénérable, âgé de plus de quatre siècles, est devenu le symbole de la fronde de ces hommes. Une petite taverne aux murs blancs et au toit de chaume possède une terrasse aux tables et bancs en rondins qui profite de son ombre l'été. À voir sur la place centrale du village, d'autres maisons typiques de la région et une église baroque. Le château, au détour d'un vallon, abrite un musée régional.

HOTEL RESTORAN PUNTAR €

Trg Svetog Jurja 12
✆ +385 49 289 286

La nuit en chambre single 220 kn, double 340 kn, triple 450 kn (petit déjeuner inclus).

Dans un bâtiment moderne, à la décoration intérieure tout de bois, un *Bed & Breakfast* familial qui propose des chambres propres et simples. Loin des standards hôteliers, on se croirait vraiment dans une maison privée. Plutôt lumineuses, les chambres sont équipées de la télévision et de connexion Wifi gratuite. L'hôtel bénéficie également d'un service de restauration avec un bon chef cuisinier qui aime les spécialités régionales. Pratique des prix très corrects aussi bien pour la partie hôtel que pour la partie restaurant. Bon accueil attentionné et disponible.

MUSÉE DE LA RÉVOLTE PAYSANNE ★

Samci 63 ✆ +385 49 587 889
www.msb.mhz.hr

Ouvert tous les jours de 9h à 19h. Ticket entrée : 25 kn (adultes), 15 kn (enfants, étudiants, séniors).

Installé dans le château, construit en 1756, le musée retrace la vie quotidienne au temps de la noblesse et des serfs de la région. Une partie de ses collections est consacrée à la jacquerie paysanne de 1573. Cette révolte commence dans ces terres alors que le pays se bat contre l'armée ottomane. Menés par Matija Gubec, un enfant du pays, les hommes ruinés et affamés s'en prennent aux propriétaires terriens. Plus de 6 000 paysans furent pendus en place publique. Et Gubec exécuté.

RESTORAN LOJZEKOVA HIŽA €€

Gusakovec 116 ✆ +385 49 469 325
lojzekova-hiza.eu

Ouvert tous les jours en été de 10h à 22h. Plats à partir de 50 kn.

Une ambiance champêtre pour cette auberge. Le restaurant sert des spécialités traditionnelles. Aire de jeux pour les enfants, animaux de la ferme, piste cyclable autour du domaine, balades dans la nature. La maison Lojzekova poursuit ses activités liées à la terre, comme l'arboriculture et surtout la viticulture ; vous avez la possibilité d'aider aux travaux de la vigne si la période de votre séjour s'y prête. Sur place, dégustation et vente de vins et liquoreux. Hébergement sur place possible en chambres d'hôtes ou en formule camping.

Gornja Stubica.

MARIJA BISTRICA ★

Au XIXe siècle, sous la direction d'Herman Bollé, le célèbre architecte autrichien qui a embelli Zagreb, on a construit, autour de l'église Sainte-Marie-des-Neiges (Sv. Marija Snježna), une basilique plus grande. Elle fut augmentée d'un réseau d'arcades pour l'accueil des croyants, à l'abri de la pluie, et pour leur déambulation ordonnée. Chaque année, entre avril et octobre, à Pâques notamment, plus de 500 000 pèlerins convergent dans ce haut lieu de la chrétienté des Balkans. Pour toute information sur l'hébergement dans la région, restaurants, transports, etc., rendez-vous à l'office de tourisme sur la place Trg Pape Ivana Pavla.

HÔTEL BLUESUN KAJ €€

Zagrebačka bb
✆ +385 49 326 600
www.bluesunhotels.com
Chambre double de 86 € à 125 € (selon la saison et la catégorie).

Seul hôtel en ville, racheté par le groupe Bluesun, l'établissement de standing 4-étoiles se situe à quelques centaines de mètres de la basilique. Complètement rénové, le Bluesun Kaj possède 66 chambres, toutes catégories, de la double standard aux grandes suites familiales. Quel que soit votre choix, les chambres sont toutes lumineuses et confortables, avec du plancher, la télévision… La vue donne sur la campagne environnante, entre vignes et forêts. Les bâtiments modernes bénéficient d'un centre de bien-être. Vous voici donc dans un cadre reposant.

ÉGLISE SAINTE-MARIE-DES-NEIGES ★

Ce haut lieu de pèlerinage en Croatie est accessible par l'une des routes ou pistes cyclables qui partent de Zagreb, Varaždin ou Krapina. En 1684, une femme aveugle découvrit une sculpture en bois sombre, encastrée dans un mur de l'église : une Vierge noire à l'Enfant, tous deux dotés de traits humains très expressifs. La légende dit que la statue apparut en pleine messe, la croyante désignant l'endroit exact où la trouver. Depuis, l'église attire des chrétiens de toute l'Europe.

RESTORAN DOBRO NAM DOŠEL PRIJATEL €

Nova Cesta 2
✆ +385 49 468 458
Ouvert tous les jours en été. Environ 60 kn pour un plat complet.

Son nom à rallonge se traduit par : *Bienvenue à vous mes amis !* Tout est dit. Un établissement qui aime les grandes tablées (capacité de 300 couverts), organise des soirées dansantes et les festivités familiales. Au menu de ce restaurant, des grillages au feu de bois, des plats locaux et de bons desserts, comme les gratins *štrukli* et *međimurski lipići*, typiques de la région. Voyageur solo, dans ce restaurant, vous ne vous sentirez plus seul du tout, si tel était le cas…

Marija Bistrica.

KLANJEC ★

À une heure en voiture au nord de Zagreb, par les routes E59 ou D205, Klanjec est un petit village de montagne charmant qui a accueilli une communauté de moines franciscains au XVIIe siècle. Le monastère où résidaient ces religieux est le Franjevacki Smostan ; il peut se visiter aujourd'hui. Klanjec est également célèbre pour être le lieu de naissance du sculpteur Antun Augustinčić (1900-1979), disciple du maître statuaire Meštrović, ce dernier étant considéré comme un des sculpteurs croates majeurs du XXe siècle. Entre autres œuvres d'importance, on lui doit le remarquable *Monument de la paix* devant le siège des Nations unies de New York.

ATELIER GALERIE ANTUN AUGUSTINČIĆ ★

Ul. dr. Ivana Broza 2 ✆ + 385 49 282 097
www.gaa.mhz.hr
Ouvert tous les jours en été, le reste de l'année fermé le lundi, de 9h à 17h. de 9h à 15h. Tarif de 10 à 20 kn.

Une galerie, fondée en 1970, consacrée au sculpteur Antun Augustinćić (1900-1979). Un enfant du pays qui fut l'élève d'Ivan Meštrović. L'artiste étudia aux Arts décoratifs et Beaux-Arts de Paris. Son œuvre la plus connue, le *Monument de la Paix*, est installée devant le bâtiment des Nations unies à New York. On lui doit aussi le monument aux morts de Klanjec. Dans le musée, sont exposés plusieurs bustes d'hommes politiques et, dans le parc, des œuvres plus importantes.

MONASTÈRE FRANCISCAIN - ÉGLISE SAINTE-MARIE ★

Trg Antuna Mihanovića 11
✆ +385 49 551 002
Seule l'église se visite.

De leur nom en croate Franjevacki Smostan/ Sv. Marija. Au centre du village, le monastère franciscain fut fondé au XVIIe siècle par Nikola Erdödy et le ban Sigismond, durant la période baroque. A proximité, vous trouverez l'église communale, construite à la même époque. Cette dernière abrite un immense sarcophage en étain, où repose le corps du fondateur de la communauté. Deux beaux monuments historiques à découvrir lors de votre passage à Klanjec.

KUMROVEC ★

À l'ouest du Zagorje, à 45 km de Zagreb, le village a vu naître Josip Broz Tito, en 1892. Un musée dédié au maréchal a été installé dans sa maison natale. Autre objet de curiosité, le Musej Staro selo comprenant un ethnovillage avec des maisons rurales (XIXe-début XXe siècle) ainsi que des salles d'exposition pour en apprendre plus sur la vie paysanne croate. À l'entrée de l'ethnomusée, vous trouverez un petit bureau d'informations touristiques (Op ćina Kumrovec). Vous pourrez aussi retirer de la documentation à la mairie. Kumrovec se trouve sur la frontière slovène. Pour toutes ces raisons, le lieu mérite bien de s'y arrêter.

MUSÉE DU VIEUX VILLAGE (MUSEJ STARO SELO)

Ul. Josipa Broza 19
✆ +385 49 225 830
www.mss.mhz.hr
Ouvert tous les jours sauf le lundi de 9h à 16h en hiver et de 9h à 19h en été. Tarifs de 25 à 10 kn.

Quand on arrive dans le bourg, on ne peut manquer la statue en pied de Tito (1892-1980) et la maison d'enfance de l'ancien fondateur de la fédération yougoslave. Dans les chaumières authentiques de la fin du XIXe et début du XXe siècle, on a reconstitué la vie d'un ancien village (*staro stelo*) avec la mise en scène du travail agricole à l'extérieur. A l'intérieur, le mobilier du quotidien, l'artisanat, les costumes anciens, la broderie, les rites du mariage.

PANSION RESTORAN ZELENJAK - VENTEK €

Risvica 1
✆ +385 49 550 747
www.zelenjak.com
Chambres autour de 60 € la nuit. Restaurant tous les jours sauf lundi, midi-soir. A partir de 50 kn le plat chaud.

Proche de la rivière Solta et la frontière avec la Slovénie, ce restaurant auberge se compose de plusieurs corps de logis à la fois traditionnels et modernes. Un ensemble pittoresque dans son écrin de verdure. De la terrasse surélevée, la vue sur les montagnes est superbe. Une cuisine traditionnelle et semi-gastronomique met à la carte des spécialités régionales (soupe aux champignons, légumes et viandes grillées...). L'établissement loue aussi quelques chambres.

PREGRADA ★

Entre Zagreb et Varaždin, la région de Hrvatsko Zagorje est particulièrement romantique. La présence de châteaux forts qui émergent de massifs forestiers, entrecoupés de clairières et de vignobles, ajoute au pittoresque. On en recense plus d'une quarantaine, dont les plus prestigieux, ceux de Veliki Tabor, Trakošćan ou Miljana. Pregrada est dans le comitat de Krapina-Zagorje, ce qui lui laisse en héritage la cathédrale de Zagorje ou le château de Veliki Tabor, à proximité. À Pâques, des troupes en costumes d'époque médiévale arrivent de toutes les régions croates pour rejouer ici des combats de chevalerie, des tournois d'escrime.

ROUTE DES CHÂTEAUX

Entre Zagreb et Varaždin, la région de Zagorje est particulièrement romantique. La présence de châteaux forts émergeant de massifs forestiers, entrecoupés de clairières et vignobles, ajoute au pittoresque. Dans un paysage vallonné, des manoirs et des églises jalonnent les bois, parcs et jardins parcourus de rivières. On recense plus de 40 châteaux, dont le Veliki Tabor, le Trakošćan ou le Miljana parmi les plus célèbres. Au XVIIe siècle, l'aristocratie croate y implante la culture baroque. À l'intérieur de ces riches demeures, dans une profusion de dorures et de moulures, la décoration murale de fresques et peintures représente les occupations de l'époque.

CATHÉDRALE DE ZAGORJE [KATEDRALA ZAGORJE] ★

Trg Gospe Kunagorske

Forte d'une position dominante, cette église néoclassique, avec ses hautes tours jumelles en façade, fut construite à la fin du XVIIIe siècle. A voir, à l'intérieur, les tableaux de l'artiste vénitien J. Ziegler et l'orgue en bois, monté par Focht, un maître-facteur hongrois, conservé dans son état originel. Un petit musée d'art sacré, avec une intéressante collection d'objets pharmaceutiques, rappelle que la ville fut le berceau de la médication moderne en Europe de l'Est.

CHÂTEAU DE VELIKI TABOR [DVOR VELIKI TABOR] ★★★

Košnički Hum 1 - **DESINIĆ** ✆ +385 49 374 970

www.veliki-tabor.hr

Tous les jours sauf le lundi. Tickets de 15 kn (enfant) à 25 kn (adultes). Visites libres ou guidées.

À 20 minutes de la ville de Pregrada, au nord-ouest de Zagreb, le plus imposant château-fort de la région du Hrvatsko Zagorje a quelque chose de féerique ! Un premier fort fut construit au XIIe siècle puis, à des fins militaires et domestiques, il fut transformé aux XVe et XVIe siècles en résidences seigneuriales, quand les maîtres de ces lieux, les Rattkaj, influencés par les modèles italiens, entreprirent de lui adjoindre de nouvelles tours rondes.

A l'intérieur, une chapelle dédiée à Veronika Desinićka, une jeune fille du village, belle mais pauvre, dont le prince s'était épris. La légende raconte que, en passe de vouloir officialiser leur amour par le mariage, l'héritier subit les foudres de la famille royale. La malheureuse fut emmurée vivante dans le château. Aujourd'hui encore, on dit que l'on peut entend ses gémissements les soirs de pleine lune. Un crâne exposé serait même celui de Veronika D… Les autres pièces du château servent de salles d'exposition à des artistes locaux. Des reconstitutions en costumes y sont organisées.

▶ Attention aux horaires de visite variables selon les saisons. Du 1er avril au 30 septembre de 9h à 17h, ferme à 19h le week-end et pendant les vacances scolaires. D'octobre à mars de 9h à 16h, ferme à 17h le week-end et pendant les vacances scolaires. De novembre à février de 9h à 16. Il arrive que des parties du château soient en cours de restauration et donc partiellement fermées au public. Renseignez-vous avant votre visite.

HÔTEL DVORAC BEŽANEC €€€

55 Valentinovo ✆ +385 49 376 800

www.hotel-dvorac-bezanec.hr

A partir de 92 € la chambre double, de 125 € à 198 € la suite. Petit déjeuner de 10 à 23 €.

Cet établissement est l'un des rares châteaux-hôtels du pays. La propriété, dans son cadre naturel magnifique, fut construite au XVIIe siècle et devint la possession successive de plusieurs familles aristocrates de l'empire austro-hongrois. Dans le parc romantique, des cerfs vivent en liberté, plus loin le domaine viticole, que l'on peut visiter à pied et à vélo. A l'intérieur, les chambres sont spacieuses, décorées avec raffinement. Le restaurant propose aux résidents et aux visiteurs des menus gastronomiques. La vie de château pour le prix d'un 3 étoiles.

KRAPINA ★

À moins de 50 km de Zagreb, accessible en voiture par l'autoroute ou les petites routes parallèles, la localité est reliée à la capitale par des bus réguliers. On peut donc s'y rendre pour la journée. En 1899, l'archéologue Dragutin Gorjanović-Kramberger découvrit, sur la colline de Hušnjakovo, des ossements humains remontant à 80 000 et 50 000 ans av. J.-C., plus tard attribués à l'homme de Neandertal. Une légende ancienne parle aussi des trois frères, Czech, Lech et Mech, enfants de Krapina, à la peau claire et aux cheveux blonds, qui firent de la région le territoire originel des Slaves. L'office de tourisme est situé au Magistratska 11.

ÉGLISE SAINTE-CATHERINE ET MONASTÈRE FRANCISCAIN

Samostanska 3

L'ensemble fut fondé au XVIIe siècle sur l'ancien site de la chapelle Sainte-Catherine. Les bâtiments de la vie monastique paraissent encore influencés par les styles gothique et Renaissance, alors que l'église attenante possède des éléments baroques plus affirmés. Vous verrez que son intérieur rayonne grâce à son maître-autel tout en or, une belle œuvre ! Une visite rapide de cet ensemble architectural d'époque est à effectuer lors de votre passage à Krapina.

ÉGLISE NOTRE-DAME-DE-JÉRUSALEM

Trškom Vrhu 88

✆ + 385 49 371 456

Contrairement à la plupart des édifices religieux, généralement financés par la noblesse, Notre-Dame-de-Jérusalem (église baroque) fut construite entre 1750 et 1761 grâce à la contribution des citoyens de Krapina, afin d'abriter une statuette de la Vierge. L'endroit est aujourd'hui encore un lieu de pèlerinage, très fréquenté de mai à octobre. Vous admirerez les fresques à l'extérieur qui représentent différents miracles qui auraient eu lieu dans la région.

MUSÉE DE L'HOMME DE NEANDERTAL ★★

Šetalište Vilibalda Sluge b.b. ✆ +385 49 371 491

www.m kn.mhz.hr

Ouvert avril-septembre 9h-18h, juin-août jusqu'à 19h. En hiver 9h-16h. Entrée : 50 kn, tarif réduit : 25 kn.

La découverte de Dragutin Gorjanović-Kramberger et de son équipe a été capitale pour la paléontologie. Enfouis dans différentes sédiments d'une grotte, près de 900 ossements humains furent excavés. Les chercheurs ont aussi collecté des fragments d'os animaux et des objets du quotidien. Dans un musée, ouvert en 2010, on a reconstitué un habitat préhistorique pour mieux imaginer la vie de nos ancêtres. À l'extérieur, un parcours pédagogique sur le site de la découverte originelle.

Krapina.

KRČMA POD STARIM KROVOVIMA €

Trg Ljudevita Gaja 15
✆ +385 49 370 536
La nuit en chambre double standard, 310 kn, restaurant de terroir, plat chaud à partir de 30 kn.

A l'entrée de la ville, à côté de l'office de tourisme, voici un établissement familial qui vous accueillera comme si vous étiez à la maison. Au rez-de-chaussée, un bon restaurant de terroir qui propose une cuisine savoureuse, servie avec le sourire, une terrasse qui offre une belle vue dont on ne se lasse pas. Aux étages, se trouvent donc les quelques chambres à louer, bien équipées, simples mais confortables et lumineuses. Accueil sympathique et attentionné.

PANSION VUGLEC BREG €€

Škarićevo 151, Lepajci
✆ +385 49 345 015
www.vuglec-breg.hr
Chambres et chalets de 80 € à 177 € la nuit, selon la catégorie et la saison (petit déjeuner inclus).

A flanc de coteau, dans un cadre naturel préservé, ce domaine viticole familial loue aussi ses chalets traditionnels bien restaurés en formule bed & breakfast, chambres doubles et demi-pension ou logis équipés pour deux personnes ou plus. Un confort simple à l'intérieur mais une ambiance rurale agréable. Le restaurant avec terrasse offre un panorama bucolique sur les collines et les vallées aux alentours. Nombreuses activités : courts de tennis, randonnées dans le Hrvatsko Zagorje, visites du patrimoine local (Krapina, Veliko Trgovišće, etc.).

RESTORAN PREŠA UGOSTITELJSTVO €€

Tkalci 19 A
✆ +385 49 372 664
Ouvert du lundi au jeudi de 6h à 22h, vendredi et samedi jusqu'à 1h, et dimanche de 7h à 22h. Plats de 40 à 70 kn.

La terrasse de ce restaurant offre une vue panoramique sur les vignobles environnants. A l'intérieur, tout de boiseries, les grandes tables pour banquets accueillent souvent des mariages ou événements festifs. La cuisine fait la part belle aux plats authentiques de la région (soupe aux champignons secs, pain maison et fromage local, poissons de rivière, viandes grillées...), le tout accompagné d'un vin dalmate, istrien ou slavon, notamment ce blanc léger des collines du Zagorje.

LEPOGLAVA ★

La petite ville de Lepoglava est connue pour son monastère paulinien (Pavlinski samostan), sa manifestation artisanale de brodeuses, qui a lieu tous les ans, fin septembre, mais aussi pour avoir abrité un centre de rétention, l'un des mieux surveillés du pays, où l'on a incarcéré les criminels les plus dangereux. Le monastère de Lepoglava a fière allure encore aujourd'hui avec sa façade bien entretenue et son décor baroque, mais son rayonnement n'est plus aussi prégnant qu'aux XVIIe et XVIIIe siècles lorsqu'il abritait une des plus grandes universités du pays. Lepoglava, sans que l'on y séjourne pour autant, mérite une courte visite.

CHÂTEAU ET PARC DVORAC MARUŠEVEC ★

MARUŠEVEC
✆ +385 42 729 311
Visite sur rendez-vous uniquement.

Une localité du comitat ouest de Varaždin, à 17 km au nord-ouest de Lepoglava, par la route en suivant la D35. La municipalité est fière de son château néo-baroque remanié au XIXe siècle par l'architecte A. Schlippenbach, qui a fait œuvre d'un bel exemple d'éclectisme allemand. La copie des styles anciens (gothique, Renaissance italienne, baroque viennois) combine les différents formalismes du nord et du sud de l'Europe. Le château est entouré d'un grand parc.

MONASTÈRE PAVLIN ET ÉGLISE SAINTE-MARIE

Trg 1, hrvatskog sveučilišta 3
Visite sur réservation.

Lourdement endommagés en 1481 lors des invasions ottomanes, le monastère fut reconstruit et l'église redécorée de trompe-l'œil signés Ivan Ranger. Ce peintre du XVIIIe siècle influença les artistes locaux dits Paulistes (école de Paulin Aleksej Koniger). Dans ce foyer artistique et culturel, se rencontraient des scientifiques, linguistes... Plus tard, il fut transformé en prison, où le cardinal de Croatie, qui avait refusé de séparer l'Église et l'État, fut incarcéré sous Tito.

VARAŽDIN ★★

Varaždin possède un centre historique romantique à souhait. En 1209, la cité médiévale devient une ville royale libre, la première à obtenir ce statut en Croatie. En 1242, les Tatars la détruisent, puis Varaždin retrouve son calme jusqu'aux invasions ottomanes (XVIe siècle). Elle échappe à la destruction, car les Turcs sont sur la route de Vienne. Proclamée capitale de la Croatie en 1756, Varaždin ne le sera qu'une vingtaine d'années. Le 26 avril 1776, un gigantesque incendie la ravage entièrement. Le Parlement et le gouvernement se délocalisent à Zagreb. Son patrimoine architectural attire aujourd'hui des milliers de visiteurs férus du baroque. Surnommée la petite Vienne, la ville historique *intra-muros* concentre les palais baroques, aux façades colorées, tous plus beaux les uns que les autres. Nombre d'aristocrates s'y installent au XVIIIe siècle et la cité élégante eut en son temps sa renommée mondaine. Aujourd'hui, il est possible de pousser la porte de la cathédrale et de nombreuses églises, qui accueillent régulièrement des concerts de musique ancienne. À ne pas manquer, le château imposant, le musée municipal avec sa galerie de maîtres anciens, le musée des Insectes, le jardin botanique. En dehors de la vieille ville, le cimetière Hallerova Aleja, si romantique avec ses allées soignées, est peuplé, comme au Mirogoj de Zagreb, de personnages sculptés au visage triste.

MUSÉE DU VIEUX VARAŽDIN ★★

Šetalište Josipa Jurja Strossmayera 3
✆ +385 42 658 754 - www.gmv.hr

Ouvert du mardi au vendredi de 9h à 17h, le samedi et le dimanche de 10h à 13h. Différents tarifs : 35-30-15-10 kn.

La forteresse fut construite au XIVe siècle dans un style gothique puis remaniée au XIVe. On éleva d'épaisses murailles et des tours circulaires massives, l'ensemble étant protégé par des remblais de terre et un fossé rempli d'eau. Organisés autour de cours verdoyantes, les portiques à arcades relient les donjons blancs. Le site regroupe le palais Herzer et le palais Sermage où l'on a installé ce musée historique. Le fonds est riche d'une galerie de peintures, d'art décoratif régional et d'artisanat local.

GALERIE DE MAÎTRES ANCIENS ET MODERNES ★★

Šetalište Josipa Jurja Strossmayera 3

✆ + 385 42 658 754

www.gmv.hr

Ouvert du mardi au vendredi de 9h à 17h, le samedi et le dimanche de 10h à 13h. Différents tarifs : 35-30-15-10 kn.

Au sud-est de la forteresse, le Palača Sermage, bâtiment de style baroque rococo de la fin du XVIIIe siècle, donne sur la place Miljenka Stančića. Il abrite plusieurs collections d'art, notamment un fonds de peintures anciennes d'artistes croates et européens, appartenant principalement aux écoles du Nord et de l'Italie. En plus de cette collection permanente, la galerie propose des œuvres modernes et des expositions temporaires d'artistes contemporains.

OFFICE DE TOURISME DE VARAŽDIN

Ivana Padovca 3

✆ +385 42 210 987

www.tourism-varazdin.hr

Ouvert toute l'année du lundi au vendredi de 8h à 16h, le samedi de 10h à 13h.

Agence bien lotie dans la maison natale d'Yvan Padovec, un guitariste classique du XIXe siècle, et bien utile pour tous renseignements et documentations sur l'ancienne capitale, haut lieu du baroque croate, chargée d'histoire et de légendes. A découvrir ; le riche patrimoine, civil et religieux (églises, cathédrale, trois monastères), les musées, les lieux de mémoire. Idées d'hébergements en ville, excursions, restaurants, festivals, agenda culturel, etc.

PALAIS HERZER

Šetalište Josipa Jurja Strossmayera 3

✆ 385 42 658 754

Ouvert du mardi au vendredi de 9h à 17h, le samedi et le dimanche de 10h à 13h. Différents tarifs : 35-30-15-10 kn.

Après ou avant la visite du musée municipal, dans la forteresse, il faut entrer dans ce palais pour découvrir une formidable collection entomologique. Franjo Košćec, le premier conservateur, a commencé ses collectes d'insectes en 1954. Depuis, le fonds n'a cessé d'augmenter pour devenir, en Europe, l'un des plus représentatifs du genre. Des milliers d'espèces sont réparties selon leur environnement biologique : près et dans la forêt, en prairie, près et dans l'eau, la nuit, sous terre… tout ce *microcosmos* intéressera certainement toute la famille.

HÔTEL TURIST VARAŽDIN €

Aleja kralja Zvonimira 1

✆ +385 42 395 395

www.hotel-turist.hr

Chambre double selon la catégorie de 61 € à 65 € (petit déjeuner inclus).

A proximité du centre historique, dans un bâtiment moderne, cet hôtel 3 étoiles a été complètement rénové il y a dix ans. Le coup de fraîcheur se remarque ! Il propose plus de 100 chambres, classiques, confortables et bien équipées (climatisation, minibar, télévision, et bien sûr wifi). En plus de cela, l'hôtel Turist dispose d'un bon restaurant qui sert de la cuisine traditionnelle et d'excellents vins de la région. Le petit déjeuner est complet. Accueil plus que sympathique et souriant. Une bonne adresse ouverte à tous les budgets.

Dans les rues de Varaždin.

PANSION MALTAR €

Franca Prešerna 1
© +385 42 311 100
www.maltar.hr

La chambre selon la catégorie de 33 € à 65 €, la suite 80 € (petit déjeuner inclus).

A proximité du centre historique, dans une ancienne maison, bien restaurée, voici pour le séjour un hôtel familial très bien tenu, à l'accueil chaleureux, souriant et attentionné. Les chambres, simples, doubles et suites avec kitchenette sont modestes mais confortables. Elles sont équipées du nécessaire (télévision, Wifi, salle de bains...). On pourra manger sur place une cuisine du terroir ; la salle du restaurant et la terrasse sont agréables. Un parking privé gratuit est à la disposition des clients. Une bonne adresse pour un arrêt.

HÔTEL LA'GUS €€

Ulica Glavić 1/A
© +385 42 652 940
www.hotel-lagus.hr

Chambre double 400 kn, 299 kn pour 1 personne (petit déjeuner inclus), appartement de 400 à 600 kn.

Surplombant de belles collines dans la campagne au sud de Varadžin, ce vaste hôtel-restaurant est recommandé à ceux qui disposent d'une voiture. L'établissement propose des chambres et des appartements confortables, à la déco un peu vintage avec des meubles en bois sombre qui font ressortir les tons clairs de la peinture. Intéressante également, la chambre que l'on peut louer pour la journée, de 7h à 19h. Le lieu est apprécié des locaux qui viennent profiter du cadre bucolique et des services pour organiser mariages et autres manifestations.

PARK BOUTIQUE HOTEL €€

Ulica Jurja Habdelica 6
© +385 42 420 300
www.park-boutique-hotel.eu

Chambres doubles, la nuit de 80 € à 137 € (petit déjeuner inclus).

Établissement qui a la chance d'être voisin d'un beau parc et d'une rue piétonne Cette implantation dans le centre historique lui offre beaucoup de calme, des aires de repos extérieures agréables, de superbes vues des fenêtres. Au niveau du confort, tout a été prévu avec les nouvelles normes de l'hôtellerie, de grands espaces dans les chambres et les suites design, de larges baies vitrées lumineuses dans les espaces en commun, un bar lounge, un restaurant terrasse, la connexion Wifi gratuite à tous les étages. L'une des meilleures adresses de la ville.

RESTORAN ANGELUS €

Alojzija Stepinca 3
© +385 42 303 868
www.angelus.hr

Ouvert de 10h à 23h, jusqu'à minuit le week-end. Dimanche et jours fériés de midi à 22h. De 64 à 160 kn le plat chaud.

Dans un immeuble ancien de la vieille ville, une salle voûtée abrite un restaurant qui propose de bonnes pizzas, des spécialités italiennes (pâtes fraîches, risottos crémeux, gnocchis savoureux), des salades, de la charcuterie régionale, des grillades et hamburgers ou des viandes en sauce. Tout un menu qui devrait satisfaire chacun d'entre vous. Dès qu'il fait beau, on apprécie les tables en terrasse sur la petite place. On n'oublie pas d'accompagner le plat d'un verre de vin local et de terminer par un dessert, s'il vous reste de la place. Bon service.

RESTORAN & CAFFE PALATIN €€

Braće Radić 1 © +385 42 398 300
www.palatin.hr

Ouvert tous les jours de 10h à 22h/23h, samedi et dimanche de 8h à 23h. Pizza à partir de 30 kn, menu à 100 kn.

Un restaurant, qui a été ouvert par le chef cuisinier français Stephan Macchi, vedette de l'émission *Jezihova Juha*, version croate de *Cauchemar en cuisine* ! Dans le cadre agréable d'une salle voutée à la décoration néo-rustique ou en terrasse, le Palatin fait aussi café-bar. Côté restauration, des spécialités régionales et internationales, des idées sur la tradition revisitée par le Francuz, comme on dit ici, et sa brigade toujours très professionnelle. Des plats à la carte ou des menus accompagnés d'une large carte de vins.

ZLATNE GORICE €€

Banjščina 104
© +385 42 666 054
www.zlatne-gorice.eu

Ouvert du mardi au dimanche de midi à 22h (23h/minuit le week-end). Menus dégustation : 160 et 330 kn.

En dehors de la ville, cet hôtel-restaurant est niché au cœur d'un domaine viticole boisé. C'est l'un des meilleurs de la région. À l'intérieur, la salle à manger est aménagée dans une cave voûtée, alors que la terrasse offre une vue panoramique sur les champs de vigne. La cuisine traditionnelle de saison met les légumes verts et colorés à l'honneur, ainsi que les viandes et les poissons en sauce. Vente à emporter de vins locaux (blanc, rouge, pétillant). Au choix, des formules menu du terroir ou bistronomie (assiettes de fromages/charcuterie + vin).

KARLOVAC ★★

Chef-lieu de région, situé au carrefour de cours d'eau importants (Kupa, Dobra, Korana et Mrežnica), Karlovac est surnommée la ville aux quatre rivières. Une bonne base pour sillonner *The Green Heart of Croatia* (le cœur vert de la Croatie). À moins d'une heure de route de la capitale, la ville est facilement accessible en bus et en train. Une consigne est ouverte dans la gare routière. Un bureau d'informations pour le tourisme en ville et en région (hébergements, restaurants, visites, route des vins) se trouve sur la rue Petra Zrinskog 3. S'y renseigner aussi sur les activités de plein air, randonnées, sports de glisse en rivière, pêche.

Tourisme

Protégée par l'ancienne fortification italienne du XVe siècle en forme d'étoile, la vieille ville montre un hétéroclite mélange de styles, entre bâtiments rénovés et anciennes façades délabrées encore marquées par les blessures de la dernière guerre. Sur les rives de la Korona, un immense hôtel entièrement détruit attend toujours d'être reconstruit. Il rappelle les durs combats qui ont eu lieu dans la région. Au centre historique se trouvent la place, les églises catholique et orthodoxe, le musée municipal, l'aquarium et l'imposant monastère franciscain.

AQUATIKA ★

Ul. Branka Čavlovića Čavleka, 1a
✆ +385 47 659 112
www.aquariumkarlovac.com
Ouvert de 10h à 20h en été, ferme à 18h en hiver. Tickets : 60 kn (adultes), 40 kn (étudiants), 35 kn (jeunes - 18 ans).

L'aquarium présente, de manière ludique, la flore et la faune aquatiques de la Croatie ainsi que l'histoire géologique de ses rivières et lacs. Missionné pour sensibiliser le public sur cette riche diversité biologique, due à l'extraordinaire bassin constitué par le flux des quatre rivières, Aquatika a gagné son pari. L'implantation linéaire et effilée du bâtiment, qui semble se faufiler dans l'environnement vert, est intéressant, tout comme les bassins souterrains, les cascades reconstituées, l'espace jeux et détente, le café-bar terrasse, la boutique...

MUSÉE DE LA VILLE (GRAD KARLOVAC) ★

Trg Josipa Jurja Strossmayera 7
✆ +385 47 615 980
www.gmk.hr
Ouvert en semaine sauf le lundi de 8h à 16h, et le samedi de 10h à 12h. Tarif : 5/10 kn.

Dans ce petit musée municipal, les collections historiques couvrent plusieurs périodes : statuettes antiques retrouvées lors de fouilles dans la région, artefacts néolithiques et médiévaux... Dans un espace ethnographique, on a reconstitué un intérieur du XXe siècle. Tout un ensemble qui montre l'importance de Karlovac dans la Croatie intérieure. L'évocation de la dernière guerre avec objets et documents rappelle un passé aux blessures encore vives.

La ville de Karlovac.

HOSTEL NA PUTU €

Trg bana Petra Zrinskog 17
✆ +385 47 296 235
Temporairement fermé jusqu'au 30 juin 2022. Chambres doubles ou dortoirs, entre 14 € et 48 € la nuit.

Une grande propriété, datant du début XIXe siècle et de style néo-baroque a été réaménagée à l'intérieur, en 2021. Les chambres sont modernes, lumineuses, les dortoirs aux couleurs vives. Première auberge de jeunesse ouverte à Karlovac, le Na Putu est l'adresse préférée des *backpackers*. Les amateurs de glisse aiment s'y retrouver. Sur place, à disposition toutes les commodités : wifi et consigne gratuits, air conditionné, garage à vélos, cuisine commune équipée, boissons chaudes offertes, informations touristiques... Bon esprit.

HÔTEL CARLSTADT €€

Trg bana Petra Zrinstog ✆ +385 47 611 111
www.carlstadt.hr
La nuit en chambres single : 220 kn, double : 310 kn, appartement : 400 kn (petit déjeuner inclus).

À quelques mètres de l'office de tourisme, cet hôtel familial est pratique pour un arrêt dans la région. Il propose à ses clients différentes catégories de chambres, assez simples mais bien confortables et belle luminosité (single, doubles, appartements) avec connexion Wifi gratuite, télévision, salle de bains moderne... Le petit déjeuner sous forme de buffet est très varié et apportera toute l'énergie nécessaire pour débuter la journée. Le Caffe Bar 047 de l'établissement avec sa terrasse est agréable. Places de parking réservées aux clients. Accueil sympathique.

HÔTEL KORANA STRAKOVCIC €€€

Ulica Perivoj Josipa Vrbanića 8
✆ +385 47 609 090 - hotelkorana.hr
Chambres doubles et suites de 136 € à 235 € la nuit en période estivale (petit déjeuner inclus).

Dans le parc Vrbanić aux abords de la rivière Korana, cet hôtel 4 étoiles, construit dans les années 1900, est devenu l'un des établissements les plus agréables de la région, une fierté de la ville... On y trouve 12 chambres doubles et 4 suites, certaines avec balcons. Toutes décorées classiquement, elles sont bien équipées (climatisation, Wifi gratuit, téléphone, TV satellite, coffre, minibar). Sur place une piscine couverte, un centre de remise en forme, des activités de bien-être et de loisirs ainsi qu'un café-bar-terrasse et deux restaurants.

LE CŒUR VERT DE CROATIE

S'il y a des choses à faire en ville, on vient plutôt à Karlovac pour profiter de la nature généreuse à ses portes. Le chef-lieu est donc une bonne base pour sillonner le territoire, désigné sous une appellation contrôlée d'un point de vue touristique. The Green Heart of Croatia (le cœur vert de la Croatie) offre des paysages variés. Des séjours sportifs avec activités de plein air sont organisés dans cette région bien irriguée. Celle que l'on nomme aussi la « ville aux quatre rivières » est traversée par la Korana, la Kupa, la Mrežnica et la Dobra, des cours d'eau qui descendent de massifs montagneux où vivent encore quelques ours et des loups. Les pistes cyclables traversent des vallées et de grandes forêts où l'on pratique le cyclotourisme, le VTT, les randonnées d'altitude et la marche nordique, mais aussi la pêche, la chasse, sans oublier les moments de détente au bord d'un lac, les déjeuners sur l'herbe ou les pauses restaurant à Karlovac, Ribnik ou Ozalj.

Karlovac rime avec rafting et canoë-kayak. Les sports de glisse y sont rois et des centres spécialisés s'y sont bien implantés. Vous pourrez trouver tous leurs contacts à l'office de tourisme municipal ou sur son site Internet. En général, les agences proposent des descentes sur les quatre cours d'eau, plus ou moins tumultueux. Plus d'infos sur : karlovac-touristinfo.hr

JASTREBARSKO ★

Pendant une quinzaine de kilomètres, au sud-ouest de Zagreb vers les terres agricoles au nord de Jastrebarsko, vous serez sur les routes des vins où l'on compte des domaines viticoles et des détaillants. Leur production est réputée, le vin blanc klet notamment. Si la ville est desservie par de nombreux cars et trains, la région se visite mieux en véhicule de tourisme pour avancer à votre rythme. Demander à l'office de tourisme les possibilités d'hébergement dans la région, la carte des domaines qui se visitent. Ils commencent au nord de Jastrebarsko (Plešivica Wine Road). Les parcours gourmands en ville se situent sur la place Strossmayerov trg 4.

SISAK ★

Fondée par les Celtes au IVe siècle av. J.-C., colonisée par les anciens Romains, qui en firent la métropole de la province de Pannonie supérieure (IIe siècle), Sisak est connue pour ses thermes antiques et sa basilique du haut Moyen Âge. En 1593, la capitulation de l'armée turque scelle la fin des invasions ottomanes en Croatie. Au confluent des rivières Kupa et Sare, la localité s'est développée dans la période moderne grâce au commerce fluvial. À voir dans le centre historique, le musée municipal, l'église baroque Sainte-Croix, le vieux pont ; à faire, à la sortie de la ville, une balade sur les berges jusqu'à la forteresse au plan triangulaire.

Sisak.

MUSÉE DE LA VILLE (GRADSKI MUSEJ)

Kralja Tomislava 10 ✆ +385 44 811 811
www.muzej-sisak.hr
Ouvert du mardi au vendredi de 10h à 18h, le week-end de 9h à 12h. En hiver, semaine uniquement. Tarif : 15 kn.

C'est un petit musée municipal où sont exposées des pièces archéologiques et historiques intéressantes. On y trouve, entre autres, une statuette préhistorique, des objets usuels et décoratifs de la période antique (poteries, lampes à huiles, bijoux, etc.), des armures médiévales et une importante collection numismatique. Passez y faire un tour lors de votre passage à Sisak, vous en apprendrez plus sur les découvertes que l'on a faites dans la région au cours des siècles.

HÔTEL PANONIJA €

I. K. Sakcinskog 21
✆ +385 44 515 600
www.hotel-panonija.hr
Chambre double standard, la nuit de 64 € à 67 € (petit déjeuner inclus), appartement : 164 €.

Dans le centre-ville, ce bâtiment moderne sans charme est cependant le seul hôtel de Sisak. À l'intérieur, il propose des chambres propres et confortables (assez grandes et lumineuses, avec lits doubles ou jumeaux, télévision, connexion Wifi, salle de bains…). On pourra prendre un repas au bon restaurant qui sert une cuisine traditionnelle et plus internationale, au choix, et aussi de bons vins. Petit déjeuner-buffet complet. Parking sur place. Accueil professionnel, souriant et disponible. Une bonne adresse lors de votre passage à Sisak.

RESTORAN STARI GRAD €

Obala Tome Bakača Erdoedyya
✆ +385 44 543 700
restoranstarigrad.hr
Ouvert tous les jours en saison de 10h à 22h.

Au pied de la forteresse, dans un cadre bucolique proche de la rivière, ce restaurant-grill organise souvent des réceptions et mariages en plein air ou sous chapiteau. Si la salle n'est pas réservée (libre plus souvent en semaine que le week-end…), on peut venir y manger des spécialités de viandes grillées, du cochon de lait à la broche, des côtelettes d'agneau, du *ćevapčići*, des poissons d'eau douce… Vous serez soit servis en grande tablée, soit en table individuelle, pour plus d'intimité. Service à l'assiette ou au grand plat à partager.

PARC DE LONJSKO POLJE ★

Cette zone marécageuse, désormais protégée en parc naturel, est l'une des plus grandes d'Europe. On compte plus de 300 espèces animales, oiseaux, loutres, castors, qui vivent près de l'eau. La vie aquatique y est très riche, notamment la carpe à cuir, le saumon du Danube, le mudminnow européen. C'est aussi une grande région d'élevage. Les troupeaux de vaches, de chevaux ou encore de cochons paissent en liberté sur les bords des routes. Pour visiter le parc naturel, prenez la route qui longe la Save. À voir, les églises et les maisons traditionnelles des paysans, qui sont construites tout en bois, du sol au plafond, très pittoresques dans le paysage.

PLITVIČKA JEZERA ★★★★

Au cœur d'une forêt profonde, entre une plaine et zone montagneuse escarpée, les lacs de Plitvice sont reliés les uns aux autres par des cascades (roche poreuse du calcaire). Ils se déploient sur une aire géographique de 294 km^2 en une succession de grandes étendues d'eau douce, chutes majestueuses, rivières, bois et vastes prairies. Les seize lacs en gradins s'arrosent les uns les autres. Ils apparaissent comme un formidable décor naturel. Le parc national est divisé en deux parties, les lacs dits supérieurs, culminent à 637 m au-dessus du niveau de la mer, et les lacs inférieurs, dont le dernier donne naissance à la rivière Korana, 134 m plus bas.

Faune et Flore

Les arbres – hêtres, érables, épicéas, pins, genévriers, dont certains centenaires – abritent plus d'une centaine d'espèces d'insectes et d'oiseaux. À vous le paradis des libellules ! On y trouve aussi des loups, des lynx et plus rarement des ours. Un éden moussu, un inextricable labyrinthe de feuilles et d'eau où le grondement des multiples cascades se mêle aux coassements des grenouilles.

Géologie

Un phénomène d'hydrographie karstique. Au cœur d'une grande forêt, entre une plaine et une zone montagneuse, les lacs de Plitvice sont reliés entre eux par des cascades tuffées et se déploient sur 294,82 km^2. La formation de ces lacs et cascades résulte d'un processus biologique spécifique et rare. Les sécrétions calcaires, se mêlant aux algues, à la mousse et à d'autres plantes, forment des couches qui augmentent le niveau des chutes, se déplacent avec le temps et modifient le paysage.

Se loger

Dans le parc national, les trois grands hôtels agréés, Bellevue, Plitvice et Jezero, ont été rénovés depuis et bénéficient d'un confort moderne. À cela s'ajoutent une auberge de jeunesse, des campings, des chalets, des maisons et des villas privées à proximité des entrées du parc. On trouve aussi de nombreuses possibilités en chambres d'hôte aux alentours, dans les villages de Gracovac ou Rakovika, où l'on pourra en plus visiter les grottes préhistoriques de Barać. Dans tous les cas, mieux vaut réserver à l'avance, surtout au mois d'août. Certains hôtels incluent dans leurs tarifs le billet d'entrée au parc des lacs de Plitvice.

Tourisme

Un parc national ouvert toute l'année. Les conditions météorologiques contrastées sur l'année font varier le temps des visites, l'approche même du parc. Devant l'afflux de touristes en juillet-août, faire la visite hors saison est une bonne option. De novembre à la mi-avril, seule l'entrée 1 (lacs inférieurs) est ouverte. Les trains et bateaux ne sont alors pas mis en service. La visite se fait à pied dans un calme absolu. On peut aussi suivre les sentiers pédagogiques du parc, le Corvaka Uvala et Plitvica Trail, dont vous aurez le détail (plan, durée, dénivelé) au bureau du parc.

Transports

Bus. Depuis Zagreb (140 km), Zadar (130 km), Šibenik (200 km) ou Split (270 km), des bus desservent quotidiennement le parc national. En été, les lacs attirent une foule considérable, les bus sont souvent pleins et il faut alors attendre le départ du prochain. Voir les horaires dans les gares routières concernées.

Voiture. Pour accéder au parc national, vous pouvez emprunter les routes DC429 (Selište Drežničko-Prijeboj) en provenance de Zagreb/Zadar ; DC52 (Vrhovine-Korenica) en provenance d'Otočac (A1), DC42 (Vrbovsko-Grabovac) en provenance d'Ogulin (A1). On peut faire une étape d'autres localités intéressantes plus proches du parc, comme Karlovac, Ogulin, Senj ou même Rastoke – un hameau à 30 km des grands lacs avec également d'autres lacs (plus petits), des sources et des cascades. On peut y séjourner facilement, mais surtout c'est l'occasion de découvrir des villes et villages de l'intérieur ou bordant le littoral, qui sont moins courus des touristes.

CAMPING KORANA €

47246, Čatrnja
✆ +385 53 751 888
www.np-plitvicka-jezera.hr

Fermé en hiver. L'emplacement autour de 10 € + 4 € la tente ; 8 € (camping-car), le bungalow de 19 à 30 € en été.

Aux abords du parc national, à 7 km de l'entrée 1, l'un des campings que l'on recommande pour ses emplacements agréables sur un terrain naturel vallonné, que l'on peut choisir hors saison. Il a une capacité d'environ 2 500 personnes. De mai à septembre, location de petits chalets en bois et de bungalows avec des sanitaires communs. Sur place, plusieurs restaurants et snacks, un supermarché. Des navettes gratuites sont mises en place pour accéder au parc. Il s'agit d'un des campings les mieux situés de Croatie pour partir en randonnée.

PARC NATIONAL DES LACS DE PLITVICE ★★★★

Josipa Jovića 19 ✆ +385 53 751 014
www.np-plitvicka-jezera.hr

Parc ouvert toute l'année. En été, de 7h à 19h, en hiver de 8 h à 17h. Ticket journalier adulte de 80 kn à 200 kn.

De mi-avril à fin octobre, les deux entrées principales sont ouvertes + une entrée auxiliaire (Flora). 22 km de pistes et 36 km de pistes de randonnée. Les tickets (journaliers ou pour deux jours consécutifs) incluent deux promenades, l'une en voiture, l'autre en bateau électrique et en train panoramique.

L'entrée I – Rastovača (à 3 km en amont), au pied de la plus grande cascade, c'est la plus fréquentée par les cars de tourisme. La plus accessible aussi pour les familles, les personnes à mobilité réduite. Elle dure de 2 à 3 heures et permet de découvrir la plus grande chute d'eau de Croatie (Veliki slap), les lacs inférieurs (Donja jezera) ainsi que Novakovića brod, Kaluđerovac, Gavanovac et Milanovac jusqu'au point final (Kozjački most).

L'entrée II – Hladovina. Plus discrète, dominant le lac Kozjak, le plus important du site (0,83 km^2). Commencer par les lacs supérieurs se révèle encore plus magique. Les bus touristiques ne s'y arrêtent pas, il y a donc moins de monde aux caisses. La rando-balade, avec un dénivelé de 130 m environ, y est moins facile. Elle demande la journée, le temps de découvrir l'intégralité des lacs, de faire une promenade en bateau sur le lac Kozjak, se poser sur les berges puis de repartir pour embrasser la partie orientale du canyon, les lacs inférieurs (Donja jezera) jusqu'à la grande cascade Veliki slap et les hauteurs de Stubica (vue panoramique sur Ciginovac, lac de Prošćansko Jezero). En redescendant, la randonnée s'achève le long des lacs inférieurs et le lac Kozjak en bateau pour revenir au point de départ.

L'Entrée auxiliaire II – Flora se trouve à proximité de l'entrée II. Vous pourrez acheter votre ticket à ces trois entrées, si vous ne l'avez pas déjà payé dans la formule de votre hôtel ou camping. La découverte du parc se fait donc majoritairement à pied. Quelques traversées s'effectuent en bateau sur certains lacs navigables avec des embarcations spécialement conçues à cet effet.

8 itinéraires différents. De 3 à 4 heures (demi-journée) ou de 5 à 8 heures (journée), ils font tous une boucle et vous ramènent à votre point de départ. Dans le parc, les 18 km de fines passerelles en bois permettent d'enjamber le chapelet de mares et de lacs pour rejoindre les sentiers de terre. Sur les 36 km de sentiers de rando-balades thématiques, le niveau de difficulté de l'itinéraire varie selon le nombre de kilomètres, le tracé emprunté, notamment sur les montées entre le premier (Prošća) et le dernier lac (Novakovića Brod).

HÔTEL BELLEVUE €

Plitvička jezera b.b.
✆ +385 53 751 700
www.np-plitvicka-jezera.hr

Fermé en hiver. Chambres doubles de 57 € à 92 € selon la saison et la catégorie, appartement à 125 €. Repas : 12 €.

A l'entrée 2 du parc national, l'hôtel Bellevue construit en 1963 est très bien situé pour les promeneurs. La plupart des chambres, spacieuses, possèdent un balcon donnant sur la forêt. Les prix sont abordables pour cet établissement au confort correct et à l'ambiance très années 1970. Le petit déjeuner est inclus. L'établissement compte 77 chambres, bien équipées de télé satellite, café-bar, terrasse. L'adresse est adaptée aux groupes mais aussi aux voyageurs individuels, d'ailleurs des appartements pourront convenir à des familles.

HÔTEL PLIVITCE €

Plitvička jezera b.b.
✆ +385 53 751 014
www.np-plitvicka-jezera.hr

Fermé en hiver. Chambres de 89 € à 155 € selon la saison et la catégorie (petit déjeuner inclus), appartement à 125 €.

Construit dans les années 1954-1957 sur les plans de l'architecte croate de renom Marijan Haberle, cet hôtel fut l'un des premiers en catégorie A en Croatie, l'un des plus luxueux du Parc national. A l'extérieur, l'établissement reste agréable, avec un bel environnement boisé, un jardin très vert. A l'intérieur, de grandes surfaces lumineuses, au rez-de-chaussée un vaste salon détente, un bar lounge, un restaurant et diverses commodités pour le séjour. Il possède trois catégories de chambres, classiques et confortables, certaines avec balcon.

HÔTEL JEZERO €€

Plitvička jezera b.b.
✆ +385 53 751 014
www.np-plitvicka-jezera.hr

Fermé en hiver. Chambres doubles de 79 € à 192 €, selon la saison, la catégorie et l'exposition (petit déjeuner inclus).

Dans la partie centrale du parc national, cet hôtel fut l'un des premiers construits, à quelque 300 mètres du lac Kozjak. La décoration classique garde ce style typique de l'ère yougoslave, un peu austère mais lumineux. La plupart des chambres (219 au total) et les 19 appartements sont spacieux et possèdent un balcon avec vue sur le parc. Sur place, de nombreux équipements (sauna, piscine, salle de sport, court de tennis, bowling) ainsi qu'un bar et un restaurant. Idéal si l'on souhaite séjourner confortablement au cœur du parc.

Le parc national des lacs de Plitvice.

PLITVICE ETNO HOUSE €€

Jezerce 21
✆ +385 53 774 760
www.plitviceetnohouse.com
Prix de la chambre selon la catégorie et la saison de 58 € à 118 € (petit déjeuner inclus).

La maison d'hôte a une bonne localisation, en bordure du parc national (entrée 2). Son architecture traditionnelle, façon grand chalet de montagne, construit avec des matériaux naturels (pierres et bois), lui donne belle allure extérieure. Même si l'établissement demanderait une rénovation de ses infrastructures vieillissantes, les 8 chambres, tout en bois et lambris, avec lit à baldaquins, restent confortables. Des repas sont proposés sur place avec plusieurs menus variés dont une formule végétarienne. On apprécie la bonne volonté du personnel. Parking gratuit.

ETHNO HOUSES €€€

Plitvica Selo 66/1 ✆ +385 91 234 8716
www.ethnohouses.com
Chambres single, double ou suites la nuit en période estivale de 184 € à 547 € (petit déjeuner inclus).

Sur une grande propriété, aux abords du parc national, cet établissement haut de gamme se trouve à quelques minutes de route de Rakovica et de Grabovac. Le séjour inclut la nuit dans des chalets modernes, tout de bois, lambris et poutres apparentes, construits sur un plan circulaire proche d'un lac. Les chambres et suites sont aménagées avec tout le confort et les équipements contemporains (sauna, piscine extérieure, terrain de jeux, bowling, vélos en location). Bon restaurant équilibré.

Attention, à ne pas confondre avec la *pansion* Etno House située à Jezerce.

PANSION PLITVICKA VRELA €

Grabovac 257, Rakovica
✆ +385 47 784 498
Chambres de 52 € à 86 €, selon la catégorie et la saison. Restaurant ouvert de 7h à 22h. Plats chaud à partir de 70 kn.

A quelques kilomètres de l'entrée I du parc national, cet hôtel-restaurant de bord de route, ouvert toute l'année, est installé dans une belle bâtisse traditionnelle. Les chambres d'hôte sont simples et confortables, avec climatisation, salle de bains privée équipée (douche, sèche-cheveux), planche à repasser, télévision, Wifi gratuit. Le restaurant, ouvert à tous, propose une cuisine italo-croate, avec des plats classiques (pizzas, lasagnes) ainsi que des viandes, des saucisses et des poissons grillés dans des proportions copieuses. Service rapide et souriant.

NATIONALNI RESTORAN LIČKA KUĆA €€

Josipa Jovica 19
✆ +385 99 2767 406
np-plitvicka-jezera.hr
Ouvert toute l'année tous les jours de 11h à 22h. Environ 150 à 200 kn par personne.

Dans le parc national, une demeure qui a été construite en 1972 sur deux étages afin de recréer l'ambiance traditionnelle des chalets de montagne. Restaurée en 2015, elle a gardé son côté rustique et continue à proposer une cuisine locale de qualité. Au menu, agneau grillé à la broche, un plat mijoté de viandes avec pommes de terres et légumes en sauce sous *peka* posé sur les braises, jambon, truites à la poêle, blitva, fromage de Lika, yaourts maison… Bon et authentique.

RESTORAN POLJANA €€

Velika Poljana
✆ + 38553751015
Ouvert tous les jours aux horaires du parc national. Plats de poisson de 65 à 110 kn.

A l'entrée 2, au centre du parc, ce café bar restaurant vit au rythme du parc national. Une formule en self-service ou service à table, pour une cuisine simple, à base de plats locaux. Goûtez la truite et ses petits légumes par exemple... Pour les randonneurs et promeneurs sur le chemin du retour, des boissons fraîches ou chaudes, des glaces, crêpes sucrées ou viennoiseries sont proposées. Musique live. En terrasse, la vue sur les lacs supérieurs est splendide mais le restaurant, qui a l'exclusivité du lieu, pratique des prix élevés.

RANCH EQUUS IGNI

Rakovica
✆ +385 98 704 612
www.ranch-jelovklanac.com
Ouvert toute l'année. Cours individuel (1h30) : 200 kn, 900 kn pour 5-6h. Forfait à la journée sortie nature : 1 300 kn.

Dans la région des lacs, à Jelovklanac, on a construit un ranch avec des logis en bois, le tout dans un cadre sauvage. Vous pourrez, à votre rythme, apprendre à monter à cheval au centre équestre, chevaucher votre monture accompagné ou seul avec des airs de pionnier sur les sentiers de collines, plaines et forêts. Plusieurs formules au choix, possibilité de cours, promenade à la journée ou séjours dans des gîtes tout équipés en pension complète. Une belle façon d'explorer la région de Plitvice, d'autant plus qu'il y en a pour tous les niveaux et âges !

ČAKOVEC

Mentionné sous l'occupation romaine, son nom actuel lui vient du comte Csaki qui, au XIVe siècle, pose les bases de la cité historique. Au XVIe siècle, la grande famille Zrinski préside au destin de la ville, qui devient un centre politique et culturel de premier ordre. Au début du XIXe siècle, une ligne de chemin de fer relie Čakovec à Budapest, Rijeka et Trieste. Le transport en train supplante le trafic fluvial et inaugure d'importants échanges commerciaux. Très populaire, le festival estival de Porcijunkulovo est très coloré avec sa pluie de parapluies dans le ciel. Au programme, musique festive, marché paysan, gastronomie, convivialité.

CHÂTEAU DE ČAKOVEC

Ul. Perivoj Zrinskih 7
✆ +385 99 65 19 739

Dans le parc Zrinski, le château a été construit au XIIIe siècle par le comte Dimitrius Csáky. Sa fortification imposante, la plus grande du comté de Međimurje, témoigne de l'ampleur de la conspiration Zrinski-Frankopan, un événement marquant dans l'histoire médiévale croate. Les différentes familles qui s'y succèdent apportent des remaniements stylistiques au château. Aujourd'hui, il abrite le musée municipal (collection historique, ethnographique et artistique). En été, l'atrium est utilisé comme scène artistique pour des concerts en plein air.

EKOMUZEJ MEĐIMURJE MALO

Ulica bana Josipa Jelačića 22 E
✆ +385 40310 071
www.ekomuzej-medimurje.info
Ouvert en semaine de 10h à 14-15h.

Dans l'office de tourisme du comté de Međimurje, cet écomusée donne à découvrir d'une manière très vivante le patrimoine culturel et naturel de la région. On aborde chaque thème en se posant des questions. Qui était Rudolf Steiner ? Quelles sont les pièces maîtresses du trésor de Međimurje ? Quel est le moyen de transport le mieux adapté pour visiter la région ? L'exposition multimédia interactive apporte des réponses sur tout (chants traditionnels, archéologie, religion, moulins, orpaillage, cité de Zrinski, culture du vin, gastronomie, sports et loisirs, etc.).

OFFICE DE TOURISME DU MEĐIMURJE

Ulica bana Josipa Jelačića 22 E
✆ +385 40 310 071
https://croatia.hr/fr-FR/medimurje
Agence touristique et écomusée, ouverts en semaine de 10h à 14-15h. Autre site Internet : www.visitmedimurje.com

Dans cette agence, vous serez bien informé(e) sur le tourisme thermal, les hôtels classés bien-être et santé les mieux cotés d'Europe, le patrimoine. Dans la région, en été le vélo y est très pratiqué, mais aussi le golf, la pêche, la chasse, la randonnée dans le parc naturel Mura-Drava, sur le sentier des meuniers. On découvre des moulins flottants, des cabanes en rondins autour de Čakovec, le district de Štrigova, une ferme aux cerfs et la route des vins.

© TOURIST BOARD OF MEDIMURJE COUNTY

© TOURIST BOARD OF MEDIMURJE

ZAGREB ET L'ARRIÈRE-PAYS

SVETI MARTIN NA MURI

L'eau est dans l'ADN de Sveti Martin na Muri ! Son patronyme (Saint-Martin-sur-Mur) lui vient de cette rivière que les habitants ont toujours exploitée. Au XVIe siècle, environ 90 moulins à aubes étaient en activité. La meunerie s'est développée au début du XXe siècle pour décliner lentement jusqu'aux années 1960-1980. Aujourd'hui, on y revient, mais c'est l'établissement thermal qui bénéficie le plus des ressources hydrominérales. Il fait partie des premiers complexes de ce type en Europe. Le tourisme balnéaire s'associe à la découverte du patrimoine naturel et culturel, aux activités au grand air et à la gastronomie produite localement.

▸ www.svetimartin.hr

GASTRONOMIE SUR LA ROUTE DES VINS

Petite région viticole du nord de la Croatie, le Haut Međimurje produit des vins nouveaux et légers qui accompagnent bien sa cuisine septentrionale très typée.

A 300 m d'altitude, sur des collines escarpées parcourues de ruisseaux sinueux, le paysage viticole est ponctué de milliers de pieds de vignes. On y cultive une vingtaine de vins blancs (sauvignon, sylvaner, pinot gris, riesling du Rhin, muscat jaune), reconnus par des prix mondiaux. Seule variété de raisins blancs indigènes du Međimurje, le pušipel est un vin blanc vif aux arômes d'agrumes avec des notes minérales de graphite. On a aussi planté, à la fin des années 1990, les principales variétés internationales de rouge (pinot noir, syrah, cabernet sauvignon).

Chaque année, à la mi-mai, un festival de la route des vins (Urbanovo) s'organise à Štrigova. Il met en place des évaluations professionnelles, des ateliers dégustations, des visites de caves tandis que les restaurateurs proposent des menus gastronomiques. On peut ainsi goûter à la fameuse *pretepena juha* (soupe de viande et légumes), le *meso 'z tiblice* (ragout de porc cuit dans un tonneau en bois), des spécialités de volaille, gibier ou poissons de rivière. Des desserts aussi comme le *međimurska gibanica* (mille-feuille), le krapci (cheese-cake aux pommes) ou le *kelešica* (pain perdu). Un bal festif clôture ces journées bien remplies !

PARC NATUREL REGIONAL DE MUR-DRAVE

Trg međimurske prirode 1
✆ + 385 40866 297
www.medjimurska-priroda.info

Bureau du parc naturel où récupérer des cartes d'orientation, s'informer sur la faune et la flore.

Déclaré zone protégée en 2011, ce parc naturel s'étend sur les territoires traversés par les rivières Mur et Drave, des cours que se partagent la Croatie, l'Autriche, la Slovénie, la Serbie et la Hongrie. La réserve comprend la plaine inondable et inclut la zone de transition agricole jusqu'au confluent de la Drave et du Danube près d'Aljmaš. Une superficie de 87 680,52 ha, cartographiée sur cinq comtés (Međimurje, Varaždin, Koprivnica-Križevci, Virovitica-Podravina et Osijek-Baranja).

THERMES SVETI MARTIN €€

Izvorska 3 Toplice
✆ + 385 40 371 111
www.termesvetimartin.com

Chambres, suites, appartements de 77 € à 146 € la nuit (selon la saison et la catégorie).

Avec sa longue expérience thermale, l'établissement de luxe est une destination prisée en Croatie, autant pour les cures de remise en forme ou de bien-être que pour les vacances actives, les congrès ou du *team building*. Dans un cadre naturel protégé, le complexe comprend un hôtel 4 étoiles avec 151 chambres confortables, 6 suites et 90 appartements. Parmi les équipements : des piscines couvertes d'eau thermale, un grand centre de bien-être, un parc aquatique (été), un parcours de golf avec greens chauffés (ouvert toute l'année), divers restaurants...

ŠTRIGOVA

Au nord de Čakovec, au cœur des forêts, vallons, collines, prairies et champs viticoles, se dessine l'un des plus pittoresques paysages du Međimurje. Le district de Štrigova se compose de 10 villages et couvre 44,79 km². La ville médiévale (Štrigovčak) qui s'était développée autour de la forteresse a disparu, détruite par les Ottomans ou un incendie. Entre 1738 à 1749, on a construit l'église Saint-Jérôme avec deux clochers, ce qui est réservé aux cathédrales. La route des vins de Međimurje passe par ce terroir réputé pour son vin blanc. En novembre, on fête la Saint-Martin et, en mai, le festival du vin nouveau.

▸ www.strigova.info

SLAVONIE

Avec une superficie de 12 470 km^2, ce territoire septentrional s'étend au nord-est de la Croatie, entre la Hongrie au nord, la Serbie à l'est et la Bosnie-Herzégovine au sud. Au Moyen Âge, la région historique, incluant à l'origine Zagreb et ses environs, était rayonnante. Elle désignait l'ensemble des régions slaves, puis son territoire diminua jusqu'à se limiter à la zone dessinée actuelle, comprise entre les rivières Drave et Save. Nommée Esclavonie en référence à son commerce d'esclaves, elle change de patronyme au XVIIe siècle pour conserver l'appellation qu'on lui connaît aujourd'hui, qui correspond en fait à la zone envahie par les armées ottomanes. La région offre des attraits touristiques variés, le parc naturel de Kopački Rit, l'une des grandes zones humides de l'Europe, poumon vert du pays, des terres agricoles, un riche patrimoine culturel, un terroir, une gastronomie et des vins réputés.

Slavonie
HONGRIE
SERBIE
BOSNIE-HERZEGOVINE
BARANJA
PARC NATUREL DE KOPAČKI RIT
(PARK PRIRODE KOPAČKI RIT)
Drau
Danube
Vuka
Save
Orljava
Ukrina
Suhopolje
Slatina
D. Miholjac
VALPOVO
Bizovac
Čačini
NAŠICE
Zmajevac
Beli Manastir
Darda
BILJE
OSIJEK
Čepin
Aljmaê
Dalj
Borovo
VUKOVAR
VINKOVCI
DAKOVO
Djedina
Rijeka
POŽEGA
Nova Kapela
SLAVONSKI
BROB
V. Kopanica
Sikirevci
Zupanja
Otok
Drenovci
Modrica
ILOK
Sombor
Srem
Mitrovica
15 KM

PAGES

Au nord d'Osijek, la région de la Baranja croate est délimitée par la Drava à l'ouest, le Danube à l'est et les collines du sud de la Hongrie au nord. Ces terres sont restées propriété des Habsbourg jusqu'à la Première Guerre mondiale. Dans l'ancienne Yougoslavie, Serbes et Croates y vivaient en bonne entente. De 1991 à 1998, la Baranja a été occupée par les Serbes pendant toute la durée des conflits, avant de passer sous protection de l'ONU. De nombreux Croates avaient alors quitté la région. Encore aujourd'hui, ils n'y reviennent que progressivement. Dans ces terres à proximité du village de Bilje, le parc naturel de Kopački Rit s'étend sur un territoire préservé de près de 18 100 ha. Mais la zone ayant été minée pendant la dernière guerre, l'accès au parc reste encore limité. Le travail de déminage se poursuit avec ténacité.

Cette partie de la plaine de Pannonie, divisée en terres agricoles fertiles, champs céréaliers et vignobles, est riche d'un patrimoine architectural et gastronomique intéressant à découvrir. Aussi appelée Slavonie orientale, cette région de Syrmie occidentale, autour de Vukovar et de la Syrmie Baranja croate, fut créée par les Serbes après la déclaration d'indépendance de la Slovénie et de la Croatie au début des années 1990. Intégrant la République de Krajina, elle reste sous l'autorité serbe jusqu'en 1995, puis passe sous le contrôle d'une force de protection internationale (Atnuso) pour revenir pacifiquement à la Croatie en 1998. Une région fortement touchée par les conflits de la dernière guerre avec la ville de Vukovar pour épicentre des tensions serbo-croates.

Eltz Manor à Vukovar.

PAGES

ĐAKOVO ★

173 Dominée par la cathédrale Saint-Pierre-Saint-Paul, bâtie sous les ordres de l'évêque Strossmayer au XIXe siècle, la ville est réputée pour sa tradition de broderies en fils d'or ; la région est aussi une terre d'élevage des fameux chevaux blancs lipizzans qui font la fierté de l'école espagnole de Vienne.

VINKOVCI

174 À l'ouest de Vukovar, Vinkovci présente la particularité d'avoir été construite sur un site romain dont les fouilles archéologiques ont révélé l'existence d'une ancienne ville chrétienne. L'histoire de ces premiers chrétiens nous est racontée lors de la visite du musée municipal.

ILOK ★

175 La localité la plus à l'est du pays renferme un héritage architectural ottoman avec son mausolée et son hammam. Ilok est connu pour ses vins de qualité, dont un vin blanc sec coté, le traminac, issu d'un cépage de la famille des gewurztraminers.

SLAVONSKI BROD ★

175 Après le départ des Ottomans, au début du XVIIIe siècle, une forteresse fut édifiée à Slavonski Brod, sur le modèle des constructions militaires de Vauban. Même si la dernière guerre l'a en partie détruite, cette place forte garde de beaux restes, en cours de restauration actuellement.

POŽEGA ★

176 Situé au nord-ouest de Slavonski Brod, ce charmant bourg baroque, avec sa place centrale, ses rues piétonnes, des galeries et des terrasses de café, mérite que l'on y fasse halte. La commune fut le berceau de plusieurs artistes croates, dont le poète Antun Kanižlić ou l'explorateur en Afrique Dragutin Lerman.

© MARIO KRPAN

VUKOVAR ★

Au confluent du Danube et de la rivière Vuka, Vukovar est un port. Jadis la ville, charmante cité baroque, prospérait, mais elle a été fortement marquée par la dernière guerre et en partie détruite. Si les cicatrices béantes sont toujours là, Vukovar reprend des couleurs. Avant la guerre dans l'ex-Yougoslavie, le port de Vukovar était prospère. Une belle cité baroque, avec plus de 45 000 habitants. En 1991, le siège de la ville par les armées serbes commence. Il durera 87 jours, avec son lot de crimes atroces, de bombardements incessants et la déportation massive de près de 20 000 personnes. Aujourd'hui, une partie de la population est revenue. On a reconstruit et tenté de redonner un nouveau souffle à la ville. L'église est à nouveau sur pied, le Manoir Eltz accueille des expositions et un festival de films... À voir, d'autres lieux de mémoire, à l'hôpital, au musée municipal, au cimetière, au mémorial d'Ovčara.

Transports

En face de la place du marché, la gare routière affiche un réseau des bus locaux, qui font la liaison régulière Osijek-Vukovar. À environ 5 km du centre-ville, la gare ferroviaire permet la connexion avec Osijek et Zagreb (un train quotidien).

CIMETIÈRE ET MÉMORIAL

Ul. Ive Tijardovića
✆ +385 032 638 567
www.mcdrvu.hr
Ouvert du lundi au vendredi de 8 h à 16 h. Visite guidée sur rendez-vous le week-end pour les groupes. Entrée gratuite.

938 croix blanches alignées rappellent le souvenir des soldats croates morts, ayant participé à la défense de la ville. Il reste encore des corps non identifiés ou non retrouvés. Parmi eux, des combattants étrangers. La fondation, qui a en charge la gestion des lieux commémoratifs à dans la région de Vukovar est installée dans un bâtiment au sud de la ville. Elle a une fonction pédagogique envers tous les publics et œuvre en faveur de la paix. Dans les salles d'exposition, des armes utilisées lors des conflits, des documents, des photos, des vidéos...

ÉGLISE SAINT-PHILIPPE-ET-SAINT-JACQUES ★

Samostanska ul. 5
✆ +385 32 344 034
filipjakov-vu.com
Visite sur rendez-vous.

Le couvent et l'église, tous deux de style baroque, ont été presque complètement détruits pendant la guerre. Aujourd'hui, l'église, le clocher et le monastère ont été reconstruits. La communauté religieuse contribue largement au travail de mémoire. A l'intérieur de l'église, des traces du conflit sont encore visibles. Sur le site Internet de l'église, on peut découvrir le déroulement des événements, qui avaient pour but la destruction systématique de la ville.

MUSEE ARCHÉOLOGIQUE DE VUČEDOL ★

Vučedol 252
✆ +385 32 373 930
vucedol.hr
Ouvert du mardi au dimanche de 10h à 18h. Entrée : 6 € (adultes), 4 € (enfants).

Ce complexe scientifique et culturel est situé à quelques kilomètres au sud de la ville, près du Danube. C'est là, sur le site de Vučedol, que l'on a trouvé un gros gisement archéologique, témoignant de la présence humaine dès la période préhistorique sur ce territoire. Ce centre de recherches a pour mission de collecter, préserver et raconter l'histoire et la culture de la Croatie du Nord orientale. Les salles d'exposition utilisent des techniques de pointe en matière de multimédia.

MUSÉE MUNICIPAL (GRADSKI MUZEJ) ★

Dvorac Eltz, Županijska ul. 2
✆ +385 32 441 271
www.muzej-vukovar.hr
Ouvert en semaine de 10h à 16h, samedi et dimanche de 10h à 13h. Fermé le lundi. Entrée : 25 kn.

Un musée installé dans un palais baroque, construit au milieu du XVIIIe siècle pour le comte Eltz. Il fut la cible des tirs d'obus durant la dernière guerre, mais les fondations ont tenu. On a refait le toit, le fronton du milieu, les murs intérieurs ainsi qu'une grande partie des salles d'exposition. Si le fonds permanent du musée est maigre, l'énergie de ses gardiens pour conserver le bâtiment compense. Des manifestions temporaires y ont parfois lieu.

SLAVONIE

OFFICE DE TOURISME

Ul. Josipa Jurja Strossmayera 15
✆ +385 32 442 889
www.turizamvukovar.hr
Ouvert en semaine de 7h à 15h, le samedi de 8h à 13h.

Une agence dans le centre-ville pour toute information concernant les hébergements (hôtels, locations saisonnières privées), les visites du patrimoine historique de la ville et de la région slavonne, l'héritage culturel de la ville, les musées municipaux, les lieux de mémoire, qui gardent le souvenir des événements et des morts de la dernière guerre mais aussi, plus léger, les balades bucoliques sur le Danube, les cafés-restaurants aux bords de l'eau, l'agenda culturel, les festivals, les horaires du marché moderne, la vie nocturne.

HÔTEL LAV €€

Ul. Josipa Jurja Strossmayera 18
✆ +385 32 445 100
www.hotel-lav.hr
A partir de 590 kn la nuit en chambre double, suites à partir de 900 kn (petit déjeuner inclus).

C'est le grand hôtel de la ville ! Il a ouvert en 2013. Sur les 38 chambres et 4 suites, la plupart ont vue sur la rivière et toutes sont aménagées dans un design moderne et confortable qui reste cependant plutôt sobre. Un service professionnel et courtois, une ambiance intime au bar, un restaurant, une salle de sport, l'accès à Internet sans fil, etc. Autant de bons arguments pour séjourner dans ce 4 étoiles.Vous pourrez également manger une cuisine régionale au restaurant accompagnée d'une excellente sélection de vins de Slavonie.

RESTAURANT VRŠKE €€

Parobrodarska 3
✆ +385 32 441 788
www.restoran-vrske.hr
Ouvert tous les jours en été, de 8 h à 22 h. Autour de 100 kn pour un plat complet.

Le Vrške mise sur son ancienneté en ville ainsi que sur sa nouvelle terrasse. Elle donne sur les berges, avec une vue imprenable sur le Danube. Il se trouve à proximité du château et de l'embarcadère des bateaux de croisière. Son emplacement privilégié plaît aux habitués, qui viennent aussi pour consommer des boissons fraîches ou chaudes. En cuisine, les plats restent traditionnels, poissons d'eau douce fumés en plein air, *fish paprikaš*, charcuterie slavonne, viandes grillées au feu de bois, desserts maison et, pour accompagner le tout, un verre de vin d'Iliok.

OSIJEK ★★

Située à une trentaine de kilomètres de la frontière hongroise, à une dizaine à l'est de la frontière avec la Serbie et une vingtaine au sud avec la Bosnie-Herzégovine, cette ville portuaire s'est développée sur la rivière Drave. Avec sa position centrale, Osijek a toujours été un carrefour d'influences territoriales. Chef-lieu de la Slavonie, quatrième ville de la Croatie après Zagreb, Split et Rijeka, Osijek a payé un lourd tribut à la dernière guerre de l'ex-Yougoslavie. En 1991, avant le début des conflits, elle comptait 130 000 habitants. Aujourd'hui, elle se repeuple : au dernier recensement, la population était de 114 616 personnes.
La plus grande ville de Slavonie offre de belles vues panoramiques, notamment près de la rivière Drave, à sa confluence avec le Danube. Au centre de la place de la Sainte-Trinité (Trg Svetog Trojstva), la colonne de la Peste fut élevée en 1729. Tout autour de la place se dressent la cathédrale, les musées historiques et de grands bâtiments publics du XVIIIe siècle, comme le rectorat de l'université. Sur la Zupanijska (n° 8), l'hôtel-restaurant historique, le Waldinger, est reconnaissable à sa façade Art déco.
Sur l'avenue de l'Europe se dressent toujours les palais anciens, souvenirs du début du XIXe siècle, à l'époque où la noblesse et la bourgeoisie récupéraient les briques de la forteresse pour la construction de résidences privées. La plupart de ces demeures anciennes ont été réquisitionnées par le gouvernement afin d'y loger des familles sympathisantes au parti communiste. Très endommagées par la dernière guerre (1991-1995), elles attendent pour la plupart d'être restaurées. Aujourd'hui, Osijek est une ville aérée, avec de généreux espaces verts, des promenades semi-piétonnes et des pistes cyclables. Chaque année, début octobre, s'y tient la fête de la bière (Oktoberfest) comme à Munich.

Histoire

Sur la rive droite de la Drave, Osijek est divisée en trois zones : la ville haute, la ville basse et la vieille ville, Tvrđa. La fondation du premier village remonte au XIIe siècle. Construit à l'emplacement de la cité romaine de Mursa, il vit grâce aux activités de son port. On trouve mention de son nom dès 1196. Aux XVIe et XVIIe siècles, la cité est occupée par les Ottomans, qui s'en désintéressent à partir de 1687. Les Hongrois édifient alors des fortifications et construisent la ville haute, interdite à l'origine aux non-catholiques. La ville basse, construite peu après, prospère vite. Au XIXe siècle, la ville est partagée entre l'influence de Zagreb et celle de Budapest. Elle se développe grâce à ses filatures de soie, son usine d'allumettes, ainsi qu'à son artisanat. Le style architectural dominant à Osijek est celui de la Sécession viennoise, un courant de l'Art nouveau occidental, créé au début du XXe siècle par un groupe d'artistes qui refusèrent le conformisme artistique de l'époque. Nombre de palais baroques ont été endommagés pendant la guerre d'indépendance. Malgré le manque de moyens, Osijek aujourd'hui restaure ses quartiers historiques.

Sortir

Les quartiers les plus populaires pour boire un verre et sortir se trouvent sur les bords de la Drave, dans des bars-restaurants-péniches, sur la promenade Zimska Luka, dans la vieille ville *intra-muros* et dans la rue Sunčana ou près de la citadelle. Les clubs et discothèques dans la vieille ville se concentrent autour de Trg Vatroslava Lisinskog.

Sports / Loisirs

- Se baigner dans la rivière. Oui, c'est possible ! En été, une plage très fréquentée par les locaux, la Kopika, a été aménagée sur la rive droite de la Drave avec une belle vue sur la ville, et des bars et restaurants. L'eau y est propre et peu profonde.

Transports

La ville n'est pas très grande, on peut tout faire à pied. Un réseau de tramways et de bus permet de se déplacer facilement, notamment du centre historique à la ville haute, aux gares. Des taxis et une agence de location de vélos complètent ce dispositif.

CATHÉDRALE SAINT-PIERRE ET SAINT-PAUL ✝

Županijska ul.

Dans la ville haute, cette cathédrale de style néo-gothique se dresse majestueusement. Construite à la fin du XIXe siècle par deux architectes allemands, sous les ordres de l'évêque Strossmayer. Avec ses murs en briques rouges, elle fait écho à celle de Đakovo. Son clocher, d'une hauteur de 90 m, est visible de tous les environs à tel point qu'il pourrait servir de point de repère… Son nom en croate : Osjecka Konkatedrala Sveti Petra i Pavla Apostola.

GALERIE DES BEAUX-ARTS OSIJEK ★★

Europske avenija 9 ✆ +385 31 251 280
www.mlu.hr

Ouvert du mardi au vendredi de 10h à 18h, 20h le jeudi et jusqu'à 13h le samedi et le dimanche. Tarif 15 kn.

Ce musée des arts plastiques, anciens et modernes (Muzej likovnih umjetnosti), fut fondé en 1954. La collection, l'une des plus importantes du pays, principalement pour l'art pictural croate des XVIIIe, XIXe et XXe siècles, s'est constituée durant les périodes baroque, néo-classique, romantique et début du XXe siècle. Vous apprécierez parcourir les salles en admirant les œuvres des grands maîtres. Au rez-de-chaussée, des expositions temporaires sont organisées toute l'année.

SLAVONIE

Cathédrale de Saint Pierre et de Saint Paul, Osijek.

MUSÉE ARCHÉOLOGIQUE [ARHEOLOŠKI MUZEJ OSIJEK] ★

Trg Svetog Trojstva 2
✆ +385 31 232 130
amo.hr

Ouvert du mardi au samedi de 10h à 18h. Ticket d'entrée : 25 kn.

Ouvert en 2007, ce musée présente une importante collection d'objets trouvés lors de fouilles archéologiques menées dans la région. Le rez-de-chaussée possède un bel atrium avec un plafond en verre laissant entrer la lumière zénithale. À l'étage, les pièces d'exposition suivent un ordre chronologique, de la préhistoire à l'époque romaine. Les installations reproduisant l'habitat *in situ* sont très évocatrices, dommage que les explications ne soient pas en anglais.

MUSÉE DE SLAVONIE [MUZEJ SLAVONIJE] ★

Trg Svetog Trojstva 6
✆ +385 31 250 731
www.mso.hr

Ouvert du mardi au samedi de 10h à 18h. Ticket : 25 kn.

Après la dernière guerre, le bâtiment, lourdement touché par les bombardements, fut contraint de déplacer les œuvres au musée archéologique. Certaines pièces sont toutefois restées sur place, comme celles retrouvées sur le site de Mursa, la cité romaine sur laquelle s'est construite Osijek. Des documents historiques et ethnographiques, une superbe collection de costumes traditionnels de la région... Des expositions temporaires mettent l'accent sur l'identité régionale de la ville.

HOTEL RITAM €

Obrt Vuković Kozjačka 76
✆ +385 31 310 310
www.hotel-ritam.com

La chambre, selon la saison et la catégorie, de 352 kn à 567 kn la nuit (petit déjeuner inclus).

Dans une maison moderne, cet hôtel simple offre des chambres grandes, rénovées récemment dans un style formica lumineux. Elles sont simplement équipées mais apporteront le confort nécessaire pour y passer la nuit. Pour tous : connexion Wifi gratuite, accès à la salle de sport (basique dans le matériel proposé), table de ping-pong pour des parties sans fin entre amis, et parking à disposition. Accueil chaleureux qui invite à se détendre. Possibilité également de manger au restaurant ou de boire un verre au bar du Garni Hotel Ritam.

HÔTEL CENTRAL €€

Trg Ante Starčevića 6
✆ +385 31 283 399
www.hotel-central-os.hr

La chambre single ou double, selon la saison et catégorie, de 370 à 540 kn la nuit (petit déjeuner inclus).

Dans la ville haute, à deux pas de la cathédrale, un hôtel historique d'Osijek. Derrière une belle façade du XIXe siècle, l'intérieur de style Art déco fait tout le charme des chambres classiques, confortables et bien équipées. Les fenêtres de certaines chambres donnent sur la grand-place. Dans les escaliers et les couloirs, on vous dévoile même le tapis rouge. La bibliothèque est un plus. L'accueil est sympathique et professionnel. Le petit déjeuner est bon. Entrée offerte pour un lieu touristique en réservant sur Internet. Se renseigner à l'accueil de l'hôtel.

HÔTEL WALDINGER €€

Županijska 8
✆ +385 31 250 450
www.waldinger.hr

La chambre double, selon la catégorie en saison estivale, de 675 à 937 kn la nuit (petit déjeuner inclus).

Voici un grand hôtel historique bien situé, dans un très beau bâtiment de style Sécession. Il est décoré à l'intérieur de meubles anciens et de tableaux aux murs. Le style nous replonge dans le passé, tout en présentant une certaine classe. Confortables, les grandes chambres au calme sont bien équipées (TV, connexion Wifi gratuite, salle de bains...). Certaines disposent d'un coin salon et d'un bain à remous. Avec son café bar lounge et son restaurant coté (on y sert des plats semi-gastronomiques), le *standing* 4 étoiles est mérité.

MAKSIMILIAN €€

Franjevačka Ulica 12
✆ +385 31 497 567
www.maksimilian.hr

Chambres doubles, selon la catégorie et la saison, de 350 à 450 kn, triples : 550 kn la nuit (petit déjeuner inclus).

Dans l'enceinte de la forteresse, au cœur du quartier historique, cette maison d'hôtes, décorée dans un style néo-rustique, présente tous les avantages d'une résidence hôtelière, avec la réception ouverte 24h/24, la connexion Wifi gratuite, les livres et DVD à disposition, un petit déjeuner copieux et les conseils touristiques de la propriétaire en plus ! Dans le quartier, vous serez proche de tout : le musée régional, les cafés, bars et restaurants, et même une boulangerie au coin de la rue. Location de vélos sur place également.

RESTORAN GALIJA €

Gornjodravska Obala b.b.
✆ +385 31 283 500
https://galija.co
Ouvert tous les jours en été. De 40 à 50 kn le plat chaud.

Sur un bateau à quai, le restaurant flottant navigue entre cuisine régionale et internationale, italienne ou mexicaine. Pour ceux qui veulent goûter au cadre classique et pittoresque, surtout au coucher du soleil. Les grosses faims choisiront la formule pour deux personnes (brochettes, viandes grillées, pommes de terre cuites au four, champignons grillés), d'autres préféreront le plat de poisson d'eau douce grillé avec salade de pousses vertes. Pour les repas de fin de semaine, c'est toujours le lieu à la mode à Osijek. Assiettes soignées. Pensez à réserver.

RESTORAN SLAVONSKA KUĆA €

Kamila Firingera 26 ✆ +385 31 369 955
www.slavonskakuca.com
Du lundi au vendredi de 10h à 23h, le samedi 8h à 23h, le dimanche de 11h à 22h. Autour de 115 kn le plat chaud.

Un restaurant aux grandes tablées, à l'atmosphère chaleureuse, qui aime organiser des repas de fêtes, mariages et autres communions. Parmi les spécialités régionales, le classique poisson d'eau douce grillé au feu de bois ou encore l'un des meilleurs *fish paprikash*. Les grillades de viande ne sont pas oubliées, la charcuterie, d'étonnantes saucisses de Slavonie, du kulen, des salaisons locales, du goulasch, le tout apprécié avec une bière ou le vin blanc fruité de la maison. L'ambiance détendue peut devenir très joyeuse avec les musiciens.

KLUB OXYGENE

Županijska 9
✆ +385 31 128 224
Ouvert le week-end de 20h à 1h. Le samedi ferme à 4 h.

Dans le centre d'Osijek, le Klub Oxygene fut longtemps l'une des meilleures *discotek* de la région voire de Croatie. Nombre de groupes rock et des DJ sont passés par là. Aujourd'hui, en ville, il a de la concurrence. Mais les clubbeurs y viennent quand même, ne vous y trompez pas. Le Klub Oxygene organise régulièrement des soirées à thème à l'occasion des différentes festivités de l'année, comme Halloween ou le nouvel an. Rendez-vous sur la page Facebook qui est régulièrement mise à jour avec toutes les informations sur les événements à venir.

BILJE

À l'est de Zagreb, dans le comitat d'Osijek-Baranja, cette localité est la plus proche de Kopački Rit. On peut donc y séjourner (chambres d'hôte, locations saisonnières) pour randonner dans le parc naturel, l'une des plus grandes zones marécageuses d'Europe. On peut visiter le château de Tikveš, l'une des résidences de Tito, se restaurer dans de bons restaurants de terroir, qui proposent toujours des spécialités locales. Goûtez par exemple la viande grillée au feu de bois ou mijotée en sauce, du gibier ainsi que des poissons d'eau douce, des cuisses de grenouilles régionales, sans oublier le *fish paprikaš*, une soupe épicée au poisson de Slavonie.

CHATEAU DE TIKVEŠ (DVORAC TIKVEŠ) ★

31309, Lug ✆ +385 31 752 320
tzo-bilje.hr/tikves
Ouvert de 9h à 17h. De mai à septembre, fermeture à 20h. Entrée : 10 kn. Visite guidée : 70 kn, 50 kn enfants.

Dans le parc naturel Kopački Rit, ce manoir construit au milieu du XVIIIe siècle, sous les Habsbourg, était devenu l'une des résidences secondaires du maréchal Tito. Derrière les murs de ce pavillon de chasse, se cachent bien des histoires à propos des célébrités invitées, comme le prince Eugène de Savoie, l'empereur François-Joseph, l'impératrice Sissi, mais aussi Franz Liszt. Moins glamour, le château fut aussi le siège de nombreuses décisions politiques majeures.

APPARTEMENTS VRATA BARANJE €

Vinogradska, 15
✆ +385 31 750 057
www.vrata-baranje.hr
Chambres, appartements ou studios, selon la catégorie, de 36 € à 44 € la nuit.

A 10 minutes en voiture du centre d'Osijek, vous séjournerez dans une grande maison à la campagne, où sont aménagés différents types de locations saisonnières, toutes avec du mobilier en chêne massif. Elles sont équipées d'une cuisine, d'un balcon, de la climatisation, d'une télévision et d'une connexion Internet. Le parking est gratuit. Vous trouverez ici du calme, et seuls les animaux du domaine et de ses environs rappelleront que la nature est bien vivante.

SLAVONIE

PARC NATUREL DE KOPAČKI RIT ★★

Visitor Centar Ritska bb, 31327 Kopačevo
✆ +385 31 445 445
www.kopacki-rit.com
Ouvert de mars à novembre de 9h à 17h, ferme à 16h en hiver. Visite guidée : 80 kn (adulte), 60 kn (enfant).

Sur quelque 23 000 ha, cette réserve naturelle est immense. La visite à la journée comprend la promenade à pied sur des passerelles, une balade en bateau guidée à travers la zone humide. D'autres formules sont possibles, incluant des arrêts au château de Tito (Dvorac Tikveš), la résidence de chasse du prince Eugène de Savoie, à 12 km du bureau des entrées, auquel on accède à travers bois en train touristique. Une route de 30 km permet de découvrir une partie du territoire. Plusieurs chemins ont été aménagés pour randonner librement, apprécier la diversité des paysages.

Inscrit en 1993 sur la liste des zones marécageuses d'importance internationale, ce parc naturel est l'un des plus grands espaces d'eau douce d'Europe. Il abrite plus de 291 espèces d'oiseaux et 44 de poissons. L'humidité du site, due à la présence des cours d'eau, est propice à la diversité animale. Attirés par les poissons, les oiseaux migrateurs sont nombreux au début de l'automne. Au fil de l'eau, on rencontre quantité de cormorans, hérons, mais aussi des sternes, des martin-pêcheurs, des canards sauvages… On compte aussi quelques espèces rares en Europe, comme la cigogne noire. Peut-être aussi aurez-vous la chance d'apercevoir un renard, un chevreuil, un sanglier, une loutre, une fouine ou même un ours. En été, aux abords de la rivière, il y a aussi des serpents, qui sont non venimeux. Ils se terrent et attendent leurs proies, des grenouilles à profusion, dont ils raffolent !

SLAVONIE

VALPOVO

La première mention écrite du lieu-dit médiéval remonte à 1332. La forteresse, qui appartenait à la famille Morović, date de 1438. Plus tard, ce qui restait des fortifications fit partie du grand domaine du baron Prandau-Norman. C'est sur cette place forte qu'il fait construire son château en 1801. Aujourd'hui, en plein centre de Valpovo, ce château-musée, entouré d'un grand parc, très pittoresque, est ouvert au public. Vous y trouverez une agence touristique, qui renseigne les visiteurs sur le patrimoine naturel et culturel de la petite localité, l'histoire du château, les excursions et activités aux alentours ou la station thermale de Bizovac, par exemple.

NAŠICE ★

À 51 kilomètres d'Osijek, ce petit village possède un patrimoine historique intéressant : une belle église gothique (Saint-Antoine de Padoue de Nasice) à la très spectaculaire chaire à laquelle il faudra aller jeter un coup d'œil, une salle d'exposition et deux manoirs. Mais c'est surtout la ville où se situe le somptueux château de Pejačević de style baroque tardif édifié par la famille du même nom : s'il fallait choisir un château parmi tous ceux de la région, celui de Našice constituerait sans doute l'une des meilleurs prétextes de visite. Našice est une petite ville verte très agréable avec quelques options d'hébergements sérieuses.

CHÂTEAU DE DVORAC PEJAČEVIĆ ★

Trg dr. Franje Tuđmana 5
✆ +385 31 613 414
www.zmn.hr
Ouvert régulièrement au public mais pas d'horaires fixes.

Ce château néoclassique date du début du XIXe siècle. Il possède un mausolée, œuvre d'Herman Bollé, architecte et sculpteur du cimetière de Zagreb. A l'intérieur, outre le magnifique escalier double, on peut s'intéresser – grâce à de multiples documents, photos et archives – à la vie de la pianiste Dora Pejačević (1885-1923), qui fut la première compositrice croate à gagner en notoriété publique. Prolonger la visite dans le parc ou à l'Hotel Park qui fait aussi restaurant.

ĐAKOVO ★

Située à 35 km d'Osijek, Đakovo, jolie étape dans la région, a été construite à l'emplacement de Certissa, une petite cité romaine. La ville et la plaine qui l'entourent sont dominées par la cathédrale Saint-Pierre-Saint-Paul, bâtie sous les ordres de l'évêque Strossmayer au XIXe siècle. La ville, devenue résidence épiscopale en 1239, est connue pour son évêché qui a beaucoup agi pour la région. Au XIVe siècle, elle est entourée de fortifications mais les Ottomans parviennent à la dominer pendant près de cent cinquante ans et y élèvent une mosquée au XVIe siècle, aujourd'hui église. Lorsqu'ils sont chassés au XVIIe siècle, les Turcs ont incendié Đakovo.

MUSÉE DE ĐAKOVO (MUZEJ ĐAKOVŠTINE) ★

Ante Starčevića 34
✆ +385 31 813 254
muzej-djakovstine.hr
Ouvert tous les jours de 9h à 13h. Tarif de 5 à 10 kn.

Dans ce musée municipal, une section archéologique intéressante et une partie historique qui s'attache aux souvenirs de la dernière guerre avec une exposition permanente des objets militaires, des photographies, documents et support multimédia. A voir également, une collection d'arts et de traditions populaires, notamment des costumes anciens, ainsi qu'une section numismatique. Enfin, une partie dédiée aux beaux-arts et à la photographie moderne et contemporaine.

CATHÉDRALE SAINT-PIERRE-SAINT-PAUL

Strossmayerov trg 6
Ouverte tous les jours mais fermée entre 12h et 15h.

Symbole de la richesse de la région, la cathédrale Saint-Pierre-Saint-Paul fut construite entre 1866 et 1882, sous les ordres du mécène Strossmayer. 7 millions de briques ont ainsi été nécessaires ! L'évêque voulait une grande église confortable tout en conservant la tradition néo-gothique. Les fresques furent réalisées par des élèves plasticiens brillants, qui, ayant reçu une bourse d'Etat, y ont travaillé une bonne douzaine d'années. Superbe visite.

MUSÉE J. J. STROSSMAYER

Luke Botića 2
✆ +385 31 813 698
Ouvert jeudi et vendredi de 8h à 19h, samedi de 8h à 14h. Entrée de 5 à 10 kn.

La mémoire du grand évêque de la région valait bien un musée ! Il fut inauguré en avril 1992, en pleine guerre, dans le palais épiscopal, qui lui fut construit au XVIIIe siècle (baroque tardif) à côté de la cathédrale. Les autorités religieuses souhaitaient apporter une réponse culturelle à la dévastation. En plus des objets et écrits personnels de l'évêque, un regard sur la peinture croate historique, avec des œuvres du peintre naïf Ivan Lacković Croata, celles de Zdravko Cosić, de Đuro Adžić, d'Ivan Tuna Jakić, d'Albina Jakić et d'Antun Bauer.

HARAS DE LIPIZZANS ★

Augusta Šenoe 45
✆ + 385 31 822 535
www.ergela-djakovo.hr
Ouvert en hiver en semaine de 7h à 15h, printemps/été, ferme à 17h. Entrée : 10 à 50 kn. Calèche de 40 à 60 kn.

Sur la route nationale, en direction de Nasice, avant l'intersection de l'autoroute, un panneau indique le chemin de terre qui conduit au centre équestre. Ces haras historiques furent fondés au XIVe siècle par les évêques de Đakovo. Cinq siècles d'existence pour cette ferme animalière dont deux passés à élever la race des chevaux lipizzans, un savoir-faire ancestral qu'il est intéressant de découvrir tout en admirant la beauté de ces beaux pur-sang blancs. On peut visiter les écuries et faire une promenade en calèche dans la campagne alentour.

PALAIS ÉPISCOPAL (SPOMEN-MUZEJ BISKUPA) ★

Strossmayerov trg 6
Ouvert tous les jours en été de 8h à 18 h.

A la demande des évêques en place entre 1750 et 1830, ce palais épiscopal, qui se trouve à côté de la cathédrale, fut construit dans un style baroque tardif. A l'époque, un professeur dans l'enseignement supérieur, Antun Mandić (1805-1815), a beaucoup œuvré pour le développement de l'agriculture dans la région. En remerciement, l'évêque a baptisé les vignobles de son nom (Mandićevac). On dit que la cave du palais recèle ainsi de bonnes bouteilles !

SLAVONIE

VINKOVCI

À quelques kilomètres à l'ouest de Vukovar, cette ville, desservie par une gare ferroviaire et une gare routière, présente la particularité d'avoir été construite sur un site romain. Lles fouilles archéologiques ont révélé une ancienne ville chrétienne. Baptisée Cibalae, elle fut le lieu du martyre de l'évêque Eusèbe (258) et de Polion (304). Une histoire de ces premiers chrétiens nous est racontée lors de la visite du musée municipal. Une agence municipale (Turisti ka Zajednica) fournit toutes les informations sur les hébergements, les restaurants, les visites, la découverte du patrimoine, et propose aussi des brochures et des plans gratuits.

MUSÉE MUNICIPAL (GRADSKI MUZEJ) ★

Trg bana Josipa Šokčevića 16 ✆ +385 32 332 504
muzejvk.hr

Ouvert en semaine de 9h à 19h, samedi de 9h à 13h. Fermé les dimanche, lundi et jours fériés. Entrée : 15 kn.

Dans ce musée de la ville, une collection archéologique importante est exposée, qui met bien en évidence l'importance de la région durant l'Antiquité romaine. Une collection de nombreuses jarres, amphores et poteries. À voir également, l'atelier de restauration, qui travaille sur les matériaux trouvés lors des fouilles. Une section historique et ethnographique présente des objets traditionnels du quotidien, des costumes anciens (Sokci), des documents d'archives de la région.

ÉGLISE SAINT-EUSÈBE-ET-SAINT-POLION

Trg bana Josipa Šokčevića 5

Ouverte au public même en dehors des offices.

Cette église baroque fut construite à la fin du XVIIIe siècle à la mémoire des deux saints de Vinkovci, Eusèbe et Polion, qui y vécurent à la période romaine. Eusèbe a été le premier évêque de la ville. Polion, lui, orateur influant, refusant de renoncer au christianisme, a été martyrisé. L'église fut sévèrement endommagée (la tour et les cloches surtout) pendant la guerre d'indépendance lorsqu'on tenta de la brûler. Elle a été rénovée entre 1994 et 1998.

HOTEL VILLA LENIJE €€

Ulica Hansa Dietricha Genschera 3
✆ +385 32 340 140
www.hotelvillalenije.com

Chambres doubles selon la saison de 118 € à 121 € la nuit (petit déjeuner inclus).

A proximité du centre, dans un quartier résidentiel boisé, l'établissement allie architecture classique et intérieur contemporain. Les 22 chambres, grandes et confortables, sont équipées de télé, d'un mini-bar, du téléphone et de la connexion Wifi gratuite. Certaines offrent une vue sur le lac. Une piscine intérieure, un spa et un sauna s'ajoutent au bar et au restaurant, où l'on sert des spécialités locales et internationales. Pour les déplacements professionnels, les clients ont accès à un bureau multimédia et à une salle de conférence.

SLAVONIE

Parc archéologique Sopot à Vinkovci.

ILOK ★

La ville la plus orientale du pays garde quelques traces de l'occupation ottomane, avec son mausolée et son hammam. C'est aussi un lieu de pèlerinage depuis la mort de Jean de Capistran, moine franciscain réformateur, enseveli dans l'église du couvent (XVe siècle). Ilok est réputée pour ses vignobles de qualité, dont un vin blanc sec coté, le traminac, issu d'un cépage de la famille des gewurztraminers. Vous trouverez une agence de renseignements touristiques (Trg sv. Ivana Kapistrana 5) dans cette pittoresque bourgade au bord du Danube : le patrimoine du centre historique, le musée municipal, les routes des vins...

ÉGLISE SAINT-JEAN-DE-CAPISTRAN

Trg Sv. Ivana Kapistrana 3
✆ +385 32 590 073
Visite guidée sur rendez-vous.

L'église du couvent franciscain abrite les dalles funéraires de Nikola et Lovro Iločki, les propriétaires du fief au XVe siècle, ainsi que les reliques de saint Jean de Capistran, un moine italien qui prêcha dans toute l'Europe et mourut à Ilok en 1456. L'ensemble a perdu sa forme d'origine, notamment à la suite de la restauration néogothique. Pendant la dernière guerre, les moines avaient miné l'église pour empêcher les Serbes d'y pénétrer. Une partie du bâtiment a été endommagée.

MUSÉE MUNICIPAL ★

Šetalište Mladena Barbarića 5
✆ +385 32 827 410
www.mgi.hr
Du mardi au jeudi 9h-15h, vendredi ferme à 18h, samedi 11h-18h, dimanche, groupes uniquement. Entrée : 40/10 kn.

Le musée municipal a été transféré en 1969 dans un château construit à la fin du XVIIIe siècle par une famille de nobles (les Odescalchi). Aujourd'hui rénové, il s'étend sur deux étages et bénéficie de normes muséologiques modernes. Des collections archéologiques, paléontologiques, numismatiques, des documents administratifs de l'époque médiévale, les arts et traditions populaires évoquent le patrimoine historique de la région du Danube croate, plus précisément, l'aire géographique d'Ilok-Vukovar-Vučedol et du comté de Vukovar-Srijem.

SLAVONSKI BROD ★

Deuxième ville de Slavonie par sa démographie, cette ville industrielle, avec une gare ferroviaire, s'illustra dans l'actualité internationale lorsqu'elle dut faire face à une crise migratoire sans précédent. À partir de septembre 2015, plus de 650 000 réfugiés, fuyant le Moyen-Orient, se sont retrouvés à Slavonski Brod lorsque la Hongrie eut fermé sa frontière avec la Serbie. Un camp de transit a dû être construit dans l'urgence. Les réfugiés et des demandeurs d'asile en transit y étaient enregistrés puis ils devaient y attendre avant de trouver un train vers Zagreb afin de tenter de rejoindre la Slovénie et d'autres pays de l'Union européenne.

GALERIE D'ART MODERNE ET CONTEMPORAIN ★

Ante Starčevića 8 ✆ +385 35 448 749
www.gugsb.hr
Ouvert en semaine de 9h à 13h et de 17h à 20h, de 10h à 17h en hiver. Le week-end de 10h à 14h. Entrée : 10-5 kn.

Entièrement rénovée, ce centre culturel abrite une collection permanente d'œuvres d'art et de lettres croates. On y trouve près d'une centaine d'œuvres du grand sculpteur cubiste, Branko Ružić (1919-1997), qui était originaire de Slavonski Brod. Un autre espace est agencé comme une maison d'écrivain avec ses meubles, livres, manuscrits, peintures, sculptures, photographies, ayant appartenu au poète zagrebois Dragutin Tadijanović. Pour finir, un cabinet d'aquarelles.

MAISON DE LA FAMILLE IVANA BRLIĆ MAŽURANIĆ

Vukovarska ul. 1
✆ +385 35 449 273
www.kkd-ibm.hr
Ouvert les soirs de spectacles.

Cette maison fut construite à la fin du XVIIIe siècle sur la place principale de la ville. Un incendie en 1882 la détruisit partiellement. Restaurée, elle abrite des documents originaux d'Ignjat Alojzije Brlić, un auteur linguiste important du pays et de sa famille, comme Ivana Brlić Mažuranić, la célèbre auteure de contes pour enfants. Aujourd'hui, la salle de spectacles (concerts, théâtre) porte son nom. Agenda des spectacles à consulter sur les sites Internet.

SLAVONIE

MONASTÈRE ET ÉGLISE DE LA SAINTE TRINITÉ ★

Trg Svetoga Trojstva 1
✆ +385 35 444 533
Visite sur rendez-vous.

La construction du monastère franciscain a commencé en 1727 pour s'achever à la fin du XVIIIe siècle. Si l'élégante façade de l'église présente une monumentalité sobre, la décoration intérieure, selon le goût du baroque triomphant, est parée de luxe et de richesse. Parmi les objets d'un mobilier liturgique remarquable, le somptueux retable dédié à la Sainte-Trinité ainsi que l'orgue datant du début du XIXe siècle méritent une attention particulière.

MUSÉE REGIONAL (BRODSKOG POSAVLJEMUZEJ)

Ante Starčevića 40
✆ +385 35 447 415
www.muzejbp.hr
Ouvert lundi et vendredi 10h-13h et 17h-20h. Mardi, jeudi et le week-end 10h-13h. Entrée : 10 kn, gratuit - 12 ans.

Au début de la dernière guerre d'indépendance, en 1991, une partie de la collection permanente du musée régional de Slavonski Brod a été endommagée. Heureusement, les matériaux les plus précieux ont été mis à l'abri. Depuis 1997, le fonds d'archéologie, d'ethnographie, d'histoire et de sciences naturelles régional est hébergé dans une partie de l'hôtel de ville. Le projet complexe de restauration de ces bâtiments, qui a débuté en 2002, est toujours en cours.

PANSION HOTEL GARTEN €€

Vinogradska Cesta 69
✆ +385 35 465 072
www.garten.hr
Chambres de 45 € à 93 € la nuit, selon la saison et la catégorie (petit déjeuner inclus).

Cet hôtel familial étonne avec son décor en façade digne d'un film de Walt Disney. Un intérieur tout de boiseries, des chambres confortables, certaines avec des lits à baldaquin. Toutes sont climatisées, équipées de télé, coffre-fort, téléphone et minibar. L'établissement propose des formules bien-être, par exemple des bains de fleurs, de feuille de houblon et de bière artisanale aux vertus apaisantes. Également, plusieurs activités et animations : équitation, vélo, randonnée, observation des oiseaux. Au restaurant, on sert d'autres spécialités locales.

POŽEGA ★

Situé au nord-ouest de Slavonski Brod, ce charmant bourg baroque, avec sa place centrale, ses rues piétonnes, ses galeries et des terrasses de café, mérite que l'on y fasse halte. Il est desservi par deux gares, ferroviaire et routière. La commune fut le berceau de plusieurs artistes croates, dont le poète Antun Kanižlić ou l'explorateur en Afrique Dragutin Lerman. À noter : les soirées musicales de l'été, le festival du chant choral en juin (les Cordes d'or de la Slavonie). Vous y trouverez un office de tourisme avec des informations sur la ville, le patrimoine, les manifestations culturelles, les balades et les possibilités d'hébergement.

CATHÉDRALE SAINTE-THÉRÈSE-D'AVILA ✞ ★

Trg Svete Terezije 3

De son nom croate Katredralna Sv. Terezije Avilske. Sur la place de la ville, cette cathédrale baroque du XVIIIe siècle fut inaugurée en 1763, plusieurs fois endommagée et toujours reconstruite. A l'extérieur, sur son parvis, la statue de Luka Ibrašimoviç rappelle le combat du glorieux franciscain, qui battit ici les Ottomans à la fin du XVIIe siècle. Ses couleurs la subliment, notamment ses toits verts. Prenez le temps de la regarder sous différents angles…

MUSÉE DE LA VILLE (GRADSKI MUZEJ POŽEGA) ★

Matice Hrvatske 1
✆ +385 34 272 130
www.gmp.hr
Ouvert en semaine de 9h à 14h, les après-midi et le week-end sur rendez-vous. Ticket : 5 à 10 kn.

Dans l'un des bâtiments historiques de la place, le musée municipal présente une collection permanente sur plusieurs étages. Des salles sont consacrées à l'archéologie et à l'histoire de la ville. Un autre espace d'exposition est dédié aux événements de la dernière guerre, au souvenir des soldats tués au combat. L'occasion aussi de découvrir l'intérieur d'une maison bourgeoise ancienne. Une visite culturelle à mettre sur votre liste des choses à découvrir à Požega.

ISTRIE

On dit souvent que l'Istrie est un concentré de la Croatie ! Autant pour son environnement naturel que pour sa culture. En même temps, l'Istrie jouit de cette appartenance italienne, slovène et croate. Alors la péninsule prospère se verrait bien plus autonome, le régionalisme y est actif. L'identité istrienne est donc multiple, à l'image de son parler doux qui joue avec les consonances slaves et latines. Du point de vue climatique, les zones tempérées sont plus continentales dans les pré-Alpes du Nord et franchement clémentes sur tout le littoral méditerranéen, ce qui bénéficie à la biodiversité, à l'agriculture, au tourisme balnéaire et à l'agrotourisme. Son patrimoine historique admirablement mis en valeur, les arts et traditions populaires bien vivants, la gastronomie généreuse sans oublier la *dolce vita* constituent autant d'arguments pour les vacanciers en Croatie. Ils pourront aisément consacrer une semaine voire plus à l'Istrie.

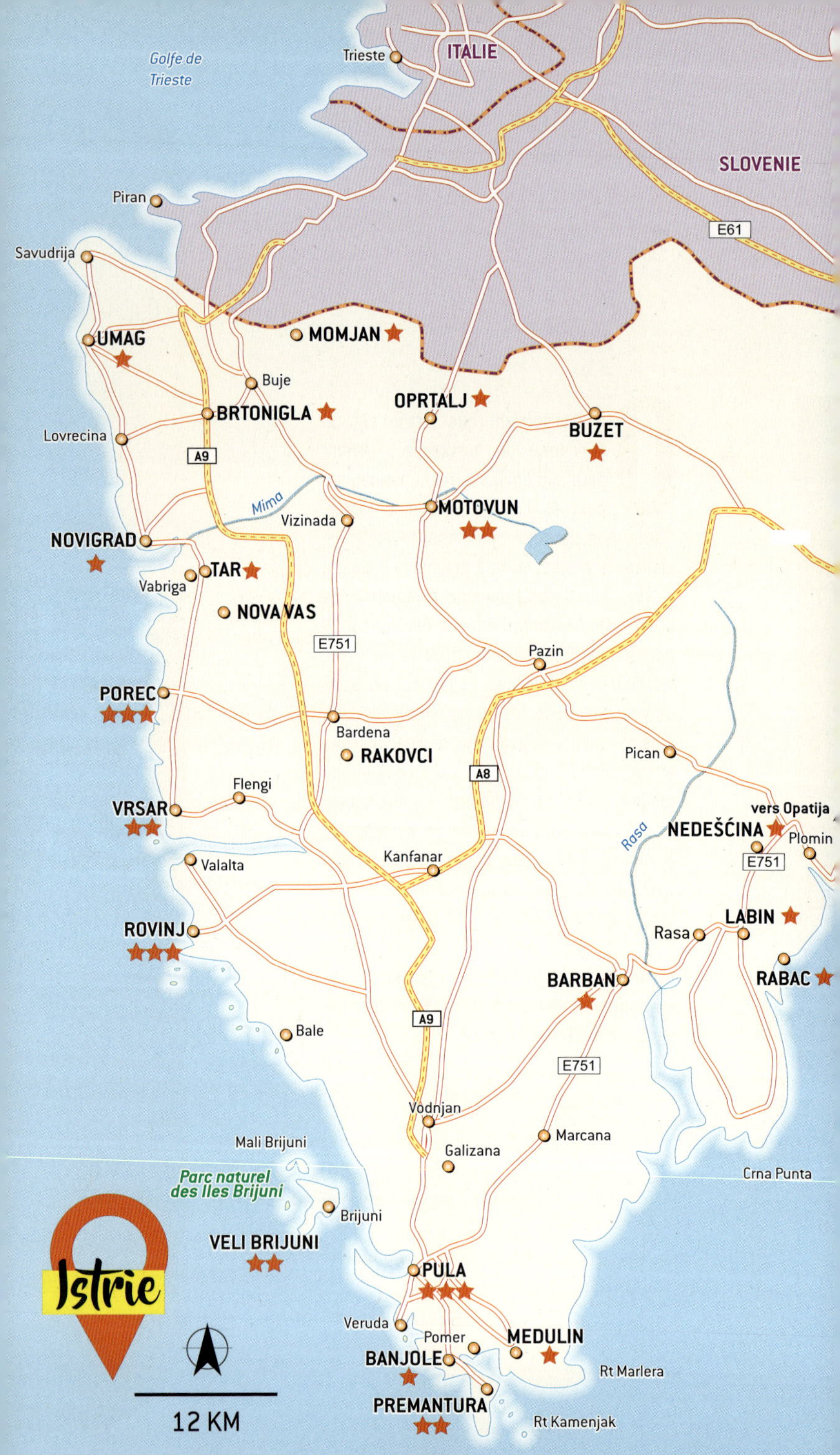
Golfe de Trieste
Trieste
ITALIE
SLOVENIE
E61
Piran
Savudrija
UMAG
MOMJAN
Buje
BRTONIGLA
OPRTALJ
BUZET
Lovrecina
A9
Mirna
Vizinada
MOTOVUN
NOVIGRAD
TAR
Vabriga
NOVA VAS
E751
Pazin
POREC
Bardena
RAKOVCI
Pican
A8
Flengi
VRSAR
vers Opatija
NEDEŠĆINA
Plomin
Rasa
E751
Valalta
Kanfanar
LABIN
Rasa
ROVINJ
BARBAN
RABAC
A9
Bale
E751
Vodnjan
Mali Brijuni
Marcana
Galizana
Parc naturel des Iles Brijuni
Crna Punta
Brijuni
VELI BRIJUNI
PULA
Istrie
Veruda
Pomer
MEDULIN
BANJOLE
Rt Marlera
PREMANTURA
Rt Kamenjak
12 KM

PAGES

181 ## ● ● ROVINJ ET LA CÔTE OUEST

Juste après la frontière slovène, la côte ouest de la péninsule istrienne présente une alternance de stations balnéaires, ports, villages de pêcheurs, cités historiques (Rovinj, Poreč, Vrsar, Pula) ainsi que des sites naturels impressionnants comme le fjord de Lim ou l'archipel des Brioni. À chaque étape, tout est bien organisé pour l'accueil et le séjour des touristes (infrastructures modernes, transports, marinas, hébergements, loisirs).

ROVINJ ★★★

181 Bien que touristique, le centre ancien est attrayant (monuments historiques, boutiques-ateliers, adresses pour se détendre). Sa position centrale permet de belles excursions. Au nord, le fjord de Lim, Vrsar, Poreč ; au sud, un sentier botanique côtier, Pula, le parc national des Brioni. Pour l'île Sveta Katarina, se renseigner à la capitainerie pour trouver un pêcheur qui fait la traversée.

186 ### RAKOVCI

VRSAR ★★

187 Au nord de Rovinj, sur une colline à l'embouchure du fjord Lim, Vrsar est doté de criques et de spots de baignade cachés dans la pinède. En plus de la beauté du site naturel, Vrsar reçoit régulièrement le pavillon bleu pour la qualité de l'eau et conserve une riche tradition de tailleurs de pierre, bâtisseurs et sculpteurs.

POREČ ★★★

190 Poreč est très intéressante sur le plan patrimonial, tout en offrant, par la route ou par la mer, de nombreuses idées d'excursions, sur toute la péninsule, en Istrie slovène et italienne. La localité met aussi en valeur son terroir gourmand et l'agrotourisme, qui s'y est bien développé.

196 ### NOVA VAS

TAR ★

197 Sur un plateau au-dessus de la mer, se dresse ce village typique de l'Istrie rurale, cerné de vignes et d'oliviers, qui jouit d'une vue magnifique sur les alentours. Juste à côté se trouve le village de Vabriga, très bucolique également.

NOVIGRAD ★

197 Entre Poreč et Umag, proche de la frontière, la cité a des similitudes avec Piran, avec laquelle on la compare souvent. D'ailleurs une excursion en Slovénie est toujours possible, où l'on découvre également Koper, Isola sur le littoral ou encore les grottes des Postojna jama.

199 ### UMAG ★

200 ## ● ● ISTRIE VERTE

L'Istrie Verte, appellation contrôlée, suggère l'intérieur des terres, les villages perchés (Motovun, Pazin, Buzet, Grožnjan, Oprtalj), des églises remarquables, de grandes grottes (Postojna), un village fantôme (Dvigrad près de Kanfana), la route des vins à travers la campagne et les forêts, les pistes cyclables, les petites parcelles agricoles, les vignobles et les pâturages. La mer n'est jamais loin et l'agrotourisme s'y développe.

200 ### BRTONIGLA ★

PAGES

201 **MOTOVUN ★★**

Un arrêt à Motovun s'impose car c'est tout simplement l'une des plus remarquables cités médiévales de la région. Ceux qui ont la chance de visiter la ville en juillet pourront assister à son festival international du film.

204 ●● PULA ET LA CÔTE EST

Le tour en Istrie commence souvent par l'aéroport de Pula, grande ville portuaire, pour se prolonger par la route littorale 66. On y trouve des criques, des sites naturels (archipel des Brioni, chutes d'eau de Sentonina Staza, fjords de Raša ou Plomin, presqu'île de Premantura) et globalement un bord de mer plus escarpé qu'à l'ouest, donc moins bétonné, notamment entre Brseč et Rabac. C'est aussi la région de Labin, la cité historique, des stations balnéaires chics, Volosko, Opatija et Lovran. À l'embarcadère de Brestova, après Rabac, le ferry met le cap sur les îles du golfe de Kvarner.

204 **PULA ★★★**

Si Pazin s'affirme comme la « capitale » administrative du comté de l'Istrie croate, c'est bien Pula la grande ville active et culturelle de la région. On arrive à Pula en avion, en bateau depuis Venise, par la route ou en train. Une bonne base pour découvrir la péninsule, côté terre, côté mer. Le centre historique se visite à pied (des parkings payants un peu partout et quelques places gratuites en périphérie).

217 **VELI BRIJUNI ★★**

Principale île de l'archipel, le site naturel de Veli Brijuni est protégé depuis 1983 par un parc national. Les Romains et bien plus tard les Austro-Hongrois y ont laissé de nombreux vestiges avant que les îles ne deviennent un lieu de villégiature au XIXe siècle, une possession italienne puis yougoslave au XXe siècle et une résidence présidentielle pour le maréchal Tito, de 1956 à 1991.

221 **MEDULIN ★**

Pour les anciens Romains, Medulin était le port le plus charmant de la côte est. Ils y construisent de luxueuses résidences d'été. Aujourd'hui, hôtels, campings et locations privées jalonnent le littoral alors que les écologistes cherchent à sensibiliser sur un tourisme plus raisonné. Medulin est en connexion directe avec les îles et les presqu'îles de la pointe istrienne ou du Kvarner.

ROVINJ ★★★

Sa silhouette polychrome, qui se reflète dans l'eau, ses contre-plongées marines, au hasard des ruelles, donnent des airs si pittoresques à la cité qu'on la surnomme « perle de l'Istrie ». Comme rivée aux rochers de la presqu'île, Rovinj semble émerger de l'eau. Ses boutiques-ateliers abritent des artistes et artisans d'art, ce qui lui vaut aussi le titre de « Montmartre istrien ». L'été, difficile de se frayer un chemin dans ses étroites travées. Le quartier autour de la cathédrale est plus calme. Après l'écomusée Batana, le musée historique, faire une pause à la marina, la plage ou la rue Sv. Križa, les bars-restaurants ont une vue sur mer.

Histoire

La cité fut fondée vers le IVe siècle. Menacée par les pirates, elle se plaça très vite sous la protection de Venise, à qui elle fournissait la pierre de construction. Jusqu'à la seconde moitié du XVIIIe siècle, la vieille ville se développe sur une île, puis le bras de mer qui la séparait du continent fut comblé. Elle put ainsi commencer à s'étendre sur la terre ferme. Aux XVIIIe et XIXe siècles, Rovinj était une ville riche. Sous la monarchie austro-hongroise, la puissance de Pula en tant que port militaire, de Trieste et Rijeka comme ports de commerce contribuèrent à la chute de Rovinj. Jusqu'en 1943, la ville fut régie par les autorités italiennes puis s'ouvrit au tourisme dans les années 1950-1960, une dimension économique et culturelle qui ne se dément pas aujourd'hui.

Transports

- On peut arriver à Rovinj par la route, mais la meilleure façon d'aborder la ville, c'est par la mer ! De Poreč, Vrsar ou même Pula, la progression tranquille du bateau révèle la beauté picturale de ses immeubles aux murs enduits de couleurs chaudes. Deux ports desservent la cité portuaire, l'un au nord, l'autre, au sud. Plusieurs fois par jour, des petits bateaux se rendent sur les îles Rouge (Crveni otok) et Sainte-Catherine (otok Sv. Katarina).
- Des liaisons en ferrys et catamarans vers l'Italie, Trieste ou Venise (en haute saison uniquement). Se renseigner auprès d'Euromer en France ou des agences touristiques réceptives.
- À la gare routière, on trouvera un bon réseau de bus.

ECOMUSÉE BATANA [BATANA ECO-MUSEUM] 🏛 ★★

Obala Pina Budicina 2 ✆ +385 52 812 593
www.batana.org

Tous les jours en été, 10h-14h et 19h-23h. Ticket musée : 5 à 10 kn. Tour en barque traditionnelle : 70 kn par personne.

Cet écomusée est dédié à ces grandes barques d'origine vénitienne, appelées *batana*. Elles faisaient le lien entre les différentes régions côtières, croates et italiennes. L'arrivée des ferries y a mis fin. Sur les quais, on peut observer le chantier de réparation à l'ancienne. Un savoir-faire inscrit par l'Unesco sur la liste du patrimoine culturel immatériel croate. L'écomusée anime aussi le Mali Škver festival. Les visiteurs peuvent faire une excursion nocturne sur bateau.

ÉGLISE SAINTE-EUPHÉMIE [SV. EUFEMIJE] ★

Trogir Sv. Eufemije
✆ +385 52 815 615

Ouverte de 10h à 16h hors saison et de 10h à 19h en saison estivale.

© PHANT - SHUTTERSTOCK.COM

Emblème de la ville, cette église date du XVIIIe siècle, époque du baroque italien. Ses plans ont été dessinés par l'architecte Giovanni Dozzi. Le clocher, haut de 60 m, a été élevé sur le modèle des campaniles vénitiens. A son sommet, se dresse une sculpture de sainte Euphémie, sainte patronne de Rovinj. Elle tient une palme et une roue. A l'intérieur de l'édifice, un bel autel en marbre, des tableaux de Giovanni Contarini, élève du Titien, et le sarcophage de la sainte martyre.

ISTRIE

OFFICE DU TOURISME ROVINJ

Trg na mostu 2 ✆ +385 52 811 566
www.rovinj-tourism.com
Ouvert tous les jours de 8h à 22h en été, du lundi au samedi de 8h à 15h le reste de l'année.

Parmi les nombreux bureaux et agences touristiques privées, cet office de tourisme municipal sur le port peut vous aider pour toutes les informations sur la cité historique et sa région, les différents types d'hébergement, le tourisme balnéaire, l'agenda culturel, les animations sur le port, par exemple en été, les processions nocturnes aux bougies des petits bateaux Batana, les programme des festivités et concerts gratuits, les activités sur place et excursions, etc.

ACI MARINA ROVINJ

Šetalište Vijeća Europe 1
✆ +385 52 813 133
Ouverte toute l'année.

Sur le côté sud-est du port, à 1 km de la vieille ville, la marina bénéficie d'une bonne protection contre les vents. Elle a été récemment réaménagée pour être en phase avec la clientèle du Grand Hotel Park, un établissement de luxe qui se trouve juste en face. Les plaisanciers sur les bateaux profitent de la plus belle vue sur le centre historique de Rovinj. Sur place, de multiples services (capitainerie et réception, bureau de change, blanchisserie, café-restaurants, Wifi gratuit, commerces et boutiques spécialisés, matériels de réparation nautique).

HISTRIA AROMATICA D.O.O. ★★

Pižanovac bb, Golaš 52211 Bale
✆ +385 993908161
www.histriaaromatica.hr
Ouvert de 8h à 16h tous les jours. Entrée : 10 €.

Au sud-est de Rovinj, sur un plateau continental méditerranéen, la société Bioaromatica a créé un parc botanique pour des plantes aromatiques et des herbes officinales : lavande, sauge, immortelle, romarin, laurier, mais aussi camomille, calendula ou pyrèthre de Dalmatie, menthes pouliot ou poivrée, vigne, olivier… pour la fabrication des produits cosmétiques. Des ateliers de jardinage, d'herboristerie ou de cosmétique y sont proposés. Superbe vue panoramique sur la campagne istrienne jusqu'aux monts Učka et Ćićarija, les silhouettes de Bale, Vodnjan et Rovinj).

CAMPING POLARI €

Polari 52210 ✆ +385 52 801 501
www.campingrovinjvrsar.com
En été, selon la catégorie et emplacement la nuit en tente, bungalow ou mobil-home, de 35 € à 283 € par personne.

En bordure de mer, à 2,5 km au sud de Rovinj, ce grand camping avec mobil-homes et bungalows au design contemporain est proche d'une plage de galets. Il est relié au port par un bus-navette. Avec une grande piscine, un parc aquatique, des restaurants-bars, un supermarché, ce camping convient particulièrement aux familles. Il propose quantité d'animations et des aménagements pour les personnes à mobilité réduite. Une partie des emplacements est réservée aux naturistes. La cohabitation avec les « textiles » se passe bien, chacun respectant le périmètre de l'autre !

MUSÉE MUNICIPAL DE ROVINJ ★

Trg maršala Tita 11 ✆ +385 52 816 720
www.muzej-rovinj.com
En été, ouvert tlj sauf lundi : 9h-14h et 19h-22h. En hiver, de 10h à 13h (sauf dimanche et lundi), 40-65 kn.

Dans un palais baroque, ce musée historique et de beaux-arts conserve plusieurs collections de peintures intéressantes. Notamment les œuvres de l'Autrichien Alexander Kirchher, né à Trieste en 1867, peintre officiel de la marine austro-hongroise au style réaliste saisissant, celles du paysagiste croate Vilko Šeferov, les maîtres anciens des écoles italiennes (de la Renaissance au XIXe siècle). Pour compléter, de l'art contemporain, une section archéologique et ethnographique régionale.

HÔTEL ADRIATIC €€

Obala Pina Budicina 16
✆ +385 52 800 250
www.maistra.hr
Chambre double ou suite de 216 € à 589 € la nuit selon la saison et la catégorie (petit déjeuner inclus).

L'hôtel le plus ancien de Rovinj a su se refaire une nouvelle jeunesse avec un design post classique et une décoration minimaliste élégante. Au rez-de-chaussée, le café-bar *lounge* et le restaurant bénéficient de grandes baies vitrées avec vue sur la terrasse et la promenade de la mer. Pour le séjour, si possible, préférez des chambres ou suites aux étages supérieurs pour la vue panoramique et le calme. Le confort dans les chambres est digne d'un hôtel de luxe, avec la demi-pension possible et un chef en cuisine qui mixe les recettes adriatiques et françaises.

ISTRIE

HÔTEL VILA LILI BED & BREAKFAST €€

A. Mohorovičića 16 ✆ +385 52 840 940
www.hotel-vilalili.hr

Chambre double standard, selon la saison de 80 €, 92 €, 116 € à 126 € la nuit (petit déjeuner inclus).

Sur les hauteurs du port, derrière le parc, ce qui le garde à l'abri du bruit de la foule en centre-ville (surtout en été), un petit hôtel indépendant confortable, avec la plage à proximité, des équipements bien-être, un sauna. Bonne formule B&B avec un petit déjeuner sucré/salé complet équilibré. Possibilité de réserver une demi-pension, de louer des vélos à la réception. Pour ceux qui veulent profiter des plaisirs et animations du port tout en aimant le calme dans leur hébergement.

ISLAND HOTEL KATARINA €€

Otok Katarina 1
✆ +385 52 800 250

Chambres doubles standard, de 80 € à 207 € la nuit, selon la saison (petit déjeuner et navettes en bateau inclus).

L'hôtel est construit dans un environnement insulaire où l'on circule sans voiture, où l'on arrive (et repart…) en barque, celle-ci faisant la rotation avec Rovinj du matin au soir. En arrivant, vous ne pouvez pas vous tromper, c'est le seul hôtel sur l'île. Récemment restauré, il possède une piscine et un beau jardin. Peu d'équipements sportifs ou de divertissements mais des aménagements bien-être et et la tranquillité. C'est parfait ! Certaines chambres avec balcon ont une vue sur le port. Toutes sont spacieuses, confortables, avec mini-bar, coffre.

VILLA DOBRAVAC €€

1 Karmelo
✆ +385 52 813 006
www.villa-dobravac.com

Chambres doubles : 83 € à 132 € la nuit, selon catégorie et saison (petit déjeuner inclus), appartements 69 € à 137 €.

La famille a construit une superbe bâtisse avec vue panoramique sur la vieille ville et la campagne. Dans ce cadre verdoyant et paisible, proche du centre, les propriétaires proposent des chambres et appartements haut de gamme. Prestations tout confort (air conditionné, Wifi, télé satellite, etc.), un bar à vins naturels, un restaurant bio et une terrasse qui donne sur le jardin. Également, un point de vente de produits du terroir (huiles d'olive, six vins médaillés, fruits et légumes bio, etc.). Nombre de Croates viennent y faire leur marché. Parking gratuit.

VILLA TUTTOROTTO €€

Dvor Massatto 4
✆ +385 52 815 181
www.villatuttorotto.com

Chambres doubles et suites de 157 € à 233 € la nuit, selon la saison et la catégorie (petit déjeuner inclus).

Ce petit hôtel du centre historique, situé à quelques minutes de la plage, propose des chambres et suites au style classique, avec du mobilier en bois massif et ferronnerie, des tapis orientaux, des peintures marines aux murs. L'escalier central en marbre est imposant alors que les objets d'art dans le hall de réception ou dans le petit salon, sont authentiques. Des chambres confortables, des équipements modernes, certaines avec balcon. Petit déjeuner buffet servi dans la salle à manger ou sur la terrasse et salle de sport au dernier étage.

BOUTIQUE HOTEL VALDIBORA €€€

Chiurca Silvana 8 ✆ +385 52 845 040
www.valdibora.com

La chambre de 128 € à 194 € la nuit, selon la saison et la catégorie (petit déjeuner inclus).

Au cœur de la vieille ville, dans une maison historique bien restaurée, qui date du XVIIe siècle, une offre de suites et studios bien aménagés pour profiter du calme et du confort d'un 4-étoiles, avec climatisation, minibar, wifi gratuite. Décorées avec goût, les espaces communs et privé, tout de pierres et de poutres apparentes, sont bien dans l'esprit du balnéaire élégant, qui est apprécié à Rovinj. Parmi les services et équipements, le bar/lounge, le restaurant, le spa, centre de remise en forme/salle de sport, la navette aéroport.

GRAND PARK HOTEL €€€

Smareglijeva ulica 1A
✆ 385 51 770 606

Chambre double de 188 € à 485 € la nuit selon la saison, suite à partir de 640 € en été (petit déjeuner inclus).

Surplombant l'île de Sainte-Catherine et Rovinj, cet hôtel de luxe a fait sensation lors de son inauguration en 2019. Conçu par les cabinets d'architectes de l'Italien Piero Lissoni et du studio croate 3LHD, il constitue une vraie réussite, tant sur l'intégration au paysage que de la construction elle-même. Les six étages descendent en terrasse sur le front de mer. Les chambres, suites et espaces communs jouissent d'un design contemporain, d'une vue sur la marina, d'équipements dernier cri (confort, sport, bien-être, piscine ouverte sur la mer, entre autres.

HÔTEL EDEN €€€

Luja Adamovića 33 b.b.
✆ +385 52 800 250
www.maistra.hr
Chambre de 170 € à 360 € la nuit selon la saison ou la catégorie (petit déjeuner inclus).

A 1 km du centre-ville, au sud, à proximité de la mer et en bordure du parc forestier séculaire (Zlatni Rat/Punta Corrente), cet établissement 4-étoiles bénéficie d'une longue tradition hôtelière. Le bâtiment historique été entièrement rénové pour gagner un design contemporain et des équipements modernes, wifi gratuit, 3 piscines (chauffée, intérieure, extérieure), courts de tennis, centre de remise en forme/salle de sport, Spa. Pour la détente, bar/lounge/restaurant, activités pour les enfants/familles, une salle de conférence, navette aéroport, parking gratuit.

ISLAND HOTEL ISTRA €€€

Otočić Sveti Andrija
✆ +385 52 800 250
Chambres doubles standard de 100 € à 299 € la nuit, selon la saison (petit déjeuner et transfert sur l'île inclus).

À quelques encablures du port de Rovinj, sur un îlot où fut fondé le monastère Sveti Andrija, ce complexe hôtelier s'étend sur une zone naturelle sans voiture. L'immeuble récent est doté de chambres confortables, avec de superbes vues marines, des espaces intérieurs à la décoration de style méditerranéen contemporain. Le centre de bien-être est l'un des plus grands et mieux équipés de Croatie. Sur les plages aménagées, différents programmes d'activités sportives ainsi que des animations et une offre de restauration pour ceux qui ne veulent plus quitter l'hôtel.

VILA KRISTINA BED & BREAKFAST €€

Ulica Luje Adamovića 16
✆ +385 52 815 537
www.vila-kristina.com
Chambre de 120 € à 150 € la nuit selon la saison et la catégorie (petit déjeuner inclus).

À 10 minutes à pied de la vieille ville, dans un cadre rural verdoyant sans être trop éloigné de la plage, ce B&B offre un bon rapport qualité/prix. Le petit déjeuner, sous forme de buffet, copieux, est servi dans une pièce climatisée. On peut aussi préparer ses propres repas dans le coin cuisine de l'appartement, qui bénéficie d'un balcon et de la connexion wifi gratuite. Personnel accueillant, qui accepte les animaux domestiques. Parking gratuit et navette aéroport sur demande.

KONOBA VELI JOŽE €

Svetog Križa 1
✆ +385 52 816 337
www.velijoze.net
Ouvert tous les jours de 10h à 1h. Compter entre 64 et 160 kn pour un plat chaud.

Un restaurant du port que l'on remarque, avec sa décoration qui tient à la fois du pub anglais et du bar des pêcheurs croates. Propose des spécialités de l'Istrie : poissons ou fruits de mer grillés, encornets accompagnés de blitva, moules persillées, morue au vin blanc (que l'on vous sert aussi au pichet), anchois marinés, risotto aux langoustines. Pour ceux qui préfèrent la viande, côtelettes d'agneau ou *ćevapčići* grillés avec des frites mais aussi des gnocchis en sauce ou des spaghettis à la bolognaise. Accueil sympathique.

LA PUNTULINA €

ul Sv. Križa 38
✆ +385 52 813 186
www.puntulina.eu
Ouvert tous les jours en été, de midi à 22h. Plats à partir de 110 kn.

Dans cette rue, les nombreux cafés-bars restaurants font hésiter le promeneur. La Puntulina, avec ses trois terrasses, ses tables en contrebas sur les rochers, juste au-dessus de la mer est très agréable pour boire un verre. On apprécie le plaisir romantique de prendre une boisson fraîche en journée, un apéritif ou un dernier cocktail avec cette vue apaisante sur la mer sans vis-à-vis. Côté cuisine, carte istrienne et méditerranéenne soignée, pâtes fraîches, poissons et viandes grillés, légumes rôtis, etc. Réservation conseillée.

RESTORAN GIANNINO €€

Augusta Ferrija 38
✆ +385 052 813 402
restoran-giannino.com
En été, tous les jours de 11h à 15h et de 18h à minuit. Compter 50 à 60 € le plateau de poisson entier (2 personnes).

En Croatie, c'est l'Istrie qui possède le plus grand nombre de restaurants. Concurrence oblige à Rovinj, on sent que le chef cherche à apporter de l'originalité. Il joue avec la tradition et dévoile même certaines de ses recettes aux clients intéressés. Les spécialités de la maison : raviolis à la sauce aromatisée à la truffe, spaghettis aux fruits de mer, carpaccio de thon, filet de sole en sauce. Le plateau avec poisson ou homard entier (proposé au kilo) est bien plus onéreux que le plateau de fritures (sardines, seiches, anchois, calamars).

SPACIO MATIKA €€

Ul. 35 Svalba

Ouvert en été les mardis, jeudis et vendredis de 20h à 23h. Repas autour de 110 kn.

Durant la saison estivale, le dîner chez le pêcheur Roman Matika est indiqué par l'écomusée des barques Batana. *Spaccio* ou *spàcio*, dans le dialecte de Rovinj, indique une *konoba* (taverne), avec ses sous-sols, où l'on stockait le vin, qui étaient des lieux de socialisation. Les gens y buvaient, mangeaient ensemble une cuisine de pêcheur, puis ils chantaient ou jouaient aux cartes. Aujourd'hui, le lieu est touristique, avec de grandes attablées pour les groupes et une ambiance banquet, accompagnée de chants de marins (société artistique culturelle Marco Garbin).

RESTAURANT MONTE €€€

Montelbano 75 ✆ +385 52 830 203

www.monte.hr

D'avril à octobre, tous les jours de 12h à 14h30 et de 18h30 à 22h. Menu dégustation 994 kn. Réservation conseillée.

Voisin de l'église Sainte-Euphémie, ce restaurant gastronomique (une étoile au Michelin) est l'un des plus connus d'Istrie. Son chef, Danijel Dado Đekić, manie subtilement les produits locaux, pour un savant alliage entre nouvelle cuisine croate, recettes traditionnelles et inspiration du terroir. Fruits et légumes de saison en version sucré-salé, perles de tapioca à l'encre de seiche, spaghettis de légumes, maïs grillé et langoustines sauce nectarines, brochettes de Saint-Jacques aux champignons crus, glaces au fenouil sauvage et chocolat noir, menu végétarien.

CAFFE BAR BUZZ

Joakima Rakovac 5

Ouvert tous les jours en été de 8h à 1h du matin.

Cette petite rue qui donne sur le port abrite plusieurs adresses pour sortir, boire un verre, pour la vie nocturne. Ce café-bar, équipé du wifi, est fréquenté en journée autant par les jeunes de Rovinj que par les touristes. On apprécie sa terrasse avec la vue imprenable sur les bateaux amarrés proches du quai et au loin la silhouette de la vieille ville. Bonne carte de bières locales (Kampanjola, Barba, etc.), belges (Mater) et internationales, de cidre istrien (Mater) et cocktails. Côté musique, c'est hip-hop, R'n'B en journée et plutôt rock le soir.

VALENTINO

Sveti Križ 28

✆ +385 52 830 683

www.valentino-rovinj.com

Ouvert tous les jours en été de 11h à 1h. Repas et boissons de 160 à 320 kn par personne.

Sur la promenade de la mer, retiré du centre historique souvent bondé, ce bar à cocktails-restaurant est chic et cher. À cela une raison majeure, son superbe emplacement, avec ses tables et coussins, qui sont posés sur les rochers et jouissent d'une vue imprenable sur le bras de mer. La terrasse est assez magique, on y retrouve le calme, on peut s'y installer à toute heure mais, bien sûr, les moments renouvelés du coucher du soleil sont les plus prisés pour une coupe de champagne, un apéritif avec ou sans alcool, suivi d'un déjeuner ou d'un dîner assez magique.

RAKOVCI

Ce paisible hameau peuplé d'une quinzaine d'habitants est situé entre Poreč et Pazin, sur la commune de Baderna, à 5 km du Lim Fjord, où de jolies maisons d'hôte accueillent les touristes en formule agrotouristique. Des séjours à la campagne, avec demi-pension possible, sont proposés dans des bastides de caractère sur les vallons de l'Istrie verte avec des vues sur la verdure croate. Pour les locations et excursions, se renseigner auprès de l'agence touristique Eurotours (Poreč). Ce tout petit hameau est une bonne idée pour une pause tranquille ou une étape à la campagne, mais ne représente pas plus d'intérêt touristique que ses voisins.

IDILA RAKOVCI €

Rakovci 4 ✆ +385 52 462 130

www.idila-rakovci.com

Ouvert toute l'année (sur réservation), en été, tous les jours de 12h à 22h. Plats à la carte à partir de 40 kn.

Restaurant réputé dans la région, tenue par une famille sympathique. Que ce soit à l'extérieur, autour de la cuisine d'été, en terrasse avec vue panoramique sur les collines, ou dans la salle à manger, au style rustique classique, on apprécie les repas et le fait de pouvoir prendre son temps. Au menu, des recettes du terroir, fromage et charcuterie, spécialités de viandes et poissons grillés ou en sauce, pâtes fraîches et gâteau maison, vins locaux. Dans cette maison d'hôtes, la demi-pension est possible (appartement, chambres indépendantes, location de vélos).

VRSAR ★★

Au nord de Rovinj, sur une colline à l'embouchure du fjord Lim, Vrsar est doté de criques, petites baies, archipel d'îlots et autant de spots baignade. Vrsar possède le plus grand camping naturiste d'Europe, qui aurait certainement plu à Casanova qui séjourna en ville. En plus de la beauté du site naturel, Vrsar reçoit régulièrement le pavillon bleu pour la qualité de l'eau et conserve une riche tradition de tailleurs de pierre, bâtisseurs et sculpteurs. En bus, les liaisons sont régulières avec les localités de la région. La gare routière se situe à Kanfanar et dessert la ligne Pula-Ljubljana. Vrsar se trouve à 10 km de Poreč et à 45 km de Pula.

Histoire

De riches aristocrates romains avaient fait construire des palais sur leurs exploitations. Puis, la cité subit l'invasion des Goths. Les Croates arrivèrent au début du VIIe siècle. Entre le Xe siècle et la fin du XVIIIe siècle, Vrsar fut placée sous l'autorité du diocèse de Poreč. Au Moyen Âge, les évêques préféraient passer leurs vacances dans leur résidence de Vrsar plutôt que dans la ville de Poreč. C'est ainsi qu'en 1177 le pape Alexandre III, qui faisait le voyage de Venise à Ancône, s'arrête à Vrsar. Au XVIIIe siècle, Casanova, courtisan et grand voyageur, y séjourne à deux reprises, un passage qu'il évoque d'ailleurs dans ses *Mémoires*. Au XIXe siècle, Vrsar se développe hors les murs ; on construit le port dans la baie. Après le traité de Rapallo (1920), la ville devint italienne et ne revient à la Yougoslavie qu'en 1947 par le traité de Paris.

Vrsar.

DUŠAN DŽAMONJA SCULPTURE PARK ★★

Valkanela 5

Ouvert tous les jours sauf le lundi, en hiver de 9h à 17h, ferme à 19/20h en été. Entrée libre.

Proche de la falaise Montraker, ce parc en plein air est dédié à l'artiste Dušan Dzamonja. Sur plus de 10 ha, ses sculptures monumentales ont de la place.La carrière fut exploitée dès l'époque romaine. Sous la domination vénitienne, des blocs de pierre blanche noble étaient utilisés pour la construction des ponts, palais, églises de la région et les plus beaux bâtiments historiques de la ville. Le site revit chaque été grâce au musée privé et, différents spectacles ou le Casanovafest.

EGLISE SAINT-MARTIN (CRKVA ŽUPA SV. MARTINA) ✝ ★

Pod voltom 12

Orientée vers la mer et regardant le port actuel, cette église n'est pas ancienne, mais elle est assez marquante et compte dans la physionomie du centre historique, spécialement lorsqu'on aborde Vrsar par la mer. Sur un site surélevé déjà occupé par les Romains, elle a été construite à la fin du XIXe siècle, dans un style néo-baroque italien de très bonne facture. Avec sa façade jaune pâle, son campanile dégagé, elle donne une silhouette altière et pittoresque à la vieille ville.

ISTRIE

ÉGLISE SAINTE-FOSCA [CRKVA SV.FOŠKE] ★

Ul. Rade Končara 6

Ouverte de juin à septembre de 9h à 12h et de 17h à 20h.

Construite dans la première moitié du XVIIe siècle, cette église présente un mélange de styles Renaissance et baroque. Aujourd'hui désaffectée, elle fait office de salle d'exposition, que l'on ouvre au public pendant la saison estivale. Elle présente une collection intéressante d'art sacré, des pierres tombales, des objets du culte, des sculptures et des peintures religieuses, dont un tableau, qui date du XVIIe siècle, figurant le martyre de sainte Foška.

RÉSIDENCE D'ÉTÉ DES ÉVÊQUES DE POREČ ★★

Vidikovac, Trsine 24 ✆ + 385 91 429 64 00

castle-vrsar.com

Seuls les résidents de l'Apartment In Castle peuvent visiter le château. De 140 à 230 € la nuit selon la saison.

Les évêques de Poreč ont dirigé Vrsar du VIe siècle jusqu'à la fin du XVIIIe siècle. Le château médiéval, qui leur servait de résidence secondaire, a été construit sur l'*oppidum* de la colline. Attenants au fort, l'église Sveti Martin et le clocher-belvédère dominent la cité. Le *castrum*, avec un quartier résidentiel et des écuries, fut étendu, laïcisé et nationalisé en 1778 par les Vénitiens. Rénové en 2001, le château privé propose en location saisonnière un grand appartement.

FJORD DE LIM ★★

Limskod Zaljeva

Au sud de la ville, sur la route de Rovinj, la côte croate a été envahie par les eaux au moment de la fonte des glaces et a donné naissance à ce bras de mer, dominé par de hautes parois rocheuses. Le fjord s'est formé naturellement en pénétrant comme un canal dans les terres. La végétation, dense et variée, est désormais protégée dans une réserve naturelle. L'embouchure de site peut se visiter par la route. Des sentiers longent les berges. En bateau, excursions maritimes de Rovinj, Poreč ou Pula. Toutes s'y arrêtent mais certaines n'accostent pas.

OFFICE DU TOURISME [TURISTIČKA ZAJEDNICA]

Rade Končara 46

✆ +385 52 441 746

www.infovrsar.com

Ouvert tous les jours de mai à octobre de 8h à 22h, le reste de l'année, la semaine de 8h à 15h.

Dans une ruelle sur les hauteurs du port, une agence touristique où trouver quantité de renseignements sur l'hébergement (hôtels, villages vacances, camping balnéaire entre Rovinj et Vrsar notamment, camps naturistes du bord de mer), les excusions en bateau, la marina, la plongée, les randonnées côté terre, les visites de l'Istrie, les pistes cyclables, mais aussi les festivals (festival des Pêcheurs, Casanovafest, Orsera Porto Fest), les restaurants, la météo.

ISTRIE

Fjord de Lim.

ACI MARINA VRSAR

Obala Maršala Tita 1A
✆ +385 52 441 052
www.montraker.hr
Ouverte toute l'année.

Pour les plaisanciers, sur la côte sud de la péninsule Montraker, une petite marina a été construite en 2001 selon les dernières normes de protection de l'environnement (capacité d'accostage de 220 bateaux avec des profondeurs d'amarrage allant de 4 à 14 m). À ce titre et pour la qualité des équipements, elle a reçu plusieurs prix internationaux et a été proclamée à plusieurs reprises meilleure marina de la côte adriatique orientale. Tous les services sont présents. Sanitaires, parking, boutique nautique, restaurant, café, agences de voyages, bateaux-taxi...

CAMPING PORTO SOLE €

Petalon 1
✆ +385 52 800 200
www.campingrovinjvrsar.com
Selon la saison et la catégorie (tente, bungalows, mobil-home), de 14 €, 48 € à 177 € la nuit.

A 15 minutes à pied du village par un chemin côtier, le camping s'étend face à une immense plage, sur un terrain ensoleillé. Les emplacements pour tentes et campings sont grands, tout comme les mobil-homes, pour une clientèle familiale essentiellement anglo-saxonne. En plus des plaisirs balnéaires, les vacanciers y trouvent une piscine, des beach bars, des cafés-restaurants et quantité de services, animations et autres activités sportives, sans parler des commerces, boutiques de plage, marchands de fruits et légumes, et même un coiffeur !

VILLAS NATURISTES KOVERSADA €

Koversada
✆ +385 52 441114
www.maistra.hr
Bungalows, en saison estivale autour de 113 € la nuit. Restaurant L'Amphora ouvert de 7h à 22h.

Situé dans le sud de Vrsar à l'entrée de Limski Bay, le grand centre naturiste de la région est l'un des pionniers du genre et l'un des plus connus d'Europe. Il a a ouvert en 1961, au moment où les premiers villages vacances se créaient en Croatie. Il est très fréquenté par les Allemands et les Autrichiens. Chaque bungalow possède une petite terrasse ou un jardinet. Sur place, de nombreux services, bars, restaurants. L'Amphora, par exemple (cuisine croate, italienne et française).

HÔTEL VISTA €€

Rade Končara 52
✆ +385 52 406 620
www.hotelvista.hr
Chambres de 86 € à 189 € la nuit, selon la saison et la catégorie.

Dans une rue descendant vers l'animation du port (cafés, restaurants, terrasses), cet établissement propose des chambres, confortables, bien équipées, avec, côté mer (pour presque toutes les chambres), un superbe panorama sur la marina. Dans les différents salons ou au jardin, on profite également de cette vue, formidable au coucher du soleil. Sur place, bar-snack pour prendre l'apéro ou un encas durant la journée. Possibilité de demander un repas lunch à emporter pour la journée. Hôtes sympathiques et disponibles pour rendre le séjour agréable.

HÔTEL PINETA €€€

Ul. Rade Končara
✆ +385 52 637 500
www.maistra.hr
Chambre double et suite de 58 € à 202 € la nuit, selon la saison et la catégorie (petit déjeuner inclus).

A proximité du centre-ville, proche de la promenade maritime, l'hôtel Pineta a été construit sur une colline, au cœur d'une pinède. Il compte parmi les hôtels les plus luxueux de Vrsar. Très confortable, il dispose d'une plage privée, d'une piscine et d'équipements pour le sport, la détente et le bien-être (sauna, massage). À proximité, le groupe hôtelier possède également un village vacances tout confort, le Resort Belvedere, avec des pavillons 4 étoiles et un camping naturiste, sur un terrain, bien isolé, qui descend en pente douce vers la mer.

FORTUNA RESTAURANT PIZZERIA 2000 €€

Dalmatinska 14
✆ +385 52 441 209
Ouvert tous les jours midi et soir jusqu'à 23 h. Pizzas à partir de 40 kn, plats chauds entre 80 et 200 kn.

Dans ce restaurant, on aime autant les plats traditionnels (terre et mer) que les pizzas copieuses, cuites au feu de bois. On peut donc commander directement une quatre fromages, une margarita ou, en entrée, un plateau de charcuterie de l'Istrie, du *prosciutto* servi avec du fromage de chèvre, puis des grillades de viande ou de poisson, des pâtes fraîches à la sauce aux truffes, aux fruits de mer, un risotto aux crustacés, des moules frites, des crêpes sucrées en dessert.

POREČ ★★★

Le premier guide touristique sur Poreč remonterait à 1845, c'est dire la position centrale en Istrie de la station balnéaire. La petite ville conserve un patrimoine historique d'exception, notamment la basilique byzantine du VIe siècle dans un complexe épiscopal, avec mosaïques et clocher, classé par l'Unesco en 1997. Réputée aussi pour son port de plaisance et ses marinas, la cité associe les plaisirs de la mer – une escapade sur l'îlot Sveti Nikola s'impose ! – aux animations culturelles, au tourisme familial et à la vie nocturne. À l'office de tourisme régional, quantité de communication et d'informations concernent tout le territoire.

Balade

Découverte du patrimoine à pied, avec un plan en mains, que vous trouverez à l'office de tourisme. En sortant du grand parking en face du parc Olge Ban, prendre à droite et contourner le parc jusqu'à la Ulica Nikole Tesle, qui longe la mer. Remonter jusqu'à la place principale Trg Slobode, où vous pourrez admirer l'église Sainte-Marie-des-Anges du XVIIIe siècle. De l'autre côté de la place, après la tour du XVe siècle, se trouve une entrée de la vieille ville. La rue Decumanus, qui comprend des palais vénitiens et le musée de la ville, porterait ce nom en raison de sa largeur : elle pouvait en effet contenir dix hommes à cheval lors des défilés de l'armée romaine. La rue Ulica Sv. Eleuterija abrite la fameuse basilique Saint-Euphrasius (VIe siècle) qui fut le lieu de culte des premiers chrétiens en Croatie. La rue Ulica Ljudevita Gaja, jusqu'à la place Marafor, révèle un concentré de constructions historiques et stylistiques. Cette vaste agora carrée, la plus ancienne de la ville, a pris l'emplacement du forum romain et rappelle que Poreč, au Ier siècle av. J.-C., était le plus important sanctuaire de l'Istrie antique (temple de Mars, l'un des plus grands de la côte adriatique, et celui de Neptune, dont ne subsistent que trois colonnes). Y furent construits successivement un évêché (haut Moyen Âge), de riches résidences (XIIIe siècle) et le premier parlement d'Istrie. Dans la vieille ville toujours, ne pas manquer le Cardo, avec une maison romane encore bien préservée et la place Matije Gupca, sur laquelle on peut admirer de nombreux palais gothiques de style vénitien. À voir également, la tour de Poreč, une église gothique franciscaine (XIIIe siècle) réaménagée dans le style baroque au XVIIIe siècle. Au croisement des rues Decumanus et Eleuterija, longer la place Ribarski Trg jusqu'à la rue Ulica Vladimira Nazora puis la place Narodni où se trouve le théâtre du XIXe siècle ainsi que l'hôtel de ville. Un chemin longe la mer pour retourner vers la vieille ville (Obala Maršala Tita). Devant la tour du XVe siècle, un café a ouvert une terrasse, dominant le plus vieil établissement de Poreč (hôtel Riviera) et le port. Au bout du quai, emprunter les rues Ulica Pina Budicina et Zagrebačka, jusqu'à la place Trg Joakim Rakovac. À voir également, une église gothique franciscaine datant du XIIIe siècle réaménagée et restaurée dans le style baroque au XVIIIe siècle. Les paysages marins sont magnifiques : la pinède et la végétation méditerranéenne sur le littoral, des rochers et pontons pour se baigner, l'Adriatique ponctuée d'îlots, un grand fjord (Lim Kanaal) à une dizaine de kilomètres… Côté campagne, ici poussent chênes, oliviers, figuiers, noyers et amandiers, entre les petites parcelles de vignes et les pâturages.

Histoire

Les hommes s'y installent dès le néolithique et vivent de pêche, de cueillette et d'agriculture, activités ancestrales qui perdurent aujourd'hui à côté du tourisme. Des céramiques italiennes et étrusques, trouvées lors de fouilles menées aux alentours de la cité, témoignent de l'activité humaine de la région dès les VIe et Ve siècles av. J.-C. Conquis par les Romains au IIe siècle av. J.-C., le port, fondé pour faciliter le commerce avec les Étrusques, devint une base militaire solide. D'autres peuples s'attaquèrent à la ville mais ce sont les évêques du haut Moyen Âge, véritables maîtres de Poreč, qui lui apportèrent sa splendeur architecturale. Au XVIIIe siècle, suite aux épidémies, la ville fut vidée de ses habitants. Venise fit appel à des immigrés des Balkans pour la repeupler. À la chute de la Sérénissime, Poreč tomba sous l'influence des empires austro-hongrois, puis napoléonien, avant de revenir à la fin du XIXe siècle dans le giron autrichien.

Transports

Un port de plaisance avec une capacité d'accueil de plus de 200 bateaux, trois marinas, une capitainerie centrale bien équipée, Poreč est largement ouvert sur la mer. À proximité du port se trouvent la gare routière, très active également avec de nombreuses destinations, la station de taxis et des agences de voyages.

ISTRIE

OFFICE DE TOURISME DE POREČ

Zagrebačka 9
✆ +385 052 451 293
www.myporec.com
Ouvert tous les jours en été.

Agence municipale qui vous aidera à planifier votre séjour à Poreč. On vous renseignera sur les nombreuses possibilités d'hébergements, hôtels, campings avec deux option naturistes, locations saisonnières et même des établissements acceptant votre animal de compagnie. À ne pas manquer de visiter : le riche patrimoine de la cité historique (la basilique Euphrasienne, les salles d'exposition du Poreč Annale, le port), sans oublier les plages, l'agenda des concerts et des animations.

BASILIQUE EUPHRASIUS (EUFRAZIJEVA BAZILIKA) ✝ ★★★★

Sv. Eleuterija
✆ +385 52 431635
Ouverte au public tous les jours de 9h à 20h. Entrée payante : 30 kn.

Sur les hauteurs de la ville, la basilique imposante regarde la mer. Au VIe siècle, Euphrasius, premier évêque de Poreč, fait entreprendre la construction de cette grande église afin d'y accueillir la communauté des chrétiens qui augmente. Mais le projet s'avère trop ambitieux. Le commanditaire visionnaire ordonne la fin du chantier et fait élever, à moindre coût, le bâtiment actuel. Le grand baptistère date du Ve siècle.

L'intérieur de la basilique est classé au patrimoine mondial de l'Unesco depuis 1997, spécialement pour le remarquable décor mural de l'abside principale. Datant du VIe ap. J.-C., les mosaïques impressionnent, tant par leur grandeur hiératique que par leur parfait état de conservation. On peut y lire tout un pan de l'histoire religieuse de l'Empire sous Justinien Ier. Sur l'arc triomphal, le Christ bénissant, avec les douze apôtres habillés en blanc sont accompagnés d'inscriptions nominatives. Le Christ debout sur le globe porte un livre ouvert sur la mention *Ego sum lux vera* : « Je suis la vraie lumière ». Une rangée de médaillons à l'effigie de saints sur un fond sombre renvoie au médaillon central représentant l'Agnus Dei sur un ciel constellé d'étoiles. Sur la coiffe de l'abside, le Christ est tenu par la Vierge au trône. Leurs têtes touchent un ciel nuageux, d'où surgit une main brandissant la couronne. Ils sont accompagnés d'anges et de martyrs, saint Maur, l'évêque Euphrasius, l'archidiacre Claude et son fils, ainsi que le bâtisseur de la basilique, qui tient une maquette de son édifice dans les mains. Dans le registre inférieur, sur les deux panneaux de chaque côté de l'abside, saint Jean-Baptiste et saint Zacharie, ainsi que les scènes de l'Annonciation et de la Visitation, qui montrent l'épanouissement du culte de la Vierge à Poreč sous l'influence byzantine.

Le baldaquin, qui couronne l'autel, sera posé au XIIe siècle. Sa décoration, de nacre et coquilles d'huîtres, rappelle celle des temples grecs. Le trésor conserve des reliques, de nombreux manuscrits et des tableaux du XVe siècle. Des fresques ornaient autrefois les murs latéraux. Restaurées par la République de Venise, elles furent détruites par la suite. Au sol, d'autres mosaïques originales sont très bien conservées. La plus connue est la représentation du poisson, signe des Premiers Chrétiens. Celles qui surmontent la porte d'entrée sont plus tardives, elles datent du XIXe siècle. On peut gravir les marches du clocher pour la vue panoramique.

MUSÉE RÉGIONAL DE POREČ (ZAVIČAJNI MUZEJ POREČ) 🏛 ★

ul Decumanus 9 ✆ +385 52 431 585
www.muzejporec.hr
Ouvert tous les jours de 10h à 14h et en été de 18h à 21h. Entrée : 15 kn, réduit : 10 kn.

Ce musée territorial fut créé dans un palais baroque en 1884. Une collection riche, constituée de plus de 2 000 objets, collectés lors des fouilles régionales. Différentes périodes y sont évoquées, de la Préhistoire à l'époque moderne, en passant par l'Antiquité romaine, le Moyen Age, la Renaissance... La bibliothèque dispose d'un fonds de plus de 12 000 titres, manuscrits et imprimés anciens, livres et périodiques contemporains relatifs à l'histoire croate, l'art régional.

EURO TOURS 📷

Partizanska ul 4/1
✆ +385 52 433 635
www.euro-tours.net
Ouverte tous les jours en été du lundi au samedi de 8h à 20h, le dimanche de midi à 20h.

Située à l'entrée de la ville, près du marché et de la gare routière, cette agence se spécialise dans la location saisonnière en Istrie et en Dalmatie du nord, avec un large choix de chambres, appartements privés, maisons et villas individuelles, ainsi que des formules en agrotourisme régional. Propose également des activités sportives, visites, excursions. Euro Tours organise, avec la compagnie Venezia Lines, des traversées et des séjours en Italie. Autres services, la location de voitures et vélos, le change d'argent, la documentation touristique.

KOMPAS-TRAVEL 📷

Mate Vlašića 20
✆ +385 52 451 100
www.kompas-travel.com
Ouvert toute l'année du lundi au vendredi de 9h à 16h.

Leader sur le secteur de l'accueil, des services et prestations touristiques en Croatie, Kompas a une expérience particulière sur l'Istrie. Cette agence propose des croisières sur la côte adriatique, des traversées et balades en mer, en Italie sur le catamaran *Prince de Venise*, des journées dans la Sérénissime, diverses excursions et visites guidées en autocar. Elle possède tout un catalogue de villas à la location saisonnière, de maisons et d'appartements, et assure les transferts vers les aéroports. Elle peut donc vous aider à organiser votre séjour.

Basilique euphrasienne de Poreč.

OFFICE DU TOURISME RÉGIONAL D'ISTRIE

Pionirska 1
✆ +385 52 452 797
www.istra.hr
Ouvert tous les jours de 8h à 19h, ferme à 21h en été. Le dimanche de 9h à 13h.

Dans cette agence, vous trouverez quantité d'informations sur la ville et sur toute l'Istrie (hôtels, villages vacances, campings et locations saisonnières, excursions et visites du patrimoine), ainsi que des cartes sur les routes des vins et de l'huile, les possibilités de séjours en agrotourisme dans l'Istrie verte, les tables gastronomiques, les auberges-restaurants, les événements locaux, les festivals, etc. Le portail en ligne www.myporec.com fourmille aussi d'infos touristiques.

EXCURSIONS EN BATEAU ★

En moyenne 200/250 kn (personne) pour la journée, 100 kn pour les enfants (déjeuner inclus).

En vous promenant sur la riva, vous aurez l'embarras du choix pour faire une balade en mer, à la journée. Les excursionnistes sur le port de plaisance proposent tous le même programme sur leur bateau : départ entre 9h et 10h, visite de Rovinj avec arrêt de 1 à 2 heures sur place, puis repas chaud à bord (même des boissons alcoolisées). Dans l'après-midi, direction le fjord Lim, arrêt photo près d'une grotte, mais on ne met pas pied à terre. Puis après une escale de 1h à Vrsar, retour au port de Poreč entre 17h et 18h. Si vous aimez les voyages en groupes !

A.C.I. MARINA POREČ-PARENZO

Turističko šetalište 9
✆ +385 52 453 213
www.marinaporec.com
Ouverte toute l'année.

Une marina urbaine, située dans le centre-ville de Poreč-Parenzo, dans la partie sud de la baie. Elle dispose de 129 postes d'amarrage et d'une infrastructure technique et sanitaire moderne. Elle propose aux plaisanciers des services disponibles 24h/24. Les enregistrements se font au bureau de la réception, qui ferment à 21h en été et à 15h en hiver. Sur place, pour les réparations et l'entretien des bateaux, une station-service et une grue de 5 t.

VENEZIA LINES

Trg Matije Gupca 11 ✆ +385 52 422 896
www.venezialines.com
De janvier à mai et d'octobre à décembre, en semaine de 8h à 17h. En été tous les jours de 8h à 18h.

Une compagnie maritime italienne, représentée en France par Euromer (Montpellier), qui intéressera les voyageurs du sud de la France. De mai à fin octobre, des catamarans rapides font la liaison depuis Venise jusqu'en Slovénie (Piran), en Istrie (Umag, Rovinj et Pula), plusieurs fois par jour en été. Comptez entre 60 et 86 € la traversée. Réserver via Euromer, aux embarcadères (Venise, Poreč, Pula, etc.) ou sur le site Internet de la compagnie. À consulter impérativement avant le départ, la crise sanitaire mondiale ayant affecté durablement le trafic maritime.

CAMPING LANTERNA €

52465, Tar

✆ +385 52 465 010

www.camping-adriatic.com

Selon la saison et le type d'hébergement, de 48 € à 257 € la nuit par personne.

Un grand camping 3-étoiles, à 2 km du centre-ville en direction de Novigrad avec des mobil-homes, des emplacements pour des caravanes et des tentes, le tout sur un terrain boisé, légèrement en pente, qui descend en terrasses vers une crique. De nombreux services sur place, des piscines, des jeux aquatiques pour enfants, supermarché et supérette, commerce et boutiques de plage, des facilités pour les personnes à mobilité réduite. À proximité du camping, les vacanciers trouvent aussi une plage agréable longue de plusieurs kilomètres.

HÔTEL POREČ €

Rade Končara 1

✆ +385 52 451 811

www.hotelporec.com

Chambres de 73 € à 149 € la nuit, selon la saison et la catégorie.

A mi-chemin entre le centre-ville et la plage, dans la ville active et à proximité de la gare routière, un hôtel installé dans un bâtiment moderne. Il n'a pas de caractère historique mais ses chambres (une cinquantaine), rénovées en 2004, sont confortables, avec connexion Wifi gratuite. Dans les espaces communs, un café *lounge* terrasse, un restaurant. Autres prestations, un spa et un casino. L'hôtel est donc bien pratique pour les voyageurs, qui doivent prendre un car matinal à destination de villes ou villages de l'Istrie, voire de la Croatie.

KASTEL PANSION & RESTAURANT €€

Kaštelir 28 ✆ +385 52 455 310

www.kastel-kastelir.hr

Chambres et appartements de 73 à 160 € la nuit, selon la saison et la catégorie (petit déjeuner inclus).

Entre Poreč et Novigrad, dans la localité de Kaštelir, un hôtel de village dans une maison ancienne élégante très bien restaurée. Chambres et appartements, sur deux étages, sont décorés avec un goût rustique épuré. Le restaurant propose de bons petits déjeuners et des dîners de terroir. Une adresse centrale pour visiter l'Istrie Verte (rurale) et Bleue (maritime), tout en bénéficiant d'un environnement naturel, calme. Possibilité de réserver la demi-pension.

VALAMAR RIVIERA HOTEL & RESIDENCE €€

Obala Maršala Tita 15 ✆ +385 52 465 000

www.valamar.com

Chambre double ou suite selon la catégorie de 87 à 236 € la nuit, en saison estivale (petit déjeuner inclus).

Le groupe hôtelier a rénové cet élégant immeuble particulier du XIXe siècle, qui fut réaménagé en hôtel en 2010. Une centaine de chambres et suites lumineuses, confortables, bien équipées avec Wifi gratuit. De nombreux services, salle de conférence, accès pour la mobilité réduite, navette aéroport, plage privée accessible par bateau. Agréable bar-restaurant avec terrasse et superbe vue sur le port ou sur les toits de la cité historique, ouvert du matin au soir.

BO HOTEL PALAZZO €€€

24 Obala Marsala Tita

✆ +385 52 858 800

www.hotel-palazzo.hr

Chambres doubles de 142 € à 273 € la nuit selon la saison et la catégorie.

Le plus ancien hôtel de Poreč, construit en bordure de la promenade de la mer à quelques pas du centre-ville. Son histoire commence dans les années 1910, époque à laquelle il fallait un établissement de luxe pour accueillir l'aristocratie et la bourgeoisie en villégiature. Admirablement restaurées en 2009, les 70 chambres et 4 suites respectent l'esprit du lieu historique tout en apportant le confort moderne, spa, piscine, wifi, salle de jeux à sous, terrasse panoramique et un service de qualité. Restaurant gastronomique, le Parenzo 1910.

BOUTIQUE HOTEL MAURO POREČ €€€

Obala Maršala Tita 15

✆ +385 52 219 500

www.hotelmauro.com

Chambre de 195 € à 354 € la nuit, selon la saison et la catégorie.

À l'entrée de la zone piétonne, dans le centre historique, face aux quais, un hôtel indépendant installé dans un ancien palais baroque qui servait anciennement aux marchands du port. 21 chambres modernes, insonorisées, dont certaines avec une loggia qui donne sur la lagune. Elle sont toutes confortables avec télévision par satellite, téléphone, Wifi. Parmi les services proposés, un bar-restaurant à la carte, des équipement sportifs (court de tennis, parcours de golf).

LAGUNA GALIJOT - VILLAS, APARTMENTS €€€

Plava Laguna
✆ +385 52 410 101
www.plavalaguna.hr
Selon la saison et la superficie des hébergements de 158 € à 278 € la nuit.

A l'extérieur de la ville, l'un des complexes touristiques les moins bétonnés des environs. Cachés dans la pinède, les emplacements pour les mobil-homes s'étendent sur un bras de mer bordé d'une plage, de pontons et de rochers aménagés pour se baigner. Vous y trouverez un bar-restaurant, des activités nautiques, du matériel de plongée, des terrains de foot, de tennis, un golf, une piscine, des jeux de plein air pour les enfants. Tout le confort d'un standing 4 étoiles.

APARTMANI-ADRIATIC TRAVEL AGENCY €

Špadići 15b
✆ +385 91 411 3834
www.apartmani-adriatic.hr
Agence ouverte de 8h30 à 21h.

Une agence qui propose des appartements, des studios et des villas indépendantes à choisir dans un catalogue spécialisé sur Poreč. Des hébergements, confortables, récents, plus ou moins proches du port et du bord de mer. Des locations privées, pour 2 à 8 personnes, avec ou sans parking, à découvrir en photos et réserver à l'avance via le site Internet ou directement aux trois points de vente, l'un Rade Končara 19a et un autre dans la zone commerciale de l'Istarki Super Market.

BISTRO NIKI'S €

Cardo Maximus 9
✆ +385 52 435 321
Ouvert tous les jours d'avril à octobre de 10h à 23h/minuit. Compter entre 100 et 170 kn le plat chaud.

Parlons plutôt d'un restaurant-pizzeria-grill que d'un simple bistrot ! L'établissement est tenu depuis 1994 par une famille de Poreč. Dans le voisinage du parc Juraj Dobrile et de la basilique Euphrasienne, il est bien placé. On reconnaît facilement l'immeuble bicentenaire qui l'abrite. Ici, on peut boire un verre et manger au calme sur une terrasse ensoleillée. Au menu, des spécialités de la mer, fruits de mer, homard, poissons grillés, mais aussi des pâtes fraîches sauce aux truffes, un risotto, des pizzas, des salades complètes et des grillades de viande.

RESTAURANT SVETI NIKOLA €€

Obala marsala Tita 23 ✆ +385 52 423 018
www.svnikola.com
Ouvert tous les jours en été de 11h à 1h du matin. Plusieurs formules à partir de 150 kn.

Sur le port, cet élégant restaurant est l'une des tables les plus cotés de la ville. Il joue sur le concept de la nouvelle cuisine méditerranéenne. Des plats soignés à la carte, comme la soupe de Motovun aux champignons et truffes blanches, le carpaccio blanc de fruits de mer, le poisson du jour grillé entier accompagné de blitva (écrasé de blettes-pommes de terre), noix de Saint-Jacques au riz safrané, filet de bœuf sauce du chef. Parmi les desserts, il faut goûter la glace... aux truffes. Bonne carte de vins régionaux également.

RESTORAN ISTRA €€

Boze Milanovića 30
✆ +385 52 434 636
www.restaurant-istra.com
Ouvert tous les jours en été de 10h à minuit. Environ 100 kn le plat complet.

Dans ce restaurant familial, les recettes traditionnelles locales ont des accents italiens. Une bonne adresse pour la cuisine du pêcheur, les pâtes fraîches au homard et à la sauce tomate, les seiches mijotées à la buzzara (sauce traditionnelle dalmate faite à base de vin blanc, d'ail et de persil), la casserole de moules, calamars et autres crustacés... Également, côté terroir, un plat de viandes grillées mixtes cuites en marmite de terre, accompagné de pommes de terres sautées (un plat à partager sur commande). Belle terrasse couverte.

KONOBA ULIXES €€€

Decumanus 2
✆ +385 52 451 132
Ouvert tous les jours de 11h30 à minuit en été. Fermé le dimanche de janvier à mars. Plats à partir de 75 kn.

À l'entrée de la cité historique, entre la vieille tour et les anciens murs d'enceinte, le Konoba Ulixes est un petit restaurant familial, installé dans une cour arborée. Au menu, des spécialités méditerranéennes et traditionnelles d'Istrie : plateau de fruits de mer, poissons grillés au four en croûte de sel, pâtes fraîches aux crustacés, le tout accompagné d'une sélection des meilleurs vins croates. Service soigné. Cadre agréable. Bonne ambiance. Pour un repas en famille ou entre amis autour de bons plats préparés avec le plus grand soin.

ENOTEKA VINOTEKA SEMPERVIVUM

Veleniki 22
© +385 91 520 3090
www.sempervivum.hr
Ouvert tous les jours de 11h à 23h.

A 4 km de Poreč, sur la route de Pazin juste après le hameau Parenzo, un panneau sur la gauche vous indique Veleniki et sa *konoba* connue. Dans cette taverne augmentée d'un espace de vente, vous pourrez déguster gratuitement (avec modération) des alcools ou des liqueurs locales (vin, grappa), acheter vos bouteilles ou tester la formule bar à vins avec une assiette de charcuterie et fromages de pays. Un bon choix d'huile d'olive également, de condiments, miels, confitures, etc.

BYBLOS OPEN AIR NIGHT CLUB

Zelena laguna 1
© +385 91 292 5678
www.byblos.hr
Entrée 50 kn et 70 kn pour les soirées à thème, les mixes de DJ.

L'histoire du Byblos commence 1968. À l'époque, le lieu était connu comme l'International Club, le plus grand en Europe (22 500 m²) avec immense terrasse ouverte et musique live, restaurant, bar de nuit, casino, discothèque en sous-sol. Le designer italien Marco Lucchi le relooke en 2007 pour ce qui deviendra l'actuel Byblos, le plus réputé en Istrie. Puis on est passé de la disco aux mix fébriles de house-techno, rock-pop, eurodance, avec des DJ internationaux.

SAINT & SINNER NIGHT CLUB

Obala maršala Tita 12
© +385 99 221 1811
www.saint-sinner.net
En été, ouvert tous les jours de 18h à 4h du matin.

Un bar-discothèque avec vue sur le port, qui s'est vite imposé dans la région comme le rendez-vous des clubbers, ouvert toute l'année, avec bien sûr un pic de (bonne) fréquentation en été. Vous trouverez de quoi vous détendre au café lounge avant d'entreprendre le dancefloor jusque tard dans la nuit. Tables basses, gros fauteuils les pieds dans le sable et belle liste de cocktails. La direction possède aussi d'autres clubs beach bar à Poreč, Umag et Rovinj.

NOVA VAS

À proximité de la ville de Tar, la localité de Nova Vas constitue une bonne idée de visite pour qui veut en apprendre davantage sur la région. On y trouve la grotte préhistorique de Baredine, l'une des plus importantes du pays, qui renferme à 60 m de profondeur un lac intérieur. Pensez à vous couvrir pour la visite car il y fait frais. À l'entrée, vous trouverez la réception, le café-restaurant et un espace d'exposition (anciens tracteurs, évocation de la vie agricole locale, galerie photo sur la spéléologie, art contemporain). Juste à côté de cette grotte, on ne manquera pas de s'arrêter jeter un œil à l'écomusée des machines agricoles anciennes.

GROTTE DE BAREDINE (BAREDINE JAMA-GROTTA) ★★

Gedići 55 © +385 98 224 350
www.baredine.com
Tous les jours en été de 10h à 18h. Entrée : 60/75 kn (adultes), 60 kn (étudiants), 45 kn (enfants).

Au début du XXe siècle, des spéléologues originaires de Trieste ont découvert ces grottes dans les sous-sols des Alpes dinariques, entre Višnjan et Poreč. Ces cavités représentent le site souterrain le plus important du nord de la Croatie. Cinq salles aux stalagmites impressionnantes. Puis, après une descente de 60 m, apparaît le lac intérieur. L'occasion unique de voir une espèce animale endémique, le protée anguillard (*Proteus anguinus*). La température constante est de 14 °C.

MUSÉE DES MACHINES AGRICOLES ★

Ul. Tarska 14
© +385 52 421 333
www.traktorstory.com
Ouvert du 1er mai au 30 septembre, tous les jours de 10h à 16h, jusqu'à 17h en juillet et août. Tarif : 30 à 35 kn.

Entre les champs de vignes et d'oliviers, un écomusée où l'on nous montre la vie et le travail traditionnel en Istrie verte. Exposition permanente de tracteurs anciens et autres machines agricoles, utilisés autrefois pour la fabrication du pain, de l'huile d'olive et du vin. On suit avec intérêt l'évolution de l'agriculture locale ; à l'intérieur, la visite se poursuit avec la production actuelle en oléiculture et en viticulture, les deux principales activités régionales.

TAR ★

Sur un plateau qui culmine à 112 m au-dessus de la mer, se dresse ce village typique de l'Istrie rurale, cerné de vignes et d'oliviers. Il jouit d'une vue magnifique. Par temps clair, certains disent avoir vu... la cathédrale Saint-Marc de Venise ! Juste à côté, le village de Vabriga, très bucolique également, que l'on associe administrativement à Tar. À voir : l'église Saint-Antoine et Vabriga qui abrite deux peintures de Zorzi Ventura (1602) et le clocher du XIIIe siècle. Entre les deux bourgs s'étendent deux baies, Tarska et Lunga et, sur la péninsule, le phare Rt Zub (1872), entouré de végétation et de plages, que l'on peut louer.

NOVIGRAD ★

Une localité côtière ancrée sur une péninsule au nord ouest de l'Istrie. Très proche de la frontière italienne, très touristique, Novigrad a tout de même gardé un certain charme vénitien, surtout dans le centre historique piéton. Romaine d'origine, slave au Moyen Âge, qui lui légua son patronyme, elle passe sous domination de la Sérénissime à la fin du XIIIe puis fut, en grande partie, détruite par les incursions des armées ottomanes à la fin du XVIIe siècle. Aujourd'hui, on peut encore voir des ruines de remparts de la cité ancienne, qui restera insulaire jusqu'au XVIIIe siècle. Les autorités décident alors de boucher le bras de mer qui la séparait du continent.

OFFICE DU TOURISME DE TAR-VABRIGA

Istarska 8a
✆ +385 52 443 250
www.tar-vabriga.com
Ouvert tous les jours en été.

Une agence touristique pour la région de Tar-Vabriga, deux localités regroupées en communauté de communes qui mutualisent leurs services. Pour tout savoir sur les possibilités d'hébergement (entre mer et campagne, hôtels, campings, villages vacances, locations saisonnières), les activités sportives, le golf, la spéléo, les plages, les visites de patrimoine, la côte ouest de l'Istrie, les villages, la grotte Baredine tout près, l'agrotourisme, la gastronomie, la route des vins, etc.

MUSÉE LAPIDARIUM (MUSEJ LAPIDARIUM)

Veliki trg 8a
✆ +385 52 726 582
www.muzej-lapidarium.hr
Ouvert tous les jours sauf lundi, de 10h à 13h. En été de 18h à 22h. Entrée : 10 kn.

Dans la cité historique, le palais Rigo abrite un petit lapidarium. Ses collections sont principalement constituées de pierres tombales et de plaques funéraires, d'éléments architecturaux sculptés, de fragments de monuments que les fouilles archéologiques menées dans la région ont révélés. Elles ont permis d'assembler une collection homogène de matériaux datant de l'époque romaine en *Histria antica*. Rien à voir donc avec le Lapidarium de Rovinj, la boutique de bijoux contemporains !

ISTRIE

Dans les rues de Novigrad.

OFFICE DU TOURISME [TURISTIČKA ZAJEDNICA]

Mandrač 29 a ✆ +385 52 757 075
www.coloursofistria.com
En été, ouvert tous les jours de 8h à 20h, en hiver de 8h à 16h (semaine), le samedi de 9h à 13h. Fermé le dimanche.

Près de la marina, cette agence se consacre particulièrement aux besoins des plaisanciers (bateaux, infos nautiques et pratiques, météo). Vous pouvez aussi obtenir des renseignements pour organiser des séjours sur la terre ferme (hébergements, visites, excursions, location de véhicules, etc.). En été, la ville propose une visite guidée à la découverte de son patrimoine historique. Sur Internet, le portail Colours of Istria centralise les informations touristiques du nord de l'Istrie.

MARINA NAUTICA NOVIGRAD

Ul. Sv. Antona 15
✆ +385 52 600 480
www.nauticahotels.com
Ouverte toute l'année.

Sur la côte nord-ouest de l'Istrie, dans une crique naturellement profonde et abritée de la baie de Novigrad, on a construit une marina de première classe. Très bien dessinée, parfaitement conçue au niveau de l'aménagement des quais (365 emplacements et 50 places à sec), elle propose une offre étendue d'activités et d'installations, consacrant une attention particulière aux plaisanciers aisés qui séjournent à l'hôtel Nautica juste en face. À leur intention, une table gastronomique prisée le soir, des équipement bien-être, des concerts.

HOTEL MAKIN €

Šaini 2a
✆ +385 52 757 497
www.hotelmakin.hr
Chambres de 64 € à 108 € la nuit selon la saison et la catégorie (petit déjeuner inclus).

Dans le centre, proche du port, voici un hôtel familial fort confortable, ouvert toute l'année, d'une capacité d'une quarantaine de lits. Les chambres sont grandes, lumineuses, décorées sobrement mais avec tous les équipements nécessaires (télévision, minibar, air conditionné, Wifi...). Certaines possèdent un balcon ou une terrasse. Sur place, un restaurant avec service en salle ou en terrasse ombragée, une petite piscine, le parking gratuit. Le gros point fort de l'hôtel Makin : la plage se trouve à 200 m. Demi-pension possible.

HOTEL RESTAURANT SVETI BENEDIKT €€

Dajla bb
✆ +385 52 735 513
stbenedikt.novigrad.hotels-istria.net
Selon la saison, chambres doubles de 70 € à 120 €, appartements de 110 € à 180 € (petit déjeuner inclus).

Entre Umag et Novigrad, dans le village côtier de Dalja, un hôtel installé dans une ancienne ferme, à 100 m de la plage et 5 minutes d'un ensemble monastique. 6 appartements et 22 chambres aménagés avec soin, certaines avec balcon, donnant sur la mer (supplément 5 € pour la vue) ou sur le jardin méditerranéen et la piscine. Les propriétaires s'occupent également d'un restaurant, où l'on sert des spécialités locales, une cuisine de pêcheur et de terroir.

KONOBA «KOD KRISTIJANA» €

Bolnička ul 11
✆ +385 98 420 314
Ouvert tous les jours de midi à 15 h et de 18 h à 23 h. Environ 150 kn le repas.

Depuis 1976, une taverne familiale s'est installée dans l'une des ruelles piétonnes de la ville. Ce restaurant propose une cuisine de pêcheurs et de terroir, les deux identités de l'Istrie. Au menu, des formules conviviales, servies sur un plateau à partager, des viandes grillées accompagnées d'une sauce à la truffe blanche, avec des légumes méridionaux. *Idem* pour les poissons, les fruits de mer, les moules à l'ail avec frites, le demi-homard ou un entier, les plats de pâtes fraîches, les lasagnes aux langoustines et crustacés.

TAVERNA SERGIO €

Šaini ul. 2a
✆ +385 52 757 714
Ouvert tous les jours sauf le lundi de midi à 15h et de 18h à 23h. Environ 10 € le plat chaud.

Appartenant à la famille qui gère l'hôtel Makin, ce restaurant au style intérieur rustique (charpentes apparentes, boiseries, cheminée) s'ouvre sur une terrasse extérieure, qui se veut plus moderne avec ses sièges et tables basses. Au menu, des spécialités locales, la cuisine méditerranéenne et du terroir de l'Istrie, côté mer (poissons et fruits de mer, risotto à l'encre de seiche, pâtes fraîches aux crustacés) mais aussi côté terre des viandes grillées ou en sauce aromatisée à la truffe. Une bonne carte des vins régionaux.

UMAG ★

Premier port de plaisance d'importance au nord de l'Istrie, proche des frontières slovènes et italiennes, Umag est une ville de 12 000 habitants tournée vers sur l'extérieur et bien connectée puisqu'elle compte une marina, un embarcadère pour les ferrys (liaisons avec Venise l'été), une gare routière (bus pour Rijeka, Pula, Poreč, Zagreb, Trieste et Venise) et une gare ferroviaire (connexions avec Pula et la Slovénie). Si le symbole héraldique d'Umag reste le lion, les visiteurs gardent en souvenir la raquette de tennis qui rappelle le tournoi ATP du mois de juillet, sorte de Roland-Garros croate, qui distingue la ville depuis les années 1990.

Port de pêche de Pineta.

OFFICE DE TOURISME (TURISTIČKA ZAJEDNICA)

Trgovačka 6
✆ +385 52 741 363
www.coloursofistria.com
Ouvert en été de 8h/9h à 20h, le reste de l'année ferme à 15h ainsi que le samedi et dimanche.

Une agence municipale pour des informations pratiques sur le port et la marina, les horaires des ferries Venise-Umag, les excursions sur la riviera nord-ouest, les balades jusqu'à Novigrad en passant par Brtonigla, les grottes, Buje, l'Istrie verte. Renseigne aussi sur l'hébergement dans la région (hôtels, campings, locations privées), les séjours de bien-être, les visites thématiques (*food & wine*), les plages, les événements culturels et sportifs, les activités, animations et loisirs.

ADRIATIC CROATIA INTERNATIONAL CLUB

Šetalište Vladimira Gortana 7
✆ +385 52 741 066
www.aci-club.hr
Ouvert toute l'année.

De mai à octobre, l'activité de la marina s'intensifie avec notamment la venue de plaisanciers italiens. À 500 m de la capitainerie se trouve le fameux centre de tennis Stella Maris où le tournoi de tennis le plus important de la région (ATP Croatia Open) a lieu chaque juillet depuis plus de vingt ans. Par ailleurs, durant la saison touristique, la compagnie maritime des ferries italiens (Venezia Lines) assure des traversées hebdomadaires entre Venise et Umag.

CAMPING FINIDA €

Križine 55a
✆ +385 52 725 950
www.istraturist.hr
Ouvert d'avril à fin septembre. En été, la nuit à 8 € par personne + 15,20 € à 20 € selon l'emplacement de la tente.

Ce grand camping de plus de 200 emplacements a été entièrement rénové en 2005, incluant désormais plus d'équipements de confort et de détente. Il se situe sur la côte sud de la station balnéaire. Installé sur un terrain pour partie ombragé, il se trouve à proximité directe de la mer et des rochers pour se baigner. Il est souvent complet pendant les mois d'été, mieux vaut s'y prendre à l'avance si l'on veut une bonne place. Les réservations peuvent se faire sur Internet *via* l'agence de voyages en ligne Istraturist (3 nuits minimum).

KONOBA BUSCINA €€

Buščina 18 ✆ +385 52 732 088
www.konoba-buscina.hr
Tous les jours sauf le mardi de 13h à minuit. A partir de 50 kn le plat chaud, 240 kn les spécialités à la truffe.

Dans la campagne d'Umag, cette taverne propose des spécialités de terroir, des viandes variées, de l'agneau cuit sous la cloche de fer (*peka*), du gibier, le tout accompagné de légumes, pâtes fraîches. Des plats en sauce aromatisés à la truffe en saison. On peut aussi goûter aux produits de la mer, comme les langoustines aux spaghettis, les encornets à la sauce safranée, le poulpe grillé accompagné de carottes rissolées. Ambiance cheminée et feu de bois l'hiver dans la salle à manger aux pierres apparentes. Terrasse fleurie aux beaux jours. Pensez à réserver !

BRTONIGLA ★

Située dans la partie nord-ouest de la péninsule d'Istrie, à 8 km de Novigrad, la petite commune, qui compte environ 600 habitants est aussi appelée Verteneglio. Elle se trouve bien en Istrie Verte mais surtout à proximité du bord de mer. C'est une commune bilingue où vous entendrez du croate et de l'italien. La municipalité du même nom regroupe Fiorini, Karigador, Nova Vas et Radini. L'authenticité des lieux plaira aux amoureux de la nature, aux amateurs de balades (à pied ou à vélo) et de la cuisine du terroir. La région est réputée pour l'excellence de ses caves à vin, qui produisent notamment un très bon malvazija istriana (malvoisie de l'Istrie).

MOMJAN ★

Du haut de ce petit village perché de moins de 300 habitants, le point de vue sur l'ouest de l'Istrie est tout bonnement unique : il porte jusqu'à la mer d'un côté et sur la montagne Učka de l'autre. Momjan offre un panorama considéré comme le plus beau de la région coiffé le soir venu par de rutilants couchers de soleil. Fondé en l'an 1035, ce petit bourg typique compte plusieurs petites églises et chapelles, ainsi qu'un grand nombre de sculptures et de peintures religieuses. Ne manquez pas de visiter Momjan, pour ses panoramas donc, mais aussi pour l'excellente cuisine locale de la propriété *agroturizam* San Mauro.

KONOBA ASTAREA €

Ronkova 9

✆ +385 52 774 384

www.konoba-astarea.com

Ouvert tous les jours de 11h à 23h. Prix : 12/15€ en moyenne.

Une vraie taverne, très prisée des locaux, où les propriétaires sont aux fourneaux, ce qui est bon signe. Ici, on aime les plats du terroir, les recettes préparées à partir de produits frais et cuisinés au feu de bois dans la pure tradition méditerranéenne. Des viandes grillées mais surtout des poissons entiers accompagnés d'une polenta maison, des pommes de terre sautées ou des plateaux mixtes de poissons fruits de mer en sauce, des coquilles Saint-Jacques en sauce, du risotto à l'encre de seiche, le tout accompagné d'un vin blanc de l'Istrie.

SAN ROCCO HOTEL & RESTAURANT €€€

2 Srednja Ulica ✆ +385 52 725 000

www.san-rocco.hr

Chambres doubles standards, selon la saison, de 129 à 199 € la nuit. Repas à la carte (5 plats), 50 € environ.

Cet hôtel 4 étoiles, avec 14 chambres doubles et des suites classiques, confortables, bénéficie d'un restaurant gastronomique avec les meilleurs plats de poisson et de viande, comme le gibier préparé à la truffe et autres champignons sauvages. Une belle carte des vins permet de découvrir des domaines régionaux et étrangers. Une carte des huiles d'olive, également, où l'on voit qu'en Croatie, l'offre en huile naturelle est grande. Capacité d'accueil limité, mieux vaut réserver.

SAN SERVOLO RESORT €€

Momjanska 7, 52460, Buje

✆ + 385 52 772 505

bujska-pivovara.com

En saison estivale, la nuit en chambre double ou mobil-home de 178 à 238 €. Formule spa à partir de 700 kn.

On connaît les vertus apaisantes du houblon, de la bière consommée avec modération. Le brasseur est parti d'un principe de fabrication artisanale pour une bière naturelle, qu'il livre dans les meilleurs bars-restaurants du pays. Puis, comme à Prague, le jeune entrepreneur décide de construire des villas de luxe avec des chambres design, un camping, un espace Beer spa pour deux personnes, avec bains et piscine couverte, massage, restaurant gastronomique. Plusieurs formules sont proposées, la journée ou le séjour bien-être (Beer Spa) tout compris.

VILLA MOMIANO €€

✆ +385 1 222 70 50

Selon la saison, villa à louer (4 personnes), de 140 € à 280 € la nuit.

Dans un cadre rural, vert et vallonné, cette belle maison est une propriété privée disponible à la location saisonnière. Elle est dotée d'un grand jardin, d'une piscine, d'un parc pour les enfants, d'une cuisine extérieure pour les grillades. A l'intérieur, au rez-de-chaussée, une cuisine de style rustique équipée ; au 1er étage, deux chambres avec terrasse, la plus grande avec lit double et la seconde avec deux lits simples. A proximité, des terres viticoles et les caves des meilleurs producteurs de la région, que vous pourrez visiter.

OPRTALJ ★

Parmi les villages perchés de l'Istrie, Oprtalj est sans doute l'un des plus secrets, bien caché derrière ses remparts épais et dominé par le clocher-tour massif. Les maisons sont construites dans le style de l'architecture traditionnelle d'une Istrie austère et élégante, à la fois, toute de pierres et de tuiles, avec plusieurs lieux de culte à visiter, comme l'église paroissiale de Sv. Juraj (1517) ou les petites églises ornées de fresques à l'intérieur, des rues pavées et étroites à arpenter, des tavernes où se poser autour d'une table traditionnelle, quelques boutiques-galeries. Oprtalj est moins touristique que Motovun ou Buzet mais vaut le détour.

MOTOVUN ★★

C'est l'une des plus belles cités médiévales de l'Istrie verte. Bâtie au XIVe siècle, au sommet d'une colline, Motovun devint un riche bourg vénitien. Au hasard des ruelles pavées, églises, places, imposant palais et loggias, on découvre une ville d'art et d'histoire qui peut aussi être fière de son festival international du film en juillet. Ses vignobles produisent les meilleurs vins de la région, alors que dans la forêt communale, les connaisseurs trouvent des truffes blanches. Sur la place principale se trouvent l'église Sveti Stjepan et sa tour-clocher datent du XVIIe siècle. L'ensemble nature et village est un motif récurrent pour les peintres paysagistes.

CYCLOTOURISME, TOUR ET DÉTOURS DE LA PRESQU'ÎLE EN VÉLO

De nombreuses agences à Poreč, Vrsar, Pula, Labin et Buzet proposent la location de vélos. Bien équipé avec les cinq cartes du territoire régional (Istra Bike) éditées par l'office de tourisme, vous roulerez de préférence sur les voies vertes, la Parenzana par exemple. Ces 123 km de pistes sur l'ancien réseau ferré sont toujours connectées avec les villes et les villages istriens. Mais les routes de campagne vallonnées moins fréquentées, les visites de petites chapelles sur les départementales, les pauses tranquilles en haut d'une colline vous raviront, tout comme les paysages bucoliques ou les panoramas qui poussent la vue à l'horizon jusqu'à la mer. Bien sûr, ça monte et ça descend, mais rien de terrible pour les amateurs de déplacements doux. Dans le cadre d'un agrotourisme, qui se développe de plus en plus en Croatie, vous pourrez tracer des circuits courts, réserver des hébergements spécialement adaptés aux cyclistes (Istra Bike & Beds), découvrir de bonnes tables et des tavernes (*konoba*) sélectionnées. Vous pourrez acheter, sur les bords des routes, des produits gourmands, en vente directe par les agriculteurs eux-mêmes. Les plus aguerris s'inscriront aux trails de la région. Quand partir ? De préférence en moyenne saison (juin, fin août, septembre, octobre).

▸ Plus d'infos sur : www.istria-bike.com et www.parenzana.net

Motovun.

TRAIN DE PARENZANA

La ligne Motovun-Vižinada est devenue une attraction touristique à ne pas manquer. Le premier train part à 9h30, un second à 11h. Nous empruntons des tunnels et des viaducs vertigineux sur un parcours de chemin de fer historique nommé Parenzana. L'occasion de découvrir le paysage vallonné de collines, couvert de champs et de forêts de l'Istrie verte, sa gastronomie et son patrimoine agricole. Avec un sifflement caractéristique du conducteur, le voyage dans l'histoire locale peut commencer. La légende du géant Veli Jože, qui habitait la colline de Motovun, vous sera contée. Elle avait pour décor naturel la cité médiévale et les précipices au-dessus de la rivière Mirna. Un arrêt à la gare Rakotule où une pause dégustation dans une taverne labellisée agrotourisme attend les visiteurs avec des spécialités à grignoter comme les toasts faits maison aux condiments (huile d'olive et truffes), le fromage de chèvre Istrijanka ou le prosciutto. Pour quelque chose de plus consistant, choisissez la soupe istrienne ou le bœuf boškarin, le tout accompagné de vin teran. Le tour reprend en début d'après-midi avec la visite d'un domaine viticole et celle d'un producteur de lavande avec un retour prévu vers 17h ou 18h, soit une journée pleine de saveurs. Tarifs : entre 350 kn ou 260 kn par personne pour le circuit en train avec arrêt dégustation à Rakotule et visite de la cave à vin. 160 kn pour le voyage en train uniquement.

▸ www.parenzana.com

ISTRIE

OFFICE DU TOURISME (TURISTIČKA ZAJEDNICA)

Trg Andrea Antico 1
✆ +385 52 681 726
www.tz-motovun.hr
Ouvert tous les jours en saison touristique.

Agence touristique municipale de la cité historique et ses environs. Vous y trouverez des brochures, des idées de visites du patrimoine, de balades dans la campagne de l'Istrie verte, un agenda culturel, la possibilité de réservations pour un hébergement en agrotourisme, hôtels ou locations saisonnières (maisons, appartement privés) avec, à l'accueil des interlocuteurs parlant plusieurs langues. D'autres informations complémentaires sont à retrouver sur le site Internet.

BOUTIQUE HOTEL RESTAURANT KAŠTEL €€

Ul. Joakima Rakovca 7 ✆ +385 52 681 607
www.hotel-kastel-motovun.hr
Chambres doubles 120 € la nuit, 135 € en formule spa/gourmet pour 2 personnes (petit déjeuner inclus).

Au coeur du bourg historique, cet établissement jouit d'une grande tranquillité et d'une superbe vue sur le luxuriant jardin qui entoure la propriété. En arrière-plan, on a la vallée de la rivière Mirna, les vignobles. L'hôtel Kastel propose des chambres ou des appartements élégants et confortables pour des vacanciers en quête de bien-être et de détente. À leur disposition, sur place, des équipement modernes (spa, sauna), une piscine intérieure, un bar lounge, un bon restaurant.

ROXANICH DESIGN HOTEL €€€

30 Kanal ✆ +385 52 205 700
www.roxanich.hr
Chambres doubles à partir de 150 € la nuit. Restaurant formule bistronomie midi et soir, du mercredi au dimanche.

Surplombant la vallée de la rivière Mirna, le domaine de la famille vigneronne est perché sur une colline, avec Motovun en panorama. Idis Turato, un architecte contemporain de renom, s'est vu confier le projet d'un hôtel de luxe où la qualité de l'hébergement devait se conjuguer à la *dolce vita* istrienne, avec gastronomie et œnotourisme. Pari réussi, le nouvel établissement a une âme. Riche patrimoine historique et immatériel, comme certains secrets de fabrication du vin ou la chasse aux truffes, que l'on partage avec vous. Cave à vin, boutique-dégustation.

KONOBA MONDO MOTOVUN €

Barbican ul. 1
✆ +385 52 681 754
konoba-mondo.com
Ouvert toute l'année sauf en janvier. En été de 8h à minuit, fermeture le mardi. Plats chauds de 15 à 60 kn.

La terrasse panoramique du lieu offre une vue splendide sur le paysage typique de l'Istrieverte, une belle contre-plongée avec douces collines, vallées profondes, petits village. A l'intérieur, l'ambiance médiévale de la salle à manger est préservée. Au menu, midi et soir, des pizzas, hamburgers (viande ou végan), grillades, pâtes fraîches, salades. Toute la journée, on sert aussi parts de gâteau, crêpes, glaces. Des boissons chaudes ou froides (jus de fruits frais) ainsi que des alcools, comme le vin au verre (du teran en général) à l'heure de l'apéritif.

BUZET ★

Le village médiéval fut fondé par les Romains et prospéra sous la domination vénitienne. La cité, entourée de forêts où l'on vient déterrer le précieux champignon, est considérée comme la capitale de la truffe blanche. Le deuxième week-end de septembre, la fête de la Subotina ouvre la saison. Le bourg est aussi une destination idéale pour les amateurs de loisirs actifs : parcours cyclistes et pédestres, parapente ou deltaplane, sans oublier le cyclotourisme, le mototourisme sur des routes sécurisées, avec la mer toujours proche. Une base idéale pour partir à la découverte d'autres localités et de villages pittoresques comme Roc, Hum, Vrh ou Sovinjak.

HOTEL-RESTAURANT VELA VRATA €€

Setaliste Vladimira Gortana 7

✆ +385 52 494 750

www.velavrata.net

Chambres selon la saison et catégorie, de 96 € à 110 € la nuit par personne.

Au cœur du village historique, un hôtel 4 étoiles, avec des chambres et des suites élégantes, une belle vue en surplomb des vallées de la rivière Mirna. Pour la décoration des meubles anciens et, pour le confort, des équipements modernes (TV Sat, climatisation, minibar, coffre-fort, téléphone, Wifi dans les chambres). Le grand espace bien-être avec bassin à remous et sauna, le bar-restaurant à la cuisine soignée et un personnel souriant complètent l'offre.

AGROTURIZAM MLINI €€

Mlini 44

✆ +385 98 900 8430

agroturizam-mlini.wix.com

Réservation obligatoire, horaires d'ouverture variables. Comptez 100 à 150 kn par personne (sans les boissons).

Proche de la frontière slovène, une ferme-auberge, tenue par un couple qui vit en harmonie avec la nature et se partage les tâches (cuisine, service). Le plus gros des ingrédients est cultivé sur place, pêché dans l'étang ou la rivière. Le paysan du coin livre la charcuterie, les fromages du pays ou la viande de chèvre. Des plats du jour de saison, des spécialités de l'Istrie pâtes fraîches, raviolis à la garniture verte, ortie-ricotta et truffes noires, truite arc-en-ciel entière avec des pommes de terre au four. De bons gâteaux également.

KONOBA VRH €€

Vrh 2

✆ +385 52 667 123

www.vrh.com.hr

Ouvert tous les jours, sauf le dimanche, de 13h à 22h. Comptez 30 € le repas.

En Istrie Verte, il faut goûter à la truffe locale ! La plupart des restaurants proposent dans leur menu ou à la carte le fameux champignon au fumet particulier. Dans cette taverne, qui porte le même nom que le village, elles accompagnent généreusement tous les plats ! Qu'elles soient noires ou blanches, les truffes sont accommodées à toutes les sauces, les pâtes fraîches, les viandes, l'omelette et même des plats sans gluten. On les humidifie généralement dans l'assiette avec quelques gouttes d'huile d'olive maison... De bons fromages et gâteaux également.

Buzet, non loin de la frontière slovène.

PULA ★★★

Les importants monuments romains de Pula, l'amphithéâtre, l'arc de triomphe, le forum, le temple d'Auguste, le petit théâtre, témoignent de sa grandeur antique. Aujourd'hui, il reste beaucoup à voir dans cette ville, les ruelles autour de la cathédrale et du fort, le réseau de tunnels militaire, les chantiers navals, à voir le soir pour le son et lumière, les sites archéologiques, les musées, l'aquarium, les boutiques, etc. En été, les spectacles de l'Arena, le Summer Festival, le festival international de cinéma ou les beach bar clubs de la côte rocheuse et plages attirent du monde (Verudela, Stoja, Valkane). À ne pas manquer, le ferry pour l'archipel des îles Brioni au large de Fažana. Sur le port, des excursions s'organisent pour visiter le parc national.

Histoire

La ville est mentionnée par l'historien grec Lycophron, qui évoque sa fondation par les Colchidiens. N'ayant pu capturer la Toison d'or, Jason et les Argonautes décidèrent de s'installer sur les rives de l'Istrie. Par-delà les origines mythologiques, cette première installation sur la pointe de la péninsule istrienne avait des avantages stratégiques. De nombreux ossements, haches et outils ont été retrouvés lors des fouilles archéologiques. Ces découvertes laissent à penser que la région était habitée il y a plus de 8 000 ans. À cette époque, Nesactium, aujourd'hui appelée Nezakcij, située à quelques kilomètres de Pula, était la capitale de la tribu des guerriers Histri. En 177 av. J.-C., la ville tombe aux mains des Romains et devient alors un important centre commercial et administratif. L'amphithéâtre, le petit et le grand théâtre romain, ainsi que le temple d'Auguste donnent une idée de la richesse impériale aux IIe et IIIe siècles. Après la chute de l'Empire romain, Pula connut une autre période faste, pendant le haut Moyen Âge. La ville en garde des traces, des églises notamment. Au XIIe siècle, lors de l'invasion de l'Istrie par les Vénitiens, Pula prend la tête de la révolte contre eux mais tombe sous le protectorat de Venise en 1331. Au moment des grandes épidémies, la ville est moribonde. Au milieu du XVIIe siècle, sa population ne comptait plus que 300 âmes… Tout un passé aujourd'hui que l'on attend de retrouver dans le musée archéologique. En phase de restauration depuis de longues années, l'établissement public tarde à rouvrir ses portes. Au début du XIXe siècle, la ville retrouve la prospérité grâce à l'activité portuaire notamment. La monarchie austro-hongroise en fit son port militaire principal. James Joyce, alors professeur d'anglais à la base navale, cite le port comme un exemple de dynamisme. Lors de la Première Guerre mondiale, Pula est partiellement détruite, puis est une nouvelle fois bombardée lors de la Seconde Guerre mondiale. Aujourd'hui, Pula garde son côté provincial tout en jouant son rôle culturel attractif. Grâce à ses nombreux atouts, ce pôle économique de la région cherche à s'affirmer sur le plan touristique.

Se loger

En centre-ville, vous trouverez des hôtels indépendants, des auberges de jeunesse (*hostels*). Sur la route de la péninsule de Verudela, bordée de plages de rochers, d'autres hôtels encore, un complexe hôtelier avec bars, restaurants et discothèques. Des villages-clubs balnéaires, ainsi que des campings poussent aussi du côté du fort Punto Christo (camping Brioni) jusque sur la presqu'île de Stoja. À noter également : une offre importante de chambres privées ou appartements à louer, bien pratiques si vous souhaitez rester pour quelques jours. À Fažana, un port ancien et une station balnéaire à quelques kilomètres de Pula, deux hôtels sont accessibles toute l'année ainsi que des locations privées pour être au plus près de l'île principale du parc national des Brioni.

Se restaurer

Dans cette ville largement ouverte sur l'Adriatique, les restaurants de poissons abondent ! Vous trouverez des produits de la mer frais dans les tavernes familiales où le cuisinier est parfois le pêcheur. Autre tendance force, le régime méditerranéen qui rime avec bon vin istrien au Farabuto. Influence italienne oblige, les pizzerias ne manquent pas à Pula. Les condiments comme l'huile d'olive à la truffe blanche, les asperges sauvages du marché se combinant bien avec les recettes internationales.

Shopping

Principale ville d'Istrie, Pula n'est pas (encore) une place forte pour le shopping. L'hiver, nombre de commerces à destination des touristes sont fermés mais toute l'année, vous trouverez un marché (début Flanaticka Ulica), où acheter des produits frais et gourmands. À proximité de ce marché, la zone piétonne est très commerçante, très touristique avec de nombreuses supérettes. Les supermarchés (ouverts le dimanche matin) sont installés en périphérie. Pour les cadeaux souvenirs, les produits gourmands, les boutiques galeries se concentrent dans les rues du Forum et Kandlerova.

OFFICE DE TOURISME PULA

Forum 3
✆ +385 52 219 197
www.pulainfo.hr
Ouvert en été de 8h à 22h, en hiver de 9h à 16h.

Sur la place du Forum, ce grand bureau municipal moderne s'harmonise bien avec les monuments historiques. Pour toute information, plan de la ville, excursions, plages, agenda culturel, animations, restaurants, ainsi qu'un catalogue de possibilités et contacts pour l'hébergement, mais les réservations se font via des agences touristiques, sur Internet ou directement auprès des établissements ou propriétaires privés. L'application mobile Pula + active la carte interactive urbaine.

Sortir

De nombreux concerts et des projections de films sont organisés l'été dans l'amphithéâtre antique. Pendant ces spectacles, certains petits futés savent que l'on peut commander un verre en surplomb des arènes, aux terrasses de la rue Scallerova, pour avoir gratuitement une vue plongeante sur la scène. La vie nocturne à Pula passe aussi par le forum, ses terrasses de café, celles de la contre-allée Istarska ulica, vers l'entrée nord de la ville ou dans les bars à vins. On pourra aussi, comme James Joyce, commander un brandy ou un verre de cherry au Uliks Bar. Vers la presqu'île de Verudela, des cafés lounge se sont installés le long de la plage, alors que les hôtels ouvrent leurs bars et clubs aux non-résidents.

Tourisme

Il faut aller au musée historique de l'Istrie, installé dans la forteresse, pour bien comprendre ce passé glorieux. On s'impatiente de redécouvrir les richesses du musée archéologique, qui reste fermé depuis des années pour cause de rénovation. Le Moyen Âge, qui n'est pas en reste, dessina ce lacis de ruelles autour de la cathédrale et des églises franciscaines, le tout en un périmètre strictement piéton. À découvrir aussi le Zero Strasse, un souterrain qui sillonne la vieille ville en un réseau de tunnels datant de la Seconde Guerre mondiale. La façade maritime donne envie de prendre le large, de naviguer vers Venise, dans le golfe du Kvarner jusqu'au parc national des Brioni. Du front de mer (riva) de Pula, les excursionnistes vous emmèneront en bateau et vous feront découvrir l'archipel le temps d'une minicroisière d'une journée. Mais les indépendants prendront plutôt le ferry au port de Fazana, à 5 km de Pula, pour visiter à leur rythme l'île de Veli Brijuni, où le maréchal Tito avait sa seconde résidence principale. Le soir, retour sur la riva à la nuit tombée pour admirer le son et lumière des Lighting Giants du chantier naval.

Transports

Le centre historique de ville se visite à pied. Certains hôtels peuvent se trouver hors de ce périmètre piétonnier. Le plus pratique est de prendre un taxi à la station de l'avenue Giardini ou le commander par téléphone. De nombreux loueurs de véhicules se trouvent en ville, à l'aéroport et dans les agences de voyages. Vous trouverez des parkings payants un peu partout et quelques rares places gratuites en périphérie.

SUR LES PAS DE JAMES JOYCE

En 1904, le célèbre poète irlandais (1882-1941) séjourna quelques mois à Pula, où il exerça comme professeur d'anglais. Aujourd'hui, une statue de bronze rend hommage à l'écrivain. On peut le voir assis à la table de son café préféré, prêt à commander son espresso quotidien. Une plaque sur le mur de l'immeuble où il enseigna rappelle discrètement son passage. Comme au début du siècle, pour se mettre dans les pas du suiveur ulyssien, on peut toujours venir boire un café, un thé, un whisky ou une *pivo* (bière) à la terrasse de l'Uliks (Uliks Bar, Trg Portarata, Slavoluk obitelji Sergijevaca, en face de l'arc des Serge).

AMPHITHÉÂTRE (AMFITEATAR U PULA) ★★★

Scalierova ulica 30
✆ +385 52 219 028
www.ami-pula.hr
Ouvert tous les jours. En hiver (9h-17h), en été (8h-minuit). Entrée : 50 kn (adulte), 25 kn (étudiant).

C'est l'un des rares amphithéâtres romains encore entièrement conservés. Construit sous l'empereur Auguste, il a été agrandi sous Vespasien. Ces arènes monumentales (ellipse de 132 m sur 105 m) comportent trois étages et pouvaient accueillir jusqu'à 23 000 spectateurs, qui entraient par quatre tours, appuyées chacune sur un énorme pilastre. Au sous-sol, des salles pour les sportifs et les gladiateurs étaient reliées au terre-plein central par des couloirs. En 404 après J.-C., les derniers jeux et combats ont cédé la place à un marché. Puis, sous la domination vénitienne, l'amphithéâtre fut utilisé comme carrière. On y travaillait la pierre.

Au sous-sol, le site actuel héberge trois salles d'expositions permanentes. Elles évoquent les différentes périodes historiques de la ville, avec une présentation des objets de fouilles archéologiques retrouvés sur place, les activités agricoles et vivrières en Istrie sous la domination romaine (viticulture, oléiculture). On peut faire le tour de ronde par l'extérieur de l'amphithéâtre pour la vue générale sur l'édifice, le soir spécialement quand le coucher de soleil filtre à travers les voûtes et les piliers. En toile de fond, le port et la baie de Pula. De nombreuses manifestations culturelles y sont organisées, notamment Pula Superium, qui réanime le passé romain de la ville, Visualia (sons et lumière), des concerts (classique, jazz et musiques actuelles), ainsi qu'un festival de films internationaux.

ISTRIE

© SPANIC - ISTOCKPHOTO

Vue aérienne de Pula.

AQUARIUM ★★

Verudela
✆ +385 52 381 402
www.aquarium.hr
Ouvert en été de 9h à 22h. Entrée : 100 kn (adultes), 70 kn (étudiants, seniors), 50 kn (enfants).

Le fort de Verudela, conçu selon le système de défense austro-hongrois (XIXe siècle), abrite désormais un aquarium. Le milieu marin spécifique à l'Adriatique, avec 211 espèces, est montré sur deux étages. Les trois salles réservées aux tortues blessées prises dans les filets des pêcheurs locaux sont particulièrement émouvantes. Monter au sommet de l'édifice pour admirer la vue sur la mer et la ville historique, profiter de la terrasse et du café-bar-restaurant. Régulièrement, l'Aquarium organise des évènements culturels ou festifs.

CATHÉDRALE DE LA VIERGE MARIE DE L'ASSOMPTION ★

Trg Svetog Tome 2
Ouverte le dimanche.

L'édifice actuel de la cathédrale de la Vierge-Marie-de-l'Assomption de Pula fusionne les styles de l'architecture romane et Renaissance en façade. Plusieurs bâtiments avaient déjà été érigés à cet emplacement, à des époques successives, dont un ancien temple qui remonte à l'Antiquité romaine (IVe siècle). Vous remarquerez les mosaïques au sol ainsi que le sarcophage, qui date du IIIe siècle et sert aujourd'hui d'autel. Une église magnifique aussi bien à l'intérieur qu'à l'extérieur.

ESPACE MUSÉE-GALERIE « SACRES CŒURS » ★

De Villeov uspon 8
✆ 385 52 353 185
www.ami-pula.hr
Ouverte durant la saison estivale de 9h à 23h.

Sur la route de la citadelle, cette grande basilique byzantine à triple nef (VIe siècle) fut construite sous l'archevêque de Ravenne, qui était originaire de Rovinj. Dans le style sobre caractéristique des premiers chrétiens italiens, cette église désaffectée est ornée de fresques murales alors que ses mosaïques ont été déplacées au musée archéologique de la ville. Dans l'espace de 480 km^2, on a créé une galerie d'art où se tiennent des expositions, des conférences et des concerts.

HÔTEL DE VILLE (GRADSKA VIJEĆNICA) ★

Forum 13

Construit en 1296, à l'emplacement du temple romain sur l'aile droite du temple d'Auguste (vue de face), ce palais ancien a toujours été le siège administratif de la ville. Assez éclectique, il possède plusieurs modèles stylistiques, visibles en façade, comme les colonnes Renaissance et les fenêtres baroques, ou de belles sculptures dans les coins. Vous observerez l'inscription d'une date (1295) sur la façade nord, qui indique probablement l'année de sa première rénovation.

ISTRIE

MUSÉE DE L'HUILE D'OLIVE D'ISTRIE

Ulica sv.Teodora 1a
© +385 52 661 235
oleumhistriae.com
Ouvert tous les jours en été. Entrée musée + audio guide : 50-25 kn ; musée + dégustations : 90-130 kn.

© OLEUMHISTRIAC ISTRIA OLIVE OIL

Ce grand point de vente s'augmente d'un musée pédagogique et gustatif. On y évoque l'oléiculture, toute la chaîne, de la culture de l'olive à la production de l'huile, de l'époque romaine à nos jours, les différentes variétés, compositions et utilisations. On vous rappelle les vertus du régime méditerranéen. Grand choix d'huiles d'olive de l'Istrie pressées à froid mais aussi des alcools, condiments, herbes aromatiques, objets en bois d'olivier, etc.

FORTERESSE DE PULA, MUSÉE HISTORIQUE ET MARITIME ★★

Gradinski Uspon 6 © +385 52 211 566
www.ppmi.hr
Ouverts de 9h à 17h (hiver), de 8h à 21h (avril à septembre). 20 kn.

En plus de l'amphithéâtre, à l'époque romaine, il existait un « grand théâtre (Rimsko kazalište), pour l'accueil du public, qui devint un fort (*kastel*) au Moyen Age. Au XVIIe siècle, il fut démonté par les Vénitiens qui récupérèrent les pierres pour une future grande forteresse. Le grand réservoir d'eau – récemment restauré – fut construit sous la domination des Habsbourg. Avec la construction de l'arsenal, à la fin du XIXe siècle, Pula devint le port d'attache de la marine austro-hongroise. En 1861, un hôpital impérial y fut ouvert. Le château d'eau et la caserne abritent aujourd'hui la partie muséographique. Armes, cartes territoriales, objets usuels, costumes, photographies illustrent le passé historique, militaire et maritime de Pula, chef-lieu de l'Istrie.

À partir de 2005, d'anciens objets de l'apothicaire étaient présentés, rappelant l'histoire de la pharmacie en Istrie et en Croatie. Aujourd'hui, les expositions se recentrent sur le multimédia, qui permet de raconter l'histoire militaire plus récente, le travail des archéologues et des restaurateurs d'art.

- **Le tour des remparts** offre une vue cavalière sur la cité portuaire et jusqu'aux chantiers navals.
- **Les tunnels de Zerostrasse** (billetterie en plus). Depuis 2011, le PPMI exploite aussi ces passages souterrains construits durant la période austro-hongroise. Des galeries enterrées sous voûtes bétonnées, tout un réseau d'environ 400 m, qui débouche en plein centre-ville, derrière la place du forum.

LIGHTING GIANTS (RASVJETA DIVOVI) ★★

Riva
www.skira.hr/selected/cranes_pula
Spectacle visuel gratuit de 15 min, tous les soirs durant la periode estivale (21h, 22h, 23h et minuit).

Dean Skira, un designer international d'origine croate, a redonné vie aux grues géantes du chantier naval (île d'Uljanik). Avec l'aide de ses sponsors et des ouvriers impliqués, les huit élévateurs se reflètent la nuit en mille feux dans la mer d'encre. Ces symboles de l'ancienne puissance maritime s'animent mécaniquement et se mettent à danser comme des échassiers géants articulés sur une musique ambiante. Se mettre face aux grilles pour admirer cet impressionnant son et lumière.

MONASTÈRE SAINT-FRANÇOIS (SAMOSTAN SV. FRANJE) ★

Ulica Castropola
Ouvert tous les jours entre juin et septembre de 10h à 13h et de 16h à 19h. Horaires réduits le reste de l'année.

L'église et le monastère Saint-François (Uspon Svetog Franje Asiškog) constituent un ensemble médiéval homogène, construit au XIVe siècle sur les hauteurs de la cité historique. L'église fut vraisemblablement édifiée sur l'emplacement d'un lieu de culte plus ancien qui remonterait aux premiers chrétiens. Avec sa nef romane et ses décors gothiques, elle forme un tout harmonieux, agrémenté d'un petit jardin attenant, où il est reposant de se promener.

MUSÉE D'ART CONTEMPORAIN DE L'ISTRIE ★★

Svetog Ivana 1/II
✆ +385 52 351 541
www.msu-istre.hr/pocetna
Ouvert tous les jours sauf le lundi. En hiver de 10h à 16h, en été de 10h à 22h. Entrée : 10 kn.

Une ancienne imprimerie réhabilitée en musée. Dans ce lieu culturel, qui a tout l'air d'une friche artistique, les grands volumes pour les salles d'exposition offrent d'énormes possibilités. L'équipe muséale qui œuvre ici fait d'ailleurs des propositions pluridisciplinaires, notamment des monographies d'artistes, des installations multimédias de créateurs régionaux et croates. Une petite boutique-librairie, spécialisée sur l'art contemporain, complète la visite.

PLACE DU FORUM ★★★

Postavite Forum

Depuis sa construction sous l'Empire romain jusqu'à nos jours, le Forum garde sa fonction essentielle d'agora pour le peuple, grande esplanade où tout le monde se retrouve. A l'époque antique, le Forum faisait office de centre administratif, de lieu de réunion, à la fois religieux avec la présence des temples, centre commercial, scène culturel avec les théâtres. Une fonction publique qu'il occupe toujours puisqu'il est bordé par l'hôtel de ville, l'office de tourisme, des galeries d'art et d'artisanat, des bars-restaurants très fréquentés.

TEMPLE D'AUGUSTE [AUGUSTOV HRAM] ★★★

Forum b.b.
www.ami-pula.hr
Ouvert de 9h à 21h. Tarif 10 ou 5 kn.

Sur la place du Forum, il y avait trois temples gréco-romains. Seul celui de l'empereur Auguste est encore debout et a retrouvé toute son intégrité architecturale. Dédié à l'empereur et à la déesse de Rome, cet édifice cultuel, magnifique exemple du début de l'architecture impériale a été construit entre l'an 2 avant J.-C. et l'an 4 de la nouvelle ère. Orienté vers la place, il porte, en façade, une inscription latine : *OMAE ET AVGUSTO CAESARI DIVI FILIO PATRI PATRIAE*, que l'on traduit : « À la déesse de Rome et Auguste, fils du divin César, père de la patrie », ce qui a permis de le dater précisément. L'ouvrage monumental se compose d'une cella, d'un espace clos et d'un propylée, qui donne sur le forum. Le tétrastyle est fermé par quatre colonnes en façade et d'une colonne de chaque côté. Toutes sont en marbre, coiffées de chapiteaux corinthiens. Au-dessus, l'architrave est décorée de frises et le tympan triangulaire, d'un médaillon.

Au cours de son histoire, le temple a souvent changé de fonction. Sous l'Empire byzantin, il servit d'église pour les chrétiens puis il fut abandonné. Au XIXe siècle, il a été transformé en musée de la sculpture romaine jusqu'aux bombardements de la Seconde Guerre mondiale qui l'ont détruit dans sa quasi-totalité. Sa reconstruction a eu lieu entre 1945 et 1947. Aujourd'hui, on peut visiter l'intérieur [maquettes de constructions romaines, sculptures, mosaïques] mais la grandeur du temple se voit mieux de l'extérieur.

PORTES DE PULA ★★

Slavoluk Sergijevaca

La porte d'Hercule [Herkulova Vrata], parfait arc de triomphe [Ier siècle avant J.-C.], est la plus ancienne. Une tête de Mars, dieu de la Guerre, porte les inscriptions nominatives des deux officiers fondateurs de la colonie istrienne, Lucius Calpurnius Piso et Gaius Cassius Longinus. L'arc de Serge ou porte d'Or [Slavoluk Sergijevaca] est un édifice commémoratif, construit entre 29 et 27 av. J.-C. par Salvius Postumius Sergius, en l'honneur des trois hommes forts de sa famille. Les portes jumelles [Dvojna Vrata], elles, donnent accès au musée archéologique.

SUNSOLEIL

✆ + 385 98 637 538
Agence en ligne, visites guidées, ateliers pédagogiques et créatifs.

A la direction de son auto-entreprise, Sanja Srhoj, la guide conférencière connaît bien sa ville. Engagée dans le tourisme responsable, elle collabore avec un réseau de partenaires qui vous proposent des visites accompagnées à la découverte de Pula, Rovinj, Motovun, Poreč, avec des commentaires en anglais ou en français, SunSoleil apporte des idées neuves, comme les ateliers créatifs, une matinée dans une ferme écologique, les courses au marché comme les Croates, des balades en petits groupes sur la côte adriatique, dans l'archipel de Brioni, les parcs naturels.

PULA CITY TOUR

Posavskog 27 ✆ +385 99 4105 002
pulacitytour.com
Achat des billets dans le bus, les agences de voyages, les hôtels et les campings. 120 kn (adulte), 50 kn de 6 à 15 ans.

© PULA CITY TOUR

Le tour de la ville en bus panoramique est l'occasion d'une visite guidée intéressante (50 minutes). Le circuit montre le patrimoine historique, les attractions touristiques et les beautés du site naturel autour de Pula, selon le principe du *hop on hop off* : un billet acheté = utilisation du service de n'importe quel point d'intérêt pendant 24 heures. Le système audio parle douze langues : croate, anglais, italien, français, espagnol, allemand, slovène, polonais, tchèque, hongrois, japonais et russe. Gratuit pour les enfants (moins de 5 ans).

ACI MARINA PULA/PORT

Riva 1
✆ +385 52 219 142
www.aci-club.hr
Ouverte toute l'année.

Au sud-est du centre-ville, dans le prolongement de la promenade de la mer (*riva*), cette marina, récemment rénovée, propose de nombreux services pour les plaisanciers (sanitaires, réception, accès Internet, bar-restaurant). La compagnie Venezia Line relie les ports de l'Istrie avec Venise. Jadrolinija, Adriatic Lines et Jadroagent assurent des rotations vers les îles du golfe du Kvarner (Unije-Susak-Mali Lošinj-Ilovik-Silba) jusqu'à Zadar. De nombreux croisiéristes proposent des journées en mer dans l'archipel des Brioni ou dans le golfe du Kvarner.

AÉROPORT DE PULA (ZRACNA LUKA PULA)

Valtursko polje 210 Ližnjan
✆ +385 52 530 105
www.airport-pula.com

Bien desservi, en particulier l'été, par les lignes aériennes européennes régulières, entre autres Croatia Airlines, Lufthansa, British Airways et les low cost Ryanair, EasyJet, Volotea, etc. En 2020, Transavia France inaugure une nouvelle route avec des vols toute l'année Pula/Paris-Orly, qui augmentent pendant la saison estivale. Il bénéficie d'un réseau de bus urbains réguliers pour les transferts avec le centre-ville (8 km). Des taxis sont également disponibles.

BRIONI B.B.

Šijanska cesta 452100
✆ + 385 52 535 155
www.brioni.hr

Cette agence de transport en bus, qui existe depuis plus de 70 ans, a connu les débuts du tourisme dans la région. Couvre spécialement l'Istrie, la Croatie continentale, le golfe de Kvarner et assure des rotations régulières avec les grandes villes du pays Split, Zagreb, Rjeka et Belgrade. Des trajets et circuits sur toute la péninsule. Contrairement à ce que leur nom pourrait faire croire, aucun bus ne circule dans l'archipel des Brioni, où les véhicules de tourisme ou de particuliers sont interdits. Propose aussi un service de navettes pour l'aéroport.

GARE FERROVIAIRE (ŽELJEZNIČKI KOLODVOR)

Kolodvorska 7
✆ +385 60 333 444

Basée sur une voie ferrée longeant la mer, à un quart d'heure à pied du centre-ville, la gare des trains de Pula est un peu au bout du monde. Elle ne dessert que les lignes régionales. On y trouvera donc des billets pour les localités de l'intérieur de l'Istrie comme Pazin ou Buzet, et jusqu'à Koper, une station balnéaire à la frontière slovène. Pour Rijeka, le train s'arrête à Lupoklav, où un bus termine le trajet. Plus de connexions pour le nord de l'Istrie vers Trieste ou Ljubljana.

GARE ROUTIÈRE [AUTOBUSNI KOLODVOR]

Trg I. Istarske brigade bb
✆ +385 60 304 090
www.buscroatia.com
Prix des tickets : de 11 à 25 kn selon la destination régionale.

Située au nord-est du centre-ville. Un gros trafic sur les lignes régionales pour Rovinj, Poreč, Opatija, Vrsar, Umag, Pazin, Labin..., des liaisons quotidiennes pour Rijeka-Zagreb et Dubrovnik via Zadar et Split. De nombreux bus vers les villes des pays limitrophes (Trieste, Padoue, Venise, Milan - seulement en été - et Ljubljana). Sur le même site, les bus interurbains pour vous rendre à l'aéroport ou dans le centre historique. Consigne dans la gare.

OMLADINSKI YOUTH HOSTEL €

Zaljev Valsaline 4
✆ +385 52 391 133
La nuit en dortoir (saison estivale) autour de 16 € par personne, chambre double 24 € (petit déjeuner inclus).

Appartenant au réseau de la fédération nationale (HI Hostel), cette auberge de jeunesse est située dans la baie de Valsaline sur un site naturel calme, qui surplombe la plage. C'est une bonne base pour profiter des plaisirs balnéaires et de ceux de la ville, qui n'est pas si loin. Pour vous y rendre en partant du centre de Pula : bus 2A ou 3A, arrêts Piramida ou Veruda. Des chambres et des dortoirs simples, propres et fonctionnels sont installés dans un bâtiment moderne ou dans des mobil-homes (2, 4, 6, 8 lits) et, dans la pinède, des emplacements pour les tentes.

BOUTIQUE HOTEL VILLETTA PHASIANA €€

Trg Sv. Kuzme i Damjana 1 ✆ +385 52 520 558
www.villetta-phasiana.hr
Chambres doubles et familiales, de 78 € à 163 € selon la saison et l'exposition (petit-déjeuner inclus).

A 10 km de Pula, Fažana, un port antique connu pour ses potiers d'amphores, se trouve juste en face des îles Brioni. Pratique pour explorer le parc national, tôt le matin. Proche de l'embarcadère du ferry, de l'office de tourisme où acheter ses tickets pour le parc et du front de mer, cette villa offre de bonnes prestations, 21 chambres propres et lumineuses, tout confort, dont certaines avec vue sur la mer. Le petit déjeuner est servi dans un jardin clos ou au bar de l'établissement.

HOSTEL PIPISTRELO €

Flaciusova 6
✆ +385 98 133 4780
www.hostelpipistrelo.com
Ouvert toute l'année, chambres privées ou dortoirs (4 personnes) de 15 à 36 € la nuit.

© HOTEL PIPISTRELO

Dans un immeuble rénové du front de mer, cette auberge de jeunesse a bénéficié d'un projet de design très créatif. Les espaces intérieurs débordent de couleurs, chaque chambre et dortoir a sa propre histoire décorative alors que les fenêtres donnent sur le chantier naval, qui s'anime la nuit avec le jeu de lumières sur les grues géantes.
Sur quatre étages, les chambres privées et les dortoirs sont basiques et confortables (clim, Wifi gratuit, serviettes et draps). La réception et la salle à manger détente sont situées au rez-de-chaussée. Accueil sympathique.

GUEST HOUSE HOTEL RIVIERA €€

Splitska 1
✆ +385 52 211 166
Chambres doubles, selon la saison et la catégorie, de 54 € à 70 € (petit déjeuner inclus).

Construit à la fin du XIXe siècle, ce bâtiment est le plus vieil hôtel de la ville. Sur la riva, à proximité de la gare ferroviaire, il est entouré d'un parc peu entretenu. La terrasse a son charme. A l'intérieur, le hall d'accueil, les couloirs, la salle de réception, les escaliers et les chambres, tout est spacieux. L'hôtel avec sa façade néobaroque garde son prestige en ville, souvenir austro-hongrois d'un temps révolu... Une rénovation du bâtiment historique est en cours.

ISTRIE

HÔTEL GALIJA / EPULON FOOD & WINE €€

Epulonova 3 ✆ +385 52 383 802
www.hotelgalija.hr
Chambre de 66 € à 112 € la nuit, selon la saison et la catégorie (petit déjeuner inclus). Restaurant de 8h à 23h.

Proche du marché, cet hôtel familial 3-étoiles, récemment rénové, est ouvert toute l'année. Des chambres confortables à la déco néoclassique et une terrasse sur le toit agréable. Pour le restaurant, on a juste à traverser la rue pour s'installer dans un espace design. La carte est orientée vers une cuisine fusion, des verrines de légumes, un plateau de charcuterie/fromage pays avec un verre de vin local, des grillades, burgers, gnocchis, pâtes ou risotto noir aux fruits de mer.

HOTEL MILAN & RESTORAN ENOTECA €€

Stoja 4
✆ +385 52 300 200
www.milan1967.hr
La chambre double de 101 € à 177 € la nuit, selon la saison (petit déjeuner inclus).

A 2 km au sud du centre-ville et 200 m de la mer, cet hôtel familial 3 étoiles existe depuis 1967. Il est réputé pour la qualité de son service hôtelier. Les chambres sont spacieuses, modernes, lumineuses, décorées avec goût dans un style contemporain. Elles disposent de tous les équipements de confort (télévision, air conditionné, espace salon pour certaines). La table gastronomique propose des spécialités de la mer et une belle carte des vins (des centaines de crus différents).

HOTEL SCALETTA €€

Flavijevska 26
✆ +385 52 541 599
www.hotel-scaletta.com
Chambre double de 87 € à 102 € la nuit, selon la saison (petit déjeuner inclus).

On ne peut guère trouver plus proche de l'amphithéâtre ! Ce petit hôtel familial se situe à deux pas de l'embarcadère des ferries. Une adresse pour profiter de la vieille ville, monuments, musées et du bord de mer, sans devoir prendre la voiture ou les transports en commun. L'établissement possède 12 chambres (2 simples et 10 doubles), décorées dans les tons pastel, équipées d'un espace bureau avec Wifi gratuit, télé, mini-bar et double vitrage. Si vous êtes vraiment sensible au bruit de la circulation, demandez des chambres donnant sur la rue intérieure.

BOUTIQUE HÔTEL VALSABBION €€€

Pješćana uvala IX/26
✆ +385 52 218 033
www.valsabbion.hr
Chambres doubles et suites de 130 € à 344 € la nuit, selon la catégorie et la saison. Petit déjeuner buffet 14 €/pers.

Un hôtel en dehors du centre, près du port. Un soin particulier a été porté sur la décoration zen et design, notamment pour les chambres élégantes. Sur le toit terrasse, les clients profitent d'une grande piscine panoramique et d'un espace spa et fitness. La vue panoramique sur la baie est exceptionnelle ! Sans oublier de préciser que la plage se trouve à proximité. Le restaurant du Boutique Hôtel Valsabbion propose une cuisine internationale raffinée.

BOUTIQUE HOTEL VILLA VULIN €€€

Tommaseova 10 ✆ +385 52 393 990
www.villa-vulin.hr
Chambres doubles de 125 € à 190 €, selon la saison et la catégorie. Restaurant ouvert tous les jours (11h-22h).

Dans un quartier calme de la ville (Zona Exclusiva), cet établissement, créé en 2000, fut le premier boutique-hôtel 5 étoiles croate, avec 6 appartements dans une maison d'architecte, dont une suite présidentielle. A l'intérieur, le style classique bourgeois domine, avec plusieurs balcons et terrasses et tout le confort contemporain. Un bar/lounge, un restaurant gastronomique, une vinothèque, une cave à cigares, des équipements bien-être, un parking couvert, et la plage à 200 m.

PARK PLAZA HISTRIA PULA €€€

Verudella 17 ✆ + 385 52 59 00 00
www.parkplaza.com
Chambres doubles de 100 € à 204 € la nuit, selon la saison et la catégorie.

Sur la presqu'île de Verudela, à quelques kilomètres du centre de Pula, le complexe hôtelier au design contemporain propose des chambres spacieuses, confortables, qui ont vue sur la marina ou sur l'entrée de l'archipel des Brioni. De nombreux équipements, bar *lounge* terrasse restaurant, qui simule le pont d'un bateau de croisière, piscine d'eau de mer, salles de sauna, hammam, fitness, terrains de sports, club pour enfants, plage de galets, club de plongée. De l'hôtel, une navette circule jusqu'à l'aéroport ainsi que des bus réguliers et des taxis vont en ville.

ISTRA VACATION €€

Ciscuttijeva ulica 15
✆ +385 91 363 1111
www.istra-vacation.com

Agence ouverte tous les jours en été. Catalogue de locations saisonnières en ligne.

Principalement tournée vers l'hébergement touriste, cette agence réceptive gère un gros catalogue de biens sur toute l'Istrie, côté mer et côté terre. Que ce soit des résidences balnéaires avec de superbes vues, des villas de luxe dans la campagne avec piscine et grands espaces verts autour, des maisons d'architecte, des appartements rénovés en centre historique, toutes ces locations saisonnières entrent dans les normes du confort contemporain. Avec ses partenaires, Istra Vacation propose aussi les transferts aéroports, la location de voitures et des excursions.

STAY INN ARENA II CENTER €€

8 Emova ulica

✆ +385 98 163 63 98

En été, appartement de 40 m2 : 750 kn (2 personnes) la nuit.

Dans un quartier calme, qui surplombe l'amphithéâtre, avec juste quelques cafés-terrasses et restaurants agréables, cet appartement est bien situé. Son grand balcon constitue une pièce où l'on aime s'installer pour profiter de la vue dominante. À gauche, se trouvent les arènes et la ville et, au large, les chantiers navals avec leurs grues colorées qui s'illuminent la nuit et se reflètent dans la mer. À l'intérieur, des espaces design confortables, climatisés, salon avec cuisine américaine, chambre, salle de bains, sanitaire et une bonne connexion Wifi.

FAST FOOD GREEN €

Scalierova Ulica 4

✆ + 385 52 356 444

Ouvert tous les jours en été de 9h à 23h. Spécialité de la maison : le wrap falafel, 32 kn.

L'un des meilleurs fast-foods de Pula ! Il affiche une bonne gamme de plats chauds, salades complètes, sandwichs, y compris végétaliens, comme le fameux falafel en wrap, sans œuf ni sauce tahina. À votre goût, les cuisiniers vous proposent différentes garnitures (maïs, tomate, laitue, oignon, houmous). Pour les amateurs de ham et cheese-burgers massifs, de kebabs ou de brochettes (avec ou sans viande), on peut les accompagner de frites et de salade. Parfait pour un repas sur le pouce à emporter et à déguster sur les marches près des arènes. Livraison possible.

FISH FOOD MORE €

Rizzijeva 47

✆ +385 52 211 549

Ouvert tous les jours sauf le dimanche, de 9h à 22h. Plats à partir de 50 kn.

Si vous recherchez un restaurant authentique où l'on croise les locaux, allez au Fish Food More. Ces derniers viennent ici parce qu'ils apprécient une cuisine du pêcheur de qualité et bon marché. Au menu, au choix, des plateaux de poissons grillés, des fruits de mer, des pâtes aux crustacés, des sardines marinées de la maison. Pour une cuisine tournée excellemment bien vers la mer. On apprécie d'autant plus d'être mélangé avec les locaux et d'observer ainsi un petit bout de la vie croate. Accueil souriant et service agréable.

KONOBA TAJ €

Škokovica 23

✆ +385 52 211 900

Ouvert tous les jours sauf le dimanche de 11h à 1h. Plat à partir de 40 kn.

Une taverne de quartier augmentée d'un petit bar-grill sympathique, pour ceux qui aiment l'ambiance *burek* sur le pouce, c'est-à-dire le sandwich local du matin, les saucisses *cevapcici* (recette bosniaque aux herbes), les grillades avec des frites ou blitva (écrasé de blettes, pommes de terre) et une bière ou le *prošuto*/fromage avec un verre de vin, le tout dans une bonne ambiance, devant un match de foot ou en écoutant de la musique. Le Taj se trouve un peu en dehors du circuit touristique, donc pas de rabatteurs ! L'occasion de rencontrer les gens du quartier.

PIZZERIA JUPITER €

Casteropola 42

✆ +385 52 214 333

pizzeriajupiter.com

Ouvert tous les jours de 10h à minuit. Menus de 45 à 55 kn, de 30 et 100 kn pour une pizza, brunch entre 3 et 8 €.

Proche de l'amphithéâtre, une adresse avec une belle terrasse où règne une ambiance détendue. Près d'une trentaine de pizzas avec quantité de garnitures au choix et des prix raisonnables. De pizzeria, l'établissement est devenu une trattoria avec divers plats, salades méridionales, pâtes fraîches, légumes, viandes et poissons grillés, fruits de mer frits ou en sauce et crêpes au dessert... Pour le petit déjeuner, que l'on choisisse la formule Croatian, Istrian, English ou Vegan, il s'apparente à un brunch sucré-salé ! Pensez à réserver car l'endroit est prisé.

TRATTORIA VODNJANKA €

Ul. Dinka Vitezića 4

✆ +385 98 175 7343

Ouvert tous les jours en été sauf le dimanche. Plat à partir de 40 kn.

Ce restaurant, un peu éloigné du centre, n'est pas un piège à touristes. On y vient pour les plats de terroir, comme les gnocchis avec légumes grillés, la polenta aux olives, les pâtes en sauce, tomate ou truffe, la charcuterie et les fromages de pays, la cuisine du pêcheur (poissons vendus au poids), les plateaux de fruits de mer, fritures et marinades, les pizzas. Le tout est servi dans des assiettes dressées avec soin, accompagné du vin de la maison. S'il y a de la place en terrasse, vous aurez droit au coucher de soleil sur les toits.

VILLA MARGERITA €

Valsabionska ul. 22

✆ +385 52 210 886

villa-margerita.business.site

En saison, ouvert tous les jours, de 17h à 23h, plats chauds à partir de 50 kn.

Une grande villa blanche avec une belle colonnade en façade offre un intérieur chaleureux, ouvert sur une terrasse avec vue sur la mer et sur l'espace enfants. Ce restaurant-grill propose une cuisine simple et copieuse, des marinades d'anchois ou de sardines en entrée, des pâtes fraîches aux fruits de mer, une assiette de charcuterie et de fromages d'Istrie, des grillades de poissons, différentes viandes, brochettes, saucisses *ćevapčići*, panés de volaille. Des plats chauds accompagnés de frites ou de légumes grillés. Mieux vaut réserver !

GINA PULA €€

Stoja 23

✆ +385 52 387 943

www.ginapula.com

Ouvert en saison tous les jours de 18h à 23h. De 60 à 95 kn le plat chaud.

Un restaurant sur la route qui mène aux campings et espaces balnéaires de Stoja. Gina, c'est le nom du chef qui officie ici depuis soixante ans. Construit en 1867 face à la baie, l'établissement fait penser à une élégante *konoba* (taverne). En cuisine, principalement des produits de la mer, plateaux de fruits de mer, grillades, gnocchis et pâtes fraîches en sauce, risotto. C'est à la fois traditionnel et moderne... Spécialité de la maison, la glace à la lavande nappée de confiture. Le pain est fait sur place et la cave est bien fournie en vins de pays.

RESTORAN « KANTINA » €€

Flanaticka 16

✆ +385 52 314 054

kantinapula.com

Ouvert tous les jours en été de 7h à 22h. Compter 35 à 60 kn l'entrée, 50 à 150 kn le plat.

Dans une ancienne villa de style habsbourgeois, à deux pas du marché, un restaurant réputé, à Pula, pour son ambiance bistrot chic avec musique et bonne cuisine régionale. Service dès le matin, assiette de fromage/charcuterie locale en antipasti, soupe de légumes, salade de calamars avec fuzi (pâtes de l'Istrie), gnocchis à la sauce aux truffes blanches, raviolis farcis au jambon fumé et sauce blanche/fromage. Belle carte des vins istriens. Réservation conseillée ! L'hiver, la Kantina est fermée, l'établissement se recentre sur sa partie café lounge.

CABAHIA CAFFE BAR

Ul. Alda Negrija 16

✆ + 385 98 180 70 49

Ouvert tous les jours en été de 7h à minuit.

Ce café-bar, qui dispose d'une belle terrasse accueillante, est très fréquenté par les étudiants durant la journée. Il reste ouvert jusque tard dans la nuit et organise régulièrement des soirées concerts ou de *stand-up*, avec humour croate, où il vous faudra une sacrée dose d'imagination si vous ne parlez pas la langue... Suivez toute l'actualité du Cabahia Caffe Bar sur la page Facebook du lieu. Côté boissons, un bon café espresso et un gros choix de bières. Toute la journée, une bonne ambiance assurée, avec le sourire des serveurs.

CAFFE BAR « SCALA »

Ozad Arene 1

✆ +385 98 898 484

Ouvert tous les jours en été de 9h à 23h.

Modeste pas sa taille, grand pour la qualité de sa terrasse. Les petites tables orientées vers le sud-ouest ont une vue plongeante sur l'intérieur de l'amphithéâtre. À cet emplacement, c'est comme si l'on était placé au premier niveau des arènes. Ici, les places sont chères, surtout au coucher du soleil ou lors des spectacles, les combats de gladiateurs par exemple. Les boissons fraîches ou chaudes sont elles tout à fait abordables. Sert de bons milkshakes et le meilleur Aperol Spritz de la ville ! En renouvelant les commandes, on y passerait des heures.

CYBER CAFE

Flanatička ulica 14

✆ +385 52 223 204

Ouvert tous les jours en été de 8h à 2h du matin. Wifi gratuit.

Ce lieu met à disposition de sa clientèle un ordinateur avec la connexion Internet gratuite. Vous prenez une boisson chaude ou froide et vous pouvez vous installer devant l'écran sans limite de temps si personne ne veut prendre votre place. Pratique pour consulter ses mails, la météo et d'autres infos rapides mais la musique à gros volume, surtout le soir, ne facilite pas la concentration. Mobilier coloré joyeusement dépareillé, terrasse fleurie, jeux pour enfants. En soirée, ambiance plus rock. Bonne carte de bières et cocktails.

E&D NIGHT AND DAY CAFE LOUNGE

22 Verudela

✆ +385 52 213 404

Ouvert toute l'année, en hiver, de 9h à minuit, en été fermeture à 2h.

Près de l'hôtel Brioni, bien installé entre mer et pinède, l'un des bars branchés de la presqu'île. L'espace café-bar lounge, dans son architecture contemporaine et son ambiance sophistiquée, séduit avec ses différentes terrasses, bordées de bassins, plans de verdure et vue sur la mer. Dans la partie dancefloor, de nombreuses soirées avec DJ sont organisées durant l'été. Le restaurant est également bien agencé. La carte des cocktails donne envie de se laisser tenter !

CENTRE CULTUREL DC ROJC

Ljudevita Gaja 3

✆ +385 52 506 460

rojcnet.pula.org

Horaires variables selon les expositions et évènements. Consulter l'agenda du lieu sur le site Internet.

Dans une caserne désaffectée, qui a été mise à disposition des créateurs contemporains par la municipalité, la friche artistique est officiellement autogérée depuis 1999. Le lieu ouvert au public fonctionne plutôt bien aujourd'hui. Sur une dizaine d'étages, des centaines des mètres carrés d'espaces intérieurs et extérieurs où les talents, nouveaux ou confirmés, peuvent s'exprimer. Dans le squat arty, on compte plusieurs ateliers, où il y a souvent une expo, des stages photo, des soirées musicales, un festival, un canal radio.

KUNSTKAFE CVAJNER

Forum 2

✆ + 385 52 216 502

Ouvert toute l'année et tous les jours en été, de 8h à minuit.

L'une des terrasses les plus élégantes du Pula historique. Sa vue imprenable sur le temple d'Auguste, voisin de l'hôtel de ville, de l'office de tourisme municipal, mais aussi son exposition au soleil optimale, tous ces atouts font que l'on y vient toute l'année. Rendez-vous des gens de Pula autant que des touristes, toujours un peu épatés, la première fois, par la grandeur du forum. Belle carte des vins et bières locales, cocktails. L'hiver, la belle salle intérieure avec ses fresques vénitiennes est appréciée, le chocolats chaud également.

PIETAS JULIA

Riva 20

www.pietasjulia.com

Ouvert tous les jours en saison de 8h à minuit. Wifi gratuit.

Immanquable sur la promenade de la mer, juste après l'amphithéâtre et l'embarcadère des ferries pour Venise et Rabac (côte est de l'Istrie). L'établissement a une grande amplitude d'ouverture. Le matin tôt, sur la terrasse, on vous sert le premier café, le petit déjeuner ou le brunch. Toute la journée, des boissons chaudes et froides, des cocktails, des salades, des plats chauds, des sandwichs, des pizzas et des glaces. Quand le soir tombe, le coucher du soleil sur la mer est superbe. Puis, la musique monte pour animer le dancefloor du club.

PETIT BOOKS & GIFTS

Kandlerova ulica 24

✆ +385 52 544 111

www.petit-books.com

Ouvert de 10h à 22h tous les jours en été.

Cette librairie et boutique de cadeaux propose un bon rayon sur le patrimoine historique et culturel croate, des œuvres littéraires ainsi qu'une sélection de livres en anglais, allemand, italien, quelques-uns en français. Vous pouvez aussi trouver des petites peintures et des reproductions de paysages, puzzles et le jeu multimédia *Made in Croatia*, une aventure en mer Adriatique, sorte de Monopoly nautique, sur une idée originale de Sanja Vale Cupić, jeune designer de Pula… Ateliers, conférences, concerts et soirées de poésie sont à suivre sur l'agenda du lieu.

ROCK CLUB ULJANIK

Dobrilina 2

✆ +385 92 236 8289

Ouvert à partir de 20h.

Proche des chantiers navals, cette salle de concert et discothèque est un lieu emblématique de la ville. Le club, qui a fêté ses 55 ans d'existence en 2016, a vu passer des groupes et des styles de musique. Aujourd'hui, c'est le rock balkanique et international qui y résonne, mais aussi le métal, la scène alternative, la pop, l'électro. Le lieu organise aussi des soirées techno et des mini-festivals l'été. Pour la programmation, consultez la page Facebook et pour se restaurer, avec un hamburger copieux, le fast-food voisin peut faire l'affaire !

VELI BRIJUNI ★★

À 15 minutes en bateau du port de Fažana, charmante station balnéaire à l'ancienne, l'archipel des Brijuni comprend deux îles principales et douze îlots. Séparé du continent par un canal (Fažanski kanal), Veli Brijuni, qui signifie littéralement Grande Brijun, est donc l'île la plus étendue, celle que les visiteurs du parc national découvrent en priorité, déjà appréciée des anciens Romains. Sa nature méditerranéenne luxuriante est bien protégée (pins maritimes, cyprès, eucalyptus, oliviers, jardin). Si le zoo abrite des animaux exotiques, des cervidés et de nombreux oiseaux y vivent en liberté, dans un climat relativement doux en hiver.

Tourisme

▸ Pour le ticket incluant la traversée en ferry et l'entrée dans le parc national, s'adresser au bureau touristique des îles, à l'embarcadère de Fažana, mais aussi par téléphone ou sur Internet. La plupart des visiteurs optent pour un circuit accompagné d'un guide diplômé et le petit train, ce qui permet de faire un tour complet du parc sans se fatiguer, tout en écoutant les faits historiques et les anecdotes attachés à ces lieux. À chaque arrivée des ferries, les visiteurs peuvent monter dans les wagons ouverts. Dans le parc national, on peut aussi se promener sans guide, s'imprégner de la nature paisible, à pied ou à vélo, aller jusqu'aux plages, se baigner dans la baie… Prévoir la journée pour rallier les différents points.

Transports

Le parc national en 1983 est interdit aux voitures. Pour y accéder, vous pouvez céder aux offres des excursionnistes des fronts de mer de Fažana, le plus près, Pula, Rovinj, Poreč, etc. Leur offre est plus ou moins identique. Ils vous emmènent en bateau dans l'archipel, font le tour des îles (Mali Brijun, Veli Brijun, Sveti Marko, Grunj, Krasnica), soit une journée en mer avec déjeuner à bord, un arrêt baignade sur une île aménagée.

En individuel, on peut tout aussi bien prendre un taxi à Pula ou le bus n° 21 à la gare routière qui vous conduira au port de Fažana. L'arrêt du bus est proche de l'embarcadère des ferrys pour le parc national (Veli Brioni) ainsi que le bureau touristique pour les tickets d'entrée et les informations de visite.

BASILIQUE SAINTE-MARIE (BAZILIKA SVETE MARIJE) ✝ ★★

Nacionalni Park Brijuni

Les ruines de l'église originelle sont bien conservées. Sa construction remonterait au Ve ou au VIe siècle. On peut admirer l'arc en plein cintre de la nef et imaginer la capacité d'accueil de ce lieu de culte public où se rassemblaient les premiers chrétiens. Au début du Moyen Age, la basilique a été rénovée, avant de passer aux mains des Templiers au XIIIe siècle. Puis elle fut abandonnée à partir de 1312. Juste à côté, se trouvait le cimetière de l'île.

FORT ET NÉCROPOLE (UDOBNOST I GROBLJE) ★

Entrée libre, incluse dans le ticket d'entrée au parc national.

Au nord de la baie de Verige, des fortifications en ruine subsistent au sommet d'une colline, au point le plus élevé et stratégique pour la défense de l'île. Au sol, on a retrouvé des pierres qui servaient de projectiles. Ces trois murs d'enceinte concentrique, qui datent de l'âge du bronze, encercle un site qui servait aussi de nécropole. Les corps, déposés dans une fosse, y étaient brûlés sous un tumulus de pierres à proximité des murs de clôture.

MAUSOLÉE DE LA FAMILLE KUPELWIESER ★

Nacionalni Park Brijuni

Visite du site funéraire incluse dans le ticket du parc national.

Niché dans un écrin de verdure, ce grand mausolée appartenait à une famille aristocrate austro-hongroise, qui a vécu et travaillé sur l'île. Le tombeau monumental, avec sa colonnade néo-classique, rend hommage au bienfaiteur de Veli Brijuni, l'industriel autrichien Paul Kupelwieser. A la fin du XIXe siècle, ce mécène a financé de grands travaux pour assainir l'air, soutenant les recherches du médecin allemand Heinrich Hermann Robert Koch, qui a libéré Brijuni du paludisme.

MUSÉE JOSIP BROZ TITO ★

Nacionalni Park Brijuni
✆ +385 52 525 888
www.brijuni.hr
Visite du musée incluse dans le ticket du parc national.

Cette propriété était la résidence d'été du maréchal Tito. Il y recevait de nombreux gouverneurs étrangers et institua la petite île de l'archipel seconde capitale de la fédération. Après avoir admiré sa rutilante Cadillac (offerte par le président Eisenhower), le visiteur écoute les commentaires du guide sur le mobilier, se penche sur les documents et photos d'archives, où l'on voit l'hyper-président en compagnie de la reine Elizabeth, Nehru, Haile Selassie, Nasser ou Willy Brandt, mais aussi de tout le gotha du cinéma de l'époque (années 1950-1970).

SAFARI PARK (NACIONALNI PARK BRIJUNI) ★★

Brionska ul. 10
Zoo inclus dans la visite du parc national.

Sur 9 ha, au nord de l'île, un parc animalier avec de grands animaux, progéniture ou survivants de la collection privée de Tito. Connaissant le goût immodéré de leur hôte pour les bêtes de la jungle, les chefs d'État étrangers invités ont offert ces cadeaux vivants à leur homologue yougoslave. Ainsi les antilopes nilgai, apportées par le président indien Nehru ou l'éléphant donné par Indira Gandhi en 1974, les zébus du Sri Lanka, les cobes de Buffon de Zambie, les zèbres de Guinée…

PARC DU CRÉTACÉ (KREDA PARK) ★

Nacionalni Park Brijuni
www.np-brijuni.hr
Entrée gratuite, incluse dans la visite du parc national.

Sur l'île, près de deux cents empreintes de dinosaures ont été retrouvées, qui datent de l'époque du crétacé, entre 145 et 65 millions d'années avant notre ère, soit à la fin du secondaire, période où se se sont formés ces terrains calcaires. De nombreuses traces, notamment à la sortie du port, sur les rochers. Cette découverte a donné lieu à la création d'un parc pédagogique, particulièrement apprécié des enfants, qui adorent mettre leurs pieds dans les pas de Dinosaurus.

VILLA ROMAINE (RIMSKA VILA) ★★

Nacionalni park Brijuni
Visite du site archéologique incluse dans le ticket du parc national.

Dans cette baie, où l'on situe un port romain aujourd'hui englouti, on peut encore voir les vestiges de la villa Rustica datant du Ier siècle av. J.-C. Plusieurs corps de logis, assez éloignés les uns des autres, sont reliés par une sorte de promenade de la mer, bordée d'une colonnade. Des pièces furent un temps dédiées à Neptune, dieu de la mer. Dans cette crique archéologique, on peut faire de la plongée et suivre le parcours pédagogique subaquatique. Un site très romantique.

Veli Brijuni.

OFFICE DE TOURISME DE FAŽANA

Ul 43. Istarske divizije 8
✆ +385 52 383 727
www.infofazana.hr

Ouvert tous les jours en été. En vente, différents tickets pour le ferry + la visite du parc national (guidée ou libre).

Fière de son atmosphère côtière traditionnelle, avec quelques cafés-restaurants sur le port, la promenade en bord de mer, des plages, le coucher de soleil sur l'archipel, Fažana est le port le plus proche pour se rendre sur les îles. Cette agence, en face de l'embarcadère, vous délivre les tickets pour le parc national. Si vous souhaitez y séjourner, vous trouverez les hôtels Amfora ou Marina, l'hostel Vala, la villa Phasina ou même des locations saisonnières.

HOTEL ISTRA-NEPTUN €€

Brijunska 10
✆ +385 52 525 807

Istra, chambres doubles de 75 à 180 € la nuit selon la catégorie et la saison. Neptun, de 53 à 53 € (petit déjeuner).

Dans le port de Veliki Brijun, l'Istra-Neptun est le plus grand des hôtels construits dans le parc national. Dans ce grand immeuble sur trois étages, près d'une centaine de chambres, de simple à triple voire des suites, avec terrasse et vue sur la mer ou le parc. Les chambres du bâtiment Istra sont plus luxueuses, plus chères que celles du Neptun mais toutes sont équipées de salles de bains contemporaines, télé satellite, mini-bar, ligne téléphonique directe. Le plus, le parking gardé au port de Fažana (les véhicules n'étant pas autorisés sur l'île).

HÔTEL KARMEN €€

Brijunska 10
✆ +385 52 525 888

Chambres de 47 € à 133 € la nuit, selon la saison et la catégorie (petit déjeuner inclus).

Des trois hôtels de l'île (Istra-Neptun), le Karmen est le plus modeste. Proche de l'embarcadère des ferries, l'établissement propose une cinquantaine de chambres au confort simple, dont certaines avec terrasse. Une bonne alternative pour les petits budgets de vacanciers qui souhaitent séjourner sur l'île ou pour les visiteurs qui choisissent d'y passer la nuit pour découvrir le parc national tôt le matin, une bonne option avant l'arrivée des touristes toujours plus nombreux, surtout en été ! Le transfert en bateau est inclus dans le prix de la chambre.

PARC NATIONAL DE BRIJUNI ★★

Javna ustanova Nacionalni Park Brijuni
✆ +385 52 525 888
www.np-brijuni.hr

D'octobre à mai, ouvert tous les jours de 9h à 15h, en été, ferme à 19h. Entrée 65-200 kn (adulte), 35-100 kn (enfant).

Découvrez la baie de Verige, les vestiges de l'ancien port et d'une grande villa datant de l'Empire romain (Ier siècle av. J.-C.), un zoo (Safari Park), le musée archéologique dans le bâtiment de la citadelle (XVIe siècle), l'église Saint-Germain, le musée Tito, le mausolée de la famille Kupelwieser et le parc du Crétacé. Vous pouvez aussi vous promener sans guide, vous imprégner de la nature paisible, à pied ou à vélo, aller jusqu'aux plages, vous baigner dans la baie... Prévoir la journée pour rallier les différents points. En été, réservez la visite guidée.

BANJOLE ★

Sur la route du littoral, une fois passé Pomer, une petite station balnéaire au bord de la baie de Medulin, qui n'est pas trop bétonnée, avec ses campings à taille humaine, ses espaces verts, de jolies plages (celle de Šcuza notamment) et une marina, on arrive à Banjole, à seulement 7 km de Pula. Cet ancien village de pêcheurs peuplé de moins de 1 000 habitants en hiver est cerné par la pinède. Depuis quelques années, il est très fréquenté par les touristes et les locaux. Cette popularité est due notamment au fait que la côte, avec ses criques, presqu'îles et plages de galets, est un spot réputé pour les activités aquatiques en tous genres.

CAMPING VILLAGE INDIJE €

Indije 96

✆ +385 52 573 066

www.arenaturist.hr

En saison estivale, comptez 36 € la nuit pour l'emplacement et la tente.

A 9 km au sud-est de Pula, ce grand camping se trouve sur la route de la presqu'île de Premantura, qui fait une bifurcation vers Banjole. Bien ombragé par les arbres de la pinède, il est aménagé avec des bars-restaurants, un supermarché et propose de nombreuses activités, dont un club de plongée. La plage est en effet juste à côté. Différents emplacements du site sont réservés aux tentes, aux mobil-homes et aux camping-cars. Les propriétaires y trouveront un espace pour l'entretien des véhicules. Ils sont autorisés à y vider leur réservoir d'eau ou à le recharger.

KONOBA BATELINA €

Čimulje 25

✆ +385 52 573 767

Ouvert tous les jours sauf le dimanche de 17h à 23h. Le repas autour de 250 kn. Plat chaud à partir de 70 kn.

A 4 km du centre-ville, cette petite taverne (*konoba*) vaut le déplacement. Un lieu authentique où manger du poisson frais, finement tranché ou grillé entier. C'est la spécialité de la maison puisque le patron est aussi pêcheur. Le menu dépend donc de la prise du jour. Sa femme, qui travaille en cuisine, prévoit large pour les antipasti, notamment la petite friture, l'assiette avec anchois, calamars et sardines marinés, le carpaccio (thon, lieu) et les poissons blancs grillés en plat de résistance. En plus, ici, les desserts ne sont pas négligés. Pensez à réserver.

PREMANTURA ★★

À 12 km de Pula, la petite ville de Premantura n'est pas construite sur le littoral, ce qui explique qu'elle soit préservée du tourisme de masse. Vous y trouverez tout de même des logements, des studios, des appartements et des villas à louer pour la saison estivale ainsi qu'un camping à taille humaine près d'une petite plage. Au sud du bourg, la réserve naturelle Kamenjak où faire de la randonnée et se baigner au milieu de dizaines de petites criques sauvages. Quelques baies, comme celles de Lokva, Debeljak et surtout Portic, font office de refuge pour les plaisanciers et les petits bateaux. La localité est également un spot réputé pour le windsurf.

PÉNINSULE DE KAMENJAK ★★★

✆ +385 52 576 513

www.kamenjak.hr

Ouvert tous les jours de 7h à 21h. Entrées : 40 kn (1 jour/moto), 80 kn (voiture), 150 kn (camping-car ou van).

L'extrémité du cap est un parc naturel (400 ha). La visite est règlementée pour les véhicules à moteur, mais se fait librement à pied ou à vélo. Au centre de la presqu'île, une ferme écologique cultive quelques dizaines d'oliviers sans intrants, élève ovins et bovins, le mouton d'Istrie, la vache Istriana, une espèce autochtone très rare, en danger d'extinction. Sur le terrain calcaire, où dominent le maquis, la garrigue et la pinède, on trouve aussi des chênes verts et plusieurs centaines d'autres espèces végétales ainsi qu'une faune diversifiée de papillons, scarabées mais aussi des phoques moines de Méditerranée ou grands dauphins.

Aujourd'hui, le cap Kamenjak est soumis à une forte pression liée au tourisme, surtout en été.

Plus ou moins larges, les chemins en terre du Bas-Kamenjak sont propices à la pratique du VTT. La route nommée Selo débouche sur un chemin calcaire qui vous mène aux différents points de la péninsule. Avec le ticket d'entrée, vous recevez le plan d'orientation et un sac poubelle pour ne rien laisser derrière vous.

Pour se baigner, des plages et criques sauvages. Au niveau des Kolombarice, on pratique l'exploration sous-marine ; prudence, surtout côté sud, car les courants y sont forts. Les falaises au Donji Kamenjak constituent un plongeoir naturel très fréquenté. Le cap et les criques de Premantura sont connus pour le surf, le kayak de mer et la voile. La plage de Rt Kamenjak attire de nombreux vacanciers. D'autres plages, comme Stupce et Munte, les criques et rochers de la pointe.

CAMPING KRANJSKI €

Runke 52
✆ +385 52 575 009
www.camping-kranjski.si
Selon la saison, la nuit en camping-car de 5,50 à 9 € par personne et les différents emplacements de 9 à 16 €.

A 1 km au sud du cap de Kamenjak, ce camping fondé il y a plus d'un demi-siècle a su s'adapter aux nouvelles exigences de confort tout en gardant sa ligne qualitative. Un site à taille humaine avec des emplacements ombragés dans la pinède, un bar, un restaurant, des terrains tennis, ping-pong, basket, plongée… On peut y louer un bungalow ou un mobil-home. Une plage de sable à proximité, l'ambiance familiale, l'aire de jeux pour les enfants, les animations sportives et récréatives sont autant d'arguments qui attirent les touristes européens et croates.

SAFARI BAR

Kamenjak
✆ +385 91 627 84 65
Ouvert de mi-avril à fin octobre tous les jours de 11h à 22h.

En descendant vers la plage Mala Kolumbarica, un chemin vous mène à travers joncs et bambous vers les rochers. Là, vous découvrez ce bar-snack de brousse. De vieilles ancres marines au milieu de la végétation, des tables et tabourets en bois, un espace pour les enfants avec manèges et balançoires, un coin repos pour les chiens... Un bric-à-brac sympathique, un comptoir tout propre, des boissons fraîches, des sardines grillées, des calamars frits, des sandwiches. Une ambiance nature très agréable, mais l'endroit est victime de son succès, c'est bondé en été !

WINDSURF SPOT

Camping AC Stupice
✆ +385 91 512 3646
www.windsurfing.hr
Ouvert tous les jours en été, à partir de 250 à 300 kn pour 1 à 2h d'initiation au windsurfing.

Les deux clubs de Premantura et Medulin louent du matériel de voile et de plongée, windsurfing, planches, kayak, paddle, dériveurs, masques et tubas mais aussi des VTT. A Premantura, village le plus au sud de l'Istrie, les côtes, balayées par des vents favorables (bura et jugo), bénéficient d'une mer plate, parfaite pour le kayak, Medulin l'est pour le funboard, le freestyle et la baie de Kuj (Ližnjan) pour le surf et le kitesurf. Dans le prix des excursions, sont inclus la présence d'un guide, le matériel, le déjeuner. Bar sur la plage et cybercafé.

MEDULIN ★

À 10 km de Pula, l'ancien village de pêcheurs est devenu une grosse station balnéaire très courue sur la riviera, qui porte son nom. Sa longue côte dentelée et sa baie parsemée d'une dizaine de petits îlots offre un cadre enchanteur. Les vacanciers y séjournent principalement pour les plaisirs de la mer (longue plage de sable blanc), la plaisance, les sports aquatiques, mais aussi les courts de tennis, les terrains de football, le club d'équitation, le VTT sur les pistes cyclables, le bowling ou la vie nocturne. À voir, les sites archéologiques de Vižula Peninsula (vestiges d'une villa romaine) et d'Acus (cimetière antique et vieux moulin).

ISTRIE

Medulin.

ARENA HÔTEL HOLIDAY €

Osipovica 31

+385 52 572 700

www.arenaturist.com

Chambre double et suite de 85 € à 436 € la nuit, selon la saison et la catégorie (petit déjeuner inclus).

Ce grand complexe hôtelier est une bonne adresse pour les séjours balnéaires en famille, les amateurs de vacances *all inclusive*, car ils trouveront tout à proximité. Que l'on soit farniente en bord de mer ou sportif, la grande plage de sable Bijeca est le terrain favori. L'hôtel propose des chambres confortables et différents services et équipements, des bars, restaurant, snack, un centre sport et loisirs de plein air (courts de tennis, jeux pour enfants, deux piscines), boutique, la connexion Wifi gratuit dans tous les espaces.

HÔTEL-RESTAURANT HILDE €

Brajdine 88

+385 52 577 066

www.hotelhilde.com

Chambre double de 35 à 43 €, appartements de 60 à 120 € la nuit, selon la saison et la catégorie.

À 100 m de la mer, sur la route principale, un petit hôtel familial, ouvert en 1993. Bien équipé, l'établissement propose des chambres confortables, pour une ou deux personnes, auxquelles s'ajoutent des appartements à louer, dont certains avec balcon. La formule demi-pension, possible pour les deux catégories d'hébergement, est d'un bon rapport qualité/prix. Tous les résidents ont accès au restaurant, à la piscine, au jardin et au parking gratuit. Le plus pour certains vacanciers : la direction accepte la présence des animaux de compagnie.

CENTRE DE PLONGÉE SHARK

Osipovica 30

+385 98 366 110

www.diving-shark.hr

Ouvert tous les jours en été. Initiation plongée à partir de la côte : 55 €, à partir d'un bateau, 1 plongée : 35 €.

Il y aurait au moins neuf bateaux à explorer dans les fonds marins de la région. Parmi ces épaves, celles du *Baron Gautsch*, *Coriolanus*, *Flamingo*, *Guiseppe Dezza*, *U-81*, *John Gilmore*, *Josefina*, *Varese*, *Hans Schmidt*... Des heures de plongée en perspective, sans collecte, un acte interdit par la loi. Le centre de la presqu'île, après la zone des campings, vous accompagne avec du matériel agréé et un moniteur diplômé. Visites libres également le long de la côte ou des sorties en mer la journée. Pour le farniente sur la plage, location de bungalows !

ISTRA STAR RANCH

Munida 3

+385 98 421 197

www.istrastar.com

Balade équestre accompagnée de 1 à 3 heures, demi-journée ou journée complète. Accueil de 8h à 21h en été.

Ce centre d'équitation propose des balades à cheval, une façon traditionnelle de se déplacer sur les chemins de campagne et côtiers, tout en se familiarisant avec le noble animal. Des randonnées équestres pour tous, petits ou grands, expérimentés ou néophytes. L'animateur qui vous accompagne vous fait découvrir des sites archéologiques de la région et vous guide jusqu'au bord de mer pour vivre une belle expérience : marcher au pas dans les vagues avec votre monture. Réservation obligatoire par téléphone ou sur le site Internet du centre.

BARBAN ★

Dans l'arrière-pays, à environ 25 km de Labin, ce petit village traditionnel, bien desservi par la route, a été peuplé par les Slaves au VIe siècle. Au XIIIe siècle, Barban appartenait au fief de Pazin puis il est passé aux mains des Vénitiens au XVIe siècle. Les murs d'enceinte de l'ancienne cité sont toujours debout ainsi que les grandes et petites portes. La localité a ravivé une fête de Prstinac (l'Anneau), créée en 1696, annulée au XVIIIe siècle avant d'être réinstaurée en 1976. Des cavaliers concurrents entrent en costumes d'époque dans la rue principale et tentent de placer leurs lances au travers d'anneaux métalliques.

Barban.

RURAL CLUB HISTRIA LOCATION

Manjadvorci 54 ✆ +385 98 193 0227
www.ruralclubhistria.com

Ouvert tous les jours en été. Sortie en mer, à partir de 12 ans : 100 kn, accompagné d'un adulte : 200 kn.

Au sud de Barban, un centre de loisirs pour enfants, ados et et adultes qui aiment les vacances actives. Possibilité de louer des kayaks et de partir seuls mais la sortie avec guides permet de profiter au mieux de cette embarcation légère. Départ à 9h, direction le port de Krnicki Porat (à 6 km). Toute la journée, balades et pagaies, pauses baignade, pique-nique, coucher du soleil. Gratuit pour les plus jeunes. Propose aussi des quads, vélos, du trampoline, du Babyfoot, etc.

HOTEL, RESTAURANT & SPA VILLA STEFANIJA €€

Puntera 8D
✆ + 385 52 567 075
www.stefanija.com

Chambre de 141 € à 324 € la nuit, selon la catégorie et la saison (petit déjeuner inclus).

Une villa récente avec vue panoramique sur le jardin, la terrasse et le bras de mer. Des chambres confortables (balcon, radio, télé, téléphone, Wifi gratuit, minibar), une piscine à débordement, spa et sauna, café-restaurant, location de vélos. Même si l'Adriatique paraît proche, l'accès à la mer de la propriété se fait via des sentiers menant aux rochers. Comptez une quinzaine de kilomètres pour atteindre une vraie plage. Possibilité de demi-pension, parking gratuit.

AGROTURIZAM BRATULIĆI €€

Bratulići 17
✆ +385 52 544 400
www.agrobratulici.com

Chambres, selon la catégorie et la saison, de 58 à 125 € la nuit (2 minimum). Service restaurant 14h-22h.

Sur la route qui monte à Barban, juste avant Marčana, un corps de logis ancien très bien restauré, avec cinq chambres confortables (clim, télé, terrasse). En demi-pension, les vacanciers apprécient la cuisine, les spécialités de terroir, la viande de la région, mijotée sous peka, le porcelet à la broche, les légumes du jardin, la cuisine du pêcheur. La cave à vin a aussi des arguments : malvazija, teran rouge, rosé sec, muscat, etc. À faire : balades à cheval (Ranč Barba Tone), accrobranche (Glavani Park), visites patrimoniale, randonnée, vélo et la mer à 10 km.

RABAC ★

Dès le XIXe siècle, le petit port de pêcheurs, qui est entouré de superbes baies, avait déjà attiré du monde. Vers 1870, les premières villas furent construites sur la côte par une famille de marchands d'origine tchèque installée à Rijeka. Peu de temps après, on ouvre un premier hôtel à côté de l'actuel atelier Orlando. Puis Rabac devint une destination touristique très fréquentée. Si vous recherchez un séjour balnéaire en formule tout compris (*all inclusive*), c'est à Rabac qu'il faut aller ! Les hôtels proposent des excursions sur toute la péninsule, vers les îles du Kvarner (Cres et Krk), les lacs de Plitvice et même à Venise.

HÔTEL VILLA ANNETTE €€€

Raška 24
✆ +385 52 884 222
www.villa-annette.com

Chambre selon la saison et la catégorie de 94 € à 176 € la nuit.

Sur les hauteurs de Rabac, un hôtel 4 étoiles dans une belle villa face à la mer. L'établissement propose des chambres doubles, des suites classiques, confortables et familiales et des appartements modernes, avec un cadre et une décoration où le blanc domine pour un effet apaisant. Superbe terrasse du bar restaurant, avec vue dominante sur le bras de mer, piscine équipée avec jets et bains bouillonnant. L'établissement organise des ateliers culinaires en formule découverte des recettes traditionnelles de l'Istrie (2 jours en pension complète).

HÔTEL-RESTAURANT NOSTROMO €€

Obala Marsala Tita 7
✆ +385 52 872 601
www.nostromo.hr

Chambres doubles ou suites de 63 € à 102 € la nuit selon la saison (petit déjeuner inclus). Restaurant ouvert à tous.

Dans un cadre agréable, un hôtel-restaurant familial avec huit chambres confortables, aménagées à l'étage, des doubles, une triple et une suite. Certaines ont vue sur la mer. La table réputée à Rabac est soignée. Elle propose une cuisine de pêcheur, fruits de mer, langoustines, encornets et poissons grillés, pâtes fraîches ou risotto aux crustacés, ainsi que des plats de viandes, comme ce filet de bœuf aux truffes blanches ou la *piccata* de veau au citron.

LABIN ★

Sur son site naturel très escarpé, la vieille ville domine toute la plaine. Elle garde tout son charme architectural, avec ses maisons et ses bâtiments publics datant de l'époque médiévale, renaissance, avec, en plus, un passé minier intéressant. Dans les années 1960, la population quitte les lieux, car le creusement des tunnels, qui servaient à relier les souterrains exploités, avait fragilisé les fondations de la cité haute. Des artistes, plus téméraires, installent cependant leurs ateliers dans les différents palais abandonnés. Le plus âgé d'entre eux, Quintino Bassani (mort en 2007) est toujours exposé dans la galerie qui lui appartenait.

ÉGLISE SAINTE-MARIE (CRKRA SV. MARIJE)

Šetalište San Marco 77

Élevée sur des fondations romanes, en 1336, cette église de style gothique fut entièrement reconstruite entre le XVIe siècle Renaissance et le XVIIIe siècle baroque. La façade est dotée d'un bas-relief figurant un lion tenant dans sa gueule une boule, symbole de la reconnaissance du gouvernement vénitien à Labin. Ce cadre ouvragé est surmonté d'une rosace de pierres. Puis on a placé la sculpture du sénateur et du soldat Antonio Bollani. A l'intérieur, une collection d'art sacré.

MUSÉE MUNICIPAL (GRADSKI MUSEJ) ★

Prvog svibnja 6

✆ +385 52 852477

www.uciliste-labin.hr

De mai à septembre, lundi au samedi 10h-13h et 17h-19h-20h, fermé le week-end en hiver. Tickets : 15 kn.

Installé dans un bâtiment baroque du XVIIIe siècle, ce musée municipal présente au public une collection d'objets trouvés lors de fouilles en archéologie industrielle. Un fonds historique et ethnologique qui rappelle le passé spécifique du bourg, le travail de la mine. En effet, jusque dans les années 1990, le charbon extrait dans la région était la principale ressource énergétique. Une mine, avec ses ouvriers en activité, a même été reconstituée.

TUNARICA SUNNY CAMPING 2 €

Marina Tunarica d.o.o. Rudarska 1

✆ +385 98 290 310 - www.tunarica.hr

Tarif pour l'emplacement camping-car : de 35 € à 40 € la nuit (haute saison).

A 17 km au sud de Labin dans la baie de Raža, se présente à vous un camping balnéaire agréable, bien intégré dans la pinède. Sur place, la mer est tout près des lieux de séjour en nature, quel bonheur ! Vous pourrez vous baigner autour des rochers, ou même louer des bateaux, avec ou sans permis. Dans le camping, des emplacements pour tous les types d'hébergements classiques, de la tente au camping-car. Sur places des services utiles, dont un endroit pour les vidanges, une boutique, un bar-restaurant pour la détente. La réservation est obligatoire.

AGROTURIZAM KASTEL PINETA €€

Sv. Martin 32b Martinski ✆ +385 52 865 688

www.kastelpineta.com

Restaurant 17-22h tous les jours. Menu 125-140 kn. Studios, appartements 48-136 € la nuit, selon saison et catégorie.

Une propriété agricole appartenant à une grande famille italienne. Les héritiers ont rénové avec goût des studios et appartements confortables pour 2 à 6 personnes. Les produits de la ferme alimentent les recettes du chef cuisinier : pain maison pour le plateau de prosciutto/fromage, lapin fermier, pâtes fraîches, asperges sauvages, truffes blanches en saison... On apprécie le cadre et l'histoire des lieux, la terrasse au calme et le bon accueil. Dégustation-vente de vins locaux.

NEDEŠĆINA ★

Centre administratif de Sveta Nedelja, Nedešćina est un village niché sur un plateau à 300 m d'altitude entre le canyon de la rivière Raša, le champ de Čepićko et la mer. Cette petite région au cœur de l'Istrie verte avec forêts, pâturages et belle végétation, est située à quelques kilomètres de Labin-Rabac. Plus proche encore, à Gržini-Žminj, une famille établie en agrotourisme a eu la bonne idée d'organiser un festival estival à la gloire de la gastronomie locale (notamment les pâtes istriennes), le tout avec musique jazz et convivialité. L'accueil et l'hébergement sont organisés dans les fermes, villas et maisons de campagne des alentours.

GOLFE DU KVARNER

Autour du golfe de Kvarner, de Rijeka à Novi Vinodolski, ce grand littoral est jalonné de localités côtières et de stations balnéaires, certaines fondées à la fin du XIXe siècle au tout début du tourisme en Europe. Sur la côte ouest, les hôtels de luxe historiques de Volosko, Opatija, Lovran sont remarquables d'un point de vue architectural. Sur la côte est, entre Rijeka et Crikvenica, à voir, le port ancien de Bakar, niché au creux d'une petite crique, mérite que l'on fasse abstraction du site industriel, le pont futuriste pour l'île de Krk, des petites stations balnéaires. Dans la plus grande baie de Croatie, les grandes îles Krk, Rab, Crès, Lošinj sont différentes les unes des autres. Les bonnes connexions avec Rijeka (par avion, train, bus, bateaux), les kilomètres de côtes, l'archipel, mais aussi l'arrière-pays dans la région du Gorski Kotar, autant d'attraits qui expliquent la popularité de ce territoire entre la mer et la montagne du Velebit Nord.

Golfe du Kvarner
Kastan
VOLOSKO
Matulji
KASTAV
Rječina
Vers PN RISNJAK
DELNICE
PARC NATUREL DE UČKA
OPATIJA
TRSAT
Omladinsko Jezero
RIJEKA
LOVRAN
Paz
Bakar
Sunge
Medveja
Raša
KRALJEVICA
MOSCENICKA DRAGA
Voz
Jadranovo
OMISALJ
CRIKVENICA
Jezero
NJIVICE
SELCE
E751
Brestova
Porozina
Dobrinj
LABIN
MALINSKA
NOVI VINODOLSKI
Rasa
Dragozetici
ÎLE DE KRK
VRBNIK
Kornic
KRK
KOŠLJUN
PUNAT
Valbiska
Sibir
Vrbnik
Koromacno
SE
Merag
BAŠKA
Stara Baška
CRES
Île de
Golfe de Kvarner
VALUN
Île de Sv.Grgur
ÎLE DE CRES
Lukov
Vransko jez
Martinscida
LOPAR
Île de Goli
Supetarska Draga
Starigrad
Île de Zeca
KAMPOR
ÎLE DE RAB
BANJOL
RAB-VILLE
BARBAT
OSOR
Île de Unije
Lun
Misn
NEZERINE
Île de V.Srakane
Île de Pag
Île de M.Srakane
MALI LOŠINJ
Novalji
ČIKAT
VELI LOŠINJ
KOŠLJ
ÎLE DE SUSAK
ÎLE DE LOŠINJ
Île de Ilovik
12 KM

PAGES

253 ## ● ● ÎLE DE KRK

Dans le golfe de Kvarner, Krk, avec ses 408 km², est la plus grande île du pays, devant Cres, sa voisine (405,8 km²). Au nord, on compte une forte concentration de visiteurs annuels et quantité de complexes hôteliers, qui ont vu le jour après l'inauguration du spectaculaire pont Krčki Most (1981), qui relie l'île de Krk au littoral. Proche du pont, le village d'Omišalj, miné par le terminal pétrolier qui rejette trop de chlore dans la mer, mérite une visite, pas seulement pour l'aéroport international, mais aussi pour son site archéologique (Mirine Fulfinum) et son petit centre historique aux maisons polychromes.

En descendant vers le sud de l'île, très vite le chef-lieu Krk-Ville, la grande marina de Punat, la belle blanche Baška : autant de stations balnéaires bien établies. À l'intérieur des terres, on retrouve la nature préservée. Au sud-est, le petit port et village escarpé Vrbnik et finalement les pointes de l'île plus sauvages autour de Stara Baška.

KRK ★

253 Fondé sous l'Empire romain, le chef-lieu de l'île est caractéristique des ports de la mer Adriatique. Avec son patrimoine historique, médiéval notamment, ses nombreux bars-restaurants, ses deux pointes aménagées pour la baignade, ses plages et ses animations culturelles, la ville est un haut lieu du tourisme.

OMIŠALJ ★

256 En venant de Rijeka par la route du Sud (Jadranska Magistrale), on tourne à droite avant Šmrika pour emprunter le grand pont Kraljevica qui enjambe le bras de mer. Une fois sur l'île, Omišalj est la première localité rencontrée. En plus de son intérêt historique, elle abrite l'aéroport de Rijeka, bien pratique pour ceux qui souhaitent découvrir Krk sans passer par le continent.

256 ### NJIVICE

257 ### MALINSKA-DUBAŠNICA

PUNAT

257 À proximité de Krk, Punat a longtemps vécu de l'industrie prospère de ses chantiers navals. Considérée comme l'une des plus sûres du pays, sa rade a été aménagée à partir des années 1960. On y a construit la plus grande marina de l'Adriatique.

KOŠLJUN ★

258 À 750 m au large de Punat, l'îlot Košljun abrite un monastère, qui se visite. Il est accessible à la nage (!), en kayak ou grâce aux barques à moteurs que des pêcheurs utilisent pour le tourisme durant la saison estivale. Ils vous embarquent dans le port de Punat et reviennent vous chercher à l'heure fixée. Ils font aussi la rotation avec le port de Krk.

259 ### VRBNIK ★

BAŠKA ★★

259 À 10 km de Punat, à l'extrémité sud-est de l'île, sur un site naturel encore préservé, ce petit port s'est fortement développé et, quand on arrive par la route, c'est bien sur la gauche du front de mer, côté est, que l'on découvrira le Baška authentique, avec ses façades blanches et colorées, la mer turquoise en contre-plongée.

PAGES

●● ÎLE DE RAB

261

Au sud de Krk, cette petite île de 91 km^2 a deux visages. Sur le versant est, elle apparaît comme une terre aride, rocailleuse et désertique. Encore peu exploitée par l'industrie touristique, cette côte sauvage ravit les plongeurs, les kayakistes et les amateurs de sérénité face à la mer. La côte ouest, moins découpée, recèle de nombreuses criques qui se groupent autour des baies. Les habitations et les infrastructures touristiques y sont plus nombreuses. L'histoire de l'île s'est enrichie de la présence des Illyriens, des Romains puis des rois croates. Mais l'influence la plus marquante est celle des Vénitiens qui la dominent au début du XVe siècle, contribuant ainsi à la richesse architecturale et ornementale de la cité médiévale Rab.

RAB ★★★

261

Cette ville historique au bord de l'eau, qui possède de beaux palais vénitiens construits aux XVe et XVIe siècles, des clochers, campaniles et ruelles étroites, est le décor idéal de l'une des plus grandes fêtes médiévales du pays, fin juillet.

●● ARCHIPEL DE CRES ET LOŠINJ

268

Formé de deux îles au nord de l'Adriatique, le plus grand archipel de Croatie est traversé par un chenal naturel long de 11 m. Aujourd'hui, le pont de la ville d'Osor enjambe ce bras de mer et relie Cres et Lošinj. La route principale, du nord au sud, traversant de beaux paysages ruraux et maritimes, ouvre sur des voies secondaires qui donnent accès à des petits ports, des stations balnéaires, des plages et criques isolées, des espaces de nature sauvage. L'archipel reste l'un des derniers refuges naturels d'une espèce de vautours en voie de disparition. Il abrite aussi une grosse colonie de dauphins, que vous aurez peut-être la chance de voir lors d'une traversée en bateau.

Les îles furent tour à tour conquises par les Grecs, les Romains et les Byzantins. Au sud de l'île de Cres, durant le haut Moyen Âge, un évêché fut établi à Osor, avant que l'archipel ne tombe sous la domination de Venise. Inquiètes de la concurrence, les autorités d'occupation empêchèrent les îles de se développer. Le gouvernement de la Sérénissime envoyait les hommes travailler sur les galères et tout le bois des forêts servait à la construction de la ville italienne sur la lagune. Au XVIIIe siècle, les ports de Mali et Veli Lošinj deviennent des chantiers navals importants. Aujourd'hui, seule une faible proportion de la population vit des revenus de la terre et de la mer, le tourisme étant devenu une activité bien plus rentable. Le bon accueil traditionnel y demeure, pas encore trop perturbé par cette industrie florissante.

Au sud de l'île de Cres, la mythique île de Lošinj vécut longtemps dans l'ombre de la première. L'arrivée des Vénitiens au XVe siècle a favorisé son développement puis, dès le XIXe siècle, le tourisme européen considère l'île comme l'une des meilleures destinations lointaines (à l'époque !). Les vieilles résidences d'été des familles de l'empire austro-hongrois témoignent de ce spot aristocrate, apprécié par l'empereur François-Joseph ou l'archiduc François-Ferdinand. Aujourd'hui encore, on dit que l'archipel serait l'un des plus ensoleillés d'Europe, qu'un séjour sur les îles, juste à se promener, à humer l'air marin, à manger local et à se baigner sans stress serait recommandé par les autorités sanitaires, notamment en cas d'insuffisance respiratoire... L'intérieur des terres est recouvert de forêts et de nombreuses oliveraies.

Les deux villes portuaires et balnéaires concentrent l'essentiel de l'activité touristique : au nord, Mali Lošinj, la plus ancienne, au sud, Veli Lošinj, joli port pittoresque moins animé.

En 1996, l'île a fait rêver tous les archéologues et les chercheurs de trésors subaquatiques. On a parlé de Lošinj dans le monde entier car, au large de ses côtes, un plongeur belge a vu pour la première fois des parties de l'Apoksyomenos, ce bel athlète grec qui dormait, enfoui dans le sable marin depuis deux mille ans au moins.

PAGES

L'île de Cres.

GOLFE DU KVARNER

RIJEKA ★

L'une des rares villes du littoral qui ne vit pas prioritairement du tourisme, Rijeka mérite plus qu'une étape rapide. Ce n'est pas une station balnéaire avec juste des rues piétonnes aux multiples terrasses. Sa grande place centrale, ses trésors religieux d'art gothique ou baroque, ses villas austro-hongroises construites à la fin du XVIIIe et début du XIXe siècle, ses imposants immeubles bourgeois, son marché et son carnaval, son patrimoine culturel, surprennent. Cependant, sa capacité hôtelière reste encore peu développée. Si vous souhaitez vous y attarder, mieux vaut réserver. Dans cette ville contemporaine pleine de projets, la dimension sportive est importante. En 2008, la ville a accueilli les championnats d'Europe de natation en petit bassin et, en 2012 les championnats du monde des clubs d'aviron de mer. Alors que le circuit auto-moto de Grobnik, volonté de l'État fédéral de Tito, n'a pas convaincu tout le monde, c'est le football aujourd'hui qui impressionne avec une bonne équipe (les Rijeka), capables de tenir tête aux joueurs du Dinamo (Zagreb) eux-mêmes ! D'un autre côté, la capitale européenne de la culture en 2020 bénéficie aujourd'hui de lieux d'exposition pérennes.

Balade

C'est un concentré de ville active en secteur piéton agréable à arpenter. À voir : la grande halle du marché ancien, les églises monumentales, la façade de l'imposant théâtre municipal, les musées, la bibliothèque municipale, les nouvelles galeries d'art, les parcs et la promenade de la mer. Pour le château de Trsat, qui surplombe la ville, on peut monter à pied les quelque 500 marches de la colline ou prendre un taxi. La récompense de ce déplacement sur les hauteurs ? Le beau panorama sur les environs urbains, la vue qui porte sur le golfe du Kvarner et son archipel. Depuis les remparts du fort, on peut apercevoir les deux grandes îles proches de Krk et de Cres. On peut les visiter à la journée en croisière-excursion ou en prenant le ferry le matin pour un retour le soir tard. Le port de plaisance attire aussi les skippers en partance pour la baie. Par la route, à une dizaine de kilomètres au sud de Rijeka, on peut aussi accéder à Krk grâce au pont qui relie le lieu-dit Kraljevica à la grande île. En partant tôt le matin, à une vingtaine de kilomètres au nord-est de la ville, le parc national du mont Risnjak ravira les randonneurs et les amoureux de la nature sauvage en pleine montagne.

Histoire

Les premières traces retrouvées dans la région témoignent d'une présence humaine dès le paléolithique, aux âges de pierre et du bronze, alors que des ruines de forts attestent de l'activité des tribus illyriennes, les Liburniens, qui occupaient la baie. Les Romains, à partir du IIe siècle, déplacèrent le centre de la ville en le rapprochant de la mer, sur la rive droite de l'embouchure de la rivière Rječina, là où se trouve l'actuelle centre historique, nommée alors Tarsatica. L'urbanisme se développe avec la construction des fortifications, portes de la ville, thermes et villas. Mais dès le VIIe siècle, les peuples croates et slaves s'emparent de la ville, pourtant protégée par d'importantes murailles depuis le IVe siècle. À partir du IXe siècle, la colonie est divisée en deux camps, à l'ouest de la rivière Rječina, Trsat sur les collines, là où se trouvait le campement liburnien de Tarsata, et Rijeka à l'emplacement de l'antique Tarsatica.

GOLFE DU KVARNER

© ANSHAR73 - ISTOCKPHOTO

Le parc Kasalisni et le théâtre de Rijeka.

La ville, passée sous le contrôle du Saint Empire romain germanique, se développe au rythme bipolaire des quartiers riches sur les hauteurs, où se trouvent le château médiéval avec l'église Sveti Vitus, et les quartiers populaires en contrebas. La ville restera aux mains de la noblesse jusqu'à la fin du XVIe siècle. D'abord soumise à la domination des princes de Krk (les Frankopans), elle est rachetée par la famille des Habsbourg en 1466, avant d'obtenir le statut de cité indépendante en 1530. Le développement économique de la ville prend véritablement son essor au XVIe siècle. Mais les attaques des Turcs et les intrigues de Venise, qui cherche à contrôler l'ensemble de la zone adriatique, freinent le bon fonctionnement des activités commerciales. Il faudra attendre l'arrivée des Jésuites au XVIIIe siècle et la proclamation de Fiume comme port franc par l'empereur Charles VI, en 1719, pour que la flotte marchande de la ville retrouve une certaine grandeur. De la fin du XIXe au début du XXe siècle, après être passée un temps sous dominations française et hongroise, la ville rebaptisée Rijeka devient le huitième port d'Europe. En 1868, le souverain hongrois obtient la régence de la ville à l'issue du pacte de Rijeka, aux dépens de la Croatie. La domination hongroise fait perdurer la phase de croissance effrénée de la ville. Cette période faste cesse avec la chute de l'Empire austro-hongrois en 1918. Rijeka intègre alors le royaume des Serbes, Slovènes et Croates. En septembre 1919, un coup d'État mené par le colonel et dramaturge italien Gabriele D'Annunzio fait tomber la ville aux mains des Italiens. État autonome en 1920, Rijeka subit le renversement de l'Italie fasciste, qui la transforme rapidement en petite ville de province, sans grand intérêt pour le nouveau Duce Mussolini. Pendant la Seconde Guerre mondiale, Rijeka, avec les cités de l'Istrie, est l'une des premières villes à s'opposer au dictateur italien. À la fin de la guerre, selon les termes du traité de Paris (1947), Rijeka réunifiée est rattachée à la Yougoslavie, dans la république de Croatie. Au début des années 1990, pendant la guerre d'indépendance de la Fédération yougoslave, la ville est très peu touchée. Si l'on n'a déploré aucun conflit armé, son économie fut sensiblement ralentie par l'impact des guerres sur l'ensemble du pays.

Se loger

Jusqu'il y a peu, le centre-ville de Rijeka proposait peu d'offres en hébergements diversifiés, avec le Best Western sur le front de mer, le Grand Hotel Bonavia près du Korzo, le Jadran Continental dans le quartier balnéaire de Sušak, le Botel Marina, bateau-hôtel ouvert en 2015. Les auberges de jeunesse ou hostels sont plus nombreux (Dharma, Kosy E-2, One World), certains proches de la mer comme le Youth Hostel Rijeka ou le Fun Hostel. Des localités proches (Volosko, Lovran ou Kraljevica) sur le littoral offrent d'autres possibilités. Comme partout en Croatie, vous trouverez aussi des logements chez l'habitant, même si ce système fonctionne ici un peu moins qu'ailleurs sur la côte. Enfin, le camping près de la mer (Prelük Camp) et les gîtes de montagne, à 25 km de la ville, à plus de 1 000 m d'altitude, constituent une bonne solution pour les amoureux de la nature.

Se restaurer

À Rijeka, on peut savourer la cuisine authentique de la Dalmatie du Nord, parfaite fusion entre le goût culinaire de la Croatie du terroir paysan, les habitudes de la côte adriatique et le particularisme insulaire. Plus particulièrement, l'Istrie et la région du Kvarner se rencontrent ici. Les tavernes (*konoba*) proposent selon les traditions familiales de produits de la mer (poissons frais, homards, pieuvres, calamars, noix de saint-jacques du fjord Limski), mais aussi des grillades de viandes, des plats complets (pâtes, polenta, risotto blanc ou noir, goulasch). Des bars à vins jouent la formule avec assiette de prosciutto, fromage de brebis de l'île de Cres et olives, le tout accompagné d'excellents vins istriens (malmasy, terrano de Buje, cabernet de Poreč) ou le fameux vin blanc de Krk (zlahtina de Vrbnik). Vous trouverez des tables traditionnelles, des grill-houses sur le port, des restaurants gastronomiques, des adresses hors de la ville à tenter, des pizzerias, des restos végétariens…

Shopping

Premier port de Croatie, Rijeka regarde la mer et semble vivre au rythme du trafic maritime et de marchandises généré par ses grands marchés. La visite du patrimoine historique se doublera donc d'une sortie shopping car Rijeka possède un centre-ville attrayant. La grande rue piétonne, le Korzo, est bordée de boutiques, centres commerciaux, banques et cafés-restaurants, sans oublier les agences touristiques. C'est un concentré de ville active en secteur piéton agréable à arpenter.

Sortir

Rijeka, suractive de jour, vit aussi la nuit. De nombreux bars et clubs sont installés sur la grande allée piétonne (Korko) et près du port. Les clubbers de Rijeka n'hésitent pas à prendre la voiture pour se retrouver sur la riviera.

Sports / Loisirs

▶ **Où se baigner ?** La Rijeka urbaine, avec son centre-ville actif et ses abords maritimes au gros trafic, est peu propice à la baignade. Sa riviera en revanche, que l'on aille à l'est ou à l'ouest, regorge de jolies plages et de rochers marins accueillants. Il vous faudra prendre le bus, le vélo ou la voiture pour aller aux deux plages les plus proches de Rijeka, Ploče et Kostanj, labellisées « Pavillon bleu ». À l'est, à Pećine, huit plages, dont la plupart sont à quelques minutes du centre-ville. À l'ouest, entre Kantrida et Preluk, un choix de plages et de piscines sur le site Kantrida, le plus grand complexe de ce type en Croatie. De Bivijo à Preluk, des plages et criques reliées à la promenade de la mer avec des bars-restaurants, des installations sportives et balnéaires, des jeux pour les enfants. Passé Preluk, des criques plus confidentielles et d'autres petites plages encore, dont certaines ne peuvent être abordées que par la mer. Coup de cœur pour la plage de Glavanovo, accessible seulement par un escalier, à celle de la baie Kostanj, pour son côté nature. Il y a même des plages pour chiens à Kantrida ou à Brajdica !

Tourisme

La ville a créé un parcours découverte de son patrimoine urbain et culturel avec, carte à l'appui, la localisation des points d'intérêt : les monuments historiques, musées, palais, églises et marchés, mais aussi le passé industriel (raffineries de sucre, entrepôts ferroviaires, activités portuaires) ou l'arsenal militaire datant de la Seconde Guerre mondiale. À voir également : le quartier de la forteresse de Trsat et, bien sûr, le Korzo, l'artère piétonne commerçante. La ville continue d'investir pour augmenter ses capacités hôtelières et affirmer son dynamisme culturel.

Plus d'infos à l'office de tourisme et au City Museum of Rijeka – Krešimirova ul. 28.
www.muzej-rijeka.hr/en/zbirke/tourist-walkway/

Transports

- **L'aéroport** de Rijeka se trouve à 17 km, sur l'île de Krk.
- **Par la route.** Une autoroute relie Zagreb à Rijeka en 1h30. Cette voie rapide descend sur Zadar *via* Ogulin et Gospić. Elle passe à l'intérieur des terres, à proximité des parcs nationaux (Risnjak Plitvice, Paklenica). La route du littoral, à défaut d'être rapide, permet d'apprécier la riviera de Rijeka avec, à l'arrivée, un beau panorama sur la grande ville active. Mais il est difficile de se garer dans le centre-ville (large secteur piétonnier), particulièrement en haute saison.
- **À la gare routière,** des bus pour tout le pays !
- **À la gare ferroviaire,** des trains pour l'intérieur du pays.
- **En bateau.** Le siège de la compagnie maritime nationale Jadrolinija ne délivre pas les tickets. Ils s'achètent sur le port, au terminal des ferries et catamarans. De Rijeka, il est possible de rejoindre les îles du golfe du Kvarner ainsi que Pag et Rab. Toute l'année, il existe des traversées de nuit pour Trieste, Zadar, Split, l'île de Mjet, Korčula et Dubrovnik (plus de rotations en été). Un service de bateaux rapides fonctionne du 15 juin au 15 septembre et fait tous les jours le trajet Rijeka-Zadar (A/R), en passant par Krk-ville, Lopar-Rab, Novalija-Pag. www.jadrolinija.hr

La ville aujourd'hui

Aujourd'hui, la ville en fort développement économique communique mieux sur ses atouts. Elle mise aussi sur la modernisation des capacités portuaires de Rijeka Gateway. La physionomie du centre devrait s'en trouver modifiée avec un nouveau terminal de voyageurs, de nouvelles prestations hôtelières et d'accueil. L'université de sciences humaines, les études d'économie, de services ou de haute technologie drainent une population jeune en quête d'ouverture sur l'Europe.

Rijeka.

CATHÉDRALE DE SAINT-GUY

(KATEDRALA SVETI VIDA)

Exemple unique de proportions monumentales en Croatie, cette cathédrale rotonde est particulièrement harmonieuse. Son élévation débute en 1638 d'après les plans de l'architecte G. Briano sur le modèle de Santa Maria della Salute à Venise. D'un baroque luxueux, l'intérieur est riche de peintures d'artistes slovènes et italiens (Petruzzi, Lazzarini, Pacassi et Michelazzi). Un certain Petar Lončarić, furieux d'avoir perdu de l'argent au jeu en 1296, aurait lancé une pierre sur le crucifix qui se mit à saigner. La croix gothique dite miraculeuse est toujours là.

GALERIJA KORTIL

Ul. Strossmayerova 1

✆ +385 51 377 065

Ouvert tous les jours de 10h à 13h et 17h à 20h. Ticket d'entrée : 25 kn.

Depuis 1997, la galerie fait partie du paysage culturel institutionnel de Rijeka. Un peu excentrée, à côté de l'hôtel Neboder, elle vaut cependant le déplacement. Sa mission, expliquer au public l'art moderne, présenter de nouvelles formes d'art contemporain, qu'elles soient internationales ou croates. Ce bel espace s'est distingué ces dernières années avec des expositions ambitieuses, comme des œuvres du Bauhaus, des gravures et lithographies de Marc Chagall. Sur la page Facebook du lieu, retrouvez l'agenda des événements culturels, les dates des vernissages.

MOLO LONGO

Après le Terminal 7 Fitness et Caffe bar

La digue la plus célèbre de Rijeka, ouverte au public après la réhabilitation de l'embarcadère des ferries et catamarans, il y a quelques années. Une promenade d'au moins 2 km pour arriver au bout. C'est la balade le long de la mer que l'on aime faire au coucher du soleil, à la tombée de la nuit pour voir les silhouettes des vieux gréements et toutes les lumières de la ville refléter dans une mer d'huile. On passe sous d'impressionnantes grues désaffectées qui sont illuminées la nuit et rappellent le souvenir industriel du port.

MARCHÉ CENTRAL [GRADSKA TRŽNICA] ★★

Ul. Vatroslava Lisinskog 2

Heures d'ouverture : du lundi au samedi de 7h à 14h, le dimanche de 7h à 12h.

Ce marché est un vrai monument historique. On y vient pour faire ses courses et admirer cette halle couverte qui fut construite d'après les plans de l'architecte d'Izidor Vauchnig, à partir de 1880. Dans les deux premiers pavillons, on met en œuvre les dernières avancées techniques de l'époque, l'acier pour les fondations, ouvrant de grandes arcades couvertes, le verre pour la lumière entrant par de grandes baies. Dès 1866, la poissonnerie installée dans un bâtiment en dur apporte un espace clos dédié aux vendeurs, qui avant exposaient la marchandise au grand air. En 1914, Carlo Pergoli conçoit un bâtiment, proche de la jetée, pour le stockage des poissons et, en 1916, l'édifice principal vient couronner l'ensemble. Son goût pour la sécession viennoise se note dans le travail des chapiteaux, des quatre fontaines et des ornements en façade. Les reliefs représentent des fruits et des légumes, de nombreux animaux de la mer. Le corps de rapport clair et harmonieux accueille les étals des bouchers, charcutiers et fromagers. À l'extérieur, les maraîchers et les petits producteurs locaux s'abritent sous de grands parasols.

Depuis, les mœurs commerçantes ont changé mais le bâtiment n'a jamais failli à sa fonction commerciale et sociale. Aujourd'hui, les négociants en vin ou huile d'olive, apiculteurs et vendeurs de miel, artisans du bois, fleuristes... participent aussi à cette ruche animée. Un point de rencontre favori des habitants, lieu incontournable le matin à Rijeka.

MUSÉE D'ART MODERNE ET CONTEMPORAIN ★

Krešimirova ul. 26c ✆ +385 51 492 611

www.mmsu.hr

Ouvert du mardi au dimanche de midi à 19-20h. Fermé le lundi. Entrée : 30 kn (adultes), 10 kn (enfants, étudiants).

À l'occasion de l'année 2020, Rijeka capitale de la culture, un vaste projet s'est développé dans le quartier de la gare. Progressivement, on réhabilite les anciens docks, friches et usines afin d'y accueillir un nouveau pôle culturel. Un premier musée a posé ses œuvres dans une fabrique sucrière désaffectée, redessinée de l'intérieur par le cabinet de l'architecte designer Dinko Peračić. On y découvre un fonds permanent de peintures croates, périodes moderne et contemporaine.

MUSÉE D'HISTOIRE NATURELLE [PRIRODOSLOVNI MUSEJ] ★★

Lorenzov Prolaz 1 ✆ +385 51 553 669
www.prirodoslovni.com
Ouvert en semaine de 9h à 15h et de 16h à 20h, le week-end de 9h à 13h et 14h à 20h. Tickets : 10/20 kn.

Dans le jardin botanique de la ville [Šetalište], propriété privée de l'archiduc Joseph, cousin de l'archiduc François-Joseph, un pavillon à étages abrite le muséum, fondé en 1876. Des expositions permanentes d'objets collectés sur le territoire de l'Istrie et du golfe du Kvarner. Des salles audiovisuelles, des animations pédagogiques et multimédias présentent l'évolution des espèces vivant dans la région, terre et mer. Où l'on apprend qu'il y avait des requins dans l'Adriatique...

MUSÉE DE LA PHARMACIE

Užarska 11
✆ +385 51 257 103
muzej-farmacije.jgl.hr
Ouvert tous les jours sauf le lundi de 9h à 13h et de 16h à 21 h. 25-30 kn [adultes], 10-15 kn [enfants-étudiants].

En octobre 2020, la ville a inauguré un nouveau musée spécialisé, en partenariat avec Jadran Galenski laboratorij. Dans un design qui mêle l'ancien et le contemporain, l'histoire de la pharmacie, croate et mondiale, nous est racontée de manière ludique et pédagogique, avec une superbe collection d'objets de valeur [bouteilles, flacons, instruments], mais aussi des livres, des documents, des photographies, des recettes, des animations multimédias et un mur végétal. Sans oublier la boutique de souvenirs pour des cadeaux originaux.

MUSÉES HISTOIRE, MARINE, NATURE ★★

Muzejski Trg 1
✆ +385 51 213 578
www.ppmhp.hr
Ouverts du lundi au samedi de 9h à 20h et le dimanche de 16h à 20h. Entrées : 15/10 kn.

Dans le palais du gouverneur de la couronne austro-hongroise, d'âpres négociations eurent lieu, durant la Première Guerre mondiale, entre les Arditi fascistes italiens et les indépendantistes autour de l'annexion de la ville [Fiume]. Le musée [histoire et marine], avec ses collections [archéologie, arts, ethnologie, militaire], nous raconte le passé de la région, les chantiers navals, l'industrie de la guerre.

Juste à côté, le château de Zrinski abrite le musée d'histoire naturelle.

PALAIS BENČIĆ - PALAIS DU SUCRE

✆ + 385 51 554 270
www.muzej-rijeka.hr
Ouvert du mardi au dimanche de 11h à 20h. Fermé le lundi. Ticket 20 ou 10 kn.

Le bâtiment néobaroque fut construit dans l'enceinte d'une raffinerie de sucre, industrie florissante de la ville au milieu du XIXe siècle. Successivement caserne militaire, usine à tabac, fabrique de moteurs et de tracteurs jusqu'aux années 1990, il devint, en 2017, un musée d'art moderne. Puis c'est la réunion des musées de Rijeka qui y établit son siège. Admirablement restauré, le palais ouvre des salles pour présenter des collections historiques sur le travail du sucre.

OFFICE D'INFORMATIONS MUNICIPALES ET REGIONALES

Korzo 16
✆ +385 51 209 333
www.rijeka.hr
Ouvert tous les jours sauf le samedi après-midi et le dimanche.

Cette agence institutionnelle à côté de l'hôtel de ville n'est pas spécifiquement dédiée à l'accueil des touristes. Vecteur d'informations municipales et territoriales, elle édite quantité de documents et brochures, info-com sanitaire et sociale, citoyenneté, environnement, culture, qui peuvent intéresser le visiteur. Par exemple, l'histoire des paysages, la sauvegarde du patrimoine, l'agrotourisme... Un accueil sympathique et un ordinateur avec connexion Internet gratuite.

OFFICE DE TOURISME RIJEKA

Korzo 14 ✆ +385 51 335 882
http://www.visitrijeka.eu
En été, tous les jours 8h-20h, le dimanche 9h-14h. En hiver, en semaine 8h-20h, le samedi 8h-14h, fermé le dimanche.

Cette agence municipale vous délivrera toutes les informations touristiques : hébergements, locations de véhicules, horaires des ferries, visites, musées et galeries, dans le centre et périphérie, l'agenda culturel, etc. Également, un choix d'excursions dans le golfe du Kvarner, des randonnées en montagne, les plages, la plaisance... Sur le site Internet, la boutique en ligne donne des idées de cadeaux souvenirs à [s'] offrir, comme ces broches en bronze de bon goût.

ADRIATIC CROATIA IINTERNATIONAL CLUB (ACI)

Rudolfa Strohala 2
✆ +385 51 27 12 88
www.aci-marinas.com
Ouvert toute l'année.

La fédération des clubs de voile et des marinas croates a son siège à Rijeka. Dans cette agence ou sur Internet, on obtient toutes les informations pratiques sur l'ensemble des bases nautiques qui jalonnent la côte adriatique et les îles. On peut réserver son emplacement à quai, les prix variant selon la longueur hors-tout du bateau, la période de l'année, la durée de l'escale et le forfait choisi. En 2019, la réhabilitation de la marina de Rovinj a été couronnée de plusieurs prix.

GARE FERROVIAIRE (ŽELJEZNIČKI KOLODVOR)

Krešimirova 5
✆ +385 60 333 444
www.hzpp.hr/
Consigne à bagages ouverte 24h/24.

La gare de Rijeka est la plus grande du pays, après celle de Zagreb. À 10 minutes au nord de la gare routière et du Korzo (artère commerçante centrale), elle se trouve dans le quartier des anciens docks, en pleine réhabilitation urbaine. Cette gare de triage relie des villes et capitales européennes limitrophes (Trieste, Ljubljana, Vienne, etc.). Pour le transport régional, trafic quotidien de trains pour Zagreb, Osijek, Ogulin ou Pula avec une correspondance en car).

ARRIVA-AUTOTRANS

Trg Žabica 1

Principal opérateur de bus en Croatie, Autotrans est désormais dans le groupe Arriva. La compagnie, dont le siège social se trouve à Rijeka, gère des points de vente sur tout le territoire. Services nationaux, régionaux et interurbains réguliers. Des bus reliant Zagreb aux régions (Slavonie, Dalmatie, Istrie, Kvarner), sur les îles (Krk, Cres, Lošinj, Rab, Pag, Brač et Korčula). Des internationaux réguliers entre les villes croates et l'Italie, la Slovénie, l'Allemagne, la Serbie et la Bosnie-Herzégovine. Ponctualité, Wifi gratuit à bord et un certain confort.

AUTOCAMP PRELUK €

Preluk 1
✆ +385 51 623 500
Ouvert du 15 avril au 15 octobre. De 39 à 59 kn par personne + emplacement (tente et voiture) de 25 à 39 kn.

Entre Opatija à Rijeka, ce camping implanté sur un terrain escarpé descend en terrasses vers la mer. L'ancienne route de la riviera le surplombe et le bus 32 s'arrête à proximité. Location de tentes, caravanes et mobil-homes, donc il n'est pas nécessaire d'avoir son propre matériel, ce qui est très pratique. Proche des criques, des rochers et des plages de galets, on se baigne avec, en panorama, le golfe du Kvarner, Volosko, la pittoresque station balnéaire, le mont Uckla, la promenade de la mer. Un camping à taille humaine proche de la nature.

COMPAGNIE MARITIME JADROLINIJA

Riva 16
✆ +385 51 666 111
www.jadrolinija.hr
Siège social. Pas d'accueil public, pour les informations ou réclamations, voir le site Internet de la compagnie.

Partout sur la côte et dans les îles adriatiques, vous trouverez des points de vente pour l'achat de billets sans réservation. Que vous soyez motorisés ou simples piétons, les ferrys et catamarans restent les principaux moyens de transport en Croatie méridionale. Jadrolinija assure aussi des liaisons avec l'Italie, vers Ancône depuis Split et Zadar et vers Bari depuis Dubrovnik. Le site Internet détaille les tarifs et les horaires des liaisons, très variables selon la saison.

LE BOTEL MARINA €

Adamićev gat
✆ + 385 51 410 162
www.botel-marina.com
Chambres single, double, triple de 55 € à 89 €, dortoir 4 lits, 28 €/personne. Parking payant, animal accepté.

Depuis sa construction au Danemark en 1935, le légendaire *Marina* possède toute une histoire de navigation (transport de passagers) sur plus d'un demi-siècle, jusqu'à se poser définitivement en Croatie. Récemment réaménagé, il se compose aujourd'hui de 35 cabines, soit 112 lits, dont une soixantaine dans la catégorie trois étoiles, des chambres (simples, doubles, triples) et la formule auberge de jeunesse avec dortoirs 4 lits. Une vaste réception, un café, un bar lounge, un petit espace bien-être et un restaurant viennent compléter l'offre.

DHARMA HOSTEL €

Spinčićeva 2 ✆ +385 51 562 108
www.dharmahostels.com

En saison estivale, la nuit en chambre double 25/35 €, en dortoirs 3 ou 4 lits : 22/18 €, petit déjeuner non inclus.

Situé dans un ancien complexe industriel, au niveau du nouveau centre commercial (à l'entrée de l'autoroute), il a été conçu dans un esprit résolument urbain et contemporain. On peut laisser son véhicule sur le grand parking gratuit. Certains dortoirs ou chambres ont vue sur la mer. Tous possèdent leur propre salle de bains entièrement équipée. Au rez-de-chaussée, une cafétéria propose une cuisine végétarienne et une salle de yoga pour se relaxer (cours le matin). Enfin, les plus belles plages de la ville se trouvent à 200 m. Une adresse originale, bon accueil.

FUN HOSTEL €

Šetalište XIII divizije 28
✆ +385 51 219 111
www.funhostel.hr

Ouvert toute l'année. La nuit par personne de 25 € (dortoirs) à 62 € (chambres privées).

Cette grande villa balnéaire, construite sur une avancée rocheuse, date du XIXe siècle. Elle a été entièrement restaurée, pour obtenir des pièces fonctionnelles, avec un design intérieur coloré, lumineux. L'auberge contemporaine propose un total de 32 lits (dortoirs, chambres quadruples ou doubles, tous meublés, climatisés, avec une salle de bain/douche à chaque étage). Demandez une chambre côté mer ! De certaines fenêtres, la vue est splendide. Au rez-de-chaussée, 2 salles communes avec un espace détente/cuisine, machine à café, micro-ondes, bouilloire.

HÔTEL NEBODER €

Strossmayerova 1
✆ +385 51 373 538
www.jadran-hoteli.hr

Ouvert toute l'année. De 77 € à 116 € la chambre, selon la catégorie (petit déjeuner inclus).

Situé à 5 minutes de marche du centre-ville, cet hôtel qui date de 1939 a longtemps été réquisitionné pour les soldats internationaux en mission. Restaurée en 2007, la tour, qui est désormais classée patrimoine architectural national, demanderait encore des rénovations (ascenseur, notamment). Si l'extérieur est peu engageant, les chambres sont spacieuses, confortables, avec un design vintage en Formica. Le plus, c'est la vue magnifique offerte aux étages supérieurs. D'un côté la ville, le canal et la mer, de l'autre la montagne et le quartier Trsat.

HÔTEL CONTINENTAL €€

Šetalište Andrije Kačića - Miošića 1
✆ +385 51 372 008
www.jadran-hoteli.hr/continental

La nuit en chambre double, selon la catégorie en été : 41, 45, 50 ou 66 € par personne (petit déjeuner inclus).

Ici, vous allez séjourner dans un établissement néo-classique, construit de 1885 à 1888, rénové en 2008. Il est bien situé entre le port et le centre-ville. L'hôtel Continental fait partie des valeurs sûres de Rijeka. Il compte 65 chambres et 4 suites/appartements confortables, bien équipés (télévision, air conditionné, salle de bains…) dont certains avec vue panoramique sur le golfe du Kvarner ou sur la vieille ville. Sur place, en plus, un bon restaurant sert une cuisine régionale que l'on pourra savourer sur l'agréable terrasse en été.

GRAND HOTEL BONAVIA €€€

Dolac 4
✆ +385 51 357 100
www.bonavia.hr

Ouvert toute l'année. Selon la saison, de 97 € à 135 €, la nuit, en chambre double

En surplomb du centre-ville, à deux pas de la place principale, près du musée d'art moderne, cet hôtel de luxe, 4-étoiles, fut fondé à la fin du XIXe siècle. Il reste l'un des meilleurs endroits pour se loger en ville. Vous ne pourrez que le constater en y séjournant. De spacieux couloirs mènent aux chambres et aux suites superbes, toutes conçues dans un style classique, entre élégance moderne, confort et équipements de bien-être (un spa pour les clients). L'établissement est doté de bars-restaurants et de terrasses agréables.

HÔTEL JADRAN €€€

Šetalište XIII divizije 46
✆ +385 51 216 600
www.jadran-hoteli.hr

Ouvert toute l'année. Selon la saison, la chambre double de 90 € à 117 € (petit déjeuner inclus).

Proche des plages Sablićevo Beach et Glavanovo et d'un grand centre commercial, l'un des plus anciens établissements de la ville est situé dans le quartier résidentiel de la riviera historique (Sušak-Pećine). Repris par la chaîne hôtelière internationale (Best Western), entièrement restauré, l'hôtel a reçu, en 2005, ses 4 étoiles. Il gagne à être connu. Les chambres sont confortables, bien équipées, nombreuses avec balcon et une vue époustouflante sur la mer. Bar lounge et bon restaurant. Le plus : beach-bar services sur les pontons aménagés pour se baigner.

RICA GLUTEN FREE €

Verdijeva 3b
✆ +385 51 374 593
www.rica.hr
Ouvert du lundi au samedi de 7h à 21h. Le dimanche de 8h à 14h. Sandwich à partir de 15 kn.

Plus qu'une simple boulangerie, on découvre, juste derrière le théâtre national, un lieu cosy avec mezzanine et terrasse, qui fait à la fois épicerie fine, diététique, sandwicherie, saladerie, salon de thé. Les intolérants alimentaires et tous les autres viennent y commander d'excellents « sendvic », par exemple ceux au pain de mie fait maison (farine de maïs/graines de tournesol), vegan ou prust/laitue. Autres choix, des pizzas, tartes salées, sucrées, des burek à la pomme, des gâteaux et des biscuits. Sur place ou à emporter.

BBC BRASSERIE AS €

Trg 111 Brigade Hrvatske Vojske 2
✆ +385 51 212 148
Ouvert tous les jours de 6h à 1h du matin, les vendredi et samedi ferme à 2h. Plats chauds à partir de 40 kn.

Sur le Korzo, juste en face du McDonald's, la Belgian Beer Cafe Brasserie sert des bières croates et européennes et fait aussi des formules restauration rapide. Mais rien à voir avec le géant américain en face. Les viandes grillées, hamburgers, potatoes et autres frites ont vraiment du goût, tout comme les salades complètes ou la cuisine traditionnelle croate, terre et mer. Mention spéciale pour l'assiette vegan qui est copieuse et présentée avec un bel assortiment de légumes grillés et de savoureuses galettes au fromage. Sur place ou à emporter.

KONOBA NA KANTUNU €

Demetrova 2
✆ +385 51 313 271
Ouvert tous les jours sauf le dimanche de 9h à 23h. Plat à partir de 50 kn.

Il faut essayer ce petit restaurant installé sur le port. La Konoba Na Kantunu propose à ses clients une cuisine de la mer généreuse. Goûtez à la spécialité locale, le ragoût de poulpe, un délice. Sans oublier les plateaux de crustacés, le court-bouillon de poissons frais, mais aussi les grillades du jour avec des légumes juste saisis dans l'huile d'olive. Pour ceux qui boivent de l'alcool, il vous faudra accompagner le tout d'un bon vin blanc naturel de la région. Pour finir, des desserts maison dont il ne faut pas se priver.

KONOBA RIBICA €

Pulska 30
✆ +385 51 631 365
Ouvert tous les jours de 10h à 23h sauf le dimanche de 13h à 20h. Comptez 120 kn par personne.

A Riyeka, énorme port de pêche, avec une grosse criée, il faut manger du poisson ! Dans cette konoba, le service est simple, et l'assiette honnête. Sur le pouce, on peut commander une bonne portion de calamars frits avec des pommes de terres grillées. Plus tranquillement, on choisit un risotto, des pâtes fraîches ou des gnocchis avec la sauce aux fruits de mer. Mais la spécialité de la maison, c'est le plateau de poissons de roche avec calamars et crustacés, le tout bien grillé à l'huile locale, accompagné d'un pesto fait maison (minimum 2 personnes).

PARIS/KALORIJA €

Shetalishte Joakima Rakovca 2A
✆ +385 51 219 183
kalorija.com.hr
Ouvert du mardi au samedi de 8h à 23h. Le dimanche de 10h à 23h. Pizzas entre 32 et 55 kn.

Si une envie de pizza ou de calzone vous prend et si vous êtes sur le chemin du château, le bistrot Paris/Kalorija devrait faire l'affaire. Une bonne pâte à pain, des garnitures fraîches et généreuses, du fromage et de la roquette à profusion, la recette varie peu mais assure le succès... On peut aussi commander des wraps, des burgers, des grillades avec des frites, des pâtes fraîches ou de la polenta en sauce. Vous aurez le choix de manger sur place ou de prendre à emporter pour poursuivre votre route vers le château ou sur le chemin du retour.

ACADEMIA CAFFE

Jadranski trg 4/B
Ouvert du mardi au dimanche de 7h à 23h.

Cet établissement fait partie des nouveaux lieux à découvrir à Rijeka. Ouvert en été 2020, au tout début de Korzo, l'Academia est une œuvre du studio Rijeka Zivot Design, très présent dans la rénovation contemporaine de la ville. L'intérieur affiche une combinaison de tables et meubles en bois dans des tons vert et orangé sous des voûtes en plein cintre et des détails décoratifs aux murs. Parfait cosy pour l'espresso du matin, les jus frais et autres boissons fraîches ou encore pour une pause salon de thé pâtisserie en journée.

LA BODEGA RIJEKA

Jadranski trg 4
✆ +385 99 213 0154
www.bodega.hr
Ouvert tous les jours en été de 8h à 2h du matin.

Avec sa terrasse panoramique sur la place, son espace design à l'intérieur, ce bar à vins n'a rien de la petite *bodega* de quartier. On penserait plutôt à un bar-restaurant-club branché. C'est un peu ça en fait ! Ouvert du matin au soir, il valorise les vins des régions, la plancha de charcuterie et le fromage de terroir. Des menus à la carte pour les soirées spéciales, avec mixes de DJ et une ambiance festive. Pensez à y faire un tour, quel que soit votre moment préféré pour sortir. L'ambiance évolue au fil de la journée, et elle est toujours plaisante.

PHANAS PUB

Ivana Zajca 9
✆ +385 51 213 377
www.phanas.hr
Ouvert tous les jours de 7h à 1h, ferme plus tard le week-end.

Niché dans un bâtiment d'époque, ce petit pub très typique est discret en journée. Mais une fois la nuit tombée, on le repère facilement au son qui s'en dégage. Le Phanas Pub devient le repaire de la jeunesse locale, qui adore jouer gentiment des coudes au comptoir pour commander une bière, qui aime la musique rock ou plus dance. C'est l'endroit parfait pour faire des rencontres amicales… et plus si affinités. Quoi qu'il en soit, la clientèle est toujours sympathique, les serveurs et serveuses disponibles. Bonne ambiance assurée.

CAFFE BAR FILODRAMMATICA

Korzo 28
✆ +385 51 211 696
Ouvert tous les jours de 7h à 23h. Fermé le dimanche.

Ce café historique est aussi l'un des plus connus de Rijeka. Sa terrasse reste un bon spot extérieur pour voir et être vu, au cœur du Korzo, artère principale du quartier piéton et véritable ruche marchande. La carte de boissons et cocktails donnent envie tout comme la sélection de thés et cafés rares, accompagnés de viennoiseries, pâtisseries, sandwichs ou glaces. A l'arrière du café, la bibliothèque municipale VBZ a un rayon de livres en anglais, quelques-uns en français, des guides touristiques. Il faut s'inscrire même pour consulter sur place.

TUNEL MUSIC BAR

Školjić 12
✆ +385 91 188 6355
Ouvert toute l'année tous les jours de 17h à minuit, le week-end ferme à 2h du matin.

Le club le plus underground de Rijeka, qui se fait aussi appeler Metro ou Klicup, est effectivement logé dans un tunnel creusé pour les anciennes voies de chemin de fer sous les hauteurs de la ville. Pas de panique, l'endroit est bien éclairé, parfait pour l'acoustique de la musique live ! Des groupes locaux (jazz, rock, pop, folk) s'y produisent régulièrement. Soirées clubbing également, des expos, des performances, des spectacles humoristiques. En journée, on peut s'installer dehors à l'entrée du Tunel pour commander une boisson chaude ou froide.

FIORELLO PUB

Korzo 2
✆ +385 51 331 390
Ouvert du lundi au jeudi de 7h à minuit, le dimanche de 8h à minuit, le vendredi et le samedi ferme à 1h.

Du nom d'un célèbre maire de New York des années 1930, qui fut avant cela consul américain à Rijeka, ce pub a tout des canons anglo-saxons. Ventilateurs au plafond, lampes Liberty, carte des alcools forts impressionnante, grands crus de whiskys et de rhums, le ton est donné. En journée, ce sont plutôt les bières (croates, belges, allemandes) et les cocktails qui partent le mieux (avec modération !). Vous pourrez aussi goûter à l'excellent machiatto. Bonne ambiance, surtout le soir, quand le DJ monte le son. Tous ces éléments assemblés promettent un bon moment.

TEUTA

Užarska 1
Ouvert tous les jours en été, de 7h à minuit, le week-end ferme à 4h du matin.

Café-bar-club sur deux étages, avec terrasse ouverte en journée. Reconnu par les locaux pour son choix de musique éclectique, Balkan beats, salsa, rock, etc., et son ambiance détendue. Le Teuta est le lieu où les gens de tous âges viennent s'y détendre. Vous rencontrerez donc des personnes aux univers variés, intéressées par les styles musicaux évoqués précédemment. À partir du jeudi, DJ, chanteurs et musiciens animent différentes soirées. Retrouvez l'actualité du Club Teuta sur sa page Facebook : des événements sont parfois annoncés.

TRSAT ★

Surplombant Rijeka, le village de Trsat, tout en gardant son côté résidentiel, est un quartier à part entière. Grâce aux étudiants du campus, il bénéficie d'une vie culturelle intéressante. La montée par les escaliers ou par la route (bus n° 2) puis la visite de la forteresse et du sanctuaire (Notre-Dame de Trsat) peuvent bien occuper la journée. Dans le monastère franciscain, la chapelle votive, au riche trésor, attire des chrétiens du monde entier, et jusqu'au pape Jean-Paul II, en juin 2003. Il y aurait eu ici, en 1291, des apparitions de la Sainte Famille. Depuis, cette terre de pèlerinage reste très fréquentée, surtout le 15 août (Assomption).

FORTERESSE DE TRSAT (TRSATSKA GRADINA) ★★

Trg Riječke rezolucije 1 ✆ +385 51 217 714
www.trsatskagradina.com
Ouvert tous les jours, en semaine de 9h à 23h, le week-end le Caffe Vintage Bar ferme à 2h du matin. Entrée gratuite.

Sur une colline à 138 m d'altitude. Les Romains y bâtirent un poste d'observation. La place forte se consolide au début du Moyen Âge avec une simple tour de guet pour devenir au XIXe siècle cette forteresse imposante. Aujourd'hui, on y accède en voiture, en bus ou encore à pied (plus de 600 marches !). Les salles intérieures conservent le fonds de collections permanentes et une galerie pour les expositions temporaires. En été, concerts, théâtre ou défilés de mode y sont programmés.

CHAPELLE DU SANCTUAIRE DE NOTRE-DAME DE TRSAT ★

Frankopanski trg
Visite gratuite en dehors des heures de culte.

Cette chapelle, qui attire tant de pèlerins, se trouve à proximité du château. Selon la légende chrétienne, la maison de la Sainte-Famille de Nazareth, portée par les anges, serait apparue en 1291 sur la colline. Depuis sept siècles, ce lieu est très visité, en particulier à l'occasion de la fête de l'Assomption (15 août). La richesse du Trésor témoigne de la gratitude des fidèles à travers les décennies, du plus modeste chapelet aux dons royaux de la couronne des Habsbourg.

RESTORAN TRSATIKA €

Šetalište Joakima Rakovca 33
✆ +385 51 452 716
restaurant-trsatica.com
Ouvert tous les jours en été de 10h à minuit. A partir de 49 kn le plat chaud.

Avec son emplacement idéal, aux portes du château, et sa vue imprenable sur la baie de Rijeka, l'établissement bénéficie d'un capital sympathie indéniable. Ici, l'été, c'est ambiance de *konoba* dalmate, ouverte sur l'extérieur. Vous pourrez commander des viandes ou poissons grillés, des *cevapcici* et de grandes portions de légumes grillés ou un plat végétarien, le tout préparé façon barbecue familial. Quand il fait plus frais, on apprécie le style plus cosy de la salle à manger, construite en pierres de taille, avec poutres apparentes, cheminée et mobilier en bois.

GOLFE DU KVARNER

Forteresse de Trsat (Trsatska Gradina).

© LEXLERO - ISTOCKPHOTO

Crikvenica.

KRALJEVICA

Après Rijeka en descendant vers le sud-est, cette petite localité portuaire à l'entrée de la baie de Bakar est fière de ses deux châteaux. Ils appartenaient aux familles Zrinski et Frankopan et furent le théâtre de batailles sanglantes. En été, dans ce cadre verdoyant, se déroulent des événements culturels. Mais aujourd'hui, les touristes semblent plus pressés d'arriver sur l'île de Krk ou à Crikvenica. Au Frankopanska 1a, vous trouverez un bureau touristique, qui affiche aussi les heures de passage des bus empruntant le célèbre pont. À voir également, le port historique de Bakar, très pittoresque, malheureusement cerné par des usines de cuivre.

CRIKVENICA ★

Avec sa végétation abondante, ses plages de galets et de sable, ses bars-terrasses, cette station balnéaire est vivante. Sans patrimoine historique ancien, la ville a misé sur son climat méditerranéen, sa mer propre et ses infrastructures touristiques. De fait, elle est devenue l'une des destinations balnéaires favorites dans le golfe du Kvarner. Les plages, qui s'étendent sur 8 km, sont longées par une promenade de bord de mer où l'on peut admirer les villas bourgeoises influencées par l'architecture austro-hongroise. Une offre hôtelière plus récente et familiale ainsi que des équipements (loisirs et sports aquatiques) attendent les vacanciers.

CENTRE D'INFORMATIONS TOURISTIQUES

Trg Stjepana Radića 1c
✆ +385 51 241 051
www.rivieracrikvenica.com
Ouvert en été tous les jours de 8h à 22h.

Agence régionale qui délivre des informations sur la station balnéaire et sa riviera. Pour se renseigner sur l'hébergement, les transports et déplacements, l'accès aux localités côtières proches, Dramalj, Jadranovo, Selce, aux plages de sable ainsi que dans l'arrière-pays, la vallée de Vinodol par exemple. Indique les services pratiques pour la plaisance, le matériel de plongée, les excursions en bateau pour les îles de Rab ou de Krk. À consulter sur place l'agenda des animations.

ABALONE HOTEL - APARTMENTS €€

Šetalište braće Domijan 6
✆ +385 51 690 100
abalone.hr
Chambres doubles (hôtel) selon la saison et la catégorie de 107 € à 226 € la nuit, appartements à partir de 160 €.

Sur la riviéra, entre Rijeka et Crikvenica, cet hôtel 4 étoiles fut fondé en 2006 en incluant dans ses plans deux villas méditerranéennes, rénovées en pierres de taille. Les bâtiments lumineux possèdent des chambres confortables, à la décoration néoclassique, avec climatisation, terrasse ou balcon et vue sur la mer. Pour le séjour, piscine, jardin, équipements bien-être, salle de fitness, bar lounge, restaurant… La plage est à 3 minutes de marche.

HÔTEL KAŠTEL €€

Frankopanska 22
✆ +385 51 800 480

Ouvert de mars à novembre et pendant les fêtes de fin d'année. Chambres de 78 € à 130 € (petit déjeuner inclus).

Dans le centre historique, cet hôtel 3 étoiles est installé dans un monastère du XIVe siècle, qui a la silhouette d'un château-église, avec son clocher baroque. Dans ce monument historique, bien restauré, l'établissement possède 74 chambres sur quatre étages, confortables avec wifi gratuit. Certaines regardent la mer, le port et le vieux pont à l'embouchure de la rivière Dubračina. L'hôtel Kastel dispose d'un jardin intérieur aménagé dans l'ancien cloître, d'une grande salle à manger, d'une plage privée, d'un café-bar lounge et d'un restaurant buffet.

HÔTEL VALI €€

Gajevo Setaliste 35 ✆ +385 51 788 110
www.hotelvali.hr

Ouvert toute l'année. Chambres selon la saison et la catégorie de 76 € à 152 € la nuit (petit déjeuner inclus).

Il faut quitter la route principale et descendre sur le littoral au nord de Crikvenica pour découvrir sur la riviera cet hôtel entouré de verdure, avec vue imprenable sur la mer. Dans un bâtiment classique rénové avec soin, les chambres possèdent tout le confort moderne, certaines bénéficient d'un balcon-terrasse avec ce panorama splendide sur le golfe. Sur place, une piscine intérieure, des équipements bien-être, un cocktail-bar lounge, un restaurant et une plage privée. Se renseigner à l'accueil pour les diverses activités sportives. Parking gratuit.

LUXURUS HÔTEL AMABILIS €€€

Emila Antića 68 ✆ +385 51 406 490
www.hotelamabilis.com

Chambres doubles selon la catégorie en saison estivale de 181 € à 260 € la nuit (petit déjeuner inclus).

Grand complexe hôtelier ouvert en 2012, qui s'avance tel un navire de croisière sur la mer, l'établissement de luxe propose cinq catégories de chambres, de la double standard à la suite présidentielle, toutes spacieuses, lumineuses et bien équipées : grande salle de bains, climatisation, coffre-fort, télévision, minibar... La plupart s'ouvrent sur un balcon avec vue sur la mer ou une terrasse aménagée (gamme supérieure). Toutes ont accès aux bars, au restaurant, à la plage privée et aux équipements de bien-être. Parking aérien gratuit pour la clientèle.

APARTMANI BEGO €€

Basaričekova 50
✆ +385 98 327998
apartments-bego.com

Locations saisonnières, selon la superficie de l'appartement, 160 € la nuit en période estivale.

A l'entrée de la ville, à 150 m de la mer, dans un bel environnement naturel, 6 appartements tout neufs, conçus avec un design contemporain et beaucoup de luminosité. Ils comprennent une cuisine équipée - certains ont un coin repas -, un salon avec télévision, la climatisation, la connexion wifi gratuite. A l'extérieur, un jardin fleuri, un espace cuisine ouverte (barbecue) et une terrasse. A l'arrière de la résidence, une piscine écologique, un espace bien-être à côté avec sauna, bains à remous et des équipements sportifs complètent la nouvelle offre.

KONOBA TRABAKUL €€

Strossmayer šetalište 10 ✆ +385 91 623 18 29

Ouvert tous les jours de 10h à minuit. Plats à partir de 60 kn.

Parmi la succession de restaurants qui s'alignent sur l'avenue, cette taverne avec terrasse, située à côté de l'hôtel Crikvenica, retient l'attention. Au menu, cuisine méditerranéenne traditionnelle, des spécialités adriatiques, comme le risotto à l'encre de seiche, le brochet entier ou les encornets grillés, accompagnés de l'incontournable blitva, cette écrasée de pommes de terre et de blettes à l'huile d'olive, très digeste. Les patates sautées maison ne sont pas mal non plus ! La *konoba* propose également des chambres à louer.

SABBIA RESTAURANT, LOUNGE BAR & NIGHT CLUB

Strossmayerovo šetalište 50 b
✆ +385 51 781 033

Ouvert en été, de 8h à minuit, vendredi et samedi jusqu'à 3h. Le service restaurant est ouvert de 11h à 23h.

« Sabbia » signifie sable en italien et, en effet, on peut s'installer au rez-de-chaussée, en face de la plage, à une table basse et sur des banquettes posées sur caillebotis. Pause détente agréable pour une boisson fraîche, avec ou sans alcool. Bonne carte de cocktails. A l'étage, deux ambiances, pizzeria-bar-salon ou café lounge plus chic avec vue imprenable sur la côte. Le soir, ça s'anime avec les DJ. En résumé, *beach club*, restauration et soirées musique.

SELCE ★

La petite station balnéaire au sud de Crikvenica, comptant près de 1 600 habitants au dernier recensement, était déjà réputée dans les années 1890 pour la qualité de son air et ses belles plages aux eaux cristallines. Après l'effervescence de la ville voisine, la localité paisible a vu le tourisme gagner du terrain. En toute logique, Selce s'est alors équipée en infrastructures, dont un établissement thermal spécialisé dans la rééducation musculaire des sportifs et le bien-être, ainsi que d'un club de plongée. Selce constitue aujourd'hui une halte agréable au calme pour se ressourcer quelques jours. Sa plage de Poli Mora est très appréciée des familles.

HÔTEL MARINA €€

Ulica Emila Antića 73 ✆ +385 51 768 140

www.hotel-marina.net

Ouvert toute l'année. Chambres doubles selon la saison et la catégorie de 73 € à 150 € la nuit (petit déjeuner inclus).

Emplacement privilégié en bord de mer avec, pour tout panorama, l'Adriatique à 360° et les îles du Kvarner. Réservez à l'avance pour avoir une chambre côté mer ! L'autre point positif, c'est le calme. Pas de bars ni de discothèques aux alentours, mais un établissement thermal et un club de plongée. Dans les chambres modernes et bien équipées, il y a de l'espace et de la lumière. Une piscine intérieure et, à 20 m de l'hôtel, une plage aménagée sur les rochers et des pontons, des équipements de bien-être et de remise en forme sont aussi accessibles. Parking gratuit.

CENTRE DE PLONGEE DC MIHURIĆ

Šetalište Ivana Jeličića bb

✆ +385 51 241 035

www.mihuric.hr

Ouvert de mars à novembre. Horaires de plongée variables selon la météo marine.

Si vous séjournez à Selce, dans l'environnement protégé de la petite baie de Slana, vous aurez la chance d'être proche du local. Une proximité appréciable pour gagner rapidement en bateau les multiples spots de plongée (côte, îles, grottes, épaves). L'équipe organise des sorties en mer nocturnes (frissons garantis !). Sur le site Internet, on peut consulter les différentes formules, que l'on soit débutant (baptême de mer) ou déjà animateur de plongée (formation)...

PARC NATIONAL DE RISNJAK ★

Dans la partie nord-ouest du Gorski Kotar, le territoire naturel qui s'étend autour du mont Risnjak a été déclaré parc national en 1953. Sur un espace de 64 km², on a répertorié ici des phénomènes géologiques insolites, qui se sont formés progressivement avec le passage des cours d'eau à travers la roche karstique. Sur ces terres sauvages, recouvertes de forêts vierges, de vastes prairies et de rivières, vivent encore des ours, des lynx et des chats sauvages. On peut visiter des grottes, naviguer sur des lacs, faire de l'escalade ou randonner sur ses grandes étendues. Ne manquez surtout pas les alignements de pierres dressées comme des menhirs naturels.

SCHLOSSER'S HOUSE €

Bela Vodica 48 - **CRNI LUG**

✆ +385 51 836 133

www.risnjak.hr

Ouvert du 1er mai au 31 octobre. Dortoirs, chambres doubles et triples (bed & breakfast), de 180 à 300 kn.

Pour ceux qui voudront séjourner au plus près de l'entrée du parc national, ce grand gîte d'altitude, agréé par le parc national, compte 43 lits, au choix, en dortoirs, chambres doubles ou triples. Sur place, le café-restaurant avec terrasse orientée au sud vous promet de bons plats du terroir ou une boisson (chaude ou froide) fort appréciable. Possibilité de réserver pour la demi-pension ou la pension complète. Se renseigner auprès du bureau du parc national. Accueil attentionné, à l'écoute. Le parc national vous ouvre ses bras.

GUEST HOUSE RISNJAK NATIONAL PARK €€

Bijela Vodica 48

CRNI LUG

✆ +385 51 836 133

Chambre doubles ou triples, selon la saison de 240 à 300 kn (petit déjeuner inclus).

Agréé par le parc, ce chalet dispose de 5 chambres (doubles ou triples) rustiques et confortables. Le restaurant de terroir, avec sa belle terrasse panoramique, propose une cuisine de saison (plats de gibier, poisson d'eau douce, strudel, pancakes aux myrtilles). La pension et la demi-pension sont possibles et une bonne option quand on se trouve dans le parc. Ici, calme et sérénité sont garantis par les lieux. Pour un séjour unique et ressourçant.

BUREAU DU PARC NATUREL RISNJAK ★★

Bijela Vodica 48 - **CRNI LUG**
✆ +385 51 836 133 - np-risnjak.hr

Ouvert de fin avril à fin octobre. Entrée : 45 kn (adultes), 25 kn (enfants). Visite guidée : 100 kn.

Un parc naturel où la montagne est souveraine, où vous ne serez pas dérangé par les cars remplis de touristes bruyants. On trouve ici les écarts de température extrêmes qui caractérisent la Croatie et lui confèrent toute sa diversité écologique, entre les Alpes dinariques (Gorki Kotar), les montagnes septentrionales boisées des Balkans, l'influence continentale au nord, et les régions côtières bordant la mer Adriatique au sud. Sur un relief karstique, la végétation sur dolines est luxuriante. C'est un habitat protégé pour les trois grands mammifères (ours, loup et lynx), un terrain vierge pour la faune et la flore. On compte pas moins de 1 148 espèces et sous-espèces végétales. Le paradis des alpinistes ou des vrais bons marcheurs ! A vous les pistes à l'ombre des mélèzes centenaires, le long de la rivière Kupa, le tour du lac, les parois d'escalade, le trekking, le grand bol d'air garanti.

A prévoir pour une bonne randonnée

- Avant de partir, se renseigner, auprès du bureau du PN, sur les prévisions météo afin d'éviter les tempêtes à mi-chemin.
- Avant d'entreprendre l'ascension des monts Veliki Risnjak (1 528 m) ou Snježnik (1 506 m), bien s'informer sur les conditions de sécurité.
- Demander la carte des chemins et sentiers balisés, le long de la rivière Kupa, le parcours éducatif Leska, par exemple.
- Quelle que soit la voie, s'équiper de bonnes chaussures de marche, d'habits chauds, apporter de l'eau fraîche, des fruits secs, des gâteaux énergétiques...

© GORANSTIMAC

KASTAV ★

Entre les villes de Rijeka et d'Opatija, cette jolie petite bourgade d'altitude – faiblement peuplée (2 000 habitants) – mérite un détour. Ses monuments témoignent de sa splendeur passée et de son histoire mouvementée. Ainsi ses neuf tours de défense, dont six sont encore debout, démontrent combien la ville fut convoitée. Si vous décidez de visiter Kastav, faites-le plutôt le soir pour monter sur l'une des tours et contempler les lumières infinies des maisons, des étoiles jusqu'à la mer. En journée, la vue est superbe également sur l'ensemble des îles du golfe. D'agréables adresses pour faire une pause ou dîner attendent les visiteurs.

RESTAURANT GRILL OŠTARIJA FORTICA €€

Trg Matka Laginje 1a
✆ +385 51 691 417

Ouvert tous les jours de 10h à minuit. Le dimanche de midi à 22h. Plateaux de grillades à partir de 250 kn.

Sur les hauteurs du village, à côté de l'église Jelena Križavice, n restaurant dont la terrasse offre une vue splendide sur le golfe du Kvarner. Au menu, des spécialités croates cuisinées par le chef, assiettes de charcuterie, fromage de pays, grillades (viandes, poissons), ragoût, fruits de mer, pâtes fraîches, gnocchis... Tout est fait maison ! C'est plus cher qu'ailleurs mais savoureux. Venir en famille ou entre amis pour partager un bon repas autour de plats traditionnels.

HOTEL & RESTAURANT KUKURIKU €€€

Trg Lokvina 3
✆ +385 51 691 519
www.kukuriku.hr

Ouvert tous les jours de midi à minuit. Plusieurs menus à partir de 240 kn. Plats à la carte. Réservation conseillée.

Sur les hauteurs de Rijeka, dans la localité de Kastav, cet établissement de luxe a été ouvert par le chef cuisinier Nenad Kukurin, adepte du *slowfood*. Si la direction propose des chambres confortables pour le séjour sur place, c'est surtout pour le restaurant que l'adresse est réputée. On apprécie ici l'originalité des recettes, qui mêlent cuisine méditerranéenne traditionnelle et gastronomie française. De la créativité certes, mais la note est élevée aussi.

GOLFE DU KVARNER

OPATIJA ★★

Cette fameuse station balnéaire s'étend à une vingtaine de kilomètres à l'ouest de Rijeka. En 1844, lorsque le riche commerçant Iginio Scarpa fait construire la villa Angiolina, les fondations de la première ville touristique croate sont posées. C'est au printemps, à l'automne que l'on retrouve au mieux ce charme fin de siècle, car aujourd'hui, on a plongé dans la modernité des voitures, cédé aux décibels trop élevés des clubs. Mais la promenade de la mer, que l'on nomme ici Lungomare, qui va d'Opatija à Lovran, est toujours aussi belle, avec les jardins luxuriants des palaces, les cafés-restaurants avec vue sur la baie bien plus tranquilles…

La ville présente un fort contraste entre l'ambiance très chic fin de siècle (XIXe) et son tourisme estival qui a pris le relais aujourd'hui, plus populaire. Aujourd'hui, le Lungomare reste une vraie balade « à la recherche du temps perdu » où l'on admire en se promenant la statue de la jeune fille à la mouette, le pavillon d'art Juraj Šporer, l'église et le parc Saint-Jacob, l'hôtel Kvarner, l'un des plus anciens d'Opatija, la villa et le parc Angiolina… Toujours plus nombreux, les vacanciers s'intéressent aussi aux marinas, aux terrains de tennis, aux sports nautiques, à la plaisance, aux loisirs balnéaires. Les cocktail bars-clubs, les discothèques et les casinos font florès. Peu de plages en revanche à Opatija, elles sont donc très fréquentées en pleine saison. Pour vos baignades, nous vous conseillons les villages aux alentours.

Se loger

Des hôtels de luxe, qui font revivre les anciennes résidences aristocrates et s'orientent aujourd'hui vers l'offre thermale et le bien-être, aux riches villas entourées de verdure, appartements neufs, locations saisonnières privées, hostels et campings tout le long de la côte, la riviera est si fréquentée que la plupart des habitants proposent des villas, appartements ou studios, du printemps à l'automne et vivent ainsi uniquement du tourisme.

Transports

En bus, de nombreuses liaisons entre Pula, Rijeka et Zagreb passent par Opatija. Sur place, quantité d'agences proposent la location de tous types de véhicules alors que des bateaux de croisière multiplient les idées de sorties en mer.

VILA ANGIOLINA - MUSÉE DU TOURISME ★★

Park Angiolina 1
✆ +385 51 603 636
www.hrmt.hr
Ouvert de 9h à 13h et de 17h à 19h, le samedi de 10h à midi. Entrée 10 kn. Gratuit les premiers dimanches du mois.

Si la nostalgie des riches heures du tourisme élégant vous prend, il vous faut visiter la Villa Angiolina ! Elle fut construite de 1845 à 1860, dans le style éclectique typique de l'architecture au XIXe siècle. C'est la plus ancienne résidence d'été de la station balnéaire qui est ouverte au public. Offerte à sa femme par le richissime industriel de Rijeka, Igino Scarpa, la demeure aristocratique inaugure, de son temps, la mode des villégiatures autrichiennes en bord de mer. A l'intérieur, certaines salles décorées de fresques et trompe-l'œil ont été réaménagées pour accueillir une belle collection de peintures, photos, cartes postales, affiches lithographiées, mais aussi des équipements hôteliers utilisés dès la fin du XIXe siècle. Les expositions temporaires (souvent renouvelées et très intéressantes) retrouvent souvent la thématique du tourisme mondain, par exemple Opatija à la Belle époque, la gastronomie, le Lungomare, les peintures marines...

A l'extérieur, les parterres floraux à la française tout autour de la villa et les allées du parc botanique, près de l'église St. Jakov, ont été dessinés par le premier propriétaire lui-même. L'amoureux de la nature fit s'acclimater ici quantité de végétaux venus des Amériques, d'Australie... On compte ainsi 159 espèces, dont certaines très exotiques comme le ginkgo, le sequoia ou le camélia japonais. On passe donc presque autant de temps à l'intérieur de la villa qu'à l'extérieur, à apprécier cette oasis de verdure.

OFFICE DU TOURISME D'OPATIJA

Vladimira Nazora 3
✆ +385 51 271 710
www.visitopatija.com
Ouvert tous les jours en été.

Office de tourisme municipal avec un portail en ligne très documenté pour toute information sur la ville. Sur les deux sites Internet, des idées de séjours en thalassothérapie, des formules pour les entreprises (congrès, séminaires), l'agenda des festivals ou des événements culturels, le calendrier des régates. Propose également de visiter les rivieras au départ d'Opatija, par la route ou la mer, créant des liens avec les îles du golfe du Kvarner.

LE LUNGOMARE

La construction du Lungomare ou « long de la mer » a commencé en 1885, lorsque Opatija n'avait que deux hôtels. La station balnéaire n'était pas donc encore lancée que le tracé avait déjà fait du chemin. À partir de Volosko vers Slatina, il se mit à prendre du terrain sur la zone occupée par les pêcheurs à terre au profit des nouveaux touristes. Vingt-six années supplémentaires furent nécessaires pour que les architectes Heinrich Gintl, Alfred Manussi et Konrad Rubbia, aidés par leurs ouvriers et le capitaine du district, arrivent enfin à Lovran. Douze kilomètres plus tard, en 1911, la promenade est enfin inaugurée sur toute sa longueur. À l'époque, les villas d'Opatija accueillent toute la haute société austro-hongroise puis européenne, et des grands noms de la politique, des arts et des sciences. Tous ces visiteurs en villégiature se promenaient le long du littoral, appréciant la beauté du golfe du Kvarner tout en se sentant en bonne compagnie : Guillaume II, François-Joseph, Gustav Mahler, Isadora Duncan, pour ne citer qu'eux… Nombre de riches familles y firent construire des bâtisses néoclassiques ou de style éclectique aux couleurs chaudes méditerranéennes. Les parcs et jardins des palaces et hôtels qui bordent le Lungomare sont souvent luxuriants. La végétation subtropicale, importée à l'époque, est protégée des vents du nord par le mont Učka et fleurit en toute saison. Aujourd'hui, un long parcours santé, détente et patrimoine se dévoile sur cette partie du littoral aménagé.

KATARINA LINE

Ul. Vjekoslava Spinčića 13
✆ +385 51 603 400
www.katarina-line.hr
Ouvert tous les jours de 9h à 20h. Fermé le dimanche.

Cette compagnie de transport maritime fait aussi office d'agence de voyages. Ses agents proposent ainsi des croisières au départ d'Opatija, Zadar, Split ou Dubrovnik, des séjours en mer d'une à deux semaines, des offres de vacances festives (sorties en mer, jour et nuit, pour les clubbers, avec musique et DJ embarqués)… Katarina Line organise aussi des circuits en bus à la journée en Istrie et peut se charger de vous trouver un hôtel ou une location saisonnière. Une bonne option pour partir en sérénité en mer ou sur les routes.

GARE ROUTIÈRE (AUTOBUSNI KOLODVOR)

Ul. Velog Jože 1
✆ +385 51 311 559
Bureau d'information voyageurs, vente de tickets, ouvert tous les jours de 8h à 15h30, le samedi de 8h à 12h30.

Ce n'est pas vraiment une gare routière mais une station de bus avec deux agences importantes, Arriva-Autotrans pour toutes destinations en Istrie, vers Rijeka, Zagreb, la Dalmatie, etc. et Autotrolej, qui gère des bus de tourisme partant en excursions le long des rivieras d'Opatija et Rijeka. Bon à savoir, Flixbus, la compagnie de transports européens, relie directement Opatija et Rijeka à la Slovénie, l'Italie, l'Allemagne et l'Autriche (réservation sur Internet).

Villas balnéaires sur le Lungomare d'Opatija.

BRISTOL HOTEL OPATIJA €€

Ulica Maršala Tita 108
✆ +385 51 706 300
www.hotel-bristol.hr

Chambres singles, doubles et suites, selon la saison et la catégorie, de 61 € à 200 € la nuit (petit déjeuner inclus).

Dans la partie la plus élégante de la station touristique, le Bristol fut construit en 1906 à l'époque des Habsbourg. Il fait bon voisinage avec la Villa Angiolina et compte parmi les plus remarquables bâtiments historiques d'Opatija. Aujourd'hui, les commodités d'un établissement contemporain de luxe lui ont été ajoutées. Sur plusieurs étages, 78 chambres et suites, la plupart avec vue sur la mer et balcon. Les clients apprécient les services du spa, le centre bien-être, le café-restaurant avec la vue panoramique sur le golfe du Kvarner.

HERITAGE HOTEL IMPERIAL €€

M. Tita 124/3 ✆ + 385 51 710 444
www.liburnia.hr/en/hotel-imperial

Chambre double selon la saison et la catégorie de 89 € à 203 € la nuit (petit déjeuner inclus).

Sa façade rouge argile assez impressionnante révèle un hôtel historique 4-étoiles encore à prix abordables. La salle d'apparat pour les banquets et les concerts, le spacieux bar lounge, le salon, toutes ces pièces communes ont le charme de la Belle Époque alors que de nouveaux espaces dédiés au confort des clients complètent l'ensemble (centre de bien-être, détente, spa, fitness). Les grandes chambres, certaines avec balcon, sont toutes bien équipées. En plus : une salle de conférence et la plage principale (Slatina) à quelques centaines de mètres.

HÔTEL SAVOY €€

M.Tita 129
✆ +385 51 710 500
www.hotel-savoy.hr

Chambre double selon la saison et la catégorie, de 97 € à 180 € la nuit (petit déjeuner inclus).

Le Savoy est un hôtel de luxe historique qui dispose d'une trentaine de chambres et deux appartements. Les chambres sont équipées d'un téléphone, du wifi gratuit, de la télévision, de l'air conditionné, d'un minibar. Celles aux étages supérieurs, avec balcons, jouissent d'une vue panoramique imprenable sur le golfe du Kvarner. Les résidents apprécient le café-bar en terrasse en surplomb de la côte, le restaurant gastronomique, la piscine et la plage privée. Parmi les autres services sur place, un centre de bien-être et de beauté. Parking privé (payant).

AMADRIA PARK HOTEL MILENIJ €€€

Marsala Tita 109
✆ +385 51 202 000
www.milenijhoteli.hr

Chambre et suites selon la saison et la catégorie de 120 € à 247 € la nuit (petit déjeuner inclus).

Un des rares hôtels historique 5 étoiles de la riviera. Une classification normes locales qu'il doit à son standing général, sa rénovation complète, aux équipements de bien-être contemporains, deux piscines, solarium, sauna. Sans oublier le café lounge, le restaurant gastronomique et la plage privée. Les chambres et suites avec vue sur mer sont spacieuses, lumineuses, de décoration classique et de bon goût. De nombreuses formules spa et détente sont proposées dans cet hôtel.

BOUTIQUE HOTEL RESTAURANT MALI RAJ €€€

Marsala Tita 191
✆ +385 1 557 9754
www.mali-raj.hr

Chambres de 90 € à 290 € (petit déjeuner inclus). Restaurant ouvert en été de 10h à minuit, environ 200 kn le repas.

L'aile gauche est réservée à l'hôtellerie, avec 12 chambres doubles et 5 suites appartements. Le confort intérieur des chambres, avec balcon et vue superbe, côté mer, les équipements bien-être, le centre de remise en forme sont dignes d'un 4-étoiles. Accès privé à la petite crique de galets. Dans l'aile droite, le restaurant avec sa terrasse panoramique, sert une cuisine de pêcheur soignée : plateau de fruits de mer, encornets grillés, homard aux spaghettis...

HÔTEL MOZART €€€

Ul. Maršala Tita 138
✆ +385 51 718 260
www.hotel-mozart.hr

Ouvert toute l'année. Chambres doubles de 87 € à 158 € la nuit (petit déjeuner inclus).

Un des rares petits hôtels familiaux à Opatija ! L'immeuble d'angle avec sa façade rose flanquée d'une colonnade blanche l'identifie facilement. Sa décoration style Sécession l'apparente à ses illustres voisins. Sur les 26 chambres et 3 suites, côté mer, elles ont une vue imprenable sur le golfe. Si toutes ont le charme de l'ancien, certaines demanderaient un coup de neuf. Service professionnel et souriant. Équipements bien-être récents, piano-bar, restaurant et jardin. Sur le site Internet, nombreuses promotions en périodes de festivals ou sur les formules spa.

HOTEL PALACE BELLEVUE €€€

Marsala Tita 144/148 ✆ +385 51 710 444
www.liburnia.hr/en/hotel-palace

La chambre double selon la saison et la catégorie de 88 € à 192 € la nuit (petit déjeuner inclus).

Une silhouette altière, une architecture dans l'esprit de la fin du XIXe siècle, où le style néoclassique cohabitait avec le néo-baroque, avec de hauts plafonds et de larges ouvertures sur l'Adriatique. Les vues sur mer sont nombreuses, de la terrasse du café-restaurant ou des fenêtres-balcons des chambres et suites rénovées. Parmi les nouveaux équipements, le centre de bien-être (massage, sauna), le salon de beauté, la piscine intérieure. Un bémol, le parking payant éloigné de l'hôtel et l'insonorisation des chambres à revoir.

VILLA AMALIA €€€

Ul. Pava Tomašića 2/2
✆ +385 51 271 233
www.liburnia.hr

Chambres doubles et suites, selon la saison et la catégorie, de 120 à 274 € la nuit (petit déjeuner inclus).

Construit en 1884, le plus vieil hôtel de la côte adriatique croate accueillait déjà les membres de la monarchie, qui jouissaient du parc à proximité du jardin botanique, des piscines, de la terrasse ouverte sur la mer, d'une réception royale, des chambres et des suite luxueuses. Tout est encore en place, plus ou moins restauré. Cette propriété possédait aussi des dépendances, où l'on a aménagé des chambres au standing et les prix sont moins élevés. Les clients peuvent aller à la piscine extérieure de l'Hôtel Kvarner, qui se trouve à seulement 50 m de la villa.

RESTAURANT RUŽMARIN €€

Veprinački put 2
✆ +385 51 712 673
www.restaurant-ruzmarin.com

Ouvert de 10h à 1h. Du 1er novembre au 1er avril, fermé le lundi. Spécialités de la maison à partir de 100 kn.

Derrière l'hôtel Palace et la plage Slatina, ce restaurant est l'un des plus originaux d'Opatija. La cuisine fusion privilégie les recettes locales revisitées et les classiques internationaux. Burgers maison et frites, ribs de porc ou viandes grillées assaisonnées d'huile d'olive de la région, sauce de soja, herbes aromatiques et graines de sésame, le tout accompagné de légumes méridionaux, grillés ou sautés au wok… Également, des pizzas, des encornets grillés, des pâtes fraîches aux fruits de mer ou un pavé de poisson en sauce. Mieux vaut réserver.

HÔTEL-RESTAURANT BEVANDA €€€

Zert ul. 8 ✆ +385 51 493 888
www.bevanda.hr

Ouvert toute l'année. Chambres et suites de 143 € à 389 € la nuit selon la saison et la catégorie.

Avec ses marbres, sa colonnade et sa terrasse panoramique sur le golfe, l'immeuble d'architecte impressionne, tout comme le bar à champagne. On se sent comme dans une croisière élégante dans ce 5-étoiles, doublé d'un bar lounge et un bon restaurant. Le chef cuisinier met l'accent sur les produits du terroir et issus de l'agriculture biologique, la table du pêcheur, les desserts raffinés, le tout dressé de manière graphique et très soignée. Bonne carte des vins également. Le restaurant est ouvert à tous et sert jusqu'à minuit.

VILLA ARISTON HOTEL €€€

Maršala Tita 179
✆ + 385 51 271 379
villa-ariston.hr

Chambres doubles de 88 € à 121 € la nuit (petit-déjeuner inclus). Restaurant tous les jours en été, de midi à minuit.

Cette ancienne demeure aristocratique, est légèrement excentrée du cœur de la ville. Face à la mer, surplombant les rochers, elle émerge de son écrin de verdure. Les étages sont réservés à l'hôtellerie de luxe avec des chambres doubles élégantes mais qui demanderaient une bonne rénovation. Réserver une chambre côté mer car celles côté route sont bruyantes. Au rez-de-chaussée, le restaurant, il faut prendre le temps sur la terrasse, proche de la piscine. Plus romantique encore, le parc qui longe la mer, où l'on a installé des tables.

BAR HEMINGWAY

Zert 2
www.hemingway.hr

Ouvert tous les jours du matin jusque tard dans la soirée.

Premier d'une chaîne d'établissements que l'on retrouve dans toutes les grandes villes en Croatie, ce bar-restaurant fut nommé parmi les meilleurs organisateurs d'événements festifs de la région Kvarner, non sans raison. Tout près du parc Angiolina et de la mer, le Bar Hemingway est connu pour son grand choix de cocktails, que l'on sirote plus volontiers le soir au son d'une musique entraînante, et avec la vue sur la baie et sur les lumières de Rijeka au loin. Un superbe endroit, donc, pour se détendre et sortir entre amis à Opatija.

CAFFE BAR LEONARDO

Ul. Maršala Tita 129

✆ +385 91 526 8374

Ouvert tous les jours en été de 8h à 2h.

Un peu en retrait de la rue principale, proche du Casino Admiral et de la marina, ce café-bar est calme en journée. Comparé à d'autres terrasses animées d'Opatija, on consomme ici ses boissons chaudes ou froides en toute tranquillité. En soirée, le Leonardo joue cette fois la carte de la bonne ambiance festive avec des sets de DJ et des retransmissions de match. Une autre ambiance, tout aussi appréciable. Service attentionné, dynamique et belle rencontres entre les clients qui viennent profiter de l'établissement… jusqu'au bout de la nuit.

CAFFE BAR MONOKINI

Maršala Tita 96

✆ +385 51 718 441

Ouvert de 7h à 2h.

Un style très années 1960 avec du mobilier en moleskine, aux couleurs pastel ou acidulées. Voilà pour la décoration intérieure de ce club, qui fait aussi café-bar. Il offre à ses clients une grande terrasse élégante où l'on apprécie de s'installer, dès le matin, pour le premier espresso, puis tout au long de la journée jusqu'au verre apéritif ou milieu de soirée. Musique non stop et des DJ, certains soirs, qui montent le son. Le Monokini fait partie des endroits agréables où se détendre en ville. Service et ambiance à l'avenant !

COLOSSEUM LOUNGE & BEACH BAR

Ul. Maršala Tita 129

✆ +385 51 710 500

Ouvert tous les jours de 8h à 3h du matin en saison estivale.

Énorme club que le Colosseum Lounge, avec bar-restaurant à l'étage, café lounge en journée, la mer à deux pas et une ambiance survoltée le soir. Le Colosseum a aussi l'avantage d'être situé en centre-ville. Si on séjourne à Opatija, pas de problème de voiture pour s'y rendre ! Dès le début de la saison, des *before* au cocktail-bar, des beach parties et une vie nocturne toujours très disco house, animée par des DJ résidents et des invités internationaux.

VOLOSKO ★

Alors que la majeure partie de la riviera augmente ses infrastructures touristiques à un rythme effréné, cette localité, qui clôture la promenade de la mer (Lungomare entre Lovran-Opatija-Volosko), a su garder l'élégance des anciennes stations balnéaires. Son port de pêche a du cachet avec ses belles villas historiques en bord de mer et l'altière silhouette de l'église baroque Sveti Ana (début du XIXe siècle), flanquée de ses deux clochers en façade. Jolies plages de galets ou rochers où il fait bon se poser à Volosko pour s'extraire de la foule estivale d'Opatija. À voir également : les petits ports médiévaux de Moscenicka Draga, Moscenice et Brsec.

© XBRCHX - SHUTTERSTOCK.COM

Volosko.

HOTEL VOLOSKO €€

Črnikovica ul. 11

✆ +385 99 316 9022

Chambres doubles, selon la saison et la catégorie, de 70 € à 142 € la nuit (petit déjeuner inclus).

Ce n'est pas le plus récent ni le plus moderne, mais l'hôtel Volosko a une âme. À quelques minutes à pied du port, dans un cadre verdoyant, cet établissement de gestion familiale bénéficie d'un emplacement idéal. Les chambres avec balcon jouissent de superbes vues sur la mer et le port. Elles sont spacieuses, calmes, confortables, toutes avec climatisation, mini-réfrigérateur, connexion Wifi gratuite, télévision... Parking sur place gratuit. On saluera l'accueil et la sympathie des gérants qui apportent le petit plus à l'hôtel.

LOVRAN ★★

À partir du XIXe siècle, sa position géographique sur le littoral, son climat agréable ont donné vie à une flore méditerranéenne luxuriante ainsi qu'au tourisme balnéaire précoce. Nommée Lovran en référence aux lauriers fleurs (*lovor*) qui abondent, cette ville romantique est fière de sa côte élégante. Une promenade historique en bord de mer et piétonne, le Lungomare, part d'Opatija, longe la côte et s'arrête à Lovran. On y côtoie les plus jolies villas aristocratiques de la côte. Résidences balnéaires, construites à la fin du XIXe et au début du XXe siècle par de riches familles d'industriels autrichiens et hongrois. Certaines demeures sont classées au patrimoine architectural mondial. Leurs jardins exotiques participent au charme. Ne manquez pas la façade en marbre rose d'Italie de l'originale villa Frapart, par exemple, admirez de l'extérieur une partie du parc, aussi impressionnant par sa taille que par la diversité de ses plantes exotiques. Ne se visite pas malheureusement ! En revanche, le chemin côtier donne accès à des criques calmes, où l'eau est bien plus propre que sur les plages d'Opatija. Tournée vers l'Adriatique, la ville monte aussi jusqu'à 500 m au-dessus du niveau de la mer. Sur les hauteurs, le panorama de la riviera, la vue sur le golfe du Kvarner et ses îles valent la balade.

ÉGLISE ET MAISON SAINT-GEORGES ★

Stari Grad

Une visite guidée de l'église est organisée les lundi, mercredi et vendredi de 19h à 21h30.

Les origines de l'église remontent au XIIe siècle. A l'époque gothique, le sanctuaire fut décoré d'une superbe fresque. Séparé de l'église, le campanile en fait partie intégrante au XVIIIe siècle lorsque l'on construisit deux chapelles baroques.

Juste en face, la maison épiscopal est devenue la mairie de Lovran. Au-dessus de son portail, le bas-relief en bois, œuvre d'artisans locaux, représente saint Georges terrassant le dragon. Sur le mur, figurent les armoiries d'une famille noble.

TOUR CARRÉE (TURA ZA RAZGLEDAVANJE GRADA) ★

A côté de la place Saint-George, la tour carrée est le dernier vestige médiéval qui rappelle la puissance de la forteresse. Les pierres d'origine sont visibles jusqu'à moitié de l'édifice massif. Elles soutiennent les différentes élévations, que l'on a apportées pour se protéger, pendant les guerres d'occupation du XVIIe siècle. À l'intérieur de ces murs épais, une salle rénovée, qui appartient à la municipalité, est aujourd'hui utilisé comme espace d'exposition.

OFFICE DE TOURISME (TURISTIČKA ZAJEDNICA)

Trg Slobode 1 ✆ +385 51 291 740

www.tz-lovran.hr

En été, lundi-samedi 8h-21h, dimanche 9h-13h. Le reste de l'année, semaine 8h-15h, samedi 8h-13h, dimanche fermé.

Bureau municipal pour les informations pratiques sur l'hébergement à Lovran et alentour, par exemple au Holiday Resort et au camping Medveja, les plages et les criques, les balades sur la portion du Lungomare, la promenade de la mer piétonne jusqu'à Opatija, les excursions jusqu'aux parcs nationaux (lacs de Plitvice, archipel des Brijuni ou montagne Risnjak), dans le golfe de Kvarner (îles de Krk, de Cres et de Rab), les grottes de Postojna (Slovénie), l'Italie (Trieste, Venise).

HÔTEL VILLA VERA €€

Šetalište Maršala Tita 5

✆ +385 51 294 120

www.hotel-villavera.hr

Chambres et suites selon la saison et la catégorie de 82 € à 188 € la nuit (petit déjeuner inclus).

Dans son écrin de verdure, voici une propriété qui propose 13 chambres et 4 suites (4 personnes), toutes climatisées en été, chauffées en hiver. Les équipements de bien-être comptent une piscine couverte avec bain à remous et trois saunas (finlandais, à infrarouges, hammam). On y trouve également une belle piscine extérieure, un café-bar et un restaurant avec terrasse. Demandez à séjourner aux étages pour le calme et la vue dégagée sur la mer. La plage, qui donne sur la fameuse promenade Lungomare, se trouve à seulement 20 mètres. Parking privé.

Tour de l'église Saint Georges à Lovra, en Istrie.

HOTEL VILLA ASTRA €€€

Viktora Cara Emina 11
✆ +385 51 294 400
www.lovranske-vile.com

Chambres, selon saison et catégorie, de 140 € à 327 € la nuit (petit déjeuner inclus).

Cette demeure aristocratique fut longtemps une résidence balnéaire pour devenir un centre de thalassothérapie avec piscine à eau salée chauffée et un accès direct à la mer. L'accent est porté sur le romantisme du lieu, le calme et la relaxation. On y trouve un restaurant avec une terrasse entourée de verdure et une salle intérieure agréable. Le restaurant, ouvert d'avril à octobre, propose une cuisine créative, au menu, poissons et crustacés frais, accompagnés des primeurs du jardin mais aussi du sucré-salé, le tout arrosé de vins croates ou étrangers.

VILLA EUGENIA HOTEL €€€

Šetalište Maršala Tita 34
✆ +385 51 294 800
villa-eugenia.com

La chambre, selon la saison et la catégorie, de 52 € à 192 € la nuit (petit déjeuner inclus).

Cette villa fut construite en 1910 pour abriter le sanatorium du docteur Eder, l'un des fondateurs de la thalassothérapie à Lovran. Depuis, c'est devenu un hôtel de luxe, avec une quinzaine de chambres au style bourgeois classique et confort moderne (connexion wifi gratuite, climatisation, minibar), certaines avec balcon. Un bar lounge, une grande salle à manger pour les petits déjeuners, une salle de jeux avec billards, des équipement bien-être. Si possible, demander une chambre en hauteur pour la vue sur la mer mais aussi pour éviter les bruits de la route.

PANSION RESTAURANT ŠTANGER €

Šetalište Maršala Tita 128
✆ +385 51 291 154
www.pansion-stanger.com

Chambres, selon la saison et la catégorie, de 40 € à 65 € la nuit par personne (petit déjeuner inclus).

A 1 km du centre de Lovran, ce pavillon balnéaire est ouvert depuis plus d'un demi-siècle. Son savoir-faire hôtelier inclut un hébergement de qualité, le calme de l'environnement et des chambres confortables avec balcon orienté mer. Le petit déjeuner en terrasse est copieux. En face de l'établissement, le restaurant associé est ouvert à tous avec sa belle terrasse qui donne aussi sur le golfe du Kvarner. Parking gratuit, locations de vélos, plage à proximité.

PARC NATUREL DE UČKA ★★

Au pied de la montagne Učka, une partie de la riviera d'Opatija entre dans le territoire d'une réserve côtière protégée, sur une longueur plutôt modeste.

En septembre, la course à pied et d'obstacles (Učka Trail) passe presque entièrement par le parc. Son tracé emprunte des pistes de sous-bois, des chemins étroits dégagés, des pentes orientales du mont jusqu'au sommet le plus élevé. Elle attire des passionnés croates et européens, des athlètes, des coureurs de montagne, triathlètes, mais aussi des randonneurs, qui prennent un parcours plus « léger » de trois heures. À l'arrivée, un accueil convivial et festif au port de Moscenicka Draga.

MOŠČENIĆKA DRAGA ★

À la sortie de Lovran, le petit port médiéval paraît agrippé aux flancs d'une colline qui se jette dans la mer. Mošćenička Draga séduit par son côté imprenable, bien calé entre la pinède et la mer. Le développement urbain se trouve restreint par la géographie du lieu. À la fin du XIXe siècle, les belles villas construites pour la famille Armanda lancent le début de la villégiature étrangère. On imagine ici plus qu'à Opatija l'ambiance fin de siècle des premiers touristes. L'hôtel Draga dans le centre du bourg, rebaptisé Miramar puis Mediteran, et à côté l'hôtel Armanda longent la promenade de la mer (Lungomare) vers Sveti Ivan Plage.

MEDITERAN HOTEL €€

✆ +385 51 710 444

Ouvert toute l'année. Chambres, selon la saison et la catégorie, de 63 € à 172 € la nuit (petit déjeuner inclus).

Récemment restauré, cet hôtel, entre mer et colline, a du charme. Les chambres, confortables avec la connexion Wifi gratuite, sont pour la plupart dotées d'un balcon, qui donne sur le port avec une vue dominante superbe aux étages supérieures. De l'autre côté, plus paisible, les fenêtres ouvrent largement sur la végétation luxuriante. Un argument pour ceux qui craignent le bruit et l'animation des quais juste en face. L'hôtel lui-même possède son bar lounge-restaurant, avec la plage à proximité. Piscines, équipement bien-être, parking payant.

KRK ★

Si des mosaïques antiques sont encore visibles dans les anciennes habitations, c'est la présence de nombreux vestiges médiévaux qui apporte une belle unité au centre historique. Ainsi le château Frankopan et ses deux tours imposantes, près du parc Kamplin, une partie des murs d'enceinte, la cathédrale, le campanile, la promenade de la mer, tout un ensemble construit pendant les cinq siècles de domination vénitienne. Aujourd'hui, la ville est très ouverte au tourisme (patrimoine historique, divers bars-restaurants, aménagements pour la baignade, plages, excursions en mer, animations festives et culturelles). Les prix sont plus élevés qu'ailleurs.

Transports

Grâce à l'aéroport insulaire, à une vingtaine de kilomètres, la route nationale, le ferry et les bateaux rapides, la cité balnéaire est très fréquentée. Les véhicules à moteur peuvent emprunter le pont et suivre la route nationale, qui traverse l'île jusqu'à Baška. La gare routière se trouve près du port. Le centre historique étant réservé aux piétons, les véhicules doivent stationner dans de grands parkings payants. Des ferries de la compagnie Jadrolinja relient le port de Krk aux îles voisines, Cres (Valbiska-Merag), Losinj (Mali Losinj) ou Rab (Lopar). Des bateaux rapides ainsi que des taxi-boats font des liaisons entre le petit port de Čižiči et Crikvenica ou Selce sur le continent, dans l'archipel de Krk-ville.

CATHÉDRALE (KATEDRALA SVETI KVIRIN) ✝ ★

Ul. Antuna Mahnića

L'église d'origine, édifiée au Ve siècle sur les ruines de thermes romains, fut abandonnée puis reconstruite aux époques romane et gothique. Ses fondations ont révélé des mosaïques datant du début de la chrétienté. Le campanile a été ajouté au XVIe siècle. L'ange en bois a été protégé dans sa structure par des résines en polyester. La chapelle des Frankopan fut commanditée par la descendance des comtes de Krk qui ont exercé jusqu'au XVIIe siècle leur pouvoir et mécénat sur l'île.

EXCURSION BATEAU ŽAR-A

Obala hrvatske mornarice ✆ +385 91 581 8646
bestinkrk.com

Sortie en mer de 11h à 17h30, arrêts sur les îles, découverte nature, baignade, snorkelling : 230 kn (déjeuner inclus).

Le bateau jaune est attaché en face du café Bogart. Construit en 1927, ce petit navire en bois a gardé une apparence jeune et bien entretenue. Le capitaine, qui est aussi cuisinier et commandant à bord, assure le service avec un coéquipier. Une sortie en mer détendue autour des îlets en face de Krk-ville, Plavnik, la réserve des vautours-fauves, les dauphins qui vous accompagnent un bout de chemin, la grotte marine bleue Pinezići, le village abandonnée à Kormat et la Golden Beach (Krk), accessible uniquement en bateau, à la paroi rocheuse de couleur dorée.

Krk.

KASTEL FRANKOPAN ★

Ul. Alojzija Stepinca 8
✆ +385 98 726 884
www.kastel-krk.com
Ouvert du mois d'avril à fin octobre de 9h à 22h. Le dimanche de 9h à 14 h. Entrée : 15 à 22 kn.

Au XIIe siècle, la famille Frankopan fit construire un fort puis, aux XVIe et XVIIe siècles, les héritiers édifièrent le château. Dans la cour intérieure, des espaces publics ont été aménagés pour des animations culturelles et des concerts. Une exposition permanente installée dans les deux tours imposantes présente le costume traditionnel de l'île, l'armurerie ancienne, notamment de belles arbalètes. Le panorama au sommet des tours porte sur tout l'archipel et sur la campagne insulaire. Une montée assez vertigineuse, déconseillée aux personnes à mobilité réduite.

AUREA INTERNATIONAL

Vršanska 26 L
✆ +385 51 221 777
www.aurea-krk.com
Ouvert tous les jours en été de 8 h à 20 h. L'hiver du lundi au vendredi de 8 h à 15 h.

Cette agence réceptive, fondée en 1990, a une bonne expertise de l'île. Au bureau d'accueil, on vous aidera facilement en anglais dans toutes vos recherches touristiques sur Krk. Propose de nombreuses locations saisonnières, des excursions en mer d'une journée, en partenariat avec les capitaines de bateau, qui vous attendent dans le port, balades en car à la découverte des localités côtières de l'île, mise en contact avec des loueurs de bateaux et voitures, transferts aéroports, etc. Sur le site Internet également, des pages traduites en français.

OFFICE DE TOURISME MUNICIPAL

Vela Placa 1/1 Krk-ville
✆ +385 51 221 414
www.tz-krk.hr
Ouvert tous les jours en été.

Agence et site Internet qui se complètent et apportent des informations pratiques sur la localité de Krk et l'île du même nom. Pour les plus connectés, en vacances avec leurs smartphones ou tablettes, la ville a conçu des applications en anglais (*Krk, town of history and culture*), qui guident le visiteur dans la cité historique, sur les pistes cyclables, les excursions en bateau. Le compte Facebook est bien mis à jour également avec le calendrier des festivités.

DRAŽICA HOTEL RESORT €€

Ružmarinska 6
✆ +385 51 655 755
hotelikrk.hr/en/drazica-hotel
Chambres doubles de 107 € à 250 € selon la saison et la catégorie (petit déjeuner inclus).

Ce grand immeuble moderne bénéficie des normes de confort modernes (connexion Wifi gratuite, climatisation, piscine, restaurant, bar/lounge, centre de remise en forme, court de tennis). Tous les résidents peuvent se restaurer au Boutique Hotel Marina, 4 étoiles, à proximité, plus luxueux. Ceux qui préfèrent des établissements à taille humaine choisissent Le Tamaris, proche du rivage avec un seul étage qui épouse la côte sans la défigurer. Ses chambres sont simples et confortables, certaines donnent sur la mer. Il a plus de charme que la Villa Lovorka.

KORALJ SUNNY HOTEL €€

Vlade Tomačića 38
✆ +385 52 465 300
www.valamar.com
Ouvert d'avril à novembre. Chambres et suites familiales, selon la saison et la catégorie de 152 € à 500 €, la nuit.

A 10 minutes à pied du centre-ville, ce gros complexe appartient au groupe hôtelier leader en Croatie (Valamar). Les chambres et suites sont confortable, lumineuses, certaines avec balcon, toutes avec climatisation, connexion wifi gratuite, minibar. Que l'on soit transats autour de la piscine à gradins ou vacances actives, tout est pensé pour le séjour balnéaire sur place, la demi-pension. Parmi les services, café lounge, restaurant, équipements sportifs, espaces de remise en forme/détente, aires de jeux pour les enfants et la plage aménagée. Parking gratuit.

BOUTIQUE HÔTEL MARINA €€€

Obala Hrvatske Mornarice 17 ✆ +385 51 221 128
www.hotelikrk.hr
La chambre, selon la saison et la catégorie de 185 € à 284 €, la nuit (petit-déjeuner inclus).

Un hôtel 4-étoiles, rénové en 2008, avec une grande terrasse sur le toit qui donne sur la promenade de la mer (souvent animée...) et le centre historique en contrebas. Les chambres du Boutique Hôtel Marina sont confortables, avec un accès pour les personnes à mobilité réduite, certaines dotées de balcon privatif et toutes avec la connexion wifii gratuite et la climatisation. A disposition de la clientèle, un bar lounge, un restaurant, une piscine. Parking gratuit mais la zone piétonne est difficile d'accès pour les voitures.

LA VILLETTA €€€

ulica Ježevac 24

✆ + 385 98 185 6522

www.villettakrk.hr

Location saisonnière, disponible toute l'année, autour de 510 € (3 jours au minimum).

En 2018, les propriétaires du club Volsonis ont inauguré cette maison luxueuse. A 8 minutes à pied du centre historique, dans un quartier calme, proche d'une pinède et de la mer, la villa a été conçue avec un design contemporain, qui mise sur des espaces de vie ouverts. A l'intérieur, un salon lumineux avec connexion wifi, TV satellite, climatisation et chauffage. Une cuisine équipée, une chambre familiale, une salle de bain (douche à l'italienne). A l'extérieur, une véranda avec barbecue, donnant sur la piscine et le jardin. Parking privé gratuit

KONOBA NONO €

Krčkih Iseljenika 8

✆ +385 51 222 221

www.nono-krk.com

Ouvert de 11h à minuit. Plats à partir de 35 kn. Comptez 150 kn pour le poisson.

Le restaurant familial se présente comme une taverne au cadre rustique, à l'ambiance marine fort agréable. Ce restaurant de pêcheurs met à l'honneur les poissons grillés, les calamars frits, mais aussi les spécialités croates continentales (assiette de jambon et fromage de pays, pâtes fraîches garnies à la viande goulash). Le tout, arrosé ou cuisiné avec l'huile d'olive produite par la famille. S'il vous reste de la place, choisissez parmi les bons desserts maison, comme le gâteau à la figue et aux noix. A goûter sans modération !

KONOBA CORSARO €€

Krčkih Iseljenika 8 ✆ +385 51 220 221

www.konoba-corsaro.com

Ouvert tous les jours en été de 11h à minuit. Compter de 50 kn à 90 kn un plat chaud, 450 kn le poisson au kg.

Cette taverne propose des spécialités de la mer et des recettes méridionales, des grillades de viandes, des pâtes fraîches aux filets d'anchois, olives, tomates, des macaronis aux truffes et bacon. Mais pourquoi pas essayer le risotto de crustacés, des gambas en sauce, des poissons entiers avec légumes grillés et blitva ? Vaste choix qui saura satisfaire chaque client. Service agréable et ambiance animée. Accompagner le tout d'un verre de vin local. Les propriétaires possèdent un autre restaurant, la Konoba Mali Nono (J. J. Strossmayera 39) avec la même formule.

KONOBA PIZZERIA CAMPLIN €€

Ul. Alojzija Stepinca 5 ✆ + 385 51 222 311

Ouvert en été de 9h à minuit. Sur place ou à emporter. Pizzas de 44 kn (végétarienne) à 88 kn (fruits de mer).

Avec sa carte originale, le Camplin, qui porte le nom d'une place historique, nous explique les fondamentaux du pizzaïolo italien. Depuis 1992, c'est la meilleure pizzeria du port ! Elle se qualifie par un grand choix de pizzas petites ou grandes, par une pâte à pain excellente, des garnitures de qualité et généreuses. On s'installe dans une petite salle à manger élégante avec pierres apparentes ou en terrasse avec vue sur la mer. Il n'est pas facile d'avoir une place, il faut donc venir tôt ou apprécier son repas à l'intérieur en été.

RESTORAN FRANKOPAN €€

Trg Sv Kvirin 1

✆ +385 51 221 437

Ouvert tous les jours en été de 11h à 23h. Plats à partir de 80 kn.

Un établissement proche de la cathédrale avec un cachet historique indéniable. Si vous avez envie d'un plateau de fruits de mer ou d'autres produits de la pêche, ce restaurant propose sa carte variée : salade de poulpe, tartare de thon, moules marinières, poissons entiers ou calamars grillés accompagnés de blitva (écrasé de blettes et pommes de terre), tagliatelles vertes aux crustacés, risotto. Vous aurez également le choix d'opter pour des pizzas, des viandes grillées, etc. Vous terminerez bien le repas par un dessert maison.

VOLSONIS COCKTAIL BAR

Vela Placa 8

✆ +385 51 880 249

www.volsonis.hr

Ouvert toute l'année, tous les jours en été de 7h à minuit. Café bar-restaurant. Soirées concert ou DJ, ferme à 1h30.

Les propriétaires ont retrouvé des fragments archéologiques dans les fondations. Ils se sont inspirés des épais murs romains, ont posé des poutres au plafond, des piliers au centre, des pierres apparentes, de la terre battue et des amphores entières posées au sol. Ils ont apporté des éléments contemporains pas trop kitsch, un jeu de lumières et ont imaginé leur établissement comme une taverne antique où l'on boit de bons cocktails et mange de bonnes grillades au feu de bois. Une salle d'exposition au sous-sol retrace l'historique de ce lieu vraiment original.

OMIŠALJ ★

Bâti au sommet d'une colline, le bourg d'Omišalj donne envie de s'y attarder. On peut y faire une étape pour visiter le centre historique médiéval et Renaissance. Ses étroites ruelles pavées, serrées autour de maisons compactes et élégantes, ses places et ses églises ainsi que les superbes vues cavalières sur la baie séduisent. Un promontoire à la sortie du village offre une vue panoramique sur un premier bras de terre, une zone balnéaire aux pieds d'un ancien hôtel abandonné. Avant la grande presqu'île (site des raffineries de pétrole), il y a la plage Pesja et, bien cachée dans la pinède, la zone archéologique de Fulfinum-Mirine.

NJIVICE

En 1930, le premier hôtel construit à Njivice donne le départ de la reconversion du village de pêcheurs en destination balnéaire, l'une des plus prisées de l'île. Au centre, on trouve le petit port-marina, une grosse capacité hôtelière, des locations privées, un camping et des endroits pour se baigner. Sur cette partie nord-ouest de l'île, après le pont qui relie Krk au continent, le groupe hôtelier Njivice Hotel a créé un premier village de vacances dans les années 1970. Les investisseurs continuent de s'implanter sur le littoral (hôtels Beli Kamik et Jadran, un camping, des mobil-homes contemporains (Marbera Flora Green Villas), des locations privées.

FULFINUM MIRINE

entre les plages Sepen et Pesja, route 51513
www.visit-omisalj-njivice.hr
Ouvert tous les jours sauf le lundi de 16h à 21h.

Le site archéologique vaut le détour même s'il n'est pas si facile à trouver. Demander un plan à l'office de tourisme. Dans la baie tranquille de Sepen, l'ancienne ville romaine de Fulfinum a été construite pour les vétérans des empereurs flaviens au Ier siècle apr. J.-C. Le complexe paléochrétien, Mirine, est plus tardif (Ve siècle). Il en reste de nombreux vestiges sur lesquels des scientifiques croates travaillent en collaboration avec l'École française de Rome. Le sol marin à proximité recèle encore des fragments d'anciennes céramiques et des blocs de pierre.

KLUB TOURS

Draga 33
✆ +385 51 847 664
www.apartmajidirekt.com
Ouvert tous les jours en saison touristique.

Cette agence met en valeur les atouts de la municipalité. Sa proximité avec l'aéroport d'Omišalj est un argument pour ceux qui souhaitent commencer les vacances insulaires sur Krk sans passer par la grande ville de Rijeka et le continent. Dans ce centre touristique, spécialisé dans la location saisonnière, on vous parlera aussi du patrimoine historique, des bords de mer et des plages et on vous fournira les informations nécessaires sur les vacances sur la grande île. Avec ses partenaires, elle propose des excursions, la locations de véhicules et de bateaux.

Omišalj.

MALINSKA-DUBAŠNICA

Port d'attache, à la croisée des routes et passage obligé pour les bus et véhicules entre Rijeka, Valbinska (ferry pour Cres), Krk ville et le sud de l'île, Malinska a tout misé sur l'accueil des touristes. À 2 km, à l'ouest sur la côte, visiter le monastère de Sainte-Marie-Madeleine. Au niveau de la station des bus, un comptoir touristique (Apolinar) se trouve dans le bureau de presse. Utile pour savoir où trouver un taxi, les horaires des bus et de ferries pour Cres (Valbiska). On y trouve aussi des infos sur l'hébergement, les excursions en car à la découverte de l'île mais aussi Rijeka, les lacs de Plivitce et Venise en bateau.

MONASTÈRE DE SAINTE-MARIE-MADELEINE ★

Porat 25

✆ +385 51 867 048

Téléphoner avant la visite pour vérifier les horaires d'ouverture en dehors des cultes.

Ce monastère franciscain et son église furent fondés en 1480, puis rénovés dans la première moitié du XVIe siècle dans le style gothique tardif et Renaissance. Traditionnellement, les religieux se sont adonnés à la culture de l'olivier, ils ont appris à fabriquer l'huile d'olive. Pendant la visite, on prendra son temps dans le cloître et le jardin, dans l'église, ainsi que dans les pièces communes où sont exposés les objets du quotidien recueillis depuis des siècles.

HOTEL MALIN €€

Kralja Tomislava 23

✆ +385 51 850 234

www.hotelmalin.com

Chambres selon la catégorie et la saison de 74 € à 175 € la nuit (petit déjeuner inclus).

A 5 minutes de marche du centre, dans une baie tranquille, le grand hôtel, au milieu des oliviers et des lauriers-roses, propose des chambres confortables, certaines avec balcon et vue sur la mer, un bar lounge, un restaurant panoramique, des jeux pour les enfants, des équipements bien-être, un grand bassin d'eau de mer (mais pas de piscine). Un personnel dédié aux animations et sports nautiques assure les programmes détente et divertissement. Les nuits de pêche, des chanteurs *a cappella* viennent se produire dans la salle de réception.

PUNAT

Des bus, qui font des rotations avec Rijeka, Omišalj, Njivice, Krk-Ville et Baška, s'arrêtent à Punat. L'économie de la localité est principalement tournée vers l'accueil des plaisanciers et, plus largement, tout ce qui touche au tourisme nautique. Des excursionnistes en bateaux et des taxi-boats privés circulent dans la baie. Ils organisent des journées en mer, ils vous conduisent sur les îles autour de Krk et jusque sur le continent. Ne manquez pas l'excursion sur l'îlot de Košljun au large de la marina. C'est là que les Bénédictins s'installèrent au XIIe siècle puis les Franciscains en 1447. Ces derniers ont ouvert leur monastère au public.

MARINA PUNAT

Puntica 7

✆ +385 51 654 111

www.marina-punat.hr

Ouverte toute l'année

Cette immense marina, au creux de la baie, est réputée dans le golfe du Kvarner. Elle assure l'accueil des plaisanciers, avec une capitainerie ouverte toute l'année, plusieurs services, la maintenance et la réparation des bateaux, un dock à sec, une laverie, un parking, un restaurant, des locations saisonnières (bateaux, hébergement à terre), un grand hôtel, un café-bar-restaurant, le wifi gratuit, des courts de tennis, une pharmacie, des magasins… En somme, tout un quartier reconstitué autour de la marina et des chantiers navals !

TAXI BOAT BURA

✆ + 385 91 518 54 15

1 ticket pour l'îlot le plus proche : 50 kn (A/R).

Si vous n'êtes pas tenté par les journées en mer, organisées par des excursionnistes (Zlatopruzica, par exemple), vous pouvez prendre l'option taxi-bateau. Sur le taxi-boat Bura, un père et son fils travaillent ensemble. Sur la promenade de la mer, au niveau de l'hôtel Falkensteiner Hotel Park, leur petite embarcation fait la rotation avec l'îlot de Košljun. La traversée dure un quart d'heure, jusqu'à l'embarcadère sécurisé, juste devant la boutique-billetterie du monastère. Vous convenez avec eux de l'heure à laquelle vous souhaitez revenir à Punat.

CAMPING PILA €

Šetalište Ivana Brusića 2
✆ +385 51 854 020
www.hoteli-punat.hr
En haute saison, la nuit 8,50 €/pers + 20 € pour l'emplacement camping-car.

Au sud de la marina, se trouve un grand camping sur plus de 8 hectares en bord de mer. Il bénéficie de quelques zones ombragées pour les emplacements tentes et camping-cars, ce qui est fort appréciable. Réservez-les en haute saison pour être sûr d'en profiter. A noter, la gestion écologique du lieu, le recyclage généralisé et l'énergie solaire en appui. Parmi les équipements et services sur place, des bars, restaurants, supérettes à l'intérieur. D'autres petits commerces se trouvent à proximité du camping. Animaux domestiques acceptés.

HÔTEL KANAJT €€€

Kanajt 5
✆ +385 51 654 340
www.kanajt.hr
Chambres et suites en période estivale de 125 € à 380 € la nuit selon la catégorie (petit déjeuner inclus).

Cette grande bâtisse historique vit au calme, au cœur d'une oliveraie sur un terrain vallonné. Elle fut la résidence d'été des évêques de Krk au XVIe siècle. L'hôtel 4-étoiles propose 22 chambres rénovées. Toutes sont équipées de climatisation, minibar, téléphone, connexion wifi gratuite. Le restaurant-terrasse a bonne réputation tout comme le nouveau spa. La marina est à proximité mais aussi les loueurs de bateaux, la plage, le parc, le court de tennis, les excursionnistes pour l'îlot Košljun ou les îles Cres, Lošinj, Rab, Plavnik, Grgur, Goliotok.

RESTORAN LARA €€

Ul. Ivana Gorana Kovačića 41
✆ +385 51 854 050
Ouvert tous les jours en été, de 9h à minuit. Comptez 250 kn/personne pour un plateau de poissons grillés.

Dans ce restaurant familial, le chef cuisinier vient lui-même vous présenter la pêche du jour avant la cuisson. Le plateau de poissons entiers grillés arrive sur la table (pour 2 ou 4 personnes). Il s'agit souvent d'un assortiment de poissons blancs et bleus (saint-pierre, merlu, sardine, etc.), accompagnés de crustacés et de légumes comme la blitva (écrasé de blettes et de pommes de terre à l'huile d'olive), qui se laisse d'abord dévorer des yeux. Amateurs de viande, essayez le médaillon de porc sauce champignons et frites !

KOŠLJUN ★

Si vous séjournez à Punat, ne manquez pas l'excursion sur l'île de Košljun à seulement 750 m au large de la marina. À visiter, le monastère franciscain où vivent des moines entreprenants, qui ont ouvert leur lieu de retraite au public. Ils gèrent un musée naturaliste et ethnographique où sont exposés des articles de pêche anciens, des outils agricoles traditionnels, des costumes folkloriques et une belle collection de coquillages. À voir également, la bibliothèque avec des milliers de manuscrits et livres conservés, dont l'un des trois atlas de Ptolémée, imprimé à Venise en 1511. Se renseigner à l'office de tourisme de Punat pour la traversée en bateau : www.tzpunat.hr.

MONASTÈRE DE KOŠLJUN ★★

✆ +385 51 854 017
www.kosljun.hr
Ouvert du lundi au samedi 9h30-17h. Dimanches et jours fériés 10h30-12h30. Entrée du monastère 10 à 20 kn.

© JAN GALLO - SHUTTERSTOCK.COM

Aujourd'hui, quatre moines franciscains résident à l'année sur l'îlot. On peut visiter l'église, le cloître, le réfectoire, le jardin, le petit musée hétéroclite. On sera étonné, amusé par la diversité des collections, des objets archéologiques, ethnologiques, des filets de pêche, des coquillages, des billets de banque de tous les pays… La bibliothèque se visite uniquement sur rendez-vous. Pour les spécialistes, des manuscrits, dont l'un des trois *Atlas* de Ptolémée (Venise 1511). En plus, une boutique de produits monastiques.

VRBNIK ★

Perché au sommet d'une colline au milieu des vignobles, ce joli village regarde la mer et n'est pas encore trop envahi de touristes. Au Moyen Âge, il fut le centre du glagolitique, une écriture dont les prêtres maintenaient l'usage. Nombre d'anciens manuscrits y reposent désormais. Sur la place Vrbničkog Statuta, on trouvera une petite agence réceptive pour le plan de Vrbnik et des conseils pour explorer le village historique, le port, les criques, pour connaître le calendrier des animations, les possibilité d'hébergement, les offres œnogastronomiques. Demander des idées de balades et baignades, des informations pratiques sur la plaisance, la plongée.

RESTAURANT KONOBA NADA €€

Vl. Željko Juranić, Glavica 22 ✆ +385 51 857 065
www.nada-vrbnik.hr

Ouvert de mars à novembre de midi à 23h. Comptez environ 130 kn pour une formule bistrot.

De petite konoba familiale, le Nada est devenu une belle affaire, avec un restaurant, une superbe terrasse, une entreprise agricole, des caves à vins boutiques à Krk et Baška, des locations saisonnières. Côté cuisine, le menu varie avec les saisons, la pêche du jour, les produits locaux. La formule bistro propose des antipasti marinés dans l'huile d'olive de l'île, un plateau de fromage de brebis et charcuterie de pays. On sert aussi des poissons comme le bar en croûte de sel, des viandes en sauce ou grillées de saison, servis avec des asperges sauvages.

HOTEL - VINOTEL GOSPOJA €€€

Frankopanska 1 ✆ + 385 51 669 350
www.gospoja.hr

Chambres et suites de 161 à 557 € la nuit (petit déjeuner inclus). Restaurant ouvert de 12h à 23h.

Ce bar à vin-restaurant se trouve à l'entrée de la vieille ville. L'entreprise Toljanić, tenue de père en fils, possède aussi des vignobles et produit des vins de table cotés (*vrbnička žlahtina*), des alcools aromatiques et autres *rakija*. Sur réservation, on peut visiter le domaine et ses caves. Le restaurant propose une cuisine traditionnelle, avec fromages et charcuteries locaux, viandes grillées, légumes fermiers, poissons et plateaux de fruits de mer... La famille a ouvert un hôtel 4-étoiles, avec une vingtaine de chambres haut standing.

BAŠKA ★★

Sur l'ancienne promenade de la mer de Baška, côté est, il fait bon prendre le temps autour d'un verre ou d'un bon repas sur la jetée, où les pêcheurs s'affairent encore auprès de leur chalut traditionnel. Côté ouest, l'ambiance est moins charmante, des immeubles modernes et des campings, les terrasses des cafés-restaurants et des boutiques longent la grande plage de sable, qui s'étend sur 2 km. L'été, c'est bondé ! Pour retrouver le calme, faire des balades à pied ou en bateau vers Bunculuka, Vela Luka, Mala Luka... autant de petites baies, plages ou criques de galets fins. Plus loin, Stara Baška est un paradis pour les campeurs et les plongeurs.

PLAGE DE VELA (PLAŽA VELA) ★

Ul. Emila Geistlicha

Longeant la ville, Plaža Vela est l'une des plus célèbres plages de l'île. C'est comme si la plage constituait une partie intégrante de la station balnéaire. Elle s'étire sur 2 km, offrant son sable blond, son eau limpide et généralement calme aux vacanciers. Un terrain idéal pour les familles avec enfants, pour les amateurs de transats. Elle est donc très fréquentée en été ! À proximité immédiate, se trouvent un grand camping et le Funny Park Baška.

TABLETTE DE BAŠKA (BAŠĆANSKA PLOČA)

Jurandvor bb, Crkva sv. Lucije
✆ +385 51 860 184

Se renseigner à l'office du tourisme avant de s'y rendre. Horaires d'ouverture aléatoires.

La région insulaire possède un héritage historique fondateur pour l'identité nationale du pays. En 1851, au monastère de Sainte-Lucie, on a découvert une pierre gravée, dite tablette de Baška (Bašćanska Ploča), qui date de 1100 apr. J.-C. Elle porte l'une des premières mentions de la langue croate en inscription glagolitique. Vous pourrez en voir une copie dans le petit musée – l'original étant conservé à Zagreb – ainsi que d'autres objets ethnologiques de l'île.

OFFICE DU TOURISME MUNICIPAL

Kralja Zvonimira 114
✆ +385 51 856 817
www.tz-baska.hr
Ouvert tous les jours en saison estivale.

Située sur la route principale entre la gare routière, le port et la plage, cette agence délivre des informations sur la station balnéaire et l'île, l'hébergement (hôtels, locations saisonnières, campings textiles et naturistes), les itinéraires de randonnée, les horaires de bus pour toutes les localités de l'île, les loueurs de véhicules à moteur, les contacts des taxis bateaux pour échapper à la foule et découvrir des criques, l'agenda des festivités estivales.

TAXI BOAT KING

Palada 12
✆ + 385 92 104 53 90
www.rentaboatking.com/taxi-boat-baska
Location bateaux et services de taxi-bateau. 100 kn l'aller-retour vers les criques les plus proches.

Las des plages surpeuplées ? Des bateaux-taxis peuvent vous conduire sur des criques, entre Vela et Mala luka, Storišće, Vrženica, Dubna, Konjska, Gnjilova et, plus loin, sur réservation, à Goli Island, Grgur Island, Rab Island, Senj, Stara Baška... Ils reviennent vous chercher à votre heure environ ! Le bateau King, lui, fonctionne à l'énergie solaire, un carburant très présent ici en été ! De cette façon, on a moins de scrupules à naviguer sur l'eau avec un engin à moteur ! Accueil sympathique et l'impression d'être un vrai plaisancier (6 personnes au maximum).

HERITAGE HOTEL FORZA €€

Kralja Zvonimira 98
✆ + 385 51 864 036
www.hotelforza.hr
Chambres ou appartements, selon la saison et la catégorie de 95 € à 247 € (petit déjeuner inclus).

Cette grande propriété privée met à disposition des chambres et des appartements confortables (climatisation, minibar, bureau, connexion Wifi gratuite). La plupart ont la vue sur la baie. Réception ouverte 24h/24. La terrasse du café-bar lounge a vue sur la rue puis sur la mer. On y sert le petit déjeuner, puis des boissons et des glaces en journée. Le soir, on tarde autour d'un cocktail pour l'ambiance musicale. Bonne table également le midi et le soir (assiettes de charcuterie, bruschettas, salades, soupes, grillades, viandes, poissons, pizzas). Parking gratuit.

BUNCULUKA CAMPING RESORT €€€

Kricin 30 ✆ +385 52 465 010 - www.bunculuka.info
Emplacements camping-cars, bungalows, mobil-homes, selon la catégorie et la saison de 75 € à 182 € la nuit.

Grimpant entre deux collines, le FKK Naturist Camp est bien implanté dans la pinède. Les « Textiles » sont acceptés mais doivent payer un droit de passage pour accéder à la superbe crique, ou même juste traverser le camping par le littoral ! Pourtant, la plage de galets de rêve, les chemins de randonnées pour aller sur d'autres criques à l'est ne lui appartiennent pas. Vous trouverez ici des emplacements pour camping-cars, des mobile-homes tout équipés avec vue sur mer, terrains de sport, supérettes... Ce camping de luxe mise sur le confort, la nature en plus.

BAR RESTORAN U.O. MARETA 1 €€

Palada ul
✆ +385 91 553 4493
Ouvert de début avril à fin septembre, du mardi au dimanche de 10h à minuit. Environ 260 kn pour 4 personnes.

Loin de l'agitation du port, ce restaurant est l'un des plus recommandés de Baška. Une adresse paisible où l'on prend son temps. La présence des pêcheurs et des locaux est de bon augure. Ici, on ne cherche pas l'originalité mais ce que l'Adriatique a de meilleur. Au menu, des viandes mais surtout des poissons grillés et des crustacés frais accompagnés de l'incontournable purée de blettes et de pommes de terre (blitva), de légumes méridionaux grillés et du vin de la maison.

RESTORAN CICIBELA / VILLAS ANNA & EDA €€

Emila Geistlicha 22 a ✆ +385 51 856 013
www.cicibela.hr
Ouvert tous les jours en saison. Plats entre 40 et 80 kn. Hébergement à la villa Eda, chambre double 55 € la nuit.

Un bon restaurant à Baška, situé à côté de la plage, dans un cadre élégant avec une décoration marine originale (pierres apparentes, maquettes de bateau accrochées aux murs, sculptures, bois flottés), qui propose bien sûr une cuisine de la mer, poisson grillé, crabe en sauce, mais aussi des plats de viande ainsi qu'un grand choix de pizzas et de pâtes. La maison gère aussi la location de chambres confortables dans deux villas indépendantes sur les hauteurs de la station.

RAB ★★★

Durant l'époque romaine, au Ier siècle av. J.-C., la ville a connu un développement rapide, lorsque l'empereur Auguste lui attribue le statut de municipalité. Aujourd'hui, on retrouve des traces de ce règne impérial en de nombreux lieux, autour de la forteresse, par exemple. À l'époque médiévale puis Renaissance, elle sera surmontée de quatre clochers et campaniles. Dès la fin du XIXe siècle, l'île et la cité de Rab attirent les touristes européens fortunés. Aujourd'hui encore, il y a du monde en période estivale, surtout sur la grand-place ou la *riva*, pendant la fête médiévale, qui est l'une des plus importantes du pays (trois jours à la fin juillet).
Le centre historique conserve de beaux palais vénitiens construits aux XVe et XVIe siècles. Vous pourrez les admirer le long des Srednja ulica ou Donja ulica. Cette dernière fut tracée dès l'Antiquité, pour devenir la vitrine économique de la cité. En la longeant, on passe devant la chapelle baroque Sveti Antun, qui fait face au Palača Dominis. Ce palais épiscopal, dans lequel naquit Markantun, ancien évêque de Senj et archevêque de Split, est le mieux conservé de Rab. L'élégante loggia municipale (Municipium Arbae) date, elle, de 1509 et abrite aujourd'hui la terrasse d'un café. Son balcon est orné de lions ailés sculptés à la manière vénitienne. Au nord-ouest de la place, on remarque la façade du palais du Recteur (knežev dvor), celle du Bivši Palača knezova, du Dominis Nimira, où naquit l'écrivain et philosophe Markantun Dominis, autant de résidences princières construites dans le style gothique-Renaissance méridional, importé d'Italie. Cet ensemble est dominé par une haute tour à belles ouvertures, où siège aujourd'hui l'hôtel de ville. La place historique finit sur la Donja ulica par une tour carrée à trois étages, avec des balcons ornés de superbes têtes de lions. Proche du palais Dominis Nimira, la chapelle Saint-Christophe, l'église, la tour Saint-Jean et le campanile monumental haut de 26 m se visitent aussi. Vous aurez ainsi un formidable point de vue sur Sainte-Marie-Majeure, les toits de la cité, la marina, d'un côté, le large de l'autre. À ne pas manquer, la promenade au « Komrčar », un magnifique parc méditerranéen et le coucher du soleil du haut des remparts, au niveau de Sainte-Marie-Majeure, avec au loin la silhouette élancée des campaniles.
Des traversées en ferries et catamarans relient Rijeka, les îles de Krk, Pag (Novalja) et Zadar depuis Rab-Port ou Lopar.

Ville de Rab sur l'île du même nom.

CATHÉDRALE SAINTE-MARIE MAJEURE ✝ ★★

Ul. Ivana Rabljanina 15
Montée au clocher-campanile, enfants accompagnés d'adultes de 10h30 à 13h et de 19h30 à 22h, tickets : 25 kn.
Chef-d'œuvre de l'art roman, la cathédrale de Rab fut élevée au XIe siècle puis dotée au XIIe siècle d'un clocher campanile, qui offre un panorama unique sur les alentours de la cité historique. Restaurée au XVe siècle, la *Katedrala* comporte trois nefs intérieures, des fonts baptismaux et des mosaïques remontant au temps des premiers chrétiens (IVe ou Ve siècle). La sculpture en relief posée sur le linteau de la porte d'entrée principale, figure une pietà de Petar de Trogir.

CHAPELLE SAINT-CHRISTOPHE ✝

Trg Sv. Kristofora
✆ +385 51 777 341
Ouvert tous les jours de mai à septembre, de 10h à 12h30 et de 19h30 à 21h.
De son nom croate Kapela Svetog Kristofora. Une importante collection de pierres tombales et le fonds d'objets sacrés de la ville de Rab ont donné lieu à une exposition permanente dans cette jolie chapelle. Le lapidarium conserve lui une collection archéologique qui remonte aux IIe et IIIe siècles ap. J.-C., ainsi que le mobilier ancien de l'église. Pour les amateurs d'histoire et de monuments historiques, mais aussi pour tous les curieux de découvrir une partie du patrimoine croate.

ÉGLISE SAINTE-JUSTINE ET MUSÉE D'ART SACRÉ ★

Srednja ul.

Ouvert tous les jours en été. Entrée : 20 kn.

Sur la place de la Liberté, l'église Sainte-Justine, de style renaissance, possède aussi un campanile (XVIIe siècle), surmonté d'un bulbe semblable à la mitre des évêques. Elle abrite les collections du musée d'Art sacré. Des manuscrits, des objets religieux et surtout, un reliquaire doré du XIIe siècle contenant le crâne supposé de saint Christophe, patron de l'île et protecteur de tous les voyageurs. Une visite à mettre sur votre liste des monuments à découvrir.

OFFICE DE TOURISME

Trg Municipium Arba 8

✆ +385 51 724064

www.rab-visit.com

Ouvert en hiver du lundi au vendredi de 7h à 15h, en été tous les jours jusqu'à 21h.

Bien situé dans la cité historique, ce bureau municipal renseigne les touristes sur les hébergements en ville mais aussi sur l'île (complexes hôteliers, hôtels de luxe), les horaires des ferries pour Stinica au départ de Mišnjak et pour Valbiska du port de Lopar. Édite aussi l'agenda des festivités. Si vous prévoyez un séjour de plusieurs jours sur l'île, la Rab Tourist Card, vendue ici, peut être intéressante. Elle apporte des réductions sur les tickets d'entrée aux sites du patrimoine, sur la note de certains restaurants, sur l'achat de produits locaux.

INFOCENTAR GEOPARK RAB

Bobotine 1a

✆ +385 98 901 8599

geoparkrab.com

Tous les jours sauf le dimanche, de 9h à 14h, horaires fluctuants l'après-midi. Demander la carte des géo-sentiers.

Ce centre d'information est parti d'un projet de vulgarisation scientifique sur le patrimoine géologique de l'île. Sur le terrain, l'équipe du Geopark a ouvert plus de 52 km de géo-trails autour de Lopar, des sentiers sur lesquels on compte 86 panneaux didactiques. Dans un paysage étonnant, quasi lunaire, à la fois terrestre et côtier, la pierre karstique a dessiné des formes extraordinaires. Au sol : roches, minéraux, fossiles, empreintes d'animaux et flore rare. Des randonnées découverte que l'on organise à pied mais aussi en kayak.

ADRIATIC CROATIA INTERNATIONAL CLUB

Šetalište Kap. I. Dominisa 101

✆ +385 51 724 023

Une marina en face de la cité historique qui est ouverte d'avril à octobre (Canal VHF : 17). Une autre marina, Supetarska Draga 454, bien à l'abri dans un bras de mer, au nord de l'île (Kampor), est plus étendue. Ouverte toute l'année, elle possède 328 places à quai et 53 emplacements pour bateaux à secs. À proximité, tous les équipements pour les plaisanciers, la capitainerie, la réparation pour le matériel, les commerces, les cafés-bars-restaurants.

GOLFE DU KVARNER

Église Sainte-Justine et musée d'art sacré.

Ville de Rab.

RAPSKA PLOVIDA

Vela riva ✆ +385 51 724 122

www.rapska-plovidba.hr

Départ du bateau Malisna, sur le vieux port (embarcadère des ferries). Voir les tarifs et horaires sur le site Internet.

La compagnie maritime locale (Rapska plovidba d.d), qui est basée sur l'île, a pour activité principale de relier Rab au continent. Le départ est assuré toute l'année entre le port de Rab et le port Tovarnele (Lun), au nord de l'île de Pag. Le bateau embarque passagers et vélos seulement. Pas de voitures ni deux-roues motorisés. Le rythme des rotations hebdomadaires augmente en saison estivale, et les bateaux peuvent vite être complets. Les allers et retours peuvent aussi être perturbés si les conditions météorologiques sont mauvaises, mais c'est rare en été.

HÔTEL ARBIANA €€€

Obala kralja Petra Krešimira IV br.12

✆ + 385 51 725 563

www.arbianahotel.com

Chambres doubles standards : 102 €, avec balcon et vue sur la mer : 278 € (petit-déjeuner inclus).

Cet hôtel, à deux pas du vieux port, garde le charme bourgeois des maisons balnéaires du début du XXe siècle. Récemment rénové et décoré dans un style classique, il bénéficie d'équipements de confort moderne, avec climatisation, wifi gratuit, minibar dans les chambres et suites, certaines avec balcons. Celles qui sont aménagées aux étages supérieures ont une vue splendide sur la cité historique, le bras de mer, les îles au large. Le service, le petit déjeuner, le bar lounge, le restaurant sont de qualité, tout comme les équipements sportifs et de bien-être.

HOTEL-PANSION TAMARIS €€

Palit 285

✆ +385 51 724 925

www.tamaris-rab.com

Chambres doubles selon la saison de 60 € à 109 € la nuit (petit déjeuner inclus).

En retrait de l'animation du port, la *pansion* Tamaris est un petit hôtel indépendant qui propose une quinzaine de chambres doubles ou familiales, simples et confortables, parfaitement équipées avec wifi gratuit, télévision par satellite, téléphone, climatisation... Certaines possèdent un balcon avec une belle vue dégagée sur les toits des maisons, le jardin et la mer. N'hésitez pas à demander ce genre de chambre. Les prix sont abordables et l'accueil chaleureux. Le petit déjeuner est complet, parfait pour bien démarrer la journée.

IMPERIAL HOTEL €€€

Palit b.b.

✆ +385 52 465 000

www.imperial.hr

Chambres, selon la catégorie et la saison, de 71 € à 174 € la nuit (petit-déjeuner inclus).

Le plus ancien établissement de l'île et le plus luxueux hôtel du groupe Valamar, l'Impérial a de la classe. Le grand bâtiment de quatre étages possède 136 chambres rénovées, plusieurs espaces détente, des courts de tennis, deux piscines, un centre de remise en forme, des cafés avec terrasse dans le jardin méditerranéen, un restaurant... L'hôtel se trouve à proximité de la vieille ville, du port et à 300 mètres de la plage. En voiture, il faut contourner le port pour parvenir au parking ; à pied, un passage par des escaliers donne sur le port, et ça grimpe !

KONOBA RIVA €

Ulica biskupa Draga 3

✆ +385 51 725 887

www.konoba-riva.hr

Ouvert tous les jours midi et soir. Plat de 35 kn à 135 kn.

Cette taverne est installée dans une ruelle de la vieille ville. En terrasse ou dans la salle aux pierres apparentes, on commande des spécialités croates ou méridionales simples et savoureuses, des charcuterie de pays et du fromage de chèvre en entrée. On continue avec, au choix, une salade de poulpe, des grillades de viande ou de poisson, des spaghettis aux fruits de mer, servies avec des frites maison. Ou encore une assiette végétarienne, cuisinée avec attention. Excellents produits locaux, service impeccable et bonne ambiance.

RESTORAN SANTA MARIA €

Dinka Dokule 6

✆ +385 51 724 196

Ouvert tous les jours en saison de 10h à 23h. Environ 125 kn le repas

Une taverne installée aux pieds des remparts depuis 1975, qui a bonne réputation à Rab. Le soir, vous dînerez aux bougies et goûterez aux spécialités de poissons, fruits de mer... Mais aussi, sur la carte, des viandes cuisinées au miel de sauge, des pâtes fraîches et des légumes grillés... Bref, un choix de plats classiques de l'Adriatique avec des notes sucrées-salées qui changent un peu de l'ordinaire ! Bonne ambiance. Service professionnel et souriant. Population croate et étrangère. On peut terminer le repas avec un bon dessert.

RESTORAN GRAND & CLUB LAPIDARIJ €€

Obala kralja Petra Krešimira obala IV br. 2

✆ +385 51 724 115

www.grand-lapidarij.com

Ouvert tous les jours en été de 10h à minuit. Environ 100 kn le repas. Club ouvert de 23h à 6h.

Ce restaurant jouit d'une grande terrasse qui donne sur le port. La salle à manger ressemble à un cloître. Bonne cuisine, mais l'adresse, un peu trop touristique, est souvent bondée. Au sous-sol du restaurant, dans une grande cave voûtée aux pierres apparentes, le club Lapidary est ouvert toute l'année. Sa bonne acoustique attire les musiciens. Des DJ, groupes et ensembles vocaux s'y produisent. Pour la programmation, consulter la page Facebook du lieu.

CAFFE BAR FORUM

Donja ulica 9a

✆ + 385 95 775 8603

Ouvert tous les jours en été, à partir de 18 h jusque tard dans la soirée.

Sur la place du forum, ce pub populaire et chaleureux est ouvert depuis 1996. Il est réputé pour ses bières régionales et internationales, ses cocktails élaborés avec style et précision, parfois servis dans une carafe à partager à plusieurs, comme le Negroni à la saveur de framboise, pour ceux qui aiment les combinaisons sucrées de la crème de fruits et amères du Campari, sur une base de vodka. Les boissons au gin tonic ont un franc succès également. À consommer avec modération, bien sûr ! Les soirées musicales animées avec le DJ peuvent devenir très festives.

TAPAS BAR KAMPANEL

Ul. Ivana Rabljanina 11

✆ +385 51 724 230

Ouvert tous les jours en été. Tapas à partir de 15 kn, plats chauds autour de 45 kn.

En retrait de la place municipale, ce bar à vin est installé aux pieds du campanile de l'église Sv. Marija. Dans son patio fleuri, l'endroit est plaisant pour une pause tranquille. Goûtez ici la grappa tonique un peu amère (Travarica), celle aux herbes médicinales (Medica) ou celle aux noix (Orahovica). Ces boissons alcoolisées, préparées avec du vin blanc, du miel, de la lavande et autres décoctions de plantes, sont une spécialité dalmate à goûter. Des apéritifs à consommer avec modération, bien sûr, accompagnés de tapas ou d'un plat chaud plus consistant.

NATURA CROATICA

Trg Municipium Arba 7

✆ +385 51 774 863

www.naturacroatica.com

Ouvert du lundi au samedi de 9h à 21h et le dimanche de 10h à 16h.

Dans la cité historique, vous trouverez quelques boutiques de souvenirs de qualité, notamment dans les rues Biskupa Draga, Skaline fra., A. Testena et Srednja ulica. Commerce florissant, la boutique qui possède plusieurs points de vente sur l'île propose un grand choix de produits gourmands régionaux : miels, pâtes de fruits, gâteaux, la fameuses rabskatorta (tarte de Rab aux amandes, huiles d'olive, condiments à la truffe, fromages, charcuterie, liqueurs, vins, mais aussi des cosmétiques naturels, des huiles essentielles, etc.

BANJOL ★

Le petit village dépend de la municipalité de Rab. Il est apprécié pour ses plages de sable fin au bord de la baie, ses multiples pontons de baignade et sa promenade de bord de mer. On trouve donc quantité d'hébergements, que ce soit en résidence hôtelière de luxe avec piscine (tout inclus) ou en locations saisonnières. On trouve aussi des bars-restaurants sympathiques, qui pour la plupart servent une cuisine de pêcheur honnête, des plats méridionaux, sans oublier en dessert la spécialité locale, la fameuse tarte à l'amande de Rab. Banjol est donc une bonne option pour les vacances balnéaires en famille, une bonne base pour visiter la région.

PADOVA HOTEL €€

Banjol 322
✆ +385 52 465 000
www.valamar.com/Rab/Hotel-Padova
Chambres et suites selon la saison et la catégorie de 83 € à 283 € la nuit (petit déjeuner inclus).

Grand hôtel 4 étoiles construit dans les années 1970. Les chambres et suites élégantes, confortables ont toutes un balcon, un minibar, le wifi gratuit. Certaines, à partir du 3e étage, offrent la vue superbe sur la mer, le port et la cité historique de Rab. Le petit déjeuner et les repas sous forme de buffets sont copieux et variés. Le cocktail-bar ouvre sur la piscine extérieure, souvent prise d'assaut. Propose aussi les prestations d'un centre de bien-être, avec spa, piscine intérieure, salle de sport. Au plus près de l'hôtel, un ponton aménagé pour se baigner.

VILMA-DELIKATESE

Banjol 162
✆ +385 51 724 537
www.rabskatorta.com
Ouvert tous les jours.

C'est ici que l'on confectionne la très savante tarte à l'amande de Rab (*Rabskatorta*). Son origine remonte au XVIIIe siècle, à l'époque vénitienne, et les Bénédictines en sont les créatrices. En 1996, la famille Vilma, comme le faisait le boulanger Božo Sokolić, continue à perpétuer la tradition de ce gâteau très spécial. Depuis, la recette de la *rabskatorta* est si demandée que l'on compte en plus deux pâtisseries de la maison à Rab-ville, une à Zagreb et une à Rijeka. On y vend aussi d'autres pâtisseries et spécialités typiques de l'île.

SEA KAYAK CROATIA EXPEDITIONS

Banjol 341
✆ +385 99 2828 628
http://seakayak.hr
De juin à septembre, location de kayaks et sorties accompagnées (mer et rivière).

Les animateurs vous parleront très vite des découvertes à faire au rythme du kayak de mer sur le GeoPark Rab. La petite entreprise, avec ses kayakistes expérimentés, vous emmène aussi dans l'archipel des Kornati, sur les côtes et îles dalmate. Elle organise des excursions en mer et en rivière, avec visites de grottes, trekkings sur plusieurs jours voire des expéditions sur 15 jours. Avant de partir, visitez le site Internet, il rassure et donne vraiment envie de ramer avec eux.

KAMPOR

Sur la partie ouest de l'île de Rab, entre les baies de Sainte-Euphémie et de Kampor, ce village est plus tranquille que le port de Rab. On ne manquera pas la visite du majestueux monastère Sainte-Euphémie et Saint-Bernard, dont les fresques sur la vie de François d'Assise sont bien conservées. En vous éloignant des complexes hôteliers et autres campings, vous trouverez de nombreuses criques. L'ouest de la presqu'île de Kampor offre la vision d'un parc naturel maritime, idéal pour les balades à pied ou à vélo. Peut-être serez-vous intéressé de vous rendre au cimetière communal pour voir le quartier concentrationnaire de la Seconde Guerre mondiale.

CIMETIÈRE DU CAMP DE CONCENTRATION

Koncentrecijski logor

De son nom en croate Groblje Logor. Construit par les fascistes italiens pendant la Seconde Guerre mondiale, ce quartier concentrationnaire est aujourd'hui clos dans le cimetière communal. C'est là que furent internés les déportés slovènes. Plus de 15 000 civils enfermés dans des conditions inhumaines, dont nombreux n'y ont malheureusement pas survécu. Une fresque de symboles décore ce lieu de mémoire, qui appelle au recueillement. Émotionnellement prenant.

MONASTÈRE SAINTE-EUPHÉMIE-ET-SAINT-BERNARD ★★

Entre Kampor et Rab.

✆ +385 51 724 951

Visite des églises et de la bibliothèque en dehors des heures de culte.

Au creux de la baie, se dresse ce couvent flanqué de deux églises. La première, Sainte-Euphémie, fut fondée par l'ordre des Franciscains en 1446. Dans l'abside, le plafond est orné de fresques illustrant des scènes de la vie de saint François d'Assise. Un polyptyque est issu de l'atelier des frères Antonio et Bartolomeo Vivarini (1458). Dans la période moderne, Janez Ambroz Testenpour réalisa des œuvres mystiques pour une chapelle. La seconde église fut construite plus tard.

BARBAT ★

Les petites plages de sable font tout le charme de la station balnéaire. Les îlots de Dolin qui se déploient parallèlement à la côte en font un chenal agréable pour la plaisance et le ski nautique. Dans cette zone côtière, entre Barbat, Kampor et Lopar, les amateurs de plongée sous-marine trouveront des centres sérieux, avec des guides diplômés, qui ont souvent des dizaines d'années d'expérience. Ils vous accompagnent dans votre pratique à la découverte des fonds marins, notamment près des îles de Grgur, Goli et Prvic à Krk. À moins que vous ne préfériez tout simplement longer les rochers en snorkeling dans les eaux cristallines de l'Adriatique.

EVA SUNNY HOTEL & RESIDENCE €€

Kampor 78

✆ +385 51 724 233

Chambre de 110 € à 139 € la nuit selon la saison et la superficie (petit déjeuner inclus).

Sur la péninsule de Suha Punta (accessible en bateau depuis le port de Rab), cet hôtel 2-étoiles, construit en pleine nature, est idéal pour les familles. L'immeuble regroupe 198 chambres, ce qui ne l'a pas transformé en complexe surdimensioné. Des mobil-homes ont été construits sur le site mais l'ambiance mer et verdure reste reposante. Sur place, bar lounge, restaurant, jeux pour les enfants. La plage à proximité est superbe. Navette aéroport (sur réservation).

VILLA NADA €

Barbat 418

✆ +385 51 721 292

La nuit de 37 € (chambre) à 75 € (appartement). Parking privé gratuit.

A quelques mètres d'une plage de galets à l'eau cristalline, en face du restaurant Leut, nous voici face à un immeuble qui regroupe des chambres et appartements avec terrasse pour 2, 4 ou 5 personnes. Chacun d'entre eux possède une entrée privée, des chambres propres, l'air conditionné, la télévision par satellite, un lecteur DVD, la radio, un coin cuisine équipé. En plus, dans le jardin, vous trouverez du matériel pour faire un bon barbecue. Idéal pour un séjour dans le coin entre amis ou en famille. Restaurant à quelques mètres.

AQUA SPORT DIVING

Supetarska Draga 331

✆ +385 51 776 145

www.aquasport.hr

Sortie en mer et plongée à partir de 28 €. Chambres de 17 € à 20 €, appartement pour 2 personnes de 55 à 60 €.

Ce club de plongée existe depuis 1995. Il vous propose un service professionnel et sécurisé ainsi que la possibilité d'organiser un séjour plongée avec hébergement à Kampor. Néophyte ou plus aguerri à la découverte des fonds marins en bouteille, l'équipe vous accompagne dans la bonne humeur. L'objectif : vous faire découvrir l'univers de la plongée et apprendre les bases de cette activité nautique. Vous partirez en petit groupe sur un bateau et n'aurez plus qu'à suivre votre moniteur et votre respiration. Une belle expérience.

RESTORAN ACO €€

Na Rabu

✆ +385 51 721 527

www.aco-rab.hr

Ouvert de fin mars à mi-octobre. A partir de 100 kn le plat.

Chez les Aco, c'est une affaire de famille ! Le père, ancien propriétaire, a passé la main à sa fille et à son gendre, afin de continuer à pêcher sur son bateau et à tenir l'affaire avec eux. C'est l'un des rares restaurants du port à servir de la pieuvre cuite au four, un plat traditionnel des côtes adriatiques. Vous aurez également la possibilité de goûter à la soupe de poissons, aux crustacés en sauce ou au homard grillé. Difficile de faire un choix dans cette longue liste de mets alléchants. Location de chambres à proximité.

MIRKO DIVING CENTER

Barbat 710
✆ +385 51 721 154
www.mirkodivingcenter.com
Séjour plongée d'une semaine de 350 à 485 €. Chambre double de 22 à 39 €, appartement de 40 à 70 €.

Plus de 30 années d'expérience pour l'entreprise de Mirko père et fils, qui depuis 1993 fait découvrir les plus beaux spots de l'île. Sur les 2 bateaux, vous embarquerez en toute confiance avec une équipe diplômée, qui donne aussi des cours de plongée. On vous prépare avant la plongée, bien sûr, de façon très pédagogue et dans la bonne humeur. L'entreprise loue également des chambres et des appartements, en formule *B&B*, dans une propriété au milieu d'un jardin. Toutes les renseignements sur le site Internet comprennent des vidéos qui donnent envie.

LOPAR

Plusieurs fois par jour, en 90 minutes environ, la péninsule de Lopar, au nord de Rab, est connectée par ferries locaux. Par la route sinueuse qui monte à travers la colline, avant d'arriver dans la station balnéaire très touristique, on apprécie le beau paysage marin. Dans le port où s'arrête le ferry venant de Valbinska ou Baška (Krk), on voit un énorme complexe hôtelier, le Resort San Marino, qui aligne ses constructions le long de la côte : cinq hôtels et un millier d'emplacements en camping. Beaucoup de béton donc, mais Lopar possède aussi de jolies plages de sable et encore quelques coins sauvages vers la presqu'île et les sentiers du Geo Park Rab.

PLAGE DE RAJSKA (RAJSKA PLAŽA) ★

San Marino

© MICHAL HLAVICA - SHUTTERSTOCK.COM

On l'appelle aussi Paradise Beach, ce qui veut dire la même chose ! Tout une zone balnéaire, prolongée par la Lopar Beach ouverte à tous les goûts. Que l'on soit plutôt partisan du sable ou des rochers, que l'on veuille un transat à l'ombre d'un parasol, des beach-bars, restaurants ou que l'on recherche des endroits plus sauvages, la plage s'offre à tous. Vous choisirez aussi de dormir au camping ou à l'hôtel San Marino, les deux possibilités d'hébergement les plus proches.

SAN MARINO SUNNY RESORT €€

Lopar 608 ✆ +385 52 465 000
Chambre doubles, familiales, suites de 61 € à 175 € selon la saison et la catégorie (petit déjeuner inclus).

Un complexe hôtelier voisin du Plaza Hotel, qui sont tous deux gérés par la même centrale de réservation (Valamar). Des centaines de chambres et suites, assez standardisées mais lumineuses et confortables. Principal intérêt, la proximité de la plage (Rajska Plaža), l'accueil des familles et des groupes avec quantité d'animations pour adultes et enfants, des bars, des terrasses, des restaurants sous forme de buffet (cuisine internationale). Parking gratuit, navettes aéroport, accès pour personnes à mobilité réduite, animaux domestiques acceptés.

MOBY DICK DIVING CENTER

San Marino 493
✆ +385 51 775 577
www.mobydick-diving.com
Ouvert tous les jours en saison estivale.

Une équipe professionnelle, avec une vingtaine d'années d'expérience, qui propose des sorties en mer, des journées ou demi-journées de plongée aux abords des îlets proches de la côte, pour les néophytes, dans des spots plus profonds pour les pratiquants plus aguerris. On vous accompagne depuis votre entrée au club jusqu'à votre départ, plus ou moins sec après avoir passé un excellent moment dans l'eau à découvrir les fonds marins. Le Moby Dick Diving Center propose également la location de kayaks et des chambres à louer en été.

CRES ★★

De la cité fortifiée des origines, on a mis à jour les ruines de la forteresse antique et médiévale. Le palais patricien de la famille Petrić, qui est le monument historique le plus ancien, date du XVe siècle. Il a gardé son style élégant du gothique tardif, avec des influences vénitiennes. Puis Crès s'est développé vers la mer, occupant toute une grande baie de la côte nord-ouest. Aujourd'hui, le port est aussi une station balnéaire très agréable, où l'activité de la pêche traditionnelle se marie harmonieusement avec le tourisme raisonné. S'y trouvent de nombreux cafés-bars-restaurants, glaciers, boutiques et tout pour le séjour des vacanciers.

Transports

Depuis Rijeka, Zagreb et même Ljubljana, les grands ports de l'archipel sont tous reliés entre eux grâce aux rotations quotidiennes de bus régionaux, entre Veli Lošinj et Mali Lošinj. Partant du sud de l'île, ils s'arrêtent à Cres (centre-nord), puis prennent la direction nord-est pour l'embarcadère de Merag. Les gros ferries y chargent bus, véhicules, passagers et marchandises jusqu'à Valbiska (île de Krk). De là, on passe le pont qui relie l'île de Krk au continent. En Istrie, sur la côte est, après Labin, un embranchement de la route dessert l'embarcadère de Brestova. Le ferry embarque passagers et véhicules pour Porozina, au nord-ouest de Cres. Le trajet dure 20 minutes. En période estivale, les derniers ferries partent après minuit, les rotations sont régulières, mais la voiture est obligatoire.

- Horaires sur www.jadrolinija.hr

En croisière près de Cres.

ÉGLISE SAINTE-MARIE-DES-NEIGES

Šetalište 20. travnja 57

Ouverte pour les célébrations cultuelles.

De son nom croate Majka Bozja Snjezna, l'église médiévale est située à côté de la tour de l'Horloge. Elle est dotée d'un portail du XVe siècle, lui-même orné d'un relief de la Madonne à l'Enfant. Au-dessus des colonnes-pilastres encastrées dans les murs, vous observerez les statues de l'archange Gabriel et de la Vierge Marie. A l'intérieur de l'église, une autre figuration sculptée de la Vierge, une belle Pietà en bois. Un édifice religieux à voir à Cres.

EKO - CENTAR CAPUTINSULAE

Beli 4

✆ +385 95 506 1116

www.belivisitorcentre.eu

Ouvert tous les jours de mai à fin août de 10h à 14h, 16h ou 18h selon la saison. Ticket 40-20 kn.

Ce centre d'accueil et de sauvetage du vautour-fauve cherche à sensibiliser le public sur cet oiseau qui n'a pas toujours bonne réputation. Ici, sa coexistence millénaire avec la population locale ne posait pas de problème. Aujourd'hui, il est en voie de disparition. Au rez-de-chaussée, une exposition multimédia sur les vautours et sur la vie traditionnelle des habitants du nord de l'île. À l'extérieur, sous la grande volière, des oiseaux encore convalescents attendent d'être libérés.

TRAMONTANA OUTDOOR

Beli bb

✆ +385 51 840 519

www.tramontana-outdoor.com

Ouvert tous les jours en saison estivale.

Sur la côte nord-ouest, Beli, un bourg historique qui trône sur une colline au milieu de la forêt. C'est là que l'agence de tourisme locale travaille. Son nom lui vient du vent dit tramontana ou bura qui souffle sur la côte. Les guides-animateurs connaissent bien les sites naturels de l'île. Du nord au sud, ils organisent des excursions thématiques en jeep tour : faune et flore, vautours fauves notamment, escalade libre mais aussi sorties en mer, exploration sous-marine. Possibilité de séjour à la Pansion Tramontana avec, en option, repas familial et activités.

ADRIATIC CROATIA INTERNATIONAL CLUB

Obala sv. Benedikta

✆ +385 51 571 622

Grâce à son goulet naturel peu profond, une marina importante se trouve dans le golfe du Kvarner. Les plaisanciers qui la fréquentent savent qu'ils y trouveront une bonne protection pour les bateaux, une forte capacité d'accueil (461 places à quai, 70 emplacements à sec), les services d'entretien et de réparation ainsi qu'une qualité des eaux souvent récompensée. La proximité du vieux port, les quais épousant la baie, vivants et authentiques, ajoutent à son attrait.

QUAND LES ÎLES S'APPELAIENT APSYRTES...

Dans la mythologie grecque, un épisode de la quête de la toison d'or raconte que Jason et les Argonautes naviguent avec Médée, poursuivie par son père Éétès et accompagnée par son frère Absyrtos. Ils se réfugient sur l'une des îles de l'archipel, après s'être emparés de la toison d'or. Éétès les retrouve mais tombe dans le piège de Médée qui poignarde Absyrtos et le jette à la mer afin de ralentir le père qui, fou de douleur, s'arrête pour rassembler le corps en morceaux de son fils. Le temps des funérailles permet aux Argonautes de s'échapper. On dit que les îles et îlets autour de Cres et Lošinj seraient autant de brisures du corps d'Absyrtos.

HÔTEL ZLATNI LAV €€

Naselje Martinšćica 18

✆ +385 51 574 020

www.hotel-zlatni-lav.com

Chambres doubles selon la saison de 68 € à 124 € la nuit (petit déjeuner inclus).

Sur les hauteurs du paisible village de pêcheurs, Martinšćica, un hôtel 3 étoiles qui dispose de 24 chambres doubles et 5 suites. Toutes ont vue sur la baie et un accès à pied à la plage, ce que les clients adorent ! Pour apprécier le calme dans un environnement de nature tout en profitant des commodités de l'endroit (connexion wifi gratuite dans les chambres, climatisation, minibar, télé par satellite). L'hôtel est équipé d'un centre spa avec bains à remous, d'une piscine intérieure, d'un restaurant avec terrasse panoramique.

GOSTIONICA BELONA €

Šetalište 23. travnja 24

✆ +385 51 571 203

Ouvert de 10h à 22h, ferme à minuit en été. A partir de 50 kn le plat.

Les anciens du village vous le diront : « Il y a toujours eu une konoba Belona ici ! ». Certes, vous n'aurez pas la vue sur le port ni sur la marina, mais vous découvrirez un restaurant populaire, typique de la côte adriatique. À l'entrée de la ville, dans une maison avec terrasse qui donne... sur la route ! La cuisine familiale y est simple et généreuse, des assiettes composées des produits de la pêche (bar au four, calamars grillés, risotto de fruits de mer), le tout accompagné de légumes méridionaux, frites ou pommes de terre sautées et de vin blanc local.

BUFFET REGATA €

Varozina 5

✆ +385 51 571 268

Ouvert tous les jours, service matin (petit déjeuner), repas midi et soir en été. Plats de poisson à partir de 70 kn.

Au centre du vieux port, des petites tables modestes au bord de l'eau. Une carte digne d'un grand restaurant. Ne pas se priver de soupes de poissons de roches, de salades de poulpes ou de calamars farcis… Le poisson frais entier est proposé au kilo : dorade, lieu, rascasse, thon, pieuvre, selon la prise du jour. Il vous sera présenté grillé, accompagné de fruits de mer et de la fameuse blivića (blettes et pommes de terre écrasées), en option légumes méridionaux grillés, le tout généreusement allongé d'huile d'olive régionale, naturellement.

CAFFE BAR PLAVICA

Ul. Lungo mare Svetog Mikule 4

✆ +385 91 212 22 00

Ouvert toute l'année. L'été tous les jours, de 7h à 2h du matin.

Vous ne pouvez pas le manquer, c'est le dernier café avant la promenade de la plage (d'où le nom !). Un vrai bar de quartier. Les pêcheurs ont influencé la déco faite de récup, avec notamment une barque à quai dans un coin. Le bar attire tous les amateurs d'apéritifs conviviaux, de soirées animées, bonne musique éclectique, soirées DJ, *live* de groupes locaux, retransmission de matches, anniversaires, réveillon... Ici, il y a toujours une occasion de faire la fête. On peut aussi commander des glaces, des grillades, des salades.

VALUN ★★

À 15 km au sud-ouest de Cres, ce village a été construit au pied des falaises escarpées. Difficilement accessible, il se trouve à la fin d'une route qui finit en impasse. Il faut donc marcher un peu pour y parvenir. C'est ici que l'on découvrit, dans la petite église du cimetière Saint-Marc, la célèbre plaque dite de Valun, qui date du IXe siècle. Cette pierre, bien conservée, porte des inscriptions et des textes en glagolitique. Traduits en latin, ils sont d'une grande importance pour l'histoire linguistique des Croates. On a rapporté cette plaque dans l'église paroissiale Sainte-Marie. Des copies d'autres inscriptions similaires sont conservées dans le musée lapidaire de la taverne Juna. Un autre musée dans l'ancienne usine d'huile montre l'activité laborieuse des populations paysannes et navales de la région insulaire. Les modes traditionnels de la pêche y sont évoqués (filets, bateaux, instruments de navigation anciens). Aujourd'hui, Valun vit davantage du tourisme raisonné, grâce aux vacanciers amoureux de la nature. Tous les plaisirs de la mer sont à proximité, à commencer par les plages, qui sont rarement bondées. Lubenice, à l'ouest de Valun, est un autre fier village perché qui domine la mer, surveillant sa superbe plage et tout le plateau central de l'île. Ce hameau de moins de 50 habitants est protégé par des pentes raides, retenues par des murets en pierres sèches. Il a toujours gardé son caractère médiéval et a belle allure. En contrebas des falaises, on découvre la plage de Sveti Ivan, l'une des plus belles de Croatie, accessible seulement à pied, en VTT ou par bateau.

PLAGE DE LUBENICE (PLAŽA SV. IVAN) ★★★

Plaža Sv. Ivan

À 45 minutes-1h de marche (378 m de dénivelé). Excursion en bateau possible depuis Cres ou autre port de l'île.

En contrebas du village perché sur la falaise (Lubenice), la plage de Sveti Ivan est l'une des plus belles de l'île. Sa relative inaccessibilité la préserve des constructions. On ne peut y descendre qu'à pied ou en VTT. Elle fait le bonheur des amoureux de nature intacte… et des plaisanciers. Depuis Cres ou Valun, des bateaux-taxis peuvent vous y conduire. Par la route, il faut laisser la voiture au parking (payant) et se préparer au sentier de randonnée qui part de l'église.

CAMPING ZDOVICE €

Baie de Valun

✆ + 385 51 525 050

www.camp-zdovica.com

Emplacement tente de 11,50 à 16,70 € (adulte), de 4,40 à 6,60 € (enfant). Gratuit pour les animaux.

Avec sa capacité de 200 personnes, ce camping est niché dans une petite baie, sur un terrain en pente, avec des terrasses qui descendent vers la mer. Le parking se trouve à l'extérieur du camping car les caravanes et les voitures n'ont pas accès aux emplacements délimités par des petits murets de pierres. Le paradis pour les campeurs équipés de petites tentes qui ont besoin de peu d'espaces au sol et apprécient la nature autour d'eux. Quelques jeux pour les enfants, un panier de basket et du *beach volley* pour les plus grands, un café bar grill, une supérette...

Le village de Valun.

© XBRCHX - ISTOCKPHOTO

Osor.

OSOR ★

Au carrefour des îles de Cres et de Lošinj, sur la route de Mali Lošinj, le bourg d'Osor mérite une étape autant pour son site naturel harmonieux, préservé et ses coteaux escarpés que pour son patrimoine historique. Le canal favorisait autrefois l'activité commerciale. Aujourd'hui, les élus tentent de retenir à nouveau les voyageurs avec la promesse d'un port calme et authentique, ses beaux bâtiments publics sur la grand-place, la cathédrale avec son festival de musique de chambre, la collection archéologique dans l'ancien hôtel de ville, un musée de sculptures en plein air, et ses jolies criques derrière le monastère franciscain.

NEREZINE

Petit village au nord de Mali Lošinj, au pied de la montagne Osorščice. Nous vous recommandons la visite pour y découvrir son église franciscaine et son monastère datant du XVe siècle. L'intérieur de l'église accueille une collection d'œuvres d'art sacré parmi lesquelles un joli tableau de la Vierge Marie d'un artiste vénitien inconnu du XVe siècle. Nerezine est un petit port de pêcheurs, de navigateurs et de constructeurs de bateaux en bois. L'ancien chantier naval est toujours en fonction. Vous pourrez y trouverez hôtels, campings, petits hôtels familiaux, logement chez l'habitant, ainsi que d'excellentes *konoba* (tavernes locales).

COLLECTION ARCHÉOLOGIQUE OSOR 🏛 ★

Gradska vijećnica
✆ +385 51 236 594

Juin-septembre, 7j/7 sauf lundi, 10h-13h et 19h-22h. Octobre-mai, 10h-13h, fermé dimanche et lundi. Entrée : 15 kn.

Sur la grand-place, le musée municipal est installé dans les anciens locaux de la mairie. Avec sa collection archéologique c'est l'un des plus anciens du pays. On remarque un portique profond et un buste de l'évêque Ivan Bolmarić, un érudit local et bienfaiteur de la région, qui mena, entre 1868 et 1881, les premières fouilles insulaires. L'exposition permanente d'œuvres et d'objets de la Préhistoire, du monde hellénistique et du Moyen Age témoigne de l'importance historique du port.

HÔTEL-RESTAURANT MANORA 🛏 €

Mandalenska 26 b ✆ +385 51 237 460
www.manora-losinj.hr

Chambres et suites de 85 € à 238 € la nuit selon la catégorie et la saison (petit déjeuner inclus).

Sur la départementale, après Osor, une route mène au village de Nerezine (Mali Lošinj). Au calme dans la campagne, l'établissement a emprunté son nom au centre local d'observation des étoiles. Lorsque le vent du sud ne souffle pas, l'air devient transparent, ce qui facilite les vues nocturnes. De l'extérieur, l'hôtel est de couleur bleu ciel. A l'intérieur d'autres couleurs dominent. Les chambres confortables sont spacieuses, lumineuses et climatisées. Parmi les services, le centre de bien-être, le café-restaurant, la piscine, la salle de jeux pour enfants.

MALI LOŠINJ ★

Facilement accessible par la mer ou la route, Mali Lošinj est une destination prisée. Les vieilles résidences d'été des familles de l'Empire austro-hongrois témoignent de l'importance de ce spot aristocrate. En 1996, l'île a fait rêver tous les archéologues et les chercheurs de trésors subaquatiques. On a parlé de Mali Lošinj dans le monde entier car, au large de ses côtes, un plongeur belge a vu des parties de l'Apoksyomenos. Formidable découverte, ce bel athlète grec dormait, enfoui dans le sable marin depuis deux mille ans au moins. Il a pu être remonté à terre et, une fois reconstitué, il est devenu la fierté d'un musée créé juste pour lui.

MUSÉE D'ART PALAČA FRITZY (LOŠINJSKI MUZEJ) ★

Ul. Vladimira Gortana 35
✆ +385 51 233 614
www.muzej.losinj.hr/hr/fritzy

En été, ouvert tous les jours sauf le lundi de 10h à 13h et de 17h à 22h. Tarif : 25 kn.

Sur les deux collections permanentes, l'une s'articule autour de la donation de l'écrivain poète et historien d'art, Andro Vid Mihičić, natif de l'île et érudit national, grand connaisseur des beaux-arts croates du XXe siècle. La seconde exposition permanente, consacrée au maître ancien Piperata, se compose de 27 tableaux, trois coffres et une commode. Les peintures sont essentiellement issues du baroque italien, français et flamand (XVIIe et XVIIIe siècles).

JARDIN BOTANIQUE (MIOMIRISNI OTOCKI VRT) ★

Bukovica 6 ✆ +385 98 326 519
www.miomirisni-vrt.hr

Entrée libre, tous les jours en été 10h-12h et 18h-21h ; seulement le matin les autres mois de l'année.

A l'entrée de Mali Losinj, juste après l'intersection de la route pour Veli Losinj, un jardin botanique privé, créé par une passionnée des plantes médicinales. La dame a planté des pieds de romarin, sauge, fenouil, lavande, immortelle, menthe... et fait pousser des plants d'eucalyptus, laurier, figuier, criste, olivier, églantier, pin... A chaque saison, des fleurs ou des senteurs que l'on trouve sur cette île. Boutique de parfums et cosmétiques naturels, huiles essentielles, buvette.

MUSÉE DE L'APOXYOMÈNE ★★

Riva lošinjskih kapetana 13
✆ +385 51 734 260
www.muzejapoksiomena.hr

Ouvert du mardi au dimanche de 9h à 22h. Entrée de 50 à 75 kn (familles), de 25 à 40 kn (enfants, étudiants).

Ce musée est dédié exclusivement à l'Apoxyomène, c'est-à-dire la sculpture en bronze d'un homme debout, nu à sa toilette, qui se racle la peau avec un strigile. Le colosse de la Grèce antique fut découvert au large de Veli Losinj par des plongeurs en 1996. On l'a remonté à l'air libre en 1999. Après un long temps de restauration, il est enfin exposé au public en 2016 dans ce musée à Mali Losinj. En plus, des installations multimédias présentent son époque d'origine. Par le goût, l'odorat, l'ouïe et la vue, on approche mieux la civilisation hellénistique.

Le port coloré de Mali Lošinj.

GOLFE DU KVARNER

AGENCE LOSINIA

Lošinjskih brodograditelja 47
✆ +385 51 750 204
www.losinia.hr
Ouvert tous les jours en été.

Sur le port, cet office de tourisme municipal centralise d'autres bureaux sur l'île. L'agence travaille en partenariat avec des prestataires de services et peut donc aider à trouver un bon hébergement (hôtels, campings, propriétés privées, qui sont disponibles en location saisonnière). On peut aussi réserver ici des véhicules à moteur, des excursions, des bateaux de plaisance... Sur le site Internet : informations pratiques de la marina, horaires des ferries pour Valbiska (Krk), Merag (Cres), Brestova (Istrie), Porozina (Cres).

AÉRODROME (ZRAČNA LUKA MALI LOSINJ)

✆ +385 51 231 666
www.airportmalilosinj.hr
Vols panoramiques sur le golfe. Exemples de prix pour 2 personnes, 30 minutes : 1 000 kn, 3 personnes : 1 500 kn.

Ouvert de fin mars à fin septembre, cet aérodrome insulaire est situé sur une presqu'île proche de Ćunski. Pour la saison touristique, il dessert les villes de Zagreb, Pula, Rijeka, Zadar, Split, Dubrovnik, Lugano en Suisse, plusieurs villes italiennes mais aussi Belgrade, Vienne, Munich. Propose aussi des vols panoramiques pour admirer les vues aériennes sur l'archipel. Possibilité de réserver un service de taxi personnalisé pour les villes citées.

COMPAGNIE MARITIME CATAMARAN LINE

✆ +385 21 352 527
catamaran-line.croatia.biz

Créée en 2017 à Split, la compagnie maritime privée a vite trouvé son rythme de croisière. Sa flotte de catamarans rapides et confortables exploite des lignes à grande vitesse : Pula, (Unije-Susak), Mali Lošinj (Ilovik-Silba), Zadar. En plus du transport maritime côtier, Catamaran Line organise des transferts en mer pour Split (aéroport de Resnik et port de ferry) ainsi que des traversées privatisées ou des excursions de groupe (sur réservation).

HÔTEL APOKSIOMEN €€

Riva lošinjskih kapetana 1
✆ +385 51 520 820
ohm.hr/en/hotels/hotel-apoksiomen
Fermé en hiver. Chambres et suites, selon la saison et la catégorie, de 70 € à 299 € la nuit (petit déjeuner inclus).

Sur le port, un boutique-hôtel 4 étoiles. Des chambres confortables avec climatisation, minibar, connexion wifi gratuite. Des fenêtres avec vue magnifique sur la promenade de la mer et les vieux bateaux de croisières à quais. Cependant l'animation de la rue, dans les cafés restaurants en contrebas peut déranger. Les animaux domestiques autorisés. Parking public payant, mais, avant d'entrer dans le centre-ville, sur la route du chantier naval, des places de stationnement gratuit sont réservées à l'hôtel (se renseigner à la réception).

MARE MARE SUITES €€

Riva lošinjskih kapetana 36 ✆ + 385 51 232 010
www.mare-mare.com
Chambres et appartements selon la catégorie et la saison de 92 € à 226 € la nuit (petit déjeuner inclus).

Au bout de la promenade de la mer, dans un environnement qui redevient plus calme, une ancienne maison complètement rénovée qui propose des formules *Bed & Breakfast* (6 chambres) ou suites (3 appartements), tous lumineux, climatisés, décorés et meublés dans un style méditerranéen élégant avec vue imprenable sur les quais, le port et la lagune. L'établissement dispose en outre d'un patio ombragé, d'une terrasse panoramique, d'équipements de bien-être spa et massages et d'une bibliothèque. Sorties bateau, location de vélos, kayak, masque/tuba...

KONOBA CORRADO €

Sveti Martin 1
✆ +385 51 232 487
Ouvert de juin à octobre de 11h à 23h. A partir de 50 kn le plat.

Un restaurant qui ne donne pas sur le port mais dans une ruelle piétonne. C'est tout aussi appréciable. Vous y trouverez du poisson et des fruits de mer frais car le propriétaire est pêcheur. Au menu imprimé, préférez la suggestion du jour, en général la maison propose les arrivages du port et du marché, comme les encornets et écrevisses en sauce, les poissons blancs en grillade... Pour les amateurs de viande, il y a aussi de l'agneau rôti sous *peka* (cuit à l'étouffée sur la braise). Accompagnez le tout d'un bon vin de la région.

PIZZERIA DRAGA €

Ul. braće Ivana i Stjepana Vidulića 77
✆ +385 51 231 132
www.pizzeria-draga.hr
Ouvert tous les jours de 11h à 23h. A partir de 35 kn pour une pizza.

Parmi les nombreuses pizzerias du port, celle qui se nomme Chez Draga reste une valeur sûre en ville. Sa terrasse en étage est agréable et l'attente pour son assiette tout à fait raisonnable. Au choix, quantité de pizzas bien sûr, mais aussi des lasagnes, des pâtes fraîches aux fruits de mer ou aux légumes méridionaux, des sardines grillées accompagnées de blitva (écrasée à l'huile d'olive de pommes de terre et blettes) ou encore le sandwich chaud avec fromage et charcuterie de pays. Un mélange équilibré de cuisine italienne et croate.

RESTORAN VILA VELEBITA €

Silba 1
✆ +385 98 175 64 09
www.vilavelebita-silba.hr
Ouvert tous les jours en été de 10h à 23 h. Spécialités de poisson. Autour de 140 kn le plat complet.

Pour trouver ce restaurant familial, il faut monter jusqu'au vieux village intérieur et se rendre sur la placette, à côté de l'église. En terrasse, sous la tonnelle de vigne, de grandes table en bois. Sur la carte, le choix est simple, des plats influencés autant par les traditions dalmates, italiennes que la cuisine du pêcheur : assiette de charcuterie et fromage pays, des bruschettas au pesto *genovese*, grillades de la pêche du jour, calamars avec blitva ou légumes méridionaux... Une bonne adresse moins touristique que sur le port.

VELI ŽAL RESTAURANT & CAFFE BAR €€

Sunčana uvala 3
✆ +385 51 667 260
Ouvert tous les jours de 10h à 23h. A partir de 50 kn le plat.

Ce restaurant bénéficie d'une belle terrasse, qui surplombe une jolie crique. A table, vous pourrez commander du poisson grillé, des crustacés, du poulpe en sauce, une assiette de fromages et charcuterie de pays, des légumes méridionaux... S'il fait un peu frais dehors, la salle intérieure est agréable. On peut aussi commander une boisson fraîche ou chaude. L'été, malheureusement, le site en contrebas est colonisé par les transats et parasols, ce qui gâche la vue.

VELI LOŠINJ ★★

En 1885, c'est sur l'île de Veli Lošinj, sur les hauteurs du vieux port, que l'archiduc Charles d'Autriche fit construire sa demeure principale, agrémenté d'un superbe parc méditerranéen. Le port a gardé son cachet de village de pêcheurs, avec ses maisons polychromes blotties au creux de la baie. Cette ancienne destination balnéaire mise sur la tranquillité, sur la qualité de l'air, la transparence de l'eau, le parcours santé sur le littoral, qui commence à partir de la rive gauche du port. On peut donc aller à pied jusqu'à Mali Lošinj par cette promenade de la mer. Plusieurs bus interurbains font aussi la rotation entre les deux Lošinj.

© XBRCHX - ISTOCKPHOTO

Veli Losinj.

ÉGLISE SAINT-ANTOINE (CRKVA SV. ANTUNA) ★

Ul. Rovenska

Construite au XVIIIe siècle, à l'emplacement d'un lieu de culte plus ancien, cette église domine l'entrée du port et regarde vers la mer. Elle n'est pas souvent ouverte. Dommage, car l'architecture baroque et sa décoration d'inspiration marine sont remarquables. Vous l'observerez donc principalement de l'extérieur, ce qui est déjà appréciable. A l'intérieur, se trouve une belle collection de peintures italiennes, constituée grâce aux dons des capitaines de navires natifs de la région.

MUSÉE-GALERIE KULA [DE LA TOUR] ★

Luka Ul. Rovenska
✆ +385 51 236 594
www.muzej.losinj.hr
Horaires variables. Tarif : 35 kn (adultes) et 25 kn (enfants, étudiants).

Cette tour massive, construite par les Vénitiens date du XVe siècle. Elle devait protéger les habitants des attaques de pirates ou des tirs de canon lancés par les navires assaillants. Au début du XIXe siècle, elle perdit sa fonction militaire. En 2001, elle devint un musée-galerie. L'histoire du port et de l'île depuis ses origines y est retracée, avec des objets archéologiques de la période hellénistique et romaine, des armes anciennes, des maquettes maritimes et autres documents.

ASL AGENCY

Obala maršala Tita 17
✆ +385 51 236 256
www.island-losinj.com
Ouvert tous les jours en été de 8h à 21h ou 20h. En hiver de 9h à 11h ou 12h.

Une agence multi-services à l'entrée du port pour des informations touristiques : location saisonnière en villas, appartements, chambres, hôtels, auberges de jeunesse, campings, visites, patrimoine naturel et historique de l'île, excursions et sorties en mer (île de Susak), parcours santé, activités sportives, offre gastronomique, location de véhicules à moteur ou de deux-roues, change de monnaies. Le plus, un choix de cartes postales virtuelles de l'île, à envoyer gratuitement à ses contacts via le site Internet de l'agence !

OMLADINSKI HOSTEL VELI LOŠINJ €

Kaciol 4
✆ +385 51 236 239
www.hfhs.hr
En saison estivale, dortoir ou chambre privative de 21 à 71 € la nuit (petit déjeuner inclus).

A la sortie est du vieux port en montant les marches, avant l'église, cette belle villa, qui fut construite en 1889, appartient à la fédération nationale des auberges de jeunesse. Sur trois étages, des chambres de 2 à 5 lits (dortoirs), avec sanitaires extérieurs, pouvant accueillir jusqu'à 50 personnes. La terrasse entourée d'un jardin est très agréable. L'ambiance y est jeune et conviviale. Esprit d'entraide et de partage. L'été, mieux vaut réserver à l'avance.

PANSION VILA SATURN €

Obala Maršala Tita 1
✆ +385 51 236 102
www.pansion-saturn.com
La chambre double de 59 € à 102 €, selon la saison et la catégorie (petit déjeuner inclus).

Sur le port, juste avant d'arriver aux marches de l'église Saint-Antoine, dans le secteur de l'auberge de jeunesse Omladinski, cette villa aux murs rose et volets verts se repère de loin ! Bien intégrée au voisinage des maisons toutes aussi colorées, la propriété privée propose neuf chambres doubles rénovées en 2005. Simples mais spacieuses, bien tenues, avec la vue sur la baie ou le jardin, elles donnent accès à la terrasse, où l'on vient le soir pour un dernier verre et l'animation musicale. Bon accueil. Petit déjeuner complet et varié.

VITALITY HOTEL PUNTA €€

Sestavine 16
✆ +385 51 661 111
vitality-punta.losin-hotels.com
Chambres doubles ou suites de 50 € à 179 € la nuit (petit déjeuner inclus).

À la sortie sud-est du port, un grand complexe, nouvelle génération, avec 200 chambres spacieuses, confortables, certaines avec balcon et vue marine splendide. Un hôtel qui satisfera les voyageurs souhaitant se ressourcer à la mer et bénéficier des équipements de bien-être et sport, la piscine, les rochers aménagés pour se baigner, le parcours de santé à proximité. Sur place, des bars-restaurants, des espaces détente et en redescendant vers le port toute l'animation de Veli Lošinj. On peut donc en profiter tout ayant des chambres au calme. Parking gratuit.

KONOBA RIBARSKA KOLIBA €€

Obala maršala Tita 1
✆ +385 51 236 178
Ouvert en haute saison tous les jours de 9h à minuit. Plats à partir de 55 kn.

Au pied de la colline, surmontée de l'église San Antonio Abate, ce restaurant de pêcheur est réputé à Veli Losinj. Il offre une pittoresque terrasse sur le quai. Les tables sont orientées de façon à ne rien manquer de la vue panoramique sur la vieille ville et la mer. Ici, bien sûr, on sert des spécialités de crustacés (plateaux, salades, plats en sauce), une petite friture de poissons assortis, des poissons grillés mais aussi des charcuteries de pays et des viandes cuites au feu de bois. Pensez à réserver car l'endroit est souvent complet.

ČIKAT ★

Aux portes de Mali Lošinj, Čikat est l'une des plus belles criques de l'île. Protégés par le parc forestier, les pins d'Alep plantés à la fin du XIXe siècle par le naturaliste Ambroz Haračić ont bien pris, tout comme les oliviers. Le site est connu pour sa plage de sable, ses campings et ses équipements sportifs et nautiques. La promenade du littoral est bordée de demeures anciennes datant des premières heures du tourisme austro-hongrois. Certaines furent transformées en hôtels ou en résidences secondaires. Au cap de l'Annonciation, la chapelle de la Vierge Marie (1858) regarde la mer. C'est un sanctuaire votif traditionnel du Lošinj marin.

RESTAURANT GRILL LANTERNA €€

Cikat 24

✆ +385 51 896 6147

Ouvert tous les jours en été midi et soir. A partir de 70 kn le plat.

A l'entrée d'un bras de mer, proche d'une église (Crkvica Navještenja Blažene Djevice Marije) et d'un phare (*lanterna*), ce restaurant a une position dominante sur les rochers. De sa terrasse, il devient un spot merveilleux pour le coucher du soleil. Recommandé autant pour la vue autour d'une boisson fraîche ou chaude que pour le restaurant, où l'on y sert une cuisine de pêcheurs mais aussi des viandes grillées. Pour une table bien placée, il faut réserver.

HÔTEL BELLEVUE €€

Čikat ul 9

✆ +385 51 679 000

www.bellevuelosinj.com

Ouvert de mi-avril à mi-octobre. Chambre entre 178 € et 320 € (petit déjeuner inclus).

Grand complexe hôtelier de la baie, récemment construit, l'hôtel Bellevue dispose de 226 chambres et offre tout le confort d'un 5 étoiles. Il porte bien son nom puisque les chambres ont vue sur la mer, magnifique ! Chacune d'entre elles est équipée de la télévision, de l'air conditionné et propose un bel espace de vie. Connexion Wifi, bien entendu. Pour tous les clients, une piscine extérieure, des terrains de sport, sans oublier de mentionner la superbe plage privée à seulement 50 m. Accueil parfait, comme on peut l'attendre d'un hôtel de ce standing.

VILLA DIANA HOTEL RESTAURANT €€

Čikat bb

✆ +385 51 232 055

Chambres de 116 € à 337 € la nuit selon la catégorie et la saison. Restaurant ouvert tous les jours midi et soir.

Construite dans un cadre magnifique, sur le littoral, avec vue sur l'Adriatique, cette villa à deux étages compte huit chambres à la location. Toutes sont confortables et bien équipées avec la télévision, l'air conditionné et la connexion Wifi. Le restaurant, ouvert à tous, doté d'une terrasse, est tout aussi bien orienté. Avec une telle disposition, la cuisine excellente ne pouvait que s'inspirer des produits de la mer, poissons et crustacés. Grillades de viande également.

BOUTIQUE HOTEL ALHAMBRA €€€

Čikat ul. 16 ✆ +385 51 232 022

www.facebook.com/hotel.alhambra.losinj

Chambres doubles et suites de 209 € à 514 € la nuit selon la saison et la catégorie (petit déjeuner inclus).

Dans un site protégé, au calme, cet établissement de luxe surplombe une petite crique. Il possède une dépendance (villa Augusta), soit deux propriétés aristocratiques admirablement restaurées. Le bar/lounge et le restaurant sont ouverts sur un superbe jardin. Les chambres du Boutique Hotel Alhambra sont spacieuses, lumineuses, climatisées. Certaines offrent la vue sur la baie depuis la terrasse. Les clients ont accès à la piscine, à la plage privée, aux installations sportives, au centre de remise en forme. Parking gratuit et navette aéroport.

SUSAK ★★

L'une des plus belles îles de l'Adriatique, accessible en ferry depuis Mali Lošinj. Son point culminant (- 100 m de hauteur) la place parmi les plus basses formations insulaires des archipels croates. Sur environ 4 km², son terrain d'argile est recouvert d'une couche épaisse de sable, phénomène géologique assez rare en Croatie. La blancheur de la roche calcaire et ses plages de sable fin attirent. Surpeuplée en été, elle redevient un havre de paix hors saison. On peut séjourner sur l'île, par exemple à l'hôtel-restaurant Sansegus, dans la chambre d'hôte de l'Hostel Heat et dans des locations saisonnières.

▶ **Plus d'infos :** www.otok-susak.org

ZADAR ET SA RÉGION

La Dalmatie centrale offre un vaste territoire naturel, l'un des plus beaux du pays. Séjourner dans cette région permet de relier, en une ou deux heures de route, les massifs montagneux du Velebit, les canyons de Paklenica. Sur la côte nord, Nin, plus ancienne royauté croate, sa plage de sable fin unique, un bras de mer vertigineux, proche de Jablanac (Uvala Zavratnica), Senj, la cité médiévale et son impressionnante forteresse, le village Sveti Juraj... Au sud, Pakoštane que domine le lac Vransko, l'un des plus grands d'Europe, Biograd na Moru, les petits ports et marinas, Bibinje, Sukošan, Sveti Petar, Turanj, Sveti Filip i Jacob. On peut aussi passer le pont qui relie l'île de Pag au continent. L'archipel de Zadar se découvre en bateau privé ou avec le ferry. On fait escale sur les îles Uglan, Pašman, Molat, Silba, Iz et jusqu'à Dugi Otok, où se cache un étonnant lac salé (Telašćica).

Zadar et sa région

PAGES

● ● RÉGION DE ZADAR

Séjourner à Zadar offre de multiples idées pour découvrir la Dalmatie (centre-nord). Sur la côte nord, premier arrêt à Starigrad, QG des randonneurs qui se préparent pour le mont Velebit, le parc naturel de Paklenica. Par la route, on peut aussi relier, en une ou deux heures, le parc national de la rivière Krka, le bras de mer impressionnant (Uvala Zavratnica) proche de Karlobag.

Les amoureux de vieilles pierres ne manqueront pas Nin, la plus ancienne cité royale croate, sa plage immense, le pittoresque village de Sveti Juraj, la forteresse Nehaj, fief des indomptables Uskoks à Senj.

Au sud, ports et marinas se succèdent, Bibinje, Sukošan, Sveti Petar, Turanj, Sveti Filip i Jacob, Pakoštane, son grand lac Vransko, Biograd na Moru. Pour Novalja, prendre le bateau ou passer le pont qui relie le continent à l'île de Pag.

Pour les pistes cyclables, télécharger l'appli Zadar Bike Magic.

L'archipel de Zadar. En face de la vieille ville et du port maritime, des îles très différentes forment l'archipel de Zadar, certaines très longues et très visitées, d'autres plus petites, à vocation agricole, d'autres encore inhabitées et arides. Les cinq principales, Ugljan, Pašman, Molat, Dugi Otok et Iž, sont accessibles en ferry. Les deux dernières sont réunies par un chenal de passage. On choisit son île, Dugi Otok (lac salé de Telaščica), mais aussi Uglan, Pašman, Mollat, Silba, Iz...

ZADAR ★★★★

Explorer de nouvelles formes d'art pour enrichir son patrimoine historique remontant à plus de trois mille ans fait partie de l'identité de Zadar. Construit sur une péninsule, le centre ancien *intra-muros* est cerné de remparts, que l'Unesco a récemment classés. La République de Venise les avait construits au XVIe siècle pour se protéger de l'avancée ottomane.

PAG ★★

Depuis l'ouverture du pont (IPaški most), l'île est devenue presqu'île d'une superficie de 284 km² pour environ 60 km de long. Une large baie, de grandes plages, des rotations en bus ou par bateau l'ont transformée en l'un des spots balnéaires et festifs les plus prisés de Croatie. De nature rocailleuse et karstique, Pag, qui fait face au massif du Velebit, vit sous les coups de la bora. Ce vent froid participe à la raréfaction de la végétation, à son aspect minéral.

ŠIMUNI ★

NOVALJA ★

Situé au centre de l'île de Pag, Novalja offre plusieurs possibilités pour visiter, en bateau dans la journée, l'île de Rab, les archipels autour de Lošinj et, plus au large, Kornati. Sur le continent, des bus touristiques partent tôt le matin pour les parcs nationaux (Krka, lacs de Plitvice, Paklenica, mont Velebit), Zadar, Šibenik...

PARC NATIONAL DE VELEBIT ★★★

On accède mieux en voiture ou moto au Velebit Nord. Ce massif montagneux s'impose sur un territoire de 109 km² dans sa partie septentrionale et se prolonge, au sud, par le parc naturel de la Lika et du Gorski Kotar et par le parc national Paklenica. En partant de Starigrad-Paklenika, on commence les randonnée par l'entrée sud (Balinovac-Zavižanska Kosa), où l'on peut garer son véhicule.

PAGES

ZADAR ★★★★

La cohabitation harmonieuse entre les sites archéologiques, les monuments du monde antique, ceux du Moyen Âge et de la Renaissance est remarquable. Le Forum romain, les églises et monastères, les palais, places et musées, le musée du verre antique notamment, la superbe exposition permanente d'art sacré, la rue principale Kalelarga... voici quelques-uns des points d'intérêt de la ville. *L'Orgue de la Mer* et le *Salut au Soleil*, les œuvres architecturales contemporaines, conçues par Nikola Bašić sur le front de mer, attirent beaucoup de monde, surtout aux couchers du soleil, qui avaient déjà enchanté Alfred Hitchcock, lors de son séjour à Zadar en 1964.

Toutes les anciennes cités closes de Croatie s'ouvrent par des portes monumentales. À Zadar, celle dite de la Terre ferme, au sud, regarde la mer. Cet arc de triomphe imposant construit en 1543 a remplacé le pont en bois qui reliait cette entrée principale à une tour de garde. Le relief de Chrysogone cavalier, le saint patron de Zadar, y trône toujours. En arpentant le dédale des ruelles piétonnes, places et placettes, on sent d'emblée qu'il y a beaucoup à faire dans la cité historique ! Un jour n'y suffira pas.

Histoire

Zadar est construite sur une péninsule entre deux bras d'eau douce, les rivières Zrmanja et Krka. Pendant l'entre-deux-guerres, la ville était sous le contrôle des Italiens. À l'époque, les villages se sont fermés sur eux-mêmes, peu de ruraux eurent l'occasion d'étudier. De plus, la région a été lourdement touchée par la dernière guerre des années 1990. La reconstruction après-guerre a initié un nouveau dynamisme et, avec plus de 80 000 habitants, l'ancienne capitale de la Dalmatie fait désormais partie du quatuor de tête des grandes villes du littoral, aux côtés de Split, Rijeka et Dubrovnik.

▶ Trois fois millénaire, Zadar compte parmi les plus anciennes cités de Croatie. La datation des sites archéologiques de la vieille ville fait remonter la présence de l'homme au néolithique. Au IVe siècle av. J.-C., les tribus illyriennes et liburniennes s'installent dans la ville nommée alors Idassa. Dès le IXe siècle av. J.-C., d'anciens peuples méditerranéens venant de toute la région s'y établissent. De cette époque, viendrait le nom Jader ou Jadera.

▶ À partir du IIe siècle apr. J.-C., Zadar passe sous la domination romaine. Elle se construit sur le modèle des cités de l'empire. Le proconsul d'Illyricum Tamphilus Vala, sous le règne de l'empereur Auguste, serait le fondateur de Zadar. Il participe personnellement aux financements de la construction des remparts, des portes et tours, afin de protéger la cité des envahisseurs venus de l'intérieur des terres. Dans la partie ouest, un réseau de ruelles avec de nombreux cloîtres et échoppes tourne autour du forum romain, la place principale et le temple siégeant sur le capitole. À l'extérieur de la ville, un amphithéâtre et un aqueduc chargé d'alimenter la ville en eau douce avaient été construits.

▶ Du IVe au Ve apr. J.-C. le christianisme s'implante durablement dans la région. Le syncrétisme des religions commence, qui se traduit en architecture par une harmonie stylistique remarquable entre le classicisme gréco-romain et l'art paléochrétien. Un éclectisme au début du Ve siècle, amplifié par l'émergence sur le forum d'un grand complexe épiscopal.

▶ Du VIe au Xe siècle apr. J.-C. Après le terrible tremblement de terre au VIe siècle, les grandes constructions reprennent sur les ruines des anciens édifices. L'église Saint-Donat, par exemple, édifice dédié à la sainte Trinité, repose sur des chapiteaux et fûts de colonnes extraits de ruines romaines. Autre monument religieux remarquable, la cathédrale Sainte-Anastasie. C'est à ce moment, durant le haut Moyen Âge, que la ville, malgré les convoitises de Venise, de la Hongrie et de la Croatie, devint le centre de la région dalmate, territoire de l'Empire byzantin jusqu'en 1001.

▶ Du XIe au XIVe siècle, s'écoule ce que les historiens nomment l'âge d'or architectural de Zadar. Parmi les plus belles constructions, on peut citer l'église Saint-Chrysogone, le couvent de Sainte-Marie ou la cathédrale Sainte-Anastasie. Lors de la quatrième croisade, le doge vénitien Enrico Dandolo commande la prise de la ville au profit de Venise. Pendant ces cinq jours de siège, des chevaliers français mettent la ville à sac, un acte qui sera sévèrement condamné par le pape Innocent III. Les luttes d'indépendance de Zadar contre l'emprise vénitienne ont globalement duré jusqu'en 1409 où la Sérénissime rachète la Dalmatie au roi de Naples, Ladislas. En 1396, l'université de Zadar est fondée. C'est la plus ancienne de Croatie. Ici fut écrit le premier roman en langue croate, *Planine* (*Les Montagnes*), par Petar Zoranić. À cette époque florissante, les architectes vénitiens Baglione, Sanmicheli et le général Pallavicino dessinent un nouveau plan de fortification pour la cité, avec renforcement des remparts et fortins, protection des canaux d'eau de mer. Pour la République de Venise, Zadar devient la plus grande ville fortifiée de l'Adriatique, son centre administratif stratégique.

Port de Zadar.

▶ Après la chute de Venise en 1797, Zadar est successivement soumise à l'autorité française et autrichienne. Puis par un décret de 1868, Zadar cesse d'être une ville fortifiée, les remparts et les bastions laissent place à une jolie promenade maritime (riva). Le traité de Rapallo en 1920 rattache la ville à l'Italie, tandis que l'Empire austro-hongrois est dissout par décision des vainqueurs de la Première Guerre mondiale.

▶ Guerres et reconstructions du XXe siècle. Durant la Seconde Guerre mondiale, Zadar voit son centre-ville détruit à 65 %. À la fin des conflits, la ville est rattachée à la fédération yougoslave et retrouve un certain essor au cours des années 1950, grâce notamment au développement des infrastructures routières, ferroviaires et aériennes dans la région. En se promenant dans Zadar, on a du mal à croire que cette ville fut l'une des plus touchées par la guerre d'indépendance, entre 1991 et 1995, tant la reconstruction fut exemplaire. Malgré les multiples destructions et pillages, le patrimoine historique est aujourd'hui mis en valeur de manière exemplaire. La ville contemporaine compte des bureaux d'architectes et designers novateurs. Elle tisse également de nombreux liens culturels avec des villes partenaires européennes, comme elle le fait avec la ville de La Rochelle notamment.

Se loger

Les grands complexes hôteliers se situent hors de la presqu'île historique. Pour les amateurs de vieilles pierres, l'hôtellerie de luxe a réhabilité quelques anciennes résidences. Dans le centre *intra-muros*, l'offre en locations saisonnières (chambres et appartements) est bien développée mais le bruit sera votre invité car, à Zadar comme à Split ou Dubrovnik, le niveau sonore sur certaines places, dans les ruelles pavées, aux terrasses des bars-restaurants, est élevé, de jour comme de nuit. Surtout en été, à cause du public animé, des simples promeneurs, des supporters assistant aux retransmissions de matches, des concerts en plein air (Summer Festival). Passé le pont, sur Obala kneza Branimira, de beaux appartements ont vue sur la cité historique.

Sortir

Zadar, ville jeune et dynamique, multiplie ses invitations festives en période estivale. Les festivals d'été proposent des soirées théâtrales et musicales en plein air, dans les palais et dans les églises, à Saint-Donat notamment. Une grande fête populaire en juillet nommée la Nuit de la pleine lune anime les ruelles et les places de la vieille ville. Les Journées de Maraska, du nom de la fameuse liqueur de cerises, durent plusieurs jours. Les clubbers, quant à eux, trouveront des bars et clubs dans le centre historique ou sur la riva et les quais, alors que les gros festivals de musique électronique se déroulent majoritairement sur l'île de Pag.

L'agenda des sorties sur le site Internet de l'office de tourisme de Zadar : www.zadar.travel

Sports / Loisirs

En plus des plaisirs balnéaires que la région offre sur son littoral et dans l'archipel, l'arrière-pays ne manque pas d'atouts pour les amateurs de vacances actives. Au programme, des sports de plein air (randonnée, trekking, biking, rafting, canyoning, escalade, pêche...) ; pour le cyclotourisme, la brochure et l'appli Zadar Bike Magic contiennent les coordonnées des loueurs et des boutiques spécialisées ainsi que des itinéraires de pistes cyclables à télécharger. On peut aussi prendre la route et passer le pont qui relie le continent à Pag, l'île où l'on se rend pour danser toute la nuit et faire la fête. C'est du sport aussi !

▶ Se baigner. Si certains n'hésitent pas à nager près des Orgues marines, à la sortie du port, préférez les parties plus nature, au nord de la vieille ville : Puntamika, Borik, Mali Mlini, Donji Brig, Diklo... Au sud, se trouvent les quartiers Arbanasi et Kolovare. Par la rue qui longe la promenade de la mer (ul. Karma), on peut pousser jusqu'au bout de la pointe (Put Bajla). L'occasion de découvrir d'anciens villages de pêcheurs qui voisinent harmonieusement avec des constructions modernes, un beau domaine piéton et une grande zone balnéaire. On peut aussi prendre le bateau pour se rendre en 20 minutes sur l'île d'Ugljan (Preko).

Transports

Une station de bus importante se trouve devant la gare routière, sur la grande avenue Ante Starčevićades, véritable carrefour pour toutes les lignes sillonnant la ville moderne, menant au centre historique, à la marina, en bord de mer, etc. Les billets de la compagnie Liburnija sont vendus dans les kiosques devant la gare ou auprès du chauffeur (entre 10 kn et 15 kn le trajet). De nombreux rabatteurs de taxis vous attendent dans la gare routière. Le prix de la course, plus cher qu'en bus, devient intéressant si vous êtes 3 à 4 personnes à le partager. Un bus-navette, fait des arrêts aux portes de la cité historique, près du pont (Most), à la gare routière et à l'aéroport.

BASILIQUE SAINT-DONAT [CRKVA SV. DONATA] ★★★

Poljana pape Ivana Pavla II

Ouverte tous les jours de 9h à 20h en hiver, jusqu'à minuit en été. Animation multimédia à la nuit tombée. Entrée 20 kn.

Cette église d'importance majeure en Croatie est dédiée à saint Donat, évêque de Zadar qui officia au début du IXe siècle. Mitoyenne de la cathédrale paléochrétienne et du palais épiscopal, la basilique a gardé son plan circulaire d'origine, de style byzantin. Comme nombre d'édifices construits en Occident à cette époque, l'église réutilise dans ses fondations des pierres taillées, fragments et fûts de colonnes ainsi que des chapiteaux romains que les bâtisseurs ont trouvé autour du forum ou à proximité. D'une sobriété architecturale exemplaire, le bâtiment atteint les 27 m de haut et comporte deux étages, tenus par six piliers massifs et deux colonnes autour de la salle centrale.

Comparable aux églises construites par les empereurs chrétiens (Justinien à Ravenne et Charlemagne à Aix-la-Chapelle), avec monumental baptistère, la basilique symbolisait la puissance de Zadar durant le Haut Moyen Âge. Mais au VIe siècle, un terrible tremblement de terre détruit cet ensemble unique ainsi que les quartiers autour, plongeant la cité dans une longue période de misère et d'oubli. La reconstruction fut exemplaire et, aujourd'hui encore, l'acoustique dans ce cylindre parfait est exceptionnelle.

Un festival de musiques ancienne et classique s'y tient chaque année (de mi-juillet à mi-août). Durant la période estivale, quand la nuit tombe, des images extraites de l'iconographie médiévale sont projetées en musique sur les murs intérieurs, sur la colonnade.

© JARNOGZ - ISTOCKPHOTO

CATHÉDRALE SAINTE-ANASTASIE [SV. STOŠIJE] ✝ ★★

Trg Svete Stošije

Visite de l'église gratuite, montée au clocher : 25 kn.

Construite durant les XIIe et XIIIe siècles, cette église romane monumentale possède trois nefs parallèles et trois portails. Bâtie sur le site d'une ancienne basilique remontant au début du christianisme, elle présente une superbe façade frontale, ornée d'arcades aveugles, typiques de l'art roman toscan (Sienne ou Florence). À l'intérieur, un sarcophage en marbre conserve, depuis le IXe siècle, ses reliques et fait référence à l'archevêque Donat, qui les ramena de Constantinople.

CENTRE INTERNATIONAL D'ARCHEOLOGIE MARINE

Ul. Zadarskog Mira 1358 ✆ + 385 023 250 486

www.icua.hr

Ouvert en semaine de 8h à 16h. fermé le week-end. Entrée 10 kn pour chaque espace d'exposition.

Deux galeries spécialisées expliquent l'avancée des fouilles et recherches en mer Adriatique, essentiellement sur des sites antiques. Dans ces deux espaces voisins, l'un dans un ancien bâtiment de rapport, proche de l'Arsenal, l'autre dans une église désaffectée, les expositions permanentes sont très didactiques. Elles passionneront les amateurs de plongée ou les historiens de l'art. Le public apprendra beaucoup sur l'archéologie subaquatique, la conservation et la restauration.

MONASTÈRE DE SAINT FRANÇOIS D'ASSISE ✝

✆ +385 23 250 468

À l'ouest de la cathédrale, l'église du monastère a été consacrée en 1282 par l'archevêque Lovro Periandar. C'est plus ancienne église gothique de Dalmatie. Puis les Bénédictins installent leur lieu de retraite et le monastère devient le centre de la vie spirituelle à Zadar. Les sièges de chœur, richement sculptés par Giacomo da Borgo Sansepolcro (1394), sont de style floral ; le cloître (XVIe siècle), avec sa colonnade Renaissance, est d'une beauté classique.

MONASTÈRE BÉNÉDICTIN-ÉGLISE SAINTE-MARIE ★

Madijevaca ul. 10
✆ +385 23 254 820
Du lundi au samedi de 10h à 13h et de 18h à 20h, le dimanche de 10h à 12h30. En hiver, horaires raccourcis. Tarif 30 kn.

© LANA ENDERMAR - SHUTTERSTOCK.COM

A l'intérieur du couvent, les bénédictines sont les véritables gardiennes du trésor de Zadar. Le musée d'Art sacré se compose d'une importante collection de reliquaires et des croix en métal précieux, mais aussi quantité de sculptures médiévales, œuvres picturales, plusieurs triptyques (influences byzantines, orthodoxes, vénitiennes, baroques), des manuscrits et des broderies de la région... Dans la petite boutique, des souvenirs monastiques sont en vente.

MUSÉE ARCHÉOLOGIQUE ★★

Trg Opatice Čike 1 ✆ +385 23 250 542
www.amzd.hr
Tous les jours de 9h à 21h (horaires raccourcis en hiver). Entrée : 30 kn (adulte), 15 kn (enfant, étudiant).

En 2014, la réouverture du musée archéologique fut un événement à Zadar. Puis la conservation a créé une scénographie muséographique autour d'un ensemble de statues monumentales, bustes, sarcophages et pierres tombales. On a libéré de l'espace pour l'animation multimédia. L'exposition permanente des collections médiévales (entre les VIIIe et XIIe siècles), un fonds constitué notamment lors des fouilles des nécropoles près de Nin, les expositions temporaires et la boutique de réplique, sont très intéressantes. Au 2e étage se trouvent les collections préhistoriques.

OFFICE DE TOURISME DE LA REGION DE ZADAR

Jurja Barakovića 5 ✆ +385 23 316 166
www.zadar.travel/fr
Ouvert toute l'année en semaine de 8h à 20h. En été, tous les jours jusqu'à 22h.

Une agence récente du centre historique, dont le dynamisme se reflète dans le bâtiment et sur le site Internet. Des applis mobiles complètent les services de ce bureau municipal. Des infos pratiques pour le séjour, l'hébergement, les plans de la ville et du territoire, les horaires des ferries pour les îles, les cars. On peut s'informer pour la location de bateaux, des voitures de tourisme. A disposition, de jolies brochures (patrimoine, attractions touristiques...).

MUSÉE DU VERRE ANCIEN (MUZEJ ANTIČKOG STAKLA) ★★

Poljana Zemaljskog odbora 1
✆ +385 23 363 830
www.mas-zadar.hr
Ouvert tous les jours de 9h à 21h. Tarif : 30 kn (adultes), 10 kn (enfants, étudiants)

Les fouilles archéologiques autour de Zadar ont mis au jour une exceptionnelle collection de verrerie utilitaire, qui était protégée dans des jarres funéraires. Dans un excellent état de conservation, ces objets du quotidien (pots, vase, flacons, verres à boire, coupelles, etc.), pourtant si fins, si fragiles, nous sont partiellement restitués. Produits au IIe siècle pendant l'occupation romaine de la Dalmatie, cet ensemble unique est mis en valeur par la muséographie contemporaine.

PLACE DU PEUPLE, LOGE ET HOTEL DE VILLE ★★

Narodni trogir 1

Cette place a été dessinée au XIIIe siècle. Dans les années 1930, sur le site de l'ancien bâtiment des services publics, là où étaient prises les décisions administratives de la cité, on a érigé le nouvel hôtel de ville. Nous sommes donc au cœur du Zadar historique avec, concentrés ici, les bureaux municipaux, les musées, une galerie d'art, des cafés-restaurants avec terrasses (assez envahissantes !). Aujourd'hui, c'est ici que les concerts du festival d'été ont lieu.

MUSÉE NATIONAL DE ZADAR [NARODNI MUSEJ ZADAR] ★★

Anfrije Meduličeva 2 ✆ +385 23 314 459
www.nmz.hr
Du lundi au vendredi, horaires variables selon les différents départements. Entrée 20 kn, réduit 10 kn.

En Croatie, le premier musée régional a été établi à Zadar en 1832 dans les bâtiments historiques de la municipalité afin d'y conserver et présenter au public tout le patrimoine dalmate, les espèces végétales et animales, l'histoire de la région, ses activités culturelles et ethnologiques. Les combats de la Seconde Guerre mondiale dévastent une grande partie des salles d'exposition du Musée national. En 1945, on remonte des réserves les œuvres et les objets, on délocalise le département archéologie pour le redéployer dans un bâtiment spécifique. En 1948, la galerie des Beaux-Arts est créée, suivie en décembre 1962 par le musée de la Révolution populaire. Début des années 1960, tous les musées existants seront centralisés par l'administration du Musée national Zadar, qui s'installe dans un nouveau bâtiment. Dans les années 1970, le musée est chargé de superviser l'exposition des collections historiques et ethnographiques de l'île de Iž, dans l'archipel de Zadar. Les expos permanentes et temporaires auxquelles s'ajoutent les expositions temporaires [City Lodge] se sentaient plus qu'à l'étroit dans le Palais du Recteur. Un plan-programme de réaménagement architectural a été livré en 2017 avec l'inauguration du Musée du Patrimoine national.

- **Le département d'histoire naturelle** [*Prirodoslovni odjel*], dans l'aile sud, est constitué d'un fonds national des plus anciens. Sur les vingt-cinq collections conservées, à voir, l'herbier légué par Domenico Pappafave, au XIXe siècle, un fonds important pour l'étude de la macalogie [coquilles de mollusques] ayant appartenu à Blaž Cvitanović, une collection de poissons et crustacés répertoriés par Ivo Franković [190 spécimens]. En 1990, l'exposition permanente s'augmente de la collection d'Ante Savković, qui s'intéressait lui aux papillons-chouettes de nuit [300 spécimens].
- **Galerie des Beaux-Arts** [*Galerija umjetnina*]. Une autre aile rénovée offre un bel espace lumineux pour les collections d'icônes, des peintures et sculptures de maîtres anciens, les œuvres d'artistes modernes et contemporains croates, des photographies, notamment les images en noir et blanc d'Ante Brkan. A ne pas manquer, l'œuvre graphique d'Ivan Palčić, un élève des peintres Bela Cikoš Sesija ou Vlaho Bukovac, qui se rapprocha de la scène bohème de Zagreb et fut ami d'Antun Gustav Matoš.
- **Département ethnologique** [*Područna etnografska*]. Collections historiques, culturelles, traditions populaires de Veli et Mali Iz, et des îles de l'archipel de Zadar.

ORGUES MARINES [MORSKE ORGULJE] ★★★

Istarska obala b.b.
Gratuit.

Après la dévastation de la Seconde Guerre mondiale, la reconstruction chaotique du front de mer avait transformé l'esplanade en un mur de béton géant et ininterrompu. En 2005, un projet de rénovation urbaine a été lancé. Au bout de la *riva*, l'architecte Nikola Bašić a conçu un escalier, en pierres de taille [70 m] qui descend vers l'Adriatique. Sous les marches se trouvent 35 tuyaux d'orgue construits dans des tunnels souterrains. Une colonne d'air, poussée à son tour par les vagues, souffle sur chaque tuyau d'orgue. Le son émerge au dessus du sol à travers des *labiums* [sifflets], qui jouent 7 accords de 5 tons chacun. Le flux et le reflux marin, avec le souffle de l'eau qui s'engouffre, crée donc une série de sons plus ou moins forts. L'orgue marin compte parmi l'une des grandes curiosités de Zadar. Point de ralliement des locaux et des visiteurs en fin de journée, il a d'emblée été adopté. Cette création urbaine unique au monde fait désormais partie des circuits touristiques, dans le prolongement de la promenade de la mer ou du forum. L'été, il y a foule ; l'effet mystique diminue avec les bruits et les cris des enfants, mais si on a la chance d'être accompagné de gens calmes, gagnés par l'œuvre inspirée, c'est un lieu pour méditer, entre architecture et nature... S'y rendre en hiver ou un jour de tempête, tout en restant prudent, est une autre expérience. La houle frappant alors sur les orgues, le mugissement aquatique résonne avec force.

© HUANG ZHENG - SHUTTERSTOCK.COM

PALAIS DU RECTEUR [KNEŽEVA PALAČA] ★★★

Poljana Šime Budinića 3
✆ +385 23 627 764
www. knezeva.hr
Ouvert tous les jours de 10h à 22h, jusqu'à minuit en été. Entrée de 70 à 40 kn.

Au moment de la domination de la ville par Venise, Zadar était administrée par un recteur (gouverneur) et un capitaine de flotte. La Sérénissime avait aménagé des logements ces hauts fonctionnaires. Dans ce palais notamment, mélange de styles éclectiques, qui fut très endommagé lors de la Seconde Guerre mondiale et durant la dernière guerre d'indépendance. Avec l'aide de subventions européennes, en février 2017, la conservation a pu rouvrir au public un musée flambant neuf, totalement réaménagé à l'intérieur, mais respectant la façade historique. Le palais du Recteur bénéficie désormais des dernières normes en matière de sécurité et d'une vision muséographique futuriste, avec la déambulation et communication des salles facilitées et une grande amplitude horaire en été. Ce plan de reconstruction et de valorisation a de grandes ambitions pour l'avenir de la cité historique. En plus de la restauration complète de l'ensemble architectural, le bâtiment est pensé pour devenir un pôle culturel international, ce qui renforcera l'offre touristique basée sur les ressources patrimoniales et la création contemporaine.

Pour la visite, au rez-de-chaussée, une grande place est consacrée à l'art moderne et contemporain, aux expositions temporaires, aux salles multimédia, à la documentation, aux conférences dans l'auditorium. Le 1er étage abrite les collections permanentes. Une enfilade de six appartements y présente le mobilier national des siècles passés.

SALUT AU SOLEIL [POZDRAV SUNCU] ★

Istarska obala b.b.
Gratuit.

© XBRCHX - SHUTTERSTOCK.COM

Faisant écho aux Orgues marines, le *Salut au Soleil* est l'œuvre inspirée du même architecte, Nikola Bašić, qui a été mise en place, en 2008, sur la promenade de la mer (Riva). Une grande sphère au sol s'illumine au coucher du soleil grâce aux cellules photovoltaïques qui ont accumulé la lumière du jour. Un jeu chromatique et écologique sur les dalles luminescentes. Mais dix ans plus tard, des travaux de maintenance sont nécessaires, les composants électroniques sont fragiles.

MIATOURS

Vrata sv. Krševana
✆ +385 23 254 300
www.miatours.hr
Ouvert tous les jours en été de 8h à 16h, le vendredi ferme à 17h, le samedi de 9h à 16h, le dimanche de 14h à 16h.

Spécialiste de la vente ou location de bateaux à grande vitesse, l'agence Miatours connaît bien l'archipel de Zadar, les îles Zverinac, Božava, Sestrunj, Rivanj, Premuda, Silba, Olib, Unije, Mali et Veli Lošinj, Ilovik, où elle organise des excursions. Elle vend également les billets pour le catamaran, qui fait la rotation Zadar-Pula en passant par Unije, Susak, Mali Lošinj, Ilovik, Silba (2 fois par semaine, 6 heures de trajet environ). Bon à savoir : devant l'agence, après le pont Sveti Krsevan, se trouve une consigne à bagages (Garderoba) bien pratique.

FERAL TOURS

Don Ive Prodana 7
✆ +385 23 312 425
www.feral-tours.com
Ouvert tous les jours en été. En basse saison, en semaine seulement de 9 h à 15 h.

Une agence proche de l'église Sveti Šime dans le centre historique, qui s'est spécialisée dans la location de bateaux de luxe. Elle met à disposition de ses clients un catalogue de yachts, catamarans, avec ou sans skipper. Services haut de gamme donc pour des navigants exigeants qui souhaitent découvrir la Dalmatie par la mer adriatique. Peut vous aider également dans la recherche d'hébergement en ville, organiser le séjour en mer, des itinéraires marins d'îles en îles, des mini-croisières, des descentes de rivières en rafting.

KAYAK & BIKE ADVENTURE

Plaža Borik
✆ +385 95 900 3575
kayaktours-croatia.com
Location et excursion de 1, 2 à 3 jours.

Au bout de la rue Emanuela Vidoviča, prendre à gauche sur la plage pour le local de cette petite entreprise. L'équipe propose des grands kayaks et des vélos. On peut opter pour différentes formules, visite de la ville, excursion sur les îles, Pag, Hvar ou Dugi Otok, avec nuits au camping, montées aux différents points de vue panoramiques, grottes, le tout ponctué de baignade, plongeons, parties de rames et pause relaxation, sans oublier la phase clubbing à Pag sur la plage de Zrće. Résultats des courses, soleil, plage, mer, effort et ambiance festive.

MALIK ADVENTURES CROATIA

40 Molat
✆ +385 91 784 75 47
www.malikadventures.com
Ouvert tous les jours en été

Les jeunes passionnés qui ont monté cette agence connaissent bien l'archipel de Zadar. L'idée ? Vous faire découvrir des perles insulaires moins fréquentées. La petite île de Molat, par exemple, au large du phare de Veli rat. L'équipe y a des attaches familiales. Elle propose des journées ou des séjours à la découverte de trois îles (demi-pensions), des sorties en mer, plongées, kayak, yoga. En hiver, c'est dans les Alpes slovènes, italiennes ou autrichiennes que les vacances ski/rando s'organisent. Plus d'infos sur le site Internet.

ZADAR ARCHIPELAGO

Obala kneza Trpimira 2 ✆ +385 99 627 3333
zadar-archipelago.com
Ouvert tous les jours en été. Réservation des excursions sur le site Internet ou par téléphone de 8h à 20h.

Une jeune équipe qui propose des traversées rapides en Zodiac, organise des journées ou demi-journées en mer en petit groupe (maximum 12 personnes) sur des itinéraires autour des îles Dugi Otok, la plage de Sakarun, dans l'archipel des Kornati. Au programme, une mini-croisière décontractée, la découverte de criques et de grottes, des promenades à terre, un déjeuner, des pauses baignade et du snorkeling. Ces sorties en mer sont plus agréables que celles de la plupart des gros concurrents excursionnistes. Loue également des bateaux, avec skipper et guide.

AÉROPORT DE ZADAR (ZRAČNA LUKA)

Zemunik Donji
✆ +385 23 205 800
www.zadar-airport.hr

À 9 km au sud-est de Zadar, l'aéroport est desservi par différentes compagnies européennes (Lufthansa, Intersky, Germanwings, Ryanair, Danube Wings). Pour la France, des vols Ryanair partent de Paris et Marseille. Deux vols quotidiens sont disponibles pour Zagreb *via* Croatia Airlines (45 minutes). Pour rejoindre le centre-ville (gare routière, centre historique), vous trouverez des taxis ou des bus Liburnija (25 kn). Pour les vols panoramiques sur l'Adriatique, contacter Air Action.

GARE FERROVIAIRE (ŽELJEZNIČKA STANICA)

Ante Starčevića 4
✆ +385 60 333 444

Mitoyenne de la gare routière, la gare ferroviaire régionale, qui fait un peu Far West, paraît très calme comparé au trafic permanent que l'on trouve au terminal des autocars et bus. Quelques trains circulent cependant, notamment la ligne Zagreb-Split, qui fait un arrêt à knin, où il faut prendre un autre train ou un car pour arriver à Zadar. Un trajet en train qui dure beaucoup plus longtemps qu'en car et n'offre pas le plaisir visuel des routes du littoral dalmate.

GARE ROUTIÈRE (AUTOBUSNI KOLODVOR)

Ante Starčevića 1
✆ +385 60 305 305
www.liburnija-zadar.hr
Ouverte tous les jours du matin au soir. Achat des billets au comptoir des agences ou dans le bus.

Grosse infrastructure où de nombreuses compagnies d'autocars assurent des trajets réguliers en partance et provenance de Zadar. Par exemple, Autotrans-Arriva propose des tickets quotidiens pour Zagreb-Split-Dubrovnik, l'Istrie, l'île de Korčula, etc. Flixbus, la compagnie européenne, y a implanté son point de vente, Liburnija Bus assure des rotations quotidiennes avec l'aéroport. Les taxis proposent la course pour l'aéroport (bon marché si l'on est à 3 ou 4 personnes).

LIBURNIJA BUS

Ul. Ante Starčevića
✆ +385 23 316 915
www.liburnija-zadar.hr

Cette compagnie assure les transferts des voyageurs à l'aéroport. Départ et arrivée à la gare routière (quai n° 8). Les horaires de la ligne peuvent être consultés sur le site Internet de l'aéroport. Pour le réseau urbain, il faut sortir de la gare, se placer à l'arrêt de bus central sur la grande avenue Ante Starčevića et choisir son bus selon sa destination. Les bus n° 2, 4 et 9 vous déposent aux portes de la vieille ville, côté pont (Gradi Most) ou côté forum (Narodni Trg). Pour la marina, les accès à la mer, bus n° 5 et 8 (Puntamika, Borik, Diklo).

VIEUX-PORT / FERRIES

Liburnska Obala 4
✆ + 385 23 254 800
www.jadrolinija.hr

La compagnie maritime Jadrolinija dispose de deux ports. Le plus ancien, sur les quais du centre historique, en face de la Porte de la Mer, propose des traversées en ferries pour passagers sans véhicules vers les îles de l'archipel de Zadar (Ugljan, Preko, Molat, Dugi Otok et Sali, aux portes marines des Kornati). La compagnie G & V Lines assure également un service de catamaran rapide, un aller-retour quotidien entre Rijeka et Zadar.

Le second port, récemment construit, (Zadar Gaženica) se situe dans la zone industrielle, entre l'aéroport et les chantiers navals.

BOUTIQUE HOSTEL FORUM €

Siroka ulica 20
✆ +385 23 250 705
www.hostelforumzadar.com

La nuit en dortoirs (2, 4 ou 6) de 17 à 21 € par personne. Chambres singles de 55 € à 100 € (petit déjeuner inclus).

Dans un immeuble moderne situé en surplomb du forum romain, une auberge de jeunesse nouvelle génération, aménagée sur le modèle des fameuses capsules hostels asiatiques. Cadre ultra design, style épuré et, en étage, dans les chambres privées de luxe, minibar, coffre-fort, téléphone, télévision et vue sur le site antique et médiéval ou sur la mer. En dortoirs de 2, 4 ou 6 lits, douche et toilettes à l'intérieur, tous avec la connexion wifi, la climatisation, l'insonorisation. Une salle de détente commune originale, une cuisine, un patio, des infos touristiques.

HOSTEL KOLOVARE €

Kolovare 9 a
✆ +385 23 386 045

La nuit en dortoir de 150 à 180 kn selon le nombre de lits.

Cette auberge de jeunesse, à deux pas de la plage Kolovare, du Hich Bar, est à 10 minutes à pied de la vieille ville, avec arrêt de bus interurbain à proximité. Ne pas confondre avec l'hôtel Kolovare juste à côté. Des couleurs vives dans tous les espaces, des balcons avec vue sur l'archipel, un espace cuisine avec télé, le wifi gratuit et un accueil sympathique. Pensez à réserver car l'établissement est petit (3 dortoirs de 5 à 9 lits). S'il n'y a plus de place, la direction vous dirige vers l'Hostel 4 You, du côté du pont (Most), à côté de la médiathèque.

HÔTEL RESTORAN MEDITERAN €

Put Matije Gupca 19 ✆ +385 23 337 500
www.hotelmediteran-zd.hr

La chambre double de 67 € à 113 € la nuit, selon la saison et la catégorie (petit déjeuner inclus).

Dans le quartier Borik, un hôtel balnéaire à la décoration classique pour ceux qui cherchent un endroit pas trop cher, propre et accueillant. 30 chambres doubles de bon standing, dont 6 plus grandes qui permettent d'ajouter des couchages, ce qui conviendra aux familles ou aux groupes (au maximum 4 personnes). Un restaurant terrasse, agréable pour le petit déjeuner ou pour le dîner avec la connexion wifi, la piscine et le parking gratuits. A proximité, la station des bus qui vous déposent en centre-ville, aux portes de la cité historique, à la gare routière.

YOUTH HOSTEL ZADAR €

Obala kneza Trpimira 76
✆ +385 23 331 145
www.hfhs.hr

Selon la saison, 1 nuit en dortoir : 26 à 35 €, en chambre privée (1 à 5 pers) de 35 à 118 € (petit déjeuner inclus).

L'auberge de jeunesse, qui appartient à la fédération nationale (Omladinski Hostels), se situe dans le quartier de Borik, près de la marina de Zadar. Un peu éloigné du centre historique (à 5 km), il est bien desservi par les bus. Le lieu a l'avantage d'être au calme dans un site urbain et balnéaire. Bon accueil pour les jeunes comme pour les moins jeunes : tout le monde est le bienvenu. Des chambres pour deux avec lits superposés et des dortoirs propres, des sanitaires et toilettes dans les couloirs, une grande terrasse pour se détendre.

ALMAYER ART & HERITAGE HOTEL €€

Ul. Braće Bersa, 2
✆ +385 23 335 357
www.almayer.hr

Les chambres et suites selon la saison et la catégorie de 197 € à 299 € la nuit (petit déjeuner inclus).

Ouvert en juin 2017, cet établissement aux allures de galerie d'art contemporain est situé dans la vieille ville, à quelques mètres des Orgues Marines. Certaines chambres climatisées tout confort sont pourvues d'un coin salon, de douches à l'italienne. A l'heure du petit déjeuner, les résidents et clients de l'extérieur sont invités à s'installer sous la véranda ouverte sur le jardin. Midi et soir, les menus gastronomiques sont accompagnés d'une bonne carte de vins locaux.

B&B KUĆA BAJLO €€

Andrije Kačića Miošića 3a
✆ +385 23 312 843
www.bajlo.com

Chambres doubles de 75 à 85 € selon la saison (petit déjeuner inclus). Location de vélos, excursions.

Dans le vieux quartier d'Arbanasi, cette maison d'architecte s'apprécie déjà de l'extérieur. Les cinq chambres design donnent sur un balcon tournant avec vue sur le jardin, l'église et la mer. Les sympathiques propriétaires peuvent vous aider à organiser votre séjour : transferts aéroport, location vélos, excursions petits groupes, sortie en mer, conseils sur les restaurants, etc. Une adresse originale pour se ressourcer à Zadar. La maîtresse de maison, qui cultive ses fruits et légumes et son carré de simples, prépare de bons petits déjeuners bio et copieux.

HOTEL DELFIN €€

Kresimirova Obala 98
✆ +385 23 332 019
http://hotel-delfin.com.hr

Chambres de 52 € à 110 € la nuit, selon la saison et la catégorie (petit déjeuner inclus).

Dans le quartier de Diklo, en face d'un petit embarcadère, l'hôtel balnéaire est bien situé. Un peu éloigné du centre historique, mais bien desservi par les bus urbains, il présente l'avantage de se sentir en vacances en ville. Un espace détente, avec transats, hamacs et jacuzzi, a été aménagé sur le toit-terrasse d'où la vue sur la mer est magnifique. Les chambres sont petites mais bien agencées, confortables et lumineuses. Le petit déjeuner est servi au rez-de-chaussée, où l'on trouve aussi une bibliothèque et des fauteuils pour se poser.

HÔTEL KOLOVARE €€

Bože Peričića 14
✆ +385 23 211 017
www.hotel-kolovare.com

Ouvert toute l'année. Chambres de 91 € à 169 € la nuit, selon la saison et la catégorie (petit déjeuner inclus).

Dans le quartier balnéaire du même nom, ce grand hôtel à étages, pour partie rénové, est bien situé en ville active, entre mer, *beach-bar*, restaurants, gares, commerces. Le centre historique, bien desservi par les bus urbains, est à 2 km. Les chambres climatisées possèdent la connexion wifi gratuite, un minibar, un balcon, certaines avec vue sur le canal et les îles. Les résidents ont accès au jardin, au restaurant-bar, au salon de coiffure, à l'espace bien-être, à la piscine et aux équipements sportifs, notamment aux courts de tennis.

ART HOTEL KALELARGA €€€

Ulica Majke Margarite 3
✆ +385 23 233 000
www.arthotel-kalelarga.com

Chambres et suites : 174 € - 249 € la nuit selon saison et catégorie (petit déjeuner inclus). Plats : 80 kn-140 kn.

Dans une impasse perpendiculaire à la rue Kalelarga, proche du centre et calme à la fois, cet hôtel contemporain est élégant. Une dizaine de chambres et suites confortables, où la pureté des lignes, l'harmonie chromatique invitent au repos. Toutes sont équipées de la clim, connexion wifi, d'un minibar. Le café-restaurant est ouvert toute la journée. Ici, on apprécie une boisson chaude ou fraîche, une pâtisserie, un cocktail. Aux déjeuner et dîner, des plats frais de saison sont servis accompagnés d'un verre de vin de la région ou d'une coupe de champagne.

HÔTEL BASTION €€€

Bedemi zadarskih pobuna 13
✆ +385 23 494 950
www.hotel-bastion.hr

Ouvert toute l'année. Chambres et suites de 128 € à 256 € selon la saison et la catégorie. Menus de 150 kn à 360 kn.

A l'ouest de la ville, près de l'arsenal et attenant aux remparts, cet hôtel de luxe est reconnaissable à son corps de logis de style médiéval vénitien. L'intérieur contemporain d'influence baroque comporte 21 chambres doubles et trois suites, toutes aménagées avec le confort moderne (clim, coffre-fort, téléphone, minibar, télévision à LCD, Wifi gratuit). Pour la détente, un centre de bien-être, un lounge bar dans le jardin au calme. La terrasse panoramique domine toute la ville. Sur la carte du restaurant Kastel, la cuisine internationale est de qualité.

GUEST HOUSE ROKI & DIVA €

Novogradiška ul. 5g
✆ +385 91 768 1958
2 chambres doubles et 1 simple de 20 à 30 € selon la saison.

Cela fait plusieurs années que Rozelina, propriétaire sympathique, loue trois chambres indépendantes à l'étage de sa maison. Celles-ci sont simples, propres et économiques avec salles de bains privatives, cuisine commune au rez-de chaussée, connexion wifi et parking gratuit. Le grand avantage de cette adresse, c'est la proximité immédiate des deux gares, routière et ferroviaire, des arrêts de bus urbains et des navettes de transfert à l'aéroport. Il y a aussi les centres commerciaux. La plage Kolovare n'est qu'à 1 km. Le plus, c'est la qualité d'accueil.

SUNSET RED APARTMENT €€

Velebitska 2
✆ +385 97 753 6595
En été, la nuit 140 € (3 personnes au maximum).

Sur la rive droite du vieux port, côté ville active, l'immeuble moderne est imposant avec sa dizaine d'étages. Mais une fois dans l'appartement, la vue depuis le balcon au huitième est franchement belle. À proximité du pont, on domine toute la cité historique et les couchers de soleil sont superbes. Bien équipé, le grand intérieur (50 m^2 environ) avec salon, cuisine, deux chambres, salle de bains et sanitaire, comporte tous les équipements de confort contemporain. Le couple sympathique qui gère l'appartement facilite votre installation.

BOULANGERIE PEKARA KOD PERE €

Obala kneza Branimira 10
pekara-kod-pere.eatbu.hr
Ouverte tous les jours 24h/24.

Une boulangerie-sandwicherie qui assure le service *non stop* à Zadar ? Ici, tout le monde connaît le fameux point de vente qui assure le service *non stop* juste à la sortie du pont, quai Branimir, du café matinal au petit déjeuner (brunch sucré-salé, pain frais, croissants, bureks au fromage ou à la pomme) au snack sandwichs, parts de pizza et pâtisseries pour déjeuner ou dîner sur le pouce. Quelques tables pour consommer sur place ou à emporter. Attention aux nuisances sonores la nuit.

RESTAURANT 2 RIBERA €

Ul. Blaža Jurjeva 1
✆ +385 0 23 213 445
www.2ribara.com
Ouvert tous les jours en été, de midi à minuit. Plats de 90 à 150 kn.

© RESTAURANT 2 RIBERA

Dans ce restaurant, qui a une tradition de plus de cinquante ans derrière lui, on vit avec son temps. On a rénové les murs, changé la déco, mais l'atmosphère générale reste classique. Un endroit moderne et sophistiqué, avec une grande salle et une terrasse. Pour cette raison, la maison est connue pour ses réceptions et l'accueil de groupes. Le restaurant propose une cuisine soigné, notamment du poisson frais ou des plats de viande, des pâtes italiennes, des pizzas, le tout pouvant être accompagné d'un vin local sélectionné de la région de Zadar.

RESTAURANT ROKO €

Put Dikla 74
✆ +385 23 337 337
www.restaurantroko.com
Ouvert du lundi au samedi de 11h à 23h, le dimanche de 18h à 23h. Plats de 60 kn à 350 kn (homard entier).

Un restaurant familial que vous trouverez sur la longue avenue qui mène à Borik, le quartier balnéaire. Pêcheur et chef cuisinier, Drago Olić-Roko, le propriétaire, a donné son nom au lieu, et c'est lui qui choisit les poissons servis ici ! On peut commencer par une salade de poulpe, continuer sur un poisson entier grillé mais il faut aussi goûter la spécialité maison, les spaghettis au homard. Les plateaux de viande grillée sont excellents également tout comme les pizzas. Sur place ou à emporter. Belle terrasse et personnel aimable.

HARBOR COOKHOUSE & CLUB €€

Obala kneza Branimira 6a ✆ +385 23 30 15 20
www.harbor.hr

Tous les jours en été de 8h à 23h30 (plus tard pour les soirées DJ). Plats entre 30 et 680 kn le plateau de grillades.

Sur le site de l'ex-Maraschino, totalement rénové dans un style industriel, le café-terrasse restaurant-discothèque est divisé en plusieurs sections. On y accède en longeant jusqu'au bout le quai de la rive droite. Inspirés du site portuaire, les grands espaces reprennent l'idée des intérieurs de navires et paquebots anciens. Éléments en bois et acier, étagères pour les pots de conserve, luminaires suspendus, tables et chaises en bois et ferronnerie… Côté cuisine, bonne formule tex-mex, produits de la mer, le thon particulièrement.

HÔTEL-RESTORAN NIKO €€

Obala kneza Domagoja 9
✆ + 385 23 337 888
www.hotel-niko.hr

Chambres de 106 €-182 € la nuit (petit déjeuner inclus). Plateau de poissons (2 personnes) autour de 73 €.

Proche de la marina Borik, Niko reste l'un des restaurants les mieux cotés de Zadar depuis une cinquantaine d'années. La salle à manger a gardé son mobilier bourgeois, le piano à queue, le miroir ancien. Le grand aquarium, vivier à homards, lui donne du cachet. Appréciée pour sa cuisine de pêcheur soignée, la maison familiale a tout de la tradition hôtelière. Située sur le Lungomare, elle propose des chambres classiques, confortables (clim, Wifi gratuit, minibar), certaines avec balcon et une vue panoramique sur la mer et la cité historique.

LUNGO MARE €€

Obala kneza Trpimira 23
✆ +385 23 331 533
www.lungo-mare.com

Ouvert tous les jours de 10h à 23h. Plats chauds de 65 kn à 420 kn (plateau de poissons pour 2 personnes).

Sur la promenade de la mer, à l'abri des pins, la terrasse du restaurant surplombe la marina. Dans ce cadre balnéaire agréable, surtout le soir au coucher du soleil, la cuisine méridionale et les produits frais de la pêche sont à l'honneur. Une carte courte et équilibrée, dans laquelle on retrouve des pâtes fraîches à l'encre de seiche, des lasagnes maison, un risotto aux fruits de mer, des grillades de viandes et de poissons, accompagnées de frites ou de la traditionnelle blitva (écrasé de pommes de terre/pousses vertes à l'huile d'olive).

RESTAURANT BRUSCHETTA €€

Mihovila Pavlinovića 12 ✆ +385 23 312 915
www.bruschetta.hr

Ouvert tous les jours de midi à 23h. A la carte, compter de 60 kn à 130 kn le plat.

Ouvert en 2010, sur un site archéologique important, le Bruschetta a un emplacement de choix. Ainsi, depuis la terrasse, on découvre les fondations de l'enceinte romaine. Un dîner romantique en perspective, si vous avez la chance d'avoir une table avec vue sur le front de mer au coucher du soleil. L'intérieur est élégant. Si le lieu a d'emblée acquis une bonne réputation, c'est aussi pour sa cuisine italienne et dalmate de qualité. Des grandes tartines garnies, bien sûr, mais aussi des pizzas et autres pâtes fraîches faites maison. Sur place ou à emporter.

RESTAURANT PET BUNARA €€

Stratico ul 1 ✆ + 385 23 224 010
www.petbunara.com

Ouvert tous les jours en été de 11h à 23h. Compter 75 à 150 kn le plat.

Cette konoba familiale (à ne pas confondre avec la pizzeria Tri Bunara) est devenue l'un des restaurants cotés en ville. On sent ici un goût pour la cuisine nouvelle tout en utilisant les recettes traditionnelles croates comme la *pašticada*, plat dalmate (bœuf braisé et marinade de légumes au vin rouge accompagnée de gnocchis). Les produits locaux comme la figue ou les airelles entrent dans la composition de la sauce aigre-douce et du sucré-salé autour de la viande. Les pâtes fraîches maison sont aussi revisitées, les desserts dignes d'un maître pâtissier.

RESTAURANT ZADAR JADERA €€

Ulica Brne Krnarutica 4 ✆ + 385 23 251 859
www.zadarjadera.com

Ouvert du lundi au samedi de 11h à 22h (fermé le dimanche). Plateau de poissons pour 2 personnes, 440 kn.

Rares sont les occasions de s'attabler aux pieds d'une église ! C'est l'expérience romantique que propose la terrasse de ce restaurant installée sur une place calme, dans le voisinage direct des chapelles rayonnantes de Saint Chrysogone. Sur la carte, une cuisine traditionnelle de la Dalmatie, terre et mer, des salades complètes, beaucoup de grillades et de copieuses formules à partager, des plateaux de poissons, crustacés ou viandes grillés, servis avec légumes méridionaux ou la blitva familiale (écrasé de pommes de terre avec des blettes à l'huile d'olive).

RIBLJI RESTORAN FOŠA €€€

Ul. Kralj Dmitra Zvonimira 2
✆ +385 23 314 421
www.fosa.hr
Ouvert tous les jours de 11h à 23h. Plats de 70 kn à 200 kn.

Juste à l'entrée de la ville par la porte de la Terre ferme, la terrasse du restaurant possède une vue panoramique imprenable sur le bras de mer canalisé de Zadar (Foša) et sur la baie. Cadre romantique pour l'un des restaurants de poissons les plus réputés de la ville. Il est donc indispensable, vous vous en doutez, de réserver en haute saison. Sa carte, mélange de cuisine traditionnelle et moderne adriatique, met à l'honneur les grillades de poissons régionaux, les recettes méridionales à l'huile d'olive... Savoureux et sain.

BEACH BAR BAMBOO

19 Obala kneza Domagoja
✆ +385 99 334 4146
Ouvert tous les jours en été midi et soir.

Dans le quartier balnéaire de Borik, la vue est imprenable sur la baie et sur la vieille ville de Zadar. Ce sympathique bar de plage est situé juste à côté du phare Puntamika. Il a su rester simple et accueillant à la fois. On vient ici toute la journée pour commander un bon café ou l'un des cocktails maison, mais le meilleur moment, c'est à l'heure de l'apéritif, quand on peut savourer sa boisson fraîche, avec ou sans alcool, tout en admirant le coucher du soleil. Un rendez-vous incontournable des locaux que les touristes sont bien heureux d'avoir découvert !

BUFFET TRAMONTO

Obala Petra Krešimira IV
✆ +385 98 797 377
www.tramonto-zadar.hr
Ouvert toute l'année, tous les jours de 10h à minuit.

Sur la riva, dans un quartier résidentiel privilégié, l'établissement profite d'une terrasse panoramique imprenable. Parfait pour commander une boisson chaude ou froide, une glace ou un apéritif face à la mer, sans vis-à-vis ni voiture. Ici, il y a de l'espace et du calme, la vue sur l'île d'Uglan, le splendide coucher du soleil de Zadar. Une vaste salle intérieure, que l'on apprécie quand il fait frais. La carte de cette brasserie dalmate (pâtes, risottos, grillades, pizzas, etc.) est moins épatante, mais on n'est pas obligé d'y manger.

CAFFE BAR FAST FOOD BRANIMIR

Obala kneza Branimira 10A
✆ +385 21 844 555
Ouvert tous les jours en été de 8h à 23h.

Vous ne pouvez pas le rater, c'est le seul café-brasserie sur lequel débouche le célèbre pont (Most) de Zadar. Terrasse avec vue imprenable sur le bras de mer entre la cité historique et la ville active. Bon spot pour regarder l'activité du vieux port et accessoirement les gens qui se promènent. Le lieu est très prisé en fin de journée – l'apéritif, donc – avec les derniers rayons de soleil. Pour ce qui est de la restauration rapide, l'enthousiasme est plus limité !

CAFFE BAR FORUM

Široka Ulica 3
✆ +385 23 205 554
Ouvert toute l'année du matin au soir.

C'est l'immanquable rendez-vous du centre historique, avec, d'un côté, la vue sur les vestiges archéologiques et la tour campanile et, de l'autre, sur la rue Kalelarga, l'artère principale piétonne. On ne peut plus central ! Une grande terrasse au soleil toute la journée, très chaude en été, plus agréable hors saison. Ce café-bar très attractif, est aux premières loges lors d'événements festifs, sportifs ou musicaux de la place antique. On peut aussi s'installer sous les arcades avec les locaux (typiques !) ou à l'intérieur.

CAFFE BAR MAREX

Obala kneza Trpimira 13
Ouvert tous les jours en été de 8h à 22h.

Sur la promenade de la mer qui mène à la marina, après le Caffe Bar Barka, il y a le Caffe Bar Marex, plus modeste. Tous deux ont la vue sur la mer, mais c'est le Marex qui impressionne le plus, avec sa terrasse panoramique sur la vieille ville flottant sur l'Adriatique. Au coucher du soleil, les derniers rayons semblent vous irradier au son des vagues. Le service est rapide et sympathique, les prix abordables. Parfait pour l'apéritif, juste avant d'aller dîner au Lungo-Mare tout proche mais aussi pour le premier café ou le petit déjeuner. Bonnes glaces également.

CAFFE BAR TEQUILA SUNRISE

Punta Bajlo

Ouvert tous les jours en été de 9h à minuit.

Sur la petite presqu'île, au bout du vieux quartier Arbasani, on trouve encore des maisons de pêcheurs qui s'harmonisent avec les constructions modernes. Ce beach bar modeste, avec ses tables et chaises à l'ancienne, a pourtant tout pour lui : une superbe terrasse qui domine la mer, un escalier pour descendre se baigner, une ambiance jeune avec musique cool, boissons fraîches, avec ou sans alcool, cocktails, et de superbes couchers de soleil. Simple et authentique. Pourvu que ça dure !

THE GARDEN LOUNGE

Bedemi zadarskih pobuna bb

✆ +385 23 364 739

www.thegardenzadar.com

Ouvert tous les jours en été uniquement, de 10h30 à 1h30.

Dans un jardin suspendu donnant sur la mer, ce bar lounge a su s'adapter aux nouvelles tendances musicales en passant de l'ambiance électro minimaliste au jazz, reggae, pop. C'est une excellente adresse pour se détendre en fin de journée sur les coussins du caillebotis. On s'installe aussi près des remparts pour la vue imprenable sur le va-et-vient des bateaux et le coucher du soleil ! Service de restauration également. A Tisno, l'entreprise gère aussi un *beach club* (The Garden Resort) et lancé le grand rendez-vous de musique électronique (The Garden Festival).

KAVANA SVETI LOVRE

Narodni trg 1

✆ +385 23 212 678

Ouvert tous les jours de 7h à 22-23h.

Un des cafés-bars historiques de la cité occupant le site d'une église médiévale. Aujourd'hui, les gens s'installent plutôt en terrasse sur la fameuse place du Peuple, où il y a souvent des concerts. Mais il faut entrer dans l'établissement, passer le premier grand espace avec design intérieur minimaliste et comptoir moderne pour découvrir la petite salle pré-romane, parfaitement restaurée, avec arcs en plein-cintres, quatre colonnes surmontées de chapiteaux corinthiens. La pièce est réservée pour les événements institutionnels, les banquets.

MARCHÉ DE ZADAR

Hrvoja Hrvatinica

Près de la place du Peuple (Narodni Trogir).
Ouvert tous les matins de 7h à 13h.

De nombreux étals de fruits et légumes de saison, des huiles d'olives artisanales, des fromages de Pag (fromagerie Gligora), du miel, du pain, du vin. Pour ceux qui peuvent cuisiner, le marché de viande couvert se trouve sur le côté droit de la place à l'opposé du marché aux poissons. Côté produits gourmands, le maraschino, bien sûr, la liqueur à base de cerises acides, les liqueurs (*rakija*), aromatisées aux herbes (medica) ou aux noix, les vins régionaux. Plus léger, le marque-page que les bénédictines du couvent de Sainte-Marie ornent avec des pétales de fleurs.

THE FACTORY BAR

Ruđera Boškovića 4

✆ +385 97 730 2662

Ouvert tous les jours en été de 8h à 1h.

Le Factory a vraiment un look de bar américain ! On se croirait à New York. Rien ne manque pour filer la ressemblance, murs de briques, néons urbains, cocktails sophistiqués. Le lieu s'est rapidement imposé comme un bar de jour et de nuit, où la jeunesse zadaroise et les touristes se donnent rendez-vous. L'ambiance monte d'un cran pendant les soirées DJ ou les matchs de foot. C'est le spot animé par excellence où boire des boissons chaudes ou fraîches en journée, des alcools, cocktails ou shooters le soir et même venir danser lors des soirées DJ.

LOUNGE & BAR LEDANA

Perivoj Kraljice Jelene Madijevke

✆ +385 98 630 760

www.ledana.hr

Ouvert tous les jours en été de 8h à minuit (plus tard pour les soirées musicales).

Dans le jardin public de la reine Jelena Madijevke, créé au XIXe siècle, ce bar lounge et club occupe toute l'aile nord du parc historique. L'établissement a vu grand à son ouverture il y a quelques années. Tables basses et sofas dispersés largement dans la verdure, terrasse en escaliers, bar et club dessinés par un architecture dans une fausse grotte, murs de glace et musique électro qui augmente au fur et à mesure que la journée avance. Dans cet environnement insolite, ouvert aussi en journée, la direction propose des pauses relaxantes au frais, des soirées DJ.

PAG ★★

Les rafales de vent balaient régulièrement la surface des terres, ce qui par endroits donne au paysage un côté quasi lunaire. Dans le nord cependant, sur des parcelles agricoles abritées, des coteaux de vigne s'y plaisent, alors que les oliviers centenaires près de Lun bénéficient aujourd'hui d'une zone botanique préservée. Dans le sud, c'est la production de sel marin qui fait vivre les Pagois. Les arts et traditions populaires y sont encore vivants, comme le bel ouvrage des dentellières, les produits gourmands, le fameux paški sir, fromage de brebis réputé, ou encore le miel de sauge.
Nature aride certes, mais aussi de superbes vues panoramiques, le patrimoine historique de cité ancienne (Stari Grad Pag), des marais salins que l'on peut visiter, une large baie (11 km de plage de sable), une marina bien abritée à Šimuni. Lokunje Beach. La plage de galets de Novalja est située au sud de la baie. Peu profonde, l'eau de la mer y est plus chaude qu'ailleurs. Entourée d'une ceinture verte, elle offre des coins agréables l'été pour se reposer à l'ombre des pins maritimes. Mais en juillet-août, ce n'est pas de tout repos, cette portion de l'île devient le territoire de vacanciers amateurs de clubbing. L'autre attrait de l'île, ce sont les beach-bars clubs de Novalja, leurs festivals de musique électronique qui attirent de nombreux fêtards.

Sports / Loisirs

Où se baigner ? La baie de Pag est bordée de 20 km de plages de galets et de sable qui se succèdent avec plus ou moins d'équipements (Golija, Kozlinjak, Dubrava, Bosana, Tartanovo, Sveti Marko, Sveta Marija, Filino et Ručica Metajna) pour des vacances calmes et en même temps actives, familiales avec enfants, ou entre amis, riches en divertissements.

Transports

En voiture. À partir de la route de Zadar, un pont relie l'île au continent.

En bus. Plusieurs liaisons quotidiennes entre Pag ville et Zadar, Split, Zagreb et Rijeka. Pour les transports intérieurs, des bus réguliers pour Novalja, un peu moins pour l'embarcadère de Lun, complètement au nord de l'île. Arrêt de bus au port.

En bateau. En été, entre 5h30 et 23h30, des ferries de la compagnie Jadrolinija partent toutes les heures du port de Prizna pour Žigljen (Pag). Compter 30 minutes de trajet. Pour la liaison Rab-Novalja, c'est un gros catamaran de la compagnie qui fait la liaison, entre les deux îles, trois fois par jour en haute saison. *Idem* pour Rijeka-Novalja, un catamaran rapide par jour.
Infos : www.jadrolinija.hr
Un petit bateau privé part du port de Rab tous les jours à midi pour le village de Lun à la pointe nord de l'île de Pag (passagers seulement). Puis prendre un bus ou un taxi pour Novalja.

En vélo. Avec son relief relativement plat, l'île de Pag se prête parfaitement au cyclotourisme. Dans les offices de tourisme de Pag, Novalja, Kolan ou même Zadar, se renseigner sur les loueurs de vélos et demander la carte routière avec les tracés des pistes cyclables et les circuits indiqués (Island of Pag/Cycle Tourism Map).

Plongée sous-marine dans les eaux de l'île de Pag.

ÉGLISE DE L'ASSOMPTION DE LA SAINTE VIERGE MARIE ✝ ★

ul Juraj Dalmatinca 6

De son nom en croate Crkva Uznesenja Blazene Djevice Marije. Blanche immaculée, sur un parvis qui l'est tout autant, la façade de la cathédrale éblouit lorsqu'on arrive par les ruelles qui l'entourent. Construite au XVe siècle, cette église gothique et Renaissance se fond naturellement dans le décor de pierre calcaire au style italianisant de la place. A l'intérieur, dans la chapelle de droite, se trouve un crucifix remarquable en bois, datant du XIIe siècle.

MUSÉE DE LA DENTELLE [ČIPKA MUZEJ] ★

Square Petar Krešimir IV
www.paska-cipka.com
Ouvert en été seulement tous les jours 9h-12h et 19h-22h. Tarif 10 kn. Le reste de l'année sur rendez-vous.

Le musée expose cet artisanat toujours pratiqué. Élaborée au fil du temps par les femmes de Pag, la dentelle décorait le costume puis vint comme ornementation du linge de maison. L'exposition présente les plus beaux travaux de l'île. Des femmes, assises devant les maisons, vous montrent aussi leurs ouvrages dans l'espoir de les vendre. Elles ont parfois les bras gonflés par ce travail fatigant ; on peut donc comprendre qu'un petit morceau de dentelle puisse coûter 200 kn au minimum.

MUSÉE DU SEL [STALNA IZLOŽBA SOLARSTVA] ★

Vlahe Bukovca br. 2 23250
Ouvert tous les jours en été, de 10h à 12h et de 20 à 22h. Entrée 10 kn

A partir du XVe siècle, la Sérénissime s'intéresse particulièrement aux ressources naturelles de l'île, le sel notamment. Pag compte de nombreuses salines, qui ont contribué à son enrichissement. A l'époque, Zadar et Rab se disputent avec Venise pour la possession de cette matière première. Vendu à bon prix, le sel assurait de confortables revenus à la population, attisait les convoitises. Tout un pan de l'histoire que l'on découvre dans les anciens entrepôts.

OFFICE DE TOURISME DE PAG

Od Špitala 2
✆ +385 23 611 286
www.tzgpag.hr
Ouvert tous les jours en été de 8h à 22h, en hiver de 8h à 16h en semaine.

Dans une ruelle perpendiculaire à la place de la cathédrale, à côté d'une banque, cette agence réceptive délivre des renseignements sur l'hébergement (hôtels, locations saisonnières), les partenaires touristiques qui organisent les visites guidées, les excursions dans les parcs nationaux de Dalmatie, les sorties en mer, les activités sportives que l'on peut faire à Pag, l'agenda culturel. Demandez ici le plan de l'île avec les pistes cyclables, les plages et les criques.

FROMAGERIE SIRANA GLIGORA ★

Figurica 22/A
✆ +385 23 698 052
www.gligora.com
Ouverte tous les jours de 8h à 20h30. Visite-dégustation de 1 heure : 65 kn.

L'île est réputée pour la qualité du fromage de brebis, nourries aux herbes sauvages de l'île, a une saveur particulière. Avant sa maturation, il est frotté d'huile d'olive. La production Gligora est la plus prospère, à la fois artisanale et high tech. On peut visiter les caves d'affinage et les salles entrepôts. Dégustation gratuite et vente de *paški sir*, *kozlar* (lait de chèvre), *žigljen* (lait de brebis et de vache), *sir ružmarinom*, roulé dans les feuilles de romarin séchées.

HÔTEL BISER €

Ul. Antuna Gustava Matoša 8
✆ + 385 91 528 7078
www.hotel-biser.com
Chambre ou studio de 52 € à 86 €, la nuit, selon la saison et la catégorie (petit déjeuner inclus).

Sur la rive gauche du bras de mer, dans la zone résidentielle de Pag (1,5 km du centre historique), l'hôtel Biser est agréable. On apprécie particulièrement pour son emplacement tout près d'une plage de sable, au calme car assez éloigné de l'animation des bars-terrasses. Pour se loger, des chambres et des studios, certains avec vue sur la mer. Pour un séjour en demi-pension, un restaurant attenant qui sert une cuisine régionale. A proximité, des équipements sportifs, balnéaires et des divertissements pour toute la famille. Connexion wifi gratuite évidemment.

HÔTEL PAGUS €€

Šetalište Ante Starčevića 1
✆ +38523 666 000
www.hotel-pagus.hr
Chambres doubles et suites, selon la saison et la catégorie de 57 € à 129 € la nuit.

A proximité du port de Pag, l'hôtel est construit au plus près de la plage. Celle-ci se trouve effectivement juste en face de l'établissement, qui compte plus d'une centaine de chambres et de suites familiales. Une bonne moitié ont une vue imprenable sur la mer. Toutes ont une une belle luminosité et le confort moderne (climatisation, coffre-fort, minibar, Wifi gratuit). Sur place, vous aurez accès à un centre de bien-être, une piscine, des jeux pour les enfants et un bar-lounge qui reste ouvert tard le soir. Accueil professionnel. Pour un bon séjour balnéaire.

HOTEL PLAZA €€

Marka Marulica 14
✆ +385 23 600 855
plazahotel.hr
Chambres, selon la saison et la catégorie, de 43 € à 119 € la nuit (petit déjeuner inclus).

A 20 minutes à pied de la cité historique, cet hôtel familial, qui domine le front de mer, a été récemment rénové. Les différents types de chambres (doubles ou familiales) sont confortables, lumineuses, proposées avec des équipements modernes (climatiseur, coffre privé, TV satellite, connexion wifi gratuite). La plupart possèdent un balcon avec vue sur la mer. On apprécie le bar lounge, le restaurant, la terrasse mais aussi le petit déjeuner tardif, la petite piscine et ses multiples transats et la plage de galets à proximité. Bon accueil.

APARTMANI BARBATI €€€

Vidalići 39
✆ +385 9 112 11 292
www.barbati.hr
Selon la saison, chambres doubles de 43 à 158 € la nuit, appartements pour 2, 4 ou 6 personnes, de 100 à 400 €.

Ce complexe hôtelier familial comprend deux locations saisonnières. L'une est construite au plus près de la mer dans un environnement balnéaire, avec design nautique à l'extérieur, beach bar et pizzeria. L'autre, plus en hauteur, est plus récente. Les appartements et chambres sont confortables avec lit double, air conditionné, télévision, mini-bar et salle de bains privée. Dans la résidence principale, vous trouverez aussi un restaurant, un espace salon, une salle de gym, un espace bien-être, une piscine avec terrasse solarium et surtout la mer à 50 m.

APARTMENTS SUHOMONT €€

Marina Držića 14
✆ +385 21 542 233
suhomont-apartments.islandofpag.com
Chambres, studios et appartements, selon la saison de 39 € à 83 €, la nuit.

Sur la rive gauche de la vieille ville, près des plages de Pag Town Beach et Simuni, dans un quartier résidentiel où les locations privées font florès, l'immeuble récent est à 2 étages. Il propose des locations de chambres et des appartements avec balcons. A l'intérieur, climatisation, télévision par satellite et cuisine équipée. Le tout promet un bon confort et une luminosité régulière durant la journée. Les résidents ont accès à une cour où les grillades au barbecue sont autorisées. Bon accueil, professionnel et disponible pour toute demande.

RESTORAN NA TALE €

Stjepana Radića 4
✆ +385 23 611 194
www.facebook.com/pages/Na-Tale
Ouvert tous les jours en été de midi à minuit. A la carte, plats à partir de 35 kn, menu trois plats 100 kn.

Bonne réputation pour ce restaurant, généreux dans l'assiette, avec cette jolie terrasse qui donne sur les marais salins. Des groupes de touristes français y viennent régulièrement pour des dégustations de vins locaux, accompagnés de fromage de Pag et de jambon fumé. C'est l'assiette dalmate typique à laquelle l'île est mondialement rattachée ! Sinon, essayez les grandes salades, les viandes grillées, le poisson mijoté au vin et aux herbes, les poissons et calamars grillés, le risotto à l'encre de seiche, le homard entier... il y a du choix !

TRAPULA WINE & CHEESE BAR €

Ul. kralja Stjepana Držislava
✆ +385 99 271 9014
Ouvert tous les jours en été de 8 h à 22 h. Le plateau tapas à partir de 40 kn.

Face à la cathédrale, la petite place est charmante. C'est là que s'activent toute la journée les serveurs du Trapula Wine & Cheese, ce bar à vins sympathique. On vient au Trapula pour se régaler d'un plateau de fromage de brebis de Pag et de charcuterie pays, le tout arrosé d'un vin rouge local. C'est souvent la formule commandée. Ambiance authentique, réunissant locaux et touristes, toujours dans la bonne humeur. Une option parfaite pour un apéritif gourmand !

KONOBA BODULO €€

Vangrada ulica
✆ +385 23 611 989
Ouvert tous les jours en été. Autour de 100 à 120 kn un plat de poisson.

La cuisine du pêcheur de cette taverne est excellente. Au menu, poisson frais avec ses légumes grillés, plateau de fruits de mer, risotto, pâtes fraîches et autres mets typiques de l'Adriatique. Pour ceux que la cuisine de la mer n'attire pas, ou pour compléter le repas, aussi de la charcuterie et de l'excellent fromage de Pag. Mention spéciale pour les desserts, notamment le gâteau de caroube et ses boules de glace figue-amande. L'ambiance détendue fait aussi le succès de cette bonne petite *konoba*. Pensez à réserver, c'est souvent plein.

ŠIMUNI ★

Construit sur la côte ouest de l'île de Pag, à 7 km environ du centre historique de Pag, ce petit village tranquille est situé sur une grande baie, où l'on a construit l'une des plus belles marinas de l'Adriatique. Avec pas moins de 150 amarrages, elle est ouverte toute l'année. Les habitants, peu nombreux, vivent de la culture des oliviers, de la pêche, mais surtout des recettes du tourisme, avec notamment un grand complexe (camping et village de vacances) qui a fait sa renommée. Les longues plages de sable et de galets en font une destination prisée des familles entre plaisirs balnéaires, équipements et jeux pour les enfants, sports nautiques, etc.

NOVALJA ★

En moins de quinze ans de temps, ce modeste village de pêcheurs est devenu une station balnéaire surfréquentée, suractive. Ce n'est pas son patrimoine historique (quelques vestiges de l'Empire romain) qui attire ici de plus en plus de touristes… Ce qui caractérise Novalja, c'est le phénomène clubbing, avec des DJ internationaux. Par cars entiers, de jeunes Européens (Croates inclus !) investissent la ville et ses alentours pour vivre au rythme ininterrompu des discothèques de la fameuse plage (Zrće Beach). L'été, tout est souvent complet. Amateurs de soirées calmes au coucher du soleil sur l'Adriatique, changez de plage, voire trouvez une autre île !

Šimuni.

PLAGE DE ZRĆE [PLAŽA ZRĆE] ★

Zrće Beach

Les bus 1 et 2 partent de la gare routière toutes les 30 minutes. Plus d'infos sur le site de Novalja City Bus.

Sur la côte nord-est de l'île, Zrce Beach est une longue plage de galets à 2 km du centre de Novalja. En journée, c'est une plage avec des beach bars bien équipés pour les activités balnéaires. Le soir, ce bord de mer s'anime d'une seconde vie. Suffisamment éloignée des zones habitées, sans voisins immédiats, la plage devient un dancefloor géant. L'été, les propriétaires des clubs et autres organisateurs de festivals attendent ici les milliers de jeunes Européens (majoritairement).

ŠIMUNI CAMPING VILLAGE €€

Šimuni 106

✆ +385 23 697 441

www.camping-simuni.hr

Ouvert toute l'année. Emplacements tente, caravanes ou mobile home de 9 € à 184 € selon la saison et la catégorie.

Dans ce village, bien moins touristique que Pag ou Novalja, le Šimuni Camping Village est agréable. Il s'étend sur un terrain de plus de 35 hectares de pinède avec une belle plage de galets, la vue sur l'archipel de Pag, des emplacements nature pour les tentes et caravanes, et de l'espace autour des 120 mobil-homes de différentes tailles. Toute la journée, une offre restauration et de l'animation. Les campeurs sont aussi bien des Croates que des étrangers venus profiter de ce bel endroit ressourçant. Un supermarché se trouve à proximité.

BIG YELLOW HOUSE €

Lokunje 1

✆ +385 99 6850525

novaljahostel.com

Dortoirs (4, 5, 6 ou 8 lits) ou chambres (2, 3 ou 4 personnes), de 20 € à 95 € selon la saison.

Première auberge de jeunesse ouverte sur l'île, située en centre-ville, avec le bord de mer à 50 m. Les dortoirs à l'étage ont donc une belle vue. Ici, vous serez près de tout (bus, bars, plages) à moins que vous ne préfériez rester sur place, au Chill Out Bar ou au restaurant de la Maison jaune. Tenue par une équipe jeune qui connaît bien les besoins des petits budgets, l'hostel multiplie les bons gestes : pot d'accueil, petit déjeuner gratuit, cuisine commune, laverie, jardin, parking, attache-vélos, bons plans pour les soirées et réception ouverte 24h/24.

HÔTEL RESTAURANT BOŠKINAC €€

Škopaljska 220 ✆ +385 53 663 500
www.boskinac.com

Chambres entre 170 et 315 € la nuit selon la saison et la catégorie. Menu gastronomique 560 kn (verres de vin inclus).

Eloigné de l'agitation du centre et des plages bondées, un grand domaine agricole au cœur d'un vignoble familial, entouré d'oliviers. Des logis ont été réaménagés avec style. Vieilles pierres et structure en bois harmonieusement réutilisées dans les 8 chambres et 3 suites au confort moderne. Pour les plaisirs gustatifs, le chef du restaurant gastronomique choisit avec minutie les produits régionaux et officie avec créativité. La cave à vins est impressionnante, l'accueil, attentionné.

LA LUNA ISLAND €€

Jakišnica bb, 53294 Lun
✆ +385 53 654 700

Ouvert de avril à novembre. Chambres, selon la saison et la catégorie, de 86 € à 233 €.

Au nord de l'île, proche de Lun, ce grand hôtel est éloigné du tumulte touristique. La direction de l'établissement propose des formules complètes de séjours balnéaires. Les chambres sont confortables, certaines avec vue sur la mer et le coucher de soleil. Pour ceux qui souhaitent profiter des commodités de l'établissement, une piscine, un spa, un centre de plongée, un restaurant, un accueil enfant… Sur place s'organisent des mini-excursions à Rab (bateau rapide depuis le port de Lun) ou des visites d'îles proches comme Cifnata, Tovarnele et Laganj.

EUPHORIA

Zrce Beach

En été, ouvert jours et nuits.

L'un des plus anciens clubs de la plage, qui a su se mettre au goût des nouvelles saisons et refléter les dernières tendances de la musique de danse électronique, et cela devrait continuer au fil des années. Il se compose de plusieurs bars, dont le grand comptoir à cocktails, un dancefloor extérieur. Il pratique les prix les plus bas du coin, ce qui contribue à son succès. Avec ses collègues et concurrents de la plage, le club reçoit et organise des festivals, comme le Break Out Festival, Area 4, Austria Goes to Zrce ou encore la Love Week en juillet.

KALYPSO BEACH CLUB

Zrće Beach
✆ + 385 53 662 097

Happy hour de 16h à 18h et 22h à 1h. Entrée gratuite.

Premier ouvert sur la plage, ce club est aussi le plus proche de la pinède. L'après-midi, l'ambiance y est détendue sous les paillotes. Les clients profiteront avec bonheur de la petite piscine, au son d'une musique calme et se laisseront aller à un massage. Ici, on peut venir pour se reposer sur les transats sans risquer d'être aspergé par la mousse de la mer ! Le soir, les DJ animent le *dancefloor* en plein air. On y vient pour les happy hours, puis on y reste pour danser et faire la rencontre des habitués et des nouvelles têtes.

NOA CLUB BEACH

Bura Bura Beach ✆ + 385 91 477 4830
www.noa-beach.com

Ouvert tous les jours et nuits en été, happy hour de 16h à 18h et de 23h à 1h du matin. 40 € le saut à l'élastique.

Dans ce club, c'est un peu *La Croisière s'amuse* ! Avec son dancefloor et sa piscine sur pilotis, ses caillebotis, on a vraiment l'impression d'être embarqué en bateau pour une soirée dansante. Certains plongent du bord ou pratiquent le saut à l'élastique. Ici, on retrouve des touristes mais aussi de jeunes Croates et Bosniaques qui viennent danser au son des DJ locaux ou des concerts live. Ambiance festive sympathique. L'entreprise de Zagreb a inauguré le Noa Glamping Resort, un complexe hôtelier de luxe, soit une cinquantaine de villas, à proximité de Novalja.

PAPAYA

Zrće Beach
✆ +385 91 561 5103
www.papaya.com.hr

Happy hour de 16h à 18h et de 23h à 1h du matin. Entrée payante pendant les festivals.

« THE place to be à Zrče ! », vous dirait le *clubber* professionnel. On peut s'y rendre l'après-midi pour les *after beach partys* et embrayer sur les soirées électro le soir. Dans ce club immense, les cocktails alcoolisés coulent à flots, des jeunes gens en maillot s'amusent dans la piscine, une grue géante au-dessus du club permet de sauter à l'élastique... Les DJ électro modulent et rythment l'ambiance *clubbing*. Le soir, *dress code* exigé à l'entrée. Le club Papaya est ouvert uniquement l'été. Rendez-vous sur le site Internet pour connaître la programmation.

PARC NATIONAL DE VELEBIT ★★★

Lors de la tectonique des plaques, les roches sédimentaires accumulées au fond de la mer se sont soulevées, il y a environ 200 millions d'années. Elles ont donné naissance aux Alpes dinariques. Les pluies abondantes ont créé des grottes et des puits naturels ; le calcaire, modelé par l'eau, a sculpté des stalactites et des stalagmites. Ante Premužić, ingénieur des eaux et forêts, fut le premier à explorer ces sommets, à une altitude moyenne de 1 500 m. En 1930, on commence les premiers aménagements. Au point culminant, le mont Zavižan (1 676 m), a été construite la plus haute station météorologique de Croatie. Le parc national fut institué en 1999.

Climat

Les hivers sont rigoureux, avec chutes de neige fréquentes et un vent violent (bura) qui refroidit l'atmosphère. Mais dès qu'il fait beau, c'est un paradis pour les amoureux de nature intacte. S'informer auprès des bureaux d'accueil sur les conditions d'accès (météo, horaires, itinéraires praticables, etc.).

Faune et Flore

Le parc abrite un jardin botanique fondé en 1967 par le professeur botaniste et herboriste Fran Kušan. Avec son équipe, le naturaliste a recensé plus de 2 500 plantes méditerranéennes et alpines. Les plus connues sont le thym, l'alchémille, le trèfle de montagne, les graminées, la silène… À l'ouest du jardin, une forêt de chênes et d'érables est aujourd'hui protégée de toute exploitation humaine. En remontant vers l'est, le hêtre, le pin noir, le sapin, l'épicéa dominent. Il vous sera facile de voir des lézards, de nombreux oiseaux (180 espèces) dont le grand coq de bruyère noir, des rapaces, le grand tétras (*Tetrao urogallus*), maître de ces lieux. Les gros mammifères se font rares, une paire de jumelles, de la patience et de la discrétion dans la nature augmenteront vos chances d'observer ces animaux sauvages : lynx, chamois, cerf, chevreuil ou même un loup, un ours brun. Pour plus d'informations, ne manquez pas la Maison du Velebit, un musée multimédia dédié à la montagne à Krasno Polje.

Se loger

Il n'y a pas d'infrastructures hôtelières dans le parc national mais vous pourrez dormir aux alentours, à Gospić ou Starigrad. Se renseigner auprès du bureau touristique du parc national pour les formules écolodges de luxe, chalets, gîtes, maisons de campagne, appartements ou chambres chez l'habitant. Au lieu-dit Zavižan Mountain Hut et chez Alan Mountain Hut, on trouve des auberges de jeunesse, ouvertes à tous. Pour les montagnards, le gîte d'altitude The Rossi's Shelter (1929) se trouve sur le chemin de randonnée de Premužić. On peut s'y reposer quelques heures, y passer la nuit en cas d'intempéries. Pour plus de confort, ou si la mer vous manque, descendez dans les localités voisines (Krasno, Sveti Juraj ou Otočac), poussez même jusqu'à Senj, Jablanac ou Karlobag, où vous trouverez des hôtels, des campings et de locations saisonnières sur la côte.

▶ Hébergements agréés : www.np-sjeverni-velebit.hr/posjeti/smjestaj

PREMUŽIĆ TRAIL

Compter plusieurs jours pour faire tout le sentier. Gratuit !

Sur 57 km, ce sentier de découverte permet d'approcher la réserve naturelle des crêtes Hajdučki et Rožanski. Il fut aménagé en 1930 par Ante Premužić, un ingénieur des eaux et forêts, qui fut le premier à l'explorer. Entre ces pics, de profonds entonnoirs se sont creusés, ouvrant l'horizon sur les îles du Kvarner. Par temps clair, les chasseurs de sommets gagneront un panorama à 360 degrés sur la côte montagneuse qui semble plonger dans l'Adriatique. Au large, on devine les petites îles Goli Otok, Sveti Grgur, Prvić et la grande île de Krk.

UVALA ZAVRATNICA ★

Jablanac

Dans la partie maritime, qui borde le parc montagneux, une curiosité géologique tient autant du fjord (50 à 150 m de large) que du bras de mer. Paysage protégé depuis 1964, ce superbe site se parcourt sur près d'un kilomètre de berges ouvragées. Celles-ci sont dominées par des falaises crayeuses et aboutissent sur baie tranquille, où la baignade est autorisée. Pour y accéder, voiture ou deux-roues conseillés. De Zadar, après Prizna sur la E 65, prendre sur la gauche la route pour Jablanac/Uvala Zavratnica. De Stinica (ferry) emprunter le sentier côtier.

ÎLE D'UGLJAN

À 20 km au large de Zadar, la première grande île de l'archipel est principalement fréquentée par les habitants de la grande ville en face. Souvent, les familles croates arrivent en voiture embarquées sur le ferry pour Preko, le port principal. Arrivés à bon port, 20 minutes plus tard, elles prennent la direction de la baie de Muline pour ses petites plages de sable et son eau translucide. Uglan est donc l'escapade balnéaire la plus rapide à partir de Zadar, où l'on vient à la journée. On peut aussi y séjourner (locations privées principalement). De nombreux résidents de Zadar se sont fait construire des villas secondaires pour le week-end, suivant en cela les premiers habitants insulaires, qui y ont laissé de jolies demeures anciennes de styles Renaissance ou baroque. Surnommée « l'île verte » ou « l'île olive », Ugljan est plus peuplée sur la côte sud-est. Petits ports et villages balnéaires se développent sur un terrain moins rocailleux et plus fertile qu'au nord-ouest. Vous y trouverez de nombreux endroits pour vous baigner, des criques et plages de galets, des pontons aménagés, des spots de plongée sur la côte nord, les champs d'oliviers sur les terres intérieures. Dès que l'on monte vers les terres intérieures, la verdure et les fameux oliviers qui font la réputation de l'île dominent le paysage alors que, sur les hauteurs de l'île, un magnifique panorama sur l'archipel de Zadar s'offre au regard.

▸ **Preko.** Au milieu des champs d'oliviers, de figuiers et des vignobles, le port principal de Preko est dominé par la forteresse Saint-Michel (Sv. Mihovil), construite au XIIIe siècle par les Vénitiens. Ce port est chargé d'histoire. Jalonné de beaux bâtiments anciens, il est habité depuis l'époque romaine. Aujourd'hui, le béton gagne un peu mais l'environnement n'en souffre pas trop. Des ferries font la rotation avec Zadar plusieurs fois par jour et déposent leurs flots de visiteurs. Des promenades de la mer paisibles à faire en direction de Poljana, Sutomišcića, Lukoran et Uglan-Centar ou côté sud-est vers Kali. Bien que le village possède sa propre plage, la plupart des gens préfèrent aller sur l'îlot de Galovac, juste en face. Le monastère franciscain qui s'y trouve date du XVe siècle. Il conserve une belle collection d'art religieux. Bon à savoir, en dehors des périodes de séminaire, on peut y séjourner. Se renseigner à l'office de tourisme de Zadar ou de Preko.

▸ **Kali.** À 4 milles (8 km environ) au large de Zadar, Kali est la plus grande localité de cet archipel. Les pêcheurs y étaient connus comme les meilleurs de l'Adriatique, particulièrement habiles dans la chasse au thon aujourd'hui réglementée. Kali est une bonne alternative pour ceux qui veulent sortir de Zadar tout en séjournant sur l'île d'Ugljan, à proximité des parcs nationaux (archipel des Kornati, Krka et ses cascades) et du parc naturel de Telašćica et son lac salé. Un bon endroit aussi pour les activités sportives et balnéaires, le windsurf, la navigation… Kali a gardé le goût de la fête, surtout en été, sur la grande place (expositions, spectacles, soirées musicales), dans les beach bars et les clubs.

▸ **Ugljan.** Uglan-centar exactement, petit village du nord-est de l'île. Sur un cap, au bout du port, le monastère franciscain de Saint-Jérôme (Sveti Jerolim) a été construit en 1430. Dans la cour intérieure, une épitaphe à ŠimunKožičić-Benja (1460-1536), le primat de Rijeka qui a fait imprimer le premier livre en glagolitique. Se renseigner auprès des offices de tourisme de Zadar et sur l'île à Preko ou dans cette localité.

Transports

Entre Zadar et Preko, la liaison en ferry de la compagnie Jadrolijna, pour véhicules et passagers fonctionne toutes les heures de 5h30 à 23 h. Pour le retour Preko-Zadar, souvent, deux bateaux partent à la même heure ; l'un pour les passagers sans véhicules arrive à l'embarcadère de la cité historique de Zadar, près des remparts. L'autre débarque les passagers avec véhicules au port des ferrys (Luka Gaženica), qui se trouve à côté de l'aéroport, à 5 km du centre-ville. Pratique pour ceux qui souhaitent quitter Zadar sans entrer dans la ville. Les autres devront prendre un bus pour revenir au centre.

MONASTÈRE FRANCISCAIN DE SAINT-JÉRÔME D'UGLJAN ✝ ★

Ul. Sv. Jeronima - **UGLJAN**

✆ +385 23 288 091

Visite tous les jours de 17h à 19h. Pour séjourner au monastère, se renseigner dans les OT de Zadar ou Preko.

Sur son promontoire, le monastère Saint-Jérôme, le saint patron de la Dalmatie, fut fondé en 1430.

Dans la cour intérieure, se trouve encore l'épitaphe à Šimun Kožičić-Benja (1460-1536), le primat de Rijeka qui a fait imprimer le premier livre en glagolitique. Dans le cloître, demeure sa pierre tombale ainsi qu'une belle colonnade avec des chapiteaux ouvragés de motifs végétaux, animaliers ou têtes humaines. On peut séjourner dans ce lieu calme et apaisant.

ZADAR ET SA RÉGION

GALEVAC

Lorsqu'on arrive en bateau à l'embarcadère de Preko (île d'Ugljan), l'îlot de Galevac (à bâbord !) attire l'attention. Une fois à quai, pour s'y rendre, il faut se diriger vers la nouvelle marina, où des propriétaires de petites embarcations font la rotation. Ils vous emmènent sur l'îlot et vous ramènent à Preko à l'heure convenue pour 10 kn. On peut aussi séjourner au monastère Saint-Paul (sur réservation uniquement). Ainsi, on prend le temps de le visiter mais aussi de faire le tour l'îlot à pied (2 km), d'admirer le jardin potager des moines, de se poser sur les rochers, de piqueniquer, de se baigner et de méditer dans cette nature apaisante.

Ile de Osljak.

MONASTÈRE DE SAINT PAUL L'HERMITTE ★★

îlot Galevac (Školjić)

✆ + 385 223 286 455

Visite tous les jours en été de 10h à 12h et de 17h à 19h. Entrée : 10 kn. 40 € la nuit (petit déjeuner inclus).

Juste en face du port de Preko, l'îlôt de Galovac abrite un monastère franciscain datant du XVe siècle. Il conserve une intéressante collection d'art religieux, des ouvrages en glagolitique, des manuscrits, des reliquaires et de l'orfèvrerie. En dehors des périodes de séminaire, on peut séjourner au monastère pour une retraite dans l'une des 16 chambres avec vue sur le cimetière marin. Vous pouvez vous renseigner à l'office de tourisme de Zadar ou de Preko.

PAŠMAN

Très fréquentée par les habitants de Biograd na Moru, Pašman est accessible par ferry depuis la station balnéaire jusqu'au petit port de Tkon. L'île a gardé sa vie insulaire tranquille, où les traditions agricoles et de la pêche perdurent. La plupart des villages et localités sont lotis sur la côte est, ce qui laisse de la place sur le territoire tout en longueur. Sa côte ouest, très escarpée, sauvage, abritée du vent (bora), compte de nombreuses petites baies (Polača, Taline, Triluke, Landin, Soline et Kablin) et regarde l'archipel des Kornati. Ici aussi on trouve ici des « maisons de Robinson », un concept de vacances en plein maquis, éloignées du confort des villes. Renseignez-vous auprès des agences touristiques de Biograd ou de Pašman Centar (Robinzoniada Dalmata).

Sports / Loisirs

Les amateurs de plongée seront ravis par l'eau cristalline du canal de Pašman où une douzaine d'îlots semblent flotter, notamment celui de Babac ou celui de Galesnjak en forme de cœur. Les randonneurs à pied ou à vélo ne manqueront pas de visiter le monastère de Sveti Duje ou celui de Sveti Kusme i Damjana.

Transports

Au nord-est de l'île, Pašman est reliée à l'île d'Ugljan par un pont qui enjambe le détroit de Ždrelac, alors qu'un ferry fait la rotation plusieurs fois par jour entre Biograd et Tkon.

MONASTÈRE BÉNÉDICTIN DES SAINTS-CÔME-ET-DAMIEN ★

Put Ćokovca 7 - **TKON**

✆ + 385 23 285 263

samostan-cokovac.hr

Visite tous les jours sauf le dimanche de 16h à 18h. Entrée 20 kn.

Construit au sommet de la colline Čokovac, par l'évêque Theodorik en 1059, sur les fondations d'un ancien fort byzantin et d'une église paléochrétienne, ce monastère abritait à l'origine une communauté bénédictine qui possédait toutes les terres environnantes. Au XVe siècle, les Vénitiens exproprièrent les religieuses de leur retraite, qui durent se réfugier à Biograd. Finalement de retour sur l'île en 1965, elles s'installent à Tkon durablement.

DUGI OTOK ★

L'île est longue (45 km) et étroite (4 km de large). Dugi Otok est la plus grande et la plus orientale des îles de l'archipel de Zadar. Elle finit en archipel sur les îles Kornati, auxquelles elle était rattachée il y a deux mille ans. Désertique dans sa partie sud, l'île est recouverte de pâturages au nord. Phénomène assez rare en Croatie, elle ne possède pas la moindre source naturelle. Le principal intérêt touristique des visiteurs qui arrivent en ferry au port de Sali, c'est la plage de Sakuran et le parc naturel de Telašćica, qui conserve un lac d'eau salée. Pour s'y rendre, il faut un véhicule afin de se lancer sur la route escarpée à travers le maquis.

Sali. Le paisible petit port de Sali, qui est aussi le chef-lieu de l'île, s'anime aux passages des ferrys. Au Moyen Âge, des salines y étaient installées, d'où son nom, mentionné pour la première fois en 1105 dans un document officiel. Le port de pêche est moins actif. Depuis que la conserverie de poissons a fermé, nombre de jeunes ont quitté l'île pour faire le tour du monde en cargo. Aujourd'hui, c'est le tourisme qui est la principale force économique. Les visiteurs qui restent sur l'île, Robinsons dans l'âme ou vacanciers ordinaires, trouvent dans le bourg tout le ravitaillement nécessaire à leur séjour. Ici, même si beaucoup de ressources arrivent par bateau, rien ne manque : supermarché, poste, librairie, cafés-restaurants, agences réceptives, loueurs de véhicules... Dugi Otok compte aussi des spots de plongée et des ancrages très agréables. Dans sa baie bien abritée, ce village de pêcheurs plaît donc aux plaisanciers qui visitent les Kornati. C'est une escale tranquille, où l'authenticité insulaire est encore visible.

Veli Rat. Au nord-ouest de l'île, ce tout petit port est une destination idéale pour des vacances au calme. Plage, pinède, eau turquoise et cristalline aux pieds des rochers blancs... vision idyllique de la côte adriatique. En haute saison, le village est assez isolé pour ne pas y voir débarquer la masse touristique. Pour trouver une chambre chez l'habitant, voyez avec une agence réceptive située à côté de l'épicerie. Mais le logis le plus enviable du village, c'est bien le fameux phare de Veli Rat, que l'on peut louer (réservez longtemps à l'avance). On peut aussi le visiter. Attention, c'est une maison privée. Demandez l'autorisation avant de grimper dans la tour.

Transports

Voiture. Longtemps coupée du monde, l'île a construit sa première route en asphalte en 1986. Il n'y a d'ailleurs pratiquement aucune voiture particulière sur Dugi Otok, même si l'on peut venir avec son véhicule par ferry. Un service de taxis-minibus est mis en place (réserver avec les bureaux touristiques du port de Sali).

Bateaux. Dugi Otok est reliée à Zadar, Rijeka et Ancône (Italie) par ferry. Ceux qui transportent les véhicules s'arrêtent à Brbinj. La plupart des bateaux catamarans entrent à Sali, Brbinj et Božava. La traversée offre un superbe panorama sur l'archipel des Kornati. De Zadar, se renseigner auprès de l'agence G & V Line Iadera d.o.o. Poljana Natka Nodila 7 (+385 23 250 733).

BAIE DE TELAŠĆICA ★★★

TELAŠĆICA

✆ +385 23 377 208

Particulièrement profonde et boisée, la baie de Telašćica est placée sous le contrôle écologique d'un parc naturel. Les terres qui l'enserrent forment par endroits des falaises hautes d'une centaine de mètres. En cas de tempête, elles constituent une refuge pour les bateaux qui figure depuis toujours sur les cartes des navigants. Les vingt-cinq petites baies et cinq îles créent une géographie marine particulièrement propice à la plaisance.

Une route intérieure insulaire part du port de Sali et monte à travers le maquis jusqu'à la première baie (Magroviva), qui communique avec les prochaines baies au nord. Partout, on trouve des sentiers qui sillonnent le parc naturel. On part ainsi à la découverte de la flore méditerranéenne. De la route, on a des points de vue époustouflants sur les falaises Strmac. Ces parois rocheuses ont donné naissance à un autre phénomène naturel spectaculaire : le lac Mir, étendue d'eau salée, dont le niveau monte et descend en fonction des marées. À partir du parking, on suit un sentier de 1,5 km environ. C'est l'endroit idéal pour les photos et les baignades en arrière-saison, car la température de l'eau y est de 4 à 5 degrés plus élevée que celle de la mer. En été, l'eau du lac est souvent trouble car le site est littéralement envahi par les groupes de touristes, qui arrivent en bateau, ce qui enlève un peu de charme au lieu.

Pour accéder au parc naturel par la route ou en bateau, se renseigner et acheter le ticket d'entrée auprès de l'agence réceptive Adamo (port de Sali).

OPG ZAMPERA ★

Žman, 23282
SALI
✆ +385 23 372 071
Visite sur réservation

Entre Sali et Luka, sur la route de Veli Rat, ce domaine agricole propose une visite gratuite de la propriété ainsi qu'une dégustation de ses produits labellisés bio. Fabriqués de manière artisanale, ils sont soigneusement conditionnés pour la vente. Au choix, olives vertes en bocaux, huile d'olive, fromage de brebis et le fameux brandy local (*travarica*) aux herbes médicinales. La famille organise aussi un séjour dans une maison de campagne de l'île, assez isolée, une location saisonnière « robinsonnade » ravitaillée par ses soins.

PHARE DE VELI RAT ★★★

23287
✆ + 385 01 241 56 11
Deux appartements à louer à la semaine, par exemple, en juillet, l'un de 41 m2 : 958 €, l'autre de 48 m2 : 1 064 €.

Construit en 1849 au cap nord-ouest de l'île, ce phare est l'un des plus beaux de l'Adriatique. La route pour y accéder traverse la pinède, borde de jolies plages et criques. Haut de 40 m, le phare domine la prairie et la mer. Côté ouest, l'archipel est entouré des rochers (Laganići), là où se trouve l'épave d'un bateau. Devant le phare, une chapelle se cache sous un pin centenaire. Le gardien du phare vit ici avec sa famille, mais on peut louer deux appartements, chambre double ou triple, cuisine, salle de bains. Spot de plongée à l'est du phare.

PLAGE DE SAKARUN ★★

VERUNIĆ
A l'embarcadère du ferry, prendre la D109 direction Soline.

Sur la côte sud-est de l'île, dans la baie de Sakarun, cette longue plage de près de 800 m doit d'abord se contempler du haut du sentier afin d'admirer ses couleurs contrastées : le vert de la pinède, le blanc des galets de calcaire, le bleu turquoise à un vert cristallin de la mer. Même si cette plage est très connue, il y a peu de constructions autour, deux bars de plage et le parking est bien caché sous les pins. L'eau peu profonde est idéale pour les familles alors que les plaisanciers jettent volontiers l'ancre dans la baie, au-delà de la zone de baignade.

APARTMANI & RESTORAN BOČAC €€

26, Sali
SALI
✆ +385 23 316 864
En été, restaurant ouvert tous les jours. Repas autour de 25 €. Appartement pour 2 ou 3 personnes : 110 € la nuit.

Ce restaurant-auberge familial, voisin de l'hôtel Sali, aime les grandes tablées et ne lésine pas sur les portions. Avec son énorme four ouvert, la grillade des poissons y est spectaculaire ! Ici, la rascasse ou le mérou sont saisis entiers sur le feu de bois, tout comme le steak de thon ; la raie est marquée au fer... Les braises du foyer servent aussi à réaliser la fameuse *peka*, le ragoût d'agneau avec légumes (sur réservation). Location saisonnière également.

KONOBA TRAPULA €€

Sali II 74
SALI
✆ +385 95 713 7297
Ouvert tous les jours en été de 8h à 23h. A partir de 7 € pour un plat complet.

Ce petit restaurant, proche de l'embarcadère des ferries, est ouvert depuis 2017. Sa cuisine de pêcheur est généreuse. Par exemple, la soupe de poissons de roche, la salade de poulpe, les calamars grillés, qui sont aussi de gros poulpes, les poissons de la pêche du jour, grillés entiers accompagnés de blitva (écrasée de pommes de terre et de blettes à l'huile d'olive). Les groupes ont tout intérêt à commander des plateaux de poissons, de crustacés grillés ou de viandes. Service sympathique et de bon conseil. Pensez à réserver !

CAFFE BAR MARITIMO

SALI
✆ +385 98 869 714
Ouvert tous les jours en été du matin au soir.

Vous ne pouvez pas le rater, c'est le premier café bar sur les quais quand on débarque du ferry. Le plus animé également ! Avec sa position on ne peut plus stratégique, le Caffè Bar Maritimo attire les touristes qui se promènent sur le port, mais aussi les plaisanciers, les habitués du comptoir et les insulaires. La journée se fait plutôt tranquille mais le soir, après le dîner, avec l'animation musicale inspirée du DJ, l'ambiance peut très vite devenir très festive, vous voilà prévenu. À fréquenter tout au long de la journée.

NIN ★

Nin possède un bel héritage culturel, qui remonte à près de trois mille ans. Elle a été fondée au IXe siècle av. J.-C. par les Liburniens puis elle fut colonisée par les Romains. Comme les autres cités antiques du littoral, elle subit, à partir du VIIe siècle, les invasions dévastatrices des Slaves et des Avars. Sous la domination des rois croates, Nin reprit de son essor, devenant à partir du IXe siècle l'une des premières capitales royales. Siège épiscopal au début du Moyen Âge, Nin est fière de sa cathédrale (la plus petite au monde !). L'église romane Saint-Nicolas, implantée au sommet d'une colline, se voit de la route.

Histoire

Le 5 mai ou le 5 août, un pèlerinage traditionnel unique à faire. L'histoire raconte que les Ottomans, au début du XVIe siècle, suite à leur défaite à Nin, mirent le feu à l'église et au monastère de l'îlot de Zečevo. Ils tuèrent tous les moines, prirent la statue de la Vierge et la jetèrent à la mer. La légende veut que Notre-Dame ait « nagé » jusqu'au rivage et soit apparue, en 1516, à la veuve Jelena. Depuis, chaque année, deux processions portent la statue et l'amènent en barque sur l'îlot.

Transports

À 14 km au nord de Zadar et tout près de la station balnéaire Zaton, la commune de Nin est bien desservie par les bus. C'est aussi le passage obligé pour aller sur Vir, l'île en face reliée par un pont à la lagune.

Berger sur la route de Nin.

MUSÉE ARCHÉOLOGIQUE [MUZEJ NINSKIH STARINA] ★

Trg Kraljevac 8

Mai à septembre, tous les jours : 9h-12h et 17h-20h, juin à août : 9h-22h, le reste de l'année : 8h-14h. Ticket : 20 kn.

Dans ce musée, sept salles racontent les périodes historiques importantes dans le développement du territoire de Nin. Chacune est accompagnée d'objets archéologiques, reconstructions, modèles, photographies et plans au sol. Nombreux vestiges de la culture matérielle préhistorique, statuaire et fonds antiques, collection lapidaire des premiers chrétiens, fonts baptismaux, collection de l'époque médiévale des premiers rois croates. À découvrir : deux charpentes de bateau du XIe siècle.

ÉGLISE SAINTE-CROIX ET TRÉSOR SAINT-ANSELME ★★

Ul. Petra Zoranića 8

Entrée libre.

Cette église, qui ressemble plus à une chapelle, est considérée comme la plus petite cathédrale du monde (7,80 m de long sur 7,60 m de large). Construite au XIe siècle, elle fut le lieu de baptême des premiers rois croates. À proximité se dresse la statue de Grégoire de Nin (Grgur Ninski), l'évêque qui s'est opposé au pape au Xe siècle, en introduisant la langue slave dans les églises. Comme à Split et à Varaždin, la sculpture monumentale en airain est l'œuvre d'Ivan Meštrović.

MUSÉE DES MARAIS SALANTS DE NIN [SOLANA NIN MUSEJ] ★

Ilirska Cesta 7

✆ +385 23 264 764

www.solananin.hr

Ouvert du lundi au vendredi de 7h à 15h. Entrée 35 kn (visite guidée dans les marais salants).

Cadeau de la nature, le sel de Nin est exploité depuis le début du XVIe siècle. Aujourd'hui encore, ce sel de mer est récolté de manière artisanale par évaporation au soleil et au vent dans un environnement propre. Ces conditions favorables ont fait la réputation de ces salins qui produisent les meilleurs sels alimentaires. Visite guidée intéressante de l'écomusée, pour découvrir les instruments anciens, se promener dans le marais, regarder les hommes au travail.

PLAGE DE LA REINE [KRALJIČINA PLAŽA] ★★

© XBRCHX - SHUTTERSTOCK.COM

A l'extrémité de la lagune en direction de Sabunike, une plage de 3 km. Son nom viendrait du premier roi croate, Tomislav Ier et de son épouse qui vécurent dans la région. La texture du sable fin, la faible profondeur de l'eau bleue cristalline et sa température plus élevée qu'ailleurs font sa popularité, un terrain de vacances idéal. Un gisement de boue médicinale, le plus grand d'Europe, est une autre richesse naturelle de la municipalité, convoitée par les investisseurs immobiliers.

APART HÔTEL CONDURA CROATICA €

Put Škrile 1
✆ +385 23 272 330
www.condura-croatica.hr

Appartements, selon la saison et la catégorie, de 61 à 90 € la nuit.

En dehors de la cité historique, cet établissement est situé près des sources naturelles [Ninske vodice]. L'architecture futuriste, aérienne fait entrer largement la lumière zénithale. Avec un toit-auvent et une terrasse tout en verre, la vue panoramique y est épatante. Sur deux étages, des locations saisonnières peuvent héberger jusqu'à 4 personnes. Elles sont simples, fonctionnelles et tout confort, avec cuisine équipée, balcon et vue sur la mer. Bon restaurant également.

KONOBA STARA KUŽINA €

Ul. Svetog Mihovila 1
✆ +385 23 264 099

Ouvert tous les jours en période estivale de midi à 23h. Plats à partir de 60 kn.

Une *konoba* [taverne] plus que centenaire, qui fut autrefois un entrepôt où l'on faisait sécher le jambon cru. Dans l'assiette, une cuisine dalmate simple de qualité. Vous aurez le choix parmi des plats ou plateaux de poissons et légumes grillés, un risotto de la mer, des pâtes aux crustacés mais aussi de la viande grillée au feu de bois [agneau, brochettes] servie avec des frites ou des pommes frites. Tout ce bon menu devra forcément être accompagné de vin de la région. C'est toujours le repaire des locaux. Une bonne adresse.

KONOBA BEPO €€

Dražnikova 76t
✆ +385 23 280 336
www.konoba-bepo.hr

De mai à septembre, ouvert tous les jours de midi à minuit. Plats à partir de 50 kn.

La taverne se trouve dans le Zaton Holiday Resort, à 5 minutes de la ville de Nin. Connu pour son ambiance détendue, proche de la mer et de la réception, le restaurant est ouvert à tous, résidents ou non. La cuisine dalmate, centrée sur le poisson et les produits de la mer, a du succès. Vous profiterez d'une animation musicale le soir, plutôt de bonne qualité. Le club de vacances compte un autre restaurant, le Kruške i Jabuke, à la cuisine terre et mer plus travaillée. Si vous restez plusieurs jours dans le coin, testez les deux restaurants.

SURFMANIA CENTER KITEBOARDING CROATIA

Put Ždrijaca
✆ +385 23 912 98 18
www.surfmania.hr

Ouvert tous les jours [sauf intempéries] du 15 avril à fin septembre.

Fan de *kitesurfing*, *windsurfing* ou de *paddle* ? Vous aimeriez essayer ? Ce club a un emplacement idéal pour la pratique de ces sports de glisse. A l'entrée de la lagune, sur la base de loisirs voisine de la plage de la Reine, le centre sportif est animé par une équipe de spécialistes passionnés. Ils proposent du matériel à louer ou à acheter, des cours d'initiation, des stages de glisse pour lesquels tout peut s'organiser sur place [hébergements en campings ou appartements].

OFFICE DE TOURISME DE NIN

Trg braće Radić 3
✆ +385 23 264 280
www.nin.hr

Ouvert tous les jours en saison estivale, en semaine de 8h à 15h, le samedi de 8h à midi.

Juste à côté du pont qui donne accès à la cité close, l'agence municipale donne toutes les informations nécessaires sur l'hébergement (clubs vacances, complexe hôtelier, camping, locations privées), les visites culturelles (musée archéologique, églises et patrimoine historique), les activités balnéaires, les excursions dans les parcs nationaux proches, les manifestations religieuses et festivités. Demander le plan de Nin pour bien localiser les promenades sur la lagune, les plages et les marais salins, ainsi que sur les commerces.

STARIGRAD - PAKLENIKA ★

Cette localité du littoral possède une ouverture privilégiée sur le parc national de Paklenika. Les voyageurs qui y séjournent sont souvent amateurs d'activités de plein air. C'est un haut lieu de l'escalade. Une petite station, à la fois sportive et balnéaire, où les amoureux de la montagne s'organisent pour la randonnée, la marche nordique, la grimpe sur les parois des premiers canyons.
D'un côté, le massif montagneux du Velebit avec sa façade abrupte, qui s'enfonce littéralement dans l'eau et la rivière (à sec l'été), crée des paysages sauvages grandioses. De l'autre côté, des petites plages de galets et quelques infrastructures touristiques.

Pratique

Vigilance antimines. Durant la dernière guerre d'indépendance, les combats ont fait rage dans le massif du Velebit. Une fois la paix revenue, les autorités et compétences locales, ont œuvré pour effacer les impacts morbides de la guerre sur les routes, les bâtiments et les infrastructures. Pour rejoindre Starigrad-Paklenica en voiture, on peut emprunter deux routes. La première, longeant la côte par Zadar, ne possède plus aucune trace des conflits. La seconde traverse l'arrière-pays en passant par Benkovac. On y voit des maisons abandonnées, criblées d'éclats d'obus et de balles, recouvertes de graffitis. N'entrez pas dans ces propriétés en ruine, des mines peuvent subsister au sol et observez les consignes de sécurité des panneaux sur la route.

BUREAU DU PARC NATIONAL PAKLENIKA

Dr Franje Tuđmana, 14a
✆ +385 23 369 155
www.np-paklenica.hr

Des billets d'entrée sont en vente dans ce bureau officiel du parc national Paklenica, qui se trouve à l'entrée du Bluesun Camping. À disposition, des cartes topographiques et des dépliants sur les itinéraires de randonnées, les pistes cyclables, l'escalade, etc. Plus d'infos sur le site Internet du PN. On peut aussi acheter des billets dans les kiosques des deux entrées principales du parc, à l'ouverture des canyons, près de Velika Paklenica ou à Mala Paklenica.

OFFICE DU TOURISME (TURISTIČKA ZAJEDNICA)

Trg Tome Marasovića 1 ✆ +385 23 369 255
www.rivijera-paklenica.hr

Entre juin et septembre, ouvert tous les jours de 8h à 20h. Le reste de l'année en semaine seulement de 8h à 14h.

L'agence est repérable au drapeau national qui flotte au-dessus de la porte. Vous y trouverez toutes les informations sur la ville et les possibilités de séjour. On vous renseigne ici sur les conditions d'accès au parc national de Paklenika, la météo, les services d'un guide, les visites de la grotte Manita Peć, le musée de Winnetou, la série western télé tournée dans la région dans les années 1960, les plages, les excursions en bateau, les activités sportives (escalade, rafting), etc.

VICKO HÔTEL-VILLA & RESTAURANT €€

Jose Dokoze 20
✆ +385 23 369 304
www.hotel-vicko.hr

Chambre selon la saison et la catégorie de 77 € à 130 € la nuit (petit déjeuner inclus).

Légèrement en hauteur de la route, face à la mer, un hôtel 3-étoiles et une villa 4-étoiles tenus par une ancienne famille bourgeoise. Des chambres petites mais confortables, toutes avec balcon vue sur la mer ou montagne. L'hôtel abrite un café bar, une boutique de souvenirs et une aire de jeux pour les enfants. Dans la cuisine du restaurant climatisé, on se vante de préparer une nourriture saine et originale à base des produits de la mer aromatisés avec les herbes méridionales.

HOTEL RAJNA/MAISONS VAROS ET POJATA €€€

Dr. F. Tuđmana 105 ul. ✆ +385 23 359 121
www.hotel-rajna.com

Chambres de 58 € à 79 € (petit déjeuner inclus). Restaurant ouvert de 6h30 à 23h. Environ 100 kn le repas.

Hôtel situé à 900 m de la mer et proche de l'entrée principale du parc national (à 10 min à pied). Mais il est aussi en bordure de route – préférer les chambres donnant sur la montagne. Les chambres sont aménagées avec du mobilier traditionnel. Les terrasses offrent une belle vue panoramique. La cuisine du terroir dalmate y est servie au restaurant dans des proportions généreuses. La direction gère différents hébergements dans la région, cet hôtel 2 étoiles ainsi que des logis anciens.

PANSION RESTAURANT MIRAMAR €€

Sv. Jurja 23

✆ +38591949011

Tous les jours en été de 8h à 23h. Plat chaud à partir de 40 kn. La nuit, chambres single : 34 €, quadruple : 62 €.

Après une grosse randonnée dans le parc national, on retrouve avec plaisir le littoral de Starigrad-Paklenica. Comme son nom l'indique, la terrasse surélevée du Miramar offre une vue imprenable sur la mer, qui est très appréciée au coucher du soleil. Bien exposées, les chambres à louer avec balcon en bénéficient aussi. Côté cuisine, des plats de terroir, produits de la mer, poissons, viandes avec légumes grillés ou la traditionnelle bliva avec une bonne omelette aux champignons.

CLIMBING GEKKO

✆ +353 83 869 54 06

Leçons particulières ou parcours d'escalade, 1 heure : 14 €.

Grimper sur les parois rocheuses, franchir des canyons sur des ponts suspendus, descendre la rivière en canoé-kayak, randonner dans la neige... Voici ce que propose Josip Grdović, un passionné de montagne qui, avant de se lancer dans la formation et le tourisme, était guide professionnel et moniteur d'escalade et d'alpinisme. Il connaît bien Aujourd'hui, il a engagé une équipe avec laquelle il accompagne des groupes les paysages grandioses du Paklenica ou du Velebit Nord. Pas d'agence pour cet auto-entrepreneur, tout se fait par téléphone ou Internet.

PAKLENICA AVANTURIST

Brine 2

✆ +385 98 932 7725

www.paklenica-avanturist.com

Ouvert du début avril à fin octobre, tous les jours en été de 8h à 20h.

Depuis ses débuts en 2010, l'agence touristique privée a bien évolué pour devenir un club d'escalade chevronné, qui a fait ses preuves dans l'accompagnement de plusieurs activités sportives de plein air. Cette équipe de jeunes sportifs passionnés et diplômés s'adresse aux amateurs de la grimpe, mais aussi aux fervents du kayak, stand-up paddle, VTT d'altitude. Elle fournit des informations et des équipements pour la pratique de ces sports extrêmes. Son terrain favori : les parois rocheuses des canyons du parc national Paklenica.

BIOGRAD NA MORU ★

À 30 km au sud de Zadar, cette ville était influente au Moyen Âge. En 1102, la capitale des rois hongrois de Croatie y célébra le couronnement du roi Koloman. Plusieurs fois pillée et rasée par ses envahisseurs successifs, la cité historique garde quelques traces de cette grandeur médiévale, conservées dans la basilique Saint-Jean, qui a survécu aux grosses razzias des Vénitiens (1125) et au musée municipal. Bien calé sur sa presqu'île, le centre ancien se découvre au hasard de ruelles étroites. Dans ce labyrinthe, on déambule entre l'hôtel de ville, l'église Svete Stošije et le musée. La ville est largement ouverte sur la mer (grande marina).

© XBRCHX - SHUTTERSTOCK.COM

Biograd na Moru.

MUSÉE DE LA VILLE (GRAD BIOGRAD NA MORU) ★

Trg kralja Tomislava 5

✆ +385 23 383 721

www.muzej-biograd.com

Ouvert de 9h à midi et de 17h à 21h, dimanche de 8h à 12h. Tarif 15 kn.

Installé dans un bâtiment public, lui-même construit sur les ruines des remparts médiévaux, ce musée abrite un fonds archéologique, ethnographique et historique, dont la pièce maîtresse se trouve au 1er étage. La « charge d'un navire sombré du XVIe siècle », comme inscrit sur l'inventaire, représente une collection d'objets récupérés dans l'épave d'un pavillon vénitien, coulé au large de Pašman. Au rez-de-chaussée, des expositions temporaires d'artistes locaux.

VAL TOURS

Trg hrvatskih Velikana 1
✆ +385 23 386 479
www.val-tours.hr
Ouvert tous les jours en été de 8h à 21h.

Voici une agence de voyages dans le centre historique qui se soucie d'écologie. De bons conseils dans la recherche d'hébergement, du plus luxueux au plus modeste. Ainsi, les maisons de Robinson sur l'île de Pasman pour une immersion nature garantie. Val Tours propose aussi une gamme de vacances actives et sportives en Dalmatie : canoë, kayak de mer, rivières et lacs, randonnées et observation des oiseaux, rafting, plongée, voile, VTT, excursions sur les îles du « Love Chanel », autour de Vrgada, vers les parcs nationaux ou naturels.

CAMPING MOČE €

Put Primorja 8
✆ +385 23 388 436
www.camping-moce.com
L'emplacement par nuit, de 90 kn à 35 kn par personne. Électricité payante en été : 25 kn.

Au nord de Biograd, sur le littoral. Ce camping populaire, proche de Sveti Filip i Jakov, s'est installé dans une pinède de 3 000 m², avec accès direct aux longues plages de galets. Une bonne base pour les excursions en mer (archipel des Kornati, cascades de Krka), en montagne (parc national de Paklenica), sur les rivières et les lacs (parc national de Krka, Vransko Jezero). Avec moins de 50 emplacements (tentes, camping-cars), il est bien intégré dans la nature. À proximité : des bars, restaurants, commerces et l'arrêt des bus interurbains.

VILLA MARIJA €

Trg Bošana, 23210
✆ +385 233 864 79
Appartements avec vue sur la mer de 100 à 199 €.

Luxueuse maison familiale récemment construite à deux pas de la plage Bošana, avec deux locations saisonnières spacieuses, confortables et lumineuses, avec climatisation, grands balcons, salons, connexion wifi gratuite, télé satellite et cuisine équipée. Au 1er étage de la villa, un appartement avec trois chambres (8 personnes), au 2e étage, le second comprend deux chambres (6 personnes). Ne pas confondre avec la villa Marijana, qui est reconnaissable à sa façade aux couleurs caramel et blanche, située dans le centre historique.

HÔTEL KORNATI €€

Tina Ujevića 7
✆ +385 23 383 556
www.ilirijabiograd.com
Chambres, selon la saison et la catégorie, de 103 à 250 € la nuit (petit déjeuner inclus).

Dans un périmètre où la chaîne hôtelière locale gère plusieurs complexes, le Kornati 4-étoiles a misé sur les règles du feng shui pour aménager l'espace. Des chambres confortables, certaines avec balcon et vue sur la mer, un centre de bien-être, une piscine avec transats, l'accès direct à la plage aménagée, un *beach-bar* lounge pour la détente de vacances balnéaires.

Juste à côté, l'Hôtel Ilirja est plus grand, plus luxueux, avec plus d'équipements et de prestations. Cependant il est moins calme, des tour-opérateurs y organisent des séjours pour des groupes.

HOTEL-BAR-RESTAURANT CARPYMORE €

Kralja Tvrtka 10 ✆ +385 23 386 119
www.carpymore.hr
Chambres doubles 101 € la nuit (petit déjeuner inclus), restaurant ouvert tous les jours. Pizza à partir de 5 €.

C'est le restaurant le plus populaire du centre historique, apprécié pour ses pizzas et ses plats de poisson. La direction a aménagé des chambres à l'étage de l'immeuble. Confortables, à la fois rustiques et modernes, elles conviendront aux familles et aux petits budgets. Peuvent s'organiser des activités sportives, vélo, rafting, safari-photo en Jeep dans le Velebit, équitation ainsi que des excursions, sorties en mer, balades autour du lac Vrana, où l'on observe les oiseaux.

KONOBA BAZILIKA €

Sv. Ivana 5
✆ +385 23 384 451
www.konoba-bazilika.com
Ouvert de mai à octobre tous les jours de midi à minuit. Plats à partir de 50 kn.

Cette taverne se trouve près du site archéologique de Biograd, à côté d'une basilique paléochrétienne. Au menu dans des assiettes bien présentées, des plats dalmates soignés, alternant entre terre et mer selon les goûts et envies de chacun. Vous y viendrez après ou avant la visite des lieux historiques, ou tout simplement pour son cadre à l'atmosphère tranquille. Pensez à accompagner votre plat d'un bon verre de vin local et de terminer, s'il vous reste de la place, par un dessert à la carte. Service attentionné et réactif. Bonne adresse.

KONOBA VAPOR €€

Obala kralja Petra Krešimira IV 24

✆ +385 95 383 5057

Ouvert tous les jours, midi et soir jusqu'à 23h. Plats à partir de 70 kn.

Sur la marina, dans un cadre rustique, tout de bois et de pierres apparentes, le Konoba Vapor est un bon restaurant. On vous servira en terrasse, après la préparation d'une cuisine du pêcheur dalmate généreuse. Au menu, du thon fumé en entrée, une salade de poulpe, du poisson frais, des calamars accompagnés de légumes méridionaux, le tout grillé à point et arrosé d'huile d'olive. Il y a aussi le risotto noir aux fruits de mer, coloré à l'encre de seiche, les tagliatelles aux moules-crevettes ou au homard. Service bien fait et souriant.

RESTAURANT ARKADA €€

Šetalište Dražice 3

✆ +385 98 757 394

restoran-arkada.com

Ouvert tous les jours. Environ 150 kn pour un repas de poisson.

Face à la marina Ilirija, ce bon restaurant de pêcheurs propose, selon l'arrivage, des plateaux de fruits de mer, du homard, du poisson grillé, des salades de poulpe, du risotto aux coquillages (ou une variante végane), des saucisses (*čevapčići*) aux légumes méridionaux ou frites... Service sympathique. Les propriétaires louent également des appartements ainsi que trois bateaux à moteur. Prenez contact avec eux par e-mail ou directement au restaurant, ils se feront une joie de vous indiquer les disponibilités et conditions de location.

CAFFE BAR HOBOS

Obala kralja Petra Krešimira IV 31

✆ +385 23 385 385

Ouvert tous les jours en été de midi à minuit.

Un des rendez-vous préférés des jeunes de Biograd. Et pour cause, ce grand café restaurant club est réputé pour ses cocktails. On peut aussi y manger une bonne cuisine de pêcheur, prendre un dernier verre sur la promenade du port y passer une partie de la nuit avec la musique des DJ. À chacun d'y venir au moment de la journée qui lui convient le mieux. Belles rencontres, bonne ambiance animée, service dynamique (obligé pour satisfaire tous les clients). Le Caffe Bar Hobos est une bonne adresse pour faire la fête, sans trop « exagérer ».

PARC NATIONAL DE PAKLENICA ★★★

Le parc national s'étend sur 95 km^2, avec un sommet qui culmine à 1 757 m au-dessus du iveau de la mer (Vaganski vrh), avec des torrents d'altitude, d'impressionnants canyons, qui ont créé ici les spots d'escalade les plus connus d'Europe et des centaines de sites répertoriés. La pratique commence au printemps et se termine en automne avec un pic de fréquentation autour du 1er mai où les rencontres traditionnelles des alpinistes ainsi que la compétition Big Wall Speed Climbing rassemblent les chasseurs de cimes du monde entier. Les amateurs de kayak ou rafting se tournent eux vers Novigrad ou Obravac pour descendre les courants de la rivière Zrmanja.

ETNO KUCA MARASOVIĆ (MAISON ETHNOGRAPHIQUE)

Starigrad-Paklenica

Ouvert tous les jours en été de 13h à 21h. Entrée libre.

Cette bâtisse de l'ancien hameau Marasović, aujourd'hui devenu un quartier de Starigrad, été rénovée pour ce petit écomusée. On y conserve un fonds de pierres dressées, trouvées au lieu-dit Mirila, dans le massif du Velebit. Datant de l'époque pastorale (XVIIe-XXe siècles), elles conservent la mémoire des bergers morts en altitude, que l'on a transportés à l'église puis au cimetière. Un culte funéraire unique en Croatie. Une collection d'objets, de meubles et d'outils montagnards.

LES GROTTES CEROVAČ (CEROVAČKE ŠPILJE) ★

23440, Grab

✆ +385 99 814 47 24

En avril et octobre, visites à 10h, 11h30, 13h, 14h30 et 16h. En été, dernière visite à 17h30. Ticket 20 kn.

A l'est du parc Paklenica, ces trois grottes comptent parmi les plus importantes de Croatie. Ces espaces souterrains offrent environ 7 km de voies à explorer mais les visiteurs n'ont accès qu'à une centaine de mètres à l'intérieur car la grotte supérieure est un site naturel réservé à la recherche scientifique. Ici, vivait le grand ours des cavernes. La température dans les grottes se situe entre 5 et 11 °C, penser à prendre des vêtements chauds.

PARC NATIONAL DE PAKLENICA ★★★

Velika Paklenica - nacionalni park
✆ +385 23 369 155
www.np-paklenica.hr

Tickets de 20 à 60 kn la journée. Pour 3 jours, de 40 à 120 kn. Visite de la grotte Manita Peć : 20 kn en plus.

Avant d'entreprendre une randonnée ou une journée dans le parc, il faut s'informer auprès du bureau officiel de Starigrad ou aux deux kiosques placés aux entrées principales, l'une près de Velika Paklenica, l'autre, Mala Paklenica, moins fréquentée. Il faut s'assurer des bonnes conditions climatiques, de l'état des routes et sentiers, de son propre équipement. Bien choisir son itinéraire, prévoir de bonnes chaussures car les sentiers sont très rocailleux. Il y a quelques points pour se désaltérer dans le parc mais ne partez pas sans eau et quelques aliments énergétiques.

Un décor naturel de western. Deux torrents ont creusé la chaîne des montagnes, formant ainsi deux gorges profondes et escarpées. Les parois rocheuses ont une unité naturelle impressionnante, qui servit de cadre pour de nombreux westerns. Par exemple, les aventures de Winnetou, le chef apache héros d'une série télé des années 1960, adaptée des histoires du romancier allemand Karl May. Aujourd'hui, l'office de tourisme de Starigrad propose des randonnées sur les traces du grand guerrier indien !

Faune et flore. La végétation variée est favorisée par les différents climats. Le long du littoral, le climat est méditerranéen alors que les sommets du Velebit sont balayés par les vents froids et rigoureux. La plus grande partie des forêts est peuplée de hêtres (72 %) et de pins (18 %), puis de chênes pubescents, d'ostryers et de charmes du Levant. La faune change aussi selon l'altitude et l'habitat. On trouve de nombreuses espèces d'invertébrés, des escargots, des tortues endémiques, des papillons... Le parc est aussi un paradis pour ornithologues. On dénombre pas moins de 200 espèces d'oiseaux méditerranéens, que l'on retrouve en plaine : passerinette, orphée, bruant mélanocéphale, bruant zizi… Plus haut vers les sommets, les vautours fauves, les aigles fauves et royaux, les aigles Bonelli (anciennement *Hieraaetus fasciatus*), les faucons Biarmicus ainsi que les faucons pèlerins, circaètes jean-le-blanc ou aigles des serpents. Dans la famille des reptiles, seule la vipère, bien présente, est dangereuse. L'endroit abrite différentes espèces de couleuvres, dont certaines en voie de disparition. Les petits mammifères sont bien représentés, parmi eux de nombreux insectivores et rongeurs : musaraignes, souris, campagnols mais aussi aussi lièvres, écureuils, chauves-souris, belettes, renards, martres, chats sauvages, lynx, chevreuils, cerfs, sangliers, ours et loups.

CAMPING VRATA VELEBITA €

Šime Gazić Put Ljubotića 50 - 23245 Tribanj - Kruščica
✆ +385 23 333 516
www.vratavelebita.com
La nuit environ 100 kn pour l'emplacement de la tente.

À 3 km de la mer, ce camping de montagne est installé dans un village abandonné, auquel on ne peut accéder en voiture que par une petite route au départ de Tribanj (au nord de Starigrad). Y arriver est donc déjà toute une aventure. Le terrain est ombragé, les bâtiments propres et bien équipés conviennent aux amoureux de la nature, aux amateurs de tourisme rural et de cuisine du terroir. La demi-pension est donc une bonne option. Avec un peu de chance, vous pourrez tester la rakija au miel et aux plantes médicinales du propriétaire.

PAKOŠTANE ★

Station balnéaire familiale, Pakoštane possède une ouverture sur la mer appréciable avec ses trois larges plages. On y pratique aussi des sports nautiques (catamaran, planche à voile, kayak). Tout l'été, musique, animations et fêtes folkloriques se déroulent sur les quais. Dans les terres environnantes, des balades permettent de découvrir d'anciens moulins, un caravansérail turc, construit sous le pacha Yusuf Mašković (XVIIe siècle), une zone archéologique préhistorique sur une colline qui domine le lac (Vransko Jezero). Le panorama (Bellevue Kamenjak) porte jusqu'à la mer où l'on voit un îlot avec la silhouette de l'église Sainte-Justine.

OFFICE DE TOURISME

Trg Kraljice Jelene 78
✆ +385 23 381 892
www.pakostane.hr
Ouvert tous les jours en été.

Une agence municipale pour se renseigner sur l'hébergement, les restaurants, les excursions (archipel des Kornati notamment), les festivités, activités, horaires des cars pour le bourg médiéval de Vrana ou le petit port de Drage (belles plages), les ferrys pour l'île de Vrgada dans l'archipel de Pakoštane, les plages, le parc d'attractions entre Pakostane et Biograd. À disposition, des brochures et des cartes (région, pistes cyclables autour du lac, chemin ornithologique). Demandez le livret en français gratuit sur la culture locale (*Sur la paume de la main*).

PINE BEACH €€

Brune Bušića 45
✆ +385 23 250 96
www.pinebeach.hr
Des bungalows de 40 à 60 € la nuit, par personne, selon la saison et la catégorie.

Installé sur l'ancien site du premier Club Med d'Europe, ce village de vacances bénéficie d'un terrain ombragé de 18 hectares, au milieu d'une pinède odorante. Eloignés du port mais proches de la plage de sable privée, les bungalows en canisse naturel sont adaptés pour le séjour. Vous pourrez profiter sur place de nombreuses activités, des jeux et des animations pour tous. Pour manger à tout moment de la journée, un bar-snack et un restaurant servent une cuisine locale. Bien conçu pour profiter des plaisirs balnéaires en famille.

ZADAR ET SA RÉGION

© ILIJA ASCIC - SHUTTERSTOCK.COM

Pakoštane.

AGENCE DALMAGITE €

✆ +385 23 381 268
www.bretonne-en-croatie.com
Contact par téléphone du lundi au vendredi : 10h-18h. Site Internet en français avec quantité d'infos sur le pays.

Agence de tourisme réceptive en ligne, tenue par une Bretonne qui s'est installée en Croatie il y a plus de quinze ans. Propose plusieurs types d'hébergements (hôtels, villas, appartements, studios), des conseils sur de multiples activités, les sports balnéaires (canoë, pêche), la location de bateaux, les bons restaurants. Avec ses partenaires locaux, elle organise des balades et randonnées sur les rives du lac de Vransko, des excursions dans l'archipel des Kornati, aux parcs nationaux (Paklenica, lacs de Plitvice), des visites de Biograd, Omiš, Zadar et Split.

DALMATINSKA KONOBA TORO €€

Kralja Tvrtka 16
✆ +385 95 501 3923
Ouvert tous les jours en été du matin au soir. Plats à partir de 70 kn.

Dans la méga-taverne de Mario, on « fait » parfois le méchoui pour des dîners-soirées animées, surtout quand les musiciens sont là. Il faut voir monter la viande en broche, du porcelet, parfois de la chèvre. Il faut assister à la préparation du feu dans la cuisine extérieure. On peut manger autre chose, comme des moules ou gambas avec frites, des hamburgers et autres saucisses. Mais la spécialité de la maison, c'est bien la grillade géante pour de grandes tables où chacun peut s'asseoir. Convivialité populaire, dès l'apéro, ambiance festive en fin de semaine.

VRANSKO JEZERO ★★

Dans l'arrière-pays de Biograd, Pakoštane, de Drage et jusqu'au niveau maritime de Murter, le plus grand lac naturel de Croatie s'étend sur 3 000 ha et fait 14 km de long sur 2 km de large. Sa profondeur ne dépasse pas les 5 m. Par sa proximité avec la côte, en période de grandes marées, l'eau de mer s'introduit dans le lac. Pour être au plus près du lac, on peut séjourner dans le village de Vrana au caravansérail de Maškovića Han. Ce grand manoir, construit durant l'occupation ottomane (première partie du XVIIe siècle), a été admirablement bien restauré grâce aux aides européennes. Il est devenu un hôtel de luxe, un hébergement insolite proche de la nature. (www.maskovicahan.hr/hr)

PARK PRIRODE (PARC NATUREL LAC DE VRANSKO) ★★

✆ +385 23 383 181
www.pp-vransko-jezero.hr
Vente des tickets d'entrée à l'office de tourisme de Pakoštane ou à Biograd na Moru (Murska ulica 2 23210).

Quand on séjourne à Pakoštane, la première activité que l'on vous propose, c'est de faire le tour au lac ! Il est immense,14 km de long sur 2 km de large soit 3 000 ha – l'un des plus grands d'Europe. Sa profondeur ne dépasse pas les 5 m. Par sa proximité avec la côte, en période de grandes marées, l'eau de mer s'introduit dans les eaux douces. Se côtoient alors des poissons d'eau de mer et de rivière (truite, silure, tanche, carassin, anguille mais aussi bar, muge, sole).

Au nord-ouest, dans une partie déclarée parc naturel et réserve ornithologique, poussent des joncs et des roseaux. Des colonies d'oiseaux y ont élu domicile. C'est l'une des réserves ornithologiques les plus importantes du pays. On peut observer 111 espèces de volatiles, une multitude d'espèces aviaires, différentes espèces de canards sauvages, des hérons. En période de migrations, certains oiseaux restent autour du lac. Plusieurs sentiers passent au-dessus de l'eau, des points d'observation ont été aménagés. Le tour du lac en bateau permet de découvrir des paysages marécageux difficiles d'accès par voie terrestre.

- **Pour vous y rendre**. En voiture ou deux-roues, depuis Biograd ou Pakoštane, prendre la direction de Vrana. En bus (Vrana).
- **En vélo, 44 km de pistes cyclables,** qu'il vous faudra explorer, sillonnent les environs du lac, certaines recoupant la route nationale, ce qui est parfait pour le cyclotourisme. Compter la journée, prévoir de l'eau, le pique-nique et les protections contre le soleil.

© BALWAN

ŠIBENIK ET SA RÉGION

Bordée par le massif dinarique et l'Adriatique, la région de Šibenik, entre mer et montagne, multiplie les envies de découvertes. Dans l'arrière-pays, on trouve cachés dans la nature des vestiges archéologiques datant de la période romaine. On avance dans le temps sur le site de la double église paléochrétienne de Srima (VIe et VIIe siècles) ou près des ruines des premières villes des gouverneurs croates. Dans le magnifique parc national de la Krka, l'un des plus beaux de Croatie, aux bords des lacs et des cascades de la rivière, on consacre le temps nécessaire, en séjournant à Skradin, afin d'explorer ses richesses naturelles et patrimoniales. Sur la côte, Primošten, autre perle de l'Adriatique, et les petites localités côtières de la région, on trouve le moyen d'embarquer pour les îles Kornati. Au départ du port de Šibenik, on suit un canal historique fortifié. L'archipel s'ouvre sur l'île de Zirje, où l'on a construit la forteresse byzantine Sveti Nikola, puis Zlarin, Zmajan, Kaprije ou Prvič.

Šibenik et sa région
REGION DE ŠIBENIK-KNIN
ÎLE DE KATINA
Vodopije
Uruglie
Vrulje
Parc national de l'Archipel des Kornati
ÎLE DE KORNAT
ÎLE DE LAVSA
Archipel des Kornati
Mer Adriatique
ÎLE DE SMOKVICA VELA
Île de Žirje
Biograd Na Moru
Lac Vransko
Réserve du Lac Vransko
Drage
MURTER
BETINA
ÎLE DE MURTER
TISNO
JEZERA
Pirovac
Sovlje
Tribunj
VODICE
Srima
Sepurine
Zlarin
Île de Zlarin
Solaris
ÎLE DE KRAPANJ
Bilo
PRIMOŠTEN
vers Zadar & Karlovac
Bribirske Mostine
Raslina
Zaton
Krka Donji Tok
Bilice
ŠIBENIK
Biranj
Donja Polje
Brodarica
Žaboric
Grebaštica
Primošten Burnji
Danilo Gornje
Munjaca
vers Split
Laskovica
PARC NATIONAL DE KRKA
Lac Visovacko
SKRADIN
Krka
Rudele
KNIN
Vrbnik
DRNIŠ
A1
8
27
33
56
58
59
10 KM

PAGES

●● RÉGION DE ŠIBENIK

Bordée par les montagnes dinariques et la mer Adriatique, la région de Šibenik se visite de tous les côtés. Dans l'arrière-pays, des sites archéologiques de la période romaine (Scardona, Ribera, Burnum, Varvaria, Danilo), la double église paléochrétienne de Srima (VIe et VIIe siècles), les ruines des premières villes des gouverneurs croates, le parc national majeur de la Croatie, les lacs et cascades de la rivière Krka, que l'on prend le temps d'explorer en séjournant à Skradin. Sur la côte, Primošten, autre perle de l'Adriatique, et les petites localités côtières : Pirovac, Tribunj, Vodice, Tisno, Betina et Murter, d'où l'on embarque pour l'archipel des Kornati, un parc marin de 125 îles et îlots.

Au départ du port de Šibenik, on suit un canal historique fortifié. L'archipel s'ouvre sur l'île de Zirje, où l'on a construit la forteresse byzantine Sveti Nikola, puis Zlarin, Zmajan, Kaprije ou Prvič.

À l'embouchure du fleuve, la ville Šibenik est construite autour du port et monte sur des collines. Les forteresses Barone et Saint-Michel ont vue sur toute la région : côté terre, la nature sauvage du parc national de la rivière Krka, côté mer, un bel archipel avec Zlarin, l'île la plus proche. À l'entrée du canal Saint-Antoine, le fort Saint-Nicolas protège la ville des entrées maritimes.

Officiellement, le parc national de Krka possède cinq entrées ouvrant sur l'ensemble de sa superficie. Les deux principales se situent sur le territoire de Lozovac et Skradin. Elles sont aménagées avec parkings et de grands centres d'informations. En remontant en voiture vers le cours supérieur de la rivière, les entrées de Roški slap (les cascades de Roški) sont accessibles en bateau.

●● ÎLE DE MURTER

L'île de Murter est reliée à la côte par un pont basculant au niveau de Tisno, ce qui assure une bonne connexion avec Šibenik, Skradin et le parc national de la rivière Krka, Zadar, Split. Des chantiers navals encore en activité et les ports de pêche ont rendu l'île assez prospère. Mais la rente principale, c'est bien sûr le tourisme. Vous y trouverez des plages de sable fin, des criques (Hramina, Cigrađa, Slanica, Podvrške…), des sentiers de randonnée, des pistes cyclables. Murter-port est la porte d'accès la plus directe pour entrer dans l'archipel des Kornati. Sur cette île, on trouvera facilement un marin ou une agence spécialisée pour louer un bateau à moteur ou un voilier (avec ou sans skipper).

ARCHIPEL DES KORNATI

Au large des côtes de la Dalmatie centrale, on compte 147 îles, îlots et récifs sur 69 km² répertoriés. Vues du ciel, ces formations anarchiques apparaissent comme des curiosités géologiques affleurant de la mer. Chaque île correspondrait au sommet d'une montagne née de la dernière ère glaciaire. Plus poétique, sans ironie, l'écrivain irlandais George Bernard Shaw avait décrit le phénomène : « Le dernier jour de la création, Dieu voulut couronner son œuvre, c'est pourquoi il créa les îles Kornati avec des larmes, des étoiles et du souffle. » Ce site naturel, sauvage et préservé, fut classé parc national en 1980. Certaines îles sont recouvertes d'un touffu maquis, d'autres sont arides, toutes sont différentes. Dans ce désert de roches claires, un sinueux réseau de murets en pierres sèches tente de délimiter de minuscules parcelles agricoles, où quelques rares oliviers subsistent, ainsi que des pins, des figuiers sauvages et certaines rares plantes résistant à l'aridité du climat…

La zone sous-marine des Kornati réserve une diversité biologique qui ravira les plongeurs. L'île de Purara bénéficie d'une zone de protection spéciale. Le périmètre autour des falaises (Mala Purara) doit rester isolé de toute influence humaine. Les bateaux ne sont pas autorisés à y accoster. Seuls les scientifiques y font des incursions. Particulièrement belle au printemps pendant la floraison des immortelles et de la sauge, l'île est devenue un sanctuaire pour diverses espèces d'oiseaux, d'insectes et de plantes.

De nombreux excursionnistes. De Split à Zadar, sur toute la côte dalmate, des agences réceptives et des rabatteurs proposent des sorties en mer aux abords de l'archipel. En une journée, ils ne font que l'approcher… Certaines goélettes vendent des tickets pour le parc national des Kornati mais vous emmènent en réalité jusqu'à la baie de Telašćica (lac salé) qui n'appartient pas au périmètre des Kornati. Vérifiez avant de partir ! En partant des ports-marinas de Sukošan, Pirovac, Murter, Tisno ou Tribunj, vous serez au plus près de l'archipel, le temps d'accès sera moins long.

Faire du bateau dans le parc national. C'est l'idéal ! Des petites marinas aux alentours (Pašman, Žut, Dugi Otok, Zirje) se sont ouvertes pour quelques voiliers à mât unique. Sur la côte adriatique, entre Split et Zadar, vous trouverez des marinas modernes, où de nombreux loueurs de bateaux sont domiciliés et connaissent les règles de navigation dans le parc national. A partir de Murter, l'entrée du parc, côté est, se fait par un passage étroit entre les îles Kornat et Smokvica (1h). De Zadar, il faut passer sous le pont qui relie les îles d'Uglan et de Pašman, puis cap au sud-sud-est entre Dugi Otok et Lavdara pour enfin parvenir à l'entrée ouest, entre les îles Katina et Kornat. Comptez 3h. Il faut donc plusieurs jours pour espérer faire le tour de l'archipel (Kornat, Lavsa, Katina, Smokvica Vela, Mana, Piškera.). Les conditions de navigation sont optimales, la mer est rarement mauvaise et il y a peu de rochers en surface. Cependant il faut bien s'informer sur la météo ! Si le vent est suffisant, on peut sortir les voiles. S'il souffle trop, on trouvera bien un abri dans l'une des nombreuses baies et criques.

Séjourner dans l'archipel. Il n'y a pas d'hôtel et le camping est interdit dans le parc national, ainsi que le vélo. On peut jeter l'ancre aux abords de certaines criques et dormir sur son bateau. Si vous souhaitez rester quelques jours, voire une semaine, vous pourrez louer une maison de pêcheur sur l'une des îles de l'archipel (Kornat, Kravjačica, Lavsa) ou même à Žut, cette dernière ne faisant pas partie du parc national mais s'en approchant fortement. Certains logements font partie d'un groupe d'habitations alors que d'autres sont isolés. Ces maisons de Robinson sont visitées régulièrement par un bateau. Avant de partir, il est judicieux d'emporter du ravitaillement. Si besoin est, on s'organise avec le propriétaire pour regagner une île à proximité où retrouver la civilisation !

ŠIBENIK ★★★★

Contrairement aux autres cités du littoral, construites successivement par les Grecs, les Romains et les Byzantins, Šibenik fut fondée par les rois croates durant les IXe et Xe siècles. Puis, tour à tour, le royaume passe aux mains des souverains hongro-croates et vénitiens. Entre les XVe et XVIIe siècles, la Sérénissime utilisa la ville dans sa lutte contre les Ottomans. Son statut de riche port marchand lui permit de se développer rapidement. L'influence artistique est notable dans tous les arts majeurs : architecture, sculpture et peinture. De nombreux maîtres italiens apportèrent leur contribution à l'embellissement de la ville, qui possède aujourd'hui un patrimoine historique exceptionnel, dont la cathédrale Saint-Jacques, inscrite au registre du patrimoine mondial culturel de l'Unesco. Jusqu'à la Seconde Guerre mondiale, la capitale de la région développait son activité économique grâce au commerce de l'aluminium. Mais en 1991, lors de la dernière guerre, Šibenik est sévèrement touchée par les bombes. Elle entre en récession. Aujourd'hui, le centre-ville conserve l'atmosphère d'une ville de province tout en observant sa périphérie se moderniser à vitesse grand V. Le périmètre médiéval et renaissance, admirablement restauré dans un vaste domaine piéton, la forteresse ancienne entièrement réaménagée pour la visite et les spectacles en plein air, la promenade de la mer, ses terrasses de cafés-restaurants ouvrant sur le canal, son archipel et la proximité avec les parcs nationaux (rivière Krka, Kornati) contribuent à son attrait grandissant pour les visiteurs.

Balade

Au creux d'une large baie, à l'embouchure de la rivière Krka, Šibenik a été construite autour de son port, le long des collines qui la surplombent depuis la forteresse Saint-Michel, admirablement restaurée. En premier plan, la vieille ville est séparée des quartiers modernes par une large avenue (Kralja Zvonimira). De l'autre côté de la baie, à l'entrée du canal Saint-Antoine, la ville est protégée par le fort Saint-Nicolas. L'âge d'or de Šibenik se situant du XIVe siècle au XVIIe siècle, le patrimoine architectural de la vieille ville séduit dans son harmonie éclectique. Les époques stylistiques se répondent de manière scénique, alternant remparts et place forte militaire, monuments ecclésiastiques (cathédrale Saint-Jacques, églises, monastère et jardin), ainsi que de superbes bâtiments civils. Sur la grande place Renaissance, l'hôtel de ville jouxte un beau palais avec une loggia à l'élégance toute vénitienne, édifiée entre 1533 et 1542. Bâtie à flanc de la montagne, Šibenik est sillonnée de ruelles pentues. Au détour de venelles étroites, au cœur de l'ancien labyrinthe urbain, vous découvrirez de superbes demeures privées, des églises gothiques, Renaissance ou baroques. La promenade ne sera pas complète sans la douceur d'un rendez-vous sur le front de mer avec ses terrasses de bars et de restaurants qui regardent les presqu'îles si proches ou l'entrée du canal Sveti Ante, chargé d'histoires.

Se loger

Il y a peu de grands établissements dans le centre historique de Šibenik : un vieux palais vénitien proche de la cathédrale, restauré en hôtel de luxe, ou un immeuble moderne sur la riva. La plupart des complexes hôteliers se situent sur la côte vers Vodice, sur l'autre rive du canal.

Vous trouverez à louer, dans la vieille ville, quantité d'appartements anciens rénovés et des auberges de jeunesse bien équipées. À la gare routière, des résidents viendront sûrement à votre rencontre pour vous proposer des chambres. Pour obtenir des adresses, vous pouvez aussi vous rendre dans le centre d'informations touristiques du front de mer (Obala dr Franje Tuđmana 5).

Shopping

Pour une ambiance dalmate authentique, pour acheter des produits locaux de saison, c'est autour du marché que ça se passe ! Vous y trouverez les éponges des îles Krapanj et Zlarin, les chapeaux typiques de Šibenik, l'huile d'olive, les figues séchées, etc. Un centre commercial, à la sortie de la ville sur la route de Split (Dalmare) inclut des boutiques de prêt-à-porter, un hypermarché et un fast-food ouvert 24h/24.

Sports / Loisirs

Se baigner. Direction Banj Beach, à l'ouest de la vieille ville, la plage nouvellement aménagée, plébiscitée à la fois par les locaux et les touristes. On y vient pour les joies du balnéaire en journée et pour se détendre.

Transports

La gare routière est un peu excentrée au sud de la ville, au bout de la grande avenue Kralja Zvonimira. Très active, avec un service de bus intense tous les jours (un peu moins le dimanche), de nombreuses liaisons sur tout le littoral, avec Rijeka, Zadar, Trogir, Split, Dubrovnik… une consigne à bagages et des bars-snacks.

OBONJAN, UNE VIE INSULAIRE RÉINVENTÉE

Jusque-là peu fréquentée, cette île au large de Šibenik (3 rotations en ferry chaque jour) est sur le point de s'inscrire sur l'agenda des clubbers. L'idée est venue au promoteur anglais Sound Channel, organisateur entre autres de l'Un known Festival (Rovinj). Dan Blackledge, l'un des nouveaux propriétaires, s'est payé une île dalmate en 2016 ! Associé à l'entreprise croate Gratiosus, Sound Channel compte créer « la première destination mondiale dédiée au tourisme, au bien-être et au divertissement ». Mais dans ce cadre jusque-là préservé, l'arrivée de festivaliers et la construction d'infrastructures ne risquent-elles pas d'avoir un impact sur l'écosystème ?

CIVITAS SACRA

Ulica kralja Tomislava 10
civitassacra.hr
7j/7 sauf le dimanche et les jours fériés. D'avril à octobre de 8h30 à 20h30, de novembre à mars de 9h à 17 h.

Dans le palais Galbiani, récemment rénové, le centre d'interprétation de la cathédrale Saint-Jacques est ouvert au public depuis mai 2019. Cofinancé par le Fonds européen de développement régional et élaboré avec la ville de Šibenik, l'office de tourisme et le diocèse, ce programme pédagogique fait largement usage du multimédia. Également, une petite collection de tableaux d'églises, des sculptures, habits et autres objets du culte, pour mieux comprendre le patrimoine religieux, culturel et historique de la cité à travers les âges.

CATHÉDRALE SAINT-JACQUES (KATEDRALA SVETOG JAKOVA) ★★★

Trg Republike Hrvatske
Ouverte tous les jours de 8h à 20h de juin à septembre, fermeture à 19h d'octobre à mai.
Tarif : 20 kn.

Véritable ouvrage d'architectes, la construction de la cathédrale Saint-Jacques (1431-1535) vit se succéder l'Italien Francesco di Giacomo, Juraj Dalmatinac, dit Georges le Dalmate, et le Toscan Niccolò di Giovanni Fiorentino. À partir de 1444, Juraj Dalmatinac en redessine les plans, supervise la technique unique d'élévation, monte l'édifice avec des pierres sèches taillées sur mesure. Nicolas le Florentin, lui, orne le bâtiment d'un dôme Renaissance. Si l'édifice gothique s'augmente d'un transept, d'un baptistère puis d'un dôme d'influence vénitienne, la transition réussie entre le gothique et la Renaissance confère à l'ensemble une harmonie extérieure et intérieure exceptionnelle. Cet exemple d'équilibre dans les composantes stylistiques est le résultat fructueux d'échanges d'influences entre les trois aires culturelles, aux XVe et XVIe siècles. Ce fut l'un des critères majeurs pour l'Unesco, qui l'inscrit au patrimoine mondial en 2000. Cette cathédrale fait partie des rares bâtiments du clergé occidental à n'avoir pas été modifiés au cours des siècles.

Le travail des sculpteurs est remarquable également. En façade, ne manquez pas la frise en haut-relief des 71 portraits de femmes, d'hommes et d'enfants représentant le visage de la société civile de l'époque. La rénovation des pierres s'est faite dans la carrière qui servit au bâti original. Aujourd'hui encore, le travail des tailleurs de pierre *in situ* retrouve le chef-d'œuvre du Dalmatinac.

Cathédrale Saint-Jacques vue depuis la citadelle Sainte-Anne.

EGLISE ET MONASTERE SVETI LOVRE ★★

Andrije Kačića Miošića

✆ +385 22 212 515

www.spg.hr

Ouvert tous les jours de 8h à 23h.

© CEZARY WOJTKOWSKI - SHUTTERSTOCK.COM

Accolé à l'église Saint-Laurent, ce petit jardin, agrémenté d'une buvette-salon de thé, vous propose de faire une pause verte très agréable en ville. Il appartient au monastère et, dans l'esprit du jardin médiéval, il a été redessiné en 2007. Avec ses allées bien tracées, son joli carré de simples, il donne à voir et à sentir différentes fleurs méridionales ainsi que des plantes aromatiques. Une petite auberge de jeunesse vient d'ouvrir avec des chambres à 2 ou 4 lits.

FAUST VRANČIĆ MEMORIJALNI CENTAR ★

Otok Prvić - **PRVIĆ LUKA**

✆ +385 22 448 128

www.mc-faustvrancic.com

7j/7 sauf le dimanche de 8h à 16h. Tarifs : 30 kn (adulte), 15 kn (de 7 à 18 ans), gratuit pour les enfants de - 8 ans.

L'homme qui inventa l'une des premières machines à voler au XVIe siècle méritait bien un mémorial. Juste retour des choses pour le scientifique, très en avance sur son époque, qui fut à l'origine du premier prototype de parachute et conçut bien d'autres appareils. Le Croate Faust Vrančić, érudit et linguiste vécut avec sa femme sur l'île de Prvić, où un musée-découverte conserve ses écrits, manuscrits, plans et dessins ainsi que des maquettes reconstituées.

FORTERESSE SAINT-MICHAEL (TVRĐAVA SV. MIHOVILA) ★

Tvrdava Svetog Mihovila ✆ +385 91 497 55 47

tvrdjava-kulture.hr

Ouvert 7j/7, en hiver, tous les jours de 10h à 16h, en été de 9h à 20h. Printemps-automne de 10h à 18h.

La silhouette de la forteresse s'impose dès que l'on arrive à Šibenik. Longtemps utilisé comme citerne, le fort date du XIe siècle. Admirablement restauré ces dernières années, il sert désormais de centre culturel et de salle de spectacles exceptionnelle. On peut visiter les espaces d'exposition, faire le tour des remparts qui dominent la vieille ville, le port et l'archipel. Les tickets combinés donnent accès à la forteresse Barone, qui se trouve à proximité (Put Vuka Mandušića 28).

MUSÉE DE LA VILLE (MUZEJ GRADA ŠIBENIKA) ★★

Gradska vrata 3

✆ +385 22 213 880

www.muzej-sibenik.hr

Ouvert tous les jours sauf le dimanche de 10h à 13h et de 18h à 21h. Entrée : 30 kn, gratuit le samedi.

Une ruelle derrière l'abside de la cathédrale mène au palais du Recteur récemment restauré. C'est dans ces bâtiments de l'ancien pouvoir vénitien que s'est installé le musée municipal. En plus des collections permanentes présentant le riche patrimoine historique de la ville (préhistoire, monde antique, haut Moyen Âge, périodes Renaissance et baroque), se tiennent des expositions temporaires en relation avec l'art spécifique de la ville, l'histoire et l'art contemporains.

MUSÉE DIOCÉSIEN (BISKUPSKI MUZEJ) ★

Trg Nikole Tomasea

✆ +385 22 214 448

Ouvert tous les jours sauf dimanche de 9h à 13h et de 16h à 20h. Ticket : 15 kn.

Le Trésor de la cathédrale a été rassemblé dans une petite église désaffectée à proximité. Un musée d'art sacré un peu hétéroclite mais très intéressant pour l'amateur d'art médiéval, Renaissance et baroque. Une grosse collection d'œuvres régionales, des hauts-reliefs, des polyptyques, des crucifix et des statues polychromes du XVe siècle, aux regards toujours très expressifs, des angelots du XVIIIe siècle, le tout entreposé à côté de peintures d'églises et autres reliquaires.

ŠIBENIK ET SA RÉGION

© JASMINAM - ISTOCKPHOTO

Vue aérienne de Šibenik.

SOKOLARSKI RAPTOR CENTAR ★

Dubrava-Škugori 47a ✆ +385 22 330 116
www.sokolarskicentar.com

Ouvert tous les jours en été, de 9 h à 17h. Entrée : 30 kn (adulte), 20 kn (enfants).

A une dizaine de kilomètres de Šibenik, sur la route de Skradin, ce centre de sauvegarde des rapaces vaut le déplacement. Une visite particulièrement intéressante pour famille avec enfants et ados. En voiture ou deux-roues, on peut faire le crochet si l'on est sur le chemin du parc national de Krka. Lors de la démonstration, vous pourrez remarquer la complicité des soignants humains avec les hiboux, aigles et autres oiseaux de proie. L'idée ne consiste cependant pas à les donner en spectacle mais bien à les réintroduire dans la nature, si possible.

OFFICE DE TOURISME DE ŠIBENIK

Frausta Vrančića 18
✆ +385 22 212 075
www.sibenik-tourism.hr

En été, ouvert tous les jours sauf le dimanche de 8h à 20h. Le samedi de 8h à 14h.

Une agence municipale, où trouver des informations sur l'hébergement avec une offre hôtelière qui augmente chaque année en ville et marina, le patrimoine, les excursions dans la région, la riviera, l'archipel. Très complet sur l'actualité culturelle (concerts et festivités toute l'année). Sur le site Internet, des brochures et quantité d'entrées visuelles, portfolios, vidéos, applis qui accompagnent la découverte de Šibenik. Un autre bureau touristique sur Obala palih omladinaca 3.

APPARTMENTS / STUDIOS ILLE €

Buta Harolda Bilinica 30
✆ +385 98 676 705
www.apartments-ille.com

Locations selon la saison et la catégorie, de 50 € à 96 € la nuit.

Sur la promenade de la mer (*riva*), proche du quartier historique et de la cathédrale, cette imposante demeure historique fut bâtie il y a plus de 150 ans, par une riche famille bourgeoise de la cité. Des chambres, studios et appartements ont été aménagés en locations saisonnières modernes et confortables (climatisation, kitchenette, connexion wifi gratuite) pour 2 à 4 personnes. La propriétaire, qui vous y accueille, parle parfaitement le français.

HOSTEL INDIGO €

Jurja Barabovića 3
✆ +385 22 200 159
www.hostel-indigo.com

Dortoir de 4 personnes autour de 15 € par personne, chambre privée 43 €.

Bleu indigo comme la couleur des jeans qui paradent à tous les étages ! Le principe ? Ici, vous pouvez échanger votre 501 vintage contre un Diesel 38 qu'un touriste a laissé… ou oublié ! Ici l'esprit est jeune, mais tout le monde peut venir dormir dans cette auberge sur 4 niveaux avec dortoirs et chambres privées, simples et propres. Le plus, un toit-terrasse avec vue sur la mer. On peut aussi se détendre au bar-terrasse de la placette. La direction gère un autre établissement, l'Hostel Globo, proche de la gare. Accueil sympathique.

HÔTEL PANORAMA €€

Šibenski most 1
✆ +385 22 213 398
www.hotel-panorama.hr

La chambre, selon la saison et la catégorie, de 82 € à 152 €, la nuit (petit déjeuner inclus).

Après le pont de la Jandraska Magistrala, sur la presqu'île, l'hôtel bénéficie d'une superbe vue sur la ville ou sur le canal, né de la rivière Krka. 40 chambres confortables et spacieuses et deux suites bien équipées (air conditionné, mini-bar, télé satellite, téléphone, connexion Internet gratuite par Wifi). Terrasses et piscine ouvertes sur les collines. Demandez une chambre avec vue, quitte à payer un peu plus cher ! Le restaurant de qualité propose une cuisine riche en poissons, ainsi qu'une bonne carte des vins. Véhicule indispensable.

SOLARIS BEACH RESORT €€

Hoteli Solaris 86
✆ + 385 22 363 951
www.solaris.hr

Chambre familiales, suites, villa, selon la saison et la catégorie, de 100 € à 389 € la nuit (petit déjeuner inclus).

L'immense complexe touristique, entre Šibenik et Primošten, occupe toute une presqu'île et s'organise autour d'une marina privée. En tout, six hôtels, des villas balnéaires, un mégacamping, des plages aménagées, des aires de jeux pour les enfants, un parc aquatique, des terrains de sport, des animations récréatives, des *beach bars*, des restaurants-terrasses, tout est conçu pour retenir les groupes et familles sur place. Notez que l'Aquapark, qui fut le premier inauguré en Croatie, se situe dans le Solaris Beach Resort. Il est ouvert à tous (entrée payante).

D-RESORT ŠIBENIK €€€

Dogus Marina Hoteli d.o.o.
✆ +385 22 331 452
www.dresortsibenik.com

Toute l'année, chambres doubles de 115 € à 600 € la nuit, selon la saison et la catégorie (petit déjeuner inclus).

Au bout de la péninsule Mandalina, juste après la marina du même nom, cet hôtel de luxe s'est installé en 2015 sur un site maritime d'exception. Toute en courbe, l'architecture futuriste du toujours inventif Nikola Bašić profite largement de la pointe naturelle, afin que tous les espaces intérieurs aient une belle vue. 70 chambres spacieuses, lumineuses, avec tout le confort et un grand balcon. Une piscine à débordement et vue sur la mer, des équipements bien-être, un rooftop pour le café-restaurant, des services dignes d'un 5 étoiles, etc. : tout ceci a un prix.

HERITAGE HOTEL LIFE PALACE €€€

Trg Sibenskih Palih Boraca 1
✆ +385 22 219 005
www.hotel-lifepalace.hr

Chambres doubles, selon la saison et la catégorie, de 75 € à 184 € la nuit (petit déjeuner et parking inclus).

Au cœur de la cité historique, l'hôtel Life est installé dans un palais vénitien datant du XVe siècle. Il vient d'être rénové. Il bénéficie donc du confort moderne dans le charme de l'ancien. Les 17 suites et chambres sont décorées avec des peintures murales néo-romantiques, certaines avec balcon et vue sur la mer. Toutes sont climatisées, équipées de chauffage par le sol, de la télévision et du téléphone, d'une connexion Internet sans fil et d'un minibar.

APARTMENTS CAFFE BAR TRAPULA €

12 Obala Palih Omladinaca
✆ +385 91 563 1353
www.apartmani-trapula-sibenik.com

Selon la saison et la catégorie, studio (2 personnes) de 57 € à 70 € la nuit. Parking gratuit pour les clients.

Sur la promenade de mer, à la sortie de la ville, un immeuble ancien bien restauré. Trois studios sont à louer, pour 2 ou 4 personnes. Bien équipés, avec climatisation, coin cuisine, espace salon et chambre, ils offrent la connexion Wifi gratuite et une belle vue de la fenêtre sur le canal Luka. Pour ceux qui séjournent dix nuits au Trapula, une excursion guidée en bateau dans le canal Sveti Ante est proposée par Zvonimira, la propriétaire, qui est francophone.

MEDULIC PALACE €€

Ulica Ivana Pribislavića 4
✆ +385 95 530 1868
www.medulicpalace.com

Chambres ou studios, selon la saison et la catégorie, de 36 € à 102 € la nuit (petit déjeuner inclus).

Située dans le centre-ville, cette maison familiale, récemment rénovée, propose différents types de logements de bon standing. Des chambres en formule hôtelière qui sont bien agencées, spacieuses, avec tout le confort, des équipements contemporains (télé, air conditionné, connexion wifi gratuite) et balcon. Les studios, bien équipés également, sont adaptés pour le séjour d'une à deux personnes souhaitant plus d'indépendance, au niveau des repas notamment. Tous les résidents ont accès des espaces communs pour la détente, en terrasse ou dans la bibliothèque.

BUFFET ŠIMUN €

Fra Jerolima Milete 17
✆ +385 22 212 674
Ouvert tous les jours sauf le dimanche de 7h à 22h. Plat à partir de 30 kn. Menu autour de 50 kn. Poisson : 90 kn.

Le terme *buffet* ou *buffe* en Croatie désigne un restaurant populaire aux grandes tablées qui sert une cuisine familiale. Le Šimun, près de la gare routière, prisé des touristes, attire moins de locaux aujourd'hui mais continue à proposer des petits plats au bon rapport qualité-prix. Une cuisine du pêcheur sans prétention mais copieuse (salade de poulpes aux haricots, risotto de crevettes, goulasch, calamars grillés ou en gratin, poivrons farcis, etc.). Pour les enfants, les filets de poulet panés faits maison devraient faire l'affaire ! Bien pour déjeuner.

KANELA RESTAURANT €

Obala dr. Franje Tuđmana 5
✆ +385 22 214 986
Ouvert tous les jours de 8h à minuit. Le dimanche à partir de midi. A la carte, plats de 50 kn à 110 kn.

Une petite taverne à repérer dans l'alignement des restaurants du front de mer, dans ce périmètre très touristique. Ne pas confondre avec le café-bar Kanela (rue Nikole Tesla). Au restaurant, on trouve quelques tables en terrasse, une cuisine au feu de bois sous *peka,* le poulpe à l'étouffée par exemple. Poissons, fruits de mer ou viandes de porc ou d'agneau sont grillés ou présentés en sauce avec des pâtes ou encore des légumes, dont la fameuse *blitva* (écrasé de pommes de terre et de blettes à l'ail et à l'huile d'olive). Accueil souriant, même tard le soir.

KONOBA-VINOTEKA PELEGRINI €€€

Jurja Dalmatinca 1 ✆ +385 22 213 701
www.pelegrini.hr
Ouvert 7j/7, du mardi au samedi de midi à 14h30 et de 18h30 à 22h. Les dimanche et lundi, ouvert le soir.

Restaurant gastronomique très coté à Šibenik. Son emplacement, dans un monument historique proche de la cathédrale et la cour carrée où l'on cultive les herbes aromatiques rajoutent au prestige. Un cadre idéal pour un repas d'exception, une cuisine inventive et raffinée, s'inspirant des traditions dalmates, revisitées par la modernité culinaire. Le chef de cuisine et sa jeune brigade issue de l'école hôtelière, le sommelier et sa carte des vins remarquable font la différence.

VODICE ★

Côté mer, la localité met à profit ses plages et sa grande marina, où les plaisanciers se préparent ou reviennent de leur séjour dans l'archipel de Šibenik ou même des îles Kornati. Dans le port de Vodice, on peut louer un bateau avec ou sans skipper. On peut aussi embarquer sur un ferry avec un deux-roues. Dans la journée, on peut faire la traversée jusqu'à l'île de Prvić Luka. Les clubbers de la région connaissent bien Vodice où la méga-discothèque l'Hacienda programme des DJ internationaux tout comme l'Aurora, située à 2 km du centre de Primošten. Toujours à Vodice, coup de cœur pour le Porat Club, avec son open space qui ouvre sur la mer.

BUREAU TOURISTIQUE (TURISTIČKA ZAJEDNICA)

Bajne bb
✆ +385 22 446 143
www.tz-tribunj.hr
Ouvert tout l'été de 8h à 21h.

Tribunj ressemble à un bourg côtier et, à compter le nombre de voiliers amarrés aux quais, on se dit qu'on arrive là dans un vrai repaire de navigants ! Le petit port, qui a su garder son charme méditerranéen, sans trop bétonner, attire les amateurs de voile mais aussi les adeptes de vacances tranquilles, entre mer et collines, bel archipel, héritage culturel et gastronomie. Cette agence aide à trouver un bateau, un hébergement, une excursion, un restaurant, des horaires de bus.

OFFICE DU TOURISME (TZ GRADA VODICA)

Obala Vladimira Nazora b.b ✆ +385 22 443 888
www.vodice.hr
Ouvert tous les jours en été de 8h à 20h. En hiver du lundi au vendredi de 8h à 16h, le samedi de 9h à 18h.

Une agence sur les quais, proche de la marina et le terminus des bus de Vodice. Vous trouverez, dans ce bureau privé, de nombreux services touristiques, des adresses et contacts pour des séjours et hébergements disponibles toute l'année, des excursions, sorties en mer dans l'archipel de Šibenik (îles de Prvić, Zlarin), change de monnaie, tickets de bus locaux ou pour les catamarans (Split-Ancône), location de vélos et de voitures, agenda des animations et activités culturelles…

BED & BREAKFAST SIDRO €

Splitska 2
✆ +385 22 443 712
www.hotel-sidro.hr

Chambres doubles selon la saison de 59 € à 66 € la nuit (petit déjeuner inclus).

Proche du centre, à 200 m de la plage, cet hôtel familial propose des chambres bien agencées avec balcons et vue sur la mer ou sur la terrasse, qui est entourée d'une abondante végétation. La propriétaire, d'origine française, est de bons conseils, pour les excusions par exemple. Le restaurant, connu pour ses plats à la carte internationale et ses spécialités locales, à base de fruits et légumes du domaine écologique, viande et fromage de pays mais aussi la cuisine de la mer, poisson et coquillages frais, des plats végétariens. Parking privé gratuit..

HÔTEL OLYMPIA €€

Ljudevita Gaja 2 ✆ +385 22 452 452
www.olympiavodice.hr

Chambres et suites, selon la saison et l'exposition, de 88 € à 235 € la nuit (petit déjeuner inclus).

Toute l'année, le grand hôtel propose 215 chambres et 26 suites-appartements, autant d'unités confortables, bien équipés avec un balcon. Si vous le pouvez, réservez côté mer, ce qui constitue leur atout principal. Les résidents ont accès à plusieurs prestations et services en été. Dans les parties communes, un bar-restaurant, un espace bien-être/beauté, une salle de conférence. A l'extérieur, une méga-piscine, des terrains de sport (tennis, volley-ball), une discothèque à proximité et la plage à 50 m, aménagée avec parasols, chaises longues et *beach bars*.

RESTAURANT SANTA MARIA €€

Kamila Pamukovića 9 ✆ +385 22 443 319
www.santamaria-vodice.com

Ouvert en semaine de 16h à minuit, le week-end de 13h à minuit. Autour de 100 kn le plat.

Pour les aficionados de tex-mex, dans une ambiance latine chaleureuse mâtinée d'influences croates, le Santa Maria est recommandé. Dans un cadre rustique, coloré et kitsch, le restaurant propose des fajitas et du chili con carne, des tacos, burritos mais aussi des pizzas, pâtes et salades ainsi que des plats locaux, poissons et viandes grillés, ou le risotto aux fruits de mer et crustacés qui ressemble à la paella latina. La perruche ajoute encore au décor exotique. Service attentionné et souriant. Ambiance chaleureuse et conviviale.

TRI PIRUNA €€

Ul. Roca Pave 5
✆ +385 91 576 7751
konobatripiruna.com

Ouvert du 15 mai au 15 octobre de 18 h à 23h30. Compter entre 100 et 200 kn un plat complet (adulte).

En retrait du port, où les nombreux restaurants ne brillent pas par leur originalité, le Tri Piruna a une vraie identité. Une cuisine inventive apporte à ce restaurant une excellente réputation. De fait, il faut réserver à l'avance. Amateur de poissons ou de viande, les plats sont découpés ou finalisés à votre table. *Idem* pour les gnocchis aux gambas, avec le fromage et la truffe fraîche qui seront râpés devant vous. Au choix, plancha de 3 fromages et charcuterie pays, huile d'olive, pain maison et vin local, des salades, des légumes grillés, hamburgers...

HOOKAH BAR

Ljudevita Gaja 8
✆ +385 91 557 4237

Ouvert tous les jours, du matin au soir, en été.

Sur la plage principale de Vodice, près des hôtels Punta et Olympia, voici l'un des fameux *beach-bars clubs* de la côte ! Abrité par quelques pins, le lieu est ouvert dès le matin pour un café, une boisson fraîche ou le petit déjeuner, la journée c'est *drink & beach* puis les *afters* qui font monter l'ambiance. Le soir, c'est le rendez-vous préféré des locaux, touristes et saisonniers du coin. Pour l'agenda des soirées *clubbing*, consulter la page Facebook du lieu. L'ambiance est en tout cas toujours au rendez-vous, surtout l'été !

HACIENDA

Magistrala b.b.
✆ + 385 95 796 4752

Ouvert en été de 23h à 5h du matin.

L'Hacienda est l'une des premières discothèques en plein air à avoir ouvert sur la côte adriatique (mais pas sur la plage !). Les soirées y sont animées par des DJ croates avec la présence régulière d'artistes régionaux. C'est un club estival, qui tient bon en matière de son et d'ambiance, où l'on aime les Balkan beats et la *techno dance*. Les jeunes locaux et les touristes se mélangent pour s'amuser au rythme des sons, en sirotant cocktails et bières ou boissons sans alcool. Pour des nuits endiablées pleines de bonne humeur.

PARC NATIONAL DE KRKA ★★★★

L'une des plus belles réserves naturelles de Croatie. De nombreux touristes font la visite dans la journée, mais pour approcher au mieux les différents sites du parc national, qui s'étend sur un territoire de 109 km^2, découvrir la diversité des paysages et le patrimoine culturel, organisez un séjour de quelques jours sur place, à Skradin par exemple. Les meilleures saisons sont le printemps et l'automne, pour éviter la foule.

Pratique

Acheter un ticket pour les trois entrées (valable sept jours) est une bonne option car même si vous avez votre propre véhicule, vous ne pourrez tout faire en une journée. À l'entrée des Skradinski Buk (cascades), se garer sur le parking, acheter ou montrer son ticket et continuer à pied ou a vélo sur 4 km le long de la rivière pour accéder aux chutes. À Lozovac, on peut, en quelques minutes de marche, être à la deuxième entrée principale. Pour l'île de Visovac, aller jusqu'à Remetić ou Stinice, se garer près de l'embarcadère et prendre un bateau qui mène au monastère. En remontant le cours supérieur de la rivière Krka, on arrive à l'entrée de Roški slap, cascades que l'on approche aussi en bateau.

Se loger

On peut trouver à se loger à knin, Drniš, Lozovac ou encore Razvode, ainsi que dans tous les bourgs et localités autour du parc, mais c'est Skradin qui a le plus de charme ! Vous y trouverez des hôtels et campings ainsi que des hébergements privés à louer, plus ou moins proches des berges de la rivière.

Transports

En voiture, moto et vélo. Les abords du parc national sont accessibles en véhicule de tourisme toute l'année. Si vous vous rendez avec votre véhicule à Skradin, la localité la plus proche de l'entrée des Skradinski Buk (cascades de Skradin), vous devrez laisser le véhicule au parking et continuer sur 4 km le long de la rivière pour enfin accéder aux chutes. Les cyclistes peuvent faire cette randonnée avec leur vélo. À Skradin, la location d'un VTT est donc une bonne option. L'accès aux chutes de Skradinski Buk se fait aussi par l'entrée située à Lozovac, d'où l'on prend une navette gratuite, qui vous conduit aux chutes. Pour l'île de Visovac, vous pouvez aller jusqu'à Remetić ou Stinice, vous garer près de l'embarcadère et prendre un bateau qui vous conduira au monastère franciscain.

En bus. Le parc national n'a pas d'arrêt officiel mais les localités de Lozovac et Skradin sont desservies par les bus venant de Šibenik, Split, Zadar, Zagreb et même des lacs du parc national de Plitvice (peu ou pas de bus le dimanche). Pour l'entrée de Visovac, le bus vous arrête sur la route principale au niveau de Stinice. Puis il faut marcher environ 1,5 km pour arriver à l'embarcadère où prendre un bateau qui conduit à l'île.

Excursions en bateau. Depuis les villes et localités limitrophes (Šibenik, Vodice, Bilice, Skradin, Lozovac), à l'embouchure de la rivière, différentes excursions en bateau sont proposées.

MONASTÈRE DE KRKA (MANASTIR KRKA) ✝ ★★

Manastir Krka
KISTANJE

Ouvert d'avril à juin et en septembre de 8h à 18h, en juillet et août de 8h à 20h et en octobre de 9h à 17h.

À 3 km à l'est de Kistanja, sur la rive gauche de la rivière Krka, ce monastère orthodoxe appartient au territoire du parc national. Depuis sa création, ce haut lieu de l'éparchie orthodoxe dalmate, qui siège à Šibenik, abrite des popes. Ceux-ci perpétuent la tradition séculaire avec ferveur, les visites sont donc autorisées dans le respect des moments de culte. A voir, l'église et son faste décoratif, les icônes et encensoirs, le dôme, le clocher de style roman, les catacombes…

MONASTÈRE DE VISOVAC ✝ ★★

Samostan Visovac
BRIŠTANE
✆ +385 22 775 730

Entrée dans le parc national et visite du monastère : de 35 kn à 100 kn selon le lieu d'embarquement.

Implanté sur un îlot de la Krka, dans un écrin de verdure, ce monastère franciscain apparaît comme le joyau du parc. De toute part, touristes et pèlerins y accèdent en bateau mais la traversée la plus courte part de Brištane. La partie ancienne (église, cloître et communs) a été érigée au XVe siècle. Durant les invasions ottomanes, au XVIIe siècle, les bâtiments furent incendiés. C'est un ensemble architectural Renaissance et baroque d'une grande élégance. Le monastère abrite une collection archéologique, un musée d'art sacré, une bibliothèque historique.

PARC NATIONAL DE KRKA [NACIONALNI PARK KRKA] ★★★

Zagrađe, 15 ✆ +385 22 771 688 - www.np-krka.hr

Selon la saison, ouvre à 8h ou 9h et ferme à 16h ou 20h. Adulte : de 30 à 200 kn selon la saison et le type de forfait.

L'une des plus belles réserves naturelles de Croatie. De nombreux touristes font la visite dans la journée, mais pour approcher au mieux la diversité des paysages, l'héritage culturel sur un territoire large de 109 km², l'idéal est de séjourner quelques jours à Skradin.

Classé Parc national depuis 1985, il doit sa richesse à la présence du fleuve Krka, long de 72 km, alimenté par l'affluent Čikola. Le cours d'eau puissant a creusé un véritable canyon dans lequel se succèdent de nombreuses cascades et une multitude de petits lacs. Il arrose littéralement l'arrière-pays avant de se jeter dans la mer à Šibenik par le canal Sveti.

Sept grandes chutes d'eau sont recensées en redescendant la rivière. Précieux pour la diversité des espèces, le parc fait partie des sites ornithologiques les plus riches d'Europe. Il a fallu construire des infrastructures écologiques pour accueillir la foule, aménager des rambardes et terrasses pour contempler les plus grandes chutes, des passerelles en bois pour faire le tour de Roški slap et Skradinski buk. Ce dernier parcours, le plus facile sur 2,5 km, est aussi le plus fréquenté.

A visiter : le site antique de Burnum où l'on découvrira un exemple rare d'installations militaires romaines, les monastères de la communauté orthodoxe de la Krka et le monastère franciscain de l'îlot Visovac, les grottes (Oziđana pećina) et les dernières chutes d'eau, Bilušića slap et Manojlovački slap, proches de l'embarcadère de Brnja.

SITE ANTIQUE DE BURNUM [BURNUM - PRINCIPUM] ★

IVOŠEVCI ✆ +385 22 201 777

www.np-krka.hr

D'avril à juin et en septembre ouvert de 8h à 18h, en juillet-août de 8h à 20h, en octobre de 9h à 17h.

Dissimulé dans l'arrière-pays dalmate, l'ancien camp militaire de Burnum a été construit à la charnière de deux périodes de domination romaine. Appartenant au territoire du parc national, le site archéologique, ouvert au public, est accessible par la route (à 2,5 km au nord de Kistanje). A voir, les ruines d'arches de la commanderie du camp ainsi que le seul amphithéâtre militaire en Croatie. Les objets trouvés lors des fouilles sont exposés à l'Éco-Campus du Puljane.

HÔTEL VRATA KRKE €€

Lozovac bb Naselje bb

✆ +385 22 778 092

vrata-krke.hr

Ouvert toute l'année. Chambres doubles, selon la saison et la catégorie, de 58 à 126 € la nuit.

Il n'est pas possible de dormir dans le parc national mais à Lozovac, juste en face de l'entrée principale. Cet hôtel avec piscine permet d'en être au plus près, Vrata Krke signifiant porte de Krka. 50 chambres doubles et 10 appartements pour 4 personnes, tous sont bien équipés (balcon, télé, air conditionné, Wifi gratuit, coin cuisine, chambre et salon séparés pour les appartements). En face de l'établissement, un snack bar, une pizzeria, un minimarket, des boutiques de souvenirs. Accueil sympathique, disponible. Une adresse adaptée à tous les budgets et besoins.

© JASMINAM - ISTOCKPHOTO

Le monastère de Visovac.

SKRADIN ★★

Pour être au plus près du parc national de Krka et s'offrir une étape verte, c'est à Skradin, la grande localité la plus proche des cascades, qu'il faut se trouver. Dans cette véritable station fluviale, on sent un certain art de vivre, paisible, les heures passent au rythme des bateliers qui font la rotation sur la rivière. De nombreux touristes n'y restent que quelques heures. D'autres visiteurs, notamment les randonneurs, choisissent d'y séjourner quelques jours. Sur place on trouve un patrimoine historique intéressant, de nombreux hébergements, de bons restaurants, des cafés-terrasses avec une vue imprenable sur la rivière et même un lac pour se baigner.

© WIRESTOCK CREATORS - SHUTTERSTOCK.COM

La ville de Skradin.

AGENCE DE TOURISME DE SKRADIN

Trg Male Gospe 3
✆ +385 22 771 329
www.skradin.hr
Ouverte toute l'année.

Le bureau principal du parc national de la rivière Krka se trouve dans cette agence de tourisme municipale. C'est ici que l'on vend les tickets d'entrée, à choisir selon son itinéraire de visite. Les agents renseignent, donnent des cartes de sentiers, présentent les différentes options de promenades et randonnées, les moyens d'y accéder en bateau, voiture, vélo, les lieux pour séjourner dans la région. Très importants : les bulletins météo, que l'on vient consulter avant de s'engager.

HOTEL SKRADINSKI BUK €€

Burinovac, 2 ✆ +385 22 771 771
www.skradinskibuk.hr
Chambres doubles de 56 € à 105 € la nuit (petit déjeuner inclus). Restaurant ouvert tous les jours de 8h à 23h.

A 500 m de l'embarcadère pour les bateaux qui conduisent à l'entrée principale du parc. Un emplacement privilégié pour les touristes qui arrivent en voiture et souhaitent organiser eux-mêmes leurs visites. Dans cet immeuble de village bien restauré, différentes catégories de chambres (singles, doubles ou triples et des suites), toutes confortables, bien agencées et équipées d'un minibar, d'une télévision, du wifi gratuite. Le restaurant-terrasse sert un petit déjeuner varié, des repas midi et soir avec des spécialités dalmates. Service de location de voitures.

RESTORAN SKALA €€

Rokovača, 7
✆ + 385 95 884 5801
www.restoran-skala.com
Ouvert tous les jours en été de 11h à 23h. Ferme à minuit en été. Plats chauds complets autour de 100 kn.

Un peu à l'écart du port, ce restaurant bénéficie d'une vue panoramique sur les berges de la rivière. Cuisine du terroir variée, antipasti dalmate, viandes grillées, *cevapcici*, agneau préparé sous *peka*, asperges sautées mais aussi assiette du pêcheur, poissons d'eau douce, anguille grillée, assortiment avec filet de poisson blanc, crevettes et homard en sauce) ou encore un risotto de la mer. Un plat végétarien également, et en dessert, le Skradinski torta, gâteau aux amandes, noix et chocolat de la région. Réservez une table en terrasse !

RENT A BIKE RIKI RANKA

Obala Bana Pavla Subica 2
✆ +385 98 138 28 59
Ouvert tous les jours en été de 8h à 20h. 50 kn la journée.

Louer un deux-roues à Skradin permet de pénétrer au plus vite dans le parc national par l'une des entrées principales, Skradinski Buk (2 km du centre). De là, on achète son ticket avec lequel on est autorisé à garder son vélo jusqu'aux premières chutes (4 km). Les conducteurs de voitures ou de motos doivent quant à eux se garer au parking et faire la randonnée à pied. Ici, on loue des VTT et des vélos électriques. C'est une option écologique qui colle parfaitement aux valeurs écologiques du parc, avec en plus une activité physique !

DRNIŠ ★

Dressée à 300 m au-dessus du niveau de la mer, cette municipalité dans les terres dalmates avait une position stratégique pour les Ottomans. Ils érigèrent une place forte sur ce site au XVIe siècle. De cette époque, Drniš a gardé sa spectaculaire citadelle Gradina qui se dresse sur la falaise au-dessus du canyon de la rivière Cikola. On remarque ici et là quelques traces de l'occupation turque, sur l'église Saint-Antoine, notamment, qui tour à tour devint mosquée puis, après la démolition du minaret, fut reconvertie en lieu de culte chrétien. Bon à savoir : c'est dans la région de Drniš que l'on trouve le meilleur jambon fumé (*pršut*) du pays !

ETNOLAND DALMATI ★

Oštarija 9
✆ +385 99 2200 200
www.dalmati.com

Ouvert tous les jours. Entrée : 170 kn (adulte) incluant démonstration et dégustation culinaire et œnologique.

Sur la route entre Šibenik et Drniš, proche de la commune de Pakovo Selo et du parc national de Krka, une visite à faire en famille pour tout connaître sur les traditions populaires dalmates. L'Etnoland est un écomusée avec une habitation rurale, la reproduction des métiers anciens de la région, un spectacle folklorique, l'atelier cuisine « sous pekka », sorte de ragout mijoté sur feu de bois, sans oublier l'étape dégustation-vente, où l'on se laisse tenter par les produits du terroir, jambon fumé local, fromages, condiments, huiles, vins, miels, etc.

MAUSOLÉE DE LA FAMILLE MEŠTROVIĆ ★

Otavice - **RUŽIĆ**
www.mestrovic.hr

Ouvert tous les jours de mai à septembre de 9h à 19h, d'octobre à avril de 9h à 16h et le dimanche de 10h à 15h.

À 10 km à l'est de Drniš, ce village a vu grandir le sculpteur Ivan Meštrović (1883-1962), qui fit bâtir de 1926 à 1930 un mausolée familial, en haut de la colline Paraćeva glavica. C'est là qu'il sera enterré, entouré de sa mère Marta, de son père Mate, de ses frères Marko et Petar, de son fils Tvertko et de sa femme Olga. Sous le dôme, les représentations du Nouveau Testament sont à rapprocher du chemin de croix de la chapelle christique (Meštrović je obnovljene Crikvine) à Split.

KNIN ★

Entourée par les puissantes montagnes de la Dinara, ces hauts sommets croates qui culminent à 1 913 m, alimentée par les eaux des lacs et de rivières, la ville est gardée par une forteresse médiévale. C'est l'une des plus grandes et des mieux conservées du pays. Elle fut dirigée par quatre rois croates il y a mille ans. Au carrefour de plusieurs frontières, dont celle avec la Bosnie, la ville devint au Moyen Âge l'un des centres stratégiques du pouvoir croate. La dernière guerre a durement touché knin et sa région. Aujourd'hui, de la fameuse place forte, on ne guette plus les ennemis arriver mais on admire la vue panoramique splendide.

FORTERESSE DE KNIN (KNINSKA TVRĐAVA)

✆ +385 22 661 702

Ouvert tous les jours en été de 8h à 19h. Entrée 30 kn.

La forteresse est accessible *via* un pont-levis en bois. On peut commencer la visite par un tour de ronde, en longeant les remparts et les bastions. La vue sur la ville basse en contrebas, la région environnante et les montagnes est superbe. Les ponts de Kastel knin mènent au Kastel Lab, d'où se dresse le drapeau croate et un monument au président croate, Franjo Tudjman. Depuis Lab, descendre jusqu'à Gariste, Belvedere et la Basse-Ville, le musée mémorial… Le café-terrasse est agréable.

KRAPANJ

Krapanj est une petite île de l'archipel de Šibenik, qui s'élève à 1,50 m au-dessus du niveau de la mer. C'est la plus basse dans l'Adriatique croate. L'île regorge de criques, qu'il est plus facile de trouver avec un bateau. Pour le patrimoine historique et traditionnel, visitez le monastère franciscain et le musée de l'Éponge, qui représente l'activité artisanale de l'île. Sur le port de Krapanj, on trouvera quelques cafés et des jolies maisons. On peut séjourner dans ce cadre authentique, des ferries assurent la rotation quotidienne et régulière avec Šibenik. La traversée est courte (l'île est à seulement 300 m des terres) et pas chère.

PRIMOŠTEN ★★★

À l'origine (1564), *Primostiti* signifiait « jeter un pont ». Comme toutes les cités du littoral, Primošten a appartenu pendant plusieurs siècles à la République de Venise. La découverte en boucle de la vieille ville se fait à pied autour des remparts, à travers les ruelles escarpées et creusées sur les rochers jusqu'au beffroi, au quartier de l'église Saint-Georges (1485, restaurée en 1760), au cimetière marin et jusqu'au point culminant de la presqu'île, où des restaurants sont ouverts en saison. Goûter le vin rouge local, produit dans les collines karstiques de la région. Avant la marina, la plage Velika Raduća offre la vue sur Primošten.

© RICCARDO_MOJANA

Primošten.

KONOBA TORKUL €

Crnica 1 ✆ +385 22 570 670

www.konoba-torkul.com

Ouvert de mars à octobre midi et soir. Cuisine ouverte de 13h à 22h non stop. Plusieurs formules, à partir de 15 €.

© KONOBA TORKUL

Entre la vieille ville et la plage principale, la terrasse de cette konoba offre une vue imprenable sur Primošten. Vous pouvez vous installer en salle, la vue reste admirable. Cette auberge ouverte en 2001 est considérée comme l'une des tables à ne pas manquer à Primošten. Sur fond de musique traditionnelle, la cuisine du pêcheur propose une large variété de poissons, des fruits de mer et autres spécialités de la maison telles que le poulpe entier avec pommes de terres cuits à l'étouffée sous une cloche, au feu de bois (*peka* en croate, à commander en avance).

OFFICE DU TOURISME (TURISTIČKA ZAJEDNICA)

Trg biskupa Arnerića 2

✆ +385 22 571 111

www.tz-primosten.hr

Ouvert tous les jours de mai à octobre, de 8h à 21h, en juillet-août jusqu'à 22h.

Une agence située au rond-point avant d'entrer dans la cité historique, à côté de la poste. Des informations sur l'hébergement en complexes hôteliers sur la péninsule en face ou locations saisonnières dans la ville ancienne, récente et hors les murs, les restaurants, le patrimoine, les excursions à Šibenik, par exemple, l'agrotourisme, les activités sportives, les animations estivales, les plages, les conditions d'accès au parc de loisirs (Aquapark).

HÔTEL ZORA €€

Bana Josipa Jelačića 17

✆ +385 22 570 048

www.hotelzora-adriatiq.com

Chambres, selon la saison et la catégorie, de 51 € à 138 € (petit déjeuner inclus).

Construit dans les années 1970, ce grand hôtel implanté sur la presqu'île verte, qui fait face à la vieille ville, a un temps appartenu au gouvernement. Il hébergea des réfugiés durant la dernière guerre (1991-1995). Rénové aujourd'hui, l'établissement possède plus de 300 chambres modernes, bien équipées, toutes avec une orientation donnant sur la mer. Toutes ont accès aux bars terrasses restaurant (à éviter) mini-clubs, équipements bien-être ainsi qu'à la piscine panoramique et aux plages à proximité. Accueil disponible et souriant.

KONOBA TONI €

Podakraje 26

✆ +385 22 571 318

www.konoba-toni.com

Ouvert tous les jours en été, midi et soir. Compter 15 € le repas à la carte

Avec sa terrasse sur pilotis et sa vue imprenable sur la mer, cette taverne a du cachet. En toute logique, la cuisine s'est spécialisée sur les produits de la pêche. Salade de poulpes, soupe de poissons de roche, calmars frais bien préparés, espadon grillé, risotto aux fruits de mer mais aussi des viandes grillées, le tout accompagné des légumes méridionaux et de bons vins de la région (babić régional ou même rosé). Réservation conseillée pour votre table en terrasse. Service attentionné et ambiance conviviale. Bonne adresse.

RESTORAN KAMENAR €€

Rudina Biskupa Arnerica 5

✆ +385 22 570 889

www.restaurant-kamenar.com

Ouvert midi et soir. Assiette du pêcheur de 113 kn (poisson grillé) à 375 kn (500 g de homard).

Sur la place centrale, ce restaurant-terrasse séduit du service à l'assiette. La cuisine du pêcheur est généreuse, les carpaccios de thon, les plateaux de fruits de mer mais aussi les viandes grillées ou en sauce, accompagnées de légumes grillés ou de blitva (écrasé de pommes de terre, pousses vertes, ail et huile d'olive) sans oublier un excellent dessert, le tout servi avec un vin dalmate, qu'il soit blanc ou rouge, titrant assez fort en général. Service professionnel, souriant, attentionné et ambiance conviviale. Bonne adresse.

ROGOZNICA

Des criques et des plages isolées se repèrent vite près des petites localités Kanica, Lozica, Oštrička Luka… Dans le paysage, des maisons de pêcheurs sont toujours debout, des vignobles et des oliveraies entourés de murs en pierre sèche.

Au large, de nombreux îlots sont utilisées pour la pêche mais aussi la plaisance, la plongée. Sous l'eau cristalline, on peut observer un phénomène naturel singulier (l'œil du dragon), un lac rempli d'eau salée, qui fait l'objet de nombreuses légendes.

Le patrimoine historique n'est pas en reste. A voir, les nombreuses églises et les ruines des fortifications construites par les Français au sommet du village.

© MRAK_HR

Rogoznica.

HOTEL LIFE €€€

Rtić 12E

✆ +385 22 558 128

www.hotel-life.hr

Chambres, selon la saison et la catégorie, de 69 € à 197 € la nuit (petit déjeuner inclus).

Dans la baie de Zečevo, à 2 kilomètres de Rogoznica et 7 km de Primošten, cet hôtel à proximité de la mer se trouve au carrefour des plus importants lieux touristiques de la Dalmatie. Un établissement calme et intime, en retrait des foules, qui propose un séjour confortable et la demi-pension, avec restaurant à la carte, cuisine régionale, bar, terrasse, deux piscines (intérieure et extérieure), équipements bien-être, petite salle de fitness et une plage. Accueil chaleureux et disponible pour donner des conseils sur les activités propices au séjour.

RESTAURANT ANTONIJO €€

Obala kneza Domagoja 35

✆ +385 22 559 411

www.restoran-antonijo.hr

D'avril à novembre, ouvert midi et soir. Compter de 25 à 60 € le repas.

L'un des meilleurs restaurants de poisson de la région. Cette institution locale trentenaire tient le haut du pavé sur la *riva*, à côté des nombreuses pizzerias et autres *konoba* qui ont vu le jour depuis. Il doit sa longévité à sa cuisine généreuse, avec des produits frais qui se préparent au barbecue avec la pêche du jour, souvent des saint-pierre, des daurades royales, du thon, des crevettes, des langoustines, du poulpe et plus rarement du homard, des calamars. Il y a aussi les pâtes aux truffes, le risotto de la mer et les desserts très bons également.

MURTER ★★

Murter s'est développée autour d'une baie protégée des vents. Au cours des dernières années, le port s'est tourné avec succès vers un tourisme nautique responsable. Depuis que Tisno est devenue une destination pour les festivaliers clubbers, Murter garde sa vocation maritime. Les plaisanciers s'y préparent pour mettre le cap dans le parc national des Kornati, poussent souvent vers l'archipel de Zadar, au nord, le golfe du Kvarner au nord au sud vers les archipels de Šibenik et Split ou Dubrovnik. Des excursionnistes proposent aussi des sorties en mer dans le parc national (la journée), à bord de gros bateaux privés, aménagés pour les groupes. Base nautique très active, rendez-vous des plongeurs, le port de pêche, si proche du parc marin des Kornati, est devenu le port d'attache des plaisanciers mais aussi des plongeurs. Tous se préparent à la mer ou en reviennent et aiment passer du temps à terre à Murter. Une régate de bateaux traditionnels, connue sous le nom de Latinsko Idro (régate latine), se tient chaque année (fin septembre), le jour de la Saint-Michel, patron de la ville, alors que sur la colline de Vršina, l'église Saint-Roch, qui date de 1760, accueille une procession (Murter Procesija Sv. Roka). A l'est de la marina Hramina, une fois passé l'église Notre-Dame-de-Gradina (XVIIIe siècle), une randonnée facile quitte le littoral et monte sur la colline, vers le site archéologique de Colentum. Les archéologues y ont mis à jour des pavements qui attestent la présence organisée des Liburniens dès le XIe siècle avant J.-C. et plus tard aux tribus slaves.

BUREAU DU PARC NATIONAL DES KORNATI

Butina 2
✆ +385 22 435 740
www.np-kornati.hr

Ouvert tous les jours en été. Le ticket d'entrée : 120 kn et 450 kn.

C'est le bureau officiel du parc marin, l'agence où obtenir les meilleurs conseils à l'usage des plaisanciers. Pour se préparer administrativement, connaître les conditions d'accès en bateau dans la grande réserve marine (navigation fortement réglementée, contrôles en mer possibles), la météo, les visites de certaines îles, les activités, les possibilités d'hébergement. Le ticket d'entrée varie selon la taille du bateau privé et le nombre de jours passés dans l'archipel des Kornati.

MURTER-KORNATI ARTA

Podvrtaje 21
✆ +385 22 436 544
www.murter-kornati.com

Ouvert tous les jours en été, du dimanche au vendredi de 8h à 14h30. Le samedi, fermeture à 15h30.

Une agence spécialisée dans la location saisonnière sur l'île et Murter Port (logements privés, hôtels, camping). Propose aussi des bateaux, avec ou sans skipper, des excusions sur la côte, parc national de Krka, sorties en mer, archipel des Kornati (les droits d'entrée, les restrictions particulières pour le parc marin protégé), observation des dauphins, clubs de plongée, sites de baignade. Le site Internet, très intéressant à consulter avant le départ, permet de se préparer à la navigation tout en faisant une promenade virtuelle à travers l'archipel.

JARUŠICA

Marina Hramina, Put Gradine bb
✆ +385 22 212 736
www.jarusica.hr

Ouvert tous les jours en été.

Plus de vingt-cinq ans d'expérience pour cette entreprise nautique créée en 1997. Immédiatement disponibles sur les marinas de Murter, Betina, Jezera, de nombreux bateaux sont mis en vente ou proposés en location, neufs ou d'occasion. Du catamaran au voilier de prestige en passant par des yachts à moteur ou bateaux traditionnels, tous très bien équipés. Taxes, nettoyages et GPS sont inclus dans les prix. En plus des services de maintenance et de réparation à terre, la société propose des maisons de Robinson sur les îles, des sorties en mer pour la pêche au gros.

RENT A BOAT VAL

Luke 12
✆ +385 91 20 96 435
www.boats-murter.com

Selon la catégorie de bateaux, entre 40 et 230 € par jour. Permis navigation obligatoire.

Cette agence spécialisée est agréée par le bureau du parc national des Kornati. Elle possède une petite flotte bien entretenue, des barques à moteurs ou des bateaux rapides de 5 à 6 m, tous avec auvents, loués à la journée à tous les prix. Vous devrez cependant posséder le permis maritime, du moins l'un d'entre vous. Consultez l'offre et le catalogue sur le site Internet. Dans tous les cas, l'accueil de l'équipe est chaleureux ; on vous expliquera tout le processus de la location ; on vous donnera des informations météorologiques, importantes en navigation.

HOTEL MURTER €€

Nerezine ul
✆ +385 22 434500
www.hotelmurter.com
Chambres doubles, selon la saison, de 85 € à 143 € la nuit.

Dans un environnement naturel plaisant en remontant la colline, ce petit hôtel a été construit en 2015 au cœur d'une oliveraie. L'établissement familial propose 10 chambres confortables avec balcon et très bien équipées pour rendre la ou les nuits agréables. Pour le séjour de la clientèle, un bar, un restaurant et une terrasse à la vue dominante sur le port et les îles ainsi qu'une piscine, des équipements bien-être et des espaces jeux pour les enfants. Service sympathique, en plus d'un bon accueil et de conseils sur les activités de la région.

RESTAURANT TIC-TAC €€

Hrokešina 5
✆ +385 22 435 230
www.tictac-murter.com
Fermé entre octobre et avril. Ouvert tous les jours en été de 10h à minuit. Autour de 300 kn pour un plat de poisson.

A deux pas de la place principale de Hraminana ce restaurant est fort d'une longue tradition familiale. Sa grande terrasse occupe une partie de la ruelle et offre un grand espace sous auvent ouvert sur la mer et un ponton, d'où l'on a une belle vue sur les bateaux à quais. Sur la carte du chef apparaissent des plats adriatiques classiques mais aussi une cuisine de pêcheur ponctuée d'accents français, portugais, italiens ou même japonais, comme ces délicieux sushis au thon ou les marinades de poisson, les fruits de mer et les oursins (peu consommés en Croatie).

AQUANAUT DIVING CENTER ★

Jurja Dalmatinca 1 ✆ +385 22 434 988
Sortie en mer, 2 plongées 60 €. Baptême de plongée 50 €.

Un club de plongée, avec un local en centre-ville et un bateau, qui peut embarquer jusqu'à 12 personnes mais le nombre de plongeurs est limité à 6. Les meilleurs sites marins sont assez éloignés du port, comme le Site Red Corral à 35 à 40 m de profondeur. Quand la météo le permet, l'équipe organise une sortie en mer à la journée. Départ à 9h, avec 2 plongées prévues, une pause d'environ 2 heures (repos sur le bateau, baignade, arrêt sur les îles, déjeuner dans l'un des restaurants). Retour vers 16h. Baptême de plongée également en eaux peu profondes (max. 6 m).

TISNO ★

Un pied sur la terre ferme, l'autre sur une île, Tisno, qui s'est développée sur les deux rives d'un bras de mer, reliées par pont basculant. D'un côté, la cité historique, typiquement dalmate (ruelles étroites bordées de maisons en pierres, églises baroques, anciennes résidences d'été), de nombreuses manifestations populaires dès le printemps, alors que les plaisanciers s'occupent de leurs bateaux. De l'autre côté de la colline, bien ancrée dans la modernité, le Garden Tisno qui consolide la vocation touristique en s'ouvrant largement aux festivaliers amateurs de de musiques électroniques.

© XBRCHX - SHUTTERSTOCK.COM

Tisno.

OFFICE DE TOURISME DE TISNO

Istočna gomilica 1a
✆ + 385 22 438 604
www.tz-tisno.hr
Ouvert tous les jours en été.

Une petite agence réceptive que vous trouverez à l'arrêt du bus, juste avant de passer le pont pour l'île de Murter. Peut vous aider à trouver un hébergement sur la côte ou dans l'archipel (hôtel en bord de mer, notamment le Garden Tisno Resort, les locations saisonnières, villas, appartements, camping). Informe aussi sur les loueurs de bateaux de Tisno, les skippers disponibles, les plages, les horaires de bus, l'agenda des festivités et festivals de musique.

HERITAGE HOTEL TISNO €€€

8 Zapadna Gomilica 8
✆ +385 22 438 182
www.hoteltisno.com
Chambres doubles et suites, selon la saison et la catégorie, de 76 € à 133 € la nuit (petit déjeuner inclus).

Dans le centre historique, juste avant le pont, une bâtisse, qui date de 1898, rénovée. Reconnue par le ministère de la Culture croate comme patrimoine culturel, cette résidence d'été à étages entre dans la catégorie hôtel de charme. La restauration du bâtiment réussie associe le goût de l'ancien au souci du confort moderne. Les grandes chambres au décor classique sont équipées de la climatisation, d'un minibar… À l'extérieur, on apprécie la terrasse pour le petit déjeuner et pour la détente en journée une grande piscine et un café-bar lounge.

RESTORAN PROVA €€

Put Jazine 104
✆ + 385 22 438 883
Ouvert tous les jours en été de 8h à minuit. Assiette dalmate autour de 100 kn.

Sur la promenade de la mer, c'est le dernier établissement de la rive droite. Avec sa déco marine et une terrasse qui donne directement sur les quais, le café-bar-restaurant est agréable toute la journée. Cuisine du pêcheur soignée, plats locaux, poissons du jour, calamars, gambas, thon sous toutes ses formes, viandes grillées ou en sauce, plats italiens ou assiette dalmate avec *pršut* (jambon cru), fromage de brebis et salade, le tout accompagné de vins de pays. Le soir, ambiance musicale jazzy. En saison, mieux vaut réserver.

JEZERA ★

La localité, qui reste active du côté de la pêche, est plus tranquille que Murter d'un point de vue touristique. À voir, dans le centre historique, l'église baroque Notre-Dame-de-la-Santé et, sur le port, en soirée, le retour des pêcheurs, un spectacle toujours intéressant et l'occasion d'acheter du poisson frais. L'été, de nombreuses manifestations traditionnelles sont organisées : musique de groupes folkloriques et, surtout, fête de la pêche de Jezera (15 août), qui rappelle l'origine de Jezera, intimement liée à la mer. Les plages de la baie, Pod Jasenovac, Lovišća et la crique Sveti Nikola, font le bonheur des vacanciers et des plongeurs.

BETINA ★★

Betina est certainement le plus beau village de l'île. Il se distingue par sa position dominante sur la colline. Avec ses vestiges du passé, son église baroque et sa place principale aérée et élégante, Betina charme. Il y a aussi le petit port, l'ancien chantier naval bien utile, la marina où les plaisanciers qui visitent le parc national des Kornati prennent plaisir à jeter l'ancre, le musée de la construction de bateaux en bois, et la goélette de Betina, que l'on peut acheter en modèle réduit. Le bourg côtier bénéficie aussi de paysages marins séduisants, comme les îlots alentour et les criques de Plitka Vala et de Kosirina.

CENTRE D'INFORMATIONS TOURISTIQUES

Dolac 2
✆ +385 22 436 522
www.tz-betina.hr
Ouvert tous les jours en été.

Un petit bureau municipal où trouver des idées pour séjourner dans le port de Betina, principalement des locations saisonnières privées, pour les visites du patrimoine, par exemple, le musée de la construction navale dans cette localité essentiellement tournée vers la mer. La marina est active toute l'année. À consulter ici : le calendrier des courses de bateaux et autres régates. Édite l'agenda des fêtes locales estivales, qui se déroulent en musique et costumes traditionnels.

AGENCE TOURISTIQUE LORI

2 Zdrače
✆ +385 98 347 411
www.touristagency-lori.hr
Ouvert tous les jours en été.

Une agence de voyage spécialisée sur le séjour et l'hébergement sur l'île de Murter et dans l'archipel des Kornati. En amont sur le site Internet, un catalogue en ligne bien construit avec un bon choix de locations saisonnières (appartements, villas et – bien plus rares – des maisons de pêcheurs isolées, que l'on surnomme maisons de Robinson. Ce type d'hébergement, simple mais bien équipé, ne s'improvise pas, notamment pour le ravitaillement en eau et en nourriture. Plus cher à la location que sur la côte, il inclut deux livraisons de provisions pour la semaine.

KORNAT ★★★

La plus grande île de l'archipel et la plus haute, avec le mont Metlina (237 mètres). Vrulje, le plus grand village de Kornat, compte environ cinquante maisons. Vous trouverez ici un bureau du parc, où vous pourrez acheter votre droit d'entrée (plus cher qu'à Murter). A faire à pied, la montée au fort Turet, castel byzantin imposant ainsi qu'au sommet du mont pour admirer pour la vue à 360° sur les îles aux alentours. En bateau, cap au sud pour l'île de Levrnaka (seule plage de sable des Kornati). A l'embarcadère, suivre le sentier au milieu du chaos minéral jusqu'aux ruines d'un village médiéval, plus vrai que nature...

Transports

▸ **Bon à savoir avant d'embarquer.** De nombreux excursionnistes au départ de la côte dalmate, de Split à Zadar, proposent des sorties en mer aux abords de l'archipel. En une journée, ils ne font que l'approcher... Certaines goélettes vendent des tickets pour le Parc national des Kornati mais vous emmènent en réalité jusqu'à la baie de Telašćica où se trouve un petit lac salé qui n'appartient pas au périmètre des Kornati. Vérifiez avant de partir ! Si les Kornati vous font rêver, que vous n'avez pas d'embarcation, arrivez à Sukošan, Pirovac, Murter, Tisno ou Tribunj avec votre véhicule ou en bus. De ces marinas, vous serez au plus près de l'archipel. Renseignez-vous ensuite auprès du bureau du parc ou des agences touristiques pour trouver un bateau pour Kornat, Lavsa, Katina, Smokvica Vela, Mana, Piškera...

BUREAU TOURISTIQUE (TURISTIČKA ZAJEDNICA)

Bajne bb
VODICE
✆ +385 22 446 143
www.tz-tribunj.hr
Ouvert tout l'été de 8h à 21h.

Tribunj ressemble à un bourg côtier et, à compter le nombre de voiliers amarrés aux quais, on se dit qu'on arrive là dans un vrai repaire de navigants ! Le petit port, qui a su garder son charme méditerranéen, sans trop bétonner, attire les amateurs de voile mais aussi les adeptes de vacances tranquilles, entre mer et collines, bel archipel, héritage culturel et gastronomie. Cette agence aide à trouver un bateau, un hébergement, une excursion, un restaurant, des horaires de bus.

KONOBA ANTE €€

Jeratova 2
✆ +385 91 519 9246
Ouvert du 15 mai au 1er novembre, de 10h à minuit. Assiette dalmate à 450 kn, plats de poisson à 400 kn.

Le restaurant fut construit dans une ancienne maison particulière de Vrulje, le plus grand village de pêcheurs des Kornati, où encore aujourd'hui on ne trouve qu'une cinquantaine d'habitations. Ante, le propriétaire, est connu dans les Kornati pour être bon pêcheur de pieuvre et bon cuisinier. Ses spécialités sont le poulpe en goulasch ou encore à la vénitienne, le carpaccio de poissons frais, l'assiette dalmate (jambon fumé et fromage de chèvre). Comme souvent sur les îles, les prix sont beaucoup plus élevés que sur le continent.

U.O.STRIŽNJA KORNATI €€

Otok Kornat 96
✆ +385 92 1295 195
Ouvert tous les jours en été. Pour la spécialité maison, compter 430 kn (pour 2 personnes).

Juste en face de l'îlot Strižnja, un mouillage facile pour accéder à ce domaine familial. Sur le quai, pour boire un verre, quelques tables hautes et des tabourets en bois. Le restaurant, plus abrité sous l'auvent, propose une cuisine de pêcheur. Vous saurez tout de la provenance de ce que vous trouverez dans votre assiette, où l'on a pêché les calamars que l'on fait frire, la pieuvre pour la salade, la rascasse pour la soupe ou encore les langoustes pour la spécialité maison, *Skampi na buzaru*, à la sauce au vin, oignons tomates !

CORE BAR LOUNGE KONOBA €€€

Vrujlbe bb, Otok Kornat
✆ +385 75 999 995
www.core-kornati.com
Ouvert tout l'été. Environ 350 kn le repas.

Sur la baie de Vrulje, où le mouillage est facile, la *konoba* a bien changé. Les propriétaires ont transformé la taverne de pêcheurs en concept global haut *standing*. Un café lounge avec une terrasse, des transats et des baldaquins sur caillebotis, le tout orienté vers le ponton et la jetée privée pour l'amarrage de bateaux. La carte du bar affiche une sélection de cocktails, vins, champagne alors que le restaurant mise sur une cuisine de la mer revisitée. Pour le séjour, des chambres d'hôtes de luxe, doubles et quadruples (réservation obligatoire).

KATINA ★

Localisée à 43° 52' 39,46» nord et 15° 13' 22,42» et située juste entre le parc naturel Telašćica (Dugi Otok) et le parc national des Kornati. Île où l'on vient pour la journée en bateau. Autour du restaurant, un havre de paix pour les plaisanciers, avec eau et électricité. De quoi recharger ses batteries ! On y viendra principalement pour son restaurant et goûter les spécialités de poissons, les viandes grillées et fruits de mer. Une petite escapade simple et au calme, d'autant plus que l'île est inhabitée. Cette escale peut être faite *via* des tour-opérateurs (par exemple www.maslinatours.com) dans le cadre d'une visite de l'archipel.

© XBRCHX - SHUTTERSTOCK.COM

Katina.

ŠPORKA MARE RESTAURANT €

Mala Proversa 13

✆ +385 98 273 873

Ouvert du 1er mai au 1er octobre. De 10h à minuit. Environ 100 kn le plat de poisson.

Mare Šešelja, la mère protectrice des marins, a sauvé bon nombre de pêcheurs coincés par la bura, ce vent froid du nord qui souffle ici parfois. Sa maison était l'une des étapes obligatoires lors du passage entre Dugi Otok et l'archipel ; la famille Šešelja, un peu culte dans les Kornati, est toujours propriétaire du lieu. Aujourd'hui, au Mare, on mange toujours du poisson grillé ou bouilli, en soupe ou en risotto, crustacés entiers mais aussi des viandes blanches servies avec des frites, le tout accompagné de frites ou de légumes méridionaux.

LAVSA ★★

Voilà un petit bout de paradis bien caché et secret, à l'abri de la foule estivale des côtes croates... Une île inhabitée au sud-ouest dans l'archipel des Kornati, d'une superficie de 1,78 km², où l'on trouve tout pour des vacances privilégiées : un bon mouillage pour le bateau dans la baie, une maison de Robinson à louer pour l'été, des rochers pour le *snorkeling* et des criques désertes. Un arrêt idéal pour une croisière en voilier. Dans la baie, il y a plusieurs maisons occupées seulement l'été. Le port est protégé du vent. Pensez à réserver en avance si vous souhaitez passer des vacances en isolement total !

SMOKVICA VELA ★

Voici un autre petit coin de paradis inhabité sauf en été pour s'isoler. D'une superficie de 1,05 km², cette île surveille l'une des deux entrées du parc national. La baie de Lojena, localisée au sud-est de l'île, est exposée au jugo, ce vent du sud, et constitue un mouillage facile. Pour la détente, faites-vous plaisir à la taverne bien connue sous le nom de Konoba Piccolo, et pour se dégourdir les jambes, optez pour la baignade et la montée au Litnji Vrh. De ce point culminant, vous aurez une vue panoramique sur le sublime archipel des Kornati. Sur la pointe nord de l'île, vous trouverez un petit phare en briques de pierres.

KONOBA PICCOLO €

Otok Vela Smokvica ✆ +385 22 435 106

Ouvert du 1er mai au 15 octobre. De 8h à minuit. Environ 100 kn le plat.

Sur l'île de Smokvica, la taverne à l'esprit familial est connue. Ici, la cuisine ouverte se trouve à côté de l'entrée pour que tout le monde voit ce qui se cuit et comment. Au menu du jour, du poisson, bien sûr, du filet à l'assiette avec une bonne application sur le dressage, quelques pétales de fleur et de l'eau citronnée pour se rincer les doigts. Des plats simples et savoureux que l'on déguste sans modération, accompagnés d'un bon vin local. Terminez enfin par un des desserts à la carte. Service convivial et ambiance sympathique.

ŠIBENIK ET SA RÉGION

RÉGION DE SPLIT

Les cités historiques de la banlieue splitoise (Solin, Trilj), les ports anciens, les localités portuaires et les stations balnéaires, dont Kaštela (proche de l'aéroport), Trogir/Ciovo, Seget Vranjika, Seget Donji, Marina, autant d'options de visite ou pour séjourner autour de la capitale dalmate. On peut donc prévoir des vacances à Split ou autour et renouveler chaque jour les découvertes de sa région.

Sur la riviera sud-est, Stobreč, Krilo Jesenice, Brela, Baška Voda sont bien desservies par les bus urbains. Ces localités offrent également de nombreuses possibilités pour les locations privées saisonnières, une pratique très développée sur la côte dalmate. Au départ de Split ou de Trogir/Ciovo, des ferries et des catamarans nous embarquent sur les îles de Solta ou de Dvernik, où l'on retrouve la tranquillité insulaire. La nature sauvage reprend ses droits dans le parc naturel de Biokovo à Imotski (lacs) et à Omiš (rivière, canyon).

Région de Split
SEGET DONJI
TROGIR
SEGET DONJI
MARINA
OKRUG
KAŠTELA
SOLIN
SPILT
DUGI RAT
OMIS
Cista Provo
Lokvičic
Île de Drevnik Mali
ÎLE DE ČIOVO
PODSTRANA
Cetina
IMOTSKI
ÎLE DE DREVNIK VELI
MASLINICA
GROHOTE
SUPETAR
Zagvozd
Bracki Kanal
BERLA
MILNA
Stomorska
ÎLE DE ŠOLTA
ÎLE DE BRAČ
PUSCISCA
BAŠKA VODA
PARC NATUREL DU BIOKOVO
Mostar
BOL
MURVICA
Sumartin
MAKARSKA
Baie de Milna
PRESQU'ÎLE DE KABAL
VRBOSKA
Hvarski Kanal
ÎLE DE SVTI KLEMENT
HVAR
STARI GRAD
ÎLE DE HVAR
BOSNIE-HERZEGOVINE
ÎLE DE MARINKOVAC
MILNA
JELSA
Gdinj
Sučuraj
Neretva
ÎLE DE VIS
Île de Šcedro
Neretvanski Kanal
Ploce
KOMIŽA
VIS
Trpanj
Orebič
Opuzen
ÎLE DE BIŠEVO
Vela Luka
BLATO
Korčula
Vrnik
Dubrava
ÎLE DE KORČULA
PRESQU'ÎLES DE PELJEŠAC
Mer Adriatique
Ston
Baniči
Mljetski Kanal
LASTOVO
Polače
Korita
ÎLE DE LASTOVO
ÎLE DE MIJELT
Île de Sipan
DUBROVNIK
15 KM

Margan et l'ouest
Šetalište Martina Tartaglie
HOSTEL SPINUT
Ulica Nikole Tesle
Ulica Antuna Gustava Matoša
Ulica Ljudevita Gaja
Put Svete Mande
Marjanski Put
6139
Prilaz Vladimira Nazora
Ulica Vinka Milića
COLLINE MARJAN
Šetalište Alberta Marangunića
TERACA VIDILICA
Obala Ante Trumbića
Ulica Pod Kosom
Marasovića Ulica
Ulica Antuna Mihanovića
Ulica Bartola Kašića
Dražanac
Ulica Frana Supila
Čiovska Ulica
Drvenička Ulica
Meštrovićevo Šetalište
GALERIE MEŠTROVIĆ (GALERIJA MEŠTROVIĆ)
Put Meja
MUSÉE DES MONUMENTS ARCHÉOLOGIQUES CROATES
Obala Kneza Branimira
Prilaz Josipa Vranića
Mer Adriatique
Sustipanski Put
ULTRA SAILING
240 M

339

MUSÉE HISTORIQUE DE LA VILLE (MUZEJ GRADA SPLITA)
THÉÂTRE NATIONAL CROATE DE SPLIT
Plinarska Ulica
Ulica Kraljice Teute
Trg Gaje Bulata
Trg Gaje Bulata
Matošića Ulica
Poljana Vjekoslava Klaića
INTERNET
Mrčelina Ulica
Ulica Kamila Tončića
Domilijina Ulica
Ulica Kamila Tončića
ARTIČOK
MAG FESTIVAL
Ulica Bana Josipa Jelačića
Marmontova Ulica
Nigerova Ulica
Trogirska Ulica
BOKERIA KITCHEN & WINE
RESTORAN BAJAMONTI
Trg Republike
Ulica Obrov
Domaldova Ulica
BAR-RESTAURANT BIFORA
Tvrtkova Ulica
NO STRES
Neretvanska Ulica
Trg Republike
Martinski Prolaz
PLACE DE LA NATION (NARODNI TRG)
Ilićev Prolaz
HÔTEL MARMONT
DESIGN HOSTEL GOLI BOSI
Ulica Pavla Šubića
PALACE TARTAGLIA
Morpurgova Poljana
APETIT RESTAURANT
Ulica Dobrić
Ulica Marka Marulića
Trg Franje Tuđmana
OFFICES DE TOURISME DE SPLIT
Trg Braće Radić
Trg Braće Radić
ACADEMIA
Obala Hrvatskog Narodnog Preporoda
RIVA
Obala Hrvatskog Narodnog Preporoda
Mer Adriatique
50 M

Centre ville
Sinjska Ulica
Manuška Poljana
Manuška Poljana
Sredmanuška Ulica
MUSÉE VIVANT DE SPLIT (MUZEJ UŽIVO SPLIT)
Ulica Natka Nodila
Zagrebačka Ulica
GALERIE DES BEAUX-ARTS (GALERIJA UMJETNINA)
Ulica Kralja Tomislava
VILLA SPIZA
Poljana Grgura Ninskog
FILIGRAN SPLIT
TEAK-CAFFE-S
Strossmayerov Park
EVO RUKE !
Poljana Grgura Ninskog
AGENCE SPLIT APARTMENT CROATIA
Rodrigina Ulica
Vuškovićeva Ulica
Zlatna Vrata
SPLIT DIVING EXPERIENCE
Carrarina Poljana
Andrićeva Ulica
Bajamontijeva Ulica
Getski Vrtal
Ulica Dioklecijanova
Papalićeva Ulica
COMPLEXE SOUTERRAIN (PODRUM)
MARVLVS LIBRARY JAZZ BAR
Ulica Kralja Petra Krešimira Iv.
Poljana Grgura Ninskog
HERITAGE HOTEL ANTIQUE SPLIT
Adamova Ulica
PALAIS DE DIOCLÉTIEN (DIOKLECIJANOVA PALAČA)
GALERIJA EMANUEL VIDOVIČ
CROATA MUSEUM CONCEPT STORE
Ulica Kraj Svetog Ivana
Peristil
CATHÉDRALE SAINT-DOMINIUS
Ulica Hrvoja Vukčića Hrvatinića
Ulica Frane Bulića
MUSÉE ETHNOGRAPHIQUE (ETNOGRAFSKI MUZEJ)
Ulica Iza Vestibula
Lukačićeva
Ulica Stari Pazar
Severova Ulica
ZOI
VEGE FAST FOOD

PAGES

Les voyageurs qui arrivent en avion seront déjà sur la riviera nord de Split puisque l'aéroport a été construit près de Kaštel Štafilić, à proximité des Kaštelanski zaljev, soit sept localités côtières, réunies en communauté de communes. Puis, à quelques kilomètres, c'est déjà la superbe cité historique de Trogir, construite sur une presqu'île.

A la sortie sud de Split, la banlieue très urbanisée cède du terrain aux beautés naturelles de la côte adriatique à partir de Podstrana. Juste à côté, Krilo Jesenice, à la fois port et petite station balnéaire, intéressera les plaisanciers. Puis la riviera sud commence vraiment avec ses criques, rochers, petites plages, pinèdes. Sur ce littoral, de nombreuses locations saisonnières essaiment sur la route jusqu'à Makarska et Omiš. L'ancienne cité corsaire, fière de sa mythique rivière Cetina, bordées de canyons impressionnants.

Établie entre les collines de la terre ferme et l'île Čiovo-Okrug Gornji, la cité portuaire se découvre comme une petite Venise. C'est l'une des plus belles villes de la côte adriatique. Le centre historique, très visité, est inscrit au patrimoine mondial par l'Unesco. Aux alentours de Trogir se trouvent l'aéroport de Split à Kaštela et des localités très fréquentées de Seget Donji et Marina.

À 380 m d'altitude entre les monts de Gnjat (1 809 m) et de Dinara (1 831 m) et à 2 km au nord de Vrlika, la Cetina prend sa source dans cinq lacs karstiques, aux fonds en forme d'entonnoir profond. Elle coule à travers des défilés rocheux, s'élargit dans la région de Sinj, accélère son cours en traversant des canyons, serpente en bordure du mont Mosor avant de se jeter dans la mer à Omiš.

Baška Voda jouit de longues plages de galets, bordées d'épaisses pinèdes, qui montent sur la roche escarpée. Le parc naturel du massif Biokovo dominant le littoral offre d'époustouflantes perspectives. Il traverse en partie la municipalité et s'étend à cinq autres communes. Dans l'arrière-pays, les monts Kozjak, Mosor et Biokovo, un terrain karstique, sont parcourus par la rivière Cetina.

PAGES

PARC NATUREL DU BIOKOVO ★★

Entre les plateaux Lemešinih dolaca et Jakičuše, on peut suivre le sentier de l'ancienne Berulia, qui mène à Brela Gornja, à l'église de Saint-Nicolas à Subotišću. Des panneaux expliquent les phénomènes géomorphologiques de Biokovo. Ils évoquent aussi la vie des paysans, le village sur les falaises rocheuses, les puits Vodice, le belvédère de Mrkore.

Sur les pentes côtières, au-dessus du village de Kotišina, le jardin botanique fait partie intégrante du parc. De Makarska, prendre le sentier au dessus du marché en direction de Vrgorac Kotišina (3 km).

386

386 **MAKARSKA ★**

IMOTSKI ★★

À la frontière avec la Bosnie-Herzégovine, cette localité tranquille doit sa réputation à ses deux lacs. Le Crveno Jezero (lac Rouge), célèbre en Europe pour sa profondeur (528 m) et Modro Jezero (lac Bleu). Des parois rocheuses tombent à pic dans les eaux de ces lacs. Leur formation a été provoquée par des épisodes sismiques. L'été, quand il y a de l'eau, on peut se baigner.

389

●● ARRIÈRE-PAYS SPLITOIS

390

La banlieue nord-ouest de Split touche la zone archéologique de Solin, l'ancienne résidence impériale du temps de Dioclétien. Puis, on entre dans les terres de la Dalmatie centrale, tout un territoire agricole bien irrigué. Trilj, au bord de la rivière Cétina, a du cachet avec son patrimoine historique intéressant. Son musée ethnographique régional raconte la vie traditionnelle et rurale des gens de la région de Zagora. Très vite, les massifs dinariques apparaissent. À voir, la commune de Dugopolje, dont l'intérêt majeur est la grotte de Vranjača, Sinj, réputée pour ses tournois de chevalerie, Vrlika, aux pieds de la montagne Dinara, à la frontière entre la Croatie et la Bosnie-Herzégovine, qui culmine à 1 912 m d'altitude. Une bonne base pour les randonneurs.

390 **SOLIN ★**

390 **TRILJ**

Site Archéologique de Salona (Od Antičke Salone).

Après Solin, la route au nord traverse la vallée de la rivière Cetina, avant d'arriver à Sinj, une localité entourée des montagnes Kamešnica, Svilaja et Dinara. À voir, la forteresse, deux musées régionaux, le monastère franciscain de Notre-Dame (XIVe siècle). Une forme archaïque du football aurait été inventée dans la région par Gaius Laberius, un petit garçon de 7 ans.

C'est la plus grande des îles dalmates (395 km²). Traditionnellement, les habitants s'établissaient sur la côte nord car le sud, assez montagneux, était difficile d'accès. Les Illyriens construisirent un fort à Škrip pour se protéger des invasions grecques. Les Romains qui leur succédèrent installèrent les premières carrières de pierre. Au XVe siècle, sous la domination vénitienne, une épidémie de peste décima la population de l'île. Plus tard, les chrétiens du continent, chassés par les envahisseurs ottomans, y trouvèrent refuge. Au XVIIIe siècle, l'économie de l'île se développa grâce à l'agriculture traditionnelle (oliviers, vignes), à la pêche et à l'élevage. Comme sur l'île de Pag, qui a son paški sir, le fromage de Bra est réputé pour son goût original, lui aussi conféré par le lait aromatisé aux plantes sauvages que broutent les brebis. Au début du XXe siècle, alors qu'un virus s'attaque à la vigne, nombre de paysans décident de quitter l'île. Aujourd'hui, l'exploitation de la pierre blanche et le savoir-faire des tailleurs de pierre, qui perdure, continuent à intéresser une partie de la population active de l'île. Mais le tourisme a changé la donne. Très fréquentée, Brač semble vivre à deux vitesses. D'un côté, le boom économique lié à l'afflux de vacanciers en période estivale a modifié la carte d'occupation des sols. Comme à Supetar, cette ancienne cité romaine, centre administratif de l'île, qui, grâce à l'arrivée du ferry, est devenue une grosse station balnéaire, mais aussi à Bol, ancien village côtier au sud, où se trouve la fameuse plage Zlatni Rat (Corne d'Or), ou à Milna avec ses complexes hôteliers. D'un autre côté, on découvre des criques bien cachées de toute beauté, des calanques (Puiša), un monastère à moitié troglodyte (Pustinja Blaca), des petits ports tranquilles (Splitska, Bobovišа, Praznice, Sutivan, Sumartin...), ainsi que des villages intérieurs comme Dol, Škrip, Donji Humac, Nerešiša, qui ont su se préserver des constructions anarchiques et misent plus sur l'agrotourisme, au grand bonheur de ceux qui recherchent des vacances paisibles en contact avec la nature.

La randonnée sur le mont Vidova Gora, à ne pas manquer, offre de superbes vues à 360° sur les paysages de Bra, la plage de Zlatni Rat, l'archipel à l'ouest (Solta, Dvernik), l'île de Hvar au sud-est et la terre ferme de la Dalmatie centrale au nord.

402

● ● ÎLE DE ŠOLTA

A l'ouest de Bra, Šolta ne mesure que 20 km de long sur environ 4 km de large. Sous Dioclétien, autour de 295 après J.-C., la petite île fut utilisée pour ses sources thermales et la pisciculture. Aujourd'hui, Šolta, qui regorge de criques bien protégées du vent, est une destination idéale pour la plaisance ou la baignade. En effet, il fait bon s'extraire de la chaleur étouffante de la ville et du tumulte des rues piétonnes pour s'embarquer pour l'île. La traversée en bateau dure 35 min. C'est donc le lieu de résidence secondaire pour de nombreux Splitois. Si l'île se tourne vers le tourisme, les activités principales des insulaires restent l'élevage, la culture des olives, l'apiculture. L'excellent miel de Šolta est élaboré dans les meilleures conditions d'ensoleillement au cœur d'une végétation méditerranéenne préservée. La production de matériel de construction occupe aussi nombre d'artisans du bâtiment. Des ferries, qui embarquent passagers et véhicules, font des rotations quotidiennes Split–Roga (Šolta) – Stomorska (Šolta) – Milna (Bra). Des catamarans rapides assurent le même service pour les passagers seulement. Vérifier les horaires, variables en fonction de la météo et de la saison.

402

GROHOTE ★

402

STOMORSKA

402

MASLINICA ★

403

● ● ÎLE DE HVAR

Au sud de Split, à quelques kilomètres de la côte, Hvar est la plus longue des îles de la Dalmatie centrale (68 km). Orientée sud, c'est aussi l'une des plus ensoleillées. Avec une belle nature préservée, de multiples possibilités de baignade et de cabotage, sa végétation luxuriante, lavande et romarin sauvage parfumant l'atmosphère, son patrimoine humain très ancien, les superbes cités historiques (Stari Grad, Hvar- ville, Vrboska), ses beach-clubs attractifs, l'île de Hvar reste l'une des destinations les plus touristiques du pays.

Les Illyriens, les premiers, peuplent l'île montagneuse au IVe siècle av. J.-C. Puis, elle fut colonisée par les Grecs qui fondèrent successivement Stari Grad (alors appelée Pharos) et Hvar (Dimos). Dès le IIIe siècle av. J.-C., ce sont les Romains qui s'installent durablement sur l'île. À partir du IVe siècle ap. J.-C., comme dans la région dalmate, Hvar passa successivement sous la domination byzantine, sous la gouvernance des rois croates et puis vénitienne. De tout temps, les richesses naturelles de l'île attirent. Très tôt, on y cultive la vigne, les oliviers, la lavande et le romarin. La distillation des plantes aromatiques est déjà pratiquée durant l'occupation vénitienne (XVe au XVIIIe siècle), une longue période qui constitue une ère de prospérité pour l'île.

Les invasions ottomanes mettent un terme à cet âge d'or. Les villes côtières furent rasées (puis admirablement reconstruites par la suite). Au XXe siècle, lors de la Seconde Guerre mondiale et pendant la dernière guerre de 1991, Hvar subit le même sort que le reste de la côte croate – pas de combats directs mais une récession brutale.

Aujourd'hui, l'île vit essentiellement de la manne touristique, un peu de la pêche et de l'agriculture, et prend soin de ne pas trop dégrader son environnement naturel.

HVAR ★★★

403

Ensoleillée toute l'année, l'île est le berceau du tourisme européen. Elle séduit toujours avec, entre autres atouts, des plages, criques et un archipel aux eaux turquoise, un patrimoine antique classé par l'Unesco, un superbe chef-lieu (Hvar-ville), une belle cité portuaire (Stari-Grad), des villages harmonieux, un bon vin insulaire, des beach-bar clubs sélects pour les amoureux de la fête.

PAGES

Les îles Infernales (Otok Paklinski) forment un magnifique archipel ! Une vingtaine de petites terres insulaires paraissent couronner la grande île de Hvar. À quelques miles du port de Hvar-ville, l'île de Gališnik est la plus proche, elle est donc très touristique (base nautique et restaurants), puis Jerolim, connue des naturistes, Marinkovac, la festive, et Sveti Klement, la plus étendue.

L'ancienne Pharos, devenue Stari Grad, si elle est demeurée plus provinciale que Hvar-Port, sa célèbre voisine, n'est pas moins intéressante d'un point de vue patrimonial. Elle fut la première ville fondée dans cette partie de l'Adriatique, colonisée par des navigateurs venus de l'île égéenne de Paros en 384 av. J.-C. (année de la naissance d'Aristote) et qui s'installèrent aux abords de la baie dans une vallée aux plaines cultivables.

L'une des plus belles îles de Croatie. Géographiquement un peu à l'écart des archipels de l'Adriatique, entre la Dalmatie centrale et la Dalmatie du Sud, Vis fut longtemps considérée comme trop éloignée du continent (2h30 de traversée en ferry). L'île fut occupée par les Grecs au IVe siècle, qui y fondèrent la colonie d'Issa et devint une cité importante avec un théâtre, un temple, des thermes… Les Romains s'y installèrent durablement avant de mettre pied à Korula et à Trogir. Suite aux guerres de pouvoir entre César et Pompée, Vis perdit de son prestige dans l'Empire. Au XIXe siècle, après les Vénitiens de Hvar et les Français, les Autrichiens apportent un certain développement mais l'île reste en dehors des circuits touristiques pendant de longues années. Pendant la Seconde Guerre mondiale, Vis sert de refuge au maréchal Tito, puis est transformée en base stratégique pour l'armée fédérale yougoslave. Seuls les dignitaires de l'armée, de l'État et quelques familles nobles de Hvar pouvaient s'y établir. Après le départ des soldats, l'île redevient une terre agricole isolée, où les habitants vivaient de la culture de l'olive, de la vigne et de la pêche. Les visiteurs n'ont été autorisés à y retourner qu'après l'indépendance du pays en 1995.

Depuis peu, Vis est devenue une destination touristique à part qui s'est rapprochée du continent avec l'arrivée de l'hydravion en 2014. Ce sont surtout les zones côtières qui profitent de cette ouverture ; c'est désormais le paradis des plongeurs et des plaisanciers. On y voit des villages abandonnés à l'intérieur des terres, qui ont gardé leur physionomie ancestrale. Mais l'agrotourisme gagne du terrain et des domaines viticoles ont ouvert de lieux de villégiature confortables avec de bons restaurants du terroir. L'écosystème de l'île est fragile, et ne peut supporter une colonisation importante. Il n'y a pas de sources d'eau douce, excepté celles de Komiža qui, avec Grad Vis, est l'un des deux ports importants de l'île. L'écotourisme est donc une obligation.

RÉGION DE SPLIT

SPLIT

© BENJAMIN CABASSOT - FOTOLIA

Deux fois millénaire, la deuxième métropole du pays est aujourd'hui le plus grand port de transport maritime national. Split cumule les atouts de chef-lieu de la Dalmatie et ceux de capitale active dans l'Europe du Sud. C'est également une station balnéaire, l'une des plus attractives de Croatie, spécialement durant la saison estivale. Loin d'être une ville-musée, Split ne vit pas que du tourisme. Autour et à l'intérieur du célèbre palais antique de Dioclétien, Split a su préserver un centre historique unique et vivant. Cœur névralgique de la ville, la résidence impériale de l'époque byzantine fut le premier site patrimonial croate à se voir classé par l'Unesco (1979). Tout ce quartier historique, très commerçant, communique avec le front de mer (*riva*), la marina, les gares. Le port rassemble ses immenses ferries en rotation permanente pour l'Italie, la côte adriatique, les îles et archipels de la Dalmatie centrale.

SE REPÉRER SE DÉPLACER

L'aéroport de Split Kaštela se trouve à 25 km de la gare routière (bus interurbains, taxis pour Split ou Trogir). Toute l'année, les compagnies aériennes Croatia Airlines, Air France ou Volotea assurent des vols pour et depuis la France. À la gare routière de Split, règne un gros du trafic de cars réguliers pour Dubrovnik, Makarska, Šibenik, Zadar, Rijeka, Pula, Zagreb, etc. Pour les déplacements urbains et régionaux, repérer les bus jaunes (Promet). En voiture ou deux-roues, prendre l'autoroute ou la route côtière venant de Rijeka ou Dubrovnik. À la gare ferroviaire, des trains pour knin, Zadar, Gospič et Zagreb, des correspondances pour Ogulin et Rijeka, pour Ploče, Podgorica, Budapest, Mostar, Sarajevo. Des ferries et catamarans font des rotations quotidiennes avec l'Italie, Dubrovnik, Trogir, Šibenik, Zadar, Rijeka, les îles de Hvar, Brač, Korčula et Vis. Les billets s'achètent en ligne, dans la gare maritime et sur les quais.

SPLIT

AEROPORT DE SPLIT SPU (ZRAČNA LUKA SPLIT)

Cesta dr. Franje Tuđmana 1270 • 21217 Kaštel Štafilić
✆ +385 21 203 555
www.split-airport.hr

Cet aéroport flambant neuf est le deuxième du pays en terme de trafic aérien, après Zagreb. Les travaux ont conduit à reconstruire complètement et agrandir l'ancien terminal. Sa proximité avec Trogir et la marina de Kaštel Gomilica est bien pratique. Des bus réguliers font la rotation avec le centre-ville de Split à 25 km (30 kn) et seulement 5 km pour Trogir (20 kn). Depuis la France, Croatia Airlines, Air France mais aussi Volotea assurent de nombreuses liaisons toute l'année.

GARE FERROVIAIRE (ŽELJEZNIČKI KOLODVOR SPLIT)

Domagojeva Obala 9
✆ +385 21 338 525
www.hzpp.hr

En face du port, à côté de la gare routière. Consignes à bagages ouvertes de 6h à 22h.

La ville est facilement accessible en train, depuis Rijeka, Zadar, Ploče, Zagreb, Podgorica, Budapest, Mostar et Sarajevo. Entre Zagreb et Split, un train de nuit avec couchettes circule chaque jour. Il est plutôt confortable pour un train de nuit, et bien pratique pour économiser du temps, voire une chambre d'hôtel. Sinon les trains de jour sont très bien, le trajet agréable et le voyage permet de rencontrer (sans forcément parler avec) les locaux.

ADRIATIC CROATIA INTERNATIONAL CLUB

Uvala Baluni 8
✆ +385 21 398 599
www.aci-club.hr

Dans le prolongement de l'avenue kneza Branimira, une grande marina proche du quartier résidentiel Zvončac. De multiples équipements y sont installés pour les plaisanciers qui possèdent leur propre bateau ou souhaitent en louer un. 318 emplacements à quai, une réception, des agences de location/vente et services pour bateaux, un atelier de réparation et d'entretien, des sanitaires accessibles aux personnes à mobilité réduite, un centre commercial, des cafés, des restaurants.

GARE MARITIME

Ul Gat Sv. Duje 1 ✆ +385 21 340 930
www.trajektnalukasplit.hr

Premier port de voyageurs en Croatie. Le trafic maritime y est dense et bien organisé. Les compagnies Jadrolinija, Adriatica et SEM-Marina assurent l'essentiel du transport passager. L'agence Jadrolinija (renseignements et achat des tickets de ferry) se trouve dans la gare maritime. Des ferries en provenance ou à destination d'Ancône et de Pescara (Italie), Dubrovnik, Šibenik, Zadar, Rijeka circulent toute l'année (traversée de nuit). La compagnie Blue Line (agence Splitours) fait désormais du low cost ferry et relie Split à Ancône (avec un arrêt à Hvar).

LES QUARTIERS DE SPLIT

Pour les touristes, Split aurait tendance à se résumer au quartier du palais de Dioclétien, qui s'est développé autour de la promenade de la mer. Carrefour central, cette riva bouillonnante présente l'avantage d'être près des gares, du port, de la marina et de la première plage. Clôturé par des remparts, le palais est de plan carré. Quatre portes monumentales ouvrent sur le secteur piétonnier *intra-muros*, où se concentrent les monuments historiques, antiques et médiévaux. À l'ouest du palais, Veli Varoš, Mont Marjan sont des quartiers résidentiels bourgeois aux ruelles et maisons traditionnelles bien rénovées, avec, à proximité, marina, musées, espaces verts, base de sport et loisirs, bars-restaurants autour de Bene Beach et une côte préservée. À l'est, la ville moderne bétonnée, de larges artères, des grands ensembles d'habitation, la plage Bačvice et un tissu urbain, balnéaire, qui borde de longues plages de sable et de galets.

Centre-ville

Split ne se réduit pas à sa vieille ville, mais le centre de la cité vous fait pénétrer au cœur d'un véritable palais ayant appartenu à l'empereur romain Dioclétien. Un inestimable patrimoine historique protégé depuis 1979 par l'Unesco. Au milieu des pierres anciennes et dans un espace piétonnier qui remonte à plus de mille sept cents ans, vous vous trouverez tour à tour face à un sphinx égyptien, un mausolée de la Rome impériale, avec des colonnes corinthiennes, ou des façades gothico-Renaissance. Pénétrer dans les ruelles étroites de cet immense quadrilatère de plus de 30 000 m² n'a son pareil nulle part ailleurs. Un héritage que les 2 000 habitants de la ville *intra-muros* contemplent chaque jour avec émerveillement. Ne soyez pas surpris donc que les Splitois tiennent beaucoup à ce patrimoine qu'ils continuent de faire vivre été comme hiver. Dans ce dédale de ruelles pavées, vous vous perdrez sûrement plusieurs fois. Pour s'y repérer, il faut s'appuyer sur la symétrie typique de l'architecture classique. La place principale du palais s'appelle le péristyle. L'été, il y a foule dans cette cour rectangulaire ouverte. Par quelques marches et un vestibule, elle donnait accès aux appartements impériaux. Orientée vers la loggia impériale, elle est encadrée de chaque côté par des arcades.

Quatre portes marquent l'entrée de l'ancien palais impérial : la porte d'Or pour le côté nord, la porte d'Argent pour le côté est, la porte de Fer à l'ouest et la porte de Bronze au sud. Deux artères principales perpendiculaires coupent le palais en deux. Le long *decumanus*, d'ouest en est, divise véritablement le palais ; d'un côté, les luxueux quartiers sud, de l'autre, les quartiers nord. Le *cardo*, quant à lui, remonte du sud au nord. Le côté sud est constitué par la promenade piétonne (riva) qui longe la mer, tandis qu'à l'ouest s'ouvre la Narodni Trg. Les côtés nord et est seront aussi facilement reconnaissables. Ils sont limités par deux grandes rues : la bruyante Ulica Kraja Tomislava au nord et la plus calme Hrvojeva ulica à l'est. Enfin, le centre du palais contient en son sein des monuments majeurs du Moyen Âge, comme la cathédrale ou la tour de l'Horloge.

Dans ce centre historique, l'impression du visiteur diffère selon qu'il s'y promène en haute ou basse saison. L'été, englouti par foule de touristes parfois disproportionnée, il peut se sentir oppressé. Les cafés-bars-restaurants et les magasins sont pris d'assaut… Cette partie de la ville est en effet victime de sa beauté et de son succès. Hors saison, il retrouve le quartier apaisé mais s'il demeure actif autour du marché aux poissons particulièrement animé le vendredi, le marché aux puces très vivant le samedi, la riva ensoleillée. Certains commerces seront fermés. En résumé, l'authenticité dalmate se fera plus discrète en été, car les rares habitants du vieux palais quittent la terre ferme pour retrouver le calme sur les îles de l'archipel de Split. Pour goûter à l'essence même du vieux quartier, même en haute saison, il faut se lever tôt, s'attarder dans les ruelles plus secrètes, aller au marché pour faire vos courses chez les producteurs régionaux, par exemple.

Marjan et l'ouest

En dehors du noyau historique de Split, la presqu'île de Marjan située à l'ouest de la vieille ville constitue un quartier à part entière. On y accède facilement à pied en prenant le temps de faire quelques pauses, car ça monte ! Le parcours commence dans le faubourg de Veli Varoš, qui était anciennement le quartier des pêcheurs de Split et qui se présente aujourd'hui comme un enchevêtrement de ruelles en pierre, côtoyant des maisonnettes basses et des petits jardins.

Prenez le temps de faire un tour, en cherchant notamment l'église de Sveti Križ (Sainte-Croix), datant du XVe siècle mais transformée durant la période baroque. Reposez-vous à l'ombre des bougainvilliers et sur les bancs récemment installés, ou rentrez dans les petits bars fréquentés par les locaux (si vous êtes des amateurs de football, ne manquez pas d'observer dans l'un de ces troquets les autographes et les photos accrochés aux murs des plus célèbres joueurs de l'équipe de Split, le Hajduk). Après cette pause, arpentez la ruelle piétonne qui vous conduira vers le mont Marjan, où vous découvrirez un parc forestier de plus de 300 ha.

Mais Marjan n'a pas toujours été l'immense « poumon vert » qu'on le connaît aujourd'hui. En effet, il a fallu attendre le milieu du XIXe siècle pour que les autorités austro-hongroises approuvent un vaste programme de reboisement de cette colline, qui à l'époque était aride et quasiment désertique. Les premiers sapins ont donc été plantés en 1852 et on y compte désormais près de 400 espèces de plantes. C'est l'endroit idéal pour faire du jogging sur 3,5 km de pistes. Dans la forêt, vous pourrez bénéficier de quelques aires équipées pour différents exercices de gymnastique. L

Le côté sud de la presqu'île est très prisé par les amateurs du *free climbing*. Il accueille, chaque année, en avril, une compétition, connue sous le nom de Marjan Cup. Enfin, n'oubliez pas votre serviette, car l'accès à la mer est facile et si vous allez jusqu'à la pointe de la colline pour votre bain, vous aurez droit à un magnifique coucher de soleil. Centre de loisirs et lieu de promenade et de sport, Marjan est aussi riche en patrimoine et en culture. Plusieurs églises ont été édifiées sur cette colline, comme la petite église Saint-Nicolas « de Sérança » qui se trouve au début de la promenade Marangunić, peu après le belvédère, sur le versant sud. Un ancien cimetière juif se trouve également tout près de la première plateforme panoramique à côté du café Vidilica.

Sur le versant sud, une somptueuse résidence achetée en 1939 par le célèbre sculpteur croate Ivan Meštrović est devenue son atelier. En 1952, le sculpteur, parti aux États-Unis, légua l'établissement à la ville de Split, qui en a fait un lieu d'exposition, la Galerija Meštrović, abritant une grande partie de la production de l'artiste. Peu avant la galerie, au numéro 18 de la promenade (*šetalište*) dédiée à Meštrović, vous trouverez également le musée des Monuments archéologiques croates. Ce bâtiment cubiste et futuriste présente des statues et des sculptures, des armes et des objets de la vie quotidienne ainsi que de nombreux monuments épigraphiques. En tout, près de 3 000 pièces y sont exposées.

Côté sud toujours, la Vila Dalmacija, aujourd'hui célèbre restaurant spécialisé dans les cérémonies de mariage, raconte une autre partie de l'histoire de Marjan. Ce palais construit à quelques pas de la mer fut à partir de 1947 l'une des résidences d'été du maréchal Tito, qui y séjourna jusqu'à sa mort en 1980. Sur cette terrasse, où le leader yougoslave aimait boire son whisky, Winston Churchill ou encore Indira Gandhi y ont aussi été reçus. La célébrité de la colline Marjan se comprend mieux quand on atteint son sommet (178 m). La vue imprenable sur la ville, la Kaštelanski zaljev (la baie des Châteaux) porte jusqu'à l'île de Brač, et autres îles de l'archipel splitois.

Bačvice et l'est

Si, de prime abord, la partie est de Split semble n'offrir guère d'intérêt, ne vous arrêtez pas

Ville de Split.

© AUTHOR'S IMAGE

Port de Split.

à cette première impression. Il est vrai que, passé le périmètre du palais de Dioclétien, il y a un air de ville active, industrielle, dans la deuxième métropole de Croatie, avec des quartiers sans monuments à visiter pour un touriste qui y vient pour la première fois. Pourtant, si vous restez plusieurs jours à Split, il peut être intéressant de se promener au cœur de ces immeubles barres HLM ponctués de grands centres commerciaux.

Dans les quartiers de Spinut, Split 3, Sućidar, Mertojak, Brda et Pujanke, vous aurez un exemple de l'urbanisation communiste, l'occasion de remonter aussi le temps. Car Split n'est pas seulement la cité de l'empereur romain Dioclétien, c'est aussi une ville qui a appartenu à la Yougoslavie du maréchal Tito. Ici, le visage est populaire, révélateur d'une société qui se débrouille, face à un quotidien parfois morose, où les jeunes peinent à trouver un travail. Il règne dans ces différentes parties de l'est un vrai esprit de quartier. Le matin, les locaux se retrouvent pour boire le café dans le troquet du coin, on s'y réunit le soir pour prendre un verre ou pour regarder les matchs de football ou de handball, les générations s'entremêlent sans complexe. Les Splitois sont par ailleurs très attachés à leur équipe locale, le Hajduk Split, qui rivalise avec le Dinamo Zagreb. On peut donc voir le logo du Hajduk, peint sur plusieurs murs de la capitale dalmate. Fondé en 1911, au temps de l'Empire austro-hongrois, le Hajduk devient un symbole de la Yougoslavie après la Seconde Guerre mondiale, quand ses joueurs rejoignent les partisans de Tito durant la guerre de libération. Aujourd'hui, l'équipe joue dans le stade de Poljud au nord de Split.

Symboliquement, cette partie de la ville fait écho au Novi Zagreb (Nouveau Zagreb), bien que l'appellation « Novi Split » n'existe pas. L'est de Split fait penser aux anciennes cités-dortoirs de l'époque du réalisme socialiste yougoslave issu du soviétique, que l'on trouve partout dans les Balkans, à Belgrade en Serbie notamment.

Si vous entrez dans un petit restaurant du coin, vous serez assuré de manger local et à petit prix. La cuisine ne sera pas des plus fines, mais pas nécessairement moins goûteuse. D'ailleurs, c'est dans l'est de Split que vous trouverez de très bonnes tables. Il faudra davantage se diriger vers la plage. En bord de mer, le restaurant Dvor sur la plage de Firule a très bonne réputation auprès des locaux. Le cadre est exquis, et la cuisine de même. Vers Bačvice, la Konoba Matoni ainsi que l'Oštarija u Viđakovi demeurent des adresses sûres où les habitants viennent s'y restaurer. Vous vous êtes rapprochés de la mer et cela tombe bien, car Bačvice demeure la plage la plus populaire de Split. Hors saison, elle est un endroit romantique où il fait bon se promener sous un ciel aux couleurs automnales. Si la bura ne souffle pas trop fort, les cafés qui restent ouverts toute l'année donnent envie de flâner dans l'après-midi en compagnie des retraités qui se retrouvent pour un jeu d'échecs. L'été, le spectacle vaut le coup d'œil. Les filles en bikini arpentent le bord de mer et sur fond de musique électro. L'ambiance est fébrile, bruyante. Quand les uns s'adonnent au *picigin*, le sport local, qui consiste à faire les plus belles acrobaties pour rattraper une balle à l'eau, les autres sirotent des cocktails. Les familles avec leurs enfants y viennent pour profiter de cette plage de sable où l'eau est peu profonde. Au bout du port se dresse un immense phare. En continuant vers l'est, sur la rue Vukovarska, le quartier universitaire de Split compte plus de 20 000 étudiants.

À VOIR / À FAIRE

Au-delà du tour *Game of Thrones*, Split a beaucoup d'histoires à raconter. À l'entrée du palais-ville de l'empereur romain Dioclétien (Porta Aurea), impossible de manquer la statue monumentale de l'évêque Grégoire de Nin, la même qui siège à… Nin, près de Zadar. *Intra-muros*, on peut commencer par le vestibule, les soubassements, le péristyle, la loggia et sa vue sur tout le port et la mer au large. Côté patrimoine encore, on entre dans la cathédrale, les musées, les galeries. En face du palais : la promenade de la mer, la place italianisante (Prokurare), le port de plaisance. Longeant les remparts, côté est, les étals du marché vont jusqu'à la gare routière et le front de mer superactif. On va se baigner sur la première plage Bačvice à l'est de la ville. Plus calme, à l'ouest, le quartier de la marina et ce chemin côtier qui va jusqu'à une crique. Sur le mont Marjan, se trouvent des musées et le temple du sculpteur Meštrovič.

ASSOCIATION DE GUIDES LOCAUX

Hektorovićeva 27
✆ +385 95 1983 720
www.guides.hr
Bureaux ouverts de 9h à 13h. Tarifs de 250 à 1 150 kn en fonction du circuit.

Dans une ville aussi impressionnante que dense, on peut éprouver le besoin de se faire expliquer l'histoire de la cité splitoise. Cette association gère une équipe de guides accrédités qui accompagnent les touristes en petits groupes et elle propose également des excursions à Trogir, à Salona, etc. Circuit pédestre de 2 heures (Palais de Dioclétien et vieille ville), visite de 2 musées, tour panoramique de la ville en bus + colline Marjan ou circuit à la journée.

OFFICE DU TOURISME DU COMTÉ DE SPLIT-DALMATIE

Prilaz braće Kaliterna 10/I ✆ +385 21 490 032
www.dalmatia.hr
Ouvert tous les jours en été.

Cette agence est une mine d'informations pour tout visiteur de la ville mais aussi de la région. Que vous souhaitiez planifier à l'avance votre voyage grâce au site Internet interactif, trouver un hébergement à Split, dans les îles ou en Dalmatie continentale, en individuel, groupe ou en famille, les services de cet office de tourisme pourront vous aider. Quantités d'idées sur la découverte du patrimoine, les vacances actives, l'agenda des festivités, culturel, le nautisme, etc.

OFFICES DE TOURISME DE SPLIT

Hrvatskog narodnog preporoda 9
✆ +385 21 348 600
www.visitsplit.com
Ouvert en été du lundi au samedi 8h-20h30, dimanche 8h-13h. En hiver, en semaine 8h-16h, samedi 8h-13h.

Trois agences officielles aux portes du Palais Dioclétien, deux à proximité de la promenade de la mer (*riva*), la troisième sur la place du Péristyle. Pour un plan de la ville gratuit, des informations sur les hébergements, la location de véhicules et de bateaux, les restaurants, les activités sportives et balnéaires, les événements culturels, les festivités locales… Également des idées de visites, les horaires des ferries, les contacts d'excursionnistes.

EXPLORE-DALMATIA.COM

A. Stepinca, 61
✆ +385 21 779 072
www.explore-dalmatia.com

Cette agence est spécialiste des city-cartes gratuites en Dalmatie (Dubrovnik, Split, Šibenik et Zadar), que l'on trouve dans les aéroports et offices de tourisme municipaux. Elle mise aussi sur le numérique et aide ainsi tous les voyageurs connectés, c'est-à-dire une grande majorité. Avec le téléphone portable, on peut donc télécharger l'appli Explore Dalmatia. La navigation est facile, on y trouve de belles photos, des rubriques pratiques en anglais (*Accomodation, Gastronomy, Adventure, Destination, Culture & Entertainment*), etc.

GALERIE DES BEAUX-ARTS [GALERIJA UMJETNINA] ★★

Kralja Tomislava 15 ✆ +385 21 350 110
www.galum.hr

Ouvert toute l'année. Fermé le lundi. Entrée 20 kn. Le Caffe Galerija ouvre les mêmes jours que le musée de 8h à 23h.

Ouvert en 1931, ce musée d'État reflète les tendances artistiques croates, du XIVe siècle jusqu'à l'époque contemporaine, sous les différents régimes (République de Venise, Empire austro-hongrois, Yougoslavie socialiste, République actuelle). Plus de 400 œuvres sur 2 200 m² sur plusieurs niveaux. Toute l'histoire de l'art croate s'y déploie, du médiéval gothique et Renaissance à l'art abstrait des années 1960. Au rez-de-chaussée, l'art contemporain et multimédia, le bar lounge.

GALERIE JAKŠIĆ ★

Bribirska ul. 10
✆ +385 98 701 903
www.galerijajaksic.com

Ouvert tous les jours de 9h à 13h30 et de 16h à 20h.

La famille Jakšić, artistes peintres et sculpteurs, possède une galerie à Brač et une autre à Split. Le premier atelier fut construit, dans les années 1960, pour les travaux du grand-père, Lovro Jakšić. La seconde galerie, en 2008, à Split, dans le couvent des Sœurs de la Charité, un lieu apaisant, où l'on peut admirer les peintures de l'historienne d'art Dina Jakšić, les bijoux imaginés par Ida Jakšić, les sculptures de Lovre Jakšić alors que le design intérieur de la galerie sont l'œuvre du tailleur de pierres et maçon Drazen Jakšić, l'actuel propriétaire.

GALERIJA EMANUEL VIDOVIČ ★

Poljana kraljice Jelene 1
✆ +385 21 360 155
www.galerija-vidovic.com

Ouvert en saison du mardi au vendredi 9h-21h, samedi-dimanche 9h-16h et hors saison 9h à 16h. Entrée 10 kn.

Figure artistique moins connue que celle Meštrovič à Split, Emanuel Vidovič (1870-1953) est lui originaire de la capitale maritime. Son œuvre évoque la bohème impressionniste de sa cité au début du XXe siècle. Le paysagiste quittera les rivages dalmates pour passer de l'autre côté de l'Adriatique et accoster à Venise. Mais il reviendra dans sa région pour se poser à Trogir. La mer obsède ses ambiances lagunaires et tristes. Cette superbe galerie conserve la part obscure du peintre. A ne pas manquer, un film sur l'itinéraire pictural de l'artiste.

MUSÉE ARCHÉOLOGIQUE [ARHEOLOŠKI MUSEJ] ★

Zrinsko Frankopanska 25
✆ +385 21 329 340
www.arheologija.hr

Ouvert du lundi au samedi de 9h à 14h et de 16h à 20h. Fermé dimanche. Tarif de 15 à 30 kn.

Construit en 1914 d'après les plans des architectes viennois August Kirstein et Friedrich Ohmann, ce bâtiment conserve une importante collection d'objets archéologiques. La quasi-totalité des pièces furent trouvées à Salone, la cité romaine fondée avant Split. A l'intérieur, bijoux, monnaie, outils et ustensiles du quotidien. Possibilité de visites guidées avec un conservateur du musée. Les allées du jardin méditerranéen abritent des sarcophages, bustes, stèles, mosaïques…

MUSÉE DE LA MARINE [HRVATSKI POMORSKI MUZEJ] ★

Glagoljaška 18
✆ +385 21 347 346
www.hpms.hr

Horaires variables, ouvert généralement de 9h à 15h. Entrée adulte : 20 kn, entrée enfant : 5 kn.

Dans la forteresse Gripe, construite par les Vénitiens au XVIe siècle, les collections de ce musée racontent l'histoire de la marine de Split, la côte dalmate et, plus largement, celle de la mer adriatique. Au programme : exposition de pièces de bateaux, des maquettes et modèles réduits de toutes les époques, des cartes et tout un fonds d'objets de navigation. Possibilité de visite guidée avec un conservateur ; il vous faudra obligatoirement réserver.

MUSÉE ETHNOGRAPHIQUE [ETNOGRAFSKI MUZEJ] ★★

Iza Vestibula 4
✆ +385 21 344 164
www.etnografski-muzej-split.hr

Horaires variables entre 9h et 19h30. Entrée : 15 et 10 kn. 5 kn pour la terrasse uniquement.

Jusqu'en 2004, ce musée était installé dans l'ancien hôtel de ville. Puis, il investit les appartements privés du palais de Dioclétien, là même où se trouvait au IVe siècle la salle à manger de l'empereur. Le musée dresse un portrait complet de l'artisanat dalmate (costumes, dentelle, bijoux en argent, cuivre…). Également, une collection d'armes et la reconstitution d'un habitat intérieur traditionnel. A ne pas manquer, la terrasse circulaire, que l'on atteint par les 60 marches.

CATHÉDRALE SAINT-DOMINIUS ★★

Kraj Sv Duje

✆ +385 21 345 602

Ouvert en été tous les jours de 8h à 19h, fermée pendant les offices. Ticket pour le campanile : 15 kn à 25 kn.

Au cœur du palais impérial, le mausolée de Dioclétien a été, au début du Ve siècle transformé en église chrétienne avant de devenir la cathédrale Saint-Domnius. Vitrine des siècles qui se sont succédé l'édifice répertorie différents styles, un mélange d'art roman, de sculptures gothiques, Renaissance et de décor pictural baroque. Le temple de Jupiter construit à l'ouest du péristyle, la salle du Trésor, la montée au campanile pour la vue panoramique sur la ville, complètent la visite.

MUSÉE HISTORIQUE DE LA VILLE [MUZEJ GRADA SPLITA] ★

Trg Gaje Bulata 1
✆ +385 21 360 172
www.mgst.net
Ouvert avril-octobre 8h30-21h. Novembre-fin mars du lundi au samedi de 9h-17h, dimanche de 9h-14h. Tarif 20 kn.

Au nord-est du palais de Dioclétien, le musée municipal est installé depuis 1946 dans une maison construite au XVe siècle par le fameux bâtisseur Georges le Dalmate et ses ouvriers. Admirer d'abord le portail, la loggia, le grand hall du 1er étage, le plafond en bois. La collection permanente d'objets retrace la période allant du XIIe au XIVe siècle, lorsque la ville de Split imprimait ses propres sceaux et timbres. Dans la salle d'armurerie, des objets des XVe et XVIIe siècles.

MUSÉE VIVANT DE SPLIT [MUZEJ UŽIVO SPLIT] ★

Ul. kralja Zvonimira 17
Ouvert tous les jours de 8h à 18h. 50 kn par personne.

Dans la partie nord du parc Josipa Jurja Strossmayera, aux pieds des remparts, ce musée vivant nous ramène aux temps des Romains ! Les bénévoles jouent en costumes d'époque sur une scène en plein air. Dans un décor réaliste, différents personnages vous plongent au cœur du quotidien antique : centurions légionnaires, gladiateurs, esclaves et législateurs, dame impériale, taverniers. Ils vous invitent à essayer les armures et vous initient au tir à l'arc. A faire en famille.

RIVA ★★

Obala Hrvatskog Narodnog Preporoda

© TORSTEN BECKER

La promenade de la mer qui longe une aile du palais de Dioclétien et les quais, est le point de rencontre le plus connu à Split. Occupée en permanence par la foule des habitants, touristes et badauds aux terrasses des cafés-restaurants, l'allée piétonne était à l'origine pourvue d'une fontaine en pierre. Au début du XIXe siècle, l'administration française de Napoléon décide d'agrandir le bord de mer et de construire des immeubles classiques. Aujourd'hui, la *riva* sert de scène pour les concerts en plein air et autres animations.

PLACE DE LA NATION [NARODNI TRG] ★★

Narodni trg

Au nord-ouest du palais de Dioclétien, la place Nationale, avec le péristyle, est l'autre point central de Split. La présence vénitienne, liée à une période de développement économique et urbain, a fortement influencé l'architecture. À cette époque, on construit le palais du recteur et l'hôtel de ville, des édifices détruits et partiellement reconstruits au XIXe siècle. La tour, fortin de la garnison des occupants, avait pour mission d'imposer calme et soumission aux habitants.

THÉÂTRE NATIONAL CROATE DE SPLIT ★

Trg Gaje Bulata 1
✆ +385 21 344 399
www.hnk-split.hr

Construit à la fin du XIXe siècle par les architectes Vecchietti et Bezić, ce théâtre national est l'un des plus anciens de Dalmatie. Une première compagnie est montée sur ses planches en 1920 et depuis le succès populaire ne se dément pas. Il a été très endommagé par un incendie en 1971 puis il a été bien restauré. Si vous n'avez pas l'occasion d'assister à une représentation (théâtre, danse, concert), admirez de l'extérieur sa façade néoclassique de couleur jaune

SPLIT

PALAIS DE DIOCLÉTIEN [DIOKLECIJANOVA PALAČA] ★★★

Dioklecijanova palača
whc.unesco.org/fr/list/97
Entrée gratuite dans le palais. Visite des souterrains [Podrum], tickets : 42 kn-22 kn.

Le palais de l'empereur romain Dioclétien fut classé, par l'Unesco, au patrimoine de l'humanité en 1979. Il constitue aujourd'hui le centre historique et culturel de Split. Surplombant la baie, l'édifice de la fin du IIIe siècle ap. J.-C. a été construit sur un plan rectangulaire de près de 29 000 m². Son architecture combine la structure carrée d'une grande villa à celle d'un castrum militaire, coupé par deux grosses artères, le *decumanus* [d'ouest en est] et le *cardo* [du sud au nord], qui donnent accès aux quartiers et appartements de l'empereur. Les domestiques et centurions résidaient eux dans la partie nord. Quatre portes d'entrée monumentales ouvrent sur des cours intérieures, l'imposante du sud, magnifiée par le péristyle aux sphinx égyptiens, ouvre sur la mer. La façade sud du palais est augmentée d'une galerie d'arcades. Les autres façades fortifiées sont moins ouvragées. Les remparts épais portaient seize tours dont quatre principales aux angles. A l'est du péristyle, trône le mausolée de Dioclétien. La cathédrale ou la tour de l'Horloge se trouvent à l'intérieur du palais.

Quatre portes d'entrée monumentales. Vers le Xe siècle, lorsque la ville se développe à l'extérieur des murs d'enceinte du palais, les portes des remparts ont pris toute leur importance. L'extension se fit d'abord par l'ouest. La Porta Ferrea [porte de Fer], l'entrée principale de la ville, faisait le lien entre le palais et les premières habitations extérieures. L'église Saint-Théodore se niche à l'intérieur de son arche.

Au sud, la Porta Aenea [porte de Bronze] débouche sur la promenade de la mer [*riva*]. C'était la porte d'accès des navires de marchandises qui ravitaillaient le palais impérial. On les entreposait dans des galeries souterraines [partie sud], aujourd'hui utilisées pour différentes expositions.

La Porta Argentea [porte d'Argent], de plan rectangulaire, qui a perdu ses deux tours, fait face au grand marché aux puces de la ville.

Au nord, l'ex-*Porta septemtrionalis*, sous l'Empire romain, qui devint *Porta Aurea* sous l'influence vénitienne [XVIe siècle] ou *Zlatna Vrata* en croate [porte d'Or], est la plus impressionnante des quatre. Entrée principale, elle fut tracée dans l'axe routier qui menait à Salona, capitale de la Dalmatie, sous Dioclétien. C'est par cette porte que, pour la première fois, le 1er juin de l'an 305, l'empereur investit son palais. De forme rectangulaire, avec une cour intérieure, typique de l'architecture militaire défensive et deux portes d'accès, elle possède, en façade extérieure, des niches vides, là où se tenaient les Tétrarques [statues représentant quatre empereurs, Dioclétien, Maximien, Galère et Constance Chlore]. Au XIe, on y adjoint une chapelle [Saint-Martin]. En 1929, la statue monumentale de l'évêque Grégoire de Nin [Grgur Ninski] est posée, dans son axe. Ce chef-d'œuvre du sculpteur, Ivan Meštrović, représente l'évêque prédicateur du Xe siècle, connu pour avoir promu la langue croate. L'orteil de son pied droit en bronze est poli. Les passants continuent à le toucher, la tradition veut que ça porte bonheur.

Péristyle. Place principale du palais, cette cour rectangulaire permettait l'accès aux appartements impériaux par quelques marches et un vestibule. À ce point-ci, les deux axes principaux, *cargo maximus* et *decumanus* se croisent, une intersection où, aujourd'hui encore, le peuple se réunit. Orientée vers la loggia, le péristyle est bordé de chaque côté d'une arcade à colonnes, surmontées de chapiteaux corinthiens qui supportent une haute corniche. Certaines colonnes en granite rouge corail rappellent que, depuis l'ère de Dioclétien, le pourpre devint la couleur impériale. Du haut de la tribune du péristyle [côté sud], l'empereur apparaissait au peuple. Dans l'entrecolonnement [côté est], un sphinx égyptien surveille le mausolée [cathédrale]. Il daterait du règne du pharaon Thoutmôsis III [1504-1450 av. J-C.]. Les Splitois considèrent le Péristyle comme le centre de leur ville, voire du monde !

Temple de Jupiter. Face à la cathédrale, à l'ouest du péristyle et gardé comme le mausolée par le sphinx, ce temple jupitérien de plan rectangulaire était considéré par le célèbre architecte écossais Robert Adam comme l'un des plus beaux monuments européens. Il fut transformé en baptistère vers le VIIe siècle. C'est le plus grand des trois temples construits à l'ouest du péristyle, bien représentatif du polythéisme romain de l'époque. Sous sa base, une crypte avec voûte en calcaire soutient la *cella* du temple. Des fonts baptismaux, formés de plaques de chancel d'autel, y sont installés vers le XIIe siècle, dont une représentant un roi croate [Petar Krešimir IV ou Zvonimir]. Au fond du temple, sculpture en bronze de saint Jean-Baptiste de la main d'Ivan Meštrović. Dans la partie ouest, se trouvent les deux autres temples dédiés à Venus et Cybèle.

Complexe souterrain [Podrum]. Les soubassements du palais, qui sont autant de salles et de galeries dans l'entresol, permettaient de surélever les appartements de l'empereur à l'étage supérieur. Ces sous-sol ouvragés reprennent le plan au sol du logis impérial. Longtemps abandonnées, ces pièces obscures ont servi de dépôt voire de décharge. Les archéologues ont dû dégager des tonnes de terre agglomérée avec des déchets organiques et minéraux. À voir : des sculptures, des colonnes romaines et des expositions contemporaines.

SPLIT

Palais de Dioclétien, Split.

COLLINE MARJAN ★

Obala Hrvatskog narodnog preporoda 25

© MATT RAKOWSKI - SHUTTERSTOCK.COM

A l'extrémité ouest de la baie de Split, la colline Marjan – prononcer Mariane – avec sa pinède, ses plantes méditerranéennes et tropicales, agit comme un poumon vert pour la ville. Un long escalier conduit au sommet du mont (178 m) d'où le belvédère offre une vue panoramique sur la ville et la crique. À ses pieds, de belles promenades, celle qui longe la mer, où l'on peut se baigner, de grands espaces verts, des *beach-bars*, restaurants, des aires de sport et de loisirs, des musées. Bien agréable l'été quand on étouffe dans le palais de Dioclétien !

MUSÉE DES MONUMENTS ARCHÉOLOGIQUES CROATES ★★

Šetalište Ivana Meštrovića 18

✆ +385 21 323 901

www.mhas-split.hr

Horaires variables de 9h à 20h selon la saison. Fermé le dimanche. Entrée libre.

Sur la colline Marjan, un imposant bloc cubiste, dû à l'architecte M. Kauzlarić, abrite une énorme collection archéologique nationale, de la période comprise entre les VIIe et XVe siècles. Fondé en 1893 à knin, le fonds a été délocalisé à plusieurs reprises, à Sinj, plus tard à Klis, pour s'installer à Split en 1976. Dans une admirable muséologie, les salles mettent en valeur des fragments d'édifices, statues, sculptures, armes, objets de la vie quotidienne et monuments épigraphiques.

GALERIE MEŠTROVIĆ (GALERIJA MEŠTROVIĆ) ★★★

Šetalište Ivana Meštrovića 46

✆ +385 21 340 800

www.mestrovic.hr

Horaires variables de 9h à 19h. Ticket combiné galerie/temple Meštrovićeve Crikvine-Kaštilac : 40 kn.

En Croatie, le sculpteur Ivan Meštrović fait figure de monument historique ! A la mesure de son œuvre imposante, le pays a mis en valeur quatre lieux emblématiques sur le territoire national : l'atelier à Zagreb, où le maître séjourna jusqu'à la Seconde Guerre mondiale, l'église Presvetog Otkupitelja à Postav (près de Drniš), et à Split où deux espaces d'exposition attentent le visiteur. Tout d'abord, la Galerija Meštrović, dans le quartier de Meje, sur le mont Marjan, assez excentrée. Tous les bus en direction de Zvončac y conduisent. Cette immense villa néo-classique a été conçue comme une riche résidence d'été. Construit dans les années 1930 sur les plans de M. Bilinic et L. Horvat., le palais impressionne avec sa colonnade en façade et sa grande ouverture sur le parc et la mer. Outre les pièces d'habitation, diverses salles et des ateliers pour le travail du sculpteur, qui aimait la matière brute, l'argile, le bois, la pierre. Mais l'artiste y séjourna peu, refusant même de mettre son art au profit de l'occupant allemand. Pour cela, il sera emprisonné quelques années puis il prendra la route de l'exil, s'installe en Suisse, aux États-Unis. Finalement, en 1952, par un acte de donation, il lègue son palais à l'État, qui le convertit en musée.

Aujourd'hui, la fondation qui gère ce patrimoine de 200 œuvres expose une monographie permanente de sculptures, des peintures à l'huile, des dessins et esquisses, qui aident à comprendre la genèse de l'œuvre. Dans le parc, des sculptures monumentales également et, sous la tonnelle de vigne, dans le café-bar-salon de thé, on se repose après tant de sacralité.

▶ **La galerie-temple Meštrovićeve Crikvine-Kaštilac, au numéro 39 de la rue.** L'autre volet de la visite nous ouvre les portes d'une propriété agricole du XVIe siècle, appartenant à la famille De Capogrosso et rachetée par Meštrović. Un musée d'art sacré y sera fondé de 1939 à 1941, entièrement dédié au maître sculpteur. Dans ce lieu de paix et de méditation, on fait des pauses dans l'oliveraie, dans le jardin et le superbe cloître. À l'intérieur de l'église Sainte-Croix à la décoration sobre, les murs intérieurs nus portent vingt-huit reliefs en bois, qui racontent des scènes de la vie de Jésus. À partir de 1916, Meštrović a travaillé près de trente-cinq années pour parachever cet ensemble monumental, considéré comme un chef-d'œuvre de la sculpture sacrée européenne. Au-dessus de l'autel, un très beau crucifix également.

SE LOGER

Dans le centre-ville, on trouve quantité de solutions pour l'hébergement, hôtels, villas, auberges de jeunesse, locations privées, l'offre est énorme. En revanche, un bruit permanent, surtout l'été, envahit les rues piétonnes. Il vient des terrasses des bars-restaurants, à l'ambiance festive le soir, et des animations et spectacles en plein air. Ceux qui préfèrent le calme et moins de chaleur que dans la vieille ville choisiront les faubourgs. À l'ouest du palais de Dioclétien, se trouvent deux quartiers résidentiels (Veli Varoš, Mont Marjan), à l'est, les longues plages bordées d'hôtels, de campings et quantité d'immeubles et de locations privées.

Dans l'arrière-pays splitois et sur les rivieras, des cités historiques, des localités côtières, des stations balnéaires, des marinas, bien desservies par les bus urbains offrent également des possibilités.

De nombreuses locations sur www.split-apartment.com.

AGENCE SCHOSTEL'S €

Cvite Fiskovića 3
✆ +385 21 440 999
www.okreninaljeto.com
Locations saisonnières de chambres universitaires, à la nuit ou forfaits de 3, 5 ou 7 nuits.

Au cœur du quartier de la recherche scientifique, entre les facultés d'économie, de génie électrique, mécanique, d'architecture navale et la bibliothèque universitaire, il y a le campus et la vie sociale étudiante. C'est là que l'agence réceptive a ses locaux. Elle gère un catalogue de chambres, louées habituellement à l'année aux étudiants, qui se trouvaient vacantes en été. Un bon plan donc pour les vacanciers à Split, qui apprécient l'ambiance auberge de jeunesse. Trois hostels, deux sur le campus et un troisième aux pieds de la colline Marjan.

B&B THREE TURTLES HOSTEL €

Ul. Franje Račkoga 12
✆ +385 955 62 84 45

Récemment ouvert, ce bed & breakfast propose un hébergement pour petits budgets à seulement 10 minutes à pied du centre historique et de la plage de sable la plus proche. Dans cette petite auberge de jeunesse, l'ambiance est familiale. On a aménagé des chambres et dortoirs simples et confortables, avec connexion Wifi gratuite, une salle commune spacieuse, une cuisine, un espace barbecue, un petit jardin où vivent les trois tortues, sympathiques animaux de compagnie. À proximité, des arrêts bus pour le centre-ville ainsi que la ligne 37 pour l'aéroport.

VALENTI ROOMS

Ulica Ante Starčevića 16
✆ +385 99 425 4888
De 60 à 160 € la nuit selon la chambre et la saison. Parking.

© VALENTI ROOMS

À moins de 10 minutes à pied de la vieille ville, les chambres de la famille Valenti sont un très bon choix pour se loger à Split sans payer une fortune. Il y a cinq chambres de différentes dimensions, toutes équipées avec salle de bains privée, Wifi, climatiseur, frigo et bouilloire pour thé. Le bâtiment où se trouvent les chambres est situé dans une cour où il y a aussi les pompiers de Split (et où vous pourrez garer votre voiture au besoin). Gianni regorge de conseils et anecdotes sur Split, n'hésitez pas à lui en demander !

DESIGN HOSTEL GOLI BOSI €

Morpurgova poljana 2
✆ +385 21 510 999
www.gollybossy.com
Lit en dortoir et chambre double de 25 € à 90 €, selon saison et catégorie (petit déjeuner inclus).

Au cœur du Palais de Dioclétien, cet ancien entrepôt du XIXe siècle, transformé en magasin au XXe siècle, est devenu l'adresse de référence pour les jeunes *backpackers* mais aussi des couples cherchant de chambres doubles ou des dortoirs de 4, 6 ou 8 lits. On y trouve tout le confort souhaité dans un style design contemporain, une salle de projection... Le concept a ses adeptes (un autre *hostel* s'est ouvert à Dubrovnik). Il n'est pas rare de voir des groupes arriver et d'entendre du bruit venant du café bar, proche de la réception. Bon restaurant en terrasse.

HOSTEL BB €

39 Spinutska ulica
✆ +385 21 510 850
Chambres doubles et triples, à partir de 19 € la nuit.

Split possède une offre hôtelière diversifiée. Les auberges de jeunesse ont un succès populaire de plus en plus étendu, tout âge confondu. Tout nouveau, cet *hostel* n'est pas exactement situé *intra-muros* dans le palais de Dioclétien. Situé à 15 minutes à pied du centre, il a le grand avantage d'être situé face à l'Adriatique. Les chambres climatisées ont un balcon. Nombreuses sont orientées vers la mer, d'autres vers la colline Marjan, le tout à deux pas de la forêt, ce qui est bien agréable pour un bon bol d'air frais en été.

HOSTEL SPINUT €

Spinutska ul. 39
✆ +385 21 386 711
Ouvert toute l'année. Chambres simples à partir de 19 €, doubles ou triples à partir de 54 €.

Au pied de la colline de Marjan, à 5 minutes à pied d'une plage de galets et 15 du palais de Dioclétien, l'Hostel occupe un immeuble moderne à deux étages. Il propose des chambres simples, spacieuses et confortables avec salle de bains privative, balcon et connexion Wifi gratuite. Au rez-de-chaussée, plusieurs services, de grands espaces pour la détente, un coin télé, une vaste salle à manger, un terrain de sport, des parkings pour voitures et vélos, un parc verdoyant avec des tables et des bancs. À proximité, l'arrêt de bus de la ligne 17.

DIVOTA APARTEMENTS HOTEL €€

Plinarska 75 ✆ +385 21 782 700
www.divota.hr
Appartements selon la catégorie et la saison de 95 € à 172 € la nuit (petit déjeuner inclus).

Dans le quartier calme de Veli Varoš, où l'on sent encore l'esprit du Split d'autrefois, des maisons anciennes ont été admirablement restaurées. Les appartements à louer sont au calme, de différentes catégories, équipés selon les normes de confort contemporain (connexion wifi gratuite, climatisation, kitchenette), dans un cadre traditionnel tout de pierres et poutres apparentes. Demandez des chambres avec balcon. Le plus, le petit déjeuner équilibré, proposé sur la terrasse ombragée. Accueil sympathique, souriant et disponible pour tout conseil sur le séjour.

HÔTEL SLAVIJA €€

Buvinina 2
✆ +385 21 323 840
www.hotelslavija.hr
La chambre, selon la saison et la catégorie de 55 € à 164 € la nuit (petit déjeuner inclus).

A deux pas du sanctuaire de Jupiter, ce petit hôtel 3-étoiles, l'un des plus anciens de la ville, a été rénové récemment. Il propose à ses clients 25 chambres soignées et lumineuses, disposant pour la plupart d'un balcon privé avec une vue panoramique sur la tour de la cathédrale, les ruelles du palais, la colline de Marjan. Demandez l'une d'entre elles de préférence. Une adresse pleine de charme mais les week-ends et durant la période touristique, les bruits de la ville ou de la discothèque en dessous montent jusque dans les chambres.

PALACE TARTAGLIA €€

Ul. Pavla Šubićeva 2
✆ +385 99 817 20 87
www.palacetartaglia.com
5 chambres doubles, selon la saison et la catégorie de 58 € à 148 € la nuit.

A 100 m du palais de Dioclétien, ce palace du XVIIIe siècle de style baroque vénitien appartient à la famille Tartaglia. L'atrium couvert accueille une mezzanine. Il faut monter au troisième étage sans ascenseur pour avoir accès aux ravissantes chambres, aux murs en pierres apparentes, rénovées en style contemporain, avec beaucoup de cachet. Certaine donnent sur la ville. Parmi les services proposés, transferts à l'aéroport, réservation d'excursions sur les îles ou dans les parcs nationaux. Accueil de qualité avec le sourire.

© ROOMS KAMPUS SPLIT

© ROOMS KAMPUS SPLIT

© ROOMS KAMPUS SPLIT

ROOMS KAMPUS SPLIT €

Cvite Fiskovica 3
✆ +385 98 12 24 780
https://en.okreninaljeto.com/
Wifi gratuit, cuisine partagée : chambre simple, double ou triple a partir de 19 € par nuit.

À 10 minutes en bus du centre historique, ce grand bâtiment cubique, sans grand charme que l'on reconnaît de loin, est très fonctionnel et offre de l'espace ! Cette résidence universitaire accueille habituellement des étudiants. L'établissement loue aussi des chambres aux voyageurs de passage et aux touristes. Vous y trouverez donc plutôt un public jeune et une atmosphère sociale au cœur de la ville. Chambres simples et confortables avec frigo. Trois cuisines sont à disposition des résidents et même des terrains de basket et de football.

© ROOMS KAMPUS SPLIT

© ROOMS KAMPUS SPLIT

CORNARO HOTEL €€€

Sinjska Ulica 6 / Ulica Kralja Tomislava 9
✆ +385 21 644 200
www.cornarohotel.com
Chambre double selon la saison et la catégorie de 145 € à 318 € la nuit (petit déjeuner inclus).

En ville active, l'établissement de luxe (4 étoiles) est très confortable avec sa superbe terrasse. Il pratique des prix élevés mais, au regard des services proposés, et comparé à grand nombre d'établissements similaires, le Cornaro n'est pas si cher que cela ! Demandez une chambre aux étages supérieurs pour la vue sur la vieille-ville et la mer. Toutes les chambres sont par ailleurs très bien équipées avec la télévision, l'air conditionné, un lit douillet… L'accueil est digne du standard des lieux : professionnel, disponible et attentionné.

HERITAGE HOTEL ANTIQUE SPLIT €€€

Poljana Grgura Ninskog 1
✆ +385 21 785 208
www.antique-split.com
La chambre, selon la catégorie et la saison de 116 € à 303 € la nuit (petit déjeuner inclus).

Cette maison d'hôtes, située au cœur du palais de Dioclétien, propose des chambres, au style Art nouveau, avec coin salon (minibar, Wifi gratuit) et salle de bains privative. Tout est digne d'un boutique-hôtel de 4 ou 5-étoiles. Des peignoirs sont mis gratuitement à disposition. Vue sur la place centrale du palais et sur la cathédrale. La promenade de la mer est à 150 m. On vous accueillera avec le sourire et le plaisir de vous aider à organiser votre séjour au mieux.

HÔTEL MARMONT €€€

Zadarska 13
✆ +385 21 308 060
www.marmonthotel.com
Chambres ou suites, selon la saison et la catégorie, de 100 € à 292 € la nuit (petit déjeuner inclus).

Cet établissement doit son nom au maréchal français Auguste Marmont, qui fut nommé gouverneur général de la Dalmatie en 1806, sous l'époque napoléonienne. L'hôtel ancien a été restauré, il dispose donc de chambres doubles et de suites de bonne superficie, toutes décorées dans un style néobaroque et minimaliste. Elles disposent de tout le confort moderne avec climatisation, wi-fi, télévision, terrasse, équipements de bien-être, etc. Accueil très professionnel et souriant. Petit déjeuner varié. Pour un séjour plongé au cœur de la cité historique.

LUXE BOUTIQUE HOTEL €€€

Kralja Zvonimira 6
✆ +385 21 314 444
www.hotelluxesplit.com
Chambres, suites de 70 € à 418 €, selon la saison et la catégorie (petit déjeuner inclus).

A 400 m du palais de Dioclétien, proche de la plage de Bačvice, cet hôtel de luxe propose différents types de chambres (standard à grandes suites), toutes confortables et très colorées, certaines avec vue sur la mer également. Des équipements de bien-être et de remise en forme (sauna, bain à remous, salle de gym) sont accessibles gratuitement. Profitez-en ! Le parking est également gratuit pour les clients, ce qui est fortement appréciable surtout en centre-ville, où le domaine piéton est vaste. Accueil attentionné et disponible.

RADISSON BLU RESORT €€€

19 Put Trstenika
✆ +385 21 303 030
www.radissonblu.com/resort-split
Chambres de 112 € à 377 € la nuit, selon la catégorie et la saison (petit déjeuner inclus).

En dehors du tumulte du centre-ville, à 3 km des gares, un emplacement panoramique pour ce complexe hôtelier de luxe. 246 chambres et suites au design contemporain où le blanc, les couleurs bois ou acidulées dominent. Certaines sont dotées d'une terrasses avec vue sur la mer. Un centre de remise en forme & spa, terrasses et piscine, accès à la mer alors que la plage la plus proche (Žnjan City Beach) est à 1 km. Les deux restaurants regardent le port de Split et les îles de Hvar et Brač. Bien desservi par des bus pour rejoindre le centre-ville.

AGENCE SPLIT APARTMENT CROATIA €€

Majstora Jurja 4 ✆ 385 91 390 9416
www.split-apartment.com
Réception fermée le dimanche. Espace avec ordinateurs et connexion Internet (10 kn les 20 minutes, 25 kn l'heure).

Plus de 500 appartements au catalogue, du plus économique au plus luxueux, tel est l'argument de Memento d.o.o Travel Agency, située à quelques pas du Golden Gate. Cette agence de voyages couvre toute la ville et son agglomération. Le plus, c'est le cybercafé réservé aux clients de l'agence, où l'on peut donc consulter Internet, scanner ou imprimer des documents… Vous devriez avec toutes ces possibilités trouver le logement idéal pour vos vacances, quels que soient vos désirs…

SE RÉGALER

Dans cette ville à la fois traditionnelle, moderne et cosmopolite, vous aurez le choix entre cuisine dalmate, côté terroir, et cuisine du pêcheur, côté mer. Pour commencer, il y a toujours des antipasti (charcuterie, petite friture, marinade, beignets, etc.), salades ou soupes. En plat principal, poissons entiers et crustacés grillés ou viandes grillées soit mijotées entrent aux menus souvent affichés en plusieurs langues. Quelques bonnes adresses dans le périmètre très touristique du palais de Dioclétien, mais c'est à l'extérieur des murs, dans le quartier Veli Varoš, que l'on trouve les meilleurs restaurants. Pensez à réserver votre table ! Pour manger sur le pouce, des bureks dans les boulangeries *intra-muros* (Tradicija ou Mimoza), des sandwichs *ćevapčići* (saucisses) à la Kantun Paulina, les hamburgers-frites du Sexy Cow, des falafels au Daddy Cool, le vege fast-food du bazar de la gare, au végétarien un peu excentré, l'Upcafe.

© GASPR13 - ISTOCKPHOTO.COM

Poissons grillés de Dalmatie.

ADRIATIC GRAŠO €€€

Sustipanski put 2
✆ +385 21 398 560
www.adriaticgraso.com
Ouvert tous les jours de 9h à 1h du matin.
A la carte, autour de 80 € le repas complet.

Au niveau de la marina, au pied du mont Marijan, en promontoire sur les rochers de Sustipan, ce restaurant jouit d'un emplacement privilégié, avec de la terrasse une vue imprenable sur la mer. La carte propose des spécialités dalmates traditionnelles, une cuisine du pêcheur, travaillée avec soin avec les produits locaux de saison, des poissons frais, dans l'esprit du slow food. On y vient pour la vue, pour la bonne cuisine, pour l'ambiance agréable qu'il s'y dégage, pour l'accueil sympathique et le service attentionné. Vente à emporter également.

APETIT RESTAURANT €€

Šubićeva 5
✆ +385 21 332 549
www.apetit-split.hr
Tous les jours de 11h à minuit. 20 à 30 €
pour un repas complet avec un verre de vin.

Au premier étage du palais Papalić, qui date du XVe siècle, voici un restaurant où les recettes méditerranéennes (poissons grillés, risotto aux fruits de mer) se conjuguent avec des plats internationaux, comme les burgers de bœuf sauce au foie gras/frites, le cheesecake, le gâteau à la carotte. C'est une des adresses qui restent en vogue auprès des locaux. On y apprécie le cadre, la présentation, la cuisine du marché, les produits frais de saison. Le service est plutôt rapide et attentionné. Ambiance conviviale, locale et touristique à la fois.

ARTIČOK €

Bana Josipa Jelačića 19
✆ +385 21 819 324
articoksplit.eatbu.hr
En été, ouvert tous les jours sauf le dimanche de 8h à minuit. Entre 15 € et 20 € le repas complet.

Quand on passe la porte du restaurant, on pénètre dans un univers gourmand à la fois simple et plein de style. Le nom de cette adresse réunit le mot *art* et *čok*, ce qui signifie en croate le fait de picorer la nourriture avec les doigts ! Ici, des recettes traditionnelles dalmates revisitées, des assiettes de poisson et crustacés soignées, comme le *brodet* ou l'aumônière de morue, le risotto au loup de mer fumé. Des plats de viandes ou végétariens également. Sans oublier les desserts (le fameux *cheesecake* ou la mousse au chocolat...) L'été, petits déjeuners servis.

BOKAMORRA PIZZAURANT €€

Obala Ante Trumbića 16
✆ +385 99 417 7191
Ouvert tous les jours midi et soir. Compter 300 kn pour deux pizzas et deux cocktails. Parking souterrain à côté.

La maison propose des pizzas, que la plupart des clients accompagnent d'un cocktail. C'est donc une ambiance jeune qui règne ici, avec un DJ qui monte le son le soir. Côté cuisine, tout se passe dans une salle ouverte. Les pizzaiolos travaillent une pâte bien aérée, moelleuse au pourtour et fine à l'intérieur. La garniture est généreuse avec, souvent, de la burrata fondante, de la charcuterie pancetta, des tomates, des poivrons, du maïs et des pousses vertes. Pizza végétarienne également et même une pizza figue, fromage de chèvre et noix. Réservation recommandée.

BOKERIA KITCHEN & WINE €€

Domaldova 8
✆ +385 21 355 577
Ouvert tous les jours de 9h à minuit. Menus entre 25 et 30 €. Vins au verre, 7 € environ.

Restaurant coté à Split, victime de son succès, où il faut réserver sa table plusieurs jours à l'avance. Si on a la chance d'y venir en saison basse, on découvre un grand restaurant, très contemporain, au style rétro futuriste méditerranéen avec une touche résolument citadine. Il propose de belles assiettes de cuisine moderne sur des recettes traditionnelles dalmates. Une bonne sélection de vins régionaux avec un plateau de charcuterie/fromage pour les formules bistronomie. Prix plus élevés qu'ailleurs mais service agréable pour cet endroit très tendance.

BUFFET FIFE €

Trumbićeva obala 11
✆ +385 21 345 223
Ouvert tous les jours en saison midi et soir.
Plats chauds à moins de 60 kn.

Sur les hauteurs du port, avant la montée du Mont Marjan, le buffet le plus populaire de Split. Le service rapide et souriant a fait son succès autant que sa carte roborative. Ici, hors d'œuvre dalmates (poissons marinés, fromages et *prust*), potages et risotto en entrée, grillades (dorades, loups de mer entiers), escalope viennoise, poulet braisé, choucroute, tripes et gibier en sauce au vin/gnocchis, saucisses bosniaques (*cevapčići*), etc. Attablés en terrasse, de nombreux touristes ont l'air jovial, trop heureux d'avoir trouvé une place.

KONOBA & BAR MAKARUN €€

Marulićeva 3

✆ +385 21 725 058

www.makarun.com

Ouvert tous les jours de midi à minuit. A partir de 100 kn le plat à la carte.

Derrière les murs de pierre de l'ancien palais Makarun, l'ambiance feutrée de cet établissement élégant tient plus du restaurant chic que de la *konoba* traditionnelle. Dans la cour intérieure où sont installées les tables, vous pourrez commander des *antipasti*, du poisson frais, de la viande provenant d'agriculteurs locaux, l'incontournable blitva, l'étonnant makarun, gâteau aux macaronis sucrés de Korčula. Belle carte de cocktails, de vins rouges primés et de vins blancs de vignerons croates. Service de qualité et ambiance agréable.

KONOBA VAROŠ €

Ban Mladenova 9

✆ +385 21 396 138

www.konobavaros.com

Ouvert tous les jours de 9h à minuit. Plats à partir de 70 kn. Spécialités maison 125 kn.

Dans une ruelle perpendiculaire à la rue Mladenova, une charmante taverne dalmate. Avec son décor de maison de pêcheur rustique, la salle à manger avec peintures marines aux murs est le bon endroit pour un repas calme et romantique. Sur la carte, poissons grillés frais et autres produits de la mer mais aussi des viandes, la *pasticada* (bœuf en tranches mariné au vin rouge), gnocchis, risotto à l'encre de seiche et plats complets mijotés sous *peka* (à commander pour 4 personnes au minimum) avec 3 heures de cuisson. Bon vin de la région de Pelješac (*Korčula, Babić*).

KONOBA ZALOGAJNICA DIOKLECIJAN €

Dosud 9

✆ +385 61 23 456

Ouvert tous les jours en été, service midi et soir. Plat à partir de 60 kn. Repas complet autour de 125 kn

Cette taverne jouit depuis plus de quarante ans d'une terrasse exceptionnelle. Avec de la chance, vous pourrez vous installer à l'une des tables faisant face aux trois grandes baies historiques, ouvertes dans le mur d'enceinte du palais de Dioclétien. Au menu, cuisine locale, fruits de mer, poissons et viandes grillés, légumes méridionaux. On peut aussi prendre une grande assiette apéritive commune, composée de jambon fumé dalmate (*pršut*), fromage de Pag, parmesan et autres antipasti.

MARTA'S VEGGIE FUSION €

Dubrovačka ul. 59

✆ +385 98 167 0996

Ouvert tous les jours en été, midi et soir. Plats complets autour de 70 kn, sandwich 55 kn. Sur place ou à emporter.

Un fast-food qui propose une sélection de plats, chauds ou froids, tous végan, pour petits creux, grosses faims et intolérance au gluten. Des légumes, légumineuses et céréales entrent dans le burrito bowl, cuisiné dans les règles ! Salade complète avec falafel, hamburger soja, servi en assiette avec pommes de terre et salade ou dans un pain rond noir. Bon jus de fruits frais, boisson protéinée, bière artisanale, et des desserts crus comme le raw tiramisù, le cheesecake à la carotte ou au chocolat-caroube. Le lieu est petit, donc arriver tôt pour avoir une table.

NO STRESS BISTRO €€

Iza Lože 9 ✆ +385 99 498 1888

www.bistro-nostress.com

Ouvert du dimanche au jeudi de 7h à 1h. Vendredi et samedi de 7h à 2h. De 20 à 60 € le repas complet.

Dans l'un des coins les plus touristiques de la vieille-ville, ce restaurant conviendra aux amateurs de formules bistronomes, brasserie. On y retrouve les classiques de la table dalmate et de la cuisine internationale. Comme son nom l'indique vous pourrez choisir « sans stress » parmi les plats proposés à la carte qui vous seront servis dans des assiettes colorées. N'oubliez pas de les accompagner d'un bon vin local et de terminer par un dessert gourmand et sucré. Bon accueil, service de qualité, même si parfois submergé par les touristes. Ambiance conviviale.

PEKARNA BOULANGERIE MIMOZA €

Bosanska 10

Tous les jours sauf le dimanche de 8h à 20h.

Dans la même rue que la fameuse maison Tradicija, cette autre boulangerie soutient la comparaison. Ses gâteaux et pizzas sont savoureux. Goûtez, par exemple, la calzone fine aux épinards, la pizza ou le *burek* local au fromage frais ou ses friands à la viande. Vous pouvez aussi choisir ces petits pains ronds aux grains de sésame noirs croustillants pour confectionner vos sandwichs vous-même. Bonne option pour la randonnée. Vente à emporter uniquement.

RESTAURANT MAZZGOON €€

Bajamontijeva 1
✆ +385 98 987 77 80
www.mazzgoonfood.com
Ouvert tous les jours de midi à 1h du matin. Plats autour de 150 kn.

Un restaurant semi-gastronomique de la vieille ville qui propose une cuisine traditionnelle revisitée. Un endroit apprécié des Splitois en recherche de recettes locales plus travaillées. Une belle carte de vins croates, cocktails et un excellent café, torréfié par une petite boutique en ville. Le restaurant Mazzgoon est une table à la fois branchée et soignée. En fin de semaine parfois, des DJ locaux viennent animer la soirée. Service de qualité, ambiance très agréable et animée. L'adresse étant prisée, la réservation est conseillée.

RESTORAN BAJAMONTI €€

Trg Republike 1
✆ +385 21 341 033
www.restoran-bajamonti.hr
Ouvert toute l'année de 8h à 1h du matin. Repas à la carte, de 20 à 25 € par personne. Petit déjeuner à partir de 6 €.

Ouverte sur la promenade de la mer et le port, la place de la Republike a vraiment a des airs de *piazza* italienne. C'est l'une des plus belles de l'Adriatique. Le matin, boire un café à la terrasse de cet établissement historique sera un pur moment romantique à vivre. L'intérieur l'est tout autant. On se trouve là dans l'ancien théâtre dalmate, construit par l'Italien Antonio Bajamonti au XIXe siècle. Aujourd'hui, la brasserie tient son rang, agréable en journée pour ses glaces, l'apéritif et jusque dans l'assiette midi et soir.

UP CAFE €€

Ul. Domovinskog rata 29A
✆ +385 91 6210 500
http://upcafe.hr
Ouvert tous les jours de 7-8h à 20h. Plats chauds complets autour de 65 kn, boissons naturelles de 14 à 27 kn.

Voici un établissement que l'on aurait pu placer dans la rubrique restaurant végétarien, mais la direction tient à affirmer sa différence sur les boissons. Donc midi et soir, on peut commander, à la carte, des repas pleins de saveurs, des plats sains à base d'ingrédients de saison et majoritairement biologiques. Toute la journée, on y sert des café espressos, des cappuccinos au lait de soja, des thés et tisanes biologiques, du chocolat maison, du matcha, du kombucha. Petit bémol, ici pas d'alcool, enfin si, une marque de bière internationale.

VEGE FAST FOOD €

Ul. Stari pazar 7
✆ +385 99 66 32 236
Ouvert tous les jours de 8h à 22h. Sandwich complet : 30 kn.

Les fastfoods à Split ne manquent pas, mais ce végétarien, près du marché de primeurs et des gares, est le seul de sa catégorie ! La dame qui tient le lieu depuis 20 ans réussit de bons burritos aux falafels avec crudités, des légumes grillés avec riz basmati, du couscous végétarien, des hamburgers au steak de soja, des sandwichs de tofu et de seitan, ainsi que des salades de fruits, jus frais et thés glacés. Sur place, il n'y a que 2 petites tables, mais la vente à emporter est bien pratique, surtout quand on a un train, un bus ou un bateau à prendre !

VILLA SPIZA €

Petra Kružića 3
✆ +385 91 152 1249
Ouvert tous les jours sauf le dimanche de midi à minuit. Compter 15 à 20 € le repas complet.

Un petit restaurant intimiste dans une ruelle piétonne de Split. Installé au bar ou sur de petites tables, on déguste la bonne cuisine dalmate savamment concoctée par le chef attentionné, composée de charcuterie de pays, viande ou poisson, crustacés, ragoût, soupe de pois. Une belle variété qui devrait satisfaire tous les convives. La Villa Spiza est une adresse authentique, appréciée des locaux, avec une bonne ambiance, très demandée et un service de qualité, sourire des serveurs en prime. Mais il y a peu de tables, premier arrivé, premier servi !

ZOI €€€

23, Obala Hrvatskog narodnog preporoda
✆ +385 21 637 491
www.zoi.hr
Ouvert tous les jours en été du matin au soir. Compter environ 50 € par personne pour le dîner.

Il vous faudra trouver la porte en bois puis monter au premier étage de l'immeuble pour trouver ce restaurant aux allures chic et profiter de la terrasse avec sa vue imprenable sur le port. La salle à manger est agréable également avec ses pierres de taille apparentes et sa déco design. En journée, on peut commander des boissons, avec ou sans alcool, un cocktail au moment de l'apéritif. En saison estivale, service restauration toute la journée. Au menu, une cuisine soignée aux influences méditerranéennes. Très belle carte des vins également.

FAIRE UNE PAUSE

Il y a tellement d'établissements à Split qu'il vaut mieux parler d'ambiances que de lieux.

Sur la promenade de la mer (riva) et l'avenue Obala Hrvatskog Narodnog (HNP), règne une animation *non stop* la nuit. Les Splitois aiment faire durer le temps sacré du café en terrasse. On s'y installe pour voir et être vu.

Les quartiers *extra-muros* du palais et en dehors de la vieille ville font la part belle à nature, à la mer. Aux abords de la marina, le quartier verdoyant de Marjan compte des cafés-restaurants plus calmes, souvent avec terrasses et quelques *beach bars* sur la côte.

À l'est de la ville, après le terminal des ferrys, l'ambiance populaire est tout autre. Les *beach bars* de la plage urbaine (Bačvice) sont survoltés et en rang serrés. Sur le grand littoral est, ils sont plus espacés. Les troquets locaux se trouvent dans les quartiers de Spinut, Split 3, Sućidar, Mertojak, Brda et Pujanke, typiques de l'urbanisation collectiviste.

BAR-RESTAURANT BIFORA

Bernardinova 5

✆ +385 95 822 5012

Ouvert tous les jours de 7h ou 8h à 1h du matin, ferme plus tard le week-end.

Tout près de l'Hostel Sunseekers, le Bifora reste une valeur sûre de la vieille ville. Le lieu est fréquenté par les locaux et les jeunes touristes. C'est un café-bar-restaurant où l'on se détend derrière un cocktail ou un verre de vin et où l'on mange bien. Au menu, une cuisine de pêcheur dalmate traditionnelle avec des poissons frais, des gnocchis en sauce, des wraps, avec ou sans viande. Le soir, place aux DJ. Ambiance à la fois festive et détendue qui évolue au fil de la journée. Accueil chaleureux, service souriant, dynamique. Une bonne adresse.

CHARLIE'S CAFE

Petra Kružića 5

✆ +385 21 355 171

www.splitbackpackers.com

Ouvert tous les jours de 12h à 2h.

C'est le café-bar de l'hostel Backpakers, proche de la promenade de la mer (riva). Un incontournable pour les amateurs d'apéro festif. On s'y retrouve entre amis ou voyageurs, il y a toujours un bon plan à trouver dans la masse de flyers livrés sur place. Le bar propose la connexion Internet, une consigne pour les sacs à dos, d'où le nom, des livres d'occasion. En journée, c'est aussi un snack, où l'on peut prendre le petit déjeuner, commander une pizza avec une bière, un thé glacé ou une petite Pipi, ce soda sucré mégapopulaire à Split.

D16 COFFEE

Dominisova 16

✆ +385 91 79 00 705

www.d16coffee.com

Ouvert tous les jours de 7h à 21h.

Dans la partie nord du palais de Dioclétien, à côté du musée historique de Split, ce café cosy est ouvert toute l'année. Il est réputé en ville pour la qualité de son café arabica (torréfacteurs locaux). Un espresso excellent et un cappuccino au lait d'amande font la différence. Le plus, c'est la maîtrise du *latte art* (art lacté), qui consiste à dessiner sur votre café devant vous des motifs floraux avec la crème blanche. Un tour de main à prendre que le barista peut vous apprendre ! En journée, surtout l'été, le café froid en bouteille 100 % bio a du succès.

INTERNET CAFE CLUB 100 D

Sinjska 2

✆ + 385 98 188 7627

Ouvert en semaine de 9h30 à 20h30 (jusqu'à 15h30 hors saison). Fermé le week-end.

Connexion Internet : 25 kn/heure.

Juste à côté du centre commercial (Prima Shopping Center), vous trouverez un immeuble moderne sans âme. Il faut monter les quatre étages pour arriver dans un appartement privé où se tient le cybercafé... le plus cool de la ville ! Au calme, les six ou huit ordinateurs n'attendent que vous. Possibilité d'imprimer, scanner, téléphoner, transférer des photos-vidéos, prendre une boisson fraîche au distributeur. Le lieu est loin d'être dépassé malgré l'accès au wifi un peu partout désormais. Il sera plus ou moins rempli selon l'heure de la journée.

JADRAN BEACH BAR

Sustjepanski put 23

✆ +385 91 900 7275

Ouvert tous les jours en été de 8h à 2h du matin.

Beaucoup moins bétonné que la côte est (autour de la plage de Bačvice), le quartier Sustipan se trouve après l'ACI marina. Le *beach bar* de l'hôtel Jadran est ouvert à tous. En consommant ici, vous pouvez profiter des transats (payants). Situé à côté d'une zone de baignade, il se présente comme un endroit confortable pour bronzer, se baigner et se détendre autour d'une boisson. L'atmosphère est agréable. De bons gâteaux, cocktails mais pas de restauration. L'endroit est très couru en début de soirée, au coucher du soleil. Bonne sélection de musique.

TEAK-CAFFE-S

Majstora Jurja 11

✆ +385 21 362 596

Ouvert tous les jours de 9h à minuit, 1h le vendredi et samedi et dimanche de 10h à 14h et de 20h à minuit.

Avec ses fauteuils en cuir, sa décoration en bois de teck, le café-bar est plutôt fréquenté par les locaux, les expatriés et les touristes bien avisés. Si l'envie vous prend de parler français à Split, vous ne devriez pas avoir trop de mal à rencontrer des francophones au Teak. Mais pour les nouvelles, c'est en anglais. De nombreux journaux et magazines sont à disposition à l'intérieur. La terrasse s'est agrandie sur l'autre côté de la placette. Wifi gratuit. Sympathique endroit pour une boisson fraîche, avec ou sans alcool, à toute heure de la journée.

MARVLVS LIBRARY JAZZ BAR

Papalićeva 4

✆ +385 98 963 7067

Ouvert tous les jours de 17h à minuit.

A l'écart de l'agitation de la cité historique et pourtant *intra-muros*, ce café-bar est installé dans une ruelle où est né Marcvs Marvlvs, père de la littérature croate (XVe siècle). Un lieu un peu mythique qui fait aussi office de bibliothèque, avec des livres partout et une atmosphère apaisante. On commande des boissons chaudes ou fraîches, avec ou sans alcool (vin au verre, bières locales et internationales, cocktails), on discute entre amis, on lit, on vient au spectacle. Régulièrement, des soirées lecture alternent avec des concerts de musique acoustique.

TERACA VIDILICA

Prilaz Vladimira Nazora 1

✆ +385 95 871 87 92

Ouvert tous les jours de 8h à minuit.

Depuis le quartier de Veli Varoš, on accède à la première plateforme du mont Marjan. C'est là que se situe ce café-restaurant, qui donne envie de s'arrêter pour profiter de la vue panoramique sur la ville et la mer. Alors ne vous en privez pas ! On regarde dans un calme relaxant le ballet incessant des ferries en rotation dans le port. On sirote une boisson chaude (thé, café, chocolat), alcoolisée (verre de vin, bière, cocktail) ou plus soft, selon les goûts et les envies de chacun. Service souriant et disponible. Bonne ambiance.

SLASTIČARNA TRADICIJA

Bosanska 2

✆ +385 21 361 070

Ouvert tous les jours de 8h à 21h.

Dans cette pâtisserie (*slastičarnica*), plus connue par les locaux sous le nom de Kirigin, on fait la queue ! Ici, la tradition perdure. Tous les gâteaux sont cuits dans le four en brique, le même depuis l'ouverture de la maison, il y a plus de soixante-dix ans ! Au choix, des douzaines de gâteaux originaux, la *pinca* que l'on déguste à Pâques, le *rafioli,* un gâteau traditionnel de la région, la *mandolat* aux amandes et chocolat, le *preznik*, fourré aux noix et aux fruits confits avec rhum et zestes de citron, le strudel aux pommes, etc. Sur place ou à emporter.

THE DALTONIST

Hrvojeva 10

✆ +385 91 977 7268

www.thedaltonist.com

Ouvert tous les jours de 8h à minuit.

Un pub version croate avec une bonne ambiance, du personnel souriant et dynamique. On vous sert au comptoir des bières artisanales, qui sont brassées localement (pressions et bouteilles). Les liqueurs et sirops sont faits maison, concoctés à base d'ingrédients traditionnels et les cocktails au shaker, inventifs. Propose aussi une petite restauration, des brunches (dalmate ou international), des boissons fraîches et chaudes sans alcool.

Dans le corner boutique, parmi les produits Daltonist à emporter, des spiritueux, bières et des recettes de cocktails.

(SE) FAIRE PLAISIR

En centre-ville, on trouve partout des supérettes et des commerces de bouche ouverts tous les jours. Pour le marché, côté est des remparts, les marchands de primeurs s'activent tous les matins pour étaler tous leurs produits frais, fruits et légumes, fromages, pain, vin, huile d'olive, rakija, etc. Le marché aux poissons, côté ouest, est installé sur une placette (Obrov ul. 5).

Entre le palais de Dioclétien et la gare routière, on trouve de tout au Stari Pazar (Vieux Bazar), souvenirs, vêtements, chaussures, sacs, mais aussi des objets décoratifs en pierre blanche de Brač. *Intra-muros*, dans les ruelles du palais et jusque dans ses soubassements, parmi les nombreux boutiquiers, on visitera spécialement l'artisan bijoutier Filigran Split, les galeries et concept stores. Pour le prêt-à-porter, la rue Marmontova est toujours très fréquentée, mais le centre commercial Joker et sa cinquantaine de boutiques lui fait de la concurrence.

CROATA MUSEUM CONCEPT STORE

Krešimirova 11 Peristil
✆ +385 1 645 7010
www.croata.hr
Horaires variables de 8h à 21h, selon la saison.

Sur la place du Peristil, un magasin de luxe où trônent des cravates, bien sûr, mais aussi des foulards en soie et des écharpes ornées de lettres en alphabet glagolitique. Des produits en édition limitée avec seulement quatre ou sept modèles ayant les mêmes motifs et couleurs. Par exemple, il est possible d'admirer un foulard masculin en soie entremêlée d'or 24 carats. Si vous cherchez un accessoire de mode de qualité remarquable, vous le trouverez sans aucun doute ici.

FILIGRAN SPLIT

Bosanska 4
✆ +385 93 97 817
www.etsy.com/uk/shop/FiligranSplit
Boutique-atelier ouverte toute l'année du lundi au samedi de 9h à 21h.

Les amateurs de bijoux artisanaux ne quitteront pas le centre historique sans faire un tour dans cette boutique comme on n'en fait plus. Une toute petite échoppe, où trois générations de bijoutiers œuvrent ensemble ou tour à tour, afin de garder l'endroit ouvert plus longtemps. Ici, on fabrique encore à la main les parures en argent filigrané. Un travail d'orfèvre dans la pure tradition dalmate. Les finitions sont soignées, les prix raisonnables et, au final, c'est l'assurance d'un article de qualité. Pour de beaux souvenirs à offrir ou pour soi.

FORGAS

Ulica kralja Petra Krešimira IV 3
✆ +385 99 229 4933

Depuis avril 2019, Forgas Butiga est installé dans le hall du Palace Cindro, entre le péristyle et la porte de Fer. Un concept store arty artisanal où de nombreuses disciplines s'expriment. Dessin, couture, impression et sérigraphie entrent dans la confection de T-shirts aux motifs acidulés, combinaison de Pop Art et de baroque. Des affiches, des photos en noir et blanc également. Son travail est reconnu par Estee Lauder, Sean John, Will Smith, Universal Records, Sony, T-Mobile, Pepsi, Sofitel, NBA, Nokia… qui ont déjà passé des commandes.

ZNANJE

Ulica Kraj Svete Marije 1
✆ +385 21 271 714
www.znanje.hr

Si vous avez oublié de prendre un livre ou deux pour vos vacances, cette librairie pourrait vous dépanner, à condition que vous lisiez le croate et l'anglais ! Il y a bien quelques livres en français mais ce sont surtout des méthodes pour apprendre notre langue, des guides touristiques, quelques classiques comme Maupassant. Il y a beaucoup plus de choix en anglais. Propose aussi du matériel de connectique, écouteurs, avec ou sans fil, casques audio, clavier et micros, souris, jeux et DVD, le tout à des prix plus intéressants qu'en France.

BOUGER & BULLER

Où se baigner à Split ? C'est souvent la question que l'on se pose en été quand la température monte dans le palais de Dioclétien. À l'est, après le port, la plage Bačvice, très bétonnée, est la plus proche du centre-ville. Vous y trouverez un parc aquatique pour les enfants, des joueurs de *picigin*, le sport aquatique local, des *beach bars restaurants*. Suit sur le littoral une enfilade de grandes plages (Ovčice, Firule, Trstenik).

À l'ouest, après la marina, la côte est plus découpée. Le chemin sur les rochers est jalonné de pontons aménagés, de petites plages et de criques. Les estivants véhiculés préfèrent la plage Prva Voda. Cette zone balnéaire jouit d'un environnement plus naturel que les plages à l'est.

Les sportifs poussent jusqu'à Omiš où l'on fait du canoë-kayak sur la rivière Cetina. Tout en séjournant à Split, on peut aussi aborder les îles (Brač, Hvar), découvrir des spots de plongée à Šolta ou à Drvenik (lagon Bleu).

DALMATIA RAFTING

Mažuranićevo šetalište 8a ✆ +385 91 225 0485
www.dalmatiarafting.com

Départs en saison estivale à 9h et 14h30, 10h le reste de l'année. 74 €, incluant le transport et le matériel.

Spécialisée sur les descentes de la rivière Cetina en canoë-kayak, l'agence possède une adresse à Split, mais l'embarcadère se trouve sur une base fluviale à une quinzaine de kilomètres près d'Omiš. Bien organisés pour la pratique de la navigation sportive, les guides professionnels (International Rafting Federation) accompagnent aussi bien les débutants que les plus expérimentés. Sensations fortes garanties et bons moments entre amis. On vous accompagne de A à Z pour que tout se déroule dans les meilleures conditions. Ambiance chaleureuse et fédératrice.

RED ADVENTURES CROATIA

8 Ul. kralja Zvonimira
✆ +385 95 255 22 55
red-adventures.com

Ouvert tous les jours en été. Sortie en mer avec kayak environ 6 heures (13 km) : 65 €

Un club sportif pour les amateurs de kayak ! Le groupe de 10 personnes (au maximum) reçoit une formation afin d'être à l'aise sur l'eau avec le canoë. On part de la base nautique, qui se situe du côté nord de la colline de Marjan. Après avoir passé un canal vers l'île de Čiovo, les falaises apparaissent. Les parois rocheuses sont parfaites pour l'escalade marine. Après l'effort, le réconfort ! On s'installe sur une crique qui n'est accessible qu'en bateau. Pendant la pause déjeuner, grillade de poisson, détente sur la plage, baignade, snorkeling.

SPLIT DIVING EXPERIENCE

Dioklecijanova ul. 3/4
✆ +385 99 821 5383
splitdiving.com

Ouvert tous les jours en été de 8h à 22h. 1 plongée accompagnée : 87 €, 2 plongées 117 € (caution de 27 €).

Ce club vous donne rendez-vous en centre-ville et vous emmène en bateau pour une sortie en mer de 5h environ. Pendant la saison estivale, un départ chaque jour à 8h45, à la porte Dorée/nord (près de la statue de Grégoire de Nin). Que ce soit pour un baptême ou des plongées expérimentées, les animateurs, qui vous accompagnent, vous prêtent le matériel et se chargent du transfert au bateau. Ils seront toujours présents et vous feront passer un superbe moment abyssal. Réservation et demande de renseignements sur le site Internet.

ULTRA SAILING

Uvala Baluni 6a
✆ +385 21 398 578
www.ultra-sailing.hr

Ouvert tous les jours en été.

Sur la marina du centre-ville, la société fondée en 1995 gère une école de voile, vend des voiliers (neufs/occasion) et propose son expertise de navigants (support technique, location emplacement dans la marina, équipement et préparation, administration, etc.). Possibilité de louer un voilier avec l'option One Way de Split à Dubrovnik, ou l'inverse. L'équipe prépare aussi les inscriptions et les équipements pour participer à une régate, celles de Vis ou de Mrduja (Brač) notamment. Sur le site Internet, on peut consulter l'agenda des courses.

SORTIR

Pour les sorties nocturnes, on choisira son lieu en fonction de l'ambiance particulière du quartier, ses goûts musicaux. Par exemple, à l'intérieur du palais, place des Prokurative, une atmosphère calme aux terrasses des bars-restaurants. Plusieurs établissements jouent la carte de la bistronomie (Paradox, Luxor) au cours des apéritifs entre amis qui se prolongent en soirée au Central Club ou dans la nouvelle discothèque 305. Sur la promenade de la mer, les bars terrasses, très animés l'été, rivalisent de musique et de BPM. On s'y donne rendez-vous avant de partir plus tard en discothèque. On trouve des bars de nuit dans la partie nord de la ville. Près de la marina Sustipan, on est très croisiéristes et le beach bar se transforme en night-club. Sur les plages Bačvice, Zenta ou sur la pointe Žnjan, les beach bars sont ouverts une bonne partie de la nuit. Le Vanilla Club, l'un des plus anciens, se trouve derrière le stade de Poljud.

ACADEMIA GHETTO CLUB

Dosud ulica 10
✆ +385 21 346 879
Ouvert tous les soirs sauf le lundi.
Avec sa façade couverte de lierre, la cour de l'Academia Ghetto Club vous invite à vous diriger vers ce lieu qui intrigue de prime abord. Avec le rouge psychédélique sur les murs et les plafonds, il annonce d'entrée la couleur, la tendance arty et gayfriendly des gérants. Ici, les mots d'ordre sont *peace, love and art*, ils s'affichent avec les fresques suggestives. A l'étage, une galerie pour des expositions temporaires, des performances alors que le dancefloor accueille régulièrement des soirées musicales (électro, indus, rock, reggae…).

NIGHT CLUB & BEACH BAR ZENTA

Ul. Uvala Zenta 3
✆ +385 99 414 9329
Ouvert tous les jours en été de 23h à 5h.
À 2 km du centre-ville, après la plage Firule, on arrive à la plage Zenta. L'ex-O Hara est toujours dans ce grand bâtiment sur deux étages, face à la mer. L'été, le lieu est ouvert toute la journée, la terrasse fonctionnant comme un *beach bar*-restaurant. Puis il se transforme en discothèque lorsque le soleil se couche jusque tard dans la nuit. Organise souvent des concerts. Consulter le compte Facebook du lieu pour connaître l'agenda des soirées.

DISCO CLUB 305 A.D.

Trogirska ulica 7
✆ +385 91 305 30 59
https://club305.hr
Ouvert tous les jours de minuit à 5h du matin.
Proche de la rue Marmontova, dans le centre-ville, ce club en sous-sol a ouvert ses portes en 2019. Un superbe cadre, à la fois historique, avec des murs en pierres apparentes et très contemporain, avec une déco se jouant des néons colorés et des miroirs géométriques. Le lieu est confortable mais plutôt petit, il faut donc arriver tôt pour avoir une chance d'y entrer. Le DJ mixe de la musique EDM. Le nom de la discothèque fait référence à l'an de grâce 305, quand l'empereur Dioclétien abdique, renonce au pouvoir et se retire dans son palais splitois.

EVO RUKE !

Parc Đardin (u splitskom Đardinu)
✆ +385 91 251 7003
https://revija-urbane-kulture.com
De fin juin à mi-juillet.
Avec une série de concerts et de performances, le festival transforme le parc du Đardin, le seul en centre-ville, en véritable fête du jazz, blues et rock'n'roll ! L'entrée est gratuite, alors oui, il y a de quoi applaudir (Evo Ruke). Une bonne ouverture d'esprit et d'énergies créatives, où les musiques urbaines se croisent. Pendant ces soirées d'été, sur une quinzaine de jours, vous pourrez profiter des performances live d'artistes locaux, des concerts d'artistes internationaux, mais aussi de bons groupes de reprises et des journées à thème.

KAŠTELA ★

Entre Trogir et Split, Kaštela s'étire sur la côte septentrionale d'une baie qui porte le même nom. C'est là qu'on a ouvert l'aéroport de Split en 1966. En 1995, la localité s'est instituée en petite agglomération de communes en réunifiant les sept villages aux alentours, autant de ports où l'on a construit des châteaux fortifiés, ayant appartenu à des familles bourgeoises de la région. Compte tenu de la menace ottomane et afin de protéger la côte, les édifices furent reliés par une muraille. Ils sont aujourd'hui utilisés comme résidence secondaire ou hôtel pour une destination touristique familiale et agréable.

MUSÉE MUNICIPAL (MUZEJ GRADA KAŠTELA)

Brce 1
✆ +385 21 260 245
www.muzej-grada-kastela.hr
Horaires variables. Voir sur le site Internet.
Entrée : 15 à 20 kn.

Dans le château de Vitturi, le musée municipal a été créé en 1999. Il bénéficie d'un aménagement intérieur moderne mettant bien en valeur les collections archéologiques, historiques, ethnographique et modernes. L'art contemporain a aussi sa vitrine. Dans la bibliothèque du musée, on compte 2 300 titres (livres, périodiques et magazines spécialisés). L'agenda des ateliers en arts plastiques et des événement culturels sont à suivre sur la page Facebook du musée.

OFFICE DE TOURISME DE KAŠTELA

Dvorac Vitturi, Brce 5 ✆ +385 21 227 933
www.kastela-info.hr
Tous les jours en été, la semaine de 8h-20h ; le samedi ferme entre midi et 17h ; dimanche et jours fériés, ferme à 12h.

Dans cette agglomération urbaine et touristique entre Trogir et Split, les sept communes formant Kaštela ont mutualisé leurs efforts pour retenir les vacanciers, qui souvent ne font que passer. Dans cette agence municipale, on trouve des informations et renseignements sur l'hébergement (beaucoup de locations privées), les restaurants, les activités et les visites sur la riviera, les excursions dans les parcs nationaux, les horaires de bus et des navettes vers l'aéroport tout proche.

TROGIR ★★★★

À une dizaine de kilomètres de Split, Trogir est une cité portuaire, inscrite sur la liste du patrimoine mondial de l'Unesco. Bâtie sur une petite île (environ 1 km de longueur) séparée du continent par un canal et reliée par un pont à l'île de Ciovo-Okrug Gornji, la petite Venise, très photogénique, très visitée, est souvent choisie comme décor de cinéma pour des films en costumes d'époque, tant son centre historique paraît harmonieux. La forteresse, reliée aux rives nord et sud par deux ponts, se visite en journée. Le nautisme est florissant avec une marina remplie aux beaux jours, alors que des ferries desservent les îles Drvenik.

Patrimoine classé, tous les styles respectés. Comme plusieurs villes anciennes bâties sur le littoral croate (Split, Stari Grad à Hvar, Dubrovnik), Trogir constitue un exemple remarquable de continuité urbaine et historique. Sur le site insulaire, la cité close s'est développée dans le respect des fondations hellénistiques, romaines, médiévales, Renaissance, baroques et classiques. Les plans originels des époques successives ont été préservés avec un minimum d'interventions modernes. Chaque aspect de la vieille ville symbolise la trajectoire qu'elle a suivie dans son développement social et culturel. Pour l'Unesco, c'est le critère fondamental pour inscrire une ville ou une partie d'elle sur la liste du patrimoine mondial. Le centre historique de Trogir est entré dans le classement en 1997.

Histoire

De tout temps, la position géographique de Trogir rend la cité très attrayante. C'est l'une des premières villes fondées sur la côte adriatique. Les Grecs de l'île de Vis s'y installent les premiers au IIIe siècle av. J.-C. puis ce sont les Byzantins qui la dominent, entre le VIIe et le XIe siècle. Après une période de grande prospérité au XIIe siècle, la ville dut faire face aux multiples raids des navires vénitiens.

À partir de 1420, elle subit l'influence de la Sérénissime notamment sur le plan culturel, artistique et architectural. Venise occupa la cité pendant quatre siècles jusqu'en 1797. On édifia des palais, maisons, tours et forteresses, autant de bâtiments qui entrent dans le patrimoine précieux de Trogir. Puis au début du XIXe siècle, c'est Napoléon qui s'empare de la cité. Cette période française est marquée par l'amélioration des conditions de vie de la population *intra-muros*. On sent une certaine détente dans les relations intercommunautaires. Mais sous l'Empire austro-hongrois, de 1814 à 1918, les habitants souffrent de la faim, des épidémies et la ville ruinée perdra de son prestige.

Se loger

La plupart des hébergements touristiques récents se trouvent en dehors de la vieille ville, dans les quartiers environnants, sur la presqu'île de Ciovo. Mais de nombreuses familles louent des chambres ou appartements dans le centre historique, à des prix généralement plus élevés. Pensez à réserver à l'avance car Trogir reste l'une des stations balnéaires les plus convoitées de la côte adriatique croate.

Sports / Loisirs

▸ **Se baigner.** Il n'y pas de plage dans le périmètre immédiat du centre historique, mais partout aux alentours vous trouverez des pontons ou des avancées dans la mer, des criques et des rochers. La première vraie plage est à quelques kilomètres de la vieille ville. À 1,5 km à l'est de la ville, dans l'estuaire de la rivière, la plage de sable et de gravier de Pantan est ombragée par la pinède (bus 37, direction Split). Au sud de la presqu'île de Ciovo, à 5 km du centre-ville, la plage de gravier d'Okrug est la plus populaire et fréquentée. Longue de 2 km, elle est surnommée la Copacabana de Trogir. Sur place : des bars, des restaurants et un club de sports aquatiques. La plage privée naturiste du Coco's Club (Medena) à Seget Donji se trouve à 4 km du centre. Plus éloignée, à environ 12 km de Trogir, à proximité du village de Slatine, la plage de Kava a l'immense avantage de ne pas être bordée de grands bâtiments modernes. Pour y accéder, il faut rouler pendant 4 km sur une piste non goudronnée.

Transports

▸ Bus interurbains. Le bus 37 relie Split à Trogir (28 km) toutes les 20 minutes en semaine et toutes les 30 minutes le dimanche. Celui-ci s'arrête à l'aéroport de Split-Kaštela, qui se trouve à mi-chemin entre Split et Trogir.

▸ Bateau. Deux lignes maritimes font la navette Split/Trogir : celle d'Okrug Gornji-Ciovo/Trogir, toutes les heures, qui part de la plage de Copacabana, permet d'éviter les embouteillages de la route. Celle de Slatine-Ciovo/Split, rotation toutes les 30 minutes, va directement à Split.

CATHÉDRALE SAINT-LAURENT (KATEDRALA SVETOG LOVRO) ✝ ★★

Trg Ivana Pavla II

Ouverte en semaine de 8h-20h. Entrée gratuite pour la cathédrale, la montée dans le clocher campanile : 25 kn.

Édifiée sur les fondations d'une basilique détruite par les Sarrasins en 1123, la cathédrale a connu pendant quatre siècles plusieurs remaniements. Pourtant elle garde une architecture harmonieuse, avec un plan basilical à trois nefs de style roman et un portail Renaissance orné des sculptures de l'artiste Radovan (1420). À ne pas manquer, la montée (pas facile !) au clocher-campanile, haut de 47 m. Vue dégagée, qui porte sur toute la lagune, l'archipel et jusqu'à Split.

COUVENT DOMINICAIN DE LA SAINTE-CROIX ✝ ★★

Čiovo

Visite de l'église, du cloître et du parc en dehors des heures de culte. Entrée 25 kn.

Fondé en 1265, ce couvent fut consacré au XIVe siècle par des frères albanais. L'ensemble architectural est de style gothique rayonnant avec un campanile roman, la crypte, le cloître, la fontaine et le parc… Haut lieu de formation grâce à sa bibliothèque, le couvent a accueilli Augustin Kažotić (1260-1323), l'un des premiers théologiens croates. Il fut parmi les quatre couvents dominicains bombardés dans le pays durant la guerre de 1991. Reconstruit, il abrite toujours une communauté.

COUVENT ET ÉGLISE SAINT-NICOLAS ★★

Gradska 2

Ouvert tous les jours de 10h à midi et de 16h à 18h. Entrée 25 kn.

Ce couvent des Bénédictines conserve un gracieux cloître gothique vénitien, une belle collection d'art sacré, des tableaux, de la statuaire religieuse comme cette Madone du XIIIe siècle, ce Christ en croix expressionniste… Mais la pièce maîtresse reste le haut-relief en marbre de Kairos figurant le dieu du Temps et de l'Instant présent, qui a été trouvé en 1928. Cette sculpture hiératique, de l'époque pré-hellénistique, remonterait au IVe ou au IIIe siècle avant J.-C.

© LIANE MATRISCH

Barque en mouillage dans le port de Trogir.

EGLISE SAINT-JEAN-BAPTISTE ★★

Trg Pape Pavla II/6

En été ouvert tous les jours de 9h à 20h. Hors saison estivale, horaires plus variables. Musée d'art sacré : 20 kn.

La collection d'art religieux, installée au premier étage de la maison sacerdotale de l'église, présente des œuvres picturales, dont le fameux polyptyque de Blaž Jurjev Trogiranin, dit Blaise de Trogir (1395-1449). Il est réputé comme étant le peintre le plus illustre de l'école dalmate. A voir également, des peintures de Quirizio da Murano ou encore de Gentile Bellini, ainsi que des manuscrits en provenance des églises de Čiovo et Trogir. Belle visite.

FORTERESSE DE KAMERLENGO (TVRĐAVA KAMERLENGO) ★★

obala Bana Berislavića

✆ +385 21 881 543

visittrogir.hr

Ouvert en été de 9h à 23h, tarif 20 kn.

Sur la partie sud-ouest de la cité close, la forteresse fut construite par les Vénitiens au XVe siècle pour augmenter le système défensif. La place forte fut rénovée après la Seconde Guerre mondiale. Aujourd'hui, le lieu est devenu un centre culturel, avec un théâtre et un cinéma en plein air. Pour admirer la vue en journée, il est possible de monter sur les fortifications ou même la nuit lorsqu'il n'y a pas d'événement. Agenda des spectacles sur le site Internet de la ville.

MUSÉE DE LA VILLE (MUZEJ GRADA TROGIRA) ★

Gradska vrata 4

✆ +385 21 881 406

muzejgradatrogira.blogspot.com

Ouvert de 9h à 14h d'octobre à mai et de 10h à 17h en saison touristique. Entrée : 20 kn.

Installé dans l'ancien palais Garagnin-Fanfogna, le musée municipal présente le patrimoine de Trogir, ses évolutions historiques et politiques, son apport culturel et artistique. Une façon d'en apprendre plus sur la cité portuaire, classée au patrimoine mondial de l'Unesco, à travers une collection d'objets archéologiques, de peintures, sculptures, livres illustrés, lithographies et autres documents. Des expositions temporaires d'artistes régionaux contemporains complètent la visite.

OFFICE DE TOURISME DE TROGIR

Trg Ivana Pavla II br 1

✆ +385 21 885 628

www.visittrogir.hr

Ouvert en été tous les jours de 8h à 21h, le reste de l'année de 9 h à 16 h.

Une agence municipale que vous trouverez au cœur de la cité historique, sur la belle place de l'hôtel de ville et de la cathédrale. Pour se renseigner sur les possibilités d'hébergement *intra-muros* et aux alentours de Trogir, les visites du riche patrimoine, les excursions, terre et mer, les activités nautiques et sportives, la liste des bons restaurants, les événements culturels et festifs, etc. Sur le site Internet, suivez l'agenda des spectacles.

GRAY LINE CROATIA

Ul. Blaža Jurjeva Trogiranina 1
✆ +385 21 885 143
adriatic4you.com
Ouvert tous les jours en été de 8 h à 22 h. Connexion Internet : 10 kn la demi-heure.

Une agence touristique, bien placée, à la sortie du grand pont, proche du terminus des bus, qui vous renseigne sur les offres et services dans la région de Trogir-Ciovo-Kaštela-Split, sur l'hébergement, les locations voitures, les plages, les horaires de ferries pour les îles de l'archipel (Dvernik, Solta), les navettes bateaux pour Split. Propose également des excursions en minicroisières avec la compagnie locale Gray Line, des circuits en cars pour le parc national de la rivère Krka. Le plus : 3 ordinateurs avec connexion Internet.

HÔTEL CONCORDIA €€

Obala Bana Berislavića 22
✆ +385 21 885 400
www.concordia-hotel.net
La chambre, selon la saison et la catégorie, de 62 € à 83 € la nuit (petit déjeuner inclus).

Sur les quais de la cité historique, cette résidence balnéaire, qui a conservé son beau style à l'ancienne, s'ouvre sur la promenade de la mer. Elle fut construite il y a plus de 300 ans ! Transformé en hôtel 2-étoiles, le Concordia propose ainsi 11 chambres, toutes confortables, bien équipées, avec du cachet. Certaines sont rénovées avec un balcon et la vue sur la marina. Si possible, réserver une chambre côté mer pour en bénéficier et profiter du magnifique panorama, appréciable encore plus le matin et en fin de journée. Accueil attentionné.

HÔTEL RESTAURANT PAŠIKE €€

Sinjska BB ✆ +385 21 885 185
www.hotelpasike.com
Chambres, selon la saison et la catégorie, de 71 € à 126 € la nuit (petit déjeuner inclus).

Dans le centre historique, voici un hôtel qui appartient à la même famille depuis plusieurs générations. Si les chambres en pierres apparentes sont meublées en style rustique châtelain, elles bénéficient toutes du confort moderne (climatisation, douche hydromassante, connexion Wifi gratuite). Sur place, le restaurant de terroir sert des recettes dalmates traditionnelles. Bon petit déjeuner simple et varié. Accueil professionnel, souriant et attentionné. Si vous le souhaitez, on vous donnera des conseils sur les visites aux alentours.

HERITAGE HOTEL TRAGOS €€

3 Budislaviceva ✆ +385 21 884 729
www.tragos.hr
Chambres doubles et suites selon la saison de 90 € à 187 € (petit déjeuner inclus). Restaurant à partir de 15 €.

Bien aménagé dans un palais baroque du centre historique, cet hôtel familial séduira les amateurs d'histoire, où chaque chambres porte le nom d'une ville croate, Šibenik, Nin, Zadar… Pour les repas, dans la salle à manger ou dans la cour fleurie, la *konoba* (taverne) familiale sert une cuisine dalmate traditionnelle avec pour spécialité, par exemple, le poisson sous forme de *paštica*. Le jeudi soir, la maison organise une soirée musicale (chants *a cappella*) avec un menu spécial dégustation.

VILLA CARRARA €€

15 Gradska
✆ +385 21 881 075
www.karara-ap.com
Chambres doubles, selon la catégorie et la saison, de 58 € à 98 € la nuit (petit déjeuner inclus).

Au cœur de la cité historique, cet hôtel familial est logé dans un immeuble classé au patrimoine de l'Unesco. Du hall d'accueil à la salle à manger et aux 7 chambres, vous vivrez un séjour original dans ces lieux. Avec les murs en pierres apparentes, les poutres aux plafonds, le parquet ciré, les meubles et papiers peints néoclassiques, le style décoratif des chambres est élégant. Confortables et bien équipées, elles offrent la vue sur la place. Cet emplacement très central a des avantages et des inconvénients, les bruits de la rue notamment. Bon accueil.

CALEBOTTA WINE BAR & RESTAURANT €

Gradska 23
✆ +385 21 796 413
http://calebotta.com
Ouvert toute l'année de 8h à minuit. Autour de 20 € le repas complet.

Le bâtiment historique (1920) abritait un cinéma, l'un des premiers en Croatie, puis une pharmacie. La dernière rénovation a transformé le rez-de-chaussée de la bâtisse en un restaurant contemporain ouvert, d'un côté, sur une placette, de l'autre, sur un jardin privé. Une bonne adresse si vous souhaitez changer de la traditionnelle *konoba*. Côté mer, côté terroir, vous y trouverez une cuisine régionale plus moderne, des plats traditionnels revisités. Belle sélection de vins croates.

KONOBA BOKUN €

Šubićeva 34
✆ +385 761 053 638
Ouvert tous les jours en saison de 8h à minuit. Compter 25 à 35 € pour un repas complet.

Un restaurant du centre historique qui sert une cuisine dalmate et internationale, simple et savoureuse. Pour les amateurs de grillades, poissons, viandes, chaque plat est servi avec des frites, à moins que vous souhaitiez des légumes grillés. L'épouse du patron est française, on retrouvera donc certains jours une petite teinte hexagonale aux plats proposés, les moules frites, par exemple ! Cuisine adriatique également comme le risotto de la mer ou les *skampi* à la *buzzara*. Service est rapide, le grill tourne à plein en soirée !

KONOBA PIZZERIA TRI VOLTA €

Ribarska 8
✆ +385 21 276 927
Ouvert toute l'année et tous les jours en été, midi et soir. Plats à partir de 65 kn.

Un restaurant au calme, à la fois traditionnel et moderne. Le choix est large, salade mozzarella, côtelettes d'agneau grillées, hamburger et frites ou, bien pour commencer, l'assiette charcuterie-fromage et vin de pays. À la carte encore, le risotto noir, des tagliatelles aux fruits de mer, des poissons ou calamars grillés avec polenta ou une pizza vegan. Pour le ragoût de viandes cuit sous péka (façon goulash), commandez à l'avance. Bons cocktails.

PIZZERIA RESTAURANT MIRKEC €

15 Budislavićeva
✆ +385 21 883 042
Ouvert toute l'année de 9h à 23h. Comptez entre 15 et 20 € par personne pour une pizza, une boisson et un dessert.

Sur la promenade de la mer, c'est la pizzeria où les locaux aiment à se retrouver. C'est bon signe ! Pour une envie de pizzas, dignes de ce nom, on peut donc aller chez les frères Mirkec, afin de retrouver l'authenticité de la cuisine italienne. Vous apprécierez la grande terrasse, le choix de bonnes pizzas donc mais aussi les plats traditionnels de l'Adriatique (poissons, viandes et légumes grillés, fruits de mer, pâtes fraîches, risotto, etc.). Service rapide et bonne ambiance.

KONOBA TOMA €€

Šubićeva ul 44
✆ +385 91 78 171 42
konoba-toma.business.site
Ouvert tous les jours de midi à minuit. Plat chaud complet à partir de 60 kn.

Emplacement idéal dans le centre historique et deux terrasses, l'une sur la placette, l'autre installée au premier étage, ouverte sur une jolie vue, le campanile de la cathédrale en arrière-plan. Il y a beaucoup de passage dans ce périmètre touristique, mais le restaurant maintient un bon niveau de qualité sur la cuisine du pêcheur et les recettes dalmates traditionnelles. En résumé, belle terrasse et belle vue toute l'année (avec la salle à manger à l'étage), bonne cuisine et amabilité des serveurs pour un prix à la carte tout à fait correct.

RESTAURANT VANJAKA €€

7 Rodovanov Trg 9
✆ +385 21 88 25 27
www.restaurant-vanjaka.com
Ouvert tous les jours en été, midi et soir. Entre 70 kn et 150 kn le plat. Assiette végétarienne à 80 kn.

Sur une placette derrière la cathédrale, Vanjaka est un petit restaurant où déguster les classiques de la cuisine dalmate, avec des produits frais de saison. Au menu, poisson blanc, moules, coques et langoustines à la nage dans un bouillon de tomates aillé. Le tout accompagné, si on le souhaite, d'une petite barre de graines originale, de galettes de polenta ou de gnocchis. Choix de plats végétariens également. Accueil souriant, professionnel, service de qualité. À l'étage, la direction propose des chambres et des appartements à louer.

CAFÉ BAR KORADO

Hrvatskih Mucenika 4

Ouvert tous les jours en été, de 7h à 1h du matin, voire plus tard.

Un café-bar à cocktails, en centre-ville, qui organise des soirées clubbing. On s'installe en terrasse pour une boisson chaude ou fraîche en fonction du moment de la journée : le premier café du matin, celui avant le midi, l'apéritif avant le déjeuner, puis, en fin d'après-midi, le début des boissons fortes, des cocktails. Enfin, en soirée, le bar s'anime et devient plus festif, avec la jeunesse du coin et les touristes qui se rencontrent. Un lieu toujours animé qui devrait plaire à tous ceux que l'ambiance joyeuse et bruyante ne gêne pas.

CAFE RESTAURANT SVETI DOMINIK

Blazenog Augustina Kazotica 1

✆ + 385 21 881 857

www.svdominik.com

Ouvert d'avril à octobre de 8h à 1h du matin. Restaurant de 10h à minuit.

A l'ombre d'un ancien monastère dominicain, sur la riva, cet établissement bénéficie d'une superbe terrasse sous les grands palmiers, avec vue sur les bateaux et la mer. On peut y commander un petit déjeuner, apprécier des boissons fraîches ou chaudes toute la journée, une pâtisserie à toute heure, savourer un cocktail le soir confortablement assis sur les canapés… Plus cher qu'ailleurs, mais vaut le déplacement. Un bémol cependant, la cuisine de l'établissement est sans saveur.

ALKA RESTAURANT €€

15 Bl. Augustina Kažotića

✆ +385 21 881 856

www.restaurant-alka.hr

Ouvert tous les jours en été de 9h à 23h45. Compter 30 € le repas à la carte.

© ALKA RESTAURANT

Le fils des propriétaires a su reprendre avec brio ce restaurant familial. Le toit-terrasse invite à s'installer les soirs d'été dans cette maison familiale devenue une institution à Trogir. Créé en 1966, l'Alka a toujours proposé des spécialités de l'Adriatique, une cuisine de pêcheur avec des produits frais et locaux, des pâtes fraîches aux fruits de mer mais aussi des grillades de viande avec légumes méridionaux ou des frites. Sur la carte des vins, sélectionnez le cru régional pour accompagner votre plat. Excellents desserts à la carte.

CAFFE BAR «SMOKVICA»

Radovanov Trg 9

✆ +385 21 884 571

Ouvert tous les jours jusqu'à minuit.

Juste derrière la cathédrale, le Smokvica est une bonne adresse pour une boisson fraîche ou chaude toute la journée, particulièrement fréquentée à l'heure de l'apéritif. L'été, on dirait que tout le monde vient ici pour profiter des concerts organisés sur la place, un verre d'alcool ou de soft à la main. La carte des cocktails est abondante, la musique live à fort volume. Service dynamique, qui vous apportera au plus vite votre commande. Passé la saison touristique, le lieu redevenu plus calme permet de mieux apprécier la beauté de la place historique.

ĐOVANI

Gradska 15

✆ + 385 21 881 075

Ouvert tous les jours en été de 8 h à 23 h. Gateaux autour de 16 kn, la part. Glaces à partir de 20 kn.

Pâtisserie/chocolaterie/glacier historique de Trogir. L'un des plus fréquentés avec pas mal d'effervescence aux heures de pointe ! Mais il y a des créneaux horaires calmes hors saison, où l'on apprécie l'ambiance salon de thé anglais, où l'on prend le temps avec la *cup of tea* (*caj*), la tasse de café ou de chocolat. Sert aussi des bières, boissons fraîches, cocktails. Beaucoup de choix en glaces, gâteaux chocolat, *cheese* et *pop cakes*. A emporter, les biscuits typiques de Trogir, petits « rafioles » aux amandes ou les tablettes de chocolat noir fait maison.

RÉGION DE SPLIT

OKRUG

Juste en face de Trogir, Okrug-Gornji forme avec Čiovo une île, qui est reliée à la presqu'île historique par le vieux pont et désormais le nouveau pont, inauguré en 2018. Ancrée au sud-ouest de ces terres insulaires, Okrug bénéfice d'un climat méditerranéen, où abonde une luxuriante végétation bordant des petites plages et des criques. On dit même qu'elle fait partie des villes les plus lumineuses de la Croatie. Cette petite station balnéaire, à moins de 15 km de Split, plus calme et nature que Trogir, séduit de plus en plus les visiteurs. Nombreux hébergements, des cafés-bars-restaurants, animations estivales et même un club de plongée.

OFFICE DE TOURISME D'OKRUG

Bana Jelačića, 15 ✆ +385 21 88 73 11

www.visitokrug.com

Ouvert tous les jours en été de 7h à 21h, hors saison, en semaine seulement de 7h à 15h.

Agence municipale pour organiser votre séjour sur l'île. Vous aurez du choix sur l'hébergement (locations saisonnières privées, deux campings). Avec une carte, vous trouverez le bon chemin pour les plages, Okruška Copacabana, très fréquentée, Uvala Racetinovac, Labadusa, plus sauvages. La localité est une bonne base pour visiter Trogir et Split, faire de la plongée, de la plaisance ou du VTT jusqu'au mont Kozjak, par exemple (demander ou télécharger la carte des pistes cyclables).

CAMPING ROŽAC €

56 Šetalište Stjepana Radića

✆ +385 98 457 664

www.camp-rozac.hr

En été, selon l'emplacement, de 14 à 27 € la nuit pour le véhicule, camping-car, caravane ou tente.

Au sud d'Okrug-Gornji, la petite presqu'île de Rožac a su préserver sa pinède intacte. C'est le terrain choisi pour ce camping, bien aménagé avec ses emplacements ombragés. Il peut accueillir plus de 400 personnes, avec des parcelles pour les tentes, mobile-homes et bungalows. Pourtant, on ne se sent pas envahi par les autres campeurs. Proche d'un jolie plage de galets blancs et sable fin, il est recommandé pour passer des vacances estivales à la mer en famille ou entre amis. Sur place, tous les équipements nécessaires pour un séjour confortable.

HÔTEL SVETI KRIZ €€

Ulica Domovinske Zahvalnosti 1

✆ +385 21 888 118

www.hotel-svetikriz.hr

Chambres, selon la saison et la catégorie, de 82 € à 127 € la nuit (petit déjeuner inclus).

Sur la côte nord-est de l'île d'Okrug, à environ 2 km du pont qui mène au centre historique de Trogir, l'hôtel Sveti Kriz est bien desservi par un bus urbain. Construit dans une pinède, en bordure de mer, l'établissement possède 40 chambres et des appartements confortables, bien décorés. Aux étages supérieurs, les logements ont vue sur la mer ou sur la forêt. L'accueil est sympathique et ici on parle français ! Bien équipé pour le séjour de remise en forme, il propose des séances de rééducation musculaire, un espace bien-être/sport et une piscine.

APARTMANI KLAUDIJA €€

Tina Ujevića 1A

✆ +385 21 88 11 83

www.klaudija.com

Ouvert toute l'année. Selon la saison et la superficie la nuit de 42 € à 149 €. Parking gratuit.

Cette maison familiale est située sur Okrug, l'île en face de Trogir, dans un quartier plus calme (Čiovo), à côté de l'église Saint-Jacques et du pont qui donne accès au centre historique. Entièrement rénovée, elle compte 2 appartements et 4 chambres (2 à 6 personnes), bien équipés. Au 1er étage, une terrasse pour le petit déjeuner, une cuisine extérieure, avec grill, tables et chaises à votre disposition. Le plus, en bas de la maison, l'embarcadère pour les navettes qui desservent Split et les bateaux privés qui vous déposent sur les localités et plages de Čiovo.

KONOBA CICIBELA €€

Obala kralja Zvonimira 9

✆ +385 21 882 298

Ouvert tous les jours midi et soir. Environ 150 kn le repas.

Sur l'île, au pied du vieux pont qui relie Čiovo à la presqu'île de Trogir, le restaurant Cicibela s'est installé dans un ancien car-ferry à quai, rénové dans le style marin rustique, avec de grandes tables et des bancs en bois. Ici vous aimerez la cuisine simple, nourrissante, l'assiette adriatique (jambon fumé, fromage, crudités), les grillades sous toutes ses formes, les poissons frais pêchés par le propriétaire et son fils, les crustacés, les viandes et légumes d'été au BBQ, les moules-frites, le risotto à l'encre de seiche et les pizzas.

TROGIR DIVING CENTER

Pod Luku 1
✆ + 385 91 52 41 856
www.trogirdivingcenter.com
Ouvert du début avril à la fin octobre.

La base se trouve sur une petite baie de la côte sud d'Okrug-Gornji. Ce centre de plongée propose des sorties en mer sur des sites intéressants proches de Trogir. Par exemple, le plus facile d'accès, le versant sud de l'île, les côtes de Čiovo et de Šolta. De beaux fonds à découvrir, en plongée intégrale ou si vous le préférez en version snorkelling. La direction organise des excursions, loue des bateaux, du matériel nautique et loue des hébergements à proximité du centre. L'équipe qui vous accompagne est très pédagogue. Les néophytes se sentiront en confiance !

SEGET DONJI ★

Située à 2 km de Trogir, ce petit village de pêcheurs que l'on voit de la route côtière a été fondé en 1564 par un noble originaire de Trogir. Sur le modèle du palais de Dioclétien à Split, la ville est fortifiée avec une muraille et des tours rondes. Dans le centre historique, une église baroque abrite une croix en bois peinte qui date du XIVe siècle. Il est possible de loger à Seget Donji pour échapper, l'été, à l'agitation de Trogir, que vous pouvez rallier à pied en une demi-heure. C'est donc soit une étape intéressante pour le patrimoine historique et le balnéaire, soit un lieu de vacances, qui permet de sillonner la région de Split.

APARTHÔTEL ASTORIA €€

Seget Vranjica, 21218
✆ +385 21 798 270
www.apartmani-astoria.com
Appartements, selon la catégorie et la saison de 53 € à 86 € la nuit.

Sur le littoral ouest de Trogir, après Seget Donji, Seget Vranjica est moins bétonné. Cet aparthôtel, ouvert depuis 2006, propose six locations avec salons et chambres confortables, cuisines équipées, balcons et vue sur la mer. A proximité, deux belles plages (camping Belvedere et baie de Marina Medena). Le propriétaire, qui a fait ses armes comme cuisinier, apporte son savoir-faire dans son restaurant sur une carte variée, mélange de saveurs locales et plats internationaux (poissons, fruits de mer, pâtes, viande grillée). Vins français également proposés.

APARTMENTS BARISIC €

Hrvatskih zrtava 404
✆ +385 919 86 36 74
www.apartmentsbarisic.com
Selon la superficie et la saison, de 35 à 71 € la nuit.

A 10 minutes du centre historique de Trogir en taxi-bateau, dans un quartier paisible de Seget Donji (Seget Vranjica), 3 appartements pour 2, 4 ou 6 personnes, bien conçus pour un séjour dans la région et des vacances balnéaires. Dans un cadre rural et marin paisible, avec la baie et plage de Medena à proximité, ces locations comportent des chambres, salons, cuisines, des intérieurs simples, mais spacieux, confortables et bien équipés, avec des terrasses qui donnent sur la mer (n'hésitez pas à demander la vue !). Location de vélos également. Accueil professionnel.

RESTORAN GROTA €

Ulica Hrvatskih žrtava 360
✆ +385 21 626 498
restorangrota.eatbu.hr
Ouvert tous les jours en saison estivale de 14h à 23h. Plat à partir de 110 kn.

Manger dans une grotte ? Pourquoi pas ! En tout cas, ce fut l'idée de la direction qui s'est installée dans une grande cavité naturelle. On a apporté l'éclairage façon torche, des tables et chaises en bois, des tonneaux à vin pour décorer. Une ambiance post-préhistorique pour ce restaurant-grill, où bien sûr, on mange rustique. Viandes grillées à la broche, poissons, pommes de terre en robe des champs roulées dans la braise, plat *peka* où mijotent les légumes. Pour ceux qui préfèrent rester à l'air frais, des tables à l'extérieur ont vue panoramique sur la mer.

COCO'S CLUB

Plage de Medena
✆ +385 98 397 808
Ouvert tous les jours en été de 9h à 23h.

A 10 minutes de Trogir, en taxi bateau, la plage Medena est la plus proche de la vieille ville. Une fois sur place, vous aurez la possibilité de louer des transats, commander une boisson fraîche, un cocktail, une glace, prendre un repas, midi en soir, en formule snack ou, plus conséquent, à la carte avec des plats classiques du bord de mer (poisson grillé, salade de poulpes, risotto…). Autres activités qui s'offrent à vous, faire du jet-ski, du parachute ascensionnel ou vous adonner au complet farniente sur une bouée pneumatique.

MARINA

Le port historique fut fondé en 1500, quand l'évêque de Trogir réclama aux autorités régionales la construction d'une tour sur l'eau afin de protéger les villageois des incursions maritimes. Plus tard, on a restauré les murs, aménagé les étages et la tour de garde est devenue l'insolite hôtel-restaurant Marinska Kula. À voir, non loin de là, l'église gothique Saint-Jean, l'église Saint-Luc ou la chapelle Saint-Joseph dans une grotte (à 3 km). La petite marina Agana offre aujourd'hui un mouillage paisible pour les plaisanciers. On peut louer un bateau sur place. Se renseigner à la capitainerie ou sur le site Internet : *www.marina-agana.hr*

PANSION AMIGOS €

Grljevačka ulica 126 ✆ +385 21 336 070
www.amigos.hr

Locations ouvertes de mars à novembre. Selon la saison et la catégorie, chambres de 74 € à 132 € la nuit.

Un établissement familial, qui loue des chambres et 2 appartements, ouverts sur la mer, sans vis-à-vis, un restaurant et la plage à deux pas, autant d'éléments qui conviendront pour de bonnes vacances balnéaires en formules demi-pension. Les chambres qui donnent sur le restaurant sont forcément plus bruyantes mais on apprécie le dîner en terrasse et le coucher de soleil sur la mer. On peut facilement rejoindre Trogir ou Split en bus. Les propriétaires, accueillants, sont de bon conseil à propos de la région. Possibilité de réserver un taxi pour l'aéroport.

PODSTRANA

À 8 km au sud de Split, entre les rivières Zrnovnica et Mutogras, la station balnéaire, aussi connue pour son vin et son huile d'olive, est de plus en plus prisée par les promoteurs. La commune s'étend sur plusieurs kilomètres de petites baies, plages et criques, où l'on trouve un grand nombre d'anciennes villas. Des découvertes archéologiques témoignent de l'histoire mouvementée de la ville depuis l'installation des Illyriens. Les amateurs d'histoire pourront visiter les blocs mégalithiques des parois de Pituntija, le monticule de Pišenica, des villas de l'Antiquité tardive à Polaa, la maison Cindro et plusieurs églises.

VILLA JERKAN €

Sveti Martin 124/b
✆ + 385 98 433 442
www.split-podstrana.com

La chambre double de 36 € à 87 € la nuit selon la catégorie et la saison.

Entre Podstrana et Jesenice, cette grande villa blanche domine la mer sans vis-à-vis. Sur 4 étages, au choix, des chambres doubles bien équipées, des studios et des appartements, avec de superbes balcons. Au rez-de chaussée, une grande terrasse à se partager entre les résidents, pour la détente, où vous trouverez un café-bar. Une plage privée en contrebas et, à proximité, un supermarché et quelques restaurants. Pour les clients, possibilité de sorties en mer ou d'excursions dans la région. Pour cela, demandez aux propriétaires.

KAPETAN LUKA/KRILO

Krilo 4, 21314 Krilo Jesenice
✆ +385 21 645 476
www.krilo.hr

Navigation ouverte de mai à octobre. Réservation sur Internet ou par téléphone

Sur la riviera sud, à une dizaine de kilomètres de Split, juste après Podstrana, ce port de plaisance complète le trafic des ferrys avec un service de catamarans privés. Spécialement affrétés pour les touristes, les bateaux font des rotations quotidiennes avec Dubrovnik en passant soit par Brač, Makarska, Korčula et Mljet soit par Milna (Hvar), Korčula et Mljet. Des traversées vers Rijeka, Losinj et Susak existent également. Plus rapides et plus confortables, ils sont aussi plus chers. Réservation conseillée en haute saison.

STIPE APARTHOTEL €€

Grljevačka 3b
✆ +385 21 312 595
www.villa-stipe.com

Chambres et appartements, selon la saison et la superficie, la nuit de 35 € à 144 €.

Sur la route du littoral, au sud de Split, proche du Méridien Lav, cet immeuble récent est proche de la marina. Pour votre séjour, des locations saisonnières bien équipées, confortables, avec balcon ou terrasse, un jardin agréable et un parking privé gratuit. Idéal pour les familles ou les séjours entre amis. A proximité, la mer à 400 m facilement accessible, des agences touristiques pour planifier des excursions, des commerces, des bars-restaurants. On peut rejoindre le centre-ville grâce aux bus urbains qui s'arrêtent à 250 m de l'établissement.

OMIŠ ★★

Dans le centre historique, la majorité des monuments furent construits sous la domination vénitienne au XVIIe siècle. On remarquera les forteresses, les églises, les maisons élégantes et l'ancienne promenade de la mer. Mais le plus impressionnant n'est-il pas le site naturel de la ville ? D'abord la rivière Cetina, bordée de canyons vertigineux, qui se jette ici dans la mer. Puis, dans l'arrière-pays, les montagnes, prairies et forêts denses, mais aussi les paysages méditerranéens secs, les oliveraies anciennes. Aujourd'hui, la station balnéaire, avec ses plages et pontons aménagés, se développe dans la partie ouest, sur la rive droite.

FORTERESSE DE MIRABELA ★★

Tvrđava Mirabela (Peovica)

Ouvert tous les jours en été, entrée : 20 kn.

La place forte fut élevée au Moyen Age afin de surveiller l'avancée des Ottomans. Mais ce sont les anciens pirates d'Omiš qui en profitèrent vraiment ! Ils avaient là une parfaite visibilité sur le trafic maritime, notamment sur les navires vénitiens qui revenaient d'Orient chargés de matières précieuses. Les pirates voyaient sans être vus. Quand un galion frayait sur la côte, ils sautaient dans leurs petites embarcations rapides pour le cerner. Puis ils assaillaient l'équipage avec flèches et bravoure, se rendaient maîtres à bord et s'emparaient du butin.

FORTERESSE FORTICA (TVRĐAVA STARIGRAD-FORTICA) ★★

Put Baucici

Ouvert tous les jours en été de 6h à 20h. Tickets d'entrée : 15 kn (enfants), 20 kn (adulte).

A l'est de Mirabela, posée sur un rocher du canyon, une autre forteresse médiévale complétait le dispositif défensif d'Omiš. La vue panoramique à 360 degrés, grandiose, porte sur toute la ville et ses alentours. C'est une visite qui se mérite, car on y accède à pied, uniquement par un sentier rocailleux difficile. Comptez environ une heure pour une montée de 1 km et 500 m de dénivelé. Prévoyez de partir tôt ou en fin d'après-midi et prenez de l'eau.

OFFICE DE TOURISME DE OMIŠ

Fošal 1a

✆ +385 21 861 350

www.visitomis.hr

Ouvert tous les jours en été.

Cette agence municipale dispose de multiples informations et documentations sur la ville et la région dalmate. Peut vous renseigner sur l'hébergement, les adresses des clubs sportifs, qui organisent sur la rivière différentes activités (descentes en canoë-kayak, rafting, zipline), les balades en bateau sur la Cetina, les excursions en mer, les sentiers de trekking (via ferrata) et de randonnée en montagne. Sans oublier la visite du patrimoine historique, la gastronomie locale, etc.

© OMIS TOURISM BOARD

© OMIS TOURISM BOARD

RÉGION DE SPLIT

MUSÉE MUNICIPAL [GRADSKI MUSEJ OMIS]

A. Starcevica 5 ✆ + 385 21 861 847
gradskimuzejomis.hr
En semaine seulement, ouvert de 9h à 14h et sur rendez-vous. Entrée : 15 kn (adulte) 10 kn (enfant).

Une belle collection archéologique, dont les pierres gravées en latin, dédicacées aux empereurs Claude et Tibère, un buste en marbre de ce dernier. Également exposé, un panneau en relief montrant la résurrection du Christ, trouvé dans une église paléochrétienne à Gatima, près d'Omiš, des pierres tombales, des bijoux du Moyen Âge, des sceaux et autres documents relatifs à l'histoire mouvementée du port. Au 1er étage, des expos temporaires d'artistes régionaux.

ACTIVE HOLIDAYS CROATIA

knezova Kacica bb
✆ +385 21 861 829
www.activeholidays-croatia.com
Ouvert tous les jours en été de 9h à 20h.

Avec un tel nom, on imagine que le farniente n'est pas vraiment au programme de l'agence. Profitant à fond des ressources offertes par la nature grandiose autour d'Omiš, l'équipe organise des activités de plein air et autres sports extrêmes. En toute sécurité, on pratique *wind surfing*, *canyoning*, *trekking*, *rafting*, *free climbing*, *sea kayaking*, *zipline* et même le *bungee jumping*, qui consiste à plonger ou sauter dans la mer à partir de rochers à plus de 30 m d'altitude. Propose aussi, à la location, des bateaux, des villas et appartements.

VILLA DVOR HOTEL RESTAURANT KNEZ €€

Misorska cesta 13
✆ +385 21 863 444
www.hotel-villadvor.hr
Chambre selon la catégorie et la saison de 74 € à 233 € la nuit (petit déjeuner inclus).

Appuyé au canyon qui domine la vieille ville, sur la rive droite et à 100 m du pont, cet hôtel est un peu mythique. Son cadre naturel dominant offre une vue magnifique de toutes les chambres. Elles sont classiques et confortables. Sur le toit-terrasse, des équipement bien-être et toujours ce panorama splendide. Le restaurant-terrasse réputé est ouvert à tous, résidents ou non. Recettes dalmates simples et appétissantes (cuisine de pêcheur et de terroir).

COCOPAZZO €€

Trg Sv Mihovila 1
✆ +385 99 338 9644
Ouvert tous les jours en été. Entre 100 et 150 kn pour un plat chaud.

Un restaurant nouvelle génération qui a ouvert en 2017. Les plats s'inspirent d'une cuisine dalmate généreuse (mer et terroir), avec des produits frais et bio. Au menu, de nombreuses grillades, poissons entiers ou viandes avec légumes méridionaux, nuggets de volaille locale, hamburgers, pâtes fraîches aux fruits de mer, pizzas. On peut aussi choisir la formule plancha de charcuterie et fromage pays avec le vin au verre ou un cocktail. Assiette végétarienne et de bons desserts également, comme le *cheesecake* maison à la pistache. Cadre et accueil sympathiques.

KONOBA KREMENKO (FLINSTONE'S) €€

Svinišće
✆ +385 92 184 14 08
www.konoba-kremenko.hr
Ouvert seulement en saison estivale de 13h à 23h. Plat à partir de 60 kn. Compter 150 kn le repas. Penser à réserver.

A 7 km d'Omiš, par la route sud-est qui longe les berges de la Cetina, le village de Svinišće et le site naturel de la konoba, à moitié troglodyte. Accroché à la montagne, l'endroit est connu des connaisseurs qui font l'effort de venir jusqu'ici. A l'intérieur, un cadre rustique tout de bois et de pierres apparentes, à l'extérieur, au pied de la falaise, de grandes tables en bois. Dans ce cadre rupestre, on prépare des bons plats (mer et terroir), grillés ou cuits sous la *peka*.

RIVIÈRE CETINA

L'un des plus beaux fleuves de Croatie ! Son nom antique Hippus, du grec *hippos*, suggère la vitesse du cheval au galop et le caractère indomptable de son cours supérieur. Classées espace naturel protégé depuis 1963, les gorges de la Cetina sont restées à l'état sauvage. Avec la descente en tyrolienne (*zipline*), on domine le paysage au plus près des canyons, qui rivalisent de beauté avec ceux de Paklenica. Sur cette rivière mythique, on pratique le canoë-kayak, le rafting, la pêche sportive ou, plus tranquille, on part en promenade sur un bateau à vue panoramique.

ZIPLINE OMIŠ

Josipa Pupačića 4
✆ + 385 95 82 22 221
www.zipline-croatia.com

Dans ce cadre exceptionnel, une équipe de sportifs, sauveteurs de montagne, alpinistes, spéléologues et grimpeurs ont mis en place la pratique du *zipline* ou descente en tyrolienne dans le canyon de la rivière Cetina. Une expérience à vivre si vous êtes adepte des sensations fortes. Après une courte initiation, on se lance, en toute sécurité, bien harnaché au fil métallique, sur un câble suspendu d'une rive à l'autre. Montée d'adrénaline garantie mais à vous le panorama naturel à 360 degrés, et cette incroyable impression de voler.

DUGI RAT ★

Aux pieds du mont Perun, la localité longe la route Magistrala. Prolongée à l'est par un cap (*dugi rat* en croate), elle a connu son heure de gloire avec son chantier naval. Une vieille usine construite sur l'emplacement le plus attractif de la ville a été détruite en vue d'une réhabilitation totale du site. Aujourd'hui, les habitants profitent de la manne financière apportée par les locations saisonnières sans viser le tourisme de masse. Dugi Rat est une destination pour les vacanciers qui fuient les complexes hôteliers, appréciant les plaisirs balnéaires mais aussi les escapades nature, entre mer, montagne et rivière, et les excursions.

PLAGES DE DUGI RAT (PLAŽA DUGI RAT) ★

Dominées par la montagne, les deux plages de galets, Ispod Zilica et Glavica, ont du cachet. Elles sont appréciées des familles avec des enfants en bas âge, mais aussi des personnes âgées. Ces grandes étendues offrent des longues promenades au bord de l'eau ainsi que de superbes panoramas toute l'année. Pour les plages de sable, en bus ou en voiture, prendre la direction de Duce (à 4 km l'est de Dugi Rat). En passant, on peut visiter le village de Stare Duce.

BRELA

Brela est située à 15 km au nord-ouest de Makarska, au pied du massif du Biokovo. La ville fut fondée par les Romains entre le Ier et le IVe siècle, puis est occupée par les montagnards qui descendirent progressivement s'établir sur la côte. On peut y admirer l'église de Gospa od Karmela, un monument de l'architecture du XVIIIe, tandis que que l'église Saint-Stéphane date du XIXe. Aujourd'hui, la ville côtière, qui compte un peu plus de 1750 habitants, vit de l'agriculture et du tourisme. On y trouve d'immenses complexes hôteliers, une petite marina et surtout la superbe Punta Rata, l'une des plus belles plages de fins galets de Croatie !

© DAVE ROWLEY

Champs de lavande.

OFFICE DU TOURISME (TURISTIČKA ZAJEDNICA BRELA)

Trg Alojzija Stepinca bb ✆ +385 21 618 455
www.brela.hr

Ouvert tous les jours en été de 8h à 21h, en hiver seulement la semaine de 8h à 15h.

Pour toutes les informations concernant l'hébergement à Brela et sa riviera. Cette côte est très construite au sud avec des infrastructures touristiques et plus sauvage au nord, jusqu'à la belle plage Punta Rata. Dans la région, on vous indiquera, côté mer, les plages aménagées, les prestataires pour des vacances actives (plaisance, plongée) et, côté terre, des balades et randonnées en montagne, du VTT sur les pistes cyclables, de l'escalade, un parcours santé, des animations locales.

PLAGE DE BRELA (PUNTA RATA) ★★

Obala kneza Domagoja 76

En juillet 2004, le magazine américain *Forbes* a classé cette plage de galets blancs, typiques de la région, parmi les 10 plus belles du monde. D'autres ont suivi… Ces distinctions ont permis de préserver ce bijou naturel. Sur son côté ouest, le Rocher (Kamen Brela) apparaît comme l'emblème le plus photographié de la plage. Sur sa pierre nue se dressent quelques pins d'Alep et un petit maquis de myrte, d'arbousiers et de genévrier. il est interdit d'escalader cet îlot.

SENTIDO BLUESUN BERULIA €€

Frankopanska 66 ✆ +385 21 603 599

www.bluesunhotels.com

Ouvert d'avril à octobre. De 84 € è 268 € la nuit en chambre double ou suites (petit déjeuner inclus).

Ce 4-étoiles, le plus luxueux de Brela, fait partie du groupe Blue Sun Hôtels et Resorts, qui possède d'autres hôtels sur ce littoral (Maestral, Marina, Soline). Il présente une architecture moderne et dispose de 153 chambres, de la standard aux suites tout confort avec vue (mer ou montagne, à vous de choisir !). Pour réussir au mieux votre séjour, l'hôtel propose un large choix de services et d'équipements sportifs : piscine, salle de gym, court de tennis, entre autres. Séjour de qualité garanti où repos et activités se combinent parfaitement.

BAŠKA VODA ★

Cette station balnéaire, très visitée, bénéficie d'un climat clément toute l'année. Dans les années 1930, le développement du tourisme s'accélère avec le nouveau tracé de route côtière adriatique. Les frères Sikavica construisent le Slavija, le premier hôtel de Baška Voda. En 1936, à Londres à l'occasion de l'Exposition universelle, cet établissement se voit remettre une médaille d'or, qui venait récompenser le confort de l'établissement et la qualité de sa gastronomie. En 1933, une société régionale pour l'embellissement de la ville concourt à lui donner un cachet élégant, le long de la promenade de la mer notamment.

OFFICE DE TOURISME

Obala sv. Nikole 31

✆ +385 21 620 713

www.baskavoda.hr

Ouvert en été tous les jours de 8h à 21h, en hiver en semaine de 8h à 15h.

Cette agence municipale fournit toutes les informations touristiques nécessaires pour un séjour dans la station balnéaire, sur sa riviera et dans la région. On vous conseillera sur l'hébergement (hôtel historique de qualité, locations privées saisonnières, campings, location de véhicules, activités sportives, loisirs, animations). Ici, le balnéaire a la part belle, la plaisance et la plongée également. À ne pas manquer : les randonnées dans le parc naturel de Biokovo, le long de la rivière Cetina, près des cascades Gubavica ou du lac Rouge (Imotski).

HOTEL GADJA €€

13 Stjepana Radića 13

✆ +385 21 695 690

www.hotel-gadja.hr

Chambres doubles, selon la saison, de 38 à 64 € la nuit par personne (petit déjeuner inclus).

Cet hôtel confortable dispose d'une quarantaine de chambres et propose également deux appartements, pour ceux qui souhaiteraient un peu d'indépendance. L'hôtel Gadja est un établissement aux tarifs abordables qui invite à la détente, et tout spécialement lorsqu'on s'installe sur la terrasse panoramique avec une vue entre la mer et la montagne. L'équipe vous accueille avec le sourire, est présente pour répondre à toutes vos questions et reste à l'écoute. Restaurant sur place qui sert une cuisine régionale. À quelques mètres, la plage.

APARTHOTEL MILENIJ €€€

Petra Kresimira IV 5
✆ +385 21 620 644
www.hotel-milenij.com
Appartement, de 93 € à 259 € la nuit, selon la superficie et la saison.

Sur quatre étages, l'établissement propose 26 appartements de haut standing, élégants, bien équipés (petite cuisine, coin salon, télévision…) et confortables. En y séjournant, vous disposerez de toutes les commodités d'un hébergement 4 étoiles : un restaurant à la carte qui sert une cuisine régionale accompagnée de bons vins du terroir, deux bars dont l'un donnant sur la plage, une piscine, une salle de sport, des équipements et services beauté et bien-être. Autre point positif : l'accès facilité pour les personnes à mobilité réduite.

GRAND HOTEL SLAVIJA €€€

71 Obala sv. Nikole
✆ +385 21 604 890
www.hoteli-baskavoda.hr/slavia
Chambres doubles de 125 € à 149 € la nuit selon la saison et la catégorie.

Le Slavija est un hôtel de luxe historique construit sur la promenade maritime. À deux pas de la plage, c'est l'un de ses points forts. Voici donc une belle adresse pour profiter des plaisirs balnéaires dans un cadre haut de gamme rénové, avec café-bar lounge, restaurant gastronomique (cuisine dalmate et internationale), équipements de bien-être, belle piscine intérieure. Des chambres confortables, bien décorées, bien équipées (télévision, Wifi gratuit, air conditionné…). Celles avec balcons et vue sur la mer sont évidemment les plus recherchées par la clientèle.

HOTEL VILLA BACCHUS €€€

89 Obala sv. Nikole
✆ + 385 99 797 23 51
www.hotel-bacchus.hr
Chambres, selon la saison et la catégorie, de 87 € à 225 € la nuit (petit déjeuner inclus).

Ce grand hôtel de luxe vous promet un séjour balnéaire agréable et reposant, la plage à seulement 20 m, avec l'odeur des pins et du romarin en plus. Les chambres sont grandes et lumineuses, décorées dans un stryle bourgeois classique. Confortables et bien équipées avec la télévision, l'air conditionné, la connexion Wifi gratuit optimale. Réservez une chambre avec terrasse pour la vue sur l'Adriatique… un vrai dépaysement. Le petit déjeuner buffet est bien garni. Sur place, un bon restaurant aux prix corrects. Service hôtelier très professionnel.

RESTAURANT & WINE BAR MATRIOSKA €€

Obala Sv. Nikole 91
✆ +385 21 604 597
Ouvert tous les jours en saison. Compter 25 € pour un repas complet à la carte.

Dans ce bar à vins, on peut se contenter d'une assiette de charcuterie et de fromage accompagnée d'un bon cru local. Pour l'apéro par exemple. Mais pour un repas plus posé, on s'installe au restaurant de l'hôtel Horizont, juste à côté. Ici on vous propose une cuisine dalmate raffinée, inspirée par le Japon, des plats de la mer soignés, des grillades de viande avec petits légumes coupés fins. Une belle carte de vins croates et un service de grande qualité.

RESTORAN KING €€

ul. Iza Palaca 7
✆ + 385 21 620 640
Ouvert tous les jours en saison estivale midi et soir. Autour de 200 à 250 kn le repas.

C'est l'un des restaurants les plus réputés de la ville, une institution, où les hôteliers envoient leurs clients sans hésiter. Nous vous conseillons donc de réserver, surtout en haute saison quand les tables sont vite remplies. Le patron et sa femme vous accueilleront avec quelques mots en français et vous parleront de leur cuisine dalmate : bonne assiette de charcuteries, fromages, poissons et fruits mer grillés, légumes grillés, blitva… Une bonne carte des vins et des desserts alléchants ! Ici le client est vraiment « le roi ».

RESTORAN VICTORIA €€

Obala sv. Nikole 33
✆ +385 21 620 216
Ouvert tous les jours en été de 8h à minuit. Plats à partir de 55 kn.

Le Victoria est un restaurant où l'on peut déjeuner même tard dans la journée et tard le soir, ce qui est appréciable. Comme la plupart des établissements de cette promenade de la mer, il est très fréquenté en été. Mieux vaut donc réserver. Animé par une équipe dynamique et sympathique, le restaurant propose de bons plats dalmates (mer et terroir), des pizzas et des crèmes desserts en bocaux assez originales. Le service est rapide et souriant, les portions généreuses. C'est un bel endroit pour prendre un agréable repas à prix raisonnables.

PARC NATUREL DU BIOKOVO ★★

La majestueuse montagne plonge ses parois verticales en bordure de mer et laisse durablement son empreinte au paysage. Le sommet le plus élevé, Saint-Georges (Sv. Jure), culmine à 1 762 m. Les roches calcaires d'altitude sont en grande partie dénudées alors que les forêts noires dalmates et de multiples prairies poussent en contrebas. Le site, classé parc naturel, se visite toute l'année. Couvert d'une végétation à la fois d'altitude et méditerranéenne, il favorise la croissance d'espèces végétales endémiques et abrite une faune variée. Du haut de la montagne, les vues sur le littoral, les îles et l'arrière-pays sont splendides.

ÉGLISE SAINT-MARC (CRKVA SV. MARKA) ★

Trg fra Andrije Kačića

Sur une place à l'ambiance très village, gardée par la statue du poète Andrija Kačić Miošić, l'église Saint-Marc (XVIIe siècle) possède un ensemble intéressant de sculptures et de peintures. L'autel est l'œuvre d'un sculpteur vénitien, Pietro Onighi. La fontaine, en face de l'église, date du XVIIIe siècle. Tout cet ensemble architectural témoigne du passé de la ville. On se balade ou on reste là quelques instants à s'imprégner simplement de l'ambiance.

MAKARSKA ★

Après le tremblement de terre de 1962, pour la reconstruction de Makarska, on orienta les plans vers le tourisme et, sur près de 60 km, plusieurs stations balnéaires naquirent sur sa riviera.

La meilleure façon de profiter de l'immense panorama de la ville est d'arriver en bateau et d'accoster dans le port, après avoir passé la péninsule Osejava, le Park šuma autour du phare Sveti Patar. Un ferry fait des rotations régulières entre Makarska et Sumartin (île de Brač). Au pied du massif Biokovo, le tracé urbain semble s'organiser en gradins. C'est d'ailleurs dans l'une de ces rues que se trouvent les bureaux administratifs du parc naturel.

MONASTÈRE DE ST-MARIE ET MUSÉE DES COQUILLAGES ★

Franjevački put 1

✆ +385 21 611 256

Ouvert tous les jours de 9h à 12h et de mi-juin à mi-septembre de 17h à 20 h. Entrée : 15 kn.

De son nom croate, Franjevacki Samostan Sveti Marja I Malakoloski Muzej, le monastère franciscain fut construit au XVIe siècle. Il se situe au bout du quai est et se visite. Il a été transformé en mosquée sous l'occupation turque. Le cloître abrite aujourd'hui l'une des plus grandes collections de coquillages au monde, au moins 4000 pièces ! Dans l'église, vous observerez une mosaïque contemporaine qui est tout aussi impressionnante. L'ensemble mérite de s'y arrêter.

Ville de Makarska.

MUSÉE DE LA VILLE [GRADSKI MUSEJ]

Obala kralja Tomislava 17/1
✆ +385 21 612 302
Ouvert tous les jours de 9h à 12h et de 19h à 22h en été, le samedi de 19h à 22h uniquement. Tarif : 10 kn.

Le musée municipal, situé au premier étage d'un palais du XVIIe siècle [Palaca Tonoli], conserve une quantité de documents officiels et une belle collection numismatique. Les salles archéologiques sont intéressantes, avec notamment de nombreuses céramiques mais aussi les pièces de la donation privée [1983] de Anka Puharić, constituée d'objets usuels anciens illustrant le quotidien des XIXe et XXe siècles [outils, clés, costumes de la région, etc.].

SKYWALK BIOKOVO

Biokovska cesta, 21325
✆ +385 21 616 924
pp-biokovo.hr/
Heures d'ouverture du belvédère : 8h à 18h. Dernière entrée à l'accueil du parc : 17h.

Dans la partie sud-ouest du parc naturel, le Skywalk Biokovo est une plate-forme d'observation au sol vitré en forme de fer à cheval. Cette construction extraordinaire est posée à 1 228 m d'altitude. On y accède par l'entrée principale du parc naturel sur la route nationale D512 [Makarska-Vrgorac]. Les visiteurs [30 au maximum] sont impressionnés par le panorama marin mais aussi par la vue en trois dimensions sur la section transversale des roches. Une table des temps géologiques renseigne sur leur âge et leur typologie depuis leur création jusqu'à nos jours.

BUREAU DU PARC NATUREL

Franjevački put 2a ✆ +385 21 616 924
www.biokovo.com
Ouvert entre mai et septembre de 6h à 20h. Entrée du PN : 60 kn [adulte avec véhicule], 35 kn [cyclistes, marcheurs].

C'est le bureau principal du parc naturel d'altitude, où acheter billets et cartes à l'avance pour organiser au mieux ses randonnées, à pied ou en VTT. Au départ de Makarska, des sentiers balisés faciles d'accès offrent déjà de superbes panoramas. Le parc traverse en partie Makarska et s'étend à 5 autres communes. Les plus chevronnés, bien équipés, montent aux sommets de Staza [897 m], Skywalk [1 228 m], Štrbina [1 338 m], Vošac [1 422 m] et Sv. Jure [1 762 m]. On peut séjourner dans des refuges de montagne, à l'Holiday House Vrata Biokova, par exemple.

OFFICE DE TOURISME [TZ GRADA MAKARSKE]

Franjevački put 2a
✆ +385 21 612 002
makarska-info.hr
Ouvert en été tous les jours de 8h à 21h, en hiver jusqu'à 15h.

Dans cette agence municipale, demandez le guide gratuit et le plan de la ville. Des informations sur l'hébergement en ville, proche de la promenade de la mer, du port ou sur les hauteurs de la ville. Nombreuses propositions également sur les rivieras, au nord et au sud de Makarska, entre Brela et Igrane, les excursions sur la côte, les randonnées sur le mont Biokovo, les horaires du ferry pour l'île de Brač [Sumartin], les festivals, les animations estivales.

TAXI MAKARSKA ACTIVE

Zagrebacka 28
✆ +385 95 853 5393
taxiactive.business.site

Un service taxi bien utile dans cette ville assez étendue, construite tout en escaliers et terrasses sur la montagne, qui portant n'a pas mis en place un réseau de bus interurbains. Il y a donc de nombreux chauffeurs en ville qui attendent les clients avec leurs véhicules prêts à partir. Entre autres lieux, on trouve un taxi à la gare routière ou sur la grande artère Vukovarska. Tous assurent les transferts vers l'aéroport de Split, l'embarcadère des ferrys pour l'île de Brač, toutes les courses régionales sur le littoral ou en montagne.

CAMPING DOLE €

Živogošće
✆ +385 21 628 749
www.campdole.com
A partir de 12,50 € par jour et par personne en haute saison [emplacement tente et voiture].

Sur la riviera, à quelques kilomètres au sud de Podgora, voici un agréable camping situé en plein sur un site naturel arboré [pinède]. Il se trouve à proximité d'une belle plage de galets [que les famille et jeunes enfants apprécient tout particulièrement] et de chemins de randonnées vers les collines [que les plus âgés adorent ; attention au soleil cependant, protégez-vous]. Une partie est réservée aux naturistes, peut-être tenterez-vous l'expérience. Les emplacements sont assez grands et les équipements nombreux : blocs sanitaires, laverie…

HÔTEL BIOKOVO €

Obala Kralja Tomislava 14

✆ +385 21 615 244

Chambres, selon la saison et la catégorie, de 73 € à 201 € la nuit (petit déjeuner inclus).

Situé sur l'ancienne promenade du bord de mer, l'hôtel ancien a été rénové. Il propose des chambres classiques avec balcon, la vue donnant sur les quais très animés en été mais aussi sur la cour intérieure ou côté montagne plus calme. C'est souvent le dilemme qui se pose sur le littoral : que choisir entre les chambres à la superbe vue car exposées côté riva mais très fréquentées et forcément plus bruyantes ou préférer une chambre avec vue moins épatante mais s'assurer de la tranquillité ? Pour tous, les petits déjeuners buffet et un restaurant réputé (Lungomare).

HÔTEL MAKARSKA €

Potok 17

✆ +385 21 616 930

www.makarska-hotel.com

Chambre, selon la saison et la catégorie, de 62 € à 87 € la nuit (petit déjeuner inclus).

En centre-ville et à environ 550 mètres de la plage, le Makarska est un hôtel familial. Avec ses 38 chambres doubles confortables (climatisation, télé satellite, connexion wifi gratuite, balcons) les clients se sentiront comme à la maison. La décoration a choisi de garder un goût pour le rustique. Sur place, vous pourrez prendre un repas au restaurant buffet avec terrasse. En plus de cela, un parking privé. Ne confondez pas cet hébergement avec l'hostel Makarska, une auberge de jeunesse, situé au 15, rue Prvosvibanjska, qui accueille une population plus jeune.

APARTMENTS KRZANIC €€

Obala Branimirova 43 - 21327 Podgora

✆ +385 91 56 99 321

www.roko.hr

Selon la superficie et la saison entre 50 € et 90 € la nuit.

Situés sur la riviera sud de Makarska, à Podgora, un immeuble ancien admirablement restauré. Les propriétaires proposent trois appartements sur la promenade de la mer. Ils disposent tous de beaux espaces (de 50 à 90 m²) pour toute la famille, de pièces contemporaines bien équipées (télévision, coin cuisine, salon, Wifi, air conditionné…), ainsi que d'une grande terrasse offrant une belle vue. Depuis plus de 30 ans, la famille Krzanic tient aussi un établissement réputé, le restaurant Roko, sur la riva. Au menu, poissons ou viandes grillés.

HÔTEL PORIN €€

Marineta 2

✆ +385 21 613 744

www.hotel-porin.hr

Chambres de 59 € à 280 € la nuit, selon la catégorie et la saison (petit déjeuner inclus).

Sur le vieux port, le Porin est un hôtel logé dans un palais néomédiéval (du XIXe siècle) ayant appartenu à la famille Kačić-Peko. Il s'agit de l'ancienne bibliothèque de Makarska devenue propriété privée en 2002. Admirablement restauré, l'hôtel propose des chambres au confort classique et moderne, avec de beaux volumes, le double vitrage, la connexion wifi gratuite, et surtout cette belle luminosité. Certaines sont dotées de 3 fenêtres en plein cintre pour une vue panoramique mer ou montagne. Un emplacement idéal à Makarska.

IL GOLFO €€

Kralja Petra Kresimira 4

✆ +385 98 719 967

Ouvert tous les jours midi et soir en saison estivale. Plats à partir de 70 kn.

Il Golfo est un restaurant de bord de mer, avec des tables installées sur un ponton. Si vous n'avez pas réservé vous aurez difficilement une place. Cependant, vous aurez sans doute la chance de saisir une place sur le quai (très romantique aussi !). Avec un tel emplacement, la cuisine méditerranéenne est à l'honneur, les plats de poissons et crustacés sont recommandés. Le tout servi dans des portions généreuses et avec le sourire. Sur la carte également, des pizzas, des viandes grillées, des salades… et des crêpes au dessert !

RESTORAN PANORAMA €€

21300, Veliko Brdo

✆ +385 98 464 280

restoranpanorama.eu

Ouvert tous les jours de 15h à minuit. Compter 25 € par personne.

Il faut monter dans la montagne pour le Panorama ! Si vous n'avez pas de voiture, appelez un taxi ou directement le restaurant pour réserver votre table : on viendra vous chercher en ville ! De la terrasse, la vue est superbe, surtout au coucher du soleil. D'un côté, le mont Biokovo, imposant et si proche, invite à la randonnée. De l'autre, la ville, la mer, les îles... En cuisine, les recettes dalmates, poissons, viandes et légumes grillés, pommes de terre sautées, la pašticada avec gnocchis et, pour finir, le gâteau chocolat/caroube. Bons vins rouges locaux.

UDRUGA ROCKATANSKY

Fra Filipa Grabovca bb
✆ +385 98 985 92 26
Ouvert toute l'année. Bar de nuit, café-concert, expositions.

Vous trouverez quantité de cafés, terrasses, cocktail *beach-bars*... Celui-ci, le Udruga Rockatansky (prononçable en prenant le temps de bien séparer les syllabes !) en retrait de la *riva*, est spécial. Autant pour la musique qu'il diffuse que pour sa clientèle. Le Rockatansky commence la soirée vers 19h et ouvre souvent sa scène à des groupes de rock-folk, pop ou jazz. Cette alternative à la *dance music* attire tout une faune de gens différents. On y passe forcément une bonne soirée dans une ambiance conviviale et portée par la musique.

SALVIA OBRT

Kralja Zvonimira 28
✆ +385 21 317 945
www.kucacajamakarska.com
Ouvert toute l'année du lundi au samedi de 8h à 20h.

Une boutique, à la fois herboristerie et point de vente de produits bio et naturels. Les herbes médicinales croates, particulièrement celles cultivées sur les îles ou en montagne, ont bonne réputation. Les sols ici sont moins fatigués par les cultures intensives. Cette médecine naturelle traditionnelle reste présente dans la pharmacopée familiale. Vous y trouverez un large choix de différents mélanges de plantes séchées, tisanes, épices, miels, confitures et liqueurs de la région. Autres adresses à Makarska : Vrgorački Put 1 et Europske zajednice 1.

DEEP

Šetalište fra Jure Radića 5a
Ouvert tous les jours en été de 9h à 5h.

Sous l'hôtel Osejava, cette grotte naturelle a été transformée en *beach bar* et club de nuit. Un lieu original, tout en longueur et largement ouvert sur la mer. On y vient toute la journée, café du matin, boissons fraîches, glaces en journée... A partir de 22h, les DJ résidents poussent le son et mixent sous les néons colorés. On se presse au bar, l'ambiance devient électrique au fur et à mesure que ça se remplit. Autour de 2h du matin, le week-end, le Deep est au plus fort de sa capacité d'accueil, des clubbers dehors dansent sur les pontons, sur la plage.

IMOTSKI ★★

Les lacs ont toujours eu un pouvoir magnétique sur les gens. Dans les années 1990, durant la dernière guerre, Imotski a perdu près de 80 % de sa population. Parmi les réfugiés, nombreux sont restés vivre à Paris. Aujourd'hui, nombreux reviennent l'été dans la région ou à l'occasion de grandes réunions familiales. Lors des mariages, après la cérémonie à l'église, la communauté se dirige en voiture vers le lac Rouge. Chacun y jettera une pièce. On s'arrête en route pour partager un verre, une collation et célébrer l'événement ensemble. La ville haute est dominée par une forteresse. Dans la ville basse, on admire de jolies résidences (XVIIIe siècle).

© JOACHIMBAGO - ISTOCKPHOTO.COM

Le lac rouge d'Imotski.

RÉGION DE SPLIT

OFFICE DE TOURISME D'IMOTSKI (TZ GRADA IMOTSKOK)

Ante Starčevića 23
✆ +385 21 842 221
www.visitimota.com
Ouvert tous les jours en été. Le reste de l'année, en semaine uniquement de 8h à 16h.

Si le nom d'Imotski est attaché d'emblée à ses lacs fantastiques, le bureau municipal d'informations touristiques met tout en œuvre pour valoriser le patrimoine de la vieille ville. Les agents d'accueil proposent des visites guidées (musée historique, forteresse médiévale, monastère franciscain, zone archéologique près des ruines de la basilique Zmijavci). Ils renseignent aussi sur les randonnées en toute sécurité autour des lacs, les hébergements dans la région Imotska Krajina.

SOLIN ★

Du temps de la Grèce antique, la cité était déjà un gros port illyrien. Elevée au rang de colonie par Jules César, l'ancienne Salona fut la principale cité romaine de la région. Les échanges commerciaux avec Rome s'accroissent. À partir du IVe siècle ap. J.-C., Salona devient un centre religieux aux multiples basiliques. Ses divers vestiges témoignent de son importance historique. Compter la journée pour visiter le grand site archéologique (les remparts de la ville avec ses tours et portes, le forum et ses temples, l'amphithéâtre, le cimetière où se trouve les martyrs, Manastirine, Kapljuč et Marusinac) et se promener vers la rivière Jadro.

SITE ARCHÉOLOGIQUE DE SALONA (OD ANTIČKE SALONE) ★

Kralja Zvonimira 69

Ouvert tous les jours en été. Accessible par les bus locaux (n° 1, 10, 16 et 37). Entrée : 30 ou 15 kn.

À 8 km de la gare routière de Split. La cité romaine, qui devint, avant Split, le chef-lieu de la province de Dalmatie, fut construite à la croisée des routes maritimes et des voies fluviales (rivière Cetina). Les pierres de grandes tailles utilisées pour le pavement du forum ou les murs des temples et des villas patriciennes, la présence des thermes et de l'imposant amphithéâtre (capacité de 20 000 personnes) nous instruisent sur son importance stratégique et historique à l'époque.

OFFICE DE TOURISME DE SOLIN

Kralja Zvonimira 69

✆ +385 21 210 048

www.solin-info.com

Ouvert toute l'année, du lundi au vendredi de 8h à 20h.

Cette agence locale vous renseignera sur les conditions de visite du site archéologique. En restant vigilant sur la sauvegarde du riche patrimoine de l'ancienne Solina, l'actuelle Solin tente d'attirer les touristes, avec une offre d'hébergement toutes catégories, quelques restaurants, des promenades, des activités sportives. En vente à la boutique, des répliques de bas-reliefs trouvés sur le site, des reproductions de lampes à huile, des pièces de monnaie, de la vaisselle...

VILLA SOLIN €€

213a, Ul. Ante Starčevića

✆ +385 98 88 12 40

Selon la saison et le nombre de personnes dans la villa, de 190 € à 297 € la nuit.

Située sur les hauteurs de Solin, à 10 km du centre de Split, la villa jouit d'une vue panoramique sur toute la ville, la mer et la montagne. Avec six chambres sur trois étages, la propriété peut accueillir jusqu'à 13 personnes. À chaque étage, un appartement comprenant un salon et une grande cuisine baignés de lumière, confortables et tout équipés, et deux chambres. Pour tous, une salle de jeux, une piscine et des transats sans vis-à-vis. Il est préférable d'avoir une voiture pour ne pas être tributaire du passage du bus, le soir notamment.

TRILJ

Surnommée la ville des ponts, Trilj a été fondée à l'époque préhistorique près du passage le plus praticable de la rivière Cetina. Grâce à un bon emplacement entre la côte et l'intérieur du pays et par sa proximité avec l'autoroute A1, qui relie Zagreb à Split, la commune est à la croisée des grandes routes touristiques. Oasis de verdure dans la région Zagora, la commune est une bonne étape pour les amateurs de randonnée, de cyclisme et de kayak dans les canyons, mais aussi de patrimoine (camp militaire romain, forteresses médiévales, églises et chapelles), de gastronomie et de traditions populaires (musée ethnographique régional).

MUSÉE REGIONAL (MUZEJ TRILJSKOG KRAJA)

Don Ante Bućana, 3

✆ +385 21 831 905

Ouvert du lundi au vendredi de 9h à 14h, le samedi de 8h30 à 12h. Fermé le dimanche. Tickets d'entrée : 5 à 10 kn.

Le musée historique et ethnographique conserve le patrimoine de la région. Des collections de numismatiques, avec notamment un fonds néolithique, des pièces datant de l'époque des premiers peuplements autour de la rivière Cetina, des monnaies hellénistiques relevées sur le site de Tilurium, un camp militaire romain situé dans le village de Gardun. Plus tardifs, les objets traditionnels (meubles en bois, poterie, ferronnerie) évoquent le quotidien des paysans dalmates.

OFFICE DE TOURISME DE TRILJ

(TURISTIČKA ZAJEDNICA GRADA TRILJA)
✆ +385 21 832 510
www.visittrilj.com

Agence municipale pour toute information, hébergement, patrimoine naturel et culturel, activités, restaurants.

Parcourue du nord au sud par la rivière Cetina, Trilj donne d'emblée une impression de verdure. La commune s'étire le long de ses deux berges, qui sont reliées par le célèbre pont (*Most*). Ici, on peut prendre le temps, on peut se poser au restaurant au bord de l'eau, aller au musée régional, découvrir un camp militaire romain, grimper aux forteresses médiévales ou randonner jusqu'à la source de la rivière Grab. On peut aussi faire du vélo, du rafting ou du canoë-kayak.

SINJ ★

Des fouilles archéologiques ont attesté la présence colonisatrice de la Rome antique dans la région. Au Moyen Âge, la ville en devint le centre administratif. À partir du VIIe siècle, le christianisme s'impose avec les Francs. En 1345, des Franciscains bosniens construisent le couvent Sainte-Marie. Au XVIe siècle, la cité est occupée par l'armée ottomane jusqu'en 1715. Aujourd'hui encore, en été, pour commémorer cette libération, des tournois de chevalerie, classés par l'Unesco comme patrimoine culturel, matériel et immatériel, ont lieu dans la forteresse Kamiak, une place forte que l'on visite en même temps que le musée de l'Alka.

© IVAN ALEBIĆ / OFFICE DE TOURISME DE SINJ

Survol de la ville de Sinj.

MUSÉE DE L'ALKA [MUZEJ SINJSKE ALKE]

Put Petrovca 12
✆ +385 21 444 730
http://www.alka.hr
Ouvert du lundi au vendredi de 8h à 16h. Tickets : 50 kn (adulte), 30 kn (étudiant), 10 kn (enfant).

Au cœur de Sinj, dans une ancienne caserne de cavalerie, se déploie toute la fierté de la nation croate à travers de son héritage militaire. La salle la plus impressionnante contient une représentation grandeur nature de la procession d'Alka : tout un bataillon d'hommes (de cire) armés, certains montés à cheval, tous nobles dans leurs superbes uniformes. À voir également, une collection d'armes et d'objets historiques de valeur, et. un documentaire sur les compétitions chevaleresques.

MONASTÈRE FRANCISCAIN DE NOTRE DAME ★★

Fratarski prolaz, 4
✆ +385 21 707 010
www.gospa-sinjska.hr
Ouvert au public de 9h à 12h et de 16h30 à 17h30. Se renseigner à l'office de tourisme sur les conditions de visite.

Un monastère, maintes fois détruit par les invasions et par un tremblement de terre mais toujours reconstruit. Il conserve aujourd'hui une belle collection archéologique, qui fut initiée en 1860 dans la région de Citluk, lorsque l'on découvrit une tête antique, celle d'Hercule, ainsi que la partie inférieure de la statue d'un empereur. On a aussi trouvé des statues de déesses, Hécate ou Diane avec son socle de 172 cm, de nombreuses pierres tombales avec inscriptions commémoratives, des hauts-reliefs représentant Méduse, Diane et Bacchus, de la poterie. Autre fonds remarquable, la collection numismatique avec des pièces d'or qui remontent aussi aux périodes hellénistique et romaine.

Construite de 1699 à 1712, l'église de la Vierge-Miraculeuse (Crkva Gospe Sinjske) fut endommagée à plusieurs reprises mais a résisté aux guerres et séismes, conservant jusqu'à aujourd'hui son aspect d'origine. C'est bien là le miracle ! L'icône de la Vierge, peinte par un anonyme (XVe ou XVIe siècle), est d'une grande grâce, avec sa tête légèrement inclinée et ses yeux baissés. Selon la légende, grâce à son intercession, la ville fut libérée, en 1715, de la domination ottomane. Reconnaissants, les habitants de Sinj l'ont coiffée d'une couronne d'or. Le trésor comprend aussi des objets liturgiques en argent, datant des époques gothique et baroque, des peintures religieuses, des vêtements sacerdotaux des XVIIe et XVIIIe siècles. À voir également, des costumes traditionnels.

MUSÉE DE LA RÉGION DE CETINA ★

Ul. Andrije Kačića Miošića 5
✆ +385 21 821 949
www.mck-sinj.hr
Ouvert du lundi au vendredi de 8h à 16h. Ticket : 30 kn (adulte), 10 kn (enfant, étudiant).

Fondé en 1956, ce musée régional, couvre les grandes époques historiques, de la Préhistoire au Moyen Âge en passant par l'Antiquité. La période hellénistique est particulièrement bien représentée. Dans le lapidaire en plein air et au rez-de-chaussée du musée, sont exposés des autels dédiés aux dieux romains, des statues de déesses de Rome et de Citluk. Des objets du quotidien également, des flacons ornés de motifs figuratifs, des amphores, des tuiles en argile, des pots en céramique.

© OFFICE DE TOURISME DE SINJ

© OFFICE DE TOURISME DE SINJ

© OFFICE DE TOURISME DE SINJ

OFFICE DE TOURISME DE SINJ

Put Petrovca, 12
✆ +385 21 826 352
www.visitsinj.hr

Ouvert tous les jours de 8h à 16h. De juin à septembre, de 10h à 18h.

Entre le musée régional de la Cetina et celui de la chevalerie d'Alka, l'agence municipale apporte quantité d'informations sur la ville et sa région : l'héritage culturel, les visites des monuments historiques, les activités nature et sportives. Dans les environs de Sinj, il y a aussi de belles randonnées en montagne à faire, des découvertes dans les fermes agricoles pédagogiques. Renseigne aussi sur l'hébergement (Hotel Alka, par exemple) et l'agenda des festivités.

© OFFICE DE TOURISME DE SINJ

© OFFICE DE TOURISME DE SINJ

VRLIKA ★

Au bord de la vallée de Vrličko Polje, à 470 m d'altitude, la commune vit sous le toit de la Croatie, la Dinara et sa montagne Svilaja, qui culmine à 1831 m. C'est ici que la Cetina prend sa source avant de se jeter dans l'Adriatique à Omiš. Une nature intacte se mire dans les eaux de la rivière et du lac Peruča. Cette localité bénéficie d'un mélange de climat montagnard subméditerranéen et continental, ce qui en fait un lieu de séjour sain, notamment pour les personnes souffrant de maladies respiratoires. A faire, des randonnées d'altitude, du vélo, de l'équitation. A voir, la forteresse Prozor, les églises, les ponts médiévaux.

ÉGLISE SAINT-SAUVEUR (CRKVA SVETOG SPASA) ✝

22310, Cetina

Cette église préromane fut construite au IXe siècle près de la rivière Cetina, en l'honneur du pape Stéphane VI. C'est l'une des plus anciennes du pays. Malgré les atteintes du temps, l'église Saint-Sauveur reste remarquablement droite dans son environnement naturel d'altitude, qui ajoute à la beauté du site. Très importante pour les chrétiens orthodoxes, elle est entourée d'environ 1 100 tombes, dans un cimetière considéré comme l'un des plus grands de l'époque médiévale.

DUGOPOLJE

La commune est située au centre de la Dalmatie, dans une grande plaine au creux de la première série des chaînes de montagnes des Alpes dinariques. Ces massifs impressionnants, dont le Mosor avec sa structure géologique unique, semblent protéger la cité. C'est un excellent point de départ pour des itinéraires de randonnées, peu connus des touristes et donc plus tranquilles. Une région attrayante pour son environnement d'altitude spectaculaire, ses prairies fleuries et sa dense forêt de pins. De Split, des excursions sont organisées jusqu'à Dugopolje, l'intérêt majeur étant la grotte de Vranjača, l'une des plus belles de Croatie.

GROTTE DE VRANJAČA

Špilja Vranjača, obrt Punda ✆ +385 98 749 000
visitdugopolje.com

Ouvert de mai à septembre de 9h à 19h, et d'avril à octobre de 10h à 18h. Tickets : 50 kn (adulte), 20 kn (enfant).

Découverte en 1929, cette grotte est située au pied du mont Mosor, proche de la route entre Donji Dolac et Varnjača. C'est l'un des lieux les plus importants de la région sur le plan historique. Occupée par les hommes au néolithique, la caverne, remplie de stalactites, a révélé, lors des fouilles archéologiques, des objets en terre cuite et des fragments d'os. Une espèce d'araignée y fut récemment découverte alors qu'une faune riche l'habite depuis toujours.

Les lignes de bus Split-Dugopolje (35) et Split-Kotlenice-Dolac Donji (67) passent près de la grotte.

OFFICE DE TOURISME DE DUGOPOLJE

Matice hrvatske, 11
✆ +385 216 561 89
www.visitdugopolje.com
Du lundi au vendredi de 8h à 16h.

© DUGOPOLJE TOURIST BOARD

Une agence municipale qui vous renseignera sur les possibilités d'hébergement, les restaurants. De belles idées de promenades et de randonnées que l'on fait à pied ou à vélo (plateau et prairies autour du mont Mosor, grottes, voies romaines, des visites du patrimoine, les églises d'altitude, par exemple. L'office de tourisme de Dugopolje constitue un point de départ, très pratique, si l'on souhaite visiter cette localité en plein développement touristique.

SUPETAR ★

S'accrochant à sa baie très échancrée au niveau du port, Supetar est reliée à Split par une ligne régulière de ferrys. C'est donc la destination favorite des Splitois ainsi que des touristes, qui viennent à la journée pour profiter des plaisirs insulaires ou ceux, nombreux, qui décident de séjourner à Brač. Ces dernières années, Supetar s'est fortement développé, essentiellement sur le côté ouest du port, pour devenir une grosse station balnéaire avec des infrastructures pour un tourisme jeune et familial. C'est une bonne base pour visiter toute l'île, faire des excursions sur le continent, apprécier les animations du Summer festival.

Transports

Tous les jours, du matin tôt jusque tard en soirée, des ferrys font la rotation Split-Supetar. Pas moins de 14 allers-retours quotidiens en été (véhicules et passagers) mais mieux vaut vérifier les horaires, car ils varient en fonction de la météo et de la saison. 3 fois par jour, un ferry relie l'embarcadère de Sumartin au continent (Makarska).

Des catamarans font la liaison Split-Milna-Bol, Split-Milna-Hvar et Split-Bol-Jelsa.

Toute l'année, plusieurs fois par jour, les principales villes côtières et les villages intérieurs sont reliés par bus à Supetar.

Pendant la saison estivale, un petit aéroport insulaire, entre Bol et Gornji Humac, accueille des avions privés et régionaux. Horaires et réservations sur le site Internet : airport-brac.hr.

CIMETIÈRE MARIN (GROBLJE MORA) ★

Kapela sveti Nikola

En arrivant avec le ferry, vous apercevez déjà le dôme du mausolée de la famille Petrinović surmonté d'une statue agenouillée de l'archange Michel. Le cimetière est situé près de la chapelle Saint-Nicolas et des ruines d'une villa romaine. Un grand nombre de dalles sépulcrales de la main du sculpteur Ivan Rendić (1849-1932) sont monumentales, comme celles de la famille de l'artiste ou de Mihovil Franasović et Rinaldo Culić, de style Sécession. La pierre blanche de Brač est partout.

GALERIJA IVAN RENDIĆ ★

Jobova bb

✆ + 385 21 630 033

www. knjiznicasupetar.hr

Ouvert tous les jours sauf le dimanche de 8h à 20h. Le samedi, fermeture à 13h. Entrée gratuite.

Dans le vieux village, après l'église Saint-Martin, on arrive sur une placette où se situe la bibliothèque. Au second étage, une salle conserve la mémoire du sculpteur Ivan Rendić, contemporain du maître Ivan Meštrović. Né en 1849 à Imotski, Rendić a vécu sa jeunesse à Brač. Après des études artistiques en Italie et des voyages à Zagreb, Trieste et Rijeka, il revient à Supetar. La ville expose ici quelques bustes, des dessins préparatoires pour le mausolée de la famille Petrinović (cimetière municipal). Dans le jardin, la statue de l'Allégorie de la Raison Pure.

BAIE DE SUPETAR ★

Porat

Belle promenade de la mer qui suit le contour de la baie. Entre le port et la villa romaine proche du Waterman Svpetrvs Resort, voici en effet un grand littoral bien aménagé avec une quantité d'endroits pour se baigner ou se relaxer : petites ou plus grandes plages, pontons pour sauter à l'eau... Vous trouverez le long de la baie de Supetar des aires de jeux pour enfants, des *beach bars*, des restaurants... Pour retourner au port, la route intérieure, très commerçante (supermarchés, échoppes touristiques), est moins séduisante.

LOVREČINA BAY ★

Na puntu od Lovrecine 21410, Postira

Parking payant en période estivale : 3 €.

La baie se trouve à une dizaine de kilomètres de Supetar, après Splitska et Postira. Quelques kilomètres encore en direction de Pučišća, un panneau publicitaire dans un virage indique le beach bar. En bus, demander au chauffeur de vous arrêter à Lovrečina Bay. On y descend à pied par un sentier (arrêt aux ruines de la basilique antique Sveti Lovre). La plage est précédée d'une grande étendue d'herbe, avec une ferme, des ânes et une petite buvette. La mer ici est peu profonde et donc appréciée par les familles avec enfants. Très beau site, bondé en plein été.

RÉGION DE SPLIT

MUSÉE RÉGIONAL (MUZEJ OTOKA BRAČA)

Pjaca 17, Škrip 21410
✆ +385 21 637 092
www.czk-brac.hr/index.php/muzej
Ouvert tous les jours de 9h à 19h. Entrée de 10 à 20 kn.

La localité de Škrip s'est développée sur la plus ancienne colonie de l'île, fondée par les Illyriens en 1400 av. J.-C. Deux musées mitoyens racontent l'histoire de la région, son passé agricole. Le musée régional, fondé en 1979 conserve plusieurs sarcophages romains, des stèles funéraires, cartes marines, armes, objets artisanaux, photographies et documents historiques.

L'écomusée évoque, lui, tout le processus de la production traditionnelle de l'huile d'olive.

OFFICE DE TOURISME

Porat 1
✆ +385 21 630 551
www.supetar.hr
Ouvert tous les jours en été.

Agence touristique, proche de l'embarcadère, où se renseigner sur les horaires des ferries, l'hébergement à Supetar, les visites et les balades, par exemple, sur la promenade de la mer qui suit le contour de la baie. Propose des excursions sur l'île (Bol, plage de Zlatni Rat, monastère de Blaca, mont Vidova Gora, musée régional à Škrip, école de tailleurs de pierre à Pučišća), la location de vélos ou encore la randonnée sur la via Brattia (demander la carte). Agenda des festivités et des animations de Supetar également. Accueil sympathique.

HOSTEL D&D €

Put Vele Luke 17
✆ +385 98 344 790
www.hostelbrac.com
De 38 € à 50 € la nuit selon la saison et le nombre de lits par dortoir.

Une auberge de jeunesse dans une grande maison familiale du centre-ville. Proche des plages, du port, des *beach bars* et des restaurants ainsi que des commerces, des loueurs de voitures ou de scooters et des bureaux d'informations touristiques. Au plus près également des festivités de l'été (concerts, carnaval, festivals). Une proximité qui peut représenter un avantage car la ville est très étendue. Au total, 15 lits répartis dans 5 dortoirs lumineux, simples et confortables, avec connexion Wifi et deux salles de bains (hommes et femmes). Grande terrasse et jardin.

HOTEL VILLA ADRIATICA €€

Put Vele Luke 31
✆ +385 21 755 011
www.villaadriatica.com
La chambre de 70 € à 193 € la nuit selon la saison et la catégorie (petit déjeuner inclus). Pour adultes uniquement.

La Villa Adriatica est un hôtel situé dans une zone résidentielle, avec la plage à 100 m. Chaque chambre, dans son style, possède un balcon, la climatisation, la télévision, le téléphone et, bien sûr, le wifi. Un bar, dans le jardin à l'ombre des palmiers et des oliviers, un restaurant, une piscine, des salles bien-être complètent l'ensemble. À proximité, pour se détendre et faire un peu d'activité physique, des courts de tennis et des équipements pour les sports nautiques (surf, paddle, planche à voile, kayak…) sont accessibles aux résidents.

TOURIST RESORT VELARIS €€

10 Put Vela luke
✆ +385 1 3844 288
www.velaris.hr
Chambres selon la saison et la catégorie, de 47 € à 136 € la nuit (petit déjeuner inclus).

Sur la baie de Vela Luka, côté ouest de Supetar, à 10 minutes à pied du centre-ville, ce grand complexe appartient au groupe hôtelier Blue Sun, qui en possède plusieurs sur l'île. Le Velaris se compose de 164 chambres spacieuses et bien équipées. Un établissement balnéaire bien entretenu avec vue imprenable sur la marina et l'accès direct à la plage de galets. Formules en pension et demi-pension possibles, plusieurs piscines, spa, change… Pour les vacanciers qui veulent s'éloigner de l'animation du port. L'odeur des vieux pins participe au sentiment de bien-être.

BISTRO PIZZERIA RIVA €

Porat 18
✆ +385 21 631 155
Ouvert tous les jours, de 8 ou 10h à 23h30-minuit. Fermé de novembre à février. Compter entre 40 kn et 60 kn le plat.

Ici, on peut commander des pizzas (grand choix varié, de la classique quatre fromages ou la reine à la plus originale tournée vers la mer ou avec de la viande…), bien sûr, mais aussi des plats de viandes typiques comme les fameuses saucisses *(ćevapčići)*, des grillades, des pâtes, des salades, des soupes… Vous profiterez de votre repas assis à une belle terrasse sous les palmiers, au bord de l'eau, pour regarder l'arrivée et départ des ferries. Service organisé et souriant. Ambiance principalement touristique avec les allers et venues des ferries.

KONOBA OLIVA €€

Sveti Rok bb
✆ + 385 91 799 2316
Ouvert tous les jours en été, de 10h à 23h-minuit. Autour de 100 kn pour un plat complet.

A 3 km du centre de Supetar, sur la route de Nerežišća, ce restaurant-taverne vous accueille sur sa terrasse dominante. La vue sur la mer porte jusqu'à la côte, où brillent les lumières de Split et de Trogir la nuit. On apprécie d'autant plus la cuisine dalmate servie ici : le plateau de charcuterie et de fromages pays avec salade, le poisson du jour grillé ou la viande de brebis tournée à la broche avec légumes méridionaux, pommes de terre sautées ou *blitva*, la pašticada avec vins du cru en accompagnement... Pour finir, une part de gâteau aux noix et aux amandes.

KONOBA VINOTOKA €€

Ul. Ignjata Joba 6
✆ +385 99 700 0385
Ouvert tous les jours en été de midi à 23h. Autour de 25 € le menu.

Pour trouver des tavernes (*konoba*), bars à vin de qualité ou des tables plus authentiques, il faut s'éloigner du port. Sur les hauteurs du bourg, cet établissement familial y répond parfaitement. A l'intérieur, la salle à manger arbore une décoration sobre mais chaleureuse. Les poissons frais et les fruits de mer vous sont présentés crus sur un plateau. Vous pouvez ainsi mieux choisir. Côté viandes, l'agneau à la broche, spécialité de l'île, est servi en tranches avec ses petits légumes. Bonne carte de vins régionaux. L'endroit est connu, réservation conseillée.

CAFFE BAR BARBARA

Porat 17
✆ +385 98 225 321
Ouvert tous les jours en été de 8h à 2h du matin.

Sur le port, vous ne pouvez pas le rater, c'est l'un des premiers établissements à la sortie de l'embarcadère juste à côté de la galerie d'art. On vient ici toute la journée pour un café, bien installé en terrasse à observer l'animation des quais. Matin et soir, on y sert des boissons fraîches, des cocktails, des pâtisseries et surtout des glaces, qui ici sont excellentes et généreuses. A consommer sur place ou à emporter. Les clients sont assez mélangés entre locaux et touristes, cela varie en fonction de la journée et des rotations des ferries. Bonne ambiance.

ROSO BAR & RESTAURANT

Put Vele Luke 2
✆ + 385 21 630 352
Ouvert tout l'été de 9h à minuit-2h du matin.

Le nombre de *beach-bars* et de restaurants a explosé de ce côté-ci du port, le long de la Vela luka. Le Roso fait partie des premiers à avoir investi le front de mer. Il est ouvert du matin au soir. Au petit déjeuner, c'est surtout espresso, jus de fruits frais, viennoiseries. Puis quand vient l'heure du déjeuner place à la formule pizzeria, aux grillades et salades. L'après-midi, la préférence va aux glaces et boissons fraîches, et le soir, on apprécie les cocktails (un peu chers tout de même !) ainsi que les DJ qui animent l'ambiance *clubbing*.

VINSKI OPG BARHANOVIĆ

Put Gustirne Luke 12
✆ +385 95 908 92 69
www.vinarija-supetar.com
Ouvert tous les jours en été de 17h à 22h.

Une fois sur l'île, on peut avoir envie de goûter la production locale : le miel, les olives aux herbes, le fromage de brebis. La cave dégustation de la famille Barhanović (à 500 m à la sortie du port des ferries) est bien l'endroit pour se familiariser avec la culture viticole dalmate. Leur vin bio, rouge rubis sombre et extrait d'alcool élevé, est appelé Dragon's Cave, parce que le vignoble est situé près d'une grotte (*špilje*) aux environs Murvica. Pour un accueil gourmand, la visite des caves, l'explication du travail artisanal, etc., mieux vaut réserver.

VIA BRATTIA

Carte des sentiers, conseils, réservation d'hébergement à l'office de tourisme. Appel d'urgence : 112.

Des sentiers de randonnées (140 km) relient les douze sites les plus attrayants de Brač (monastères, églises, grotte, école des tailleurs de pierres, etc.). On fait ce tour de l'île à son rythme, par étapes, en traversant des communes pittoresques, où l'on peut passer la soirée, s'y reposer la nuit (Supetar, Mirca, Sutivan, Bobovišća na moru, Ložišća, Bobovišća, Milna, Murvica, Bol, Sumartin, Povlja, Pučišća, Postira et Skrip). On découvre et on se baigne dans les plus belles plages et baies, Zlatni rat à Bol, Farska, Murvica, Supetar, Lovrečina et Smrka.

MURVICA

Au sud de l'île, à 6 km à l'ouest de Bol, le paisible village est dominé par une colline où des grottes naturelles se sont creusées dans la roche karstique. La plus connue, à proximité des maisons, se nomme Zmajeva Špiljala. D'un accès quelque peu difficile, la fameuse cave du Dragon se visite. Profonde d'une vingtaine de mètres, elle est divisée en quatre parties. On peut y admirer des motifs sculptés, comme celui où l'on devine la figuration d'un crocodile doté de pattes fourchues. Autrefois, ces cavités servaient de refuge à des ermites. Au dernier recensement, le petit village de Murvica comptait un peu plus de 700 habitants.

ERMITAGE DU DÉSERT BLANC ✝

bb, Nerežišća
✆ +385915164671
czk-brac.hr

De Nerežišća, aller jusqu'à l'entrée de Dragovoda, puis chemin pédestre (une demi-heure). En été, de 9h à 17h. 40 kn.

C'est avec la belle pierre blanche de Brač que le monastère fut construit au XVIe siècle par des bénédictins, qui fuyaient l'avancée ottomane. Le long de la paroi abrupte, la grotte des origines fut augmentée d'une église, de bâtiments d'habitation et de rapport. Sur un sol peu fertile, les moines sont parvenus pendant quatre siècles à cultiver la terre, pour l'activité viticole et oléicole. Ils entretenaient aussi une imprimerie et une bibliothèque. Le musée actuel intègre une riche collection astronomique. De Bol, un autre chemin pédestre mène au monastère.

BOL ★★

Grâce à sa plage emblématique (Zlatni Rat), Bol est devenue la station balnéaire la plus fréquentée de Brač. Cette plage de galets clairs, bordée d'une mer turquoise, est souvent bondée en été. Pour y accéder, on emprunte une allée piétonne vibrante de nombreux commerces. La ville est également très animée jour et nuit avec ses complexes hôteliers qui accueillent beaucoup de monde, ses infrastructures touristiques récentes et ses cafés-restaurants. Si le patrimoine historique est peu mémorable, le monastère dominicain construit en bord de mer et l'ermitage du Désert blanc, perché sur des falaises proches de Bol, sont immanquables.

Tourisme

Nous recommandons deux agences réceptives, ouvertes tous les jours en été. Adria Bol (Bračka cesta 10 – ✆ +385 21 635 966 – www.adria-bol.hr – info@adria-bol.hr), qui propose ses services pour la recherche d'hébergements sur l'île, la location de véhicules (vélos et scooters y compris), les transferts aéroport, le taxi et les excursions ainsi que Bol Tours (Vladimira Nazora 18 – ✆ +385 21 635 693 – www.boltours.com – bol-tours@st.t-com.hr), qui possède un gros catalogue pour l'hébergement sur l'île (locations saisonnières d'appartements, de villas et chambres privées).

MONASTÈRE DOMINICAIN (DOMINIKANSKI SAMOSTAN) ★★

Šetalište Anđelka Rabadana 4
✆ +385 21 778 000

Ouvert de 9h à 12h et de 17h à 19h ; entrée : 20 kn.

A la sortie de la ville, sur le front de mer, ce monastère du XVe siècle a été bâti sur les fondations des églises Saint-Jean-Baptiste (XIe siècle) et Notre-Dame-de-la-Pitié (XVe siècle). Il abrite la fameuse *Madone* du Tintoretto ainsi que des œuvres d'artistes croates de l'époque baroque, comme Tripo Kokolja. Dans le monastère, des salles d'exposition faisant office de musée municipal et une bibliothèque qui conserve des objets et documents ayant trait à l'histoire de l'île.

PLAGE ZLATNI RAT ★★

Put Zlatnog rata

Entrée libre sur la plage mais parking payant : 70 kn.

À un un quart d'heure à pied du centre de Bol, cette plage mythique s'aperçoit du ferry qui arrive de Split ou Makarska. La réverbération des fins galets gris clair tranche avec le bleu turquoise de la mer. Cette langue de terre, qui pénètre et se déplace dans l'eau, dessine une pointe arrondie. On la surnomme Corne d'Or. Cette plage si photogénique est surpeuplée en été, attirant tout le business touristique qui va avec : parking payant, beach-bars, snacks, glaciers, location de bateaux, de transats-parasols, etc. Meilleur moment pour l'apprécier : l'hiver !

MONT VIDOVA ★★★

Vidova Gora

En voiture, côté nord sur la route D113, entre Nerežišće et Pražnica, se garer au parking.

© MEZZOTINT - SHUTTERSTOCK.COM

Point culminant des îles adriatiques, le mont Vidova Gora atteint 778 m. Son nom *Vidova gora* signifie la montagne de Guy. Sa formation géologique en crête karstique offre des versants divers. Au sud, les falaises regardent la ville de Bol et tombent abruptes dans la mer quand les pentes au nord descendent doucement en plateau d'altitude. Par temps dégagé, la vue porte sur toute l'île, la plage de Zlatni Rat et l'archipel de Split. Dominée par des terres rocheuses inhabitées, où ne poussent que le maquis et la pinède, la localité en contrebas se nomme knežeravni.

OFFICE DE TOURISME

Porat Bolskih Pomoraca bb

✆ + 385 21 635 638

www.bol.hr

Ouvert tous les jours en été.

Cette agence municipale proche de l'embarcadère vous renseigne sur l'hébergement (hôtels, campings, villas, appartements et chambres à louer), les agences réceptives de Bol, les excursions sur l'île, les plages, la gastronomie, les établissements *gay friendly*. Pour les vacances actives, il y a les sports nautiques (kitesurf notamment) mais aussi le Center Potocine avec ses douze courts de tennis, les pistes cyclables et la randonnée. Par exemple, demander comment accéder au chemin qui mène à l'Ermitage du Désert blanc ou au sentier de la via Biattia.

APARTMANI MARGITA PETRIĆ €

Ruđera Boškovića 17 ✆ +385 21 635 321

Selon la saison, entre 25 € et 40 € la chambre double (par jour), 50 € et 80 € l'appartement pour 4 personnes.

Dans une ruelle entre la colline et le port, vous aurez la possibilité de séjourner dans cette grande villa bien orientée. Elle propose des appartements et des chambres simples ou doubles au rez-de-chaussée et au premier étage. Certaines locations sont agrémentées d'un balcon avec vue sur la mer, une option qui apporte la touche qualitative au séjour grâce au panorama ainsi offert. Confortables et de bon rapport qualité/prix, tous ces hébergements conviennent aux vacanciers qui recherchent le calme. Accueil plaisant et à l'écoute.

VILLA GIARDINO €

Novi Put 2

✆ +385 21 635 900

www.villagiardinobol.com

La chambre double, selon la saison et la catégorie de 83 € à 204 € la nuit (petit déjeuner inclus).

Cette grande villa blanche entourée d'un jardin fleuri a été construite sur une colline à 150 m du port. Les propriétaires ont mis à profit son emplacement idéal pour organiser l'accueil des vacanciers pour la nuit ou en demi-pension. Les 10 chambres vastes et lumineuses sont meublées dans un style classique très élégant. La plupart jouissent d'une vue panoramique sur la mer. Elles offrent tout le confort nécessaire (télévision, air conditionné, Wifi gratuit…). Bon petit déjeuner tout comme les plats proposés pour le repas. Accueil souriant, attentionné.

HÔTEL IVAN €€

David Cesta 11 a

✆ +385 21 640 888

www.hotel-ivan.com

Chambres, studios, appartements selon la saison et la catégorie de 38 € à 192 € la nuit.

En plein centre, et à proximité de la plage, voici l'Ivan, un hôtel situé dans un bâtiment ancien. Vous observerez sa très jolie façade en pierres de taille blanches, typiques de l'île. Dans l'espace commun extérieur vous profiterez d'une agréable piscine avec transats. Différentes possibilités de séjour vous sont proposées : des chambres classiques, des studios et des appartements aux intérieurs modernes, lumineux et confortables. Chaque hébergement est bien équipé en fonction de son standing. Accueil avenant et attentionné.

HÔTEL KASTIL €€

Frane Radića 1
✆ +385 21 635 995
www.kastil.hr
Ouvert d'avril à fin octobre. Chambres de 59 € à 146 € la nuit (petit déjeuner inclus).

Dans le centre, à l'intérieur d'une ancienne forteresse restaurée, construite en bord de mer, voici un hôtel élégant. Il dispose de 32 chambres bien équipées de la télévision, d'un lit douillet, de l'air conditionné… Certaines chambres, plus chères, sont dotées d'un balcon avec belle vue sur la promenade de la mer. C'est appréciable, surtout pour les noctambules, qui ne seront pas dérangés en soirée par la musique et les bruits des bars-clubs de la rue. Sur place, également un bar-restaurant qui propose des plats simples, traditionnels ou internationaux.

RESTAURANT OMO €€

Vlashka I 10, 21405 Milna, Brač
✆ + 385 98 913 5278
www.restaurant-omo.com
Ouvert tous les jours en été de 7h à minuit. Plats à partir de 40 kn.

Cette taverne du pêcheur est tenue par une famille sympathique. L'établissement au creux du port est agréable, tout comme l'accueil, souriant, avenant et disponible. Les enfants trouveront un coin pour eux. Ici, le fait-maison n'est pas un vain mot : soupe ou poissons marinés en entrée, avec des olives en provenance directe du jardin, suivis de poissons du jour grillés et légumes méridionaux, risotto aux crustacés, pâtes fraîches… Le restaurant Omo propose aussi des plats de viande grillée. Belle ambiance familiale et bons desserts en fin de repas.

TAVERNA MALI RAJ €€

Put Zlatnog Rata
✆ +385 99 4266 162
www.maliraj-bol.com
Ouvert tous les jours en été, midi et soir. Plats à partir de 75 kn.

Près de la plage Zlatni Rat, ce restaurant familial propose de bons menus, poissons, poulpes et encornets ou viandes grillés avec des frites, des pâtes fraîches aux fruits de mer, des gnocchis en sauce tomate ou au pesto, le tout servi simplement mais en portions plutôt généreuses. La terrasse, agréable en journée sous les arbres, s'apprécie aussi le soir pour prendre un verre tout en contemplant le coucher de soleil ou en écoutant les musiciens invités. On pourrait donc y passer la journée entière à regarder les populations diverses se succéder.

VARADERO COCKTAIL BAR

Frane Radića 1
✆ +385 95 905 4203
Ouvert tous les jours en été, de 7h à 2h du matin.

Le matin, c'est le lieu idéal pour prendre un café. En journée, boissons fraîches, petite restauration, transats et parasols de rigueur. Puis l'ambiance glisse tranquillement vers le *before* et son *happy hour* avec un choix de cocktails énorme. Musique et alcool faisant leur effet, la clientèle se met à danser, notamment sur la belle terrasse. Dans le même esprit festif, la direction a ouvert un autre lieu, le Beach & Lounge Bar Auro, sur la fameuse plage Zlatni Rat. Bonne ambiance toute la journée et rencontres amicales assurées.

BIG BLUE SPORT

Podan Glavice 2
✆ + 385 91 4497 087
www.bigbluesport.com
Ouvert tous les jours en été.

Un club-boutique où trouver du matériel de plongée, les informations nécessaires pour l'apprentissage et la pratique, à prix abordables. L'équipe s'occupe de l'activité pour tous niveaux. Vous explorerez les fonds marins avec un moniteur pédagogue et passionné. Accompagnements autour de l'île, voire plus loin avec des sorties en bateau vers des sites sous-marins. Location également de planches à voile, kitesurf, de canoës-kayaks, mais aussi de VTT et de ballons pour les parties de beach-volley. Bien vu le petit café avec ses tables, avant ou après l'effort !

NAUTIC CENTER BOL

Put Zlatnog Rata 9a
✆ +385 21 643 954
www.nautic-center-bol.com
Location matériel pour sports nautiques ; chambres et appartements de 35 € à 105 € la nuit.

Avec ses trois points de vente (plages Slatni Rat et Potočine, centre de Bol), les activités de ce club nautique se sont bien développées. Propose du matériel de plongée bouteille et snorkelling, la location de bateaux, planches (*kite* et *windsurfing*, *paddle*, parapente ascensionnel) et autres matériels pour la glisse et sports de plage. Organise aussi des excursions autour des îles dalmates avec skipper, des transferts en bateaux rapides. Gère également des locations de chambres et studios bien équipés ainsi que des emplacements au camping Aloe.

PUČIŠĆA ★★

Les primo-arrivants sur Brač ont débarqué sur la côte nord et ont fondé Pučišća, seconde ville importante de l'île. Pour se défendre contre l'armée ottomane, ils ont élevé de nombreuses fortifications (*kašteli*). Sur les treize forts, seuls quatre subsistent. Réputée pour sa carrière de pierres, la localité est fière de son école de maçonnerie d'art, une institution rare en Europe. Cette pierre couleur ivoire, d'origine calcaire, est semblable au marbre. Des architectes l'ont utilisée pour des monuments célèbres, la Maison-Blanche de Washington, par exemple. Les bâtiments et les pavés de Pučišća aussi en sont parés.

FORTS (KAŠTELI) ★

Entrée gratuite.

Les habitants de Pučišća érigèrent des forts lorsque la menace ottomane devint de plus en plus menaçante. Le premier Zuvetic Fortica, fut construit en 1467, suivi de douze autres forts, dont quatre sont encore debout. Aujourd'hui, certains d'entre eux appartiennent à des propriétaires privés. D'autres sont envahis par la végétation. L'occasion de passer un pur moment de nature et de gagner de beaux panoramas. Une balade agréable au lever ou coucher du soleil, peut-être un peu trop chaud, dans la journée en été, car il n'y a pas d'ombre.

ÉCOLE TAILLEURS DE PIERRE ★

Nova riva bb ✆ +385 21 633 114
www.ss-klesarska-pucisca.skole.hr

Visite des salles d'exposition et ateliers, sur rendez-vous uniquement auprès de l'office de tourisme à Brač.

La grande carrière a été ouverte dès l'Antiquité. De célèbres architectes et sculpteurs de la Renaissance y ont exercé leurs talents créateurs sur la pierre de Brač. De nos jours, les réserves peinent à couvrir la demande. L'école de tailleurs de pierre fut créée en 1956, pour encourager la reprise du noble métier. Elle accueille des apprentis du monde entier. Sur tous les marchés touristiques de l'île mais aussi à Split, se vendent quantité d'objets taillés dans la pierre de Brač.

APARTEMENTS PUČIŠĆA €€

Klesarska 31 ✆ + 385 21 735 393
www.orvas-hotels.com

3 appartements de 37 € à 150 € la nuit, selon la saison et la superficie. Parking inclus dans le prix.

Ces appartements appartiennent au groupe immobilier Orvas, qui gère de nombreuses villas sur l'île et sur la riviera de Makarska, les îles de la Dalmatie centrale. Aménagés dans une maison en pierres à étages sur la colline, ceux de Pučišća surplombent le port et bénéficient d'une vue superbe sur la baie. De superficies différentes, avec ou sans chambre ces logements, très lumineux, ont été récemment rénovés. Ils disposent de tout l'équipement nécessaire pour un séjour de qualité : télévision, coin cuisine, salon, Wifi optimal…

RÉGION DE SPLIT

Pučišća.

GROHOTE ★

Desservie par la D111, cette commune de l'intérieur des terres est pittoresque avec ses ruelles tortueuses et ses maisons en pierres apparentes. Centre économique de l'île, Grohote est également la plus ancienne localité de Šolta. Elle fut le berceau de nombreux peintres naïfs comme Eugen, Marin Kalajžić, Dinko Sule ou Buktenica. Caractérisée par une représentation figurative de sujets populaires et le non-respect de la perspective, la peinture naïve est un style très populaire en Croatie. Aujourd'hui, les revenus des habitants proviennent essentiellement de l'agriculture (oléiculture), des activités maritimes (pêche) et du tourisme raisonné.

OFFICE DU TOURISME DE ŠOLTA

Podkuća 8
✆ +385 21 654 657
www.visitsolta.com
Ouvert tous les jours en été.

Une agence insulaire que vous trouverez sur les hauteurs du port de Rogač, où l'embarcadère accueille le ferry (plusieurs rotations avec Split). Vous pourrez obtenir des renseignements et un plan-carte pour visiter Solta à la journée. On peut aussi glaner des idées pour y séjourner, principalement en locations saisonnières privées. S'ajoutent à ces services ceux des petits *turist biro*, à Maslinica et Stomorska, deux autres villages typiques de l'île.

RESTORAN PASARELA €€

Obala Sv Tereze 29a
✆ +385 21 654 505
Ouvert en été de 9h à 22h. Compter 25 € pour un repas complet.

Ce restaurant donne directement sur le front de mer. Sur la terrasse sur plusieurs niveaux, ses tables abritées d'un toit de palmes sont orientées vers la baie avec une vue imprenable. En cuisine, des assiettes du pêcheur, carpaccios d'espadon, poissons et légumes grillés, risottos à l'encre de seiche, écrevisses flambées à la grappa, pâtes aux crustacés, des pizzas ou pâtes fraîches, accompagnés de boissons fraîches ou vins locaux. En journée, le restaurant redevient un beach bar où il est tout aussi agréable de s'attarder.

STOMORSKA

Situé sur la côte nord, le petit port est desservi par la D111. C'est le plus ancien village de la côte, avec ses premières maisons construites au XVIIe siècle au pied du sanctuaire de Marie-des-Pins. Stomorska est aussi le plus ancien port de l'île, dont la fondation remonterait au XVIe siècle. Il est également possible de faire la liaison Stomorska-Split par catamaran. Les 250 habitants vivent essentiellement de la pêche, mais aussi du tourisme. L'été, les nuits des pêcheurs, qui sont organisées, ont contribué à la renommée conviviale du village. A proximité, se trouvent de charmantes criques isolée. Idéal pour une halte paisible.

MASLINICA ★

Seul sur la côte ouest de l'île, ce village de pêcheurs a été fondé au XVIIIe siècle par un noble armateur d'origine vénitienne qui se nommait Marchi. Il fit construire un château et un petit village pour les paysans qui cultivaient la terre aux alentours. On a récemment ouvert un port nautique avec 60 places pour les bateaux de plaisance et un embarcadère pour les ferrys et catamarans. Dans le château familial nouvellement restauré, le Martinis Marchi Heritage est un hôtel de luxe qui cadre bien avec les méga-yachts qui accostent ici. Prisé également pour des vacances en famille, Maslinica reste une destination réputée pour la plongée.

© DZIEWUL - ISTOCKPHOTO

Le petit port de Maslinica.

Ville de Hvar.

© MBBIRDY

HVAR ★★★

Chef-lieu de l'île, Hvar-ville épouse un bras de terre découpé. Son architecture vénitienne rappelle son passé médiéval et Renaissance glorieux. Son riche patrimoine historique comprend le monastère franciscain, la forteresse espagnole, d'où l'on a une vue imprenable sur la cité et les îles Pakleni, l'Arsenal, le théâtre, le jardin Hanibal Lucić. Le front de mer est l'un des plus « exclusifs » de l'Adriatique. Jalonné de criques, beach-bars, restaurants, clubs, de résidences d'été et d'équipements balnéaires, c'est la promenade touristique pour tous, famille, fêtards, routards, pêcheurs et plaisanciers. Autant dire beaucoup de monde en été.

Transports

- **Avion.** L'aéroport le plus près est celui de Split-Kaštela.
- **Bateau.** Plusieurs ferries se rendent à Stari Grad depuis le port de Split. Un autre relie le port de Sućuraj (extrême sud-est de l'île) à Drvenik sur le continent. En été, un bateau rapide part de Split pour Hvar. Horaires variables en fonction de la météo et de la saison (www. jadrolinija.hr/). Des taxi-boats à Stari Grad et Hvar-ville assurent un service régulier pour se rendre rapidement à l'aéroport de Split, sur les îles de Brač, de Vis, de Korčula et à Dubrovnik.
- **Véhicules à moteur.** Il est possible d'apporter la voiture, le camping-car ou un deux-roues sur l'île par le ferry. Le réseau routier de Hvar est bien entretenu.

ARSENAL (ARSENALA) ★

Trg Svetog Stjepana
✆ +385 21 741 009

Ouvert tous les jours en été. Ticket 30 kn.

Bâtiment public le plus important de Hvar, l'Arsenal a été construit sous domination vénitienne entre 1292 et 1331 pour abriter les chantiers navals des galères de la Sérénissime. Il fut reconstruit au XVIe siècle mais détruit par les Ottomans dès sa livraison, en 1571. Enfin, en 1611, sous la gouvernance du prince Pietro Semitecolo, les habitants retrouvent une superstructure, l'entrepôt pour leurs stocks de céréales et de sel. En 1612, on élève le belvédère et les escaliers en façade, qui donnent accès à la terrasse et au théâtre (salle d'exposition actuelle).

CATHÉDRALE SAINT-ETIENNE ✝ ★★

Entrée gratuite, visite de la salle du Trésor : 10 kn.

Sur la plus grande place dalmate (4 500 m^2), l'édifice fut construit sur les fondations d'une église gothique (XVe siècle) puis s'est élevée par étapes, du XVIe au XVIIIe siècle. Avec son campanile roman, sa façade Renaissance et baroque, la cathédrale Svetog Stjepana (que l'on traduit en français par Saint-Étienne) a connu une longue période de travaux, d'où son éclectisme stylistique. A l'intérieur, le Trésor conserve des icônes de la Croatie orthodoxe, des peintures de maîtres vénitiens ainsi que les reliques de Saint-Prosper.

CITADELLE ESPAGNOLE [TVRDAVA SPANJOLA] ★★

Ouvert tous les jours en été de 9 h à 22 h. Entrée : 50 kn.

Perchée sur une colline et surplombant la ville, la forteresse qui protégeait le port, dite citadelle espagnole, vit ses premiers travaux de construction commencer à la fin du XIIIe siècle, sous la domination vénitienne, et non pas hispanique, pour s'achever au XVIe siècle. Elle comprenait quatre tours rondes, des bâtiments pour le stockage de la poudre à canon, une prison, une citerne, une chapelle. Tout pour tenir contre le siège des Ottomans, lors de la grande attaque de 1571.

MONASTÈRE BÉNÉDICTIN [BENEDIKTINSKI SAMOSTAN] ★★

Ulica Kroz Grodu 13-15

Ouvert de juin à septembre tous les jours sauf le week-end, de 10h à 12 h et de 17h à 19 h. Tarif : 10 kn

Derrière la cathédrale, ce couvent du XVIe siècle est toujours habité par une communauté de moines et se visite. Des salles d'exposition ont été aménagées pour les collections de peintures et d'icônes provenant du trésor du monastère. Plus récentes, la présentation et la vente d'ouvrages de broderie, des dentelles réalisées par les nonnes. Une visite culturelle rapide, plutôt intéressante et qui permet de découvrir l'art peu connu de la broderie et de la dentelle.

MONASTÈRE FRANCISCAIN [SAMOSTAN FRANJEVAČKI] ★

Šetalište put križa

✆ +385 21 741 193

Ouvert tous les jours en été de 9h à 13h et de 17h à 19h. Entrée 25 kn.

© KUDLA - SHUTTERSTOCK.COM

À l'extrémité du cap Sridnji, le monastère et son église furent construits entre 1461 et 1471 puis augmentés d'un campanile au XVIe siècle. Puis le lieu perdit sa vocation monastique et devint une maison de retraite pour les marins. Le réfectoire et une salle adjacente ont été transformés en musée. A voir, une collection de livres, des peintures religieuses dont une représentation de la Cène, du Vénitien Mateo Ponzonni (XVIe siècle), et le vénérable cyprès, vieux d'au moins 300 ans.

RÉSIDENCE D'ÉTÉ DE HANIBALA LUCIĆA

Hanibala Lucića 8

Ouvert en été de 9h à 13h et de 17h à 23h ; en hiver de 10 à 12h (sur rendez-vous).

À la sortie de la ville, sur la route de Starigrad, le manoir d'Hannibal Lucić est une demeure construite vers 1530 dans le style Renaissance avec des indications visibles du gothique tardif. Elle se compose de deux bâtiments et d'un vaste jardin clôturé très romantique. Le poète et dramaturge croate (1485-1553) était issu d'une famille noble. La propriété abrite aujourd'hui le musée, la bibliothèque, un salon privé, des fonds manuscrits et des archives de l'État.

THÉÂTRE PUBLIC DE HVAR [HRVATSKO PUČKO KAZALIŠTE] ★★

Trg Sv. Stjepana 44

✆ + 385 21 742 935

Se renseigner à l'office de tourisme pour les horaires de visites organisées.

Le théâtre historique de Hvar est situé au deuxième étage de l'Arsenal. Sur le linteau de la porte d'entrée, une inscription indique l'année 1612. L'auditorium avec des loges date de 1803, année de fondation de la Société du théâtre. Le style néobaroque remonte au milieu du XIXe siècle. Deux scénographies murales, datant de 1819 et 1900, ont été conservées. La restauration du monument historique étant en cours, les conditions d'accès au théâtre sont limitées.

OFFICE DE TOURISME [TURISTICKA ZAJEDNICA]

Trg Sv. Stjepana 42
✆ +385 21 742 977
www.tzhvar.hr
Ouvert tous les jours en été de 8h à 20h. Le reste de l'année de 8h à 17h et fermé le dimanche.

Une agence immanquable sur la grande place publique ! Demander ici un plan de la ville, des informations sur les horaires de bus, l'hébergement (hôtels, auberge de jeunesse, locations saisonnières), les visites des monuments historiques, les excursions (îles Pakleni, par exemple), les activités sportives, les animations nautiques, les festivités de l'été, les offres gastronomiques. On peut aussi vous mettre en relation avec des loueurs de véhicules ou de bateaux.

UBERBOAT

www.uber.com/fr/cities/split
Une rotation entre l'aéroport de Split et Hvar : 352 € (8 personnes). Bateau à la journée : 980 € (8 personnes).

Depuis l'été 2017, les « chauffeurs » Uber assurent un service de transport en voitures et… en bateaux. Les courses à la demande se font via le site Internet ou l'application. Les passagers, résidents ou touristes, peuvent partager les frais à plusieurs, déterminer leur itinéraire. À noter : l'intéressante rotation de l'aéroport de Split et Hvar. Ils ont aussi la possibilité de louer également un speedboat pour une demi-journée voire la journée. Attention toutefois, sans la présence d'un skipper, le permis bateau est obligatoire.

APARTHOTEL PHARIA €

Put Podstina 1
✆ +385 21 77 80 80
Chambres de 70 € à 219 € la nuit selon la saison et la catégorie.

A 15 minutes à l'ouest du centre-ville, cette résidence hôtelière est simple et confortable, ce qui est l'essentiel. Elle a été entièrement rénovée en 2003. Les propriétaires louent des chambres et des appartements avec balcon et vue sur le parc ou l'archipel des îles Pakleni. À vous de choisir. Chaque hébergement est bien équipé. Le service est sympathique, la direction parle français et propose des services touristiques comme la location de vélos. Pour un séjour au calme en famille ou entre amis, proche de toutes les commodités.

HOSTEL MARINERO €

Put Sveti Marka 7
✆ +385 91 410 2751
www.hostelmarinero.com
Lits en dortoir, 25 à 34 € la nuit (petit déjeuner inclus).

Une auberge de jeunesse, proche de l'église Sveti Marko, où vous trouverez l'esprit jeune et festif, propre à la ville balnéaire. Les dortoirs de 4 à 8 lits sont basiques, mais l'essentiel y est. En tant que client, vous bénéficierez de 10 % de remise sur le restaurant familial situé en rez-de-chaussée. Il manque juste une salle commune pour se retrouver ailleurs que sur les marches d'escalier ou dans les chambres. Pour les fêtards, nombreux ici, on propose des réductions pour des bars et restaurants de l'île ainsi que des entrées gratuites dans les clubs.

HÔTEL CROATIA €€

Vlade Avelinija 7
✆ +385 21 742 400
www.hotelcroatia.net
Les chambres, selon la saison et la catégorie, de 68 € à 247 € la nuit (petit déjeuner inclus).

À l'écart du centre-ville, à une trentaine de mètres de la mer, l'hôtel s'est installé dans deux bâtiments balnéaires anciens, construits entre 1930 et 1955. L'établissement, entouré d'un joli jardin méditerranéen en terrasses, compte 22 chambres doubles avec climatisation et minibar, certaines avec un balcon. 6 appartements pour une famille ou un groupe de 4 personnes ont également une terrasse et vue sur la mer. Le restaurant propose des spécialités dalmates et internationales. Une navette fait le transfert hôtel-port (service gratuit).

HOTEL VILLA NORA & RESTAURANT LUCULLUS €€

Ulica Frane Primija 2 ✆ +385 21 742 498
www.villanora.eu
Chambres ou suites de 109 € a 321 €, la nuit, selon la saison et catégorie. Repas chaud à partir de 150 kn.

Un hôtel indépendant dans l'ancien palais du XIVe siècle (Hektorovićeva palača). Les chambres rénovées sont spacieuses et confortables. Seul bémol, l'animation et les bruits de la rue. Préférez les chambres en hauteur. Le restaurant de l'hôtel, le Lucullus, est ouvert toute l'année. On aime sa cour intérieure aux éléments de décor vénitien. La cuisine du pêcheur (salade de pieuvre, coquillages, calamars et poissons grillés) s'apprécie dans une ambiance conviviale au son des musiciens.

AMFORA GRAND BEACH RESORT €€€

Biskupa Jurja Dubokovića 5
+385 21 750 300
www.suncanihvar.com
Chambres et suites de 67 € à 355 € la nuit selon la saison et la catégorie.

A 10 minutes à pied du centre, ce gigantesque complexe hôtelier occupe une baie bordée d'une promenade maritime très fréquentée. Bien adaptée aux familles et aux groupes, cette mégastructure propose des chambres spacieuses et confortables, parfaitement équipées (télévision, lit douillet, climatisation…). Une impressionnante piscine en cascade avec toboggan, de multiples animations, des *beach bars*-restaurants, une plage de galets, complètent l'offre de l'hôtel.

HÔTEL ADRIANA €€€

Obala Fabrika 28
+38 521 750 555
www.suncanihvar.com
Chambre double ou suites de 125 € à 414 € la nuit selon saison et catégorie (petit déjeuner inclus).

Les chambres de cet hôtel de luxe donnent sur la grande place, l'arsenal, la forteresse, le port de plaisance et les îles avoisinantes. Autant dire l'une des vues les plus spectaculaires de la cité historique et balnéaire. 50 chambres et 9 suites au design contemporain, une piscine d'eau de mer chauffée ouverte toute l'année, un spa sur 3 niveaux, qui propose des séances bien-être (yoga, Pilates) et beauté. Un restaurant de cuisine locale soignée (Butchery & Wine), un bar rooftop et un jardin-terrasse avec une vue imprenable complètent l'offre.

HÔTEL PODSTINE €€€

Put Podstina 11
+385 21 740 400
www.podstine.com
Chambres ou suites selon la saison et la catégorie, la nuit de 79 € à 275 € (petit déjeuner inclus).

Sur la promenade maritime, à 20 minutes à pied du centre-ville, un hôtel familial, entouré d'une végétation luxuriante. Un *arboretum* méditerranéen centenaire borde la piscine et la crique privée. Une quarantaine de chambres, 5 appartements, des équipements de spa. Réservez une chambre avec vue sur la mer. Même si on ne réside pas à l'hôtel, on peut prendre un verre au bar de la plage ou s'attabler au restaurant de l'hôtel. A proximité, un club de plongée, une boutique de location de vélos. L'occasion de découvrir un côté de Hvar moins agité.

RIVA, HVAR YACHT HARBOUR HOTEL €€€

Riva 27
+385 21 750 555
www.suncanihvar.com
Chambres, selon la saison et la catégorie de 116 € à 250 € la nuit (petit déjeuner inclus).

Cet hôtel se trouve en plein cœur de la vieille ville. Certaines chambres ont une superbe vue sur la promenade de mer, le quai, l'embarcadère des ferries, des cafés et restaurants, une animation qui devient festive en été. C'est malheureusement ce qui rend les chambres de l'établissement, côté riva, assez bruyantes. Celles qui donnent sur la citadelle sont plus calmes. Toutes sont très confortables, elles sont décorées dans un esprit pop contemporain, qui plaira à une clientèle jeune.

KONOBA ARSENOL €

Ul. uvala Pribinja, 2
+385 91 524 27 77
Ouvert tous les jours en été de 14h à 23h. Compter 20 € pour un repas complet.

Dans une jolie crique, une taverne qui a su garder l'esprit traditionnel, l'ambiance familiale et une cuisine de Dalmatie authentique. La cuisson est souvent pratiquée au feu de bois. Au menu, des produits de la mer, bien sûr, la pêche du jour, des poissons grillés entiers accompagnés de légumes méridionaux, des pâtes fraîches aux crustacés en sauce ainsi que des plats de viande ou encore, pour une envie bistronomique, le plateau de charcuterie/fromages, servi de préférence avec un petit vin régional. Bonne ambiance tout au long de la journée.

KONOBA LUVIJI €€

Jurja Novaka 6
+385 91 577 9885
Ouvert tous les jours en été de 18h à minuit. Comptez 150 à 190 kn le plat.

À droite de la cathédrale, en haut des marches en partant de Jurja Novaka, cette *konoba* en retrait de l'animation permanente de la grande piazza était, à l'origine, une cave à vins. La famille vigneronne depuis des générations a aménagé les lieux en taverne à tapas et restaurant traditionnel à l'étage. Un décor intérieur en pierres apparentes à l'extérieur, tables et tonneaux en terrasse pour l'ambiance bar à vins. Ici, on commande de bonnes bouchées pour l'apéritif, des formules bruschettas, d'excellentes pizzas ou des plats méridionaux plus élaborés.

© GIAXA RESTAURANT

© GIAXA RESTAURANT

© GIAXA RESTAURANT

GIAXA €€

Petra Hektorovica, 3 ✆ +385 21 741 073
www.giaxa.com

Tous les jours en saison de midi à minuit. Plateau de poissons et de fruits de mer : 480 kn (2 personnes).

Dans le palais de la famille Jakša (fin du XVe siècle), ce restaurant gastronomique jouit d'un patio remarquable. On s'installe sous les ogives gothiques, près des piliers admirablement restaurés. Les sculptures de Darko Šoša vont accompagner le repas. Les plats traditionnels sont soigneusement revisités. Poissons et fruits de mer frais, légumes et plantes aromatiques insulaires, viandes et vins dalmates, on choisit à la carte : sushi croate, magret de canard fumé au fenouil caramélisé, coquilles Saint-Jacques et poulpe aux fèves. Excellents desserts également.

© GIAXA RESTAURANT

© GIAXA RESTAURANT

KONOBA BONACA €€

Riva 28

✆ +385 99 687 3285

www.restoran-bonaca-hvar.hr

Ouvert tous les jours en été. Plateau de poissons ou de viandes grillés, 200 kn (2 personnes).

L'un des premiers restaurants de Hvar, ouvert depuis les années 1970. Une adresse, où l'on vous propose une cuisine simple et des produits frais, sur une terrasse panoramique. Une adresse bien connue des Croates locaux, ce qui est toujours bon signe. Les produits locaux sont de qualité et les plats restent typiques, le tout accompagné d'une large carte des vins. Demandez conseil sur la sélection du vin. De bons desserts pour terminer le repas. Enfin, un dressage soigné et un service de belle facture. Une adresse à privilégier lors de votre séjour à Hvar.

© RESTAURANT KONOBA BONACA

© RESTAURANT KONOBA BONACA

RESTAURANT PALAČA PALADINI €€

Petra Hektorovića 4

✆ +385 21 742 104

Ouvert tous les jours en été, de 10h à minuit. Plats autour de 150 kn.

Dans une rue en hauteur, surplombant la place principale, ce restaurant aussi appelé *Garden of the Wild Oranges* est installé dans une ancienne orangeraie. Le cadre extérieur de ce palais du XVe siècle est romantique (très bonne raison pour amener ici sa moitié et, pourquoi pas, y faire sa déclaration d'amour) alors que la cuisine reste classique. A la carte, vous retrouverez poissons frais, plateau de fruits de mer, viandes, risotto, légumes grillés. Bon service.

GARIFUL €€€

Riva 21

✆ +385 21 742 999

hvar-gariful.hr

Ouvert de mars à novembre, midi et soir, plats à partir de 95 kn, menu grillade et bouteille de vin environ 340 kn.

Au bout du port, là où sont amarrés les yachts, le Gariful, l'un des meilleurs restaurants de la ville, propose un grand choix de poissons frais et de crustacés, mais aussi des viandes et des légumes grillés, ou encore des pâtes fraîches. Si vous êtes en groupe, vous pouvez partager des plateaux de fruits de mer, du poisson frais au kilo ou encore du homard proposé à la pièce ! Le serveur vous conseillera sur la pêche du jour et sur le vin pour accompagner votre plat. La terrasse et l'intérieur du restaurant sont particulièrement soignés.

FALKO BEACH BAR

Ul. Vlade Avelinija

✆ +385 2 171 7530

Ouvert tous les jours de 10h à 21h, ferme plus tard en été.

Après le Hula Hula, il y a le Falko, un *beach bar* assez éloigné du port pour ne pas encore trop attirer la foule des *clubbers*. On s'y sent alors un peu plus privilégié. On aime son côté cabane dans la pinède, sa décoration modeste en accord avec le cadre naturel, le hamac dans les arbres, les coussins sur les murs et les chaises longues surplombant la vue sur les îles Pakleni. Ici, la musique n'est pas envahissante. On y sert de bons cocktails, des boissons chaudes ou froides, avec ou sans alcool, ainsi qu'une petite restauration.

KIVA BAR

Fabrika 26

✆ +385 91 512 23 43

Ouvert toute l'année midi et soir.

En retrait du port, ce petit bar à l'ancienne, ouvert de longue date, déborde largement dans la ruelle. La clientèle, mélangée entre les locaux et les vacanciers, s'y retrouve en début de soirée pour faire la fête. Ce mélange de populations brasse beaucoup de monde. Les gens boivent surtout des bières ou des boissons alcoolisées, dans une ambiance de pub festive dès 22h. Vous n'aurez donc pas à attendre trop tard pour que la musique batte son plein et que chacun s'amuse. Une adresse encore authentique et pleine de bonne humeur.

SLASTICARNA « HVAR »

Trg SV. Stjepana/riva 2

✆ +385 21 741 253

Ouvert tous les jours en été.

Bien situé sur le port, cette crêperie pâtisserie est la plus ancienne de la ville. À la carte, des crêpes pour tous les goûts (chocolat, chantilly, fruits, sucre...), mais aussi des *pancakes*, des gâteaux, des glaces, des coupes de fruits frais, des *smoothies*, des cocktails variés, sans oublier d'accompagner votre choix (difficile à faire effectivement) d'une boisson fraîche ou chaude (thé, café, chocolat chaud). Service agréable et rapide. Wifi gratuit qui peut permettre d'être en ligne et venir ici passer quelques heures dans un cadre agréable.

DIVING CENTER VIKING

Put Podstina 7

✆ +385 97 697 6978

www.viking-diving.com

Ouvert tous les jours en été.

La base nautique est située dans une jolie baie, proche de l'hôtel Podstine. Il bénéficie d'un un accès direct à la mer et aux îles Pakleni juste en face. C'est donc l'idéal pour faire de la plongée avec masque et tuba (snorkelling) ou avec des bouteilles et du matériel professionnel. Dans tous les cas, des guides diplômés vous conseillent ou vous accompagnent selon votre niveau ; de beaux paysages maritimes s'offriront à vous. Le plus : l'initiation à la plongée pour les personnes à mobilité réduite et l'accueil souriant de l'équipe dynamique et attentionnée.

CARPE DIEM BEACH

Obala Riva 32

✆ + 385 99 377 6776

bar.cdhvar.com

Ouvert de fin juin à début septembre, tous les jours de 9h à minuit ou 2h du matin. Beach Club, entrée payante : 300 kn.

Les propriétaires possèdent deux établissements, un bar à cocktails sur la promenade de la mer (Riva 32), au rez-de-chaussée terrasse d'un ancien palais. On peut y déjeuner et dîner également. Juste en face à quelques encablures, sur l'îlot Marinkovac (plage Stipanka), le beach-club est accessible en bateau-taxi. Sur la page Facebook du lieu, vérifiez le *dress code* du jour, au risque de ne pas pouvoir entrer ! Très fréquenté pour les *before*, les soirées DJ, le tout dans une ambiance *select* avec carré VIP. L'endroit est bondé en été.

HULA HULA

Vlade Avelinija 10

✆ +385 959 111 871

www.hulahulahvar.com

Ouvert tous les jours en été à partir de 10h et jusque tard dans la nuit.

À 15 minutes à pied du port, le club est installé dans une zone résidentielle, près d'hôtels et de villas de vacances. Différents espaces s'étendent sur une portion de la côte privatisée. Sa terrasse donne directement sur la plage et les rochers. Dès que le DJ monte le son, la techno house pousse tout le monde sur la piste avec les gogos danseuses. Côté beach-bar, c'est plus calme, ambiance lounge sur les transats avec vue sur la mer. Pour le brunch ou le déjeuner, on cherche un sofa sur les caillebotis ou une table à l'ombre sous les paillotes de luxe.

VENERANDA

Ulica Dinka Kovačevića

✆ +385 21 505 08 55

Ouvert tous les jours en été de 23h30 jusqu'à tard dans la nuit.

Le Veneranda est un club un peu en retrait de la mer, installé dans une ancienne forteresse. Les estivants peuvent s'installer près de la piscine, s'amuser des jeux de lumière la nuit sur l'eau... Sans oublier de commander des cocktails et des boissons fraîches, avec ou sans alcool, apportés par des serveurs énergiques. Les fervents de la musique électronique tiennent toute la nuit pour admirer le lever du soleil. Des concerts sont parfois programmés, pour le Hvar Summer Festival. L'ambiance musicale est alors bien différente.

ÎLE DE SVETI KLEMENT ★★

La destinée de Sveti Klement est intimement liée à la famille Meneghello, qui s'y est installée en 1848 sur la côte sud-ouest de l'île. Egen Meneghello, pharmacien à Hvar, avait fait fortune avec sa formule de médicament naturel à base de romarin sauvage qui pousse à Palmižana. L'herboriste décide de créer un arboretum et un jardin exotique, où poussent aussi les plants de cactus, mimosa, eucalyptus, olivier, laurier, menthe sauvage et autres herbes médicinales. Les fonds marins sont riches en épaves anciennes. Des amphores gréco-romaines s'y admirent *in situ*. Aujourd'hui, les héritiers se sont reconvertis dans le tourisme de luxe.

Transports

Excursions aux îles Pakleni. Toutes les agences de Hvar-ville vous proposeront de faire un tour sur l'archipel si proche. Le choix dépendra de votre budget, de votre soif d'indépendance et de votre forme physique !
Le moins cher, le taxi boat (50-60 kn aller-retour par personne), vous laisse sur Marinkovac (plage de Mlini). Mieux vaut arriver avant 10h car la Carpe Diem Beach est bondée l'été tout comme la baie de Palmizana, autour de la marina de Sveti Klement.
La demi-journée en kayak (de 40 à 56 €) reste l'excellent moyen d'explorer la chaîne de quatorze îlots, d'une longueur d'environ 10 km, avec un littoral très découpé et de nombreuses baies et plages.
Deux fois plus chère sera la journée sur catamaran privé avec le skipper et le déjeuner inclus (96 € par personne).

L'île de Sveti Klement.

RESORT MENEGHELLO €€€

Palmižana 8A ✆ +385 99 4578 345
www.palmizana.com
Selon la saison et la catégorie, la nuit à partir de 80 €. Restaurant ouvert tous les jours en été de 8h à minuit

La grande famille loue des chambres, des villas et des bungalows haut de gamme. Bien intégré au parc, chaque espace allie style méditerranéen et confort contemporain. Sur la plage, bar lounge, snack et transats attendent les touristes. La terrasse du restaurant surplombe la baie de Vinogradišće. Dans la salle à manger, où quantité d'œuvres d'art sont exposées, le chef propose une cuisine du pêcheur de qualité : poissons grillés ou cuits au court-bouillon aromatisés, crustacés et coquillages marinés, en sauce ou juste blanchis. Goûtez aussi le brandy fait maison.

KONOBA DIONIS €€

Vlaka
✆ +385 98 167 1016
www.konoba-dionis.com
Ouvert de mai à fin septembre, de midi à 23h. Réservation obligatoire. Plats à partir de 60 kn.

A la pointe ouest de l'île, en pure nature, une maison en pierres que vous trouverez en suivant le sentier sur 400 m depuis le mouillage de Vlaka. Un café-restaurant un peu à l'écart, où il vaut mieux prévenir avant de venir. Sous la terrasse, protégée du soleil par un auvent en paille, la vue sur les champs d'oliviers et la mer, est superbe. En plus des plats traditionnels dalmates (viande et poisson grillés, fruits de mer), une grande variété d'assiettes à base de légumes, brochettes, tourte, gratins, beignets, accompagnés d'un vin blanc naturel.

THE FISHERMAN HOUSE & PENSION TONČI €€

Vlaka 28
✆ +385 98 727 186
www.pension-tonci.com
Chambres selon la saison à partir de 55 € la nuit. Restaurant ouvert tous les jours en été.

Défenseurs de leur environnement naturel, les propriétaires ont transformé des parties de leur domaine en bungalows et chambres d'hôte, qui ne défigurent pas le paysage. Le séjour en demi-pension est possible mais mieux vaut réserver à l'avance. En cuisine, on prépare souvent des grillades de la pêche du jour, des crustacés mais aussi la soupe de poisson traditionnelle avec des pommes de terre (*gregada*), le tout servi dans une ambiance conviviale, presque familiale.

ÎLE DE MARINKOVAC ★

Située sur la côte sud-ouest de l'archipel, Marinkovac est la deuxième plus grande île des Pakleni, après Sveti Klement. Elle est réputée pour ses baies cachées et ses criques rocheuses, terrain idéal pour les naturistes, qui sont connus pour trouver de beaux coins de nature sauvage, Štipanska par exemple. L'été, c'est aussi le lieu des plaisanciers qui arrivent en bateau et passent en journée des moments privilégiés au Carpe Diem Lounge Bar puis dansent la nuit au Carpe Diem Beach Club. De l'autre côté de l'île, le mouillage est également apprécié par les estivants qui cherchent une crique, une plage ou un restaurant entre Ždrilca et Mlini.

MILNA ★

Bien blotti dans une baie protégée des vents, la commune se trouve à 4 km de Hvar-ville. Ne pas confondre cette localité côtière avec une autre Milna, sur l'île de Brač ! Elle permet aux vacanciers qui choisissent d'y séjourner d'apprécier le calme d'un petit port adriatique tout en profitant des atouts de la cité historique. On bénéficie ici de locations saisonnières agréables, de quelques hôtels-restaurants en bord de la mer, de jolies plages de galets et de sable. Les activités ne manquent pas, possibilité de louer un bateau, de faire de la randonnée pour découvrir les criques aux alentours et même des balades à dos d'âne.

HOTEL FORTUNA €€

Punta Milna 27
✆ + 385 21 745 002
www.fortunahotelhvar.com
Chambres, selon la saison et la catégorie, de 65 € à 187 € la nuit (petit déjeuner inclus).

Vu de l'extérieur, cet hôtel familial a gardé le cachet de l'ancien. Grâce aux rénovations récentes, il offre tout le confort moderne dans ses 18 chambres lumineuses : téléviseur LCD, lecteur DVD, mini-réfrigérateur, machine à café ou thé, accès Wifi gratuit... Toutes disposent d'un balcon avec une table et deux chaises pour admirer la superbe vue sur la mer, les rochers ou côté jardin, très tranquille. Pour la détente, un bar lounge, un restaurant de spécialités dalmates. Sans oublier que la plage se trouve juste à côté ! Bon petit déjeuner.

APART HOTEL VILLA TUDOR €€€

Punta Milna 10 ✆ +385 21 745 000
www.hvar-tudor.com
Chambres et suites selon la saison et la catégorie, de 49 € à 79 € la nuit.

A la sortie de Hvar, au sud de la ville, sur la route de Milna, l'endroit est calme et reposant. Ce bel immeuble moderne est situé à 200 m de la mer (un point très positif). Sur trois étages, ce sont 11 appartements isolés et bien équipés (coin cuisine, lit confortable, télévision, clim, Wifi gratuit...), avec des chambres claires et une décoration minimaliste, sans oublier le balcon et la vue sur la mer. Petits déjeuners et repas proposés dans le restaurant de l'établissement. Soirées grillades régulières. Bon rapport qualité-prix.

Port de Milna.

STARI GRAD ★★

Grâce à sa position centrale, l'île a toujours été un refuge pour les marins. Parvenus dans la baie de Stari Grad, ils empruntaient – aujourd'hui encore – ce passage obligé pour s'y ancrer un temps, puis ils repartaient naviguer dans toute la mer Adriatique. Pour ceux qui souhaitent séjourner à Stari Grad, la cité authentique offre l'avantage d'un riche passé architectural médiéval et Renaissance : une vieille ville remarquable, d'anciens palais d'été, des églises et monastères, une jolie promenade maritime (riva), des bars et restaurants paisibles, des petites boutiques de créateurs... Les coins de baignade sont légion, et on y trouve aussi un club de plongée, et des sentiers de randonnée jusqu'à la péninsule de Kabal, par exemple.

Histoire

Entre Stari Grad et Vrboska, la campagne fertile n'a jamais cessé de donner ses fruits ! Depuis sa première colonisation par des Égéens, au IVe siècle av. J.-C., la plaine a gardé la même occupation des sols pour l'activité agricole première (viticulture, oléiculture). Les parcelles de terre géométriques délimitées par des murs de pierres sèches (chora), les petites constructions, que les paysans ont retapées avec soin, tout a été conservé. L'ingénieux système de récupération des eaux de pluie avec citernes et de petites rigoles fonctionne toujours depuis vingt-quatre siècles. Pourvu que ça dure ! Le site, déclaré réserve naturelle, est classé par l'Unesco depuis 2008.

Transports

L'embarcadère de Stari Grad, sur la côte nord, à quelques kilomètres du vieux port, est l'un des deux points de liaison avec l'île. Souvent, à la sortie du ferry (Split-Stari-Grad), les touristes ne passent pas tout de suite à Stari Grad, mais montent à bord des bus, taxis ou dans leurs propres véhicules embarqués sur le bateau pour se rendre à Hvar-ville (16 km à l'ouest). Hors saison touristique, le ferry fait la rotation 3 à 4 fois par jour, 4 à 7 fois par jour en saison. D'autres liaisons régulières existent avec Rijeka, Ancône (Italie), Korčula et Dubrovnik. Plus d'infos à l'office de tourisme ou sur le site www.jadrolinija.hr.

Le port de Stari Grad.

CHÂTEAU DE TVRDALJ (GRADINA TVRDALJ) ★★

Priko bb

Ouvert de 10h à 13h toute l'année et de 18h à 21h de juin à septembre. Entrée : 15 kn.

Le château du poète Petar Hektorović (1487-1572) date du XVIe siècle. Il est parfaitement bien conservé et somptueux. Les nobles de l'île, dont l'auteur, ont participé à la construction d'un édifice fortifié, afin de se protéger face à la menace ottomane. A l'intérieur, sur les murs, on a retrouvé des notes personnelles rédigées en latin et croate. Le bassin aux truites rappelle la thématique de son œuvre maîtresse, *Pêche et conversation de pêcheurs* (1555).

MONASTÈRE DOMINICAIN ET MUSÉE ★

Ul. kod Svetog Petra 1P

Ouvert toute l'année, de juin à septembre, de 10h à 13h et de 18h à 21h. Hors saison seulement le matin. Entrée : 15 kn.

Fondé par la communauté chrétienne en 1482, ce monastère (parfaitement bien conservé) fut fortifié au XVIe siècle, avec ses deux tours massives, en prévision d'une attaque ottomane. A l'intérieur, on peut visiter l'église, la bibliothèque, le cloître et des salles d'exposition d'art sacré, où sont conservés une peinture de maître, la *Mise au tombeau du Christ*, attribuée à Tintoretto, et deux tableaux de Giambattista Crespi. À faire lors de votre passage à Stari Grad.

OFFICE DU TOURISME [STAROGA GRADA]

Obala dr. Franje Tuđmana 1
✆ +385 21 765 763
www.stari-grad-faros.hr
Ouvert tous les jours en été, hors saison estivale, fermé le dimanche.

Sur le port, une agence municipale où trouver des informations pratiques sur l'hébergement (un hôtel de luxe, des complexes hôteliers, un camping et des locations saisonnières), les vacances thématiques avec les enfants, sur les horaires des bus et des ferries (rotations régulières Hvar-Split), les taxis. Un site Internet riche en documentations sur le patrimoine de Stari Grad mais aussi sur l'île et l'ancienne Pharos, le nautisme, la plongée, le cyclotourisme, les randonnées, etc.

HELIOS FAROS HOTELI €€

Naselje Helios 3P
✆ 385 21 765 019
heliosfaros.eu
Ouvert d'avril à octobre. Pour les différents possibilités d'hébergements, réception principale : Hôtel Arkada.

Après la promenade de la mer, la petite baie et la chapelle Jerolim, le complexe touristique Hélios se compose de trois hôtels, Helios, Lavanda, Arkada, de différentes catégories, d'appartements, bungalows et d'un camping. Ici tout est axé sur les vacances balnéaires en famille avec de belles installations pour s'adonner aux sports nautiques et un terrain de tennis, à des prix abordables. Le plus, le centre de plongée Nautica Dive Center, installé dans les soubassements de l'hôtel Helios, avec accès direct aux pontons et aux bateaux.

KOD BARBA LUKE €

Petra Nizitea, 1
✆ +385 91 594 5718
www.kodbarbaluke.com
Ouvert tous les jours en été de 8h à minuit. Autour de 160 kn le plat.

© KOD BARBA LUKE

Un restaurant proche de la maison de Petar Hektorović. La famille Roić vous reçoit dans cette ancienne bâtisse construite en 1643, bien restaurée. On s'installe dans la salle intérieure ou en terrasse, à l'ombre des palmiers, avec vue sur la mer. Une cuisine de l'Adriatique, principalement concoctée avec la pêche du jour, des produits du terroir (légumes méridionaux, plateau de charcuterie/fromages), des pâtes fraîches, des raviolis maison ou du risotto, le tout toujours travaillé avec l'excellente huile d'olive de la maison.

BISTRO KOD DAMIRA €

Trg Stjepana Radića, 5
✆ +385 91 573 63 76
kod-damira.hr
Ouvert tous les jours en été de 9h à 23h. Comptez 20 € pour un repas complet avec un verre de vin.

Dans une ruelle perpendiculaire au port, cet établissement est une bonne adresse à toute heure de la journée. Dès le petit déjeuner, le déjeuner, le dîner ou même l'apéritif. Le restaurant est idéalement placé, avec une très belle terrasse, non loin du terminal pour prendre le bateau et regagner Split et le continent. C'est un bon spot pour démarrer ou terminer son séjour sur l'île de Hvar. La cuisine est simple, locale, équilibrée et les prix sont abordables. Un lieu où se croisent touristes et gens du coin. Un service soigné et souriant.

RESTAURANT ODISEJ €

Trg Tvrdalj Petra Hektorovića, 1-2
✆ +385 91 572 72 94
www.restaurantodisej.com
Ouvert tous les jours en été de 12h à minuit 30. Compter 20 € pour un repas complet.

L'établissement bénéficie d'un excellent emplacement et d'une jolie terrasse sur la place. Le personnel est professionnel, chaleureux et accueillant. Le service rapide. Au menu, la formule plateau de charcuterie, fromage que l'on prend en entrée avec un un verre de vin local ou la bouteille à partager, du poisson frais bien cuisiné et servi presque tel quel avec ou sans accompagnement, poulpe grillé avec légumes méridionaux, des pâtes fraîches aux fruits de mer, un risotto bien crémeux, de savoureux desserts. Un bon spot sur le port.

ANTIKA €€

Donja Kola 24

+385 99 798 1734

Ouvert tous les jours d'avril à septembre, midi et soir. Plat chaud à partir de 70 kn, poisson entier 130 kn.

Dans la vieille ville, ce restaurant, plus de 35 ans d'existence, respire la même atmosphère élégante que la cité elle-même. Le bon goût domine dans la maison familiale, façon auberge dalmate, avec pierres apparentes et photos jaunies aux murs, boiseries et du mobilier qui paraît tout droit sorti de chez l'antiquaire. La cuisine est de qualité. Par exemple, en plus du classique risotto de la mer et du poisson frais grillé entier, le carpaccio de thon accompagné de polenta à l'encre de seiche et de pesto vert. Bons vins et cocktails également.

ZA POD ZUB

Srinjo Kola 11

+385 95 819 7792

www.zapodzub.com

Ouvert tous les jours en été, de 10h à 22h.

En entrant dans ce Gourmet Deli Shop, vous voici dans une épicerie fine, où Yvan et Chloé, un couple de Français, se feront un plaisir de vous faire découvrir des produits gourmands. Tous sont garantis de production locale. Dans la petite boutique, on trouve de tout : du pain frais, des fromages et de la charcuterie de pays, du miel de lavande, des gâteaux maison, du vin ! Autres idées ? Pourquoi pas des pâtes au safran, de l'huile d'olive de Hvar, des condiments, des épices, des infusions. Toutes ces petites choses gustatives font toujours plaisir.

NAUTICA DIVE CENTER

Naselje Helios 3

+385 91 22 66 125

www.nautica.pl

Ouvert tous les jours en été de 8h à 21h. Plongées à partir de 30 €.

Sous l'hôtel Naselje Helios, aux abords de la côte, ce centre de plongée (certifié PADI et CMAS) appartient à une entreprise polonaise qui a ouvert deux clubs en Croatie. L'un se trouve à Vis, l'autre ici, à Stari-Grad. Ce dernier dispose de deux bateaux (8 et 11 m) pour les sorties en mer. Le Nautica Dive Center propose tout le matériel à la location, des cours classiques et spécialisés en plongée Nitrox, des immersions profondes. Le tout sous la houlette de moniteurs passionnés, pédagogues et dynamiques. Pour de belles sorties abyssales.

PRESQU'ÎLE DE KABAL ★★

À pied, en vélo, par bateau, canoë ou barque, il faut découvrir ce superbe coin de l'île encore sauvage. Pour admirer le panorama de la côte déchiquetée, on peut faire le tour de ce Finistère nord-ouest de Hvar. Les sentiers de randonnée à travers les collines de pins et de vignes vous mèneront aux criques désertes. Par la mer, il vous sera facile d'accoster aux rochers et de jouer les Robinson. Si on veut rester sur la presqu'île, on trouvera à se loger à Rudina, un village paisible entouré d'oliviers, proche de la mer, des sentiers de randonnée et des pistes cyclables. Il est situé entre Hvar et Jelsa, à 2 km de Stari Grad.

JELSA ★

Joli bourg de la côte nord, construit au XIVe siècle puis fortifié au XVIe, qui regroupe des vieilles maisons vénitiennes autour de son grand port bien abrité. Jelsa s'est développé au XIXe siècle grâce à la construction navale, puis à la production de vin. De nombreux hôtels, restaurants et autres établissements touristiques ont été construits dans les années 1960. Aujourd'hui, le tourisme occupe une place croissante dans l'économie locale, qui veut tirer profit de sa belle nature toute proche – grandes pinèdes, superbes plages de sable, criques intimes et sources d'eau douce – et de sa nouvelle piste d'atterrissage pour l'hydravion.

OFFICE DE TOURISME DE JELSA

Riva bb

+385 21 761 017

www.tzjelsa.hr

Ouvert en été de 8h à 21h, l'hiver de 8h à 14h.

Une agence municipale où se renseigner pour des solutions d'hébergements, multiples dans le port de Jelsa et ses environs, des idées de visites (les villages de Humac, Ivan Dolac, Gromin Dolac, les hameaux autour de Gdinj), les criques et les spots de plongée, les bonnes tables dans la région. Le plus du site Internet, à la rubrique « restaurants », des pages traduites en anglais expliquant la richesse et les bienfaits de la cuisine méditerranéenne, les produits gourmands de l'île.

GLOBUS TOURS / HVAR CAR RENTAL

Riva b.b.
✆ +385 91 355 55 53
www.hvarcarrental.com
Ouvert tous les jours en saison.

Cette agence familiale située sur la riva peut proposer diverses prestations, de l'hébergement aux excursions. Mais la grosse partie de l'activité reste la location de véhicules, motorisés ou non, des voitures de tourisme (VWUp, VWGolf 7, Opel Corsa, Škoda Fabia) mais aussi des scooters et des vélos – le catalogue est bien fourni avec une société dédiée uniquement à ça (Hvar Car Rental). Avec cette agence, il est possible également d'organiser des transferts aéroports.

CAMPING MINA €

Jelsa bb
✆ +385 21 761 210
camping-hvar.com/camp-mina
À partir de 160 kn par jour et par personne (tente + emplacement).

A 500 m du port, au calme sur une presqu'île, voici un camping bon marché qui compte environ 200 emplacements pour tentes et camping-cars. Ces derniers disposent d'un espace pour vidanger les réservoirs et les remplir d'eau. Équipements de base pour le campeur : bloc sanitaire, accueil disponible… On apprécie de séjourner sous la pinède, d'avoir la mer et des petits commerces pas loin, ainsi que d'échanger avec les autres campeurs, pourquoi pas, avec des Croates qui sont nombreux ici. Parfait pour les petits budgets en quête de tranquillité.

HÔTEL SKALINADA €€

Zavala 162
✆ +385 21 767 019
www.skalinada-apartmani-hvar.hr
Chambres et appartements de 102 € à 177 € la nuit, selon la saison et la catégorie.

Sur la côte sud, par la route de Pitve on arrive au village Zavala (en face de Jelsa). C'est là que vous trouverez cet hôtel familial, qui est installé dans un cadre naturel (pinède, vigne, rochers et plage de galets), avec des chambres qui donnent sur la mer. Les vacances balnéaires sont possibles en formule demi-pension, ce qui est une bonne oprtion car le restaurant est réputé dans le coin. Vous prendrez les repas sur la terrasse bien orientée. Au menu, une très bonne cuisine traditionnelle dalmate. Accueil souriant, attentionné.

ME AND MRS JONES (NAPOLEON) €

Mala banda bb
✆ +385 21 761 882
Ouvert tous les jours de midi à minuit. Environ de 70 kn à 100 kn le plat.

Dans un ancien entrepôt de vin, ce restaurant aux murs et sol en pierres apparentes, à la décoration traditionnelle, propose une cuisine soignée, entre tradition et modernité. Au menu, les incontournables spécialités dalmates, une cuisine du pêcheur, des brochettes de viande, des nuggets savoureux, des plats italiens tels que pâtes et gnocchis, et la pizza. Les produits sont de qualité. Bonne carte des vins également. Bon accueil et très belle vue panoramique de la terrasse.

Port de Jelsa.

KONOBA « NONO » €€

Braće Batoš

✆ +385 21 761 933

Ouvert tous les jours en été. À partir de 70 kn le plat.

Sur les hauteurs de la vieille ville, au bout d'une ruelle en lacets, près de l'église. Un cadre rustique et une belle terrasse pour cette *konoba*, qui comme il se doit aime la cuisine insulaire, les produits du terroir et de la mer. Au choix, salade de poulpe, tartare ou steak de thon, omelette aux langoustines, poissons grillés, pieuvre braisée, riz à l'encre de seiche, des plats que l'on peut accompagner de vins dalmates. Vous pourrez aussi opter pour des pièces de viandes rouges braisées et, en dessert, le gâteau noix-chocolat fait maison.

RESTORAN ARSENAL €€

Mala Banda

✆ + 385 91 737 8004

Ouvert tous les jours en été de 11h à minuit. Plat à partir de 70 kn.

À l'extrémité de la promenade du port, la terrasse de cette taverne jouit d'une vue imprenable sur les bateaux à quai et la baie de Pribinja. Vous pourrez commander les traditionnels plats dalmates, une cuisine de la mer généreuse, réserver la spécialité de la maison, le poulpe cuit à l'étouffée (sous peka) avec ses légumes moelleux, accompagné du pain fait maison, mais aussi opter pour des grillades de viande ou encore des pâtes fraîches. Bonne carte de vins locaux. Demandez conseil quant au meilleur vin qui saura accompagner votre plat.

VINA TOMIĆ - BASTIJANA

Bastijana d.o.o.

✆ +385 21 768 160

www.bastijana.hr

Ouvert du lundi au vendredi de mi-avril à fin octobre de 9h à 20h ; du début novembre à mi-avril de 7h à 15h.

Natif de l'île, Andro Tomić a dédié sa vie au vin et a passé de nombreuses années en France pour se perfectionner dans l'œnologie. Son exploitation produit 130 000 à 150 000 bouteilles par an, en rouge, blanc et rosé. En été, dans une jolie salle sous voûte, le vigneron propose des dégustations (en anglais ou en allemand). Vous pourrez découvrir les cépages de la région, notamment le plavac mali, le cabernet sauvignon, le pošip ou le prošek, ce vin doux traditionnel produit en Dalmatie, que les Croates servent avec un dessert.

VRBOSKA

À l'ouest de Jelsa, sur la côte nord, le village de Vrboska est très pittoresque. C'est la plus petite localité de l'île. Située au fond d'un fjord, elle est presque cachée. Pour y accéder et circuler, on a construit au fil des années plusieurs petits ponts de pierre qui enjambent une rivière se jetant dans la mer. C'est ainsi que Vrboska fut surnommée la « Petite Venise croate ». On y retrouve une architecture méditerranéenne et des maisons historiques mélangeant les styles gothique, Renaissance, et baroque, qui se reflètent dans l'eau. À voir : l'église forteresse de Sainte-Marie-de-la-Miséricorde et le musée de la Pêche.

Vrboska.

OFFICE DE TOURISME DE VRBOSKA

Vrboska 404

✆ +385 21 774 137

www.vrboska.info

Ouvert tous les jours en été de 8h à 14h et de 15h à 21h.

Dans ce petit port pittoresque à l'est de Stari-Grad, une agence municipale où vous trouverez de nombreux renseignements, en français ou en anglais, sur les hébergements, les visites du centre historique, les balades le long des quais, les activités et le musée de la pêche, mais aussi le tourisme nautique autour de la marina, les excursions à la journée pour la découverte de l'île, la vie culturelle, la gastronomie, les horaires de bus et de ferries.

VIS ★★

Le port de Vis est un havre de paix, qui s'anime à l'arrivée des ferries. En longeant la *riva*, on parcourt la baie à pied ou à vélo, bordée de résidences d'été magnifiques. Pour la baignade, pontons, rochers et criques de galets s'offrent à vous jusqu'à la belle plage de Grandovac. Pour le séjour, trois hôtels mais surtout des locations privées, des cafés-restaurants, des beach bars, commerces et agences touristiques. A ne pas manquer, le musée archéologique, les thermes, la presqu'île de Prirovo avec son monastère et sa plage de galets, la montée au fort Saint-Georges, les anciennes et plus récentes constructions militaires.

Faune et Flore

Geopark Vis Archipelago. En 1989, le Fonds mondial pour la nature (WWF) avait proclamé l'archipel comme l'une des dix dernières « oasis paradisiaques de la Méditerranée », tout en tenant compte de sa spécificité naturelle et de son patrimoine historique depuis la Haute Antiquité. Depuis avril 2019, la zone fait partie du réseau mondial des géoparcs de l'Unesco. Elle englobe l'île de Vis et ses îlots environnants, Biševo, Sveti Andrija, Brusnik, Jabuka et Palagruža. Sa géologie est la plus intéressante de l'Adriatique, formations rocheuses calcaire les plus anciennes et les plus jeunes, îlots volcaniques redoutés des marins, grottes chromatiques, gisements salins, sources d'eau créant des conditions fertiles à la vie et donc une biodiversité exceptionnelle de la flore et la faune terrestres et sous-marines. (https://geopark-vis.com/en/)

Sports / Loisirs

Où se baigner ? Sur tout le parcours de la riva, pontons, rochers et criques de galets s'offrent à vous. Au fond de la baie, côté ouest, on trouve une agréable plage de sable et de galets sur la presqu'île de Prirovo, puis des rochers pour naturistes au niveau de Stonca avant la montée du fort. A l'est, plus on remonte la baie, après Kut, plus la côte se fait sauvage ; la promenade de la mer redevient alors un simple sentier qui serpente à travers la pinède jusqu'à la jolie plage de galets blancs de Grandovac.

Transports

En bateau. Des ferrys quotidiens de l'agence Jadrolinija font la rotation Split-Vis Port. La traversée dure environ 2h30. Des catamarans plus rapides effectuent tous les jours la liaison Vis-Hvar (Milna) -Split. À ne pas manquer : l'excursion à partir du port de Vis ou de Komiža vers l'île de Biševo.

CRIQUE DE STINIVA ★★

Plaža Stiniva

En bus, aller jusqu'au village de Plisko Polje, prendre la route de Marinje Zemlje.

Au sud de l'île de Vis, l'étroite crique de Stiniva a été élue en 2016 « meilleure plage d'Europe » par les lecteurs d'un portail touristique bruxellois (*European Best Destinations*). Et cela se comprend bien. Ce site naturel, protégé depuis 1967, est bordé de falaises massives qui laissent un passage à la mer de 4 m seulement. Ce qui lui donne une allure intime, paradisiaque, et une eau plus chaude qu'ailleurs. Une marche à pied de 20 minutes sur les rochers mène à la crique. Une descente un peu sportive mais ça vaut le détour !

GROTTE VERTE (ZELENA ŠPILJA) ★★

21480, Griže (Ravnik)

Excursions autour de 150 kn. En bus, on peut aussi se rapprocher de Rukavac ou de la plage de Tepluš.

Sur la côte sud-est de Vis, l'îlot Ravnik cache une grotte dite Verte. Elle s'ouvre sur la mer avec deux entrées par lesquelles les rayons du soleil projettent sur la pierre blanche une lumière verte qui se reflète dans l'eau. Le phénomène est semblable à celui de la Grotte bleue de Biševo. Moins connu, et donc moins fréquenté, ce superbe site naturel est encore ouvert à la baignade. Des ports de Vis et Komiza, les excursionnistes et skippers vous y amènent.

Crique de Stiniva.

MONASTÈRE SAINT-JERÔME ★

Šetalište Apolonija Zanelle 2

Seule l'église se visite, en dehors des heures de culte.

Les pierres d'un théâtre antique trouvées dans les fondations du monastère rappellent la première occupation grecque au IVe siècle av. J.C. A proximité, se trouvent les ruines des thermes également. Les Franciscains, qui s'y installent au début du XVIe siècle, construisent une chapelle et les communs. L'église avec son campanile très vénitien est postérieure et relève un goût baroque. Seule l'église se visite mais la promenade jusqu'à la presqu'île est agréable. Elle peut se combiner avec la montée au fort Saint-Georges et pauses baignade sur la plage de Prirovo.

MUSÉE ARCHÉOLOGIQUE (GRAD VIS ARHEOLOŠKI MUZEJ) ★★

Gospina Batarija

✆ +385 21 711729

www.tz-vis.hr

Ouvert du 1er juin au 1er octobre 10h-13h et 17h-21h. Fermé le samedi après-midi et le dimanche. Entrée : 25 kn.

Dans une ancienne forteresse autrichienne (XIXe siècle), un fonds important de la période hellénistique, dont une tête de bronze de la déesse Artemida (IVe siècle av. J.-C.), des sculptures d'hommes et femmes, des vases de terre cuite, des stèles funéraires et des objets du quotidien, notamment une exposition d'amphores entreposées telles qu'elles furent trouvées dans le bateau de marchandises grec. Du toit-terrasse, superbe vue sur le port et la baie de Vis.

TOP SECRET TOUR MILITAIRE (VRHUNSKA VOJNA TURNEJA) ★

Obala Sveti Jurja 31 (Tamaris Hotel)

✆ +385 21 711144

www.visit.hr

Tous les jours en été. Visite guidée de 3 à 5 heures, tarif : de 250 kn à 350 kn.

En raison de sa position géostratégique spécifique, cette île isolée aux confins de l'Adriatique devint une base militaire de l'armée yougoslave (JNA) après la Seconde Guerre mondiale. Ce parcours insolite fait un retour en pleine Guerre froide, quand le Maréchal Tito décide de transformer l'île en base arrière. Vis serait un parfait camp retranché en cas d'attaque des Yankees ! A bord de zodiacs de l'armée, on visite les installations souterraines, les tunnels et bunkers désaffectés.

OFFICE DU TOURISME

Šetalište Stare Isse 5

✆ +385 21 717 017

www.tz-vis.hr

Ouvert tous les jours en été de 8h à 15h et de 17h à 20h, le dimanche de 10h à 14h, en hiver en semaine de 8h à 16h.

Située à côté de l'embarcadère des ferries, cette agence municipale peut vous aider pour trouver un hébergement (hôtels et locations privées). Elle vous renseigne sur les horaires des ferrys, qui font la rotation Split-Vis Port, des catamarans plus rapides (Vis-Milna/Hvar-Split) et des bus. Elle propose la location de véhicules (voitures, scooters, vélos), des excursions (grottes, îlots, plages, patrimoine et villages de l'île...), des activités nautiques, une sélection de restaurants, le change de devises et répond à toutes vos questions au mieux.

VIS SPECIAL

Korzo 33
✆ +385 989 290 835
www.vis-special.com
Ouvert tous les jours en été

Tenue par une équipe dynamique, l'agence Vis Special propose des solutions d'hébergement, indique des bars-restaurants, l'agenda de la vie nocturne, les événements sportifs et culturels, des idées balades. Par exemple, le grand tour de Vis-port, qui part du Fort Saint George jusqu'à la presqu'île de Grandovac avec 10 points d'intérêt à ne pas manquer. Organise aussi des excursions, des sorties en bateau vers les grottes, des journées sur des criques avec le pique-nique de produits locaux inclus dans le prix. Location de tout véhicule de tourisme également.

TOP SECRET TOUR MILITAIRE (VRHUNSKA VOJNA TURNEJA) ★

Obala Sveti Jurja 31 (Tamaris Hotel)
✆ +385 21 711144
www.visit.hr
Tous les jours en été. Visite guidée de 3 à 5 heures, tarif : de 250 kn à 350 kn.

En raison de sa position géostratégique spécifique, cette île isolée aux confins de l'Adriatique devint une base militaire de l'armée yougoslave (JNA) après la Seconde Guerre mondiale. Ce parcours insolite fait un retour en pleine Guerre froide, quand le Maréchal Tito décide de transformer l'île en base arrière. Vis serait un parfait camp retranché en cas d'attaque des Yankees ! A bord de zodiacs de l'armée, on visite les installations souterraines, les tunnels et bunkers désaffectés.

HOTEL ISSA €€

Šetalište Apolonija Zanelle 5
✆ +385 21 711 164
hotelsvis.com
Chambres, selon la catégorie et la saison, 55 € a 125 € la nuit (petit déjeuner inclus).

Après la presqu'île de Prirovo, en direction du fort Saint-Georges, cet établissement date des années 1970. Il demanderait bien quelque rénovation quant au confort intérieur. Bâti à 500 m du centre de Vis, c'est le seul grand hôtel du port. Il bénéficie d'un environnement paisible, entre mer et colline. L'établissement dispose de 125 chambres, dont la plupart avec un balcon qui donne sur la baie (superbe vue) ou sur la pinède. Plusieurs services sont proposés sur place : bureau de change, bar, restaurant, club de plongée, location de vélos. La plage à 50 m.

HOTEL SAN GIORGIO €€

Petra Hektorovića 2
✆ +385 98 186 8086
www.hotelsangiorgiovis.com
Chambres doubles, selon la catégorie et la saison, de 124 € à 211 € la nuit (petit déjeuner inclus).

Dans le centre historique, une maison de famille reconvertie en hôtel, avec une dizaine de chambres, à la décoration soignée. Toutes combinent élégance, confort moderne et luminosité. Elles sont toutes bien équipées, avec la télévision, la climatisation et un minibar. L'une d'elles bénéficie d'une terrasse et d'une baignoire à remous. Le restaurant attenant, le Boccadoro, bien coté sur le port, est semi-gastronomique. On y sert une cuisine dalmate revisitée, bien dressée dans les assiettes et servie par une équipe de salle professionnelle et attentionnée.

PRANA MANA (JUNGLE BUSINESS) €

Korzo 3
✆ +385 91 737 3472
Ouvert tous les jours en été. Plats de 30 à 50 kn.

Ce fast-food, un peu caché dans une ruelle parallèle à la *riva*, se trouve derrière la poste. Tout petit, avec juste deux tables à l'extérieur et un énorme comptoir en bois dans un intérieur exigu, il propose une formule simple, sur place ou à emporter. Carte serrée mais originale, à base de produits frais et recettes maison. Jus de fruits frais, assiettes végétariennes, plateaux de fruits de mer, houmous, salade, gâteaux... On peut aussi y acheter des cosmétiques naturels.

KONOBA RESTAURANT VATRICA €€

Obala P Krešimira
✆ +385 21 711 574
Ouvert tous les jours en été du matin au soir. Compter au moins 300 kn le plat de poisson grillé entier.

Dans cette taverne, la terrasse donne sur le port, un cadre privilégié avec vue dégagée sur la baie, idéal pour la cuisine de la mer. Au menu, salade de poulpe, maquereaux marinés puis grillés (*širun*) au feu de bois, soupe de poissons à l'anguille, risotto à l'encre de seiche, homard, pâtes fraîches aux crustacés. Ici, on vous sert la *manistra* du matin (soupe de fèves et de pâtes). L'accueil est sympathique mais les prix sont toutefois élevés (ce qui est fréquent sur les îles).

RÉGION DE SPLIT

KONOBA ROKI'S €€

D117 3, 21480, Plisko Polje
✆ +385 21 714 004
www.rokis.hr

Ouvert tous les soirs en été. La spécialité maison : 440 kn, boissons comprises + 100 kn pour la navette.

Un restaurant réputé sur l'île. La notoriété de la maison vient de ses spécialités en cuisine, le poulpe, le poisson ou l'agneau, mijotés sous *peka,* accompagnés de riz ou de pommes de terre et légumes. Il faut au moins trois heures pour ce mode de cuisson traditionnel similaire au tajine. Ici on ne sert que le soir. Si vous avez votre propre véhicule, le dîner peut donc se jumeler à la journée consacrée à la grotte Verte ou à la plage Stiniva. Pour bénéficier de la navette aller-retour au port de Vis, réservation obligatoire et confirmation deux heures avant.

RESTAURANT POJODA €€

Don Cvjetka Marasovića 8
✆ +385 21 711 575

Ouvert du 1er avril au 1er novembre, de midi à 15h et 17h à 2h, hors saison, uniquement le soir.

Des recettes traditionnelles de la côte adriatique à laquelle le chef ajoute une touche de Slavonie, terre de ses ancêtres, voilà bien l'originalité de la maison, le restaurant Pojoda. On vous proposera une cuisine de pêcheur bien sûr, avec au menu, pâté de poulpe, poisson du jour grillé ou mariné dans l'ail et des épices puis mijoté à la tomate, pavé de thon aux légumes, ou une soupe de pâtes à base d'orge, pois et crevettes (*orbiko*). Les desserts ne sont pas en reste, comme le gâteau aux figues (*hib*), par exemple. Bon accueil et service.

FORT GEORGE CROATIA CLUB

Utvrda Sv. Juraj bb
✆ +385 91 265 6041
www.fortgeorgecroatia.com

Ouvert tous les jours en été de midi à tard dans la nuit.

Après la victoire de la Royal Navy à la bataille de Vis (1811), les Britanniques ont construit une série de fortifications sur l'île, la plus grande étant celle-ci. Après un long travail de restauration, on aurait pu en faire un musée mais l'option d'ouvrir un café-bar-restaurant doublé d'un club de nuit était plus porteuse. En quelques années, il est devenu l'adresse la plus chic de l'île. À pied, la montée au lieu-dit constitue une agréable randonnée. Depuis ce promontoire, la vue panoramique, surtout au coucher du soleil, est de toute beauté.

FRUTARIJA JUICE & WINE

Viški Boj 13
✆ +385 21 711 575

Ouvert tous les jours en été de 9h à minuit. Cocktails de 30 à 60 kn, formules snack pour 2 personnes de 100 à 150 kn.

Situé dans l'ancienne forteresse de Batari, le Frutarja remporte à Vis la palme de la plus belle terrasse ! Largement ouvert sur les pavés anciens du bord de mer, le lieu jouit d'un emplacement central, avec ses tables donnant directement sur la baie. Dès le petit déjeuner, on peut choisir parmi jus de fruits frais, smoothies et autres *milk-shakes*. Dans la formule snack, les club-sandwichs à l'houmous s'accompagnent d'un cocktail maison, d'une bière glacée ou d'un verre de vin local. Accueil sympathique, musique *jazzy* et parterre de plantes aromatiques.

GRANDOVAC BEACH BAR

Lučica

Ouvert tous les jours en été de 8h à 19h.

En Croatie, les petits beach-bars souvent cachés en harmonie avec la nature, plus discrets, calmes, ont notre préférence. A partir de Vis Port, à l'est, au bout de la promenade de la mer, après le village de Kut et passé une église et l'ancienne propriété tchèque (Villa Topič), vous arrivez sur la presqu'île de Grandovac. On découvre, en contre-plongée, une crique protégée de la brise par la pinède. A l'abri des arbres, une case en dur pour le stock des boissons et glaces, et pour le service, des tables basses sous les pins.

ISSA ADRIA NAUTIKA D.O.O.

Trg 30, Svibnja 1992 br 1
✆ +385 21 711 718

Ouvert tous les jours en été de 9h à 21h.

Si vous avez oublié votre masque et tuba ou vos chaussures de mer en plastique (indispensables en Croatie à cause des oursins), si n'avez pas voulu vous charger avec les palmes ou tout le matériel qui a trait à la plongée, au nautisme, ou si vous avez sali votre maillot de bain avec la sève de pin (ce qui peut arriver sur les rochers), alors cette boutique spécialisée est faite pour vous. Propose des produits de qualité, comparés aux échoppes de la riva.

KOMIŽA ★★★

Parmi la kyrielle d'îles croates, la baie de Komiža, sur la côte ouest de Vis, est le point le plus avancé dans l'Adriatique. Sa position isolée dans la mer lui a toujours donné une part de mythologie dans le cœur des navigants. Sa renommée lui vient aussi de la réplique d'un bateau traditionnel, la *falkuša*, construit en 1997. Considéré aussi comme l'un des hauts lieux de la plongée sous-marine, le port Komiža est réputé pour ses clubs professionnels. On s'y prépare, on répare le matériel, on s'y repose entre amoureux des grands fonds. C'est là que vous trouverez un bateau pour la grotte Bleue de Biševo (traversée la plus rapide).

OFFICE DU TOURISME KOMIZA

Ul. Riva Svetoga Mikule 2
✆ +385 21 713 455
www.tz-komiza.hr
Ouvert tous les jours en été de 8h à 21h. Hors saison touristique de 8h à 13h et de 17h à 20h, fermé le dimanche.

Une agence municipale pour trouver un hébergement, un bateau pour la grotte Bleue. On vous informe sur les prévisions météo, importantes pour se rendre (ou pas) sur l'îlot Bisevo. Vous renseigne aussi sur les Geotrails (Komiža, Biševo, Vis-port/Rukavac), les excursions et visites, les clubs de plongée, les taxi-boats, les horaires de bus, ceux du ferry pour Split, les catamarans pour Hvar, les animations culturelles de l'été. Le site Internet fourmille d'idées de découvertes sur l'île.

GROTTE BLEUE ★★

Île de Biševo
Traversée en bateau et visite de la grotte payante : de 150 à 280 kn selon les différents forfaits.

On rejoint en bateau l'îlot Biševo. Là, une barque vous attend pour vous conduire, moteur éteint, à l'entrée de la grotte. Il faut se plier pour entrer dans la cavité. Le site est désormais protégé. La couleur lui vient de la réverbération du soleil qui passe sous la roche et irradie d'azur profond les parois et la surface de la mer... La météo, facteur important : Même en été, des épisodes venteux, un ciel couvert peuvent décaler la sortie en mer de quelques jours. Si on a peu de temps sur l'île, se renseigner des conditions climatiques dès son arrivée à Vis.

ALTERNATURA

Hrvatskih Mučenika 4
✆ +385 21 717 239
www.alternatura.hr
Ouvert tous les jours en été.

Une agence qui propose des activités sportives et de découvertes nature, comme la plongée bien sûr, mais aussi le canoë-kayak, le parapente et l'escalade. Avec ses partenaires, elle organise aussi des sorties en mer vers la grotte Bleue (Modra Špilja), la visite des sites historiques du port, vers le Gajeta Falkuša, un ancien bateau de pêche, tout en bois, symbole de l'activité millénaire à Komiža. Sur le site Internet, quantité de renseignements sur les conditions pour la location de matériel et les réservations. Avant toute chose, on regarde la météo !

TURISTICKA AGENCIJA « BLUE CAVE »

Trg kralja Tomislava 10
✆ +385 21 713 752
www.visbluecave.com
Ouvert tous les jours en été de 8 h à 21 h.

Cette grotte Bleue, si fascinante, a inspiré l'agence jusqu'à lui donner son nom. L'équipe jeune et dynamique renseigne sur les différents moyens d'aborder l'îlet de Biševo pour y découvrir le site marin, la météo. Propose aussi des excursions à faire sur et autour de l'île (criques, plages, patrimoine culturel), des transferts vers Hvar en taxi-boats, des appartements et villas à louer, des véhicules (scooters, voitures, bateaux à moteur avec ou sans skipper), des vélos.

© MBIRDY

La ville de Komiža sur l'île de Vis.

CAPITAINERIE (NAUTIČKI CENTAR KOMIŽA)

Hrvatskih mučenika 17
✆ +385 21 713 849
www.komiza.hr/nauticki-centar

Ce bureau des affaires nautiques central est ouvert toute l'année. S'il y a bien des bus régionaux qui font la rotation entre Vis et Komiža, il organise, de fin juin à début septembre, un service de bus rapides (30 kn). On peut donc louer un bateau sur place. À disposition des usagers, une station pour le carburant, l'électricité et le Wifi gratuit à quai (24h/24 et 7j/7), des sanitaires propres, un point d'eau, des bulletins météo précis. En été, arriver tôt pour avoir une place !

KONOBA BAKO €€

Ul. Ivana Gundulića 1
✆ +385 21 713 742
www.konobabako.hr

Ouvert tous les jours en été de 16h à 1h du matin et l'hiver de 17h à minuit. Entre 15 et 20 € le dîner.

Donnant sur la plage Pod Kalafota, la taverne est bien placée. On s'installe en terrasse, avec vue imprenable sur la baie ou, à l'intérieur, dans la salle remplie de photos et filets qui rappellent le passé glorieux des pêcheurs de Komiža. En cuisine, du poisson bien sûr, préparé avec l'huile d'olive maison et les condiments de la région (câpres, laurier, romarin). En entrée, des toasts de rillettes de sardines, puis au choix : soupe de homard sorti du vivier en pierres, poulpe à la sauce au vin rouge façon goulash... Pensez à réserver une table au bord de l'eau.

BIŠEVO HOTEL €€

Ribarska 72
✆ +385 21 713 279
www.hotel-bisevo.com.hr

Ouvert toute l'année. Chambre double, selon la saison et la catégorie, de 69 € à 105 € la nuit (par personne).

Seul hôtel de Komiža ! Un énorme immeuble au nord du port, aux pieds d'une plage de galets, date des années 1970 et mériterait quelques rénovations. Il bénéficie d'une belle vue sur la mer. Les chambres avec balcon et espace salon sont plus spacieuses et plus chères mais toutes sont équipées de télé, minibar, connexion wifi gratuite. L'établissement,. Au rez-de-chaussée, on trouve le club de plongée polonais Nautica et un bureau d'excursions. Sur la plage Gusarica, en bas de l'hôtel, on peut louer pour quelques heures voire la journée des canoës-kayaks.

ISSA DIVING CENTER

Ribarska ul. 91
✆ +385 21 713 651
www.scubadiving.hr

Ouvert tous les jours en saison touristique, de 9h à 20h. La plongée de la plage : 13 €. 4 plongées (grottes) : 30 €.

Sur la plage de galets Gusarica, ce club de plongée fut l'un des premiers à lancer l'activité dans le port en 1996. Le centre ISSA propose tous les types de services : cours de programmes TDI et SDI, voyages de plongée, nautisme, sorties nocturnes, plongées techniques ou ludiques... Sur l'un des deux navires (10 m ou 6 m), avec un équipement de haute qualité et accompagnés d'instructeurs de plongée, vous serez en sécurité. Le tout avec un accueil de qualité et dans la bonne humeur. Plongez sous les profondeurs en toute confiance.

BISTRO FABRIKA - F UN, FOOD & WINE €€

Riva Sv. Mikule 12

Ouvert tous les jours en été de 9h à 21h. Autour de 100 à 150 kn pour un plat complet (sans les boissons).

Sur le concept de l'*Adriatic street fusion food*, avec une déco tendance récup, la Fabrika utilise des tables basses, bancs et coussins et des menus cachés dans des pochettes vinyles vintage. Le matin, on commande des cocktails spécial détox, des petits déjeuners sucrés-salés, le midi, des salades, des burgers avec frites/potatoes, des wraps, woks, falafels, tortillas, brochettes ou l'assiette de charcuterie et fromage pays ou encore végétarien. Musique lounge et live le soir.

MANTA DIVING KOMIŽA

Ribarska ul. 97
✆ +385 91 4477020
www.crodive.info

Ouvert tous les jours en été, de 16 € la plongée à 100 € le forfait 5 jours.

L'un des clubs de plongée de référence à Komiža. Un peu à l'écart du village, sur le côté ouest du port, après l'église, c'est le dernier bâtiment blanc en avancée sur la mer, facilement reconnaissable à son ponton privé et à son drôle de bateau en forme de requin. Les équipes d'Andi et Aniska Maravic vous accompagnent en toute sécurité, pour votre baptême de plongée, la découverte récréative ou l'exploration professionnelle des fonds marins autour de l'île. Autant de services qui donnent envie de plonger avec équipe pédagogue et joyeuse.

RÉGION DE DUBROVNIK

La riviera de Dubrovnik (Župa Dubrovačka) s'étend de la baie de Slano, au nord-ouest de la vieille ville, à Molunat, à l'extrême sud-est de la côte dalmate, proche de Cavtat et de l'aéroport Zračna Luka Dubrovnik. Nous sommes là à quelques kilomètres de la frontière avec le Monténégro. Soit une superbe côte escarpée, où l'on découvre des criques, des petites plages de sable et de galets, une mer Adriatique turquoise alimentée par des sources de montagne, que se partagent des petits ports, des cités historiques, des stations balnéaires. Concernant les îles, le choix est vaste : Lokrum, la plus proche de Dubrovnik, où il est agréable d'y passer une journée en été, l'archipel des Élaphites et, au bout de la presqu'île de Pelješac, Korčula, la cité historique immanquable, comparable à Dubrovnik, sans oublier la lointaine île de Lastovo, dont la nature reste à découvrir, ou encore Mljet et sa nature sauvage (parc national).

Vieille ville
Ulica Iza Grada
Ulica Celestina Medovića
Palmotićeva Ulica
WAR PHOTO LIMITED
OLD TOWN HOSTEL
LUCIN KANTUN
NISHTA
D'VINO WINE BAR
ABOVE 5 ROOFTOP RESTAURANT
REMPARTS (GRADSKE ZIDINE)
DUBROVNIK TREASURES
ICÔNA THAI BOUTIQUE SPA
HÔTEL STARI GRAD
CLARA STONES
CAFÉ FESTIVAL
PORTUN
GRANDE FONTAINE D'ONOFRIO
RESTAURANT KLARISA
BUFFET ŠKOLA
SLASTIČARNA DOLCE VITA
Nalješkovićeva Ulica
Ulica Petilovrijenci
Ulica Vetranićeva
AQUA MARITIME
Ulica Zamanjina
STRADUN
ÉGLISE SAINT-SAUVEUR (CRKVA SV. SPA
Ulica Garište
Zlatarićeva Ulica
Getaldićeva Ulica
Ulica Čubranovićeva
Đorđićeva Ulica
PROTO
MOJE TEZORO - ANTIKVITETI GALERIJA
Ulica Između Polača
Ulica Vara
KOKULA ART & CRAFT SHOP
Široka Ulica
Uska Ulica
Ulica Od Puča
MUSÉE ETHNOGRAPHIQUE RUPE
Ulica Nikole Gucetića
TAJ MAHAL
RAZONODA WINE BAR
DOMINO
APPARTEMENTS CELENGA
Ulica Od Rupa
Ulica Svetoga Josipa
HÔTEL HOUSE FASCINATION
PUPO TAVERN
Ulica Mihe Pracata
Ulica Od Domina
Ulica Svete Marije
Ulica Strossmayerova
Ulica Dinka Ranjine
Gundulićeva Polj
Ulica Zvijezdićeva
Ulica Andr
Poljana Ruđera Boškovića
KOPUN
ÉGLISE JÉS SAINT-IGNA
CITY WALLS HOSTEL
Ulica Od Kaštela
Ulica Crijevićeva
Ulica Grbava
Poljana Ruđera Boškovića
Ulica Od Margarite
CAFÉ BAR BUŽA

Peline
MUSÉE ARCHÉOLOGIQUE - TVRĐAVA REVELIN
Vrata Od Ploča
KINGS LANDING HOSTEL
Klaustar
MONASTÈRE DOMINICAIN (DOMINIKANSKI SAMOSTAN)
Ulica Žudioska
Ulica Kovačka
Zlatarska Ulica
REVELIN CLUB
360° RESTAURANT
Ulica Svetog Dominika
Ulica Svetog Dominika
PALAIS SPONZA (PALAČA SPONZA)
Ulica Ribarnica
Veliki Mul
COLONNE DE ROLAND (ORLANDOV STUP)
Luža
MARCO POLO
ÉGLISE SAINT-BLAISE (CRKVA SV. VLAHA)
Zeljarica
GRADSKA KAVANA ARSENAL
HÔTEL DE VILLE ET THÉÂTRE MARIN DRŽIĆ
OLIVA GOURMET
CROATA MUSEUM CONCEPT STORE
Pred Dvorom
THÉÂTRE MARIN DRŽIĆ
Mali Mul
PALAIS DU RECTEUR (KNEŽEV DVOR)
MARCHÉ DE LA VIEILLE VILLE (TRŽNICA)
Poljana Marina Držića
RIZNICA KATEDRALE
MUSÉE MARITIME (POMORSKI MUZEJ)
Ulica Kneza Damjana Jude
GALERIE DULČIĆ-MASLE-PULITIKA
Ulica Od Pustijerne
Poljana Marina Držića
OYSTER & SUSHI BAR BOTA
Stajeva Ulica
Ulica Bandureva
Ulica Braće Andrijić
Ulica Đura Baljevi
Ulica Restićeva
Ulica Pobijana
Ulica Ilije Sarake
Štulina Ulica
Ulica Ispod Mira
AZUR DUBROVNIK
MALA BUŽA BAR
Mer Adriatique
40 M

Gruž et Lapad
VILLA FRANICA
BISTRO 49
VALAMAR CLUB DUBROVNIK
APPARTEMENTS PERVANOVO
RED HISTORY MUSEUM
PORT DE DUBROVNIK (LUČKA UPRAVA DUBROVNIK)
JADROLINIJA
BON APPETIT
AVANSA TRAVEL
AMFORA
HÔTEL KAZBEK
HÔTEL MORE
CAVE BAR MORE
SLATKI KUTAK
MARCHÉ DE GRUŽ (TRŽNICA/PLACA GRUŽ)
URBAN & VEGGIE RESTAURANT
CASA MIMI
PLAGE DE LAPAD (PLAŽA LAPAD)
VILA MICIKA
SUNSET BEACH DUBROVNIK
PANTARUL
HÔTEL VIS
G-V LINE
ELITE TRAVEL
LIBERTAS
BLUE PLANET DIVING CENTER
Mer Adriatique
200 M
420
8
Ulica Ivana Zajca
Ulica Vatroslava Lisinskog
Ulica Moluntska
Ulica Bokeljska
Ulica Riječka
Ulica Ive Dulčića
Ulica Mostarska
Ulica Primorska
Ulica Petra Svačića
Ulica Kardinala Alojzija Stepinca
Šetalište Kralja Zvonimira
Ulica Mate Vodopića
Ulica Kralja Tomislava
Ulica Miljenka Bratoša
Ulica Kneza Domagoja
Ulica Dalmatinska
Lapadska Obala
Obala Stjepana Radića
Ulica Od Batale
Ulica Od Svetog Mihajla
Nikole Tesle
Ulica Žrtava s Dakse
Masarykov Put
Ivanska Ulica
Put Na Vrh Petke
Ulica Dr. Ante Šercera
Ulica Janjinska
Ulica Ive Vojnovića
Ulica Petra Hekt
Ulica Bana Josipa Jelačića
Ulica Kneza Branim
Ulica Dr. Ante Starčevića
Vukovarska Ulica
Ulica Šipčine
Ulica Andrije Hebranga
Ulica Janka Bobetka
Ulica Od Gaja
Ulica Gornji Kono
Ulica Od Nuncij
ala Pape Ivana Pavla II
nska Magistrala
Mišetića

Boninovo, Pile et Ploče
FORTERESSE IMPÉRIALE, MUSÉE DE LA GUERRE 1991-1995
PANORAMA CAFÉ & RESTAURANT
RESTAURANT KOMARDA
VILLA KLAIC
MERIT LIBERTAS CASINO (HÔTEL LIBERTAS)
APARTMENTS BENUSSI
TÉLÉPHÉRIQUE ET MONT SRĐ (ŽIČARA)
KONOBA DUBRAVA
SESAME INN
POSAT
HILTON IMPERIAL DUBROVNIK
SKYBAR CLUB
ALA MIZERIJA
RESTAURANT NAUTIKA
FORT LOVRIJENAC (TVRĐAVA LOVRIJENAC)
GUSTA ME
VILLA GLORIA
DUBROVNIK CONTEMPORARY GALLERY
MUSÉE D'ART MODERNE (UMJETNIČKA GALERIJA)
LAZARETI
BANJE BEACH CLUB & RESTAURANT
GRAND VILLA ARGENTINA
PLAGE DE SVETI JAKOV (PLAŽA SVETI JAKOV)
Vukovarska Ulica
Ulica Dr. Ante Starčevića
Ulica Bana Josipa Jelačića
Kneza Branimira
Ulica Andrije Hebranga
Ulica Od Gaja
Ulica Vladimira Nazora
Splitski Put
Ulica Pera Čingrije
Ulica Gornji Kono
Ulica Pera Bakića
Ulica Branitelja Dubrovnika
Zagrebačka Ulica
Ulica Iza Grada
Stradun
Veliki Mul
Poljana Paska Miličevića
Poljana Ruđera Boškovića
Ulica Bruna Bušića
Jadranska Magistrala
Ulica Frana Supila
Ulica Kralja Petra Krešimira IV.
Ulica Vlahe Bukovca
Bosanka
Srđ
8
E65
Mer Adriatique
220 M

Région de Dubrovnik
BOSNIE-HERZÉGOVINE
Povlja
Pučišća
Makarska
Kozica
Sumartin
Tučepi
Podgora
Vers Bol
ÎLE DE BRAČ
Igrane
Drvenik
Zaostrog
Gradac
Vrgorac
V. Prolog
Humac
Crveni Grm
Ljubuški
Čapljina
Počitelj
Radimlja
Stolac
Hutovo blato
Gabela
Metković
Žegulja
Ljubinje
Opuzen
Ploče
Hvarski Kanal
Île d'Hvar
Vers Vrboska
Bogomolje
Sućura
Jelsa
Poljica
Neretvanski kanal
Île de šćedro
PRESQU'ÎLE DE PELJEŠAC
Trpanj
LOVIŠTE
KUĆIŠTE
OREBIĆ
VIGANJ
Sveti Mihovil
DINGAČ
Janjina
Korčulanski kanal
RAČIŠCE
KORČULA
PUPNAT
ŽRNOVO
LUMBARDA
TRSTENIK
Dubrava
ŽULJANA
VELA LUKA
Prigradica
Čara
BLATO
Lučica
PUPNATSKA LUKA
ÎLE DE KORČULA
Smokvica
BRNA
GRŠĆICA
Neum
MALI STON
STON
SLANO
ÎLES ÉLAPHITES
Veličani
Dabromani
Trebišnjica
Staro Slano
Mosko
BILEĆA
TREBINJE
Čićevo
TRSTENO
ZATON MALI
RIJEKA DUBROVAČKA
Orašac
ÎLE DE ŠIPAN
ÎLE DE LOPUD
LOPUD
Komolac
Kupari
SREBRENO
MLINI
Soline
Župa Dubrovačka
DUBROVNIK
CAVTAT
Plat
Konavle
LJUTA
Vers l'aéroport
ČILIPI
GRUDA
Poljice
MOLUNAT
Lastovski kanal
Île De Saplun
LASTOVO
ZAKLOPATICA
Pasadur
UBLI
Skrivena Luka
ÎLE DE LASTOVO
Vers Île de Sušac
Goveđari
Polače
KOZARICA
SOBRA
Okuklje
Korita
BABINO POLJE
Prožurska Luka
PARC NATIONAL DE MLJET
SAPLUNARA
ÎLE DE MLJET
ÎLE DE KOLOČEP
ÎLE DE LOKRUM
Bari
10 KM

Cet archipel, composé de trois îles principales, décore la ligne d'horizon entre Dubrovnik et la péninsule de Pelješac au nord. Elaphites vient du grec « îles des cerfs ». L'origine de ce nom serait lié aux troupeaux de daims qui peuplaient les îles dans l'Antiquité, soit à leur forme dans la mer qui fait penser au cervidé. Rattachées à la république de Raguse à partir du XIVe siècle, les petites cités insulaires, avec le déclin de la ville-État, ont souffert des migrations économiques. Aujourd'hui, seules Koločep, Lopud et Šipan sont habitées et ouvertes au tourisme.

On y arrive en bateau. De Dubrovnik, deux possibilités s'offrent à vous. Le ferry Jadrolinija depuis le port de Gruž vous mène notamment jusqu'à Šipan au nord, à raison de trois départs en été (un seul en saison basse). Des bateaux plus petits font aussi la traversée depuis le vieux port ou vous embarquent pour des excursions à la journée sur les trois îles (déjeuner sur le bateau compris). Les voitures sont interdites sur tout l'archipel.

Après l'Istrie, c'est la 2e plus grande presqu'île de Croatie. Dominée par une chaîne de montagnes, elle s'étend sur plus de 65 km, en un bras de terre qui semble soutenir l'île de Korčula. Une longue route transversale, véritable artère centrale, qui passe par la cité historique Ston et Mali Ston, dessert d'autres routes secondaires. Au sud-est, des routes à emprunter, l'une descend vers le petit port de Trstenik, où l'on prend le catamaran rapide pour Polace (île de Mljet), l'autre conduit à la plage et l'embarcadère de Prapratno (ferry pour Sobra – l'île Mjet). Au nord-ouest, une route relie Trpanj, station balnéaire et port (ferry pour Ploče). D'autres localités, Drače, Lovište, Kućište, Viganj, d'autres plages un peu secrètes (Plaža Divna, Plaza Duba) à découvrir sur les côtes nord ou sud. Mais nombreux sont les touristes qui tracent directement jusqu'à Orebić, charmante ville balnéaire, ancienne cité de capitaines marins, pour ne pas rater le ferry pour l'île de Korčula.

Fin juillet 2021, l'inauguration en grande pompe du pont Peljesač a une résonance nationale. Projet phare de la coopération tripartite Chine-Croatie-Europe, l'ouvrage relie désormais la presqu'île et la terre ferme, entre Brijesta et Komarna, ce qui permet d'éviter de passer dans le territoire maritime bosniaque, autour de la ville de Neum (objet de fortes tensions entre les deux pays). Ouverture au public en juin 2022.

La presqu'île de Pelješac (62 km) constitue l'une des zones immanquables de la région de Dubrovnik. Cette langue de terre s'étire dans l'Adriatique, avec hauts sommets, pinèdes, maquis et plantes exotiques, sans oublier le vignoble produit ici, qui donne les meilleurs vins croates, le fameux dingač (rouge) et le maraština (blanc). De plus, Pelješac ouvre sur les îles de Korcula, Mljet et Lastovo.

●● ÎLE DE KORČULA

488 Au large de la péninsule de Pelješac, Korčula est l'une des plus belles îles de la Dalmatie du Sud, avec son port du même nom, cité médiévale et Renaissance parmi les mieux conservées du bassin méditerranéen. Son charme est comparable à celui de Dubrovnik. Avec 182 km de côtes, superbement découpées, l'île, couverte de forêts, vignobles et végétation abondante, offre des paysages magnifiques. Les cyprès et pinèdes au vert sombre lui léguèrent son appellation grec, Korkyra Melaina, Korčula la Noire. Les plaisanciers apprécient le cabotage dans ses 195 baies, 48 îlots et, avec le ferry qui la relie plusieurs fois par jour à Orebić, l'île devient extrêmement fréquentée l'été. Les prix s'en ressentent.

N'hésitez pas à sortir des sentiers battus. Découvrez Račišće la discrète, Lumbarda au bout de l'île, paradis des planches à voile et des kayaks, le port de pêche de Vela Luka. Au centre de l'île, Blato comme Smokvica sont de petites localités au cœur d'un fier vignoble. Toutes les konobas et restaurants bio (agroturizam) vous proposeront le vin blanc local produit avec les grappes Krk.

KORČULA ★★★

488 Selon la légende, Marco Polo serait né à Korčula. Comme suspendue à la pointe ouest de Pelješac, la grande île (279 km²) est reliée à la côte par des rotations de ferrys (Drvenik, Ploce, Orebič). Également connectée par catamarans à Split, Hvar, Brač, Vela-Luka, Lastovo, Mljet, Sipan et Dubrovnik.

493 RAČIŠĆE

ŽRNOVO

493 Le village continental de Žrnovo, à 4 km de Korčula, est d'un accès facile en voiture ou en bus (ligne de Vela-Luka à la ville de Korčula). C'est une des plus vieilles localités de l'île, qui se répartit en quatre hameaux, Prvo Selo, le premier village en venant de Korčula, Brdo, dans les hauteurs, Kampuš et Postrana, de part et d'autre de la route principale et dans les hauteurs.

494 PUPNAT

LUMBARDA ★

494 L'office de tourisme de Lumbarda renseigne sur l'hébergement (hôtel et locations saisonnières privées) et sur le patrimoine naturel et culturel, les pistes cyclables, les sentiers de randonnées, les excursions, par exemple une journée en mer vers l'île de Badija, la plus grande de l'archipel entre Korčula et Lumbarda.

www.tz-lumbarda.hr

PUPNATSKA LUKA

495 Mieux vaut être véhiculé pour rejoindre cette partie de l'île même si, en haute saison, vous trouvez une ligne de bus locale pour faire le trajet depuis la ville de Korčula. Une autre solution, louer un vélo – attention, ça monte et ça descend beaucoup ! – ou un scooter. Comptez une quinzaine de kilomètres entre la ville de Korčula et la plage de Pupnatska Luka.

495 BLATO

495 GRŠĆICA

495 VELA LUKA

496 BRNA

●● ÎLE DE LASTOVO
497

Sur une superficie maritime de 143 km², les 44 îles, îlots et rochers forment l'archipel de Lastovo, déclaré Parc naturel en 2006. Comme Vis, la principale île ne s'ouvre aux visiteurs qu'en 1989. Avec ses forêts denses, ses hautes falaises côtières, ses étangs et grottes sous-marines, son eau cristalline à la riche vie aquatique, Lastovo attire les navigateurs expérimentés, les plongeurs aguerris et autres amateurs de snorkeling. Son isolement aux confins de l'Adriatique la préserve, tout comme la présence de l'armée qui a contenu l'impact des constructions immobilières et touristiques. Pourvu que ça dure ! Autre parallèle avec Vis, c'est aussi l'île la plus éloignée du continent. De Split, comptez 4 heures de traversée en ferry.

En face de Korčula, l'île a gardé une part de mystère, car elle a été fermée au tourisme étranger par l'armée jusqu'à la fin des années 1980. En arrivant au port d'Ubli, on cherche le village Pasadur (où se loger), Lastovo, le plus beau village de l'île, la baie Uvala Sveti Mihajlo, les hameaux de Zaklopatica et de Skrivena Luka, le phare de Struga, qui culmine à 104 m. Slow life garantie !

En ferry et catamaran, tous les jours, la ligne Split-Vela Luka (Korčula) - Hvar (environ 5 ou 3h) arrive dans le port d'Ubli. Pour le retour, achat des billets une demi-heure avant le départ au port ou en ligne. Liaison quotidienne également avec Dubrovnik en catamaran (4h environ). Les billets s'achètent à bord.

www.jadrolinija.hr - www.g-v-line.hr

497 **LASTOVO ★★★**

498 **ZAKLOPATICA**

498 **UBLI**

●● ÎLE DE MLJET
499

Surnommée l'île Verte, Mljet est la plus sauvage, protégée depuis 1960 par un parc national. Ce territoire couvre la partie ouest de l'île, recouverte de végétation luxuriante, la forêt de pins d'Alep, qui court jusqu'à sa côte découpée et couvre environ 70 % de l'île, Homère la mentionne dans son *Odyssée*. Les vents de Poséidon poussèrent Ulysse vers Mljet, où le navigateur décide de séjourner avec Calypso pour oublier Ithaque. Puis les Romains s'y installent et construisent un grand palais à Polače, alors que les Illyriens peuplent l'intérieur des terres. Un autre récit ancien nous vient des premiers chrétiens. Saint Paul aurait fait naufrage dans les environs, en 61 apr. J.-C. Bien que les historiens n'aient encore rien prouvé, les insulaires invoquent souvent son nom dans leurs expressions et prières. Au Moyen Âge, Mljet fut occupée par des moines bénédictins de la région des Pouilles en Italie, avant de revenir sous l'autorité de Dubrovnik au XIVe siècle.

Aujourd'hui, l'île attire les amoureux de nature intacte, dans les petits ports calmes comme Sobra, les amateurs de randonnées, de plages de sable superbes (Saplunara), de grotte mystérieuse (Odisejeva špilja). Des visiteurs viennent à la journée en ferry. Pour les plaisanciers, le mouillage est autorisé dans les baies de Pomena et de Polače. Les excursionnistes, qui viennent de Korčula, Hvar, Dubrovnik et Split, y accostent aussi. Les deux villages côtiers sont reliés aux lacs par un système de sentiers forestiers. Sur les lacs, seuls les kayaks et les bateaux touristiques agréés par le parc national sont autorisés.

499 **BABINO POLJE ★**

501 **KOZARICA**

501 **SOBRA ★★**

Mentionnée dès le IVe siècle avant J.C., l'île fait partie de l'archipel sud-dalmate (1286,77 km²), avec un bon point de mouillage naturel à Polače. Très boisée, l'île est restée intacte, grâce à son parc national. Il couvre les trois quarts de l'île, des villages, deux lacs salés, l'îlot de Sainte Marie. Partout la forêt luxuriante, les pins d'Alep, les caroubiers, les oliviers, les vignobles.

502 **OKUKLJE**

502 **SAPLUNARA ★★**

DUBROVNIK

© PBSM - ISTOCKPHOTO.COM

En Dalmatie du Sud, l'ancienne Raguse a toujours été considérée avec Venise comme LA perle de l'Adriatique. Aussi, quand les bombardements ont visé Dubrovnik en 1991, ce fut l'effroi devant les images de la cité assiégée, les remparts et le vieux port en flammes. Deux ans plus tard, grâce au soutien de la communauté internationale, le centre historique a commencé à retrouver l'élégance de ses palais et de ses églises, débarrassés des gravats de la guerre. On admirait à nouveau l'harmonie chromatique des toitures d'argile, les tonalités rose orangé des tuiles. Les portes d'entrée monumentales, le superbe pavement de l'artère principale, les escaliers aux pierres polies, les églises et leur trésor, tout fut admirablement restauré. Aujourd'hui, victime de son succès public, la ville-musée souffre du tourisme de masse, surtout en été. Heureusement, hors saison, le charme revient dans la ville fortifiée.

SE REPÉRER SE DÉPLACER

En été, plusieurs compagnies aériennes low cost desservent Dubrovnik (Transavia, EasyJet, Volotea, Vueling) et, toute l'année, Croatia Airlines et Air France assurent les rotations avec la France. Dubrovnik *intra-muros* est un domaine entièrement piéton, cerné par les remparts et la mer. Des bus locaux (Libertas) apportent un service urbain très utile, entre la cité close et la ville active, effectuant des arrêts principaux à la porte Pile ou à la gare routière de Lapad-Gruž). Ils connectent aussi la cité historique (Stari Grad) aux différents quartiers et complexes hôteliers (Lapad et Babin Kuk) jusqu'à minuit. Des cars relient Dubrovnik à Zagreb, Split, Rijeka, Zadar, Makarska et aux villes de pays frontaliers comme Belgrade, Mostar ou Metković. Le port de Gruž (Lučka Uprava Dubrovnik) abrite un gros trafic maritime alors que le vieux port sert plus aux excursionnistes et aux navettes pour les îles proches.

AÉROPORT INTERNATIONAL DUBROVNIK

(Zračna luka Dubrovnik)
✆ +385 20 773 100
www.airport-dubrovnik.hr

Toute l'année, les voyageurs trouveront des vols directs Paris-Dubrovnik avec Croatia Airlines (groupe Lufthansa), et, l'été, de nombreuses compagnies low cost, dont Ryanair et Volotea. Toujours avec Croatia Airlines et Air France *via* Zagreb ou Split, avec une escale. En plus d'un gros service de taxi, des bus navettes relient l'aéroport à la vieille ville (arrêts en face du téléphérique, au port et à la gare routière, avec horaires en liaison avec les vols (40 kn par personne).

LIBERTAS

www.libertasdubrovnik.hr

Ticket urbain : 12 kn. Il coûte 15 kn si acheté dans le bus.

Durant les mois de juillet et août il est particulièrement difficile de trouver une place de parking à Dubrovnik. C'est pourquoi il est très utile d'avoir sur soi le plan des transports en commun. Les bus urbains Libertas desservent la ville moderne, l'aéroport et les principales localités côtières de la riviera de Dubrovnik. Même s'ils sont souvent bondés en été, ces bus vous permettront de vous déplacer rapidement et de ne pas limiter votre visite à la vieille ville. Leurs horaires sont téléchargeables sur le site de la société.

G-V LINE

Vukovarska 34
✆ +385 20 313 119
www.gv-line.hr

Cette agence de Lapad gère des catamarans rapides, qui font la liaison régulière entre le port de Gruž et les embarcadères de Sobra et Polače sur l'île de Mljet, en 1h45, via Korčula (en juillet et août) et Šipanska Luka (île de Šipan). Transport de passagers exclusivement. Achat des tickets le jour même (pas d'achat en ligne), ouverture des kiosques (à proximité des quais d'accostage). Soyez en avance, les tickets partent vite pour Mljet ! Des transports vers Zadar via Sestrunj, Rivanj, Zverinac ou Mali Iz, Veli Iz, Mala Rava et Rava sont également assurés.

JADROLINIJA

Obala Stjepana Radića 40
✆ +385 20 418 000
www.jadrolinija.hr

Les billets peuvent s'acheter à l'avance. Consulter le site pour les horaires des ferries et catamarans.

Plusieurs lignes en provenance et à destination de Dubrovnik, la plupart en car-ferries, les véhicules peuvent y embarquer. Fin mai à fin septembre, la compagnie navigue deux fois par semaine entre Rijeka - Split - Hvar (Stari grad) - Mljet (Sobra) - Korčula et Dubrovnik. Toute l'année, transport passagers et véhicules d'Orebić (Pelješac) à Korčula Dominče. Toute l'année, Prapatno (Pelješac) du côté de Ston et Sobra (Mljet) sont reliés par un ferry-voiture. Début juin à fin septembre, depuis Vela Luka (Korčula), car ferry pour Lastovo, Hvar et Split.

LES QUARTIERS DE DUBROVNIK

Pour une première approche, l'idéal serait de faire le tour de ronde des remparts pour embrasser des yeux la cité close, sur son rocher, les forteresses, le tissu urbain ancien (églises, monastères, palais, etc.) et le Stradun qui coupe la ville en deux. Au nord, un enchevêtrement de ruelles et d'escaliers, au sud, des rues plus longues et plus larges, en toile de fond, la mer et les îles Élaphites. À proximité des remparts, les quartiers périphériques portent le nom des portes historiques. Côté est, Ploče monte sur la colline, descend sur le littoral et débute la Župa dubrovačka (riviera). Côté ouest, Pile et Boninovo, quartiers résidentiels, très urbanisés, dont la côte au relief accidenté est dominée par le fort Lovrijenac, le parc Gradac et des rochers jusqu'à l'église Sveti Marija Danče. Enfin, Lapad-Gruž, quartier animé, touristique, vit autour du port, du marché et des supermarchés, de la gare routière, des plages et des résidences balnéaires.

Vieille ville

Le centre historique de Dubrovnik, cerclé de remparts, est riche en monuments historiques, édifiés pour la plupart entre le XIe et le XVIIe siècle et reconstruits à la suite du séisme de 1667. La Raguse d'antan abritait près de dix monastères (dont deux sont encore en parfait état) et quarante-deux églises (intactes encore aujourd'hui pour la plupart). La ville *intra-muros* compte environ 1 000 habitants aujourd'hui sur un total de 42 000. Presque entièrement dévolues aux touristes, ses ruelles n'abritent plus guère que des boutiques de souvenirs souvent insipides, aux dépens des petits commerces de bouche, des échoppes artisanales et des ateliers de maître. Hors saison, la vieille ville tourne au ralenti, pour ne pas dire hiberne intégralement ! Côté géographie, le Stradun coupe la vieille ville en deux, au nord un enchevêtrement de ruelles et d'escaliers, au sud, des rues plus longues et plus larges.

Gruž et Lapad

Ces deux quartiers à l'ouest de la vieille ville incarnent la ville moderne de Dubrovnik, reliés à la porte de Pile par un bon système de bus (soit 20 minutes de trajet). Dominée par le pont Tuđman qui enjambe la rivière Dubrovačka rijeka, Gruž s'articule autour de son grand port international, assorti d'une gare routière internationale 300 m plus loin. Quartier de transit animé, à l'image de son marché alimentaire, Gruž n'en compte pas moins quelques jolies villas ragusaines, à l'abri de leur délicat jardin. Suite au tremblement de terre de 1667, la République avait même songé un temps déménager ses activités portuaires à Gruž mais le port de la vieille ville avait finalement repris du service. Plus loin, de l'autre côté du pont, c'est Komolac et sa marina. Une grande partie de la population dubrovnikoise réside dans les hauteurs de Gruž et à Kantafig, Nuncijata et Mokošica, au-delà de Gruž.

Quartier essentiellement résidentiel, Lapad forme une presqu'île qui s'étend du sud de Gruž jusqu'à Boninovo. Les ruelles y sont inexistantes, ici c'est bien la voiture qui est reine ! La baie de Lapad et la partie supérieure de la presqu'île – appelée Babin Kuk – hébergent les grands hôtels et plages de la ville. Les anciens complexes balnéaires yougoslaves des années 1970 ont fait place aux hôtels-spa-clubs vacances tout inclus plus récents.

Comme à Gruž, plusieurs grandes familles ragusaines ont implanté leur quartier d'été à Lapad, notamment du côté de Lapadska obala.

Frappés par les bombardements ennemis de 1991, ces deux quartiers ont su se reconstruire grâce au tourisme notamment, mais pas seulement. Gruž et Lapad sont animés d'une vraie vie de quartier, qui redonne le sourire après avoir arpenté le petit musée que constitue la vieille ville.

Boninovo, Pile et Ploče

Ces trois quartiers situés de part et d'autre, pour ne pas dire accolés aux deux grandes portes de la vieille ville, autrefois des faubourgs, semblent presque faire corps avec la vieille ville aujourd'hui. Côté ouest, au pied de la porte éponyme s'étendent les ruelles de Pile : certaines s'en vont grimper dans les hauteurs résidentielles (comme Uz Posat), quand d'autres descendent vers la mer et le fort Lovrijenac (Od Tabakarije). Boninovo en est son prolongement, encore plus accidenté. Le littoral de ce troisième quartier, vert et bordé de falaises, en impressionnera plus d'un. Il réserve plusieurs plages (bétonnées ou de rochers) fréquentées des locaux, notamment Danče et Šulic. On y trouve aussi quelques jolies et anciennes églises comme celle de Danče.

Ploče, côté est, à l'ombre du mont Srđ, est un quartier cossu, dans les hauteurs, réservant de belles vues sur l'île de Lokrum. Il s'étend jusqu'aux premières stations balnéaires de la Župa dubrovačka, en direction de Cavtat.

PORT DE DUBROVNIK [LUČKA UPRAVA DUBROVNIK]

Obala Ivana Pavla II br 1
✆ +385 20 313 511
www.portdubrovnik.hr

C'est dans le port de Gruž que l'on voit arriver et partir les gigantesques bateaux de croisière mais aussi les ferries pour l'Italie (Bari), pour l'archipel de Dubrovnik (îles Elaphites), le catamaran rapide pour Mljet. Le transport de passagers avec ou sans véhicules se fait principalement avec la compagnie maritime nationale Jadrolinija et la compagnie privée GV lines, autant dire beaucoup de monde et de trafic sur les quais en période estivale.

KORKYRA INFO DUBROVNIK

Na Moru 1
✆ +385 20 361 950
www.korkyra-dubrovnik.com
Ouvert touts les jours de 9h à 21h de mai à octobre.

Cette agence locale, spécialisée sur la région de Dubrovnik et Korčula, offre des locations de scooter, quad, voiture, kayak ou bateau, tout comme des transferts ou des taxis entre les deux villes. Mais vous pouvez aussi faire appel à ses agents pour vous dépanner en matière de logement à Dubrovnik ou Korčula. Parmi les services les plus originaux, la location d'hélicoptère pour un tour panoramique (maximum quatre personnes) ou l'organisation d'une escapade à cheval le long de la côte du Konavle. L'agence est présente aussi à l'aéroport et à Korčula.

SAIL DUBROVNIK

Gorava, 27
✆ +385 20 453 740
www.saildubrovnik.com
Location de bateaux ou service de skipper.
Compter 50 € par personne pour une excursion en bateau de quatre personnes.

Ljubo Gamulin, son père Jadran et leurs associés n'ont qu'une passion : la Méditerranée, sur laquelle ils naviguent depuis des décennies à eux seuls. Jadran, qui a fondé l'agence, travaille comme skipper depuis 1968 et a remporté plusieurs compétitions. Son fils Ljubo vit de la navigation depuis 1989 et a lui aussi gagné des régates. Propriétaires de plusieurs bateaux, père et fils proposent des services de location, des cours de voile personnalisés et des excursions. C'est une famille très connue en ville. Si vous voulez parler français, demandez Vesna.

TAXI SERVICE DUBROVNIK

✆ +385 98 725 769
www.taxiservicedubrovnik.com
La course à partir de 50 kn en ville.

La société Radulovic propose divers services de transports, des déplacements en ville aux transferts depuis et vers l'aéroport, en passant par les trajets sur la côte. La location de voiture et scooter est également possible, tout comme la location de minivans et même de bus. Il est possible de réserver en ligne avant d'arriver à Dubrovnik. Tomislav pourra aussi vous conseiller sur l'organisation d'un périple dans la région, jusqu'à Mostar en Bosnie-Herzégovine ou Kotor et Budva au Monténégro. Un « grand tour » de la Croatie est aussi proposé.

DISCOVERY CAR RENTAL

Marka Marulica 19
✆ +385 98 440 968
www.discoveryrent.com.hr

Cette agence met à la location un large choix de véhicules toutes catégories, pour tous les profils de conducteurs : mini, économique, compacte, familiale, mini-van, luxe, etc. Ceux qui ne souhaitent pas une voiture pourront également choisir parmi une large flotte de scooters. Vous pouvez retirer et remettre le véhicule où vous le souhaitez. L'agence Discovery Car Rental propose des transferts depuis et vers l'aéroport et organise des excursions en Bosnie ou au Monténégro. Service soigné et explicatif quant aux diverses conditions de location.

TÉLÉPHÉRIQUE ET MONT SRĐ [ŽIČARA] ★★

Petra Kresimira IV bb
✆ + 385 20 414 355
www.dubrovnikcablecar.com
Ticket : 85 kn l'aller, 150 kn l'aller-retour.

Construit en 1969, ce téléphérique permet de monter à 405 m de hauteur, en partant de la vieille ville (Ploče) pour atteindre le mont Srđ en 3 minutes. Sérieusement endommagé en octobre 1991, lors du siège de Dubrovnik, il n'a été remis en sevice que vingt ans plus tard. Les visiteurs se régalent du panorama, de la vue à 360 degrés sur la cité fortifiée, la mer Adriatique, la riviera à l'ouest, la côte sud dalmate, les paysages arides autour du mont. Restaurant-bar à l'arrivée.

À VOIR / À FAIRE

L'office de tourisme municipal se trouve à l'entrée principale de la cité close (porte Pile). C'est ici que les fans de la série choisiront leur Game of Thrones Dubrovnik Tour. Mais on peut, tout aussi bien et pour ne rien manquer, avec une carte, faire le tour des remparts, visiter les forts Lovrinjac et Revelin, entrer *intra-muros* par l'une des trois portes monumentales, arpenter la grande artère (Stradun) dans tous les sens, se perdre dans ce formidable labyrinthe urbain.

On peut à son rythme découvrir cet incroyable patrimoine historique (plusieurs édifices religieux, cathédrale, églises de différents ordres, monastères avec superbes cloîtres, ancienne pharmacie, plusieurs palais, celui du Recteur notamment, palais Sponza, hôtel de ville, places et fontaines).

Du vieux port, sans forcement céder aux excursionnistes, on peut prendre le bateau pour Lokrum, l'île voisine, ou la navette Dubrovnik-Cavtat *via* Mlini.

BUREAU DU FESTIVAL D'ÉTÉ (DUBROVAČKE LJETNE IGRE)

Od Sigurate 1
✆ +385 20 326 100
www.dubrovnik-festival.hr
Plusieurs bureaux de vente en saison. Celui d'Od Sigurate est ouvert tous les jours 9h-21h30. Tickets : 150-300 kn.

C'est dans ce palais situé dans une ruelle à l'ouest de la vieille ville que le festival d'été de Dubrovnik tient son bureau. On peut s'y procurer le programme, des souvenirs du festival et surtout les tickets pour les spectacles. Un conseil : achetez vos billets en avance, surtout pour les spectacles les plus prisés. Le festival se tient depuis 1950 et figure parmi les manifestations culturelles les plus renommées de Croatie. En d'autres mots, il risque d'y avoir du monde !

OFFICE DU TOURISME DUBROVNIK

Brsalje 5 ✆ +385 20 323 887
www.tzdubrovnik.hr
Ouvert toute l'année. En saison, tous les jours de 8h à 20h. La Dubrovnik Card (plusieurs forfaits) de 250 à 350 kn.

A l'entrée de la vieille ville, ce bureau municipal est le comptoir principal d'informations : brochures, cartes… tout ce qu'il faut pour la découverte de la ville. Le comptoir de l'office de tourisme de Dubrovnik à l'aéroport est aussi bien pratique quand on arrive ! Considérant le nombre élevé de points d'intérêt, il est avantageux d'acheter la Dubrovnik Card. C'est le moyen le plus économique de faire tous les immanquables avec, en plus, la gratuité dans les transports en commun.

OFFICE DU TOURISME DE GRUŽ (TURISTIČKA ZAJEDNICA)

Obala Ivana Pavla II, br. 1
✆ +385 20 417 983
www.tzdubrovnik.hr
Ouvert toute l'année. De 8h à 21h en saison.

Situé juste à l'arrivée des ferries dans le port de Gruž, non loin de la gare routière, cet office du tourisme fournit les mêmes informations que les deux autres bureaux en ville. Néanmoins, vu sa proximité avec le port et le fait qu'il y a d'habitude moins de monde que dans le bureau de Pile dans le centre-ville, n'hésitez pas à demander ici quelques conseils supplémentaires concernant notamment les îles Élaphites. Bon accueil et brochures disponibles aussi en français.

ADVENTURE DUBROVNIK

Sv. Križa 3
✆ +385 99 336 1336
www.adventuredubrovnik.com
Escapade en kayak de mer de 3h en saison, divers créneau au long de la journée. 230 kn par personne.

L'équipe d'Adventure Dubrovnik organise et encadre diverses expéditions sportives dans la région de Dubrovnik (vélo, bateau, etc.), notamment des tours en kayak de mer, autour de la vieille ville de Dubrovnik et de Lokrum, le moyen de transport idéal pour admirer « la Perle » depuis les flots. Les kayaks sont partagés à deux et les fréquentes étapes sont ponctuées de courts récits sur l'histoire de la ville. Une session spéciale est organisée chaque jour au moment du coucher du soleil. Au retour à la plage, un verre de vin vous est offert par l'équipe.

ECO TUK TOURS DUBROVNIK

Ul. od Nuncijate 81
✆ +385 98 856 155
www.ecotuktoursdu.hr
À partir de 225 kn le tour par personne, ou 900 kn pour 4 personnes et 2 enfants. Cinq types de parcours différents.

Les frères John et Ante proposent un tour de Dubrovnik 100% vert. En voiture électrique « tuk tuk », ils vous conduiront hors des sentiers battus, loin de la foule de la vieille ville. Vous allez découvrir, cheveux aux vent, une autre Dubrovnik, plus authentique et plus secrète, même si John et Ante vous arrêteront tout de même dans des lieux touristiques comme celui du mont Srđ. Tout au long de la balade qui dure au minimum deux heures, vous apprendrez beaucoup sur l'histoire de cette cité médiévale, car John et Ante regorgent d'anecdotes et d'informations !

GAME OF THRONES DUBROVNIK TOUR

www.game-of-thrones-dubrovnik-tour.com
Deux visites guidées thématiques plus ou moins étendues. Point de départ devant le « Pile Gate ».

Cette compagnie compte parmi les visites *GOT* les plus plébiscitées de Dubrovnik. Il faut dire que certains guides ont été figurants sur le tournage, ce qui donne aux anecdotes un certain piment. Deux options sont possibles : « King's Landing Walking Tour », 55 € par personne, et 2h30 de découverte dans la vieille ville ; « Ultimate *Game of Thrones* Tour », 105 € par personne, et 5h30 à 6h pour découvrir les sites de Dubrovnik, ainsi que l'arboretum de Trsteno et la montagne Srd.

IVANA RADIĆ (GOT2DU)

✆ +385 98 720 728
got2du.com
De 100 à 150 € la visite de plusieurs heures.

L'anglophone Ivana, diplômée en archéologe, est une guide enjouée, qui en bonne fan de la série, a été une des premières à Dubrovnik à organiser des visites thématiques autour de *Game of Thrones*, ce qui ne l'empêche pas de faire des visites plus classiques à la demande (même en japonais !). Le tour phare va vous dévoiler tous les coins de la ville où a été tournée la célèbre série américaine, tandis que si vous préférez une autre approche, vous pourrez choisir entre les « secrets cachés de Dubrovnik » ou le tutoriel « Dubrovnik comme un local ».

RED UMBRELLA - DUBROVNIK WALKING TOURS ★★★

The Big Onofrio's Fountain ✆ +385 20 436 846
www.dubrovnik-walking-tours.com
Lieu de rendez-vous : la grande fontaine Onofrio. Informations et réservations sur le site Internet. À partir de 90 kn.

Cette agence très connue en ville organise des visites guidées rondement menées de Dubrovnik (en anglais et en espagnol). Plusieurs visites au choix par jour : Dubrovnik classique ; histoire de guerre – mettant l'accent sur Dubrovnik lors de la guerre de Yougoslavie ; visite du vieux quartier juif ou encore sur les pas de *Game of Thrones* à Dubrovnik (lieu de son tournage). Un tour « Game of Thrones & Dubrovnik » est aussi proposé combinant les principaux points de deux tours.

SEGWAY CITY TOUR DUBROVNIK

Put dragovoljaca domovinskog rata 10
✆ +385 98 496 954
www.segwaycitytourdubrovnik.com
Du 1er mars au 30 novembre. Des circuits de 30 minutes à 1h30 de 300 kn à 410 kn. Groupe de 2 à 6 personnes.

Découvrir la vieille ville de jour, de nuit, aller à Lapad, voir un bout de la riviera, tout ça à pied, c'est fatiguant ! De drôles de petits véhicules motorisés pourraient vous aider à vous déplacer partout ! À bord d'une plateforme monoplace munie de deux roues, on se tient debout comme sur une trottinette et... à vous les kilomètres ! L'agence se trouve à Mlini mais plusieurs hôtels de Dubrovnik proposent la formule (Dubrovnik Palace, Excelsior, Bellevue, etc.).

VESNA GAMULIN ★★

✆ +385 99 30 38 768
50 € pour une visite de 2-3 heures (6 personnes au maximum).

Vesna s'exprime dans un français qui fait plaisir à entendre ! Cette guide professionnelle native de Dubrovnik a plus d'une anecdote à partager sur sa ville d'origine. Elle a guidé les personnalités françaises les plus éminentes dans la cité et se fera un plaisir de vous faire découvrir son Dubrovnik à elle. Vesna est aussi une spécialiste de l'histoire des villes médiévales et leurs forteresses, ça tombe bien il y en a pas mal dans la région ! N'hésitez pas à lui demander des conseils pour vos visites dans les alentours de la ville.

ELITE TRAVEL

Vukovarska 17
✆ +385 20 358 200
www.elite.hr

En été, ouvert tous les jours, hors saison touristique, fermé le week-end.

Cette agence est présente sur le marché depuis plus de 15 ans. Elle développe ses activités sur toute la côte adriatique avec une offre multi-services sur la Dalmatie, la vieille ville de Dubrovnik et sa riviera. Elle propose aussi des sorties dans les pays frontaliers, des mini-croisières, des vacances sportives et vous aide à trouver l'hébergement idéal pour vos vacances, en fonction de votre profil. L'agence dispose d'une large flotte de bateaux pour faire le tour des îles voisines, avec accompagnement. Possibilité de réserver en ligne.

COLONNE DE ROLAND [ORLANDOV STUP] ★

Luža ul.

Au centre de la place Luža, entre le palais Sponza et l'église Saint-Blaise, une étonnante colonne, au sommet de laquelle trône le paladin Roland en chevalier armé, fut érigée en 1418 par Antun Dubrovčanin. Elle a toujours symbolisé la république libre de Dubrovnik, au point qu'en 1991, elle servit de lieu de ralliement pour les défenseurs de la vieille ville lors de son siège. L'avant-bras de la statue de Roland servait pour les commerçants d'unité de mesure.

ÉGLISE SAINT-SAUVEUR [CRKVA SV. SPASA] ★

Placa

Immédiatement sur votre gauche en arrivant de la porte Pile, vous trouverez cette église. Elle fut construite par les frères Andrijići entre 1520 et 1528 avec l'aval du Sénat de Dubrovnik commandée par des citoyens reconnaissant d'avoir survécu à un très fort tremblement de terre. La fenêtre frontale en rosace est typique de l'époque de la Renaissance en Dalmatie. A l'intérieur, vous pourrez contempler un superbe tableau de l'Ascension peint par Pietro Antonio da Urbino en 1528.

ÉGLISE JÉSUITE SAINT-IGNACE ★★

Poljana Rudera Boškovića

Ouvert de 8h à 20h.

Sur le côté sud de la place du marché, un escalier monumental, datant de 1738, mène à l'imposante église baroque Sveti Ignacija. Dessinée par l'architecte italien Andrea Pozzo, l'église s'inspire des plans au sol de la fameuse Chiesa del Gesù de Rome (1584). Ses fresques intérieures, composées en trompe-l'œil et très représentatives du style pictural jésuite, tout en légèreté aérienne, sont l'œuvre du Sicilien Gaetano Garcia.Un bel édifice immanquable.

GALERIE DULČIĆ-MASLE-PULITIKA ★★

Poljana Marina Držića 1 ✆ +385 20 612 645

www.ugdubrovnik.hr

Ouverte du mardi au dimanche de 9h à 18h ou 20h. 130 kn/50 kn (tarif réduit). Entrée gratuite avec la Dubrovnik card.

On a tendance à négliger cette galerie d'art moderne et contemporain, créée en 1998. À tort ! C'est ici que l'on pourra voir plusieurs œuvres d'un trio de peintres locaux, Ivo Dulčić, Antun Masle, Đuro Pulitika, ainsi que d'autres artistes plasticiens. Ponctuellement, des expositions temporaires piochent dans le riche fonds de la galerie. De plus, la vue que l'on a depuis les étages, le tissu de ruelles autour de la cathédrale, constituent un argument supplémentaire à la visite.

ÉGLISE SAINT-BLAISE [CRKVA SV. VLAHA] ★★

Luža ul. 2

Ouverte de 8h à midi et de 16h à 18h.

Cette belle église baroque du XVIIe siècle fut construite par l'architecte vénitien Gropelli. Église intimiste et parmi le splus importantes de Dubrovnik, elle est dédiée au saint patron de la ville et fut édifiée en 1715. Celui-ci s'inspira de l'église San Maurizio de Venise pour la concevoir. Au-dessus de l'autel, Saint Blaise tient une maquette de la ville d'avant le tremblement de terre de 1667, précieux témoignage d'une époque révolue dont il ne reste que peu de vestiges.

GRANDE FONTAINE D'ONOFRIO ★★

Velika Onofrijeva česma

De son nom croate, Velika Onofrijeva Cesma, cette grande fontaine est un parfait polygone à 16 faces, édifiée par Onofrio della Cava en 1441, dans le style classique de l'architecture Renaissance italienne. Posée à l'entrée de la vieille ville, elle demeure aujourd'hui une source inépuisable rafraîchissante, grâce à un aqueduc de 14 km qui y achemine l'eau de source du mont Srđ. Témoin incontournable du passé de Dubrovnik, cette fontaine attire toujours les troubadours.

HÔTEL DE VILLE ET THÉÂTRE MARIN DRŽIĆ ★

Pred Dvorom 1

Le siège du conseil municipal fut construit en 1303, détruit par un incendie en 1817, reconstruit en 1864 dans un style néo-Renaissance. À l'arrière, se trouvait l'arsenal dans lequel étaient entreposés les vaisseaux de la flotte ragusaine. Presque totalement détruit en 1863. Sur ses fondations, on a bâti le théâtre Marin Držić (dramaturge croate), dont il ne reste que la terrasse et des arcades orientées vers le port. On peut y prendre un verre et profiter du spectacle de la rue.

MONASTÈRE DOMINICAIN (DOMINIKANSKI SAMOSTAN) ★★★

Sv. Dominika 4 ✆ +385 20 32 22 00

www.dominikanci.hr

Visite de l'église, du cloître et du petit musée. Ouvert de 9h à 18h en saison (17h hors saison).

Près de la porte Ploče, l'église du monastère fut édifiée entre 1301 et 1315 en style gothique avec une abside pentagonale. Le bâtiment, qui a subi d'énormes dégâts lors du tremblement de terre (1667), fut reconstruit. Des parties romanes ont été conservées, comme la nef principale ainsi que deux chapelles sur les côtés, mais c'est bien le mélange des styles gothique et renaissance méridionale qui domine. Ainsi, le magnifique cloître du XVe siècle, inspiré du maître florentin Maso di Bartolomeo. Les chapiteaux sont ornés de motifs végétaux, l'oranger notamment, arbre emblématique de la ville. Le cloître, d'où l'on voit le clocher de 10 m, est agrémenté d'un jardin d'agrumes, de palmiers, d'un puits. La bibliothèque (fermée au public), dont la fondation remonte au XIIe siècle, rayonna du XVe au XVIIe siècles dans toute l'Europe. En 1859, elle a été transférée dans une salle au premier étage de l'aile sud du couvent. On y conserve de nombreux ouvrages, par exemple, l'opuscule de saint Thomas d'Aquin, rédigé et décoré au XIVe siècle, une centaine de manuscrits et 240 incunables de toute l'Europe.

Dans l'aile est du monastère, un musée d'art sacré expose une belle collection d'œuvres anciennes, peintures, sculptures, orfèvrerie ou encore de nombreux manuscrits. On y trouve notamment le polyptyque du Baptême du Christ de Lovro Dobričević et le triptyque de Nikola Božidarević représentant Saint Blaise avec une maquette de la ville avant le séisme de 1667.

MONASTÈRE FRANCISCAIN (FRANJEVAČKI SAMOSTAN) ★★★

Placa - Stradun 2 ✆ +385 20 321 410

Cloître, petit musée, ancienne pharmacie, ouverts de 9h à 18h en saison. Entrée : 30 / 15 kn.

À côté de l'église Saint-Sauveur, le monastère fut construit à partir de 1337 dans un style romano-gothique. Le cloître, édifié entre 1327 et 1348 par Mihoje Brajkov, distribue quatre galeries à arcades. Doté d'un beau jardin avec des palmiers et de multiples essences végétales, il possède aussi une galerie couverte, une arcade à ogives, d'élégants piliers surmontés de chapiteaux figuratifs. L'église fut remaniée après le séisme de 1667 dans un style baroque. Côté Stradun cependant, son portail reste de style gothico-Renaissance. Ce monastère est le pendant du monastère dominicain (derrière la porte Ploče). Dans le musée monastique, des nombreuses œuvres conservées, particulièrement la vue de Raguse avant le tremblement de terre (1667) qui détruisit la quasi-totalité de la cité. Cette image graphique constitue un document important pour les architectes. Elle leur permit, entre autres, de rebâtir la vieille ville au plus près des plans originels. De la période antérieure au séisme n'a donc subsisté que ce portail principal donnant sur le Stradun et au fronton décoré d'une pietà gothique fut réalisée par les frères Léonard et Petar Petrović. L'ancienne pharmacie, toujours active à l'intérieur du couvent, ouvrit son office en 1317. Historiquement, elle fut la troisième plus importante d'Europe ! Son premier comptoir et de nombreux ustensiles d'apothicaire sont conservés au musée du monastère alors que la riche bibliothèque possède, des milliers d'ouvrages et manuscrits.

DUBROVNIK

MUSÉE ARCHÉOLOGIQUE - TVRĐAVA REVELIN ★

Au pied de la forteresse Revelin.
✆ +385 20 324 041
www.dumus.hr

Ouvert de 10h à 16h ou 18h. Fermé le mercredi. Entrée : 130 kn, 50 kn (tarif réduit). Gratuit avec la Dubrovnik Card.

Pour s'imprégner de l'histoire archéologique qui a construit Dubrovnik, une visite de ce musée s'impose. La tour, près de la porte Ploče, a été érigée durant la seconde moitié du XVe siècle, dans le but de défendre la ville des assaillants turcs. Le Sénat approuva les dessins de l'architecte Antonio Ferramolino pour agrandir la structure, censée faire face à la menace vénitienne. On commence par un témoin des églises médiévales de la région avant de s'intéresser à l'évolution du fort.

MUSÉE ETHNOGRAPHIQUE RUPE ★

Od Rupa 3
✆ +385 20 323 056
www.dumus.hr

Tous les jours sauf le mercredi de 9h à 18h ou 16h. Billet : 130-50 kn (tarif réduit). Gratuit avec la Dubrovnik Card.

Le terme de « rupe » désigne les silos à blé qui étaient stockés dans cet immeuble de trois étages bâti à la fin du XVIe siècle dans la partie la plus ancienne de la vieille ville. Rupe est depuis devenu un musée ethnographique présentant l'évolution de la vie quotidienne des Ragusains, nombreux objets et explications à l'appui. Le troisième étage est consacré aux costumes de la région. La collection n'est rien en regard de la vue splendide qui est offerte sur la vieille ville.

MUSÉE MARITIME (POMORSKI MUZEJ) ★★

Tvrđava Sv. Ivana
✆ +385 20 323 904
www.dumus.hr

Ouvert de 9h à 18h hors saison et de 9h à 22h en été. Fermé le lundi. Entrée : 130 kn. Gratuit avec la Dubrovnik Card.

Situé au 1er et 2e étage du fort Saint-Jean, le musée maritime présente les objets témoins de l'activité maritime de Dubrovnik, durant l'Antiquité et le Moyen Âge, jusqu'à l'apogée au XVIe siècle. Les cartes et instruments de navigation témoignent du développement de la République de Raguse et de son industrie navale. Quelques tableaux représentant des batailles navales et des maquettes complètent l'exposition. Un des meilleurs musées de la ville à visiter.

PALAIS DU RECTEUR (KNEŽEV DVOR) ★★★

Pred dvorom 3 ✆ +385 20 321 497
www.dumus.hr

Tous les jours de 9h à 18h ou de 9h à 16h (hiver). Billet : 130-50 kn (tarif réduit). Gratuit avec la Dubrovnik Card.

L'ancienne résidence du recteur de l'ancienne république de Raguse est l'un des plus beaux monuments de la ville. Ce grand gouverneur ayant légué la totalité de sa fortune à la ville-Etat, le palais est l'unique bâtiment historique jamais toléré par la république, qui soit dédié à la gloire d'un simple citoyen. Les deux premières versions du palais ayant été détruites en 1435 puis 1463 par différentes explosions, le palais actuel est l'œuvre d'Onofrio di Giordana della Cava, mais aussi de Michelozzo Michelozzi et Juraj Dalmatinac, les principaux bâtisseurs de Dubrovnik. Au final, dans cet édifice achevé en 1739, un mélange étonnant des styles gothique et Renaissance dialogue avec élégance, chacun témoignant des différentes histoires du palais et de ses différents maîtres d'ouvrage.

En façade ouest, les colonnes gothiques et les chapiteaux du XVe siècle, dont deux originaux d'Onofrio encadrent l'entrée principale : l'un symbolise la justice et un couple de lions, l'autre le recteur rétablissant la justice devant les citoyens de Raguse. A l'intérieur, l'atrium est l'un des chefs-d'œuvre d'Onofrio. Les arcades Renaissance présentes sur trois des quatre côtés donnent une majesté à l'ensemble, tandis que sur le quatrième côté, un escalier mène à une superbe balustrade baroque. Sous les arches de l'escalier se trouve une fontaine gothique. Dans ce même atrium, se remarque le buste de Miho Pracat (Michaeli Prazzato) réalisé par le maître Pietro Giacometti da Recanati, en 1638, en l'honneur du riche citoyen et mécène.

Au premier étage du palais, se trouvent les appartements et les bureaux du recteur. Cet homme élu, qui appartenait obligatoirement à une famille noble de la ville, était élu pour seulement un mois. Durant cette période, il restait confiné dans le palais évitant toute distraction.

Le palais accueille également une exposition permanente du photographe Božidar Gjukić où vous pourrez découvrir une autre page de l'histoire de la ville, lorsque Dubrovnik a été assiégée entre 1991 et 1992. Des photos en noir et blanc, sans commentaires, qui montrent uniquement par l'image la vieille ville sous les bombardements.

▶ **Le musée d'Histoire de la ville** (Povijesni muzej) possède aujourd'hui l'essentiel de ces appartements. Une pinacothèque présente des tableaux des XVe et XVIe siècles, ainsi que de nombreux costumes et meubles d'époque, des médailles, timbres, blasons, armes médiévales ainsi qu'une importante collection numismatique. Magnifique atrium.

PALAIS SPONZA [PALAČA SPONZA] ★★★

Stradun 2

✆ +385 20 321 028

Exposition permanente ouverte du lundi au vendredi, de 10h à 19h et le samedi de 8h à 13h en saison. Billet : 25 kn.

Construit entre 1516 et 1522, le palais Sponza abritait le siège des douanes puis son usage a varié pour devenir un gigantesque entrepôt et l'hôtel des monnaies. Depuis la fin du XIXe siècle, le palais a perdu ses fonctions administratives. Aujourd'hui, il accueille des expositions temporaires, de nombreux concerts, des pièces de théâtre, des festivals. A l'entrée, une exposition permanente de photos et documents garde la mémoire du siège de Dubrovnik, durant la dernière guerre, celle des héros qui ont péri pour défendre la vieille ville sous les bombes. Y sont conservées également, les archives de la ville que l'historien de l'art, Fernand Braudel, a consultées afin d'écrire son grand ouvrage (*La Méditerranée*).

Sur le plan architectural, le palais est typique de l'époque gothique Renaissance. On pourra admirer l'élégance des arcades et fenêtres, le vaste atrium, comparable à un cloître dédoublé qui se superpose sur deux étages. Dans l'atrium du palais, vous pourrez lire en latin : « Nos poids ne permettent ni de tromper, ni d'être trompés. Lorsque je pèse les marchandises, Dieu lui-même me pèse ! » Cette inscription témoigne non seulement de la richesse de la République de Raguse, mais dévoile aussi ce qu'elle véhiculait comme perception du monde du point de vue éthique et philosophique. A voir également, la tour de l'horloge, son mécanisme d'époque ainsi que les statues de bronze originales, celles qui ornent la tour n'étant que des copies.

PORTE PILE [VRATA OD PILA] ★★★

Vrata pile

La porte Pile, imposante et superbe, est stituée au nord-ouest de la cité. Accessible depuis un pont en pierre entre deux arches gothiques, agrémentée d'un parc aux nombreux orangers et citronniers, elle est surplombée d'une statue du saint patron de la ville, Saint-Blaise (Sv. Vlaho), réalisée en 1922 par Ivan Meštrović (l'architecte croate le plus connu !). Sa façade externe est de style Renaissance et date de 1537, alors que la façade interne est de style gothique (1460). Entre les deux portes, deux plaques commémoratives rappellent les endommagements subis en 1991 et 1992 durant le siège de Dubrovnik.

Cette porte rappelle l'époque durant laquelle la ville était fermée la nuit : le pont-levis était alors levé et les portes fermées avec une chaine. Aujourd'hui, la porte est ouverte 24 heures sur 24, mais l'été, à cause de l'afflux massif de touristes, elle est équipée de panneaux et cordons pour la circulation des piétons. Une fois les deux portes traversées, vous arriverez directement sur le Stradun, la rue principale de la vieille ville. Par cette même porte, passa en 1806 Napoléon, lorsqu'il décréta la fin de la République de Raguse.

Toute visite de Dubrovnik commence ici et même les Ragusains ont l'habitude de se donner rendez-vous à Pile. Devant cette porte s'arrêtent la plupart des bus urbains et l'hiver un petit marché de Noël est organisé sur la petite place juste avant l'office de tourisme. Pile est en somme incontournable à Dubrovnik.

RIZNICA KATEDRALE ★★

Poljana Marina Držića

✆ +385 20 323 459

Horaires variables, généralement 11h-17h. Entrée du trésor : 20 kn.

Au XIIe siècle, il y eut un premier édifice roman, financé par Richard Cœur de Lion, reconnaissant d'avoir échappé à un naufrage sur l'île de Lokrum. La cathédrale fut détruite par un tremblement de terre, puis reconstruite dans un style baroque entre 1671 et 1713 par les architectes italiens Buffaloni, Andreotti et Napoli. A l'intérieur, vous verrez plusieurs peintures de maîtres, dont un tableau du Titien (derrière l'autel) représentant l'Assomption ainsi qu'un trésor sacré renfermant les reliques de saint Blaise, patron de la ville.

STRADUN ★★

Placa - Stradun

La principale artère de la cité, aussi appelée Placa, part de la porte Pile et aboutit à la porte Ploče, s'étirant sur près de 300 m de long. Le Stradun a été construit au XIIe siècle sur le petit ruisseau et le terrain boueux qui séparaient les deux anciennes colonies, la Slave Dubrava et la romaine Ragusa. La rue fut pavée en 1468 et reconstruite après le grand tremblement de terre de 1667. Le pavé poli par les âges est bordé de deux rangées de maisons (XVIIe siècle) respectent le même plan urbain, ce qui dégage une grande unité dans cet axe historique.

© LAWRENCE BANAHAN - AUTHOR'S IMAGE

Les remparts de Dubrovnik offrent un superbe panorama.

REMPARTS [GRADSKE ZIDINE] ★★★

Porte Pile ✆ +385 98 950 6625
www.wallsofdubrovnik.com
En été de 8h à 19h30. En octobre de 8h à 17h30. Billets : 200 ou 50 kn (inclus dans la Dubrovnik Card).

Du haut des remparts, vous aurez une vue imprenable sur toute la cité historique, les collines, la côte et la mer. Comptez entre 2 et 3 heures pour faire le tour complet. À effectuer tôt le matin de préférence pour éviter les fortes affluences et la grosse chaleur de l'après-midi. Pour se reposer, il y a le Caffe on the Wall, la buvette installée sur le toit-terrasse de la tour Sveti Petar.

Élevés entre le VIIIe et le XVIe siècles, les murs d'enceinte ont protégé la ville pendant des centaines d'années, même si celle-ci a toujours privilégié la solution diplomatique au conflit armé avec ses rivaux. Ces remparts comptent parmi les plus aboutis d'Europe, ils ceinturent la totalité de la vieille ville avec leurs 1 940 m de long. Les murs, parfaitement conservés, peuvent atteindre 25 m de haut et jusqu'à 6 m d'épaisseur.

La partie intérieure, enceinte plus petite avec ses dix bastions semi-circulaires, fut construite par l'architecte florentin Michelozzo Michelozzi. La ceinture extérieure comporte 3 tours circulaire, 5 bastions et 12 tours carrées ou rectangulaires, ainsi qu'une énorme forteresse Sveti Ivan (Saint-Jean) qui surplombe le port.

Deux autres forteresses défendent la ville. L'une à Revelin est coiffée d'une grande terrasse. L'autre, à Lovrijenac est juchée à 37 m de haut sur son piton rocheux, près de la porte Pile. Cette dernière surveillait la mer mais aussi la route de l'ouest, bouclant la ceinture de protection de la cité fortifiée.

WAR PHOTO LIMITED ★★

Antuninska 6
✆ +385 20 322 166
www.warphotoltd.com
Fermé de novembre à avril. Entrée : 50 kn, tarif réduit : 40 kn.

Cette galerie d'exposition sur deux étages entièrement consacrée au photojournalisme et à la photographie de guerre est à voir absolument (âmes trop sensibles s'abstenir). Une bonne muséographie met en valeur le travail de ces reporters de l'image internationaux ayant couvert les conflits du monde ces quinze dernières années. La bande de Gaza, les affrontements en Irak ou encore la «route des Balkans" et la crise des réfugiés ont notamment fait l'objet des dernières expositions temporaires, installées au premier étage et renouvelées deux à trois fois l'an. Au deuxième étage, l'exposition permanente sur la dernière guerre dans les pays de l'ex-Yougoslavie (1991-1999) et le siège à Dubrovnik est à voir pour mieux comprendre l'histoire récente de la ville. Elle présente notamment des célèbres clichés de Ron Haviv, Alexandra Boulat, Emmanuel Ortiz ou encore Paul Lowe. Le but de l'exposition, comme il est présenté par les organisateurs, est de montrer l'absurdité de la guerre, sans suivre quelconque agenda politique. À l'entrée, il est possible d'acheter des tirages photos et des ouvrages monographiques. Inauguré en 2003 par le photographe néo-zélandais Wade Goddard, War photo Limited se situe en plein centre, dans l'une des ruelles qui part du Stradun. Ouvert des mois d'avril à octobre, avec des horaires plus larges en été, cet endroit met en valeur à la fois le travail artistique de la photographie et de la couverture journalistique des conflits. Un moment de profondeur et au calme loin de la foule estivale.

BALADE DANS LE QUARTIER

Il n'y a pas grand-chose à visiter du côté de Gruž et Lapad, deux quartiers résidentiels à l'expansion récente. En revanche, il y a quelques balades à faire, notamment le long de Lapadska Obala et de Gruž (en direction du port), que longent de belles villas patriciennes datant de l'âge d'or ragusain. Malheureusement, aucune d'entre elles n'est ouverte à la visite. Mais on peut loger dans certaines d'entre elles aménagées en hôtels ou en chambres chez l'habitant. Dans le nord de Lapad, à Babin Kuk, les criquets et les cyprès sont rois. Cette partie-là de la presqu'île est verte et balnéaire. Les hôtels de luxe y ont aménagé leurs propres plages, qui restent en accès libre.

PLAGE DE LAPAD (PLAŽA LAPAD) ★

Plaža Lapad

Tout le monde en parle comme de LA plage de Dubrovnik. En réalité, c'est une plage de sable grossier, pas si longue que cela, au bout de la promenade Kralja Zvonimira (bus 6 : pošta Lapad). Elle est sans doute bien équipée entre location de chaises longues, bars sur la plage, restaurants sur la promenade, parasols et douches, mais si vous cherchez du calme, les petites criques sous les pins qui ponctuent la Šetalište Nika i Meda Pucića sont en revanche à ne pas louper.

RED HISTORY MUSEUM

Svetog Križa 3

✆ +385 97 680 7625

www.redhistorymuseum.com

Du mardi au samedi de 10h 18h de novembre à mars et d'avril à octobre de 9h30 à 22h. Entrée : 50 kn-40 kn (étudiants).

Dans le quartier de Gruž, ce nouveau musée socio-historique, ouvert au public début 2021, est le premier du genre en Croatie. Dans une ancienne usine réhabilitée, il propose de s'immerger dans le quotidien des gens qui ont vécu durant la République populaire fédérale de Yougoslavie (RPFY), qui fut dirigée par le communiste d'origine croate Josip Broz, dit Tito. Les visiteurs sont invités à suivre un parcours interactif et multimédia, qui permet de découvrir de manière assez ludique le mode de vie croate sous l'ère socialiste – d'où le nom de musée de l'Histoire rouge.

Le parcours commence par la possibilité d'entrer dans une voiture Yugo, fierté économique de l'époque ! Puis on pénètre dans la sphère privée, l'intérieur de la maison, la cuisine-salle à manger, avec tous ses objets manufacturés, le salon, espace de repos, de lecture et de loisirs, la musique à la radio, les informations d'État à la télévision. Bien sûr, la vie politique est largement évoquée quand le maréchal présidait à la destinée du pays, quand le collectivisme façonnait les esprits. C'est d'ailleurs la vocation première du musée, faire une exploration plus approfondie de l'histoire du socialisme. La tenue vestimentaire est suggérée sur les mannequins, les photos et dans la boutique de souvenirs, où l'on peut acheter T-shirts, sacs, papeterie, posters, mugs, etc. Récemment, le musée a ouvert une petite buvette et un espace aménagé pour les plus petits. On peut donc y passer 1 ou 2 heures sans s'ennuyer. On en ressort plus instruit !

DUBROVNIK

© IRINA SEN - SHUTTERSTOCK.COM

La plage de Lapad.

DUBROVNIK CONTEMPORARY GALLERY

Put Frana Supila 9

✆ +385 95 822 2971

Ouvert de 10h à 14h et de 17h à 22h. Accès libre.

Sur votre chemin qui mène à la plage de Banje, arrêtez-vous dans cette petite galerie qui se trouve sur le côté gauche de la route. Quelques tableaux de l'artiste contemporaine américano-croate Selma Hafizović Muller y sont exposés (l'artiste est souvent dans la galerie et parfois prend le temps de parler aux visiteurs). L'endroit est calme, et le travail de l'artiste coloré, nerveux. À découvrir si vous êtes las des souvenirs sans âme exposés dans la vieille ville.

FORT LOVRIJENAC (TVRĐAVA LOVRIJENAC) ★★

Don Frana Bulića

Horaires variables, généralement de 9h à 15/19h. Fermé en hiver. Entrée : 30 kn.

© AUTHOR'S IMAGE

Point le plus élevé de la vieille ville, le fort Saint Laurent (Lovrijenac), à l'extérieur de l'enceinte des remparts, a été construit (selon la légende) en seulement trois mois au XIe siècle. Elle offre de magnifiques vues du haut de ses 37 mètres. Des spectacles y ont lieu dans le cadre du festival d'été à Dubrovnik. A l'entrée, figure la fameuse devise ragusaine : « Non Bene Pro Toto Libertas Venditur Auro » (La liberté ne peut être vendue même pour tout l'or du monde).

FORTERESSE IMPÉRIALE, MUSÉE DE LA GUERRE 1991-1995 ★

Tvrđava Fort Imperial. Srđ ulica 2

✆ +385 20 324 856

mdrd.hr

Accessible par la route, sentier de randonnée ou téléphérique. Tous les jours de 8h à 22h (été). Entrée : 30/15 kn.

Construit entre 1806 et 1810. Durant la dernière guerre yougoslave et notamment pendant le siège de Dubrovnik, le fort impérial fut un point névralgique. Portant encore les impacts des derniers assauts, il fait à la fois office de mémorial et de musée. L'exposition, qui retrace l'histoire du fort sur ses deux siècles d'existence, se déploie sur plusieurs étages et supports (panneaux, photos, vidéos, cartes). Ne pas oublier de monter sur le toit du fort pour une vue imprenable !

MUSÉE D'ART MODERNE (UMJETNIČKA GALERIJA) ★

Ul. Frana Supila 23

✆ +385 20 426 590

www.ugdubrovnik.hr

Ouvert du mardi au dimanche de 9h à 20h. Entrée : 130 kn, 50 kn (réduit). Gratuit avec la Dubrovnik Card.

À l'extérieur de la vieille ville, logé dans le superbe palais balnéaire Banac, ce musée a été construit entre 1935 et 1939. Il reprend le style des grandes villas historiques. Dédié à l'art moderne sous toutes ses formes et particulièrement aux artistes croates, le fonds permanent rassemble quelque 2 200 pièces (peintures, sculptures...) dont plusieurs œuvres de Vlaho Bukovac, peintre du début du XXe siècle, natif de Cavtat. Des expositions temporaires également.

PLAGE DE SVETI JAKOV (PLAŽA SVETI JAKOV) ★

Ul. Vlaha Bukovca

Vous cherchez une petite plage un peu en dehors du centre de Dubrovnik ? À un kilomètre de là, cette plage située derrière l'église Sv. Jakov offre une belle vue sur la vieille ville et l'île de Lokrum. En contrebas de la villa Dubrovnik, sur le littoral, la plage de Sveti Jakov est à 20 minutes de marche de la vieille ville. C'est une plage de galets tout équipée, fréquentée par les Ragusains. Pour une belle journée de détente balnéaire en famille.

SE LOGER

Aux portes de Dubrovnik, à l'extérieur des remparts, vous trouverez les établissements de luxe historiques, des hôtels haut de gamme, des complexes hôteliers, des hôtels indépendants, des auberges de jeunesse et un camping. Le seul qui existe au plus proche de la ville se situe dans le quartier de Lapad près du grand port. On retrouve bien d'autres bien aménagés sur la Riviera de Dubrovnik.

Les locations privées ne manquent pas, autant dans le centre historique, où les ruelles peuvent être animées et bruyantes jusque tard dans la nuit, que dans les quartiers périphériques. Ces chambres, appartements et villas, toute catégorie, sont gérés par l'office de tourisme municipal (porte Pile). Des centrales de réservation sur Internet possèdent aussi leurs listes d'adresses. À la gare routière ou au port, des propriétaires eux-mêmes viennent démarcher les touristes mais, dans ce cas, les locations ne sont pas vérifiées.

CITY WALLS HOSTEL €

Svetog Šimuna 15
✆ +385 91 416 1919
www.citywallshostel.com

Ouvert de mars à début novembre. La nuit à partir de 20 € par personne en dortoir, 49 € en chambre double.

Cette auberge de jeunesse intramuros est une excellente adresse. Ici tout est rénové, propre, pensé par et pour les voyageurs. Le logement se fait en dortoirs de 6 personnes dotés de leur propre salle de bains. Il y a aussi des chambres privées (dont une double). Les employés ne sont jamais à court de bons plans. Possibilité d'organiser diverses escapades dans les environs, de louer des kayaks, etc. Si l'auberge est pleine, on vous enverra chez les voisins qui ont des chambres à louer. Ambiance conviviale, comme à la maison.

OLD TOWN HOSTEL €

Od Sigurate 7
✆ +385 20 322 007
www.dubrovnikoldtownhostel.com

Ouvert de mi-mars à mi-octobre. Dortoir de 15 à 50 € la nuit. De 30 à 78 € en chambre privative.

En 2003, Mike, un jeune américain d'origine croate a rénové ce bâtiment historique, situé dans la deuxième ruelle de la vieille ville en partant de la porte Pile. Voyageur dans l'âme, il en a fait une auberge de jeunesse très avenante, pouvant accueillir une vingtaine de personnes sur trois étages. Plusieurs chambres sont particulièrement patinées et disposent d'une armoire. Bon accueil et de multiples services, comme souvent dans les auberges de jeunesse. Cuisine partagée, salle commune où se rencontrent les autres voyageurs, accueil souriant.

KINGS LANDING HOSTEL €

Boškovićeva 15

Fermé du 31 octobre au 1er avril. Haute saison : dortoir de 125 HRK à 350 HRK. Les prix changent selon la saison. Wifi.

Nouveau venu sur la scène des auberges de jeunesse de la vieille ville, le Kings Landing se défend déjà bien. Dans cette authentique demeure ragusaine, deux dortoirs de quatre personnes bénéficient d'une salle de bains et de toilettes individuelles. Les fans de *Game of Thrones* apprécieront la déco. Mention spéciale pour la chambre double à l'étage, tout à fait charmante. L'aéroport de Dubrovnik est à seulement 25 minutes, une navette est disponible. Pour les sportifs, de nombreuses activités sont proposées telles que la plongée et la randonnée.

VILA MICIKA €

Mata Vodopića, 10
✆ +385 20 437 332
www.vilamicika.hr

Ouvert toute l'année. La nuit en chambre double, de 40 € à 52 €, chambre simple à partir de 20 €.

Dans le quartier de Lapad au calme, cette grande maison avec terrasse est entourée de palmiers. Elle cache 8 chambres fonctionnelles, climatisées, d'une superficie entre 12 et 15 m^2. Chacune d'entre elles dispose d'une salle de bains et de WC privés, de la télévision… Au total, la maison accueille au maximum 16 personnes. On salue sa bonne situation à 200 m de la plage et à 10 m des courts de tennis (sportifs et passionnés, foncez !). Bars, restaurants à proximité également, tout pour un séjour varié. Wifi gratuit et parking privé.

CASA MIMI €€

Lapadska Obala 3
✆ +385 95 540 6782
Locations du studio de 59 € à 130 € par jour, de la maison (de 3 à 5 personnes) de 150 € à 250 € par jour. Garage privé.

Devant le port de Gruž, à proximité du grand marché local et de l'embarcadère pour les îles, se trouve une jolie villa patricienne datant du début 1900, rénovée. Possibilité de louer un studio (25 m²) confortable avec kitchenette et salle de bains ou le grand appartement de 120 m² comprenant le studio, un séjour, une chambre, une cuisine et une salle de bains. Le jardin, planté de citronniers et d'oliviers, est bien équipé pour les barbecues. La maîtresse des lieux, qui parle français, est une mine de renseignements sur la ville de Dubrovnik.

HÔTEL VIS €€

Masarykov put 4
✆ +385 20 433 555
vis-hotel-dubrovnik.h-rsv.com
Ouvert d'avril à octobre, chambres de 49 € à 137 € la nuit, selon la catégorie et la saison.

Dans le quartier de Lapad, ce grand immeuble abrite un hôtel de bonne tenue, qui possède un accès direct à la plage de galets. Un bus permet de rejoindre la vieille ville en 15 minutes. À l'intérieur, pour le séjour, 151 chambres bien équipées. Certaines d'entre elles sont dotées de balcons. Demander celles qui donnent sur la mer. Sur place pour le déjeuner ou le dîner, un restaurant avec terrasse. Parking et Internet gratuit, navette aéroport, change des devises, service de blanchisserie. Bon accueil et sympathie des gérants.

VALAMAR CLUB DUBROVNIK €€

Iva Dulčića 38
✆ +385 52 465 000
www.valamar.com
Ouvert de fin avril à mi-octobre. À partir de 185 € la nuit en chambre double en saison. Parking extérieur gratuit.

Ambiance « Club Med » pour cet immense hôtel de la chaîne Valamar, qui travaille avec des tours opérateurs français. L'établissement, assez impersonnel, est idéal pour les familles et leurs chers bambins. Les chambres sont confortables et décorées sur le thème marin. L'intérêt de l'établissement réside dans le fait qu'il se trouve à deux pas de la plage aménagée dite Copacabana et qu'un club pour enfants proposant diverses activités est en accès gratuit. Piscine extérieure, terrain de volley, de basket, de tennis. Demi-pension et pension complète en option.

GRAND VILLA ARGENTINA €€€

Put Frana Supila 14
✆ +385 20 440 555
www.adriaticluxuryhotels.com
Chambre double à partir de 200 € en saison, petit déjeuner inclus. Ouvert de mi-mars à novembre.

Vue imprenable sur la vieille ville depuis la plupart des chambres et la terrasse du restaurant. Les trois villas qui entourent l'hôtel sont classées « monument historique » par la ville de Dubrovnik. Elles sont annexées à l'hôtel et font partie des meilleures offres de la région avec piscine extérieure (eau de mer), piscine intérieure (eau douce). Le complexe est décoré avec raffinement, l'accueil digne d'un 5-étoiles est impeccable. En descendant quelques escaliers, on accède directement à la plage privée et à la mer. Wifi, parking en sus.

HILTON IMPERIAL DUBROVNIK €€€

Marijana Blažića 2 ✆ +385 20 320 320
www.hilton.com
Chambres ou suites de 94 € à 423 € la nuit, selon saison et catégorie (petit déjeuner inclus). Parking : 30 € par jour.

Luxueux juste ce qu'il faut, le Hilton comprend deux ailes, dont la première, édifiée en 1897, ne manque pas d'allure. L'ensemble a été rénové en 2005. Les chambres et suites, aux lits de grande dimension, sont très confortables. Certaines bénéficient d'un balcon et d'une vue sur la mer. Piscine couverte et salle de gym, terrasse solarium au dernier étage ainsi qu'un restaurant, servant sur cette même terrasse à la belle saison. Enfin, un lobby-bar avec pianiste en soirée.

HÔTEL KAZBEK €€€

Lapadska obala 25
✆ +385 20 362 999
www.kazbekdubrovnik.com
Chambres et suite, de 128 € à 271 € la nuit (petit déjeuner inclus). Parking gratuit.

Ce château se distingue par son élégance. Il se situe dans la baie de Lapad, à 3 km de la vieille ville. L'histoire de l'Hôtel Kazbek est riche et complexe. Construit en 1573 par la famille Zamanje, il devint leur résidence d'été. Il fut incendié lors de la Seconde Guerre mondiale. Entièrement rénové en 2008, il a retrouvé son prestige d'antan et dispose aujourd'hui de 13 chambres bien équipées et confortables, d'une agréable piscine avec transats, d'un espace de lecture, d'un restaurant qui propose une cuisine régionale… Très bon accueil.

HÔTEL MORE €€€

Kardinala Stepinca 33
✆ +385 20 494 200
www.hotel-more.hr
Chambres et suites de 92 € à 349 € la nuit, selon la saison et la catégorie (petit déjeuner inclus).

Établissement avec vue imprenable sur la mer, bien intégré au paysage malgré ses dix étages. La cinquantaine de chambres et suites sont toutes spacieuses et très confortables, une vingtaine regardent l'Adriatique et les îlots et criques de la baie de Babin Kuk/Lapad. Elles sont décorées dans des tons nautiques. Un restaurant, un bar lounge, doublé d'un bar dans une grotte, une terrasse panoramique avec piscine et bain bouillonnant, des rochers aménagés pour la baignade, un restaurant et une cave à vin creusée laissent un souvenir mémorable.

HÔTEL STARI GRAD €€€

Od Sigurate 4
✆ +385 20 322 244
www.hotelstarigrad.com
Chambres de 181 € à 333 € la nuit, selon la saison et la catégorie (petit déjeuner inclus).

Au cœur de Dubrovnik *intra-muros*, vous découvrirez l'ancienne villa d'une noble famille ragusaine, qui a été transformée en hôtel. Elle a par ailleurs été rénovée avec succès en 2013. Ainsi, les huit chambres ont troqué leurs meubles anciens pour des courbures plus design. La terrasse du sixième étage abrite le restaurant Above5, qui jouit d'une terrasse avec une vue à 360 degrés sur la cité historique. L'hôtel Stari Grad s'est également doté d'un centre de bien-être et d'un salon de massage, idéal pour se détendre après les visites en ville. Accueil agréable.

THE PUCIĆ PALACE €€€

Od Puča 1
✆ +385 20 326 222
www.thepucicpalace.com
Chambres et suites, de 195 € à 980 € la nuit selon la saison et la catégorie (petit déjeuner inclus).

Un superbe palais baroque au cœur de la vieille ville. L'endroit est romantique et plein de charme. Chaque chambre, dans son style propre, associe des meubles et des bibelots d'époque à des objets plus contemporains. Par exemple, dans la plus grande suite de l'hôtel, ce canapé ancien en imprimé noir et blanc (imitation vache) et sa salle de bains avec bain bouillonnant. Le service est attentionné et sympathique, chose rare dans un 5-étoiles ! Le restaurant de l'hôtel possède une belle terrasse. Le petit plus, l'accès gratuit à la plage de Banje Beach.

APARTMENTS BENUSSI €€

Miha Klaica 10
✆ +385 98 9281 300
dubrovnik-benussi.com
80 à 160 € la nuit, selon l'appartement et la saison, se renseigner sur la plateforme en ligne (Jadranka).

Dans cette maison historique sur les hauteurs de Boninovo, à 300 m de la porte Pile, deux beaux appartements, accessibles par des marches. On appréciera la faible pente progressive pour s'y rendre, la magnifique vue sur le fort Lovrijenac et une bonne partie des remparts. Sur place, rien ne manque : wifi, climatisation, cuisine équipée, réfrigérateur, salon, télé et surtout le jardin et la terrasse privative. Ce quartier du XIXe siècle est l'un des plus calmes de la ville. De nombreux bars-restaurants et commerces à moins de 5 minutes à pied.

APPARTEMENTS CELENGA €€

Svetog Josipa 13
✆ +385 20 362 900
www.celengaapartments.com
Locations de 2 studios et 1 appartement de 60 € à 355 € la nuit, selon la saison et la catégorie.

Trois propriétés historiques, classées 4-étoiles, au cœur de la vieille ville, à proximité de la Stradun. Les trois demeures datent du XVIIe siècle, et la façade a été scrupuleusement respectée. L'intérieur, quant à lui, a été rénové suivant les standards modernes. Les logements sont très bien équipés (coin cuisine, salon, lit douillet, télévision, Wifi, salle de bains...), confortables, spacieux. Il est conseillé de réserver à l'avance. D'autres appartements et villas sont proposés dans d'autres quartiers de la ville. Bon accueil.

APPARTEMENTS PERVANOVO €€

Vatroslava Lisinskog 43-59
✆ +385 20 362 900
www.pervanovoapartments.com
Appartements, selon la saison et la superficie, de 67 à 357 € la nuit.

14 appartements dans 8 villas, situées à Lapad, à 300 mètres d'une des plus belles plages de Dubrovnik. Neufs et bien équipés, ces appartements, au mobilier contemporain, disposent de la climatisation, de la télévision à écran plat, lecteur DVD, Wifi, machine à laver et balcon avec vue sur la mer. Les surfaces varient de 60 à 120 m^2, avec 2 à 3 chambres à coucher, une cuisine, un salon spacieux et confortable et plusieurs salles de bains. A proximité, se trouvent une épicerie et un arrêt de bus à destination de la vieille ville.

HÔTEL HOUSE FASCINATION €€

Od Domina 8
✆ +385 98 345 222
www.fascination-dubrovnik.com
A partir de 70 € la chambre double. L'appartement entier pour 6 personne : 240 € la nuit (saison estivale).

Amoureuse de la France, Daniela vous ouvre les portes de sa superbe demeure datant de 1780. En plein cœur de ville, vous serez saisi par le calme de l'endroit. Le jardin est luxuriant, mais c'est surtout l'architecture, le puits, les portes et colonnes d'époque qui vous feront vivre l'expérience ragusaine. La vue sur la ville et les remparts est imprenable. Les appartements et les studios sont bien équipés, télévision par satellite, Wifi, kitchenette et salle de bains privative. La plupart disposent d'un balcon ouvert sur le jardin.

INTERLUDE PEARL €€

5 Peline
✆ +385 91 586 4040
Prix des studios de 57 € à 70 € la nuit selon la saison et la superficie. Duplex de 100 € à 140 €.

Une maison ancienne située au niveau de la porte Nord Buža de la vieille ville. Deux studios modernes, de tailles différentes, bien aménagés, assez bien insonorisés. En plus, des livres et des magazines à disposition, la proximité du centre historique sans trop de nuisances sonores et la présence de Nikica Rilović, guide et traductrice francophone, sont appréciables. Pour les familles ou les groupes, à quelques mètres au pied de la tour Minceta, un duplex, récemment aménagé et parfaitement équipé, est également mis en location par les propriétaires.

OLD TOWN CENTAR NIVES APARTMENTS €€

Nikole Bozidarevica 7
✆ +385 98 243 699
www.dubrovnik-palace.com
Chambre double de 90 € à 150 €.

Ces appartements, chambres et studios se trouvent, certains, en plein cœur de ville et d'autres du côté de Ploče et du vieux port de Stara Luka. Ces derniers bénéficient d'une vue exceptionnelle sur la mer et les remparts de la vieille ville... une vraie carte postale ! Tous sont confortables, bien équipés, avec une décoration « zen ». Il y a en a pour tous les goûts à tous les prix. Nives, la propriétaire, veille sur tout, s'assurant que votre séjour à Dubrovnik se déroule bien.

VILLA FRANICA €

Ivana Zajca 43
✆ +385 20 362 900
www.villafranica.com
Tarif de la villa, de 567 € à 1 131 € par jour selon la saison. Parking et connexion Internet.

De 180 m², la Villa Franica est nichée dans la nature et bord de mer, avec des pontons pour se baigner, un petit port pour la plaisance, un jardin et une piscine. Elle peut héberger au total 9 personnes et vous donne la garantie d'un séjour calme en groupe, à l'écart de la foule et tout de même proche de la ville. L'intérieur est particulièrement soigné dans un style moderne et méditerranéen. Au total, 5 chambres très confortables et spacieuses, disposées sur 3 niveaux. Le luxe a un prix mais si on peut se le permettre, ça vaut le coup de se l'offrir.

VILLA GLORIA €€

Ulica Iva Račića 3
✆ +385 20 428 962
www.villa-gloria.com
De 60 € pour une chambre double à 120 € pour un appartement 4 personnes (cash uniquement).

La villa combine la quiétude du bord de mer aux portes de la cité ragusienne (à moins de 150 m de la porte de Ploče et à 70 m de la plage de Banje). Depuis le début des années 1960, cette famille ouvre les portes de son imposante bâtisse. Plusieurs chambres et appartements de très bon standing, tous dotés d'un balcon ou d'une terrasse. Les appartements meublés possèdent une cuisine bien équipée. Des espaces communs agréables, avec une grande terrasse qui donne sur le jardin et la piscine extérieure, un coin barbecue et des commerces à côté.

VILLA KLAIC €€

9 Sumetska
✆ +385 91 738 4673
www.villaklaic-dubrovnik.com
Locations de 60 € à 113 € la nuit, selon la catégorie et la saison.

Vous serez accueilli dans une belle maison blanche à étages et terrasses en gradins. Orientés mer ou jardin, les deux appartements, le studio, les six chambres doubles ou la single sont bien équipés : une kitchenette pour les appartements, l'air conditionné, le Wifi gratuit, le parking gratuit. Services touristiques pour tous (change monnaie, visites guidées…). Bar lounge en terrasse, espace BBQ, échange de livres, jardin et piscine avec vue sur la vieille ville et l'Adriatique. Transferts aéroport possibles et gratuits pour les séjours d'une semaine.

SE RÉGALER

Vous aurez l'embarras du choix ! Partout, dans la cité historique, on trouve des restaurants, des *konoba* (tavernes), des pizzerias, des fast-foods croates, mais il faut savoir éviter les nombreux établissements attrape-touristes. Plus chers qu'ailleurs, les classiques gastronomiques tiennent leur réputation, tout en renouvelant leur carte. Ces dernières années, on a vu s'imposer comme une évidence la fusion des saveurs dalmates et adriatiques. Elle porte même un nom : la « croasian food ». Il est vrai que les deux pôles culinaires ont en commun un vrai savoir-faire avec le poisson et les fruits de mer. Autres spécialités de Dubrovnik, les bars à vins, qui jouent volontiers la carte de la bistronomie. Autour d'un plateau de fromage/charcuterie et/ou de tapas locales, on découvre des cépages régionaux de la Dalmatie du Sud (Pelješac ou Konavle). Dans tous les cas, pensez à réserver, surtout pendant la saison estivale.

Assiette de fruits de mer.

360° RESTAURANT €€€

Svetog Dominika b.b. ✆ +385 20 322 222
360dubrovnik.com

Du mardi au dimanche de 18h30 à 23h. Bar lounge de 19h à 23h. Menus dégustation de 560 kn à 920 kn (2 personnes).

Le charme du cadre historique, la vue plongeante et panoramique sur le vieux port, la décoration contemporaine sans faute de goût de ce restaurant opère toujours. L'établissement conserve son étoile au Michelin depuis 2019. L'expérience gastronomique unique à laquelle on participe ici coûterait quatre fois plus cher à Paris ou à Londres. Au menu, des produits de la mer et du terroir, finement sélectionnés, sont préparés par le chef Marijo Curić et sa brigade, puis graphiquement dressés dans des plats pleins d'imagination. Carte des vins exceptionnelle également.

ABOVE 5 ROOFTOP RESTAURANT €€€

ul. od Sigurate 4
✆ +385 20 322 244
www.above5rooftop.com

Ouvert de 7h30 à 23h30 en saison, le reste de l'année, seulement le midi. Menu trois plats : 695 kn.

Depuis la porte Pile, dans la deuxième rue étroite à gauche de Stradun, on arrive au Stari Grad. Que l'on soit client ou pas de l'hôtel, on peut monter au 5e étage pour découvrir le toit-terrasse et la vue spectaculaire sur la vieille ville. Le restaurant semi-gastronomique sert des spécialités dalmates, des plats soignés à base de produits locaux frais du marché, viandes, poissons et fruits de mer. Les desserts sont excellents également. Réservation conseillée.

AZUR DUBROVNIK €

Pobijana 10 ✆ +385 20 324 806
www.azurvision.com

Ouvert tous les jours en saison de 12h à 23h pour la cuisine. Plats chauds, viande ou poisson, de 68 à 148 kn.

Près des remparts, côté Buža Bar, un restaurant où s'opère une fusion originale entre cuisine dalmate et asiatique. Les deux frères natifs de Dubrovnik ont roulé leur bosse en Chine, ce qui explique pourquoi Azur donne dans le « croasian ». Que vous soyez plutôt portés sur la viande, le poisson ou les légumes, les deux influences se rejoignent. Exemples, thon mi-cuit aux pousses de soja, crevettes sauce noix de cajou épicées ou sautées au piment-basilic, bœuf à la thaï et légumes grillés, pain maison... Plats à l'ardoise, produits frais. Réservation conseillée.

BARBA €

Boškovićeva 5
✆ +385 91 205 3488

Ouvert de 11h à minuit en saison (11h-18h hors saison). Wi-fi. Compter entre 60 kn et 80 kn le burger.

Vous trouverez le Barba en prenant la cinquième ruelle en partant de la tour de l'Horloge ou sur la gauche quand on avance en provenance de Pile. La menue boutique décorée dans des tons marins constitue un fast-food dalmate au sens noble du terme, qui emprunte à la tradition culinaire ragusaine et aux ingrédients locaux : les crustacés. Les spécialités de la maison, le burger au poulpe, les fritures maison (calamars, petits poissons, crevettes...) et les huîtres fraîches en provenance de Ston. Sert aussi des salades et sandwichs. Sur place ou à emporter.

BUFFET ŠKOLA €

Antuninska 1
✆ +385 20 321 096

Ouvert tous les jours de 8h à 22h (jusqu'à 19h hors saison). À partir de 30 kn le sandwich.

Une sandwicherie locale que tout le monde connaît ici et qui satisfera toujours, quelle que soit la faim. Ici ce sont des sandwichs faits maison à base de pain grillé, de jambon dalmate et de fromage à l'huile d'olive, des tranches de tomate à base de produits frais. Tous ces éléments assemblés sont cuits dans un four en brique, ce qui apporte aux sandwiches un goût d'authenticité. Škola, qui signifie « école » en croate, fut longtemps le refuge des écoliers, un passé revisité dans le décor de cette adresse familiale. Très appréciable.

DOMINO €€

Od Domina 6
✆ +385 20 323 103
restaurant-domino.com

Ouvert jusqu'à minuit en saison. Compter 90 kn l'entrée et 150 kn le plat. Plats de viande dès 230 kn.

Le Domino est l'un des restaurants les plus réputés du centre médiéval. Son statut n'est pas usurpé : le service et la nourriture sont irréprochables, on y trouve de tout avec plaisir (fruits de mer, soupes, pâtes, salades…) et particulièrement de la viande. Les prix sont de fait légèrement supérieurs à ceux des autres restaurants, mais le cadre et le contenu de l'assiette valent bien le déplacement. Le restaurant est un peu excentré du Stradun, non loin du musée ethnographique. Attention ! Il est souvent complet, donc pensez à réserver en amont.

KONOBA DALMATINO €€

Prijeko 15
✆ +385 20 323 070
www.dalmatino-dubrovnik.com
Ouvert tous les jours de 8h à minuit en été, le reste de l'année, de 11h à 23h. Menus autour de 30 €.

Caché derrière une porte de la rue Miha Pracata, cette *konoba* difficile à trouver dans la vieille ville vaut le déplacement et la montée des marches ! Ici, le terroir local est à l'honneur avec une touche de modernité et un goût pour la fusion asiatico-dalmate. On peut y déguster une cuisine fraîche et des plats joliment dressés. L'équipe, très hospitalière et passionnée, saura vous guider sur les cartes et le choix du moment. Gros plus de l'établissement : une surprenante carte des vins sélectionnés par le propriétaire originaire de Pelješac.

KONOBA JEZUITE €€

Poljana Ruđera Boškovića 5
✆ +385 99 596 8801
www.jezuite.com
Ouvert tous les jours, de 11h à 23h. Entrée/desserts entre 5 et 11 €, plats aux alentours de 20 €.

Valeur sûre à Dubrovnik, ce restaurant vient de s'agrandir avec l'acquisition du jardin, qui se trouve en face de son emplacement actuel au pied de l'église Saint-Ignace. Propose une carte variée et une cuisine de qualité tournée autour de la gastronomie locale et des produits du terroir. Le restaurant est situé sur la place Poljana Ruđera Boškovića, également appelée Jezuite. Les plats sont servis avec professionnalisme, dressés sur de belles assiettes. Belle carte des vins et desserts variés. En saison estivale, musique *live* en soirée.

KOPUN €€

Poljana Rudera Boskovica 7
✆ + 385 20 323 969
www.restaurantkopun.com
De mars à mi-novembre, de 11h à 23h. A partir de 90 kn le plat complet, menu 169 kn. Réservation recommandée en soirée.

© KOPUN

Le Kopun sert une cuisine de qualité qui puise dans des traditions culinaires ancestrales, comme le chapon cuisiné à l'orange et au miel ou le brudet, un ragoût de poisson. Le service sort du lot, alors que sa terrasse face à l'église des Jésuites en fait un lieu romantique par excellence. Menu en français. Le midi, l'adresse propose des plats qui varient régulièrement. Mention spéciale pour le brudet royal (l'équivalent de la bouillabaisse croate) et pour le tartare de thon. Parmi les desserts, goûtez la *rožata*, crème brûlée parfumée aux roses.

LADY PI-PI €

Antuninska 23
✆ +385 20 321 154
Ouvert d'avril à octobre de 9h à 23h (cuisine fermée de 15h à 18h30). A partir de 100 kn le plat complet.

Après une ruelle en pente et une ascension non négligeable, on arrive enfin dans ce grill-restaurant. Depuis la terrasse verdoyante, on aperçoit les toits rose de Dubrovnik et l'Adriatique en arrière plan. Superbe décor : ici, les poissons sont croustillants à souhait et les grillades savoureuses. Attention, succès oblige, le petit lieu est vite plein et ne prend pas les réservations, donc si vous ne venez pas assez tôt, prévoyez de faire la queue, qui peut être longue et se fait devant le Manneken Pis local ! À midi, c'est bien plus tranquille.

LUCIN KANTUN €€

Ul. od Sigurate, 4a
✆ +385 20 321 003
https://lucinkantun.com
Ouvert tous les jours sauf le lundi de midi à 22h-23h. Compter 5 € pour les tapas, 20 € pour les plats.

Nichée dans une rue étroite se trouve un restaurant qui, de prime abord, pourrait effectivement faire penser à une cantine avec son mobilier blanc basique. Mais ce lieu modeste recèle une vraie richesse culinaire sous les doigts experts du chef Ante Matković. Offrant un menu créatif dont les spécialités de tapas et des plats traditionnels méditerranéens avec une touche de modernité : marinade de saumon, risotto au poulpe, bifteck aux truffes, tempura de gambas, oursins grillés, veloutés de légumes, gâteau maison et grands crus de la région.

PI KNIK DUBROVNIK €

Hvarska ul. 2 ✆ +385 98 1751 103
www.pi knikdubrovnik.com
De mai à septembre. Commande en ligne ou par téléphone (24h à l'avance). Formules pour 2 personnes dès 650 kn.

© PI KNIK DUBROVNIK

Faire appel à un professionnel pour son pique-nique 4 étoiles, ça change tout ! Sur le site Internet d'une jeune Canadienne installée en Croatie, vous choisissez votre formule, indiquez le nombre de personnes et vous serez livré à l'heure convenue. Les paniers arrivent dans un sac à dos réfrigéré avec une sélection des meilleurs produits locaux : plateau de charcuterie/fromages, tartinades faites maison, pains et viennoiseries, fruits frais et dessert + limonade, vin, cidre ou bières. Formule vegan copieuse également. Propose aussi des idées d'excursions.

NISHTA €

Prijeko b.b
✆ +385 20 322 088
www.nishtarestaurant.com
Ouvert tous les jours sauf le dimanche de 11h30 à 23h. Plats complets entre 92 kn et 99 kn.

Le jeune couple helvético-croate a ouvert le premier restaurant végétalien de Dubrovnik. Original dans cette rue si touristique. En croate, *ništa* signifie *néant* et, en sanskrit, c'est l'état méditatif avant le nirvana. La cuisine du monde s'invite ici en s'inspirant de recettes venant de l'Inde, du Japon, du Mexique avec des ingrédients frais, loacux (wrap falafel, burger au soja fumé, lentilles rose ou légumes braisés au curry, tortilla avec maïs et haricots rouges). Parfois, les plats avec piment fort sont très relevés. Renseignez-vous avant de passer commande.

OLIVA GOURMET €

Lučarica 5
✆ +385 20 324 594
www.pizza-oliva.com
Ouvert à partir du mois d'avril tous les jours de 10h à 23h. A partir de 57 kn la pizza.

À l'angle des rues Lučarica et Cvijete Zuzorić 2, l'une des bonnes pizzerias de Dubrovnik, qui se révèle une valeur sûre. C'est en tout cas celle que vous recommanderont les locaux. Hormis les classiques, goûtez la pizza à la *rucola* (roquette) ou laissez-vous tenter par les autres versions proposées. Au menu également, les plats de pâtes fraîches, le tout accompagné d'un vin de pays que l'on vous aura conseillé. Le rapport qualité-prix est assez correct, l'ambiance animée comme si l'on était en Italie et cosmopolite. Bon service.

OYSTER & SUSHI BAR BOTA €

Od Pustijerne bb
✆ +385 20 324 034
www.bota-sare.hr
Ouvert tous les jours sauf le lundi de 11h à 15h et de 18h à 22h. A partir de 40 kn le set de sushis.

Restaurant assez difficile à trouver ! En contrebas du fort Saint-Jean, dans la ruelle qui passe sous les arcades du restaurant Amoret et mène au musée maritime, le Bota Šare fut l'un des premiers à Dubrovnik à proposer sa version de la cuisine japonaise. Il s'est d'ailleurs rebaptisé ! Prépare avec justesse maki, futomaki, sushi, sashimi et autre roulé californien. Les huîtres, qui viennent de Ston, sont aussi servies... frites, comme le veut la tradition culinaire locale. L'endroit est charmant, avec ses tables bien calées sur l'estrade ! Réservation conseillée.

PORTUN €

Od Sigurate 2
✆ +385 20 321 614
portun-dubrovnik.com
Ouvert tous les jours de 11h30 à 23h en saison. Autour de 20 € pour un repas complet.

Vous ne savez pas où aller dans la vieille ville ? Juste une petite faim ? Allez chez Portun, une valeur sûre. Au menu, une nourriture simple et copieuse à prix raisonnables : salade grecque ou parmesane, plateau de la mer avec poisson grillé entier, moules et riz à l'encre de sèche, tagliatelles aux fruits de mer, burger, pièce de bœuf ou saucisses frites, entre autres. Service rapide toute la journée. Si vous avez encore faim, goûtez le délicieux *Lava kolač* en dessert, un moelleux au chocolat accompagné d'une crème glacée.

© MARCO POLO

© MARCO POLO

MARCO POLO €€

Lučarica 6
✆ +385 20 323 719
www.marcopolo-dubrovnik.com

Ouvert tous les jours de 8h à 23h. Plats à la carte à partir de 15 €.

Dans une ruelle perpendiculaire au Stradun, les tables extérieures sont installées dans une cour charmante d'un immeuble ancien. Le personnel souriant vous accueille et vous guide sur la carte. Ici on se laisse enfin porter et on se régale sans se ruiner. À la carte, les idées fusent : carpaccio de poulpe, jambon fumé et confiture de figue, *fuzi* d'Istrie aux crevettes et truffes, pavé de thon au sésame, poisson du jour et coquillages… mais surtout le belly pork qui est a tomber par terre ! belle carte de vins croates. Pensez à réserver.

© MARCO POLO

© MARCO POLO

TAJ MAHAL €

Nikole Gučetića 2 ✆ +385 20 323 221
www.tajmahal-dubrovnik.com
Ouvert toute l'année, de 11h30 à minuit en saison. A partir de 120 kn le plat principal. Réservation conseillée.

© TAJ MAHAL

Ne vous y trompez pas, vous n'êtes pas dans un restaurant indien mais bosnien. Ici, vous mangerez donc les fameuses saucisses (*ćevapčići*) dans un pain rond, des burek, kebab ou brochettes d'agneau, avec salade et légumes grillés, en portions plus qu'honnêtes. Dès qu'il fait bon, on prend place dehors, mais les tables en bois colonisant la ruelle, il y a du passage. Le café est servi cérémonieusement dans sa cafetière en cuivre, accompagné d'un loukoum. Service plutôt rapide, une adresse pour s'ouvrir à une cuisine orientalisante, appétissante.

PUPO TAVERN €

Miha Pracata 8
✆ +385 99 216 54 54
www.pupodubrovnik.com
Tous les jours de 8h à 23h-minuit. À partir de 86 kn le plat complet, assiette de la mer (poisson du jour) 105 kn.

Dans la vieille ville, où il est si difficile de faire son choix entre toutes ces enseignes touristiques côte à côte, la petite taverne de Pupo fait figure de joker. Cet établissement à la décoration intérieure cosy dispose des tables alignées dans la ruelle. On y sert le petit-déjeuner et, le midi et le soir, steak de poisson, risotto de la mer, crustacés et des plats au wok au bon rapport qualité prix. En douceurs sucrées, gâteaux et pâtisseries traditionnelles à base de citron, d'orange, de carottes, d'amandes accompagnés de chocolat, un délice !

RESTAURANT KLARISA €€

Ulica Paska Miličevića 4
✆ +385 20 413 100
www.klarisa-dubrovnik.com
Ouvert tous les jours d'avril à novembre de 10h à 22h30-minuit. Plats complets 95 à 160 kn.

Tout de suite sur la droite quand on entre dans la vieille ville par la porte Pile, cet élégant restaurant est installé dans l'ancien cloître des Clarisses. Superbe cadre ! Selon la saison, on s'installe dans le cloître ou dans la grande salle à manger avec banquettes sous voûtes, parquet et beaux luminaires. Les plats sont soignés, carpaccio de poulpe, servi sur un lit de pousses vertes, raviolis noirs à l'encre de seiche, assiette de la mer. Parfois, le soir, on allume les chandelles et les clients ont droit à un petit concert acoustique. Service bar également.

PROTO €€

Široka 1
✆ +385 20 323 234
www.esculaprestaurants.com
Tous les jours de 11h à 22-23h. Menu : 720 kn, plateau du pêcheur pour 2 personnes : 840 kn.

L'un des plus anciens établissements de la vieille-ville. Longtemps fermé, le restaurant a rouvert ses portes il y a quelques années. L'élégante salle à manger a gardé sa patine historique. Sur les murs, des gravures montrent les plans de la république de Raguse. On s'installe aussi dans la ruelle ou sur le toit-terrasse. Ici, on sert des classiques de la cuisine dalmate, des spécialités de poissons, des recettes raffinées revisitées. Par exemple : homard entier accompagné de pâtes fraîches, court-bouillon de poisson blanc, agneau et petits légumes braisés.

ZUZORI €€

2 Cvijete Zuzorić
✆ +385 20 324 076
zuzori.com
Ouvert en saison jusqu'à 23h. Service en continu. Environ 200 kn le plat principal et 60 kn les desserts.

Le Zuzori est une adresse créative qui se distingue des nombreux établissements de la vieille ville. Les prix sont élevés, mais l'assiette est joliment présentée et la cuisine raffinée. Au menu : poissons, viande aromatisée de sauce rafraîchissante aux légumes et plantes de saison, pâtes aux truffes, gaspacho et soupe. Les plats sont élégamment dressés dans les assiettes, sans en faire trop, à la manière d'un bistrot haut de gamme. Les desserts sont exquis. Goûtez la mousse de citron, légère et savoureuse. Belle carte des vins et service distingué.

DUBROVNIK

AMFORA €€

Obala Stjepana Radica 26
✆ +385 20 419 419
www.amforadubrovnik.com
Ouvert tous les jours, toute l'année, de 8h à minuit. Compter une trentaine d'euros pour un repas.

A Dubrovnik, on peut aussi s'échapper des rues bondées de la cité historique et trouver de bonnes adresses. Il faut pour cela se rendre où les locaux vivent, entre autres quartiers, du côté du marché de Gruz, le port et Lapad. Ici, la cuisine est plutôt raffinée. Le chef en pince autant pour le poisson que la viande : steak ou tartare de thon, grillades, steak de bœuf Angus ou la *pašticada* (ragoût) de veau, risotto, pâtes aux fruits de mer et une assiette vegan. Service impeccable. Une belle terrasse de l'autre côté du restaurant. Loue des chambres à l'étage.

BISTRO 49 €

Obala Ivana Pavla II 49
✆ +385 20 891 038
www.bistro49-dubrovnik.com
Ouvert tous les jours sauf le dimanche de 8h à 23h. Petit déjeuner, burgers (à partir de 49 kn), spécialités locales.

Situé à quelques mètres à peine de la gare routière principale, le Bistro 49 est l'endroit idéal pour faire une pause avec son bagage en toute détente en attendant l'arrivée du bus ! Si vous devez partir tôt, l'établissement sert d'excellents petits déjeuners. mais aussi des formules adaptées pour. Le midi et le soir, formules rapides bruschettas, pizzas, burgers. Le service est rapide, le personnel souriant et les tarifs raisonnables. Les soirs de rencontres sportives, on se retrouve dans la bonne humeur autour de bières artisanales…

BISTRO IZVOR €€

1 Rožat Gornji
✆ +385 95 396 0777
bistroizvor.wixsite.com
Ouvert tous les jours en été, de midi à 23h. À partir de 80 kn environ le plat complet.

Envie de sortir de la vieille ville ? De changer de cadre ? Les tables du Bistro Izvor, tout près de la source de la rivière Dubrovačka, au nord de Gruž, vous enchanteront. De plus, la cuisine n'est pas en reste. Les plats – viande, poisson (de mer ou d'eau douce), végétariens – sont tous à recommander ! Accompagnés des sons agréables de l'eau et de la nature, ils sont servis avec le sourire sur des assiettes élégamment présentées. N'oubliez pas de fondre pour un dessert savoureux. Également, une bonne carte de vins locaux. Pensez à réserver !

BON APPETIT €

Obala Stjepana Radica 31
✆ +385 20 313 430
Ouvert tous les jours en été de 8h à 23h. Petit déjeuner 40 kn et pizza autour de 60 kn, plats chauds autour de 70 kn.

Au Port Gruž, juste en face de l'embarcadère des bateaux, un établissement qui propose le petit déjeuner salé ou sucré avec jus de fruits frais, smoothies, café ou gourmands. Toute la journée, des boissons fraîches ou chaudes, cocktails avec ou sans alcool. Le midi et soir, un service de plats froids ou chauds, des pizzas, tartines avec charcuterie de pays/salade, sandwich club, hamburger, burritos de poulet, *ćevapčići*/frites. Côté mer, spaghettis aux fruits de mer, encornets/*blitva* ou papillote de poisson avec légumes méridionaux.

PANTARUL €€

Ulica kralja Tomislava 1
✆ +385 20 333 486
www.pantarul.com
Tous les jours sauf le lundi de midi à 23h. À partir de 100 kn le plat complet, le menu dégustation autour de 400 kn.

L'un des meilleurs restaurants dans le quartier Lapad ! Pantarul surfe sur la vague culinaire qui balaie Dubrovnik, la cuisine fusion avec des produits locaux, extra-frais, qu'on l'on retrouve dans les tapas de la semaine ou sur la carte saisonnière. Les propriétaires, un couple croate passionné de cuisine et de décoration, prône le fait maison et l'authenticité. Contrairement à la plupart des établissements du Dubrovnik, Pantarul est ouvert toute l'année (sauf en janvier-début février) à la recherche d'une clientèle locale. Réservation obligatoire

URBAN & VEGGIE RESTAURANT €

Obala Stjepana Radica 13
✆ +385 99 266 7590
Ouvert tous les jours sauf le dimanche de 8h à 22h (23h le samedi). Plats chauds complets de 57 à 98 kn.

Si vous êtes végétarien ou végétalien, ce restaurant vous comblera pour un déjeuner entre deux visites ou un dîner. Installé dans le quartier de Gruž, près du marché, c'est l'endroit rêvé pour manger sain en vacances. Au menu : soupes de légumes, houmous de betteraves, burgers végétariens, wrap falafels, salades goûteuses aux noix, pâtes complètes sauce tomate ou crème basilic. Il faut goûter le gâteau au chocolat cru. La formule rencontre de plus en plus de succès.

GUSTA ME €€

Hvarska ul. 2
✆ +385 20 42 00 13
www.gustame-dubrovnik.com
Ouvert de 10h à minuit en saison. A partir de 80 kn le plat principal.

Une terrasse originale sur de larges marches au pied du téléphérique, à proximité de la porte de Ploče. Le menu du Gusta Me fait, bien entendu, figurer crustacés et poissons (moules à la buzarra, pêche du jour, langoustines...), mais aussi de savoureux risottos et des pâtes fraîches. Pour les faims plus modérées, à midi, des plats plus légers et moins onéreux comme les burgers au pain noir ou les sandwichs club tombent à pic. Le soir, on dîne au son de la musique acoustique. Le restaurant sert également de bons petits déjeuners. Service attentionné et souriant.

KONOBA DUBRAVA €

Bosanka ✆ +385 95 420 4000
www.konobadubrava.com
Tous les jours en été et juste le week-end hors saison touristique, de 10h à minuit. Compter 150 kn par personne.

À une dizaine de kilomètres sur les hauteurs de Dubrovnik, sur la riviera sud, avant Kupari, une petite route monte vers le village de Bosanka proche du mont Srđ. Difficile de s'y rendre sans voiture ou taxi. Ce restaurant, aux allures de grande ferme, propose une authentique cuisine de terroir, cuite sous la cendre de la *peka* (grosse cloche sous laquelle mijote la viande, souvent de l'agneau, près de deux heures avec ses légumes). On patiente avec la *grappa* de la maison (avec modération) ou le fromage de brebis et verre de vin régional, une soupe ou une salade.

POSAT €€€

Uz Posat 1
✆ +385 20 421 194
www.posat-dubrovnik.com
Ouvert tous les jours de 11h à 23h. Plats de poisson et fruits de mer entre 60 kn et 980 kn. Réservation obligatoire.

Un cadre superbe avec une belle terrasse face aux remparts pour ce restaurant gastronomique. La carte est classique et la cuisine soignée. Poissons et crustacés sont présentés en début de repas. L'originalité du Posat ? Le cuisson au barbecue en pierre, sur le lequel le chef fait griller légumes, viandes et poissons, garant des modes traditionnels. Le poisson du jour, vendu au kilo, est intéressant à partager en groupe. Mais l'accompagnement, légumes vapeur, est un peu juste. Un repas un peu cher mais une ambiance raffinée agréable.

RESTAURANT KOMARDA €

Frana Supila bb
✆ +385 20 311 393
www.komarda.hr
Ouvert toute l'année de 8h à 2h. Plats chauds complets à partir de 80 kn. Réservation recommandée.

Vous trouverez le Komarda à la sortie des remparts, à environ 50 m après la porte Ploče, en prenant sur la droite, juste avant le club Eastwest. Ce restaurant s'est installé dans un ancien parc en terrasse étagée. On y accède par des marches qui descendent vers l'établissement puis sur les rochers face au vieux port. Autant dire une superbe vue de la plupart des tables. Authentique, la cuisine méditerranéenne est de qualité, les viandes, les poissons entiers et les légumes grillés juste à point ont le goût de la bonne cuisine familiale. Apprécié des Croates.

RESTAURANT NAUTIKA €€€

Brsalje 3
✆ +385 20 442 526
www.nautikarestaurant.com
Ouvert tous les jours en été de 12h à minuit. Deux menus de 890 kn à 1 050 kn. Réservation obligatoire.

A l'entrée de la vieille ville du côté de la porte Pile, ce restaurant-bar est une référence. Les mets servis sont à la hauteur de la réputation du lieu, tous les poissons et crustacés y sont excellents. La vue de la terrasse qui regarde la baie côté porte de Pile, la qualité du service, autant d'atouts qui donnent au lieu une longueur d'avance pour les gastronomes et VIP qui viennent ici. Un peu cher, à moins de choisir le menu midi plus abordable, mais on en a un pour son argent. On y parle français et la carte est rédigée dans la langue de Molière.

SESAME INN €

Dante Alighieria
✆ +385 20 412 910
www.sesame.hr
Ouvert tous les jours en été de 9h à 23h. Compter 100 kn pour un plat chaud.

Un petit hôtel restaurant, avec 4 chambres à louer, en dehors de la vieille ville. Après la porte du Pile, en direction de l'hôtel Hilton, puis légèrement sur la gauche se trouve cette adresse aux allures de salon de thé. Ici pas de tables alignées en ruelle ni de vue sur la mer, mais une belle bâtisse du XIXe siècle, un mobilier classique bourgeois, une terrasse sous les arbres. On y vient pour prendre un verre ou pour manger dalmate (mer et terroir), mais aussi des burgers ou une assiette végétarienne (houmous, ratatouille).

FAIRE UNE PAUSE

Dès que l'on entre intra-muros, depuis la porte Pile, sur le Stradun et le long de ses ruelles perpendiculaires ou celles qui sont parallèles, notamment sur Antuninska, Palmotićeva, Vetranovićeva, Zamanjna, on ne compte plus les cafés-bars lounge de la cité historique. Presque tous possèdent une terrasse, sans compter les restaurants qui restent ouverts du matin au soir. L'été, la vieille ville (Stari-Grad), envahie par une foule de touristes, devient vite festive et bruyante en soirée. La place Bunićeva Poljana est également très fréquentée, comme la rue Miha Pracata avec ses pubs irlandais.

Pour une ambiance plus calme, il faut chercher au-delà de la rue Prijeko et pour voir la mer, il faut aller aux pieds des remparts où se cachent deux fameux *buža*. À Lapad-Gruž, des cafés et des bars-restaurants sont au coude à coude, alignés sur la rue piétonne, qui conduit à la plage (Šetaliste kralja Zvonimira) et au port (Lapadska Obala).

ALA MIZERIJA

39 Ulica od Tabakarije

Café à moins de 15 kn, bière à partir de 19 kn. Fermé en hiver.

Envie de fuir la foule de la vieille ville ? Empruntez les marches qui descendent de Pile et qui conduisent vers ce petit bar de plage. Vous pourrez siroter un café ou une bière à des prix convenables, manger de délicieuses tapas et même vous baigner tout en gardant votre table. L'endroit est idéal pour un café-croissant le matin en regardant la mer ou pour une planche de charcuterie et de fromages au moment de l'apéro. Vous avez très faim ? Aucun problème, entre salades de poulpes et fritures de poissons, ce café ne vous laissera pas partir l'estomac vide.

BANJE BEACH CLUB & RESTAURANT

Frana Supila b.b. ✆ +385 20 412 220

www.banjebeach.com

Beach-bar, restaurant ouvert tous les jours de 10h à minuit, night-club de 22h à 4h en saison (50 kn l'entrée).

En journée, sur la plage, on peut y louer des matelas avec parasols, commander des boissons fraîches, en contemplant les remparts de la vieille ville. Le restaurant propose une cuisine méditerranéenne, des salades et des grillades. L'après-midi, le bar lounge prend le relais jusqu'au soir, où l'on vient entre amis pour les cocktails, les dîners face à la mer. La nuit, le complexe se transforme en discothèque avec musique EDM commerciale qui monte le son (entrée payante l'été).

LA BODEGA

Lučarica 1

✆ +385 95 503 84 46

Ouvert tous les jours en saison estivale de 8h minuit ou 2h. Environ 100 kn la formule petit déjeuner.

Cette enseigne zagreboise a su s'acclimater à Dubrovnik, où elle a investi un hôtel particulier du XVIe siècle, juste à côté du Stradun et de l'église Saint-Blaise. Cette Bodega est devenue le point de ralliement des fêtards ragusains. Bar à vin, cocktails et autres boissons alcoolisées, le lieu devient vite festif et bruyant le soir (sans modération !). Avec la musique, l'ambiance se dynamise et l'on reste ici jusqu'à tard dans la nuit. Le matin, La Bodega sert le petit déjeuner ou le brunch. Le plateau de charcuterie-fromage se destine plus à l'apéritif.

CAFÉ BAR BUŽA

Crijevićeva 9

✆ +385 98 36 19 34

buza-bar.business.site

Ouvert toute l'année par beau temps, de 8h ou 9h à minuit ou 2h en été.

Ce qui ressemble à une buvette est en réalité une ouverture dans les remparts, qui sont accrochés aux rochers à ce niveau-là de la vieille-ville. Pour y accéder, du Stradun, descendre au sud par la ruelle Od Marguerita, suivre la pancarte « cold drink » et après avoir dépassé l'église jésuite, prendre sur la gauche. À l'entrée du Buža, il faut emprunter les marches pour entrer dans le mur de fortification par le trou (*buža en* dialecte dubrovnikois). C'est le plus grand des deux bars du même nom, c'est aussi le plus cher. Magique au coucher de soleil.

CAFÉ FESTIVAL

Stradun 28

✆ +385 20 321 148

www.cafefestival.com

Ouvert tous les jours, de 7h30 à 2h en saison, de 8h à minuit hors saison.

Cet élégant café fait de l'œil aux passants. La terrasse très scénique n'a pas son pareil au cœur de Stradun : à gauche, c'est la porte Pile et, en ligne droite, la Tour de l'horloge. L'intérieur est strillé de poutres anciennes. Festival fait aussi bien café avec formule brunch / petit déjeuner, restaurant ou encore salon de thé avec pâtisserie. Le soir, à partir de 19 h, le pianiste sait mettre l'ambiance, en concert *live*. Tout cela a bien évidemment un coût. Les petits déjeuners ne sont pas loin d'être hors de prix, par exemple ! Un endroit cher mais élégant.

CAVE BAR MORE

Nika i Meda Pucića 13

✆ +385 20 494 200

www.cavebar-more.com

Ouvert tous les jours de 10h à minuit en saison. Cocktails à partir de 62 kn. Bières à partir de 30 kn. Wifi.

L'hôtel More, situé au centre de la baie de Lapad, abrite un lieu absolument insolite qu'il ne faut pas manquer de découvrir. On descend sous le niveau de la mer pour pénétrer dans une grotte, où un bar futuriste, accessible par l'ascenseur, a été aménagé sous l'hôtel. Idéal pour surprendre sa moitié car le lieu est plutôt intimiste ! Une fois sur place, si vous préférez regarder la mer, des vues splendides sont réservées aux tables installées face au bar du hall d'entrée ou en terrasse panoramique. Prêts pour l'expérience ?

D'VINO WINE BAR

Palmotićeva 4A

✆ +385 91 486 3114

www.dvino.net

Ouvert tous les jours (fermé de décembre à février) de midi à 2h du matin.

Ce petit bar à vins, au design soigné, est caché dans une de ces ruelles perpendiculaires au Stradun, côté gauche quand on remonte la célèbre allée en arrivant de Pile. Vous pourrez y tester les vins croates avec confiance. Les serveurs connaissent parfaitement la région de Dubrovnik ! La carte fait figurer les grands crus de la région comme le fameux *dingač* de Pelješac, des vins de toute la Dalmatie, d'Istrie, de Slavonie et d'ailleurs. Excellents et copieux plateaux de fromages et de charcuterie pour accompagner le tout. Ambiance festive en soirée.

GRADSKA KAVANA ARSENAL

Pred Dvorom 1

✆ +385 20 321 202

www.nautikarestaurants.com

Ouvert tous les jours de 8h à minuit et plus, de 8h à 23h en hiver. Environ 25 kn le café.

Ce grand café au panache viennois (fondé sous la domination de l'Autriche-Hongrie) est voisin du palais du Recteur et, depuis peu, du vieux port, puisqu'une aile a été ouverte dans l'ancien Arsenal, avec lequel la terrasse communique. D'un côté, c'est donc la mer, de l'autre, c'est l'église Saint-Blaise, le palais Sponza, la perspective du Stradun. Parfait à toute heure, petit déjeuner, repas, pause sucrée avec comptoir à pâtisseries, pause boissons avec ou sans alcool, cocktail ou juste un café. Prix plus élevés que la moyenne mais à faire au moins une fois.

MALA BUŽA BAR

✆ +385 20 323 406

Ouvert de 9h à 2h, de fin avril à fin octobre (jusque 20h-21h en juin, septembre, octobre).

Le plus proche du port des deux Buža. Depuis la cathédrale, prendre la ruelle Ilije Saroke et entrer dans les remparts par la porte verte, ou bien après le restaurant Azur, au bout de la ruelle Pobijana. Le célèbre café bar, accroché à l'éperon rocheux ragusain, se décline en deux versions. Les locaux eux-mêmes sont perdus quant à savoir lequel des deux Buža est apparu en premier… Mais celui-ci, le moins sophistiqué des deux, est le plus typique. Juste quelques guéridons et parasols, et bien entendu, une échelle pour passer à l'étape baignade.

PANORAMA CAFÉ & RESTAURANT

Mont Srđ

✆ +385 20 31 26 64

www.dubrovnikcablecar.com

Ouvert de 9h à minuit, tous les jours d'avril à octobre. Environ 120 kn le plat principal. Espresso à 24 kn.

Ce café-restaurant, aménagé à l'arrivée du téléphérique sur le mont Srđ, peut se targuer d'avoir la plus belle vue aérienne sur la vieille ville de Dubrovnik, ses quartiers alentour et sur la nature environnante, tout cela pour le prix d'un café à peine plus cher que dans la vieille ville. Même les locaux y viennent tant la vue est sublime, le soir les lumières de la ville illuminent les yeux. Ambiance agréable, service attentionné. Repas également proposé.

PASTICCERIA PUPICA

Rue perpendiculaire à Pred Dvorom et Mihala Pracata, à côté du restaurant Pupo.
✆ +385 20 323 555
www.pupodubrovnik.com
Ouvert de 7h à 23h tous les jours et jusqu'à 20h hors saison. À partir de 40 kn le petit déjeuner.

Dans la *konoba* Pupo, la pâtisserie joue un rôle important. La tradition familiale de la taverne a gardé le souvenir des recettes anciennes, comme le gâteau au chocolat, à la caroube et à l'orange, mais c'est surtout les cheesecakes et carottcakes qui sont demandés dans ce lieu cosy, aux couleurs pastel. L'endroit, où l'on sert des boissons fraîches (jus d'oranges pressées) ou chaudes, est tout indiqué pour prendre son petit déjeuner. On y vient aussi pour le déjeuner et jusqu'en soirée pour le plateau de charcuterie-fromage à l'heure de l'apéritif.

RAZONODA WINE BAR

Ulica od Puča 1
✆ +385 91 332 4104
Ouvert de midi à minuit en saison. Compter 80 kn le verre de vin.

Ce bar à vin fait partie du Pucić Palace Hotel. Il s'en dégage une atmosphère feutrée de *gentleman's club*. Vous y trouverez les meilleurs vins croates des régions de Pelješac au sud (dingač, poštup…), d'Istrie au nord-ouest, de Slavonie au nord-est, mais aussi des bières artisanales, des cocktails, des liqueurs locales, des jus de fruits bio. Avec ça, de quoi grignoter, par exemple, pour l'apéritif, des petites assiettes de tapas ou le plateau de charcuterie et fromage. Le personnel est très présent et attentionné. Vente de cigares également.

SLASTIČARNA DOLCE VITA

Neljeskoviceva 1a
✆ +385 98 944 9951
Ouvert de 9h à minuit en saison, horaires réduits hors saison.

Vous trouverez difficilement moins cher que cette petite pâtisserie-crêperie connue pour ses glaces et ses crêpes enrobées de chocolat et de caramel. C'est un lieu surtout fréquenté par les locaux, qui trouvent les glaces du vieux port vraiment trop chères ! Par conséquent la Slasticarna Dolca Vita est une adresse sûre où vous trouverez peut-être plus d'authenticité que dans les autres lieux du même genre. Ambiance agréable, service attentionné et plutôt rapide. Un bon choix de gourmandises à savourer à toute heure de la journée.

SLATKI KUTAK

Setliste Kralja Zvonimira 5
✆ +385 20 417 920
Ouvert en saison de 12h à 23h. Compter 10 kn la boule de glace et à partir de 15 kn la crêpe.

En haut de la promenade kralja Zvonimira, cette adresse familiale propose des crêpes très goûteuses. Sur la carte, de nombreux choix : crêpes au Snickers, Mars, Bounty, chocolat, sucre, chantilly, fruits… Également des glaces variées, à vous de choisir votre mélange, le tout à prix très correct. Installez-vous donc confortablement en salle ou en terrasse, faites votre choix et savourez votre douceur, à tout moment de la journée. Service attentionné et plutôt rapide. Ambiance touristique avec quelques locaux, gourmands eux aussi.

SUNSET BEACH DUBROVNIK

Šetalište kralja Zvonimira 17
✆ +385 20 642 700
sunsetbeachdubrovnik.hr
Restaurants, beach bars, aires de jeux, lounge club, ouverts d'avril à novembre.

Situé dans la baie d'Uvala Lapad, à seulement 2,5 km de la vieille ville, ce complexe balnéaire, avec ses différentes infrastructures, attire du monde. L'endroit ne compte pas moins de 2 restaurants, un lounge club et un *beach bar* avec transats et cabanons pour se détendre les orteils en sirotant un petit cocktail devant un magnifique coucher de soleil ! Idéal pour les enfants, la zone de baignade est sécurisée et l'endroit dispose d'aires de jeux. Le soir, après dîner, l'endroit s'anime au rythme des concerts *live* et des animations proposées, surtout l'été !

SVETI JAKOV BEACH

Ul. Vlaha Bukovca 41
Depuis la porte Pile, après Banje et Đivovići Beach, compter 30 à 40 minutes de marche. Parking proche de la chapelle.

Si l'esprit des grands complexes balnéaires vous déplaît, il reste les paillottes, qui se trouvent sur des plages plus éloignées du centre historique, comme la magnifique Sveti Jacob Beach. L'idéal est d'avoir son propre véhicule pour s'y rendre. De plus, l'escalier à descendre et remonter est assez raide. Mais à voir le nombre de transats occupés qui colonisent la plage, voilà qui ne rebute pas les gens. Venir tôt le matin pour avoir une place. En ce qui concerne le bar-restaurant, on n'est pas du tout obligé d'y manger mais on apprécie une boisson fraîche.

(SE) FAIRE PLAISIR

Dans la cité historique, les petits commerces de bouche et les ateliers-boutiques d'artisans sont malheureusement peu à peu remplacés par des points de vente de souvenirs sans grand intérêt. Pour trouver des objets de qualité, de l'authentique, il y a tout de même l'antiquaire Moje Tezoro (Antikviteti Galerija), qui fait de la résistance ! D'autres idées cadeaux *arty* chez Kawa, des bijoux typiquement ragusains chez Zlatarna Križek, des bijoux avec du corail serti en filigrane argenté chez Lara Stones, des pierres précieuses chez Dubrovnik Treasures. Des broderies de la région du Konavle sont vendues à Kokula Art & Craft Shop. Le prêt-à-porter chez Aquamaritime est indémodable. Pour les produits gourmands, on va chez Franja, pour l'huile d'olive dalmate AOC, les gâteaux et les livres de recettes, chez Od Puča et Dubrovačka Kuća. Quelques étals à Tržnica mais rien à voir avec Tržnica-Gruž, le vrai marché paysan.

AQUA MARITIME

Zamanjina 1 (Stradun)
✆ +385 20 324 797
www.aquamaritime.hr
Ouverte de 8h à 23h en saison, jusqu'à 20h en hiver.

Aqua, la marque croate qui monte ! Leur siège est à Zagreb, mais on trouve à Dubrovnik plusieurs boutiques de tailles différentes (Široka Ulica 4 étant la plus grande). C'est exactement le genre d'échoppes que l'on aime trouver sur sa route la veille d'un départ au moment de boucler sa malle à souvenirs. Aqua, c'est le royaume du design aquatique, des accessoires (porte-clés, sacs, lavande croate, serviettes de bains, T-shirts, claquettes…). Tout est de bon goût et dans des tons bleus, mer Adriatique oblige ! Aqua Maritime soutient plusieurs associations.

LIFE ACCORDING TO KAWA

2 Hvarska ulica
✆ +385 20 670 730
https://kawa.life
Ouvert tous les jours de 9h à 22h en saison. Horaires réduits hors saison.

Cet espace avec vue plongeante sur la mer regroupe dans un style trendy des objets design d'artistes et artisans d'art croates, collectés par Jon et Sanja, le couple derrière ce concept. On trouve une gamme de vaisselle céramique et des assiettes déco de l'Istrie, des bijoux de créateurs, des cosmétiques. À Kawa, qui signifie café en croate et rivière en japonais, on aime la cuisine du monde, on importe et vend donc des produits exotiques, surtout asiatiques, mais aussi des bières artisanales, des thés, des tisanes et des épices.

MARCHÉ DE GRUŽ (TRŽNICA/PLACA GRUŽ)

Obala Stjepana Radića
Ouvert de 8h à 12h tous les jours. Jusque 18h pour certains stands en semaine.

C'est le plus vivant et le plus grand des marchés de Dubrovnik qui n'en compte que 3 (4 si l'on ajoute le minimarché de Lapad) ! Dans des locaux tout neufs, les primeurs des environs viennent y vendre leur production, fraîcheur garantie. Marché aux poissons dans la halle attenante – venez tôt le matin pour profiter des meilleurs arrivages – et nombreux cafés. Si vous séjournez dans un appartement ou apparthôtel, c'est ici qu'il vous faudra vous approvisionner. Aussi pour son ambiance.

MARCHÉ DE LA VIEILLE VILLE (TRŽNICA)

Gundulićeva Poljana
Ouvert tous les jours de 8h à 13h (quelques vendeurs sont encore présents plus tard).

L'unique marché de la vieille ville - sans compter le marché au poisson matinal de Stara Luka - est devenu très touristique. De fait, les prix et la foule s'en ressentent. L'ambiance est un peu moins authentique… Ce marché est intéressant pour faire le plein de petits souvenirs (de l'artisanat, des fruits séchés…). Cependant, pour de vraies courses alimentaires, visitez le marché de Gruž à 15 minutes du centre-ville en bus qui propose plus de produits frais.

CLARA STONES

Nalješkovićeva 8
✆ +385 20 32 17 06
www.clarastones.com
Ouvert de 9h à 21h, fermé de mars à novembre.

Deux boutiques où l'on vous fera découvrir le travail de taille, polissage et création de bijoux à base de corail méditerranéen. De son nom scientifique Cnidaire, il vit dans des habitats rocheux ombragés en Méditerranée entre 5 et 250 m de profondeur. Depuis des millénaires, son squelette calcifié est utilisé pour des bijoux, des amulettes et comme médication. Atelier et boutique également en face. Les propriétaires vous présenteront des pièces originales, colliers, bracelets, boucles d'oreilles... tout bijou ici peut être créé ou modifié sur demande.

CROATA MUSEUM CONCEPT STORE

Pred Dvorom 2
✆ +385 20 641 066
www.croata.hr
Ouvert tous les jours de 10h à 20h.

La boutique Croata est une enseigne spécialisée dans les cravates, accessoire de mode emblème de la Croatie. Le mot de langue française est tiré du croate. Certaines cravates de créateurs sont du fait main. Vous trouverez des modèles hommes et femmes, ainsi que de superbes foulards, des carrés de soie aux motifs décoratifs originaux (cartes anciennes de Raguse, mosaïques, thèmes floraux, marins abstraits). Pour (se) faire plaisir avec de beaux cadeaux élégants !

DUBROVNIK TREASURES

Celestina Medovića 2
✆ +385 20 321 098
Ouvert de 9h à 22h en saison. Horaires réduits hors saison.

Cette petite bijouterie est spécialisée dans les colliers, boucles d'oreilles et autres ornements nouvelle vague, reprenant les motifs traditionnels de Dubrovnik et du Konavle. La majorité d'entre eux sont constitués avec les matières premières de la région, comme le corail mais aussi le vermeil et le cuivre. Tous les bijoux sont en argent. Voici donc de très jolis souvenirs, alliant le traditionnel et le moderne, qui sortent de l'ordinaire. Ils devraient plaire à tous ceux à qui vous les offrirez. Seul problème : faire un choix.

KOKULA ART & CRAFT SHOP

Đorđićeva 6
✆ +385 20 32 48 12
Ouvert de 9h à minuit tous les jours et jusqu'à 17h hors saison touristique.

Les propriétaires de la boutique vendent à Dubrovnik le fruit de plusieurs ateliers coopératifs avec d'autres partenaires européens, afin de maintenir la tradition de ce travail de fil et de perles en vie. Les broderies du Konavle, réalisées en famille et dans les petits villages de l'arrière-pays, les bijoux en perle de rocaille issus de plusieurs ateliers, et d'autres menus objets décoratifs, comme les œufs colorés que l'on peint et s'offre à Pâques. Voici donc une petite boutique artisanale qui promet de beaux souvenirs croates à rapporter.

LIFE ACCORDING TO KAWA

2 Hvarska ulica
✆ +385 20 670 730
https://kawa.life
Ouvert tous les jours de 9h à 22h en saison. Horaires réduits hors saison.

Cet espace avec vue plongeante sur la mer regroupe dans un style trendy des objets design d'artistes et artisans d'art croates, collectés par Jon et Sanja, le couple derrière ce concept. On trouve une gamme de vaisselle céramique et des assiettes déco de l'Istrie, des bijoux de créateurs, des cosmétiques. À Kawa, qui signifie café en croate et rivière en japonais, on aime la cuisine du monde, on importe et vend donc des produits exotiques, surtout asiatiques, mais aussi des bières artisanales, des thés, des tisanes et des épices.

MOJE TEZORO - ANTIKVITETI GALERIJA

13 Između polača
✆ +385 91 518 0374
www.moje-tezoro.hr
Ouvert de 9h à 12h et de 18h à 21h en semaine. Samedi de 9h à 13h.

Les multiples facettes de Raguse vous fascinent ? Son histoire vous passionne ? Venez donc rendre visite à Karmen, antiquaire experte en art et, associée avec sa sœur, seules à tenir encore boutique dans l'enceinte de la vieille ville. On vous accueille dans un français élégant ! À découvrir : peintures et icônes, sculptures et bibelots, objets d'art en verre, vases, flacons et bouteilles ouvragés, bijoux anciens. Les prix sont relativement élevés.

BOUGER & BULLER

Passé le temps des visites, les musées et sites intéressants de la cité historique, on ne manquera pas la balade au mont Srđ avec le téléphérique, la promenade au parc forestier Velika et Mala Petka, les voies piétonnes (Lapadska Obala, Šetaliste kralja Zvonimira). Faire la grande boucle sur les berges de la rivière de Dubrovnik (Dubrovačka Rijeka), dominée par le pont futuriste Tuđman, peut prendre la journée. Si on a la chance d'avoir un bateau (ACI Marina Dubrovnik), on peut remonter la rivière jusqu'à sa source, faire du cabotage autour des remparts, accoster sur l'îlot Otok Greben (phare). On peut aussi faire du jet-ski, du kayak de mer, de la plongée, etc.

Plutôt vacances farniente au soleil ? À Dubrovnik, on trouve de nombreux pontons et rochers aménagés, des plages plus ou moins privées (Banje, Danče, Šulić, Sveti Jacob, Copacabana), celles des complexes hôteliers de Babin Kuk-Lapad (hôtel Bellevue ou Dubrovnik Palace).

BLUE PLANET DIVING CENTER

Masarykov put 20

✆ +385 91 899 0973

www.blueplanet-diving.com

Ouvert d'avril à octobre tous les jours de 9h à 19h. Compter 50 à 73 € la plongée. Location matériel : 34 €.

Avec ce club de plongée, dont l'accueil se trouve à l'hôtel Dubrovnik Palace, vous pourrez louer du matériel, prendre des cours de plongée pour professionnels et débutants (accompagné de guides passionnés), faire des excursions dans les îles voisines, explorer la faune sous-marine de la région, descendre vers le *Taranto,* fameuse épave de la marine italienne coulée lors de la Seconde Guerre mondiale, qui se trouve juste en face du centre. Sessions de photos sous-marines possibles.

PLAGE DE L'HÔTEL BELLEVUE

Pera Cingrije 7

Plage publique.

Vous l'avez peut-être remarquée en allant de la vieille ville à Lapad ou à Gruž, cette plage de Boninovo est cachée dans une crique entourée de rochers. Pour y accéder, il faut descendre en bas de l'hôtel Bellevue (Pera Cingrije 7). Une partie de la plage (de fins galets) est tout équipée et réservée aux clients de l'hôtel, mais le reste est en accès libre. L'endroit est réputé aussi comme terrain de water-polo : dans un coin de la baie, des matchs se jouent tous les jours.

PLAGE DE DANČE

Boninovo

Plage publique.

Il n'est pas facile de trouver cette plage très appréciée par les Dubrovnikois. Elle se trouve à Boninovo, à 200 m de la porte de Pile. Pour y arriver, il faut remonter la rue qui part de Pile (Branitelja Dubrovnika), prendre le chemin qui démarre devant le restaurant Sesame, le suivre jusqu'au bout et puis descendre lorsque vous apercevez le clocher du monastère de Danče. Plage est bétonnée, et l'eau n'est pas toujours d'un limpidité remarquable, mais l'endroit a une touche très locale (avec une buvette où l'on joue aux cartes) et le matin tôt il n'y a personne.

ICŌNA THAI BOUTIQUE SPA

ul. od Sigurate 4

✆ +385 20 322 244

iconathaispa.com

Tous les jours sauf le dimanche de midi à 22h. À partir de 395 kn le massage.

Le boutique hôtel a aménagé dans un superbe cadre orientalisant un salon de bien-être thaï très luxueux, avec Spa, massages et soins du corps, réalisés par une équipe diplômée. Le salon est accessible également aux personnes qui ne séjournent pas dans l'établissement. Il faut se renseigner à la réception de l'hôtel. Sur le site Internet, on peut au préalable consulter les prestations proposées et les tarifs. Les séances durent de 1h à 1h30 : massages traditionnels avec aromathérapie, réflexologie plantaire, très efficace pour se détendre.

LAZARETI

Frana Supila 8
✆ +385 20 324 633
www.lazareti.com

Plusieurs concerts par mois. Se renseigner sur la page Facebook. Commence vers 20h/21h.

Pour se protéger des épidémies de peste (celle qui frappa Dubrovnik en 1348 fit de nombreux morts), la République décida de mettre en place tout un hospice, qui finit par s'installer ici à deux pas de la porte de Ploce. Ce complexe de cinq cours intérieures du XVIe siècle où tout nouvel arrivant se devait de passer quarante jours est aujourd'hui entre les mains d'une association culturelle, Art radionica Lazareti. Il est désormais un lieu alternatif de Dubrovnik où se produisent lors de concerts des groupes réputés de la région et DJ de renommée internationale.

SORTIR

Après les monuments et autres balades dans la vieille ville en journée, la vie nocturne s'anime *intra-muros* et hors de la vieille ville. Il reste des choses à faire le soir, voire la nuit et pour tous les goûts. En plus du palais du Recteur qui accueille des concerts de musique classique de la scène internationale (payants), le Summer Festival se déroule en juillet-août dans les rues et les places. Il offre des scènes gratuites pour découvrir des ensembles vocaux dalmates (*klapa*), des concerts de musiques actuelles, classique, jazz, des artistes de rue. *Intra-muros*, les bars avec musique ferment à 2h, tout comme les *beach bars*. Pour les discothèques, le club le plus connu, le Revelin, a investi un fort qui se métamorphose la nuit en *dancefloor* techno. Autres ambiances au Copacabana, au Banje Beach Night Club, au Skybar Dubrovnik Nightclub, ou encore au Capitano. Il y a aussi un casino, un théâtre et un cinéma.

REVELIN CLUB

Svetog Dominika 3
✆ +385 20 436 010
www.clubrevelin.com

Ouvert tous les jours en saison de 11h à 6h. Entrée gratuite avant minuit (100 kn après minuit).

Situé à l'intérieur du fort médiéval Revelin, d'où le nom, l'établissement est un bar à cocktails restaurant, avec une splendide terrasse donnant sur les toits de la vieille ville. Mais c'est surtout une discothèque qui attire parfois des pointures en matière de DJ européens (techno, electro, house, disco) que les fêtards adoreront ! La programmation est à suivre sur le site Internet ou par voie d'affiches. Public plutôt jeune, lieu assidûment fréquenté par les touristes l'été, mais qui vit toute l'année ! Un pilier de la vie nocturne locale.

SKYBAR CLUB

Brsalje 8
✆ +385 91 420 2094

Ouvert tous les jours de 22h à 6h en saison, le week-end uniquement le reste de l'année. Entrée payante.

Le Skybar s'appelait autrefois le Latino Fuego et comptait parmi les grands classiques de la nuit dubrovnikoise. Mais c'était avant que le club ne se fasse (un peu) détrôner par le Revelin de la vieille ville. N'empêche, le Skybar reste un *dancefloor* que touristes et locaux viennent fouler en fin de semaine, si ce n'est tous les jours en saison estivale. L'ambiance prend très rapidement, des DJ y mixent un peu tous les tubes du moment. Si hors saison on y trouve sa place, en été, la piste est bondée. De quoi y faire des rencontres ! Bons cocktails.

THÉÂTRE MARIN DRŽIĆ

Pred Dvorom 3
✆ +385 20 321419
www.kmd.hr

Visite de 9h à 12h en semaine et de 18h à 20h, les jours de spectacle. Prix d'un billet de 60 à 500 kn.

Ce joli théâtre à l'italienne possède une jauge de 250 places. Sa construction ne date pas de l'époque de Marin Držić, le Shakespeare croate, car de son temps, on jouait en plein air près du palais du recteur. Il a été édifié durant la monarchie autrichienne en 1865. Aujourd'hui, une troupe locale y joue des pièces du répertoire croate et international. Des dramaturges français comme Anouilh ou Genet sont régulièrement mis en scène, en croate, mais aussi de la danse contemporaine, des performances avec de la musique (plus accessibles si on ne parle pas la langue).

MERIT LIBERTAS CASINO (HÔTEL LIBERTAS)

Liechtensteinov put 3
✆ +385 20 220 800
www.meritcasinos.com

Un des deux casinos de Dubrovnik, fréquenté par les joueurs locaux et certains clients de l'hôtel. Il se situe au deuxième sous-sol de l'établissement. Dans sa décoration et sa disposition, il est assez similaire aux casinos français, confortable, avec des bars et des machines modernes, deux jeux de table roulettes (croupier), black-jack et trip poker. Peu de monde en général mais une bonne ambiance. Pour vous y rendre, bus 4, 5 et 7 (à 15 minutes de la vieille ville).

RIJEKA DUBROVAČKA

La Rijeka dubrovačka fait partie administrativement de la ville de Dubrovnik mais s'étend au nord de Gruž, autour de la rivière Ombla, qui est souterraine sur une portion de son parcours, jaillit au niveau de Komolac et se jette dans l'Adriatique à Gruž. Cette baie a été investie par les grandes familles de Raguse qui y ont construit leurs résidences d'été. Aujourd'hui, l'ensemble forme l'une des banlieues de Dubrovnik, réparties en deux agglomérations (Komolac, Mokošica) et des villages (Sustjepan, Čajkovići, Rožat, Prijevor, Mokošica...). La région fluviale a souffert des bombardements en 1991, notamment la marina de Komolac, qui a été reconstruite depuis.

VILLA SORKOČEVIĆ

À 6 km de la vieille ville de Dubrovnik.
Au sein de la Marina ACI à Kolomac.

Les Sorkočević, riches commerçants et propriétaires de bateaux, comptaient parmi les familles ragusaines les plus puissantes de l'époque Renaissance. Ils ont construit leur villa dans la baie de la rivière Ombla. Elle fait désormais partie de la marina ACI de Dubrovnik et abrite le centre de l'histoire croate. Son architecture ainsi que son parc sont un parfait exemple de la haute Renaissance. Si l'intérieur de la villa se visite sur rendez-vous, on peut librement accéder au parc, un beau lieu de promenade avec ses plans d'eau et sa végétation méditerranéenne.

ACI MARINA DUBROVNIK

Ul. na Skali 2
✆ +385 20 455 020
www.aci-marinas.com

Tous les services pour les navigants (location bateau, cale, carburant, sanitaires, commerces, bars-restaurant, etc.).

La marina 4 étoiles de Dubrovnik (ouverte toute l'année) se trouve au nord-ouest de Gruž, sur la berge sud de la Rijeka Dubrovačka, au niveau de sa source. A pied ou en bateau, vous ne manquerez pas de voir la silhouette de la villa des Sorkočević, une des familles ragusaines les plus puissantes de l'époque, construite au bord de la rivière Ombla. Elle fait désormais partie de la marina. On peut accéder librement au parc et s'y promener. Fort agréable quand le soleil se lève ou le soir quand l'astre disparaît pour laisser place à la lune et ses reflets sur l'eau.

ZATON

À 8 km au nord de Dubrovnik, Zaton se trouve dans une jolie baie de 2 km, entourée des hautes montagnes de l'arrière-pays. La localité se ramifie en deux villages de part et d'autre de la baie, du nom de Veliki et de Mali Zaton, reliés entre eux par un sentier piétonnier. La population locale vit de la pêche, de l'agriculture (notamment de la culture de l'olivier) et du tourisme. Veliki et Mali Zaton constituent des lieux de villégiature privilégiés des habitants de Dubrovnik. On y trouve de nombreuses villas de bord de mer construites par les grandes familles de la région, ainsi qu'un petit camping, une plage et des rochers aménagés pour se baigner.

L'église de Zaton.

GVEROVIĆ ORSAN €€

Štikovica 43
✆ +385 20 891267
www.gverovic-orsan.hr

Ouvert de midi à minuit de mi-mars à fin octobre. Plats à la carte entre 50 kn à 200 kn. Réserver à l'avance l'été.

Situé dans un endroit idéal pour les plaisanciers, avec emplacements particulièrement bien abrités dans le petit port, l'Orsan est prisé par les marins et les artistes Il a été construit dans un abri pour bateau, joli bâtiment tout en pierre doté d'une agréable terrasse. Goûtez les spécialités de la maison, la sériole marinée, les gnocchis de la mer ou le risotto noir aux crustacés, moules, crevettes et poulpe, sorte de paella dalmate cuite dans de l'eau de mer avec la touche personnelle du chef, le tout arrosé de vins régionaux.

RÉGION DE DUBROVNIK

TRSTENO ★★

La localité de Trsteno, à 20 km de Dubrovnik, conserve un arboretum pluriséculaire sur 28 ha en terrasse. C'est l'un des plus beaux parcs du pays. Se promener dans ce grand jardin, qui inspira le poète anglais Lord Byron et, plus récemment les producteurs de la série *Game of Thrones*, c'est se replonger dans l'ambiance de la Renaissance, du romantisme anglais préraphaélite. On s'émerveille d'essences végétales inconnues. Vaut vraiment le déplacement jusqu'au village, d'autant que l'excursion est relativement facile d'accès bus depuis Dubrovnik. La journée peut se prolonger dans la baie de Slano (marina tranquille, baignade, cafés-restaurants).

ARBORETUM DE TRSTENO ★★

Potok 20

✆ +385 20 751 019

www.hazu.hr

Ouvert de 7h à 19h de mai à septembre et de 8h à 16h le reste de l'année. Entrée : 50 kn adulte, 30 kn tarif réduit.

Le jardin d'Eden de la région de Dubrovnik porte un nom : *l'arboretum* de Trsteno sur la route de Pelješac. C'est là, en 1494, que Ivan Marinov Gučetić-Gozze fit bâtir sa résidence d'été, qu'il entoura d'un jardin de style Renaissance. Les Gučetić entretenaient des relations étroites avec les marins ragusains, qui leur rapportèrent diverses essences exotiques. La villa et son parc devint rapidement un centre important de la vie culturelle de la république. La poétesse et muse Cvijeta Zuzorić s'y rendait fréquemment, et c'est là que l'humaniste Gučetić rédigea de nombreux essais philosophiques. On dit aussi que Titien aurait figuré sur la liste des invités de la maison, ainsi que, plus tard, Lord Byron.

La villa originelle a dû être reconstruite après 1667. Un nouveau jardin de style néo-romantique a vu le jour à la fin du XIXe siècle sur le terrain de Dvarica, descendant vers la mer. Le jardin, nationalisé en 1948, appartient désormais à l'Académie croate de Sciences et des Arts. Il nous est parvenu quasiment intact, si ce n'est quelques impacts dus au tremblement de terre de 1667, à la guerre de 1991 et, enfin, à l'incendie de l'an 2000. L'entrée est magnifiée par un platane centenaire, puis ce sont les oliviers, les chênes, les cyprès, les pins d'Alep, les grenadiers, les palmiers, les bambous...

À voir également, un vieux pressoir à huile (*mlinica*), la fontaine Neptune qui date de 1736, avec ses truites rouges, l'aqueduc, la chapelle Saint Jean, la tonnelle panoramique sur l'Adriatique.

SLANO

Slano est situé dans une très belle baie à 30 km au nord de Dubrovnik. Ce petit village vit essentiellement de l'agriculture, de la production d'olives, de la viticulture et du tourisme. Les bateaux de plaisance jettent l'ancre dans la baie protégée de Banja, où l'on rencontre aussi des plongeurs, des amateurs de kayak, sur un site habité depuis la préhistoire. Slano bénéficie d'une nouvelle marina depuis 2016. Pour le confort des plaisanciers : un système d'ancrage pour 200 embarcations ainsi que des installations sur terre, restaurants, magasins, piscine en plein air, promenade en bord de mer...

ACI MARINA SLANO

Veljko Barbieri

✆ +385 20 871 177

www.aci-marinas.com

Ouverte toute l'année.

C'est la plus récente des marinas dans la région. D'une capacité de 200 embarcations (pour des bateaux de 11 à 25 mètres de long), elle offre divers services pour les plaisanciers et les touristes : un restaurant qui sert une cuisine locale et internationale, une belle piscine en plein air, des magasins et un parking. Les environs piétonniers ont été aménagés en promenade en bord de mer. Le cadre est agréable et s'y balader est un vrai plaisir. Le soir, la marina s'anime au rythme des locaux et des touristes qui apprécient l'endroit.

APPARTEMENTS VILA RIVA (PERVANOVO) €€

Ivana Zajca 26

✆ +385 20 362 900

www.vilarivaapartments.com

À partir de 70 €/jour. Piscine.

Il s'agit de 12 studios et appartements situés à l'intérieur d'une belle villa dalmatienne en pierre, dans le centre-ville de Slano. Les logements ont une surface de 25 m² à 80 m² et peuvent héberger de 2 à 6 personnes. La plage la plus proche est à 100 mètres, et le supermarché est juste à côté. Tous les logements sont parfaitement équipés, décoration et mobilier modernes, avec entre autres la climatisation, TV HD, lave linge, wifi gratuit. L'ensemble de la villa est non fumeur.

SREBRENO

Sur la riviera sud de Dubrovnik, à quelques kilomètres de Kupari, c'est la commune côtière la plus importante après Cavtat. De plus en plus populaire, elle est surtout réputée pour sa longue plage de sable et de galets. Les locaux y viennent à la journée alors que les vacanciers y séjournent volontiers en période estivale (grand hôtel de luxe, nombreuses villas à louer, camping). L'eau de la mer est limpide et la plage bien aménagée (beach bars, snacks, jeux pour les enfants). À faire, promenade de la mer à partir de Kupari jusqu'à Mlini, avec, tout le long, des criques et des rochers pour se baigner, des cafés-restaurants pour se détendre.

PLAGES DE SREBRENO ET KUPARI ★

Sur la longue plage de sable et de galets de Srebreno, tous les profils se croisent, locaux, touristes, familles, groupes de jeunes... Des bars-restaurants et des commerces aux alentours permettent d'y passer la journée. Une autre ambiance règne sur la superbe plage de Kupari, où le voisinage des hôtels abandonnés, criblés de balles de mortier, interroge. Il s'agit là d'anciens palaces communistes réservés à la nomenklatura, qui furent pris pour cible durant la dernière guerre (1991).

MLINI ★

Le vieux village côtier bien restauré a gardé les traces de son patrimoine historique (église et monastère). En contrebas d'une colline, la rivière Zavrelje se jette dans la mer, d'où le nom Mlini, renvoyant au moulin, utilisé pour moudre le blé ou broyer les olives. Un microclimat a favorisé ici une flore aromatique abondante. Le bureau central de l'office de tourisme régional se trouve à Mlini. L'agence renseigne sur la région côtière de Dubrovnik à Duboka Ljuta et sur la communauté de communes Kupari, Mlini/Srebreno, Soline et Plat (TZO Župa dubrovačka, Šetalište dr. Franja Tuđmana 7, www.dubrovnik-riviera.hr).

VIVADO TRAVEL AGENCY

Šetalište Marka Marojice 16
✆ +385 98 345 665
www.vivado.hr
Ouverte tous les jours du 1er avril au 31 octobre.
À partir du port de Mlini, l'agence assure des navettes en bateau le long de la côte, des transferts en bateau, en juillet et août, pour Dubrovnik, Plat et Cavtat, l'idéal pour découvrir la région sans se soucier de louer un véhicule ou de l'endroit où le garer. S'occupe également de trouver des hébergements sur la riviera, à Mlini et Srebreno surtout. Elle organise des excursions sur l'île de Lokrum juste en face, vers l'archipel des Elaphites, avec pique-nique, ainsi que des activités (vélo, plongée, kayak, cheval). Location de voitures également.

ASTAREA HÔTEL €€

Šetalište Marka Marojce 40
✆ +385 20 484 066
www.maistra.com/hotel-astarea
Chambres doubles et suites de 55 € à 193 € la nuit (petit déjeuner inclus).
A 15 minutes en bus de Dubrovnik (n° 10), ce grand complexe hôtelier a su garder une dimension esthétique, au creux de la colline, dans son architecture en terrasse. Avec un accès direct à la plage, le bâtiment principal en béton blanc s'ouvre sur un grand hall d'accueil tout de verre, bois et structure métallique. Des chambres confortables avec balcon et vue sur la baie, des piscines intérieure et extérieure, un solarium. Des appartements et mobil-homes et un bar-restaurant de plage complètent l'ensemble, donnant l'idée d'un nouveau village de vacances de luxe.

KONOBA MARINERO €€

Šet. Marka Marojice, 16
✆ +385 98 165 5454
https://marinero.hr/
De mai à octobre entre 11h et minuit. Plateau de la mer, poissons et crustacés : 420 kn (2 personnes).
Sur la promenade de la mer entre Mlini et Srebreno, l'un des meilleurs restaurants de poissons. On y sert le poisson du jour entier grillé, des gambas en sauce, du risotto noir mais aussi des plats de viande, des salades, le tout accompagné de vins locaux, en pichet ou en bouteille. Sur le terrain escarpé, l'établissement a une petite terrasse avec une belle vue sur la baie de Mlini. Les propriétaires gèrent aussi l'agence de tourisme Vivado et proposent des mini-croisières entre Mlini, Cavtat, Dubrovnik en faisant escale sur la petite île de Supetar.

SOLINE

Au sud de Mlini, le village était autrefois réputé pour l'exploitation de son sel, l'une des richesses naturelles locales. En hiver, le vent fait gonfler la mer et les vagues déposent de l'eau salée au creux des falaises. Celle-ci s'évapore sous l'action du soleil et de l'érosion, laissant un fin dépôt blanc. Cette fleur de sel est encore récoltée à la main aujourd'hui. Côté tourisme, les vacanciers trouveront des villas et appartements avec terrasses et vue splendide sur la baie. Ils pourront descendre à la plage de galets par des sentiers très escarpés traversant la colline et la pinède à la nature méditerranéenne luxuriante. Quelques bonnes tables.

© ONT CROATIE - IVO PERVAN

Cavtat.

CAVTAT ★★

Cavtat est édifiée sur la presqu'île de Rat entre deux baies, Luka et Uvala Tiha, face à l'île de Supetar.

Cavtat a occupé une place majeure dans l'histoire de la région. Fondée par la colonie grecque d'Epidaure, elle fut conquise par les Romains en 228 av. J.-C. et renommée Civitas Vetus, ce qui donnera Cavtat. Sous la mer, subsistent encore des vestiges de la cité antique. Au VII e siècle apr. J.-C., la ville est prise par les Slaves. Des réfugiés se sauvent sur un îlot rocheux, à 20 km plus au nord, et fondent Raguse, l'actuelle Dubrovnik. Au Moyen Âge, l'architecture de Cavtat rappelle le style élégant de Raguse, qui participera plus tard à la reconstruction. De nombreux édifices y furent édifiés, suivant le plan urbanistique de la République. La plupart des monuments historiques appartiennent au style gothique tardif et Renaissance (palais du Capitaine, système de fortifications, places, églises Saint-Nicolas et Notre-Dame-de-Cavtat, couvent des Franciscains). Le célèbre peintre Vlaho Bukovac (4 juillet 1855-23 avril 1922) y est né.

Transports

Par la route, on longe la riviera de Dubrovnik sur 18 km en 30 minutes. Des bus fréquents de la compagnie Libertas rejoignent les deux villes et desservent l'aéroport. En bateau, la compagnie Sea Line propose en haute saison des départs de Cavtat (à 5 km) pour Dubrovnik de 9h à 19h.

COLLECTION BOGIŠIĆ (ZBIRKA BALTAZARA BOGIŠIĆA) ★

Obala Ante Starčevića 18

✆ +385 20 478 556

Ouvert de 9h30 à 13h30 du lundi au vendredi. Tous les jours en saison estivale. Fermé en janvier. Entrée : 25 kn.

Le Palais du Recteur de Cavtat, édifié au XVIe siècle, accueille l'essentiel de la collection de Baltazar Bogišić, appartenant à l'Académie Croate des Arts et des Sciences depuis 1955. L'exposition permanente léguée par ce juriste et scientifique de renommée européenne, né à Cavtat, atteste de l'éclectisme des connaissances de son propriétaire : des livres rares aux archives historiques en passant par la peinture ou la vaisselle. Visite intéressante.

ÉGLISE NOTRE DAME DES NEIGES (GOSPA OD SNIJEGA) ★

Šetalište Rat 2

✆ +385 20 678064

www.franjevacki-samostan-cavtat.com

Ouverte en journée, entrée gratuite.

Si elle est ouverte, on ne manquera pas de visiter l'église des Franciscains - le monastère derrière n'est pas ouvert au public - et d'admirer la peinture *Notre Dame de Cavtat* qui s'y trouve. Elle est signée de Vlaho Bukovac, artiste du XIXe siècle natif de Cavtat. L'église est petite mais vaut le détour, notamment pour l'orgue de 1911 et pour le clocher qui remonte à 1901. En septembre 2021, une partie de l'église et du monastère a été restaurée.

MAISON NATALE DE VLAHO BUKOVAC [KUĆA BUKOVAC] ★★

Ulica Vlaha Bukovca 5 ✆ +385 20 478 646
migk.hr/muzeji/kuca-bukovac
Horaires variables, en général 10h à 18h. Prix d'entrée : 30 kn.

Une visite s'impose dans cette maison d'artiste, où tout semble avoir gardé la présence du grand peintre de la fin du XIXe siècle Assez émouvant en effet de revenir sur les pas de son enfance, dans cette superbe résidence du village, là où beaucoup d'objets sont encore en place. Sont exposés de nombreux portraits, autoportraits, paysages, natures mortes... alors que chevalets et palettes sont restés dans l'intimité d'un intérieur bourgeois. L'été, des concerts ont lieu dans le jardin.

MAUSOLÉE DE LA FAMILLE RAČIĆ

Trumbićev put 25
✆ +385 20 478 646
Ouvert d'avril à novembre, tous les jours sauf le dimanche de 10h-17h. Hors saison, sur rendez-vous. Entrée : 20 kn.

De son nom croate Mauzolej Obitelji Račič, le mausolée est situé au milieu du cimetière qui surplombe la mer depuis le mont Saint-Roko. De forme octogonale et de style néo-égyptien, le tombeau fut sculpté en belles pierres blanches de Brač, par le maître Ivan Meštrović (1883-1962), auquel on doit notamment la statue de saint Blaise, à la porte Pile de Dubrovnik. Destiné à l'influente famille Račić, sobre et somptueux, il inspire le respect, encore aujourd'hui.

ADRIANA CAVTAT TRAVEL AGENCY

Odv. II / 17
✆ +385 20 471 199
www.adriana-cavtat.com

Cette agence basée à Cavtat vous aidera pour l'hébergement et la découverte de Dubrovnik et sa région (Dubrovačko-Neretvanska županija), les excursions sur la côte dalmate, les circuits en Bosnie-Herzégovine, au Monténégro, et les transferts en voiture. Parmi les tours les plus populaires, une escapade sur les îles Élaphites (visite des trois îles en une journée) et un pique-nique sur la petite île de Supetar (à ne pas confondre avec la ville du même nom sur l'île de Brać).

SEA KAYAKING CAVTAT

25 Obala Ante Starcevica
✆ +385 98 802 442
www.sea-kayaking-cavtat.com
Tour en kayak de 1h-3h de 150 à 300 kn. Location de kayak : entre 100 kn et 400 kn. Paiement en cash.

Découvrir Cavtat et la riviera de Dubrovnik par la mer est une excellente idée ! Cette agence locale loue des kayak et organise des expéditions en pagaie. Différents tours sont proposés selon vos envies et votre condition physique. Un « tour paresseux » d'une petite heure permet de voir la ville depuis les vagues. Pour les plus motivés, le « tour de l'aube » dure deux heures et commence avant le lever du soleil. Enfin, l'excursion classique (possible aussi au moment du coucher du soleil) vous portera jusqu'aux îles en face de Cavtat.

EMBARCADÈRE - PORT [LUKA]

Obala Dr. A Starčevića
A/R entre Dubrovnik et Cavtat : 100 kn, 60 kn le trajet simple.

La compagnie de ferries nationale Jadrolinija ne propose pas de ligne régulière entre Cavtat et Dubrovnik, mais des entreprises privées le font. L'agence Adriana Travel assure notamment le trajet, avec des arrêts le long de la riviera (Plat, Mlini, Srebreno) avant d'arriver au vieux port de Dubrovnik. Le voyage dure environ 45 minutes. Les bateaux de cette agence assurent aussi une liaison avec l'île de Lokrum. Il est possible de réserver le billet en ligne : www.adriana-cavtat.com

HÔTEL SUPETAR €€

Dr. A. Starčevića 27
✆ +385 20 300 300
www.hotelsupetar.com
Chambres simples et doubles de 77 € à 135 € la nuit, selon la saison et la catégorie (petit déjeuner inclus).

Un petit hôtel situé au bout de la jetée, au calme dans la partie piétonne de la vieille ville. La plage est à 20 m. Les clients bénéficient de l'accès gratuit à la piscine de l'hôtel Croatia qui se trouve à 10 minutes à pied. Le parking en revanche est payant. A proximité, de nombreux restaurants, cafés, bars... L'hôtel Supetar dispose de 28 chambres, simples et doubles, certaines avec vue sur la mer, toutes équipés de la télévision, du téléphone, d'une salle de bains privée. Sur place, un jardin, un bar-restaurant avec une grande terrasse, bien exposée.

HÔTEL CROATIA €€€

Frankopanska 10

✆ +385 20 300 300

www.adriaticluxuryhotels.com

Chambres doubles et suites de 105 € à 273 € la nuit, selon la saison et la catégorie (petit déjeuner inclus).

Cet énorme complexe comprend pas moins de 487 chambres et suites, tout confort, plusieurs avec vue sur mer. Des espaces intérieurs à la décoration soignée, avec des couleurs chaudes et des tableaux d'artistes locaux aux murs. Un hôtel 5 étoiles qui répond aux besoins des hommes d'affaires et des touristes appréciant le séjour *all inclusive*, avec deux piscines, extérieure et intérieure, plages, un centre de beauté et bien-être, des équipements fitness, courts de tennis, volley. Des cafés-bars et restaurants viennent compléter l'offre. Transfert aéroport.

VILLA KIPRE €€

18 Iznad Tihe

✆ +385 20 478 727

www.villa-kipre.com

Chambres et appartements, de 34 € à 82 € la nuit, selon la saison et la catégorie (petit déjeuner inclus).

À seulement 100 m du centre-ville et des plages, la villa Kipre est une grande bâtisse au bout d'une impasse dans un cadre boisé, bien au calme. Elle propose plusieurs chambres et 4 appartements de différentes tailles, modulables, d'un confort 3 étoiles. Tous sont équipés de la télévision, de l'air conditionné…, avec terrasse ou un balcon qui offrent une belle vue sur la mer ou le jardin. Avec son barbecue à l'usage de tous les résidents, possibilité de faire des grillades à l'extérieur. Accueil sympathique, séjour de qualité.

TAVERNA DOMIŽANA €

Šetalište Žal 2

✆ +385 20 754 001

https://domizana.com

Ouvert tous les jours de 11h à minuit, d'avril à octobre. Spécialité de la maison 260 kn (2 personnes).

Entre les hôtels Albatros et Epidaurus, vous trouverez ce petit restaurant chaleureux, situé en bord de mer, fréquenté par les touristes et les locaux. Sa grande terrasse, ouverte en période estivale, peut accueillir une centaine de personnes. Propose des repas dalmates ainsi que des pizzas. Recettes de poissons, crustacés, pâtes fraîches, hamburgers ou encore la spécialité de la maison, le plateau de viandes variées avec légumes grillés pour deux personnes. L'été, musique *live* tous les soirs. Fait glacier durant la journée. Service de qualité.

RESTAURANT BUGENVILA €€

Obala dr. Ante Starčevića 9

✆ +385 20 479 949

www.bugenvila.eu

Ouvert tous les jours de 12h à 16h et de 18h à 21h30. Entre 15 et 40 € le repas.

Cet établissement a su se démarquer grâce à une carte différente où le jeune chef excelle sur une carte fusion où se mélangent différents styles culinaires, méditerranéen, espagnol/basque, français, fruits de mer, végétarien. On vient y déguster des plats de saison préparés avec délicatesse sur des produits frais et bien présentés. Le restaurant propose également des cocktails créatifs et, pour démarrer la journée, des *brunches* plein de fraîcheur et de vitalité. Réservation indispensable en haute saison, quand le restaurant affiche complet tous les soirs.

RESTAURANT LEUT €€

Trumbićev put 11

✆ +385 20 479 050

www.restaurant-leut.com

Ouvert de mars à novembre de 11h à minuit. Environ 150 kn le plat complet.

Situé en bord de mer dans la vieille ville, ce restaurant réputé propose un grand choix de poissons frais, et crustacés, concoctés dans une cuisine soignée et inventive (fruits de mer, huîtres, calamars frits, frittata, sole meunière, homard aux pâtes fraîches, risotto crème langoustine…). Dressage élégant et service de qualité et souriant. Bonne carte de vins et de liqueurs qui accompagneront ou termineront le repas. N'oubliez pas les desserts alléchants. Les locaux et touristes, qui y viennent à toute heure de la journée, y trouvent une bonne ambiance.

ANCORA WINE BAR

Obala Dr. Ante Stračevića 22

✆ +385 20 478 417

www.ankoracavtat.com

Ouvert toute l'année de 7h à 2h. Tapas de 30 kn à 99 kn le plateau dégustation.

Sur le port, l'Ancora est un petit bar à vins, qui fait le plein en permanence, locaux comme touristes appréciant les lieux et l'accueil agréable. L'endroit est aussi prisé pour un brunch, un déjeuner léger, ou pour la formule conviviale le soir, vin au verre autour de tapas à partager (charcuterie et fromage à l'honneur). Belle carte (goûter le vin d'orange !). Ambiance relax et service très professionnel, les serveurs sont de bons vivants et cela se sent ! Belle vue sur le port lorsque la nuit tombe, prix raisonnables et nourriture/boissons savoureuses.

ČILIPI ★

Le petit village continental à 22 km de Dubrovnik et 11 km de Cavtat, est connu pour son aéroport, le seul et unique de la région (Zračna luka Dubrovnik). Pendant la guerre, en 1991, les armées serbo-monténégrines détruisent le vieux village. 122 maisons ou édifices ont été entièrement incendiés et rasés, les habitants expulsés. Čilipi sera libéré à l'automne 1992. La paix revenue, les villageois ont mis un point d'honneur à tout reconstruire, à faire revivre les arts et traditions populaires de leur région de Konavle. Le comité des fêtes est fier de son folklore, musique, danse et costume, qu'il présente régulièrement sur la place du village.

MUSÉE ETHNOGRAPHIQUE DU KONAVLE ★

Beroje 49

✆ +385 20 772 249

www.migk.hr

Du mardi au samedi de 9h à 17h toute l'année. Le dimanche jusqu'à midi. Fermé le lundi. Entrée 25 kn.

Le Zavičajni muzej Konavala est un joli musée logé depuis 1974 dans une maison en pierre traditionnelle qui date de 1909 et a été reconstruite après la guerre de 1991-1995. Les collections de costumes folkloriques et broderies, riches et bien présentées, s'étalent sur deux étages. Fascicule en anglais et audioguide également disponible en anglais. Bref, tout ce que vous avez toujours rêvé de savoir sur les traditions, les coutumes et l'histoire du Konavle !

ÉGLISE SAINT NICOLAS (CRKVA SV. NIKOLE) ✝ ★

Beroje 36

✆ +385 20 771 397

www.sveti-nikola-cilipi.hr

Cette église, dédié à saint Nicolas, a été érigée en 1853. Abîmé par le conflit de 1991, son trésor a été en grande partie pillé et la statuaire profanée. Les habitants de Čilipi, une fois retournés au village après l'exil, ont reconstruit et exposé ces statues sur le côté gauche. On voit notamment celle de la Vierge Marie, dont les yeux ont été crevés... La jolie place de l'église abrite plusieurs terrasses et s'anime le dimanche lors des démonstrations folkloriques.

MARIN VUKOREP €€

Čilipi 11

✆ +385 20 771 636

www.agroturizam-konavle.hr

Compter 80 € la nuit dans un appartement pour 3 à 4 personnes. Repas : 30 € par personne environ.

Séjourner à la ferme dans cette région rurale, qui compte plusieurs établissements agréés en agrotourisme, est une bonne idée ! L'appartement de la famille Vukorep a été installé à l'étage d'une maison en pierre pluriséculaire. Il comporte deux chambres et un petit salon. La famille peut venir vous chercher à Cavtat ou à l'aéroport et vous arranger une location de vélo. Quant à la cuisine, elle est inimitable. Le frère, qui élève des chèvres livre les fromages et la viande. Le reste vient de la propriété, sauf le vin, produit par des vignerons, membres du réseau.

RÉGION DE DUBROVNIK

Église Saint Nicolas (Crkva Sv. Nikole).

GRUDA

En bordure d'une réserve naturelle (Konavoski Dvori), le village agricole est devenu un important centre économique de la région, grâce à la viticulture notamment. Les maisons sont disposées le long de la route principale, l'église de la Sainte-Trinité surplombe le village. L'agritourisme a bien pris autour de Gruda. Par exemple, le domaine Zlatovisce, membre de l'association française Accueil paysan, propose le séjour tout confort à la ferme, avec repas et dégustations à la taverne-cave à vins. Dans les environs, il y a de quoi faire : visite de la forteresse de Sokol Grad, balade à cheval dans la nature sauvage (Konavle Polje, rivière Ljuta, plage de Pasjača).

SOKOL GRAD (SOKOL KULA) ★★

✆ +385 20 638 800 - www.citywallsdubrovnik.hr

Pour y accéder, véhicule indispensable. Horaires variables. De 10h à 18h tous les jours, en général. 70/35 kn l'entrée.

Bien indiquée depuis le rond-point de Gruda, cette forteresse domine le village de Dunave. Pour y accéder, il faut emprunter une route qui grimpe puis continuer à pied sur des marches vertigineuses. Le fort, qui existait déjà du temps des Romains, fut mentionné pour la première fois à la fin du XIIIe siècle, quand il appartenait au comte de Bosnie. La république de Raguse réussit à le conquérir en 1420. L'ensemble, qui a échappé au tremblement de terre de 1667, est très bien restauré : remparts, chemin de ronde avec superbe vue panoramique, salle aux armoiries.

SVETA ANA TRAVEL AGENCY

Poljice 26 ✆ +385 99 33 33 002

www.sveta-ana-travel.com

Agence en ligne uniquement ; deux sites Internet dont un réservé aux excursions privées dans la région de Dubrovnik.

Une agence réceptive créée par Roger Schlachter, franco-croate, et son épouse Helena, originaire de Dubrovnik. Guides touristiques au départ, ils l'ouvrent, en 2013, en visant particulièrement les vacanciers francophones. Composée d'une équipe dynamique, l'agence propose aujourd'hui des circuits découvertes dans toute la Croatie et des voyages combinés, par exemple un autotour individuel (Croatie, Monténégro, Bosnie-Herzégovine) en quinze jours ou un randotour en groupe (îles dalmates, Split, Dubrovnik) en huit jours. Quantité d'autres idées sur le site Internet.

KOJAN KORAL

Radočići 1

✆ +385 20 798899

https://kojankoral.com

D'avril à octobre avec des départs de randonnées à 14h30 ou 17h en été.

Fondé en 2003 par Kojan Koral, l'entreprise familiale est partie d'une passion pour les chevaux. Puis le propriétaire a souhaité ouvrir son ranch à d'autres personnes, l'idée de faire découvrir la nature sauvage du Konavle aux touristes avec ses nobles montures coulait alors de source. Sept beaux chevaux pour faire de l'équitation et partir en excursions pendant les vacances. Tout autre chose, Kojan organise aussi des safaris hors route en quad et en buggy en petits groupes. Activités bien équipées (casque et lunettes fournies) et bien encadrées.

RÉGION DE DUBROVNIK

Sokol Grad (Sokol Kula).

LJUTA

Un des villages les plus pittoresques du Konavle, qui compte moins de 200 habitants, Ljuta, situé à 3 km de Gruda, porte le même nom que la rivière qui le traverse et arrose le plateau du Konavle (*Konavosko polje*). Ljuta présente ainsi un complexe de moulins à eau le long de la rivière, dont l'un est encore en fonctionnement. C'est à Ljuta, installé d'ailleurs dans l'un de ces anciens moulins, que se trouve le restaurant Konavoski Dvori, réputé pour sa cuisine traditionnelle et ses serveurs en costumes folkloriques. On peut rejoindre Ljuta à vélo depuis Čilipi en un peu plus d'une heure.

KONAVOSKI DVORI €€

Ljuta b.b.

✆ +385 20 791 039

www.esculaprestaurants.com

Ouvert en haute saison tous les jours de midi à minuit. Environ 200 kn le repas.

A 19 km de Cavtat, près de Gruda, au milieu de la forêt et pourtant si près de la côte, ce restaurant traditionnel est installé dans un ancien moulin. Le Konavoski Dvori est une bonne adresse pour manger près de la rivière aux beaux jours et déguster les produits du terroir de Konavle. Au menu, jambon dalmate et fromage de chèvre, viandes d'agneau et de veau grillées, brochettes, truites d'eau douce et vins locaux. Le tout servi dans une assiette simplement présentée mais apporté par des serveuses portant le costume folklorique.

MOLUNAT ★

Dernière petite station balnéaire avant la frontière avec le Monténégro, facile d'accès même si l'on n'est pas motorisé grâce aux bus locaux, Molunat se déploie tranquillement au fil des criques et séduira les amoureux de la nature. Le microclimat sans vents froids et la température de la mer qui peut, dans la baie, avoisiner les 20 °C en mai ajoutent à la beauté sauvage du site. Des sentiers permettent de partir en randonnée au parc naturel de Prevlaka, sur la dernière péninsule croate avant les bouches de Kotor. Excursions maritimes à la découverte des falaises karstiques, plongée, littoral encore préservé sont les grands atouts de Molunat.

VILLA MARIN €

Molunat 63

✆ +385 20 794 351

Selon la saison, de 41 € à 77 € la nuit en studio et jusqu'à 150 € pour un appartement. Ouvert du 1er juin à mi-octobre.

À la Villa Marin, que vous trouverez juste avant le port de Molunat, vous séjournerez dans l'un des 8 appartements et studios. Ces derniers peuvent accueillir de deux à quatre personnes et s'étalent sur tous les étages de cette villa. C'est simple mais propre, avec un coin cuisine et un lit plutôt confortable qui se déplie dans le salon. Certaines chambres ont un balcon avec vue sur la mer. Le plus : la villa possède une piscine ainsi qu'un bon restaurant qui sert une cuisine tournée vers la mer. Séjour reposant à la clé, avec un accueil chaleureux.

AUTOKAMP & RESTAURANT MONIKA €

Molunat 28

✆ +385 20 794 557

www.restaurant-monika-molunat.hr

Ouverts de début mai à mi-octobre, de 11h à 23h tous les jours. Autour de 95 kn le plat principal.

Un camping qui descend en terrasse vers la mer avec un bon restaurant avec une terrasse panoramique, c'est l'offre de Monika ! En cuisine on vous prépare des crustacés et des poissons fraîchement pêchés au large. dans le village. Le propriétaire, qui est aussi producteur de Malvasija, un cépage blanc autochtone, sert aussi de bons vins. Un accueil chaleureux, une ambiance conviviale, un service soigné, que des atouts pour venir passer ses vacances à Molunat !

RESTAURANT LANCANA €

Molunat 18

✆ +385 99 299 3667

Ouvert tous les jours en saison, de 11h à 23h. Autour de 150 kn pour une assiette de pêcheur.

Ce restaurant avec vue imprenable sur la baie sert bien sûr surtout des spécialités de l'Adriatique (salades de poulpe, crustacés et, selon arrivage, des plats de poissons entiers grillés…). Le poulpe préparé au grill y est savoureux. On n'en trouve pas dans tous les restaurants qui proposent une cuisine de la mer… Quelques plats de viande, comme des *čevapčići* ou des brochettes. La famille possède une petite ferme dans le Konavle et certains produits en sont issus. Belle terrasse, bon accueil, souriant. Ambiance familiale et conviviale.

ÎLE DE LOKRUM ★★

L'île la plus proche de Dubrovnik, celle où l'on passe la journée pour se baigner tranquillement en été aux environs de la mer Morte, où des rochers ont été aménagés, près du port d'Anse Skalica, sur les plages de galets au nord ou les coins nudistes, à gauche en débarquant du port. Ce serait sur cette île qu'aurait échoué Richard Cœur de Lion, en 1192, au retour de la troisième croisade. Il fit alors vœu de construire un lieu de culte s'il était sauvé. Finalement, plutôt qu'à Lokrum, l'église en question fut édifiée dans la vieille ville de Raguse, où l'on bâtit la cathédrale, rien de moins ! Au XIXe siècle, Maximilien Ferdinand de Habsbourg y vécut dans une superbe demeure en forme de tour au milieu d'un parc boisé. Depuis 1959, la fondation du jardin botanique a poursuivi l'acclimatation d'essences tropicales sur l'île, comme l'eucalyptus et les cactus et en 1964, l'île a été classée réserve naturelle. Sur les collines, le fort royal, construit en forme d'étoile par les Français, en 1906, est une attraction touristique non seulement par son architecture mais aussi par l'incroyable vue qu'il offre sur Dubrovnik et la côte.

Transports

Accessible en bateau depuis le vieux port de Dubrovnik. Traversées toutes les demi-heures à partir de 9h, retours jusqu'à 19h30. Entrée sur l'île : 15 à 25 kn par personne.

ENSEMBLE MONASTIQUE (SAMOSTANSKI KOMPLEKS) ✝ ★★

À 500 m de l'arrivée du bateau (port de Portoč). Prendre tout droit depuis le port.

Cet ensemble religieux, dont certains éléments sont en ruine, se compose d'une basilique médiévale (XIIe-XIIe siècles), du monastère et de son cloître (XVe-XVIe siècles). Les bénédictins, implantés sur l'île, depuis le XIe siècle, l'ont définitivement quittée en 1787. Le couvent de style romano-gothique a été partiellement détruit lors du tremblement de terre de 1667. Aujourd'hui, seuls demeurent les ailes est et nord ainsi que le cloître. A l'intérieur, une grande exposition permanente sur *Game of Thrones* permettra aux fans de la série américaine (mais aussi aux curieux) d'en savoir plus sur les coulisses du tournage en Croatie, avec témoignages et interviews d'acteurs en écoute libre.

Dans la cour du couvent, Maximilien de Habsbourg s'est fait construire, en 1860, sa résidence, agrémentée de jardins et d'un parc. Le monarque avait déjà commencé une petite collection botanique, mais c'est en 1959 que le jardin a été institutionnalisé afin d'étudier l'adaptation des plantes tropicales et subtropicales au climat méditerranéen. Les années de guerre 1991-1992 ont infligé de nombreux dégâts au jardin. À partir de 1993, on reconstruit et on plante à nouveau. Plus de 800 espèces y sont aujourd'hui répertoriées, dont de nombreux cactus, eucalyptus, palmiers. Certains arbres ont plus de trois siècles ! Vous pourrez profiter d'une belle promenade jusqu'au grand réservoir qui passe par l'oliveraie des Bénédictins. La ville de Monaco a financé une partie des travaux !

Ensemble monastique, île de Lokrum.

Fort Royal (Tvrđava Royal).

FORT ROYAL (TVRĐAVA ROYAL) ★

Au nord de l'île, suivre le chemin tracé après le grand réservoir.

Initiée par Napoléon, la construction du fort remonte à 1806, à l'époque où l'île était abandonnée. Cela a donc eu lieu au moment de la souveraineté napoléonienne sur la région de Dubrovnik. Le fort, perché sur une colline de 96 mètres, a été terminé sous les Habsbourg en 1835. Au sommet, la vue est époustouflante ! Si vous souffrez de vertige, faites attention mais en vous tenant bien en descendant, vous devriez, vous aussi, vous offrir une vue magnifique sur Dubrovnik et la côte.

LAZARET (LAZARETI) ★★

Au nord de l'île. A 200 m du fort royal, à côté du petit port Skalica.

Entre 1534 et 1557, la république de Dubrovnik fit constuire un lazaret tout au nord de l'île de Lokrum. Le projet cependant n'a jamais été achevé. Il fut en effet délaissé au profit d'un lazaret de plus grande importance dans le quartier de Ploče à Dubrovnik (récemment renové). La république craignait que la structure fortifiée sur l'île de Lokrum puisse devenir une base d'attaque pour les ennemis de la ville. Aujourd'hui, le lazaret est en ruine (une partie des pierres ont été utilisées au fil du temps pour les remparts) mais visitable.

RÉSERVE NATURELLE (JAVNA USTANOVA REZERVAT)

Dubrovnik, Ploče.
✆ +385 20 311 739
www.lokrum.hr

Organisme en charge de la réserve naturelle de Lokrum et de sa mise en valeur auprès des visiteurs. Le centre développe à la fois de la communication scientifique et touristique. Sur le site Internet, on trouvera de la documentation sur la physionomie géologique de l'île, le paysage, le jardin botanique, la faune et la flore, la côte et la vie marine, mais aussi sur les faits historiques, autour du monastère et du fort royal. Edite également une carte des sentiers.

LACROMA RESTAURANT €€

Otok Lokrum 1
✆ +385 99 416 6171

Ouvert d'avril à fin octobre, de 10h à 20h. A partir de 95 kn le plat principal.

À côté du monastère bénédictin, cette ancienne caserne, récemment rénovée en bois moderne, fait désormais office de restaurant. Avec ses deux ouvertures, vous pourrez profiter du soleil sur l'une des terrasses plein sud. L'établissement a déjà fait sa réputation du côté de Dubrovnik. Offre une carte de poissons savoureux, du bœuf accompagné d'une sauce au vin de la région (Dingac) ou encore des salades de saison. La présentation est soignée, le service aussi. Le Lacroma est la version plus «gastro» du snack-bar situé juste à l'arrivée sur l'île, près du port.

KOLOČEP

À 5 km à peine de Dubrovnik, la petite île (2,6 km²) est recouverte d'une luxuriante végétation subtropicale tout en étant plus habitée que les autres îles. Elle se découpe en deux grands hameaux, Donje Čelo au nord et Gornje Čelo au sud.

La partie nord, où arrive le ferry de Dubrovnik, offre de belles plages de sable. C'est ici aussi que vous trouverez le seul hôtel de l'île ainsi qu'un bon restaurant. La partie sud est riche d'un parc forestier de 12 ha, constitué de pins, de caroubiers et d'oliviers, ainsi que de criques sauvages. Les familles y apprécient les plages de sable et de petits galets.

LOPUD ★★

L'île centrale, la plus touristique de l'archipel, à 12 km de Dubrovnik. Depuis le XIe siècle, elle appartenait à la République de Raguse et, durant des siècles, elle perpétua la même tradition maritime. Ses sentiers parcourant des vallées recouvertes de végétation luxuriante, son jardin botanique, ses plages et criques mais aussi son village, autant d'atouts pour une île, facilement accessible en ferry. Une île sans voiture, où l'on se promène à pied, où on loue des vélos, notamment au port ou à l'hôtel Lafodia. Des deux baies, l'une comprend le village de Lopud, le seul port de l'île. À l'ouest, la superbe baie de Šunj est plus confidentielle.

HÔTEL TUI BLUE KALAMOTA KOLOCEP ISLAND €

Donje Čelo 45 ✆ +385 20 312 150
www.sensimarkalamotaisland.com

De fin avril à fin octobre. Chambres de 126 € à 265 € la nuit, selon la catégorie et la saison (petit déjeuner inclus).

Sur un beau site marin, ce complexe hôtelier compte 144 chambres et suites, toutes confortables et bien équipées, nombreuses avec balcon et vue sur une plage de sable. L'établissement comprend plusieurs restaurants, des bars lounge, une piscine extérieure et la connexion Wifi gratuite partout. L'été, l'hôtel organise des concerts. On peut louer des chaises longues, parasols, kayaks, se baigner aussi près des rochers aménagés, se faire masser. Activités et excursions sur demande.

ÉGLISE SAINTE-MARIE (CKRVA SV. MARIJA)

A l'ouest de Obala Iva Kuljevana. Prendre à gauche après le port de Lopud.

Tout un symbole à Lopud que l'église fortifiée des Franciscains, dont on remarque de loin le clocher. À l'intérieur, l'autel est surmonté d'un triptyque, une œuvre monumentale que l'on doit à Nikola Božidarović, maître de l'école picturale ragusaine au XVe siècle. Le couvent remplissait à l'origine des fonctions défensives et humanitaires. Du balcon, qui a été conservé, on lançait de l'huile chaude en cas d'attaque pirate ! Ravagé par un incendie en 1806, il est abandonné depuis.

© ANNA BIANCOLOTO - SHUTTERSTOCK.COM

Île de Koločep.

FORT DE LOPUD - KASTIO SUTVRAČ ★

Pic de Polačica.
Au sud-est de l'île, entre Šunj et Lopud.

Ce fort en ruine a été édifié au début du XVIe siècle sur le point culminant de l'île... ça grimpe ! L'effort mérite la récompense car une fois parvenu(e) au sommet, vous n'oublierez pas le panorama. Vous obtiendrez un cadre grand angle et réaliserez de belles photos sur la mer, l'archipel, les reliefs et la végétation autour de vous. Peut-être rencontrerez-vous des chèvres qui se baladent dans le fort. A quelques mètres de là, s'élève l'église Notre-Dame-de-Šunj.

MONASTÈRE DOMINICAIN SAINT-NICOLAS

rue Prijeko

Récemment restaurés par des étudiants allemands, le monastère et l'église Saint-Nicolas datant de 1482 sont à nouveau des édifices magnifiques, alors qu'ils étaient sérieusement abîmés il y a quelques années. L'église préromane des origines compte aujourd'hui une jolie façade Renaissance tardive et un clocher de 30 m de haut. L'église contenait le tableau de l'Annonciation de Nikola Božidarević (1460-1517), qui se trouve aujourd'hui au musée dominicain de Dubrovnik.

HÔTEL GLAVOVIĆ €

Obala Iva Kuljevana
✆ +385 20 759 359
www.hotel-glavovic.hr

Ouvert de mai à octobre. Entre 304 kn et 1 368 kn la chambre, selon la formule (chambre double, suite, demi-pension).

Petit hôtel de 12 chambres et de 2 appartements, l'un des premiers sur l'île, qui fut construit en 1927. Il a été évidemment rénové depuis ! Il se situe à proximité du port, face à la mer, et certaines chambres sont dotées d'un balcon. Toutes les chambres sont climatisées et comportent une salle de bains moderne avec douche. Les prestations sont donc plus que correctes, les prix raisonnables et l'accueil chaleureux. Vlasta parle français et connaît bien l'île. L'hôtel fait aussi restaurant-bar avec l'Adriatique en fond de tableau.

HÔTEL VILLA VILINA €€€

Obala Ivana Kuljevana 5
✆ +385 20 759 333
www.villa-vilina.hr

De 170 € à 306 € la chambre double en haute saison.

Voici pour votre séjour à Lopud et ses alentours une superbe villa en pierre avec une dizaine de chambres et trois appartements de très bon standing, tous décorés avec goût et des meubles anciens. La maison appartient à la même famille Šimunović-Vilina, qui met à disposition des clients les services d'un 4-étoiles. Le restaurant sert une cuisine traditionnelle parfaitement bien maîtrisée. Ne manquez pas la promenade dans l'odorant jardin botanique, planté face à la mer. Accès Internet et piscine extérieure pour tous les résidents. Bel accueil.

KONOBA PEGGY €

Narikla 22
✆ +385 98 930 1389

Ouvert de 11h à 15h et de 18h à minuit (de mai à mi-octobre). À partir de 100 kn le plat complet.

Ce bon restaurant familial et sa terrasse sont perchés en haut d'un escalier de pierre et décorés de filets de pêche. Rien que le cadre donne envie. Mais on vient surtout à Konoba Peggy pour sa cuisine traditionnelle que le chef en cuisine sait sublimer. Le menu met en avant les produits locaux comme le poisson frais mais il est tout à fait possible de commander des plats de viande. La carte est variée, les assiettes bien présentées et les portions plutôt généreuses. On salue l'agréable accueil, le service professionnel et l'ambiance.

ŠIPAN ★

La dernière des îles Élaphites habitées présente des attraits communs dans l'archipel : plages de sable, végétation luxuriante, palmiers, quelques cafés-restaurants-terrasses, un vieux palais... Vous arrivez au hameau de Šipanjska Luka, la plus grande bourgade de l'île, là où la mer est semblable au lit d'un fleuve limoneux. Bien qu'il ne s'agisse pas d'une île majeure par rapport à Lopud, par exemple, n'hésitez pas à y faire un tour si vous en avez le temps, les visites ne sont pas légion mais l'île est toutefois agréable pour flâner et profiter du calme de l'endroit.

STON ★★

La petite cité médiévale est rattachée à Mali Ston par un alignement de murs fortifiés de 5,5 km de long, que l'on surnomme la muraille de Chine. Construite en 1333, cette enceinte, qui grimpe dans la montagne, avait pour fonction de défendre les environs et l'entrée de la presqu'île de Pelješac des incursions ottomanes. La construction d'une tour massive (Veli Kikaštio) a débuté en 1357 pour s'achever un siècle plus tard (1489). Ce bastion faisait partie du système de défense complexe de la ville, le seul de toute la Croatie à avoir survécu aux vicissitudes de l'histoire. Aujourd'hui, début septembre, on y organise un marathon de course à pied. Connue pour son élégant centre historique, ses rues planifiées construites à angle droit, son palais du recteur, ses vieilles maisons en pierre de taille mais aussi pour ses marais salins, dont on extrait le meilleur sel marin du pays, Ston est aussi une destination gastronomique et œnologique réputée. Un festival original, le Slow Food Kinookus, en septembre également, invite le public à des rencontres-dégustations, où artisans, producteurs bio, vignerons, restaurateurs montrent leur travail.

Tourisme

Préparer en ligne sa route des vins !

La plateforme numérique des deux régions rurales de Dubrovnik, Neretva et Pelješac, apporte quantité d'informations touristiques. Pour la presqu'île, en plus des possibilités d'hébergements en agritourisme, on y retrouve un répertoire détaillé et complet (textes et photos) des domaines de vignerons, des caves et bars à vins.

▸ www.rural-dubrovnik-neretva.hr/en/rural-offer

LAPIDARIUM À STON (LAPIDARIJ U STONU)

Dubrovačka Biskupija - Placa 17

✆ +385 20 754 159

www.lapidarij-ston.com

Ouvert tous les jours de 8h30 à 20h30. Entrée : 15 kn.

Ce petit musée a été ouvert en 2015 dans le palais épiscopal. Dans cette région, les ressources naturelles ont permis la vie bien avant l'ère chrétienne, mais c'est l'art sacré qui est le plus représenté ici. Sont exposés de nombreux ossements et poteries, notamment ceux trouvés dans une grotte illyrienne (Spila Nakovana), les fonts baptismaux, les pierres lapidaires, divers objets liturgiques, reliquaires, croix ouvragées, chaînes et crucifix, peintures, icônes, manuscrits…

MARAIS SALANTS DE STON (SOLANA STON) ★

Pelješki put 1

✆ +385 20 75 413

www.solanaston.hr

Ouvert tous les jours de 7h à 19h en saison. Visite libre des neuf bassins actuellement utilisés, 15 kn l'entrée.

Les plus anciens marais salants de la Méditerranée encore en activité. Installés du temps de la République de Dubrovnik, ils revêtaient une telle importance stratégique qu'une conscription avait été instaurée obligeant les citoyens ragusains à venir ici donner quelques heures de leur temps pour aider à la récolte de l'or blanc. Le sel était ensuite transporté depuis le port de Mali Ston. Aujourd'hui, ces salines tentent de se distinguer en explorant la piste du bio/artisanal.

MURAILLE DE STON (STONSKE ZIDINE) ★★

Sokolić et Stoviš

www.ston.hr

Accès 70 kn. Ouvert de 8h à 19h30 en saison (19h en août).

En 1357, lorsque la république de Dubrovnik récupère la presqu'île de Pelješac, on fit édifier une muraille qui relie Ston à Mali Ston, afin de se protéger de la menace ottomane. Elle avait surtout fonction de surveiller le terroir marin autour des précieuses salines. Les architectes les plus talentueux y furent employés, Onofrio de Naples par exemple. La muraille fut achevée au XVe siècle. Cette enceinte, qui grimpe dans la montagne, fut augmentée d'une tour massive (Veli Kikaštio), un bastion dont la construction s'achève en 1489, complétant un système de défense complexe, jalonnée de 40 tours et 5 forts au total, le seul du pays à avoir survécu aux vicissitudes de l'histoire.

Les villes de Mali Ston et Ston furent construites une fois la muraille achevée afin d'y héberger les gardiens des fortifications et les paludiers des salines. Cette œuvre titanesque inspire le respect ! Ce système de fortifications est le plus long d'Europe, soit près de 5,5 km, dont plus de 4 km accessibles grâce aux importants travaux de rénovation effectués. Sur le plus long tronçon qui relie les deux villages, l'ascension peut être assez rude, surtout les 20 premières minutes et les marches sont hautes. Mais la vue au sommet est superbe ! Le plus court reste autour de Ston. Prévoyez de l'eau et un chapeau, car l'endroit n'est pas ombragé. Aujourd'hui, au mois de septembre, on y organise une course à pied, ouverte à tous, qui rassemble de nombreux participants.

▸ **Infos :** www.ston-wall-marathon.com/

OFFICE DE TOURISME DE STON (TURISTIČKA ZAJEDNICA)

Pelješki Put 1
+385 20 754 452
www.ston.hr

Ouvert du lundi au samedi en haute saison 8h-20h, et le dimanche 9h-12h/17h-19h. Le reste de l'année 8h-14h (semaine).

Une agence municipale qui met à disposition des brochures sur Ston, Mali Ston et donne des informations sur toute la presqu'île de Pelješac. Leur site Internet est de bon conseil et traduit en français ! L'office met à disposition des listings de locations saisonnières privées à Ston et dans les environs ainsi que des idées d'excursions (bateaux de pêche, routes des vins, etc.), les horaires des ferries. Bon accueil et disponible pour répondre au mieux à vos questions.

CAMPING PRAPRATNO €

Prapratno
+385 20 754 000
www.camping-prapratno.com

De 30 kn à 56 kn par jour et par personne selon la saison. De 27 kn à 42 kn pour le véhicule. Taxe de séjour : 8 kn

Près de Ston, la baie de Prapratno est l'une des plus belles de Pelješac. Bien intégré dans le paysage, le camping se trouve sur un terrain boisé (oliviers et pins), aménagé en terrasse. Les parcelles descendent vers la superbe plage et l'embarcadère des ferrys. 250 emplacements avec tout le confort et de multiples services : sanitaire, laverie, supérette, restaurant qui sert des spécialités régionales… A moins de vouloir séjourner sur le site, ce qui est une très bonne idée pour des vacances mer et nature, mieux vaut être motorisé pour découvrir la région.

RESTAURANT STAGNUM €

Imena Isusova 25
+385 20 754 158

Ouvert de mai à octobre, de 11h à minuit tous les jours. A partir de 45 kn la grande pizza. 80 kn le poisson grillé.

Un restaurant familial, avec une jolie terrasse, où la tonnelle dispense une ombre appréciable en été. Les plateaux d'huîtres ou de moules sont généreux, les viandes, poissons, gambas, encornets frais sont saisis au barbecue et s'accompagnent de légumes grillés ou de copieuses salades. Des pâtes fraîches, un risotto noir à l'encre de seiche également, le tout arrosé d'un vin rouge naturel local (plavac mali). Le restaurant sert aussi des pizzas et des sandwichs. L'accueil est sympathique. Possibilité de séjourner dans des chambres, que loue l'établissement.

SEOSKO DOMAĆINSTVO FICOVIĆ €

Hodilje 30
+385 95 393 4185

Ouvert tous les jours de 11h à 20h ou 23h, la terrasse de mai à octobre uniquement. Menu 120 kn.

Toute la famille Ficović est impliquée dans ce petit restaurant ouvert en 2005. Katarina cuisine, Jadranko et les deux fils se chargent des poissons et des huîtres, tandis que leur fille Karla gère l'accueil de la clientèle. Les prix sont très corrects pour des plats locaux, de qualité. Des produits frais pour une cuisine du pêcheur, bien présentée dans les assiettes. En plus, une belle terrasse et une petite plage privée avec douches et sanitaires. Réservation conseillée en été.

VINA LEDINIĆ

Siroka 8a
+385 91 522 6086

Ouvert de mai à octobre, du lundi au samedi, de 9h à 21h et le dimanche de 12h à 20h.

La famille Ledenić produit son vin sur la presqu'île et tient un petit bar à vin-échoppe dans la vieille ville de Ston. On y vend des boissons alcoolisées, principalement du vin rouge grand cru (plavac mali millésime) ainsi que des liqueurs faites maison, mises en bouteilles dans de jolis flacons. Propose également de l'huile d'olive et d'autres produits artisanaux. Parfait pour dénicher de bons produits gourmands à (s')offrir. Du printemps à l'automne, l'entreprise familiale ouvre des chambres pour les touristes (location saisonnière). Bon accueil.

VINARIJA MILOŠ

Ponikve 15
+385 20 753 098
www.milos.hr

Ouvert de 9h à 21h de mai à fin août. Visite, dégustation sur rendez-vous. À partir de 80 kn la bouteille.

A quelques kilomètres de Ston, c'est un peu comme si les Miloš ouvraient la route des vins de Pelješac. Une partie de leur cave centenaire est creusée dans la roche. Ici, comme un peu partout sur la presqu'île, on fait beaucoup de choses à la main, à commencer par le désherbage des vignes - ce qui donne d'excellentes tisanes bios - et le travail du vin, bien sûr. La famille Miloš produit en petite quantité, des vins rosé, rouge, Plavać Mali (Stagnum) et de l'huile d'olive bio. Très bon accueil, visite œnologique, expo photo sur le vignoble, dégustation-vente.

MALI STON ★

Mali – « petit » en croate – est un charmant village en bord de mer, aujourd'hui considéré comme l'une des plus importantes stations ostréicoles de l'Adriatique. Les pêcheurs et ostréiculteurs organisent des sorties en mer pour montrer leur travail au plus près des parcs à huîtres. N'hésitez pas à vous renseigner auprès de l'office de tourisme. On se rendra donc à Mali Ston pour déguster des fruits de mer – notamment les fameuses huîtres locales – et des plats de poisson et de crustacés, que ce soit sur un stand d'un pêcheur ou à la terrasse d'un restaurant du port, le tout, avec un vin local, dans un cadre médiéval et souvent enchanteur.

SVJEŽE ŠKOLJKE VOĆE I POVRĆE €

✆ +385 98 162 82 98

Ouvert de 7h à 23h en été, de 10h à 20h le reste de l'année. Environ 8 kn l'huître à l'unité.

Juste à l'entrée de Mali Ston, après la route nationale et avant d'entrer dans le port de pêche, un stand de primeurs mais aussi des produits de la mer, que l'on peut déguster sur place. Ainsi, les fameuses huîtres de Mali Ston, récoltées le matin même, quand c'est la saison. La débonnaire Liliana vous les ouvre avec dextérité. La famille organise aussi des expéditions à la découverte des parcs à huîtres, incluant la dégustation de leurs produits gourmands.

HÔTEL OSTREA / RESTAURANT KAPETANOVA KUĆA €€

Obala dr. Ante Starčevića 9

✆ +365 20 754 555

www.ostrea.hr

Ouvert toute l'année. De 96 € à 138 € la chambre double selon la saison. Parking gratuit.

Cet hôtel de 13 chambres est l'un des plus élégants de la péninsule. Il est installé dans un bâtiment historique, datant du XVe siècle. L'ambiance y est feutrée et agréable, le mobilier ne manque pas de patine. Accueil jeune et plein de fraîcheur. Le grand restaurant de l'hôtel, le Kapetanova Kuća, bénéficie lui d'une terrasse sur le port. Il est spécialisé dans les plats de poisson, plateaux de fruits de mer, moules frites, gambas persillées et huîtres, quand c'est la saison.

BOTA ŠARE €€

Dans le port de pêche

✆ + 385 20 754 482

www.bota-sare.hr

Ouvert tous les jours en été. Plats de 30 à 400 kn. Visites des parcs à huîtres en bateau, 20 € par personne.

La terrasse donne sur un petit port paisible. Le parc à huîtres plates de la région est juste à côté. On les prépare ici allongées d'un filet de citron ou grillées. L'assortiment de fruits de mer est suivi d'un plateau de poissons (marinés, fumés, frits, grillés). En hiver, dans la grande salle à manger, tout en pierre on apprécie l'autre spécialité de la maison : la *popara* de Mali Ston, sorte de bouillabaisse locale concoctée avec des poissons de roche et du large, cuits au court-bouillon. Pour finir, il faut goûter l'étonnant gâteau de Ston aux macaronis !

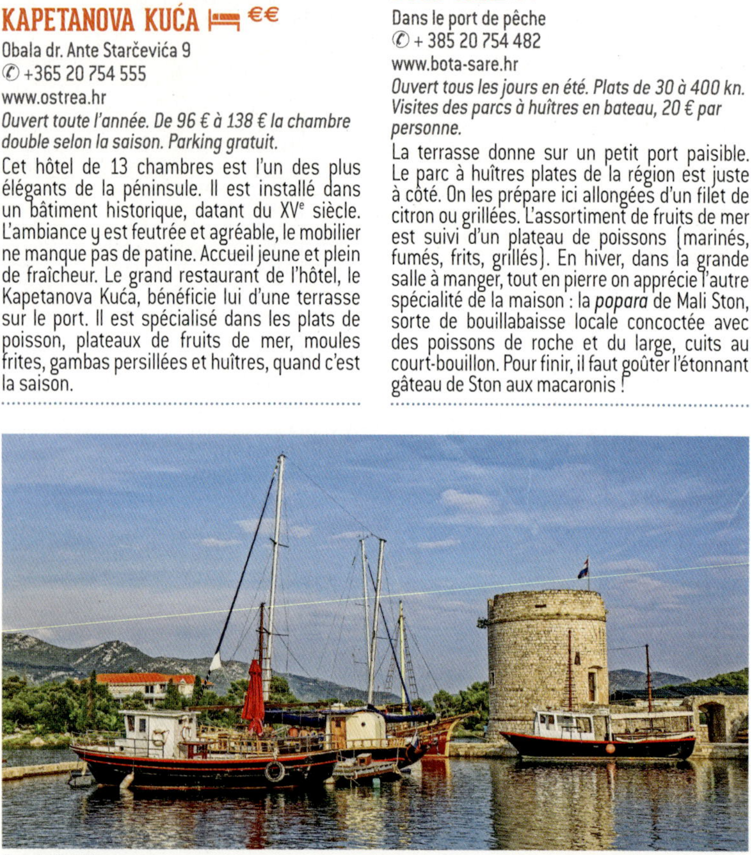

Port de Mali Ston.

VILA KORUNA €€

✆ +385 20 754 999
www.vila-koruna.hr
Ouvert tous les jours (9h-23h) Le plateau de fruits de mer et de poissons : 22 €. Assiette d'huîtres à partir de 7 €.

Ce hôtel-restaurant du port, sans terrasse, bénéficie tout de même d'une grande salle à manger avec de larges baies vitrées, qui offrent la vue sur le fjord et les parcs à huîtres. Il est recommandé aux amateurs de poissons et de fruits de mer, la grande spécialité de Mali Ston. Bien qu'on ait déjà vu plus charmant comme cadre, la Vila Koruna est une valeur sûre et la famille est connue dans le bourg puisqu'elle gère aussi les salines de Ston. La qualité d'accueil et le sourire de l'équipe de service rehaussent le tout. Ambiance conviviale.

TRSTENIK

Situé dans une baie naturellement abritée, avec des criques harmonieuses, des plages de sable bordées par la pinède, voici un petit port pittoresque, l'un des plus anciens de la presqu'île Pelješac. Les vignerons l'avaient établi afin d'exporter facilement par la mer le fameux vin rouge de la région (grgic). On y fera une halte notamment pour goûter les bon produits locaux (charcuterie, fromage) et surtout pour apprécier la visite-dégustation d'une propriété viticole. L'occasion de rapporter une bouteille de vin blanc ou rouge. On peut séjourner au port, les possibilités de louer des appartements ou des villas privées sont nombreuses.

ŽULJANA

À 26 km de Ston, Žuljana détient la palme des meilleures stations balnéaires de Pelješac. Au centre de la péninsule, niché au sud d'une baie paisible, dans un environnement verdoyant, en retrait de la route nationale (à 5 km), Žuljana ravira en priorité les vacanciers motorisés. L'accès en transport en commun n'est pas des plus aisés (peu de cars). De nombreuses plages, de galets pour la plupart, sauf pour la plage du village même qui est plus sablonneuse. En plus de la baignade ou de la plongée, on peut faire des promenades à pied ou à vélo, entre forêt, vignes et oliveraies et des excursions dans toute la région (Mljet, Korčula, Ston, Dubrovnik, etc.).

© JASMINA MIHOC - ISTOCKPHOTO

Trstenik.

ŽULJANA DIVING CENTER

Sur la presqu'île de Pelješac.
✆ +385 98 166 3165
www.divingcentrezuljana.com
1 plongée avec bouteille : 27 €, 10 plongées avec guide 250 €.

Réputé pour ses fonds marins peuplés d'épaves, Žuljana est le paradis des plongeurs. Ici vous aurez le bonheur d'effectuer votre baptême de plongée en compagnie d'une équipe de passionnés qui vous transmettront les bases de la plongée, ou vous permettront de faire une sortie plongée en autonomie si vous avez le niveau. Le club s'est développé et propose, en plus, d'autres services : hébergements, transfert à l'aéroport, location de bateau, etc. Ambiance très conviviale, rassurante pour ceux qui plongent pour la première fois, et toujours de bonne humeur !

PLAGE DE TRSTENICA (PLAŽA TRSTENICA) ★

Sur la presqu'île de Pelješac, le littoral qui s'étend au sud d'Orebić réserve plusieurs belles plages, la plus connue étant celle de Trstenica, à 2 km du centre. Cette plage de fins galets et de sable de près d'un kilomètre de long est très fréquentée en été. Du port d'Orebić à Trstenica, on trouvera plusieurs criques et petites étendues de galets, qui forment un quasi-continuum. Une autre plage très connue est la Plaža Jezero à Duba Pelješka, de l'autre côté de la péninsule.

AGROTURIZAM ANTUNOVIĆ €

20243 Kuna
✆ +385 98 1701 511
www.opgantunovic.hr

Ouvert tous les jours. Repas de terroir (sur commande uniquement). Compter 160 kn par personne.

La famille avait commencé par ouvrir une *konoba* pour faire goûter les spécialités de la ferme. Cuisine traditionnelle avec viandes rôties sous la *peka* (cloche mijotant sur la cendre), charcuterie (*pikatić*, l'andouille dalmate, prosciutto) et légumes grillés. Le pain cuit au four est parfait pour le fromage de chèvre, l'huile et les plats en sauce, accompagnés du vin de la maison. Dès votre arrivée, vous serez accueilli avec un petit verre d'alcool, la *rakija* de bienvenue. Autre activité de la maison, la production de lait d'ânesse. Loue des chambres également.

DINGAČ

La route côtière qui descend vers le sud rejoint la région de Dingač, très réputée pour son vignoble. Les coteaux sont plantés sur des terrains escarpés. À partir du village, un tunnel, qui avait été creusé par les vignerons, leur permet d'accéder à leurs champs sans devoir chaque jour grimper au sommet de la montagne pour la redescendre. À l'image de Trstenik, on s'y rendra principalement pour visiter une cave et déguster les produits locaux. Avec un ensoleillement de 2 800 heures par an et un emplacement privilégié, Dingač rassemble toutes les qualités pour produire ce vin d'exception.

D'ORO BAR & GRILL €€

Kraj, 23
✆ +385 20 85 25 85
doro-bar-grill.business.site

Compter 25 € pour entrée+plat ou plat+dessert avec un verre de vin. Ouvert tous les jours de midi à minuit.

Voici l'une des meilleures, si ce n'est LA meilleure adresse en ville. C'est l'équipe du restaurant Dalmatino qui a ouvert ce restaurant en 2017. Originaire de Trstenik, le propriétaire a une nouvelle fois visé juste après nous avoir conquis durant des années à Dubrovnik. La recette est la même : un bel établissement, de bons produits, une cuisine locale (grillades de poissons et de viandes) revisitée. Sans oublier de féliciter le service de qualité, attentionné et plutôt rapide, l'accueil chaleureux et l'ambiance conviviale, juste ce qu'il faut. À ne pas manquer.

MATUŠKO VINA

route de Potomje 5 A
✆ + 385 20 742 393
www.matusko-vina.hr

Ouvert tous les jours de 8h à 18h/20h selon la saison. Restaurant ouvert de midi à 23h. Compter 120 kn le repas.

A quelques kilomètres après Trstenik, sur la route d'Orebić, la cave de Matuško s'est fait un nom dans la production de Dingač, le vin rouge de la région, qui titre fort (14,5 degrés). Il s'agit en réalité d'une appellation contrôlée, puisque le cépage utilisé a pour nom *plavac mali*. Dans la boutique dégustation vente, vous trouverez d'autres vins, du champagne, des liqueurs, de l'huile d'olive. Le restaurant, qui se trouve à côté des vignes, surplombe la mer. Il sert la cuisine locale, terre et mer, accompagnée, bien sûr, des vins de la maison.

CAVE GRGIĆ (GRGIĆ VINA)

Trstenik 78
✆ +385 20 748 090
www.miva.com.hr

Ouvert de 9h à 17h en été, sur rendez-vous le reste du temps. Dégustation : 3 € / 7 € avec un plateau de fromage.

Mike, «Miljenko» en croate, Grgić est un enfant du pays qu'il a quitté en 1954, direction la Californie, où il s'est lancé dans la viticulture avec succès. Ce vigneron a regagné la Croatie en 1996 pour s'implanter sur la presqu'île de Pelješac, région viticole des plus renommées. Aujourd'hui, Mike, que l'on voit rarement sur les lieux, est devenu la star internationale des viticulteurs de la région… Il produit surtout du *pošip* (vin blanc) et du *plavac mali* (vin rouge). Sa cave, davantage un bar à vin boutique, organise des dégustations très courues.

WINE BAR PENINSULA

Donja Banda centar 2 Oskorušno 20242
✆ +385 91 1188 261
www.peninsula.hr

Ouvert tous les jours en été, Accueil groupe sur réservation. Boutique en ligne.

Entre les villages de Oskorušno et Potomje, il y a Donja Banda, un lieu-dit qui concentre les meilleurs caves et crus de la région, dont ceux des coteaux de Philipp Vina ou ceux de Matuško et de son frère Boris Violić. Au bar à vins boutique, on vous propose des moments dégustation avec des plats du terroir. Un moment qui plaira à tous les fans de bons vins. Dans l'espace vente, des bouteilles de vins et de liqueurs, des produits gourmands régionaux. Que du bon à rapporter en souvenir pour soi ou pour offrir, cadeau sans faute.

OREBIĆ ★★

Orebić se trouve tout au sud de la péninsule. Les ferries de Korčula assurent des rotations toute l'année pour les passagers, qu'ils soient piétons ou avec leurs véhicules motorisés. Cette petite station balnéaire très agréable a traditionnellement été le lieu de résidence de nombreux capitaines. Les marins à la retraite se sont fait construire de grandes demeures avec des jardins luxuriants qui donnent du cachet à la promenade de la mer. Le musée maritime rappelle ce passé glorieux. Sur la route du littoral sud, depuis le port, on trouvera des criques, des rochers, des petites étendues de galets jusqu'à la superbe plage de sable de Trstenik.

MUSÉE MARITIME [POMORSKI MUZEJ] ★

Trg Mimbelli bb ✆ +385 20 713 009
www.muzej-orebic.hr
De juin à septembre 9h-12h/17h-21h du lundi au vendredi et 18h30-21h les samedi et dimanche. Entrée : 15 kn adulte.

Fondé en 1957, ce musée conserve une collection principalement composée d'éléments liés à l'origine et au développement de la Société maritime de Pelješac. Garder la mémoire des marins célèbres, capitaines et constructeurs navals qui ont enrichi la ville était l'idée. Un fonds intéressant de maquettes de bateaux, d'instruments de navigation, de peintures de voiliers, de portraits de capitaines et de nombreux objets archéologiques trouvés en mer autour de la péninsule.

MONT SAINT-ELIAS - MONASTÈRE FRANCISCAIN ★

Route du Sveti Ilija
Ouvert de 9h à 12h et de 16h à 19h en saison. Accès payant : 20 kn.

En prenant vers l'ouest sur la route du Mont Sveti Llije, vous croiserez une autre route qui remonte jusqu'au couvent franciscain. On peut monter à pied, c'est d'ailleurs une belle randonnée. On dit que c'est d'ici que l'on a la plus belle vue de la région ! Dans le monastère, on peut visiter l'église de Notre-Dame-des-Anges et un petit musée où sont exposés des ex-voto du XVIIe au XIXe siècle. A proximité, le cimetière des capitaines et le restaurant Panorama.

OFFICE DE TOURISME D'OREBIĆ

Zrinsko-frankopanska 2
✆ +385 20 713 718
www.visitorebic-croatia.hr
Ouvert tous les jours, en juillet-août, de 8h à 22h.

Une agence municipale pour tout savoir sur la ville, le littoral de Lovište à Trstenik, et, plus largement, sur la péninsule. Les horaires des bus pour Dubrovnik également, ceux des ferries pour Korčula, des excursions thématiques, comme la route des vins, les activités de plein air, les plages, la plongée. Le site Internet, plutôt bien conçu, donne des informations générales, actualisées sur l'hébergement, la météo complète, l'agenda des animations et festivités. Bon accueil.

RÉGION DE DUBROVNIK

© NUTFIELD CHASE - SHUTTERSTOCK.COM

Mont Saint-Elias - Monastère Franciscain.

AMINESS GRAND AZUR HOTEL €€

Petra Kresimira IV 107-109 ✆ +385 52 858 600
www.aminess.com

Chambres doubles et suites de 49 € à 153 € la nuit (petit déjeuner inclus).

En longeant la côte, à 15 minutes à pied d'Orebić, l'hôtel a été construit dans un bel environnement vert et bleu, dans la pinède à deux pas de la mer. On peut être impressionné par l'imposant complexe (183 chambres !) mais le séjour ici est plaisant. Chambres contemporaines confortables, nombreuses avec balcons pour profiter de la splendide vue et service aimable et professionnel. Petit déjeuner copieux, deux bars, un restaurant, piscine et plage aménagées et un parking gratuit, fermé. Pratique pour laisser la voiture et passer la journée à Korčula.

HERITAGE BOUTIQUE HOTEL ADRIATIC €€

Šetalište kneza Domagoja 8 ✆ +385 20 714 488
www.hoteladriaticorebic.com

Chambre de 98 € à 164 € (petit déjeuner inclus). Restaurant ouvert tous les jours en été, de 8h à 23h.

La maison du capitaine est devenue un hôtel ! L'ensemble architectural, avec pierres de taille apparentes, bois noble, fenêtres rosaces dalmates est décoré comme sur un vieux gréement. 6 chambres spacieuses et élégantes (pour adultes seulement), dont certaines donnent sur la mer tout comme le restaurant bar, le Stari Kapetan. Plateau de fruits de mer, poissons frais bien préparés, pâtes fraîches… Au moment du dessert, on vous sert une eau-de-vie au romarin, coutume de marins, paraît-il.

HOTEL VILLA ANTONIO €€

Postup 48
✆ +385 99 696 4190
www.pansionvillaantonio.com

Chambre entre 75 et 120 € la nuit, selon la catégorie.

Au sud de la péninsule de Pelješac, sur les hauteurs d'Orebić, un incroyable castel sur un coteau. Son architecture est digne d'un décor hollywoodien ! C'est l'endroit rêvé pour les amateurs de soleil, piscine, calme et confort, à l'écart du tumulte des stations balnéaires, sans oublier les chambres, grandes et lumineuses, nombreuses avec balcon et vue sur l'île de Korčula. La cuisine également est remarquable : une bonne table et de bons vins naturels (caveau de dégustation). Site attachant par son cadre au cœur des vignobles, la plage à 10 minutes à pied.

KONOBA KARAKO €

Šetalište kneza Domagoja 32
✆ +385 989 76 8371

Ouvert le soir, de 18h à minuit, de mai à octobre. Environ 80 kn le plat principal.

Une taverne familiale très attachante en bord de mer, qui fait recette. L'emplacement idéal avec vue imprenable sur la mer, la pêche du jour, de nombreux plats préparés au feu de bois, une assiettte végétarienne appréciable font le succès de l'endroit. Parmi les plats à signaler, l'entrecôte accompagnée d'une salade de tomates et figues, et la soupe de poisson servie directement dans la marmite. Pensez à réserver car l'établissement est souvent plein à craquer, et venez tôt si vous n'aimez pas trop patienter un peu une fois la commande passée !

KUĆIŠTE

À 6 km à l'ouest d'Orebić, Kućište est le premier village voisin. On peut donc s'y rendre à pied par le littoral. C'est un bon site pour les véliplanchistes et autres amateurs de kitesurf car un vent puissant, fort appréciable en été, y souffle souvent. Un club de voile réputé y est d'ailleurs installé. On peut également louer un bateau pour explorer la côte, faire le tour de Korčula. Comme à Orebić, les marins de Kućište et les grandes familles de commerçants se sont fait construire de remarquables villas, celle des Lazarović en témoigne. Pour se loger, pas de problème, il existe de nombreuses offres en camping, hôtels ou locations saisonnières.

KONOBA PANORAMA €

Zukovac-Bilopolje
✆ +385 20 714 170

Ouvert tous les jours en été de 14h à 23h. Plats chauds de 79 à 137 kn (réservation conseillée).

Sur la route escarpée du monastère franciscain Sveti Ilija, le restaurant est niché dans une grande propriété agricole du village Bilopolje. On peut y monter en voiture, en fin d'après-midi. Après la visite du monastère, on s'installe assez tôt pour profiter d'une bonne table avec vue imprenable au coucher du soleil sur la mer et Korčula. Vous mangerez ici une cuisine traditionnelle, salade copieuse, poisson et crustacés grillés, produits de la mer ou poulet, cuits sous la cloche *peka*, ou encore des pâtes fraîches, le tout avec un vin local, assez fort (13,50°).

VIGANJ

Un village aux allures de carte postale ! Ici aussi, la présence constante du vent est idéale pour les sports de glisse aquatique. C'est d'ailleurs un spot croate important où se déroulent de prestigieuses compétitions. Des clubs de voile permettent de louer ou d'acheter du matériel sur place. La zone archéologique de Nakovana est à voir (église et maisons abandonnées). La grotte attenante ne se visite pas car des fouilles sont en cours. Elle témoigne d'un peuplement du site dès le néolithique. Le centre culturel municipal est installé dans un monastère désaffecté, animé aujourd'hui par une association très active.

Vue près du village de Viganj.

HRVATSKI DOM VIGANJ - KUVENAT

Sur le port, 20267

✆ +385 95 391 0469

Ouvert tous les jours en été. Entrée gratuite. Concerts et spectacles payants. Restaurant, boutique de souvenirs.

Monastère dominicain construit de 1671 à 1715, abandonné cent ans plus tard. En 1910, la municipalité rachète l'ensemble. À l'intérieur, on est surpris de découvrir un restaurant sous les arches baroques de l'atrium, un élégant cloître à étage, un musée de la mer, des expositions permanente (archéologie, peintures et photographies historiques) et temporaire (artistes et artisans locaux). Un lieu spirituel devenu centre culturel convivial (concerts, films, rencontres, vernissages).

LOVIŠTE

À la pointe de Pelješac en face de l'île voisine Hvar, Lovište a véritablement des allures de paysage finistérien : pour y parvenir, il faudra grimper à flanc de montagne après avoir traversé la péninsule. Ce village de 250 paysans, pêcheurs et vignerons, offre un paysage marin sauvage, 40 km de côtes découpées en petites baies et plages de galets quasi désertes, éloignées du port et quelques restaurants de poisson frais. Logement possible chez l'habitant avec la possibilité d'effectuer des activités sportives variées comme des sorties en bateau, de la voile et du vélo. Paix royale et farniente assurés dans ce petit coin de bout du monde !

GUESTHOUSE GRADINA €

Au bout du port.

✆ +385 20 718 017

www.pension-gradina.de

En été, chambre ou appartement, selon la catégorie, de 370 à 960 € la semaine en demi-pension.

Cette grande maison en bord de mer réserve une dizaine de chambres doubles équipées de douche, WC et balcon avec vue, ainsi que deux appartements climatisés pour 2 à 4 résidents. L'établissement propose aussi la location de vélos, bateaux, planches à voile… Pour de belles activités sportives en journée. La demi-pension est possible avec le café-restaurant terrasse juste en bas sur le quai. La maison produit du vin qu'elle ne manquera pas de vous faire déguster. Pour couronner le tout, une plage privée avec des transats gratuits pour les clients.

NORTH KITEBOARDING CLUB

20267 Perna

✆ +385 95 889 8836

www.dkb-club.com

1 semaine en bungalow (3 personnes), moniteur et matériel inclus à partir de 1 370 € ou 2 000 € (selon la saison).

Ce club de voile, qui a déjà ses marques en Thaïlande, en Allemagne et au Monténégro, s'est récemment installé en Croatie, là où la Méditerranée est telle qu'elle était autrefois, où l'Adriatique est cristalline et les côtes sauvages. À la pointe de la péninsule, les conditions de vent sont presque parfaites pour la pratique du kitesurf. Avec l'équipe du club, si on est débutant, on apprend à bien décoller et à se faire plaisir. Location vente de tout le matériel dans une boutique-snack sympathique. Différentes formules d'hébergements sont organisées par le club.

KORČULA ★★★

Sur une petite presqu'île, Korčula-port a été construit sur un point stratégique du détroit de Pelješac afin, à l'époque, de contrôler le passage des navires et galions qui frayaient dans l'Adriatique. La cité portuaire fortifiée constitue un haut lieu du patrimoine en Croatie. Jusqu'au XVIIe siècle, tous ses habitants vivaient à l'intérieur des remparts (XIVe siècle). Sur un plan ingénieux, son urbanisme se structure sur l'axe principal (nord-sud) dit en arêtes de poisson. En été, côté ouest, le vent doux (*maestral*) s'engouffre dans les rues droites tandis que, côté est, les rues plus sinueuses empêchent le violent vent du nord (*bura*) de s'infiltrer en ville.

Histoire

Les premiers peuplements de l'île remontent au néolithique, il y a plus de 8 000 ans, comme le prouve la présence de nombreux tumuli et autres constructions en pierre. Les premières populations connues, les Illyriens, regroupées en petites colonies, vivent essentiellement de l'agriculture. Assez pacifique, la première colonisation par les Grecs dans cette région remonte au VIe siècle av. J.-C. À leur tour, les Romains, dans leur expansionnisme initié par l'empereur Auguste, prennent possession de l'île en 35 de notre ère. Après le Ve siècle et la chute de l'empire, ce sont les Goths qui s'emparent de la région avant que les Croates n'arrivent sur la côte adriatique à partir du VIIe siècle, accompagnés des Slaves et des Avars. Ils n'aborderont les îles de Korčula, Hvar, Brač et Mljet qu'à partir du IXe siècle. À partir de l'an mil, ce sont les tribus Neretva et Venise qui se disputent le contrôle de l'île, idéalement située au milieu de l'Adriatique. En 1420, la Sérénissime impose sa mainmise sur Korčula. Sa présence apporte une forte croissance, la création d'une véritable flotte et l'arrivée de nombreux capitaux. Cette domination, bénéfique pour l'île, dura jusqu'en 1797. À la chute de la République de Venise, l'arrivée des troupes napoléoniennes sur les îles du Sud ouvre une autre période de prospérité. Au XIXe siècle, l'île vivait principalement de la construction navale. À l'époque, environ 700 navires sortaient chaque année des chantiers de Korčula. Malheureusement, la fabrique de bateaux en bois commença à baisser au début du XXe siècle et Korčula a dû vivre de ses seules ressources, l'agriculture, la pêche puis le tourisme.

Se loger

La vieille ville de Korčula est une destination très touristique en période estivale. Pensez à réserver. Si vous ne trouviez pas de logement à votre convenance (à votre bourse surtout !), n'hésitez pas à chercher dans les villages côtiers de l'île, à Lumbarda, à Račišće, par exemple, ou encore à Zavalatica, à Vela Luka (à 45 km de là).

Tourisme

Un carnaval bien vivant. Dans toutes les localités de l'île, de la mi-janvier au mercredi des cendres, le carnaval est très suivi jusqu'au bal masqué (*maskara*). Le mardi gras, M. Carnaval (*Krnovala*), jugé coupable de tous les maux de la communauté, est brûlé en place publique avec musique *klapa*, plats traditionnels, vins et gâteaux locaux. L'été, c'est la danse des épées (*moreska*), importée de Corse, de Sicile ou d'Espagne, qui impressionne le public. Elle symbolisait la lutte entre chrétiens et musulmans et fut adoptée à Korčula à la suite de son siège par les Turcs. L'île est le seul endroit en Croatie où l'on pratique encore ce rituel. Dans le même esprit chevaleresque, une danse en costumes traditionnels (*kumpanij*) sort aussi de longues épées. À Blato, Smokvica, Cara Pupnata et Zrnovo (lieu-dit Postrana), partout se produisent des spectacles rythmés avec dialogues, roulements de tambours et cornemuses.

Transports

Les ports de Korčula se trouvent en dehors de la vieille ville. L'un se trouve à l'ouest, l'autre à l'est. De ce dernier, accostent et partent les ferries. La compagnie maritime Jadrolinija opère plusieurs lignes en provenance et à destination de Korčula.

Bâteau de pêche.

RÉGION DE DUBROVNIK

CATHÉDRALE SAINT-MARC [KATEDRALA SV. MARKA] ✝ ★★★

Trg Svetog Marka ✆ +385 20 715 701

Ouvert tous les jours de 9h à 19h. Entrée de la cathédrale gratuite, campanile : 25 kn.

Dominant la ville, la cathédrale est le plus prestigieux bâtiment de Korčula. Deux faits marquants furent à l'origine de sa construction : l'implantation de l'évêché au XIVe siècle et la prospérité économique grâce au travail noble de la pierre calcaire taillée sur l'île. Cette même pierre qui permit sa construction au XVIIe siècle. On utilisa aussi des fragments d'églises et de maisons anciennes abandonnées que l'on trouva sur place. Il fallut.

Sur un plan basilical roman à trois nefs, avec élévation dans un style gothique et Renaissance, le chantier énorme auquel participèrent nombre d'artistes de Korčula, mais aussi italiens, demanda quasiment un siècle pour finir les travaux. Les sculptures du portail furent réalisées par le maître Bonino da Malino. Des deux côtés sur des consoles, on remarque des lions tenant un agneau dans leurs griffes et, au-dessous, Adam et Eve en position originelle.

Le campanile, bâti avant la cathédrale, a été sculpté par un artiste local. Il est désormais ouvert à la visite, ce qui réserve une vue à 360° sur les alentours de la vieille ville tout en nous révélant son mécanisme. Au-dessus du premier étage, le cadran de l'horloge et, juste en dessous, une petite boule métallique mobile, peinte en noir et or, indique les phases de la lune. La seconde partie du campanile fut construite par Marko Andrijić, l'un des artisans les plus connus de l'île. A l'intérieur de la cathédrale, la forme du plafond rappelle celle d'une coque de bateau inversé. Derrière le ciborium, sur le mur, est accroché un tableau de Jacopo Tintoreto, peint en 1550, qui représente les saints Marc, Jérôme et Barthélemy.

▶ **Biskupska palača.** Le palais de l'évêché de Korčula a été fondé en 1300. Sur la base du premier édifice, assez modeste, la demeure épiscopale s'est progressivement élargie jusqu'aux maisons voisines. Les travaux les plus importants ont eu lieu sous Franjo Manola (1643-1664). On construisit le grand balcon qui porte le blason et l'inscription « *l'évêque Franjo Manola, de Split, fit ériger Saint-Marc en l'an de grâce 1654* ». A partir de 1868, le palais fut laissé à l'abandon, puis démoli et reconstruit. Certaines parties (éléments du portail, fenêtres, inscriptions et grand balcon) ont été réemployées dans la construction de l'édifice actuel, un palais néo-baroque, où est exposé le trésor de la cathédrale, accompagné d'une riche collection de tableaux Renaissance, d'anciens manuscrits ainsi que des costumes de cérémonie.

MAISON DE MARCO POLO [KUĆA MARKA POLA] 📷 ★

Ulica Depolo

Ouvert 9h-15h et 17h-19h en juillet et août, jusque 15h et demande le reste de l'année. 20 kn l'entrée.

C'est ici que serait né le grand navigateur Marco Polo, mais aucun document ne le prouve ! Ce bâtiment du gothique tardif fut construit près d'une tour carrée, elle-même bâtie sur le pont au-dessus de la ruelle. Elle est surmontée d'une loggia-belvédère, d'où l'on a une belle vue panoramique sur la cité. La visite de l'intérieur des murs n'apporte pas grand-chose d'un point de vue historique, mais on peut s'imaginer quelle était la vie de Marco Polo, s'il y a réellement résidé…

MUSÉE MUNICIPAL [GRADSKI MUZEJ] 📷 ★★

Trg Sv. Marka

✆ + 385 20 711 420

www.gm-korcula.com

Du lundi au vendredi de 10h à 19h, le samedi ferme à 14h et fermé le dimanche. Tickets : 40 kn (adulte), 25 kn (enfant).

Situé dans le palais Gabrielis, l'un des plus beaux palais Renaissance de Korčula, datant du XVIe siècle. L'édifice est sur deux étages et des combles. Autrefois, le rez-de-chaussée servait d'entrepôt alors que les étages étaient réservés à l'usage de l'habitation. Les armes de la famille sont représentées en relief au centre du balcon. Reconstruit plusieurs fois, le musée municipal s'y est installé en 1957. À l'intérieur, plusieurs collections à travers les âges, des objets retrouvés sur l'île lors de fouilles archéologiques. Dans la première salle, l'île sous la domination grecque et romaine est déjà bien remplie. Dans la deuxième salle, le travail des tailleurs de pierre, avec un atelier reconstitué d'un artisan du XIXe siècle, des encadrements de fenêtres ouvragés, portes, chapiteaux, armoiries, corniches décoratives et d'autres éléments provenant d'édifices endommagés ou démolis. Enfin, une collection d'ustensiles de cuisine. Au premier étage, les découvertes sous-marines, des vases grecs datant du IIIe siècle avant J.-C, des amphores, etc. Enfin, dans la galerie du 2e étage, une collection d'art et de culture dalmates, mobilier de salon et objets décoratifs datant de la fin du XVIIIe et début XIXe siècle. Sous les combles, on a aménagé une cuisine rustique caractéristique de la région. À la découverte de toutes ces pièces, une visite enrichissante sur le plan culturel et historique pour mieux connaître Korčula, que l'on peut faire en famille.

OFFICE DE TOURISME [TURISTIČKA ZAJEDNICA]

Ul. Plokata 19. travnja 1921. 40
✆ +385 20 715 701
www.visitkorcula.eu
Ouvert tous les jours en juillet et août, de 8h à 21h.

Dans cette agence municipale, vous trouverez de la documentation sur la ville, l'île, l'hébergement, les visites du patrimoine, les excursions sur l'île, les horaires des ferrys et catamarans, les taxi-boats pour les îles voisines (Badija, Vrink), les animations folkloriques, les concerts… Demander ou télécharger le guide gratuit *Welcome to the island of Korčula*. La première édition (2010) de ce guide illustré, réalisé par des étudiants de l'île a remporté un franc succès !

GARE ROUTIÈRE [AUTOBUSNI KOLODVOR]

Šetalište Frana Kršinića bb
✆ +385 60 88 86 28
www.arriva.com.hr
Ouverte de 6h30 à 20h en semaine. De 6h30 à 12h et de 18h à 20h le samedi et de 14h à 20h le dimanche en saison.

De nombreux bus circulent sur l'île, qui est connectée au réseau régional de Dubrovnik grâce aux ferrys d'Orebič (Pelješac). Un à deux bus quotidiens en saison touristique pour Dubrovnik, un bus pour Zagreb via Split. Plusieurs bus par jour pour Vela Luka passent par la route intérieure pour desservir les villages de Žrnovo, Pupnat, Čara, Smokvica et Blato. Un bus presque toutes les heures en journée pour Lumbarda et quelques bus par jour pour Račišće et kneža.

HÔTEL KORČULA DE LA VILLE €€

Obala Franje Tuđmana 5 ✆ +385 20 726 900
www.hotelkorcula.com
Chambres doubles, standard ou supérieures, entre 84 € à 140 €, selon la catégorie (petit déjeuner inclus)

En face du quai où viennent s'amarrer les ferries, ce 4 étoiles centenaire plaira aux amateurs de vieilles pierres et de lieux chargés d'histoire. 22 chambres au décor classique ont été aménagées dans un superbe établissement construit au début du XXe siècle sous l'empire austro-hongrois pour abriter l'ancien arsenal. Pour l'ambiance fin de siècle, il faut passer du temps au bar-restaurant, l'élégant et feutré Café Society. La terrasse offre une vue imprenable sur le bras de mer.

HÔTEL RESTAURANT KORSAL €€

Šetalište Frana Kršinića 80 ✆ +385 20 715 722
www.hotel-korsal.com/hr
De fin avril à mi-octobre. Chambres de 153 € à 256 € la nuit selon la saison et la catégorie (petit déjeuner inclus).

Sur la promenade piétonne du front de mer, à 500 mètres de la cité close, cet hôtel 4-étoiles donne de plain-pied sur la petite plage. Les 18 chambres ont un design simple et coloré, le bois habille le plancher. Spacieuses et climatisées, toutes sont équipées de la télévision à écran plat, la wifi et certaines communiquent pour un espace plus familial. Le confort durant le séjour est assuré. L'établissement est doublé d'un restaurant terrasse dont la vue donne sur la mer. Un menu assez basique mais la carte des vins est bien garnie ! Accueil professionnel.

PALAIS DIMITRI LEŠIĆ [RELAIS ET CHÂTEAUX] €€€

Don Pavla Pose 1-6 ✆ +385 20 715 560
www.ldpalace.com
Réception de 7h à 22h l'été. Appartements de 368 € à 927 € la nuit, selon la saison et la catégorie.

Ce discret palace occupe une ancienne résidence épiscopale du XVIIIe siècle. L'établissement est luxueux sans être trop apprêté. La résidence comprend 6 appartements dont la décoration reprend chacune l'ambiance des 6 étapes de la route de la soie empruntée par Marco Polo : Korčula, Venise, Arabie, Inde, Ceylan, Chine. Certains appartements ont leur propre terrasse et tous offrent l'accès au spa. Le restaurant gastronomique, le LD, a une étoile au *Michelin*.

FUNDAMENTUM €

Kanona Antuna Rozanovića 3
✆ +385 99 681 04 99
Ouvert en saison, de midi à minuit du lundi au samedi et de 16h à minuit le dimanche. A partir de 25 kn les tapas.

Le bar à vins et restaurant sert sur des tables en bois dans la ruelle sur la gauche après l'église Saint-Pierre. Des tapas dalmates à base de fruits de mer, crustacés avec salade roquette, olives, toute une garniture fraîche et colorée. Petit exemple, anchois marinés roulé sur un triangle de polenta ou agrémentés de marmelade d'oignon. Des plateaux de charcuterie/fromage, des grillades également sans oublier les boissons, un bon cru de la région, en bouteille ou proposé au verre pour en tester plusieurs. Parfait pour le début de soirée.

Cité portuaire de Korkula.

KONOBA ATERINA €

Trg korčulanskih klesara i kipara 2
✆ +385 91 98618 56
Ouvert en été de midi à 15h et de 18h à minuit. A partir de 120-130 kn les plats de poissons (espèces uniquement).

Lorsqu'on entre par la porte principale de la cité historique, à la deuxième rue sur la gauche, on trouve cette taverne. Entre les remparts et les façades anciennes, sa terrasse est un cadre agréable qui s'apprécie le midi et le soir autour d'un dîner éclairé aux bougies. La carte propose des hors-d'œuvre et antipasti (légumes grillés, tapenades, olives, fromages et jambon fumé, sardines marinées...) mais aussi des pâtes fraîches, des poissons, des plats végétariens, de bons desserts, le tout que l'on accommode de crus régionaux. Réservation conseillée en été.

KONOBA MARETA €

Ulica Sv. Roka 4
✆ +385 91 796 8396
Ouvert de début mai à fin octobre, tous les jours, de midi à 15h et de 18h à minuit. 250 kn environ le repas.

Une cuisine inventive pour ce petit restaurant, avec des tables en bois installées dans une ruelle juste avant la cathédrale. La carte fait honneur aux planchas de charcuterie/fromage, aux plats de viande, de poisson, aux calamars grillés, aux pâtes fraîches, aux fruits de mer et aux brochettes. Des touches d'originalité comme ce pavé de requin, accompagné de pommes de terre en papillote ou ce poulet au curry aux pêches. La *steak house* propose aussi des plats végétariens et de bons desserts. Service souriant, ambiance intimiste et conviviale tout à la fois.

FILIPPI RESTAURANT €€

Šetalište Petra Kanavelića
✆ +385 020 711 690
restaurantfilippi.com
Ouvert tous les jours en saison, de 9h à minuit. Réservation obligatoire. Plat du jour à partir de 90 kn.

Sur la promenade de la mer, ce café lounge restaurant possède une terrasse avec vue panoramique sur le détroit qui nous sépare de Pelješac, les îlets de l'archipel de Korčula. Le restaurant offre une petite mise en bouche, tapenade noire et pain faits maison et nous laisse choisir sur la carte les plats de cuisine dalmate contemporaine : poissons locaux, viande d'agneau grillée, risotto à l'encre de seiche, pâtes fraîches al dente, steak de thon… Un lieu romantique à apprécier à l'heure du coucher du soleil, si vous avez réservé une table près des remparts.

KONOBA ADIO MARE €€

Ulica Marka Pola 2
✆ +385 20 711 253
smokvina.hr/bookyour/b/adiomare
Ouvert du 15 avril au 15 octobre, tous les jours, de midi à 23h, le dimanche de 18h à 23h. Environ 250 kn le repas.

Dans la maison adjacente à celle de Marco Polo, une taverne très populaire qui vous plongera dans un décor de bord de mer pittoresque. Au menu souvent, des viandes et légumes grillés ou la spécialité de la maison, la pašticada dalmate, un plat complet de viande en sauce. Pour ceux qui préfèrent le poisson frais, les coquillages et les crustacés, l'Adio Mare propose évidemment des recettes locales. Le service est agréable, l'ambiance conviviale, on mange au son du rythme de la mer. La réservation est conseillée, surtout en haute saison touristique.

RESTORAN DE CANAVELIĆ €€

Ulica Sv. Barbara 15

✆ +385 99 49 606

Ouvert de mai à octobre de 18h à minuit. Environ 180 kn la part de poisson (1 personne).

Proche de l'hôtel Korčula, avec le voisinage immédiat de la tour Kanavelić, cet établissement élégant possède une superbe terrasse Renaissance. En cuisine, on prépare le poisson dans le respect de la tradition côtière. Il est vendu au poids, en général, il est grillé, accompagné de légumes méridionaux. Autres recettes traditionnelles, le risotto de calmars à l'encre de seiche, la salade de poulpe, la langouste à la *buzara* (à base de vin blanc et d'huile d'olive), avec des spaghettis, le tout servi de manière soignée et accompagné de vin blanc local.

CAFE SERVANTES

Ulica Hrvatske bratske zajednice 102

✆ +385 91 566 78 56

Ouvert tous les jours en saison de 8h30 à 2h du matin.

Le Servantes est un bar populaire, revisité récemment avec le nouveau propriétaire. Il conserve son bon brassage de jeunes locaux et de touristes, tous attirés par l'ambiance musicale et le côté «cosy» et coloré du lieu. La terrasse est idéale pour prendre son café du matin accompagné d'un croissant, des boissons fraîches toute la journée. On aime s'y s'attarder le soir pour profiter de *lives* quasi quotidiens ou des concerts de rock le week-end. Une adresse sympathique à toute heure. Sert aussi une petite restauration : salade, pizza, gâteau *makarun*.

COCKTAIL BAR MASSIMO

Šetalište P. Kanavelića

✆ +385 99 214 45 68

cocktail-bar-massimo.business.site

Ouvert en saison de 17h à 2h tous les jours. À partir de 67 kn le cocktail.

Avez-vous déjà bu un cocktail bleu en haut d'une tour médiévale ? C'est ce que vous propose ce bar, si l'ascension jusqu'à la terrasse en haut de la forteresse ne vous fait pas peur. On y grimpe à l'échelle. L'effort est récompensé par la vue fantastique sur la mer. Personnes sujettes au vertige, prenez votre temps... On peut s'asseoir sur les créneaux. Dommage que la musique soit trop forte et que les boissons soient si chères mais, une fois qu'on y est, on y reste pour l'ambiance et l'originalité du lieu. D'autres tables aux divers étages sont prises d'assaut.

CUKARIN

Hrvaste bratske zajednice b.b.

✆ +385 20 711 055

www.cukarin.hr

Ouvert tous les jours en été de 8h30 à 12h et de 17h à 20h. Le reste de l'année, fermé le dimanche.

Certainement, la pâtisserie la plus réputée de l'île, celle où l'on fait la queue pour les gâteaux de la maison Smiljana Matijaca. Dans la devanture donc, on cède à la tentation des fameux Cukarin, Klašun, Amareta, Marko Polo bombica. L'harubica à la graine de caroube, un complément naturel que l'on utilise dans de nombreux gâteaux en Croatie. Vous y trouverez également d'autres produits gourmands à s'offrir, comme le sel de Ston parfumé à la lavande, le thé d'herbes dalmates, les confitures artisanales, les vins de Pelješac...

KUTAK KNJIGA

Hrvatske bratske zajednice 58

✆ +385 20 716 541

www.kutak- knjiga.blogspot.fr

Ouvert tous les jours en été de 9h30 à 13h30 et de 17h à 19h. Le reste de l'année, fermé les samedi et dimanche.

Les rayonnages de cette librairie ouverte par un Français sont entièrement consacrés à la littérature, au voyage, aux livres pour enfants. Des ouvrages en français mais également en anglais, en allemand, en croate, en chinois, en polonais, en tchèque, en russe... C'est l'endroit rêvé pour refaire votre stock de livres pour la plage (neufs et occasions) ou pourquoi pas, donner ici le roman que vous venez de finir ! Si Joseph est dans les parages, n'hésitez pas à vous adresser à lui directement pour toute demande ou pour simplement échanger sur l'île de Korčula.

BOOGIE JUNGLE KORČULA

Put Lokve b.b

✆ +385 95 527 92 62

Ouvert de juin à septembre, tous les jours de 23h à 5h du matin. 40 kn, l'entrée, plus cher si soirée DJ internationaux.

La vieille ville de Korčula fut longtemps un désert la nuit, mais le Boogie Jungle a changé la donne ! Ouvert en 2012, sur la route de Žrnovo à 3 km du centre, il a su trouver sa clientèle (capacité de 1 500 personnes) avec son look de ranch perdu dans la nature. Cette villa sur les hauteurs, avec vue splendide sur la baie, est la nouvelle adresse les noctambules. C'est là qu'ont lieu les plus grosses soirées de la ville et des concerts. Terrasses, espace VIP, soirées avec des DJ internationaux. Ambiance estivale et mélange de styles musicaux.

RAČIŠĆE

Račišće est un petit village fondé au XVIIe siècle par des habitants de Bosnie-Herzégovine et de la côte croate, qui ont débarqué sur l'île pour tenter d'échapper à l'envahisseur ottoman. Ces derniers survécurent grâce à la culture de l'olivier et de la vigne. Aujourd'hui, la plupart d'entre eux vivent de la pêche, du tourisme ou de leur retraite tout en restant proche de l'activité agricole. Souvent, les pêcheurs en haute mer, après avoir fait plusieurs fois le tour du monde, reviennent vivre chez eux dans la baie de Lumbarda. Račišće est idéal pour un séjour familial, au calme. On pourra louer un petit bateau pour découvrir les alentours.

Račišće.

KONOBA VALA €

Račišće 41

✆ +385 20 710 635

Ouvert du 1er mai au 30 septembre, tous les jours de midi à minuit. 100 kn le menu poisson avec un verre de vin.

Dans ce village si charmant, un restaurant juste à côté de l'église Saint-Nicolas avec terrasse et salle intérieure donnant face à la mer. Superbe cadre ! Les spécialités de la maison : risottos, plats de poisson, brochettes de viande... à ne pas oublier d'accompagner d'un bon vin local que l'on vous conseillera. Pour finir sur une note sucrée, à vous de choisir parmi les quelques desserts de la carte. Accueil chaleureux, service professionnel et attentionné, ambiance conviviale, avec pour clients aussi bien des locaux que des touristes, selon la saison.

ŽRNOVO

Un charme évident se dégage de ce village, avec ses abris recouverts de lauze et ses bâtisses de tailleurs de pierres plus que centenaires. Certaines ont été reconverties en maisons d'hôte ou en restaurants bios (*agroturizam*). Des sentiers de randonnée partent ou passent par Žrnovo. La mer et les baies voisines ne sont qu'à quelques kilomètres. Žrnovo est idéal trouver un logement moins cher qu'à Korčula et disponible, quand tout est plein ailleurs. On se trouve en pleine campagne, au cœur de l'île, tout en étant très proche de tout, en voiture. Les villageois de Postrana exécutent toujours leur danse martiale (*moštra*) le jour de la Saint-Roch, le 16 août.

KONOBA BELIN AGROTURIZAM €

Kb. 50 ✆ +385 91 503 92 58

Ouvert de mai à fin septembre, tous les jours de 10h à 14h et de 18h à minuit. Compter environ 60 kn pour un plat chaud.

Ce restaurant familial, au bout d'un chemin en pente sert d'excellentes grillades de viandes, poissons, fruits de mer, poulpes, calamars, langoustines et légumes de saison. Des plats cuits sous peka également, comme le lièvre à la Žrnovo, puis servis souvent sur un plateau commun où chaque tablée se sert, comme lors des repas en famille ou entre amis. Les produits sont locaux, tout comme le vin. La carte est en français et l'accueil sympathique, en anglais. Les propriétaires louent aussi des maisons et chambres dans le village.

ŠIMUNOVO AGROTURIZAM €

Smrc, Dragotinjica

✆ + 385 92 262 903

Ouvert du 15 avril à fin octobre, de 18h à 23h et le midi sur réservation. À partir de 70 kn le plat principal.

Cette adresse se mérite, le sentier est caillouteux mais quelle récompense une fois que l'on a réussi à l'atteindre ! On accède alors à une propriété tout en pierre, regardant sur la mer au loin, au pied des citronniers, des grenadiers, des figuiers... Les légumes cuisinés proviennent directement du potager que l'on aperçoit depuis la terrasse, les viandes sont délicieuses (grillades, steaks...), à tester quand c'est la saison, les recettes au chou dalmate *(zelje)*, spécialités de la maison. Le tout s'accompagne du vin de la propriété.

PUPNAT

À 13 km de la ville de Korčula, Pupnat est village pittoresque qui se cache dans une vallée, au creux des collines - ce qui l'a protégé des attaques pirates. Ses ruelles, ses maisons anciennes et ses églises en pierre lui confèrent un vrai cachet. À partir de Pupnat, de nombreuses randonnées sont possibles jusqu'à Račišće. Par exemple, en suivant le littoral nord jusqu'au pic de Klupca (le plus haut sommet de l'île) jusqu'à Žrnovo ou encore jusqu'à la plage de Pupnatska Luka, que l'on atteint *via* une route étroite mais carrossable. Plusieurs par jour, les bus Autotrans qui desservent les localités de l'île, de Korčula à Vela Luka, passent par Pupnat.

LUMBARDA ★

Au sud de l'île, moins touristique que Korčula, Lumbarda, côté mer, s'étend autour d'une baie et, côté terre, soigne ses vignobles. La spécialité de la cité portuaire, c'est son vin blanc naturel (grk). Au XVIe siècle, de riches habitants de Korčula ont construit leurs maisons secondaires à Lumbarda. Une ambiance de station balnéaire paisible y règne encore. On trouve de superbes plages de sable dans les environs, c'est le paradis des amateurs de sports de glisse ! Des sculpteurs croates renommés y sont nés, Ivo Lozica, Lujo Lozica, Stipe Nobilo et le plus connu, Frano Kršinić, dont on peut voir, en centre-ville, un monument aux morts en bronze.

LINA APPARTEMENTS €€

Lumbarda bb
✆ +385 20 712 150

Ouvert de fin avril à fin octobre. Locations saisonnières pour 2, 3 ou 4 personnes de 71 € à 167 € la nuit. Parking.

Proche du port de plaisance, cette résidence hôtelière a été rénovée. Elle se compose de 72 appartements, conçus sur un plan village de vacances. Installés dans la pinède, ils sont tous bien équipés (salon, balcon, coin cuisine, climatisation, télévision satellite, Wifi). Sur le site, une piscine extérieure mais les criques et plages sont à deux pas ! Certaines locations ont une vue imprenable sur la mer. Possibilité de réserver en demi-pension. Le restaurant-pizzeria, qui sert une bonne cuisine, bénéficie d'une terrasse avec une superbe vue.

PANSION BEBIĆ €

Lumbarda 240
✆ +385 20 712 505
www.bebic.hr

Toute l'année, chambre ou appartement de 44 € à 76 € la nuit, selon la saison et la catégorie.

A 300 m de l'entrée du village, sur les hauteurs de la baie, se cache la propriété de la famille Bebić, soit un bel immeuble à étages. C'est une bonne adresse, autant pour le restaurant que pour l'hébergement (1 chambre et 4 appartements). Ces locations simples, confortables et bien équipées (télévision, Wifi, climatisation, salle de bains et salon, coin cuisine pour les appartements) bénéficient toutes d'un balcon avec vue sur la mer et de la grande terrasse commune. À disposition des résidents, kayaks, vélos et même un bateau. Accueil chaleureux et convivial.

Une agricultrice dans ses vignobles cultivant les raisins GRK locaux.

RESTORAN ZURE [AGROTURIZAM] €

Podstrana 233 ✆ +385 91 5864 058
www.zure.hr
Ouvert de 18h à minuit tous les jours, sauf le dimanche hors saison. Gîtes à partir de 610 kn la nuit.

La famille Zure, germano-croate, gère ce restaurant dans un esprit *agroturizam*, c'est-à-dire qu'ils n'utilisent que du bio, produisent leur propre huile d'olive, leur vin blanc (*grk zure*) ainsi que des alcools maison (Travarica, Anižeta et Lozovača). En cuisine, on prépare du poisson frais, pêché dans la baie, de la viande grillée, des pâtes fraîches et des plats en sauce. La famille propose aussi des gites et des parties de pêche en mer ! Vous passerez certainement un bon moment.

GRŠĆICA

À 7 km de Blato, la route du littoral sud de Korčula mène à ce port confidentiel de 600 habitants, l'un des plus tranquilles de l'île. On peut s'y baigner : pas vraiment de plage, mais des échelles ont été aménagées, on trouve à s'y loger, s'y restaurer dans une *konoba* du pêcheur, ouverte en juillet-août, y louer un bateau… Les environs sont riches en plages, criques et îles. Idéal pour pratiquer la plongée. Bref, un coin du bout du monde authentique où l'Adriatique se livre pleine et entière.

Se loger

Vous trouverez la liste des hébergements sur place sur www.grscica.net.

PUPNATSKA LUKA

Si l'on vient dans ce petit port encaissé, à 4 km au sud de Pupnat, sur la côte sud de l'île, c'est pour passer la journée ou la demi-journée sur sa ravissante petite plage, qui donne sur l'archipel de Lastovo. Un *beach bar* buvette est ouvert en haute saison, où vous trouverez de quoi vous rafraîchir sous le soleil de plomb. C'est l'un des endroits préservés de Korčula. Une fois que l'on a fait le trajet en voiture ou deux-roues, on y accède à pied par un chemin étroit qui descend à pic. Le chemin est assez spectaculaire, mais peu recommandé aux personnes à mobilité réduite. Une fois arrivé sur la plage, on se sent vraiment privilégié.

BLATO

À 7 km de Vela Luka, Blato est le plus important des villages de l'intérieur des terres sur l'île de Korčula. Il est traversé par une majestueuse allée de tilleuls (*Zlinja*) longue de plus d'un kilomètre. À parcourir de préférence au mois de juin quand les arbres sont en fleur ! Cette localité, entourée de champs et de vignobles, vaut le coup d'œil pour son église et son musée ethnographique. Mais attention, dans cette partie de l'île, il existe peu de logements, que ce soit à l'hôtel en locations saisonnières. Pour trouver son bonheur dans les environs, il faudra redescendre vers la mer par les hameaux, Gršćica et Prižba, à quelques kilomètres.

VELA LUKA

A l'extrême ouest de l'île, la ville portuaire n'a pas le charme de Korčula mais reste cependant une destination balnéaire intéressante. Il n'y a pas de plage à proximité, il faut contourner la baie et se rendre vers l'hôtel Posejdon - le plus proche – pour trouver des pontons ou pousser la balade sur le chemin côtier bordé de rochers. Les plages sont en dehors de la ville, là où les grands hôtels se sont établis. On peut aussi prendre un bateau-taxi pour l'île inhabitée de Proizd et découvrir ses superbes plages de galets blancs.

Histoire

- **Le projet Luka mozaïka.** L'été 1968, une trentaine d'artistes internationaux ont créé des mosaïques que l'on a placées dans les espaces publics de la cité portuaire croate, le long de la promenade de la mer. Un demi-siècle plus tard, l'œuvre collective se poursuit, un atelier permanent continue à fabriquer des tesselles ; des artistes du monde entier viennent apporter leurs pierres à la mosaïque sans fin. Plus d'infos sur www.lsvl.hr.

Transports

Toute l'année, depuis Vela Luka, des ferrys et catamarans quotidiens permettent de rejoindre les îles de Lastovo et Hvar ainsi que Split. De juin à septembre, des bateaux-taxis font les traversées aller-retour pour les îles de Proizd et Ošjak.
Plusieurs fois par jour, des bus locaux interconnectent Vela Luka avec la port de Korčula en passant par Blato, Čara, Smokvica.

RÉGION DE DUBROVNIK

GROTTE VELA SPILA [VELA SPILA] ★

Ul. 4, 20270
✆ +385 20 813 602
www.czkvl.hr
Ouverte en saison de 10h à 12h puis de 17h à 22h en semaine, et le samedi de 10h à 12h et de 17h à 22h. Entrée : 15 kn.

© XBRCHX - SHUTTERSTOCK.COM

A l'est de Vela Luka, à 30 minutes de marche depuis le centre, vous voici dans un site naturel où se découvre une grotte préhistorique, surplombant la baie et la ville, à 130 m de hauteur. On y a retrouvé des traces de vie humaine remontant aux prénéolithique et néolithique. Les objets des fouilles archéologiques successives, comprenant deux squelettes humains, sont exposés au musée municipal, qui se trouve lui dans la cour de l'église paroissiale Saint-Jean.

OFFICE DU TOURISME

Obala 3 br. 19
✆ +385 20 813 619
www.tzvelaluka.hr
Ouvert du 1er juin au 1 octobre, de 8h à 21h du lundi au samedi. Le reste de l'année en semaine de 8h à 14h30.

Après le port, à proximité de l'hôtel Korkyra, une petite agence municipale bien pratique pour obtenir les plans de la ville, connaître les possibilités d'hébergements, les horaires de bateaux. Se renseigner aussi sur le patrimoine, la visite de la propriété oléicole Zlokič, les sentiers de randonnées, par exemple celui qui monte à la grotte Vela Spila ou à la forteresse austro-hongroise de Hum, les pistes cyclables jusque Blato, Smokvica, Lumbarda et Korčula, les sites d'escalade, les plages, les bateaux pour les îles de Proizd et d'Ošjak.

HÔTEL KORKYRA €€

Obala 3 br. 21
✆ +385 20 601 000
www.hotel-korkyra.com
Ouvert toute l'année, chambres ou suites de 78 € à 165 €, 120 € la nuit selon la saison et la catégorie.

L'un des premiers établissements à être construits à Vela Luka s'est offert, fin 2000, une petite cure de jouvence. Une adresse facile à trouver en centre-ville sur la promenade de la mer, proche des jetées. Les chambres et suites sont confortables, bien équipées (mention spéciale pour le minibar bien rempli et la salle de bains). Elles sont toutes dotées d'un balcon donnant sur le jardin ou la mer. Pour le sport et la détente, une piscine extérieure, des équipements fitness, sauna, bar, restaurant, terrasse. Parking gratuit.

KONOBA LUČICA €

Ulica 51 4
✆ +385 20 813 673
Ouvert tous les jours en été de 10h à 23h, le dimanche, 17h à 23h. A partir de 65 kn le plat complet.

Dans une ruelle partant de la place Lučica, un établissement fait à la fois maison d'hôte et restaurant-taverne. On y propose de nombreuses spécialités de poissons et de fruits de mer, grillés au barbecue, arrosés d'huile d'olive locale avec une rondelle de citron, servis tout seuls ou accompagnés de légumes méridionaux, de riz ou de frites. Grillades de viande également. Les plats se savourent avec un verre de vin blanc de la région (pošip). En attendant la commande, on profite du joli jardin sur les hauteurs de la ville. Accueil chaleureux, service soigné.

BRNA

À 4 km au sud de Smokvica, 24 km de Vela Luka et 30 km de Korčula, la localité est l'une des stations balnéaires les plus importantes sur le littoral sud de l'île de Korčula. À la fin du XIXe siècle, du temps de l'empire habsbourgeois, on dota le village d'un port afin d'exporter les vins issus des vignobles de la région. Brna s'étend entre deux jetées et présente quelques criques d'intérêt, des chemins de randonnées ainsi qu'un large choix d'excursions – Lastovo n'est qu'à 1h en bateau – ainsi que de nombreuses commodités pour l'hébergement, quantité de locations saisonnières et le grand complexe (Aminess Lume Hotel), qui gâche un peu le paysage.

LASTOVO ★★★

Le bourg principal de l'île éponyme ne regarde pas la mer, il s'en éloigne, craignant historiquement l'arrivée des pirates. Entouré de montagnes et prenant la forme naturelle d'un amphithéâtre, le village médiéval conserve de belles maisons des XVe et XVIe siècles, reliées par des escaliers en pierre, décorées de cheminées cylindriques et de larges terrasses. A voir, ses nombreuses églises, le palais du recteur. Les habitants vivent à l'année de la pêche et de leurs terres fertiles, où poussent oliviers, cerisiers, plantes sauvages comestibles et la vigne, dont on tire un vin rare (plavac mali). L'été l'arrivée des touristes est une manne bienvenue.

© DAVOR LOVINCIC

La vieille ville de Lastovo.

OFFICE DE TOURISME

Prijevor 7
✆ +385 20 801 018
www.tz-lastovo.hr

Ouvert tous les jours en été. Sur le site Internet, à télécharger, une brochure touristique (30 p) très pratique.

Pour se renseigner sur les possibilités d'hébergement sur l'île : un hôtel à Pasadur, le phare de Struga, qui se réserve bien à l'avance, le camping Skriveni et plusieurs locations saisonnières privées. Informe également sur les horaires des ferries, la location de véhicules, les pistes cyclables, le parc naturel (park prirode Lastovsko otočje) et ses sentiers de randonnées, les spots de plongée, les plages et criques, sans oublier le patrimoine, les restaurants, les animations estivales et le fameux Poklad Carnival de Lastovo, si vous y séjournez en janvier.

PARC NATUREL DE LASTOVO

Javna ustanova "Park prirode Lastovsko otočje"
✆ + 385 20 801 252
https://pp-lastovo.hr

Tickets d'entrée, pour 1 ou 3 jours, selon la saison de 50 à 200 kn (adultes). Location vélo, bateau en supplément.

Depuis 2006, le bureau du parc naturel se trouve dans le village de Lastovo alors que la zone géographique du parc naturel s'étend sur un archipel de 196 km^2. Ce parc marin, le plus méridional de Croatie, est délimité par les phares de Sušac, Tajan, Glavat et Struga. Il est formé de 46 îles, dont les plus étendues (Lastovnjaci, Vrhovnjaci, Sušac) et des îlots, rochers et récifs.

Grâce à cette position très éloignée du continent, le climat doux et un taux d'ensoleillement optimal, la nature voit le développement d'une faune et d'une flore exceptionnelle, des forêts denses, des champs fertiles (oliviers, vigne, plantes aromatiques) et de superbes fonds marins.

Il y a donc beaucoup à faire et à voir dans le parc : des pistes cyclables, des sentiers de randonnées incluant nature et patrimoine. En bateau, on découvre plus facilement les falaises côtières et les grottes sous-marines, tandis que la plongée révèle de riches fonds subaquatiques jusqu'au site archéologique sous-marin protégé (Petrovac).

L'observation des étoiles se pratique ici avec ou sans télescope. On dit que c'est ici que l'on peut voir le plus beau ciel étoilé d'Europe…

Un autre facteur contribuant au caractère unique des îles Lastovo est son patrimoine culturel et historique. Des églises médiévales et Renaissance, un habitat civil unique, un carnaval très coloré, le tout préservé par une population consciente de son rôle écologique. Le World Wildlife Fund (WWF) considère le parc naturel de Lastovo comme l'un des dix derniers trésors de biodiversité en Méditerranée.

KONOBA FUMARI €€

Biskupa Djivoje 3 ✆ +385 20 801 047
www.lastovo.in/konoba

Ouvert tous les jours en été de midi à 23h. Compter 22 € le repas, boissons comprises.

Une taverne sympathique qui fait restaurant-bar à vins, et dont on parle à Lastovo ! Sous les auspices des saints Cosme et Damien, l'église juste à côté, l'établissement familial est apprécié autant pour ses recettes originales (sardinade, ragoût d'escargots en saison, moussaka croate, etc.) que pour le vin de la maison. L'ambiance jeune et conviviale devient souvent festive avec les musiciens. C'est le restaurant qui bouge à Lastovo ! Vend également des produits gourmands (huile d'olive, vin, condiments) et des cosmétiques naturels.

RÉGION DE DUBROVNIK

ZAKLOPATICA

Il existe encore des endroits préservés dans la mer Adriatique côté croate. La baie Zaklopatica, située au nord de Lastovo, fait partie de ceux que l'on voudrait garder secrets au risque de perdre la tranquillité insulaire telle qu'on la rêve. Quelques cafés et bars-tavernes (*konoba*) invitent à s'installer en terrasse à contempler cette baie si charmante. Elle a la particularité d'être presque entièrement fermée par un îlot. On y arrive par la mer et par la route (bus depuis Ubli, principal port de ferry des îles). Il est possible d'y loger, la baie étant entourée de plusieurs villas et maisons à étages avec des appartements privés à louer.

UBLI

Situé sur l'île de Lastovo, Ubli en est son unique port et ressemble à un petit village en bord de mer comme on en trouve sur toute la côte croate. Ubli accueille les ferries au départ et à destination de Lastovo, avec huit à douze voyages par jour en haute saison. Si vous êtes à Korčula, Ubli est à seulement 1h du port de Vela Luka en catamaran rapide et 2h en ferry et peut mériter une petite excursion pour la journée. Un service de bus régulier est disponible depuis Ubli jusqu'à Lastovo et Pasadur en fonction des départs et arrivées des ferries et catamarans qui amènent les visiteurs.

KONOBA TRITON HOTEL €€

Zaklopatica 15
✆ +385 91 7313 122
www.accommodationtriton.com
Ouvert en saison estivale de 7h à 14h. Plats à partir de 70 kn.

On dit que le propriétaire achète uniquement du pain et de la viande pour faire tourner son restaurant ! Les autres produits utilisés poussent sur l'île ou viennent de la pêche locale. Pour les épices, la câpre est la plus courante. On la retrouve dans les anchois à l'entrée, sur le mérou cuit dans du citron, dans le risotto de pieuvre… Si vous aimez la cuisine de la mer, le choix est large, tout est délicieux. Avec en prime la vue superbe sur la baie de Zaklopatica. Loue des chambres et des appartements aux étages supérieurs.

HÔTEL SOLITUDO €€

Uvala Pasadur bb
✆ +385 20 802 100
www.hotel-solitudo.com
Chambres doubles selon la saison de 49 € à 150 € (petit déjeuner inclus).

Pas exactement à Ubli mais au hameau voisin (Pasadur), le grand hôtel est pratique pour sa proximité avec le port. Au calme dans la pinède, l'établissement compte 60 chambres et 12 suites confortables. Si possible, faire une réservation dans les étages supérieurs pour la vue plongeante sur les deux belles baies, Velo (grande) et Malo (petite) Lago. Sur place, espace bien-être, sauna, restaurant-terrasse, location de vélos pour se promener dans le parc naturel, club de plongée, où l'on peut louer un kayak pour aller sur l'îlet Mrcara, par exemple.

Zaklopatica.

© TPOPOVA

Parc national de Mljet.

BABINO POLJE ★

À l'intérieur des terres, ce village longiligne constitue le centre administratif de l'île. C'est là que vous trouverez l'office de tourisme municipal de Mljet. Le visiteur sera étonné d'y voir une villa ragusaine et par le nombre de chapelles médiévales (cinq en tout). Dans ses environs, après une marche d'environ 30 minutes, le long d'un sentier rocailleux qui descend vers la mer, il y a la fameuse grotte d'Ulysse (Odisejeva špilja). Un lieu magique, qui se découvre aussi par la mer, on plonge du bateau avec masque et tuba. À 4,5 km à l'ouest de Babino Polje, la plage de sable (Sutmiholjska) est plébiscitée par les locaux.

TAXI MLJET

Zadublje 88

✆ +385 98 9931437

www.mljettravel.com

Sur l'île de Mljet, il existe un service de bus, mais les courses ne sont pas fréquentes (et il n'y a que deux lignes : Saplunara-Sobra et Pomena-Sobra). C'est pourquoi il peut être utile d'avoir sous la main le contact de ce bon service de taxi collectif, à la fois pour de longues et petites distances, comme pour se rendre de Polače à Pomena ou Sobra pour le ferry. On vient vous chercher où vous le désirez (sur réservation). Pour partager la course, adressez-vous à l'office du tourisme pour vous joindre à des personnes effectuant le même trajet que vous.

PARC NATIONAL DE MLJET

Pristanište 2 - **GOVEĐARI** ✆ +385 20 744 041

www.np-mljet.hr

Toute l'année de 8h à 20h. Entrée de 70 à 150 kn (adulte), 35 à 90 kn (enfant, étudiant), gratuit moins de 6 ans.

L'une des entrées du parc se situe à Goveđari mais il est possible de prendre son ticket dans une cabane en bois dans le village de Pristanište, près du grand lac salé.

Dans la partie sud, la mer entre dans les terres par un chenal naturel, sorte de petit canyon autour du Veliko Jezero (Grand Lac) auquel succèdent d'autres canyons plus étroits autour du Mali Jezero (Petit Lac). Ces lacs salés, riches en faune aquatique (coquillages variés) et plancton, font l'objet de nombreuses recherches scientifiques. Les mangoustes rayées (*Mungos mungo*) sont devenues des prédateurs pour les serpents venimeux, qui ont disparu, alors que le phoque moine (*Monachus albiventer*) de Méditerranée, mammifère protégé, vit encore dans le parc, un paradis pour les ornithologues également.

On peut y organiser de longues randonnées et balades, s'y baigner, faire du canoë-kayak. Pour les matinaux ou les chanceux qui n'auraient pas de ferry à prendre (!), une baignade lorsque les touristes ne sont pas encore ou déjà partis, est un plaisir inoubliable. Au milieu du lac, on se sent seul au monde, autour de nous, les collines vierges, la végétation luxuriante, quelques fermes au loin. Les chemins de terre bien conçus (réservés aux vélos et piétons) vous invitent à vous balader quelques heures sur ce site, resté sauvage.

Dans la partie sud du Grand Lac, l'îlot de Sainte-Marie abrite un monastère bénédictin et une église du XIIe siècle, un jardin méditerranéen, des ruines de bâtiments anciens, aux pieds desquels on peut se baigner, un restaurant.

GROTTE D'ULYSSE [ODISEJEVA ŠPILJA] ★★★

Site accessible à pied [depuis le parking du supermarché Tommy] ou en bateau.

Sur le sentier rocailleux, suivre le parcours fléché. Après une marche plus ou moins facile [30 minutes environ], qui descend vers la mer, la grotte d'Ulysse apparaît enfin. Le lieu se découvre aussi dans sa splendeur chromatique par la mer, quand le bleu turquoise de l'eau tranche avec l'entrée sombre de la cavité. Beaucoup de monde en été. Venir tôt le matin ! On explore la grotte à la nage puis en *snorkeling*. On peut sauter ou plonger du haut des falaises.

KOZARICA

Dans ce village de la côte nord de l'île, vous trouverez quelques maisons d'hôte attrayantes, des appartements et villas à louer, un camping avec vue sur la mer, ainsi qu'une plage, un café-bar, deux tavernes, le tout à quelques kilomètres de l'entrée du parc national. Dans le petit port, qui fait face à la péninsule de Peljesać, des barques de pêcheurs sont amarrées au quai. Un village très tranquille entouré d'une belle nature, pins d'Alep, oliveraies, vignobles jardins et un petit lac (Slatina), se découvre dans les environs. Quand on a quitté Split ou Dubrovnik, Kozarica est parfait pour décompresser loin des hordes de touristes.

JADROLINIJA

Riva 16
✆ +385 60 321 321
www.jadrolinija.hr

La compagnie nationale de ferries Jadrolinija affrète en toutes saisons un ferry depuis Prapratno (Pelješac) pour Sobra. Le trajet dure 45 minutes, et il est possible d'y embarquer avec sa voiture. Plusieurs ferries par jour. Attention : l'été les places à disposition pour les voitures peuvent être limitées sur les ferries croates, à cause du grand afflux de touristes. Il n'est pas possible de réserver en amont sa place, il faut donc arriver bien en amont au point d'embarquement. Si vous ratez le dernier ferry, vous allez devoir rester sur l'île.

PANSION HADZOVAC €

✆ +385 98 991 2093
www.pansion-hazdovac-mljet.com

La chambre double compter 40 € la nuit (petit déjeuner inclus). Parking gratuit.

Une grande maison avec des chambres doubles spacieuses augmentées de balcons. La vue imprenable sur la mer, le paisible village côtier et la péninsule de Pelješac est superbe. Bien équipée, confortable, chaque location dispose d'une salle de bains privée, de la télévision, du Wifi gratuit, de la climatisation, d'un bel espace de vie et de l'accès à la terrasse. La Pansion de famille s'est mise depuis peu à l'agrotourisme, la demi-pension est donc recommandée. Au restaurant, une cuisine régionale avec des produit du terroir. Accueil chaleureux et disponible.

GUESTHOUSE MATANA €

Sobra 27
✆ + 385 98 608 531

Chambres doubles, appartements de 42 € à 85 € selon la catégorie et la saison.

Au village, plusieurs locations saisonnières sont proposées toute l'année. A cette adresse, vit une famille dans une grande maison à étages. 3 appartements et 2 chambres doubles avec balcons qui donnent sur le jardin ou sur la superbe baie. L'appartement du rez-de-chaussée jouit lui d'une petite terrasse privée de l'autre côté de la rue. Tous sont bien équipés (wifi gratuit, climatisation, coin cuisine, minibar), calmes, ils sont bien conçus pour des vacances découvertes sur l'île. Plage et rochers pour se baigner à proximité.

SOBRA ★★

Un village tout entier orienté vers une grande baie, qui vit à l'heure des ferries-voitures et des catamarans. Une à deux fois par jour, ils transportent leurs flots de touristes en provenance de Korcula, Dubrovnik et de Prapratno (Pelješac). En dehors de ces rotations maritimes, ce port de pêche redevient tranquille. Il possède des criques, deux cafés-restaurants sur les quais, un magasin d'alimentation, mais il n'y a pas d'arrêt bus. Si on veut y séjourner et visiter l'île, un véhicule ou un taxi sera donc nécessaire. On peut facilement trouver une chambre ou un appartement avec vue panoramique sur la baie et passer des vacances paisibles à Sobra.

KONOBA LANTERNA €

Sobra 4
✆ + 385 20 745 080

Ouvert tous les jours en été de 8h à minuit. Un plat de poisson, à partir de 150 kn.

Ouverte toute l'année, la Konoba est plus qu'un restaurant. C'est un lieu de rendez-vous des locaux, des plaisanciers qui arrivent par la mer, des vacanciers qui séjournent sur place. On y vient pour les premières boissons fraîches ou chaudes, toute la journée, à l'apéro et aussi pour les repas, midi et soir. Au menu, une cuisine du pêcheur traditionnelle, grillades de poissons frais accompagnés de *bliva* et légumes méridionaux, encornets ou calamars frits, écrevisses à la Diable. Pour l'agneau Peka avec pommes de terre sautées, il faut réserver. Très bon accueil !

OKUKLJE

Okuklje est un petit village qui ne compte pas plus d'une trentaine d'habitants à l'année. Une escapade charmante que ce petit port, entouré par la verdure, qui a su conserver une atmosphère traditionnelle. Il est agréable d'y accoster en voilier et de découvrir le port de cet endroit un peu caché. Les marins apprécient le refuge que représente la baie en cas de mauvais temps. Il est possible d'y faire une petite halte gastronomique, quelques restaurants y servent des poissons et fruits de mer pêchés localement. On viendra à Okuklje principalement pour goûter au calme, incomparable, peut-être l'endroit le plus tranquille de l'île de Mljet.

PLAGE DE BLACE (SAPLUNARA) ★★

A l'arrivée de Sobra (embarcadère), prendre la D120, direction Maranovići.

Au sud-est de l'île de Mljet, la plage offre un beau moment de tranquillité. Reculée, on y accède en 20 minutes à pied depuis Saplunara. Lorsque, pour la première fois, vous foulez de vos pieds nus le sable de la plage, vous êtes surpris par sa finesse et ravis sans doute par l'atmosphère relativement calme qui règne ici. Le niveau de l'eau reste peu profond sur les 30 ou 40 premiers mètres de la plage. Sur place, un bar/restaurant, transats et parasols en feuilles de palmier.

SAPLUNARA ★★

Dans la partie non protégée par l'administration du parc national, à l'est de l'île, sur la presqu'île de Saplunara, vous trouverez de nombreuses possibilités d'hébergements (locations saisonnières, résidences hôtelières avec piscine et restaurant) sur un site balnéaire préservé. Les plages, uvala Brace, celles de Prec ou encore de Saplunara attirent du monde. Pourtant, la plage de Saplunara est calme car reculée (20 minutes de marche pour y accéder). Idéale pour les familles avec son sable fin, ses transats et parasols en nombre raisonnable et la faible profondeur de ses eaux. Sur place, un bar/restaurant, quelques bateaux au mouillage.

PANSION VILLA MIROSA €€

Saplunara 26, 20224 Maranovići
✆ +385 99 1996 270
www.villa-mirosa.com

Chambres et suites de 132 € à 180 € la nuit, selon la saison et la catégorie (petit déjeuner inclus).

Sur une grande partie de l'île, les constructions sont très règlementées. À Saplunara, qui n'est pas dans le périmètre du parc national, des propriétaires fonciers ont pu assouvir leur désir de grandeur. Ainsi cette villa de luxe récente : dans un cadre naturel idyllique, des chambres et suites avec tout le confort contemporain, certaines avec balcons. Le plus, c'est la piscine à débordement sur un angle ayant vue sur la mer, le bain bouillonnant ouvert sur une terrasse surplombant la baie, le bon restaurant avec beaucoup de fait maison (demi-pension possible).

© ALEKSANDAR TODOROVIC - SHUTTERSTOCK.COM

Plage de Blace (Saplunara).

RÉGION DE DUBROVNIK

ORGANISER SON SÉJOUR

La Croatie, 28e pays européen, est une destination facile d'accès, sans démarches administratives à effectuer pour le voyageur, si ce n'est l'application des réglementations sanitaires liées à la Covid-19, qui ont durci les conditions d'entrée. Se renseigner sur le site de l'ambassade de France à Zagreb*. Si vous optez pour un voyage organisé, préférez les tour-opérateurs spécialisés, un peu plus chers mais beaucoup plus au fait du pays. Si vous voyagez seul, ce qui ne pose aucune difficulté, réservez votre hébergement à l'avance. Vous aurez plus de choix et de meilleurs prix. Côté organisation du séjour, anticipez vos visites (sites, parcs nationaux notamment) et activités, surtout si vous voyagez en saison estivale. Sélectionnez les clubs ou agences et réservez à l'avance également. Sur place, changez un peu d'argent pour avoir de la monnaie.

ARGENT

La monnaie croate se divise en kuna (HRK ou kn) et lipas (centimes). On trouve des billets de 5, 10, 20, 50, 100, 200, 500 et 1 000 kn, des pièces de 1, 2 et 5 kn et des pièces 1, 2, 5, 10, 20, 50 lipas. Même si la Croatie fait partie de la communauté européenne, le passage à l'euro n'est pas totalement acté. De nombreux établissements adoptent le double affichage, en euros et kunas, pour faciliter l'appréciation des prix. Dans les hôtels, chez les loueurs de véhicules, les prestataires de services touristiques, les grands restaurants, les supermarchés, vous pourrez donc payer en kunas ou euros. Mais dans nombre d'établissements (cafés-bars, restaurants, musées... mais aussi au marché, dans les bus et la vie courante en général, la kuna circule toujours.

Les banques. Ouvertes de 7h à 19h en semaine et de 7h à 13h le samedi, fermées le dimanche et les jours fériés. Dans les aéroports, localités et lieux touristiques, on trouve facilement des bureaux de change et des bornes automatiques dits *Automat*. Il existe des outils de géolocalisation de distributeurs sur Internet (visa.fr/services-en-ligne/trouver-un-distributeur/ ou mastercard.com/fr/particuliers/trouver-distributeur-banque.html).

L'euro n'étant pas la monnaie du pays, une commission est retenue à chaque retrait. Les frais de retrait varient selon les banques et se composent d'un frais fixe (3 € en moyenne) et d'une commission entre 2 et 3 % du montant retiré. Certaines banques croates en partenariats avec des banques internationales proposent des frais avantageux ou même la gratuité des retraits. Renseignez-vous avant de partir auprès de votre conseiller bancaire. Notez que certains distributeurs peuvent appliquer une commission, dans ce cas celle-ci sera mentionnée lors du retrait.

BUDGET / BONS PLANS

Même si le coût de la vie reste moins élevé qu'en France, le passage à l'euro aurait tendance à arrondir vers le haut. Généralement, les commerçants s'alignent sur les prix de la concurrence. Idem pour les loueurs de voitures, les excursionnistes.

On peut voyager en limitant les frais, en favorisant les locations saisonnières privées, les auberges de jeunesse (*hostels*), en circulant en bus et ferry, en mangeant dans les tavernes locales (*konobas*) et fast-food locaux. Il faudra aussi découvrir le pays par ses propres moyens, bien comparer les offres des excursionnistes à la journée, des activités sportives accompagnées (plongée, nautisme, kitesurf, canyoning, kayaking, randonnée avec guide). Ce qui reste cher, l'entrée dans les parcs nationaux, les places de concerts et spectacles payants, les festivals de musique actuelles/clubbing de la côte adriatique, où les prix grimpent en été.

On peut avec des euros ou des dollars acheter des kunas à la réception des grands hôtels, dans les bureaux de poste. Il est intéressant d'avoir sur soi des liquidités en kunas pour payer les premiers frais en arrivant sur place, le bus par exemple, au cas aussi où vous ne pourriez vous servir de votre carte de crédit (c'est rare tout de même !).

PASSEPORT ET VISAS

Pour les ressortissants européens, l'entrée en Croatie se fait avec la carte d'identité ou le passeport en cours de validité et désormais avec le passe sanitaire européen.

Bien se renseigner avant de voyager sur les modalités qui peuvent varier en fonction de la **situation sanitaire** du pays d'origine et du chemin vaccinal de la personne (https://www.diplomatie.gouv.fr/fr/conseils-aux-voyageurs/conseils-par-pays-destination/croatie/).

PERMIS DE CONDUIRE

Pour pouvoir franchir la frontière croate, les ressortissants français doivent être en possession d'un passeport ou d'une carte nationale d'identité (CNI) en cours de validité.

Avec la pandémie, le **passe sanitaire** peut vous être demandé lors d'un contrôle routier.

Pour louer une voiture, il faut avoir au moins 21 ans, posséder un permis en cours de validité et présenter une carte bancaire.

SANTÉ

Hôpitaux et polycliniques, suffisamment approvisionnés, sont implantées dans tout le pays. Des pharmacies (*ljekarna*) ont vu le jour dans chaque ville et dans les zones rurales.

Si besoin, vous pourrez vous y rendre pour vous renseigner sur les modalités des tests Covid.

On assiste au développement du tourisme médical et de soins corporels en Croatie, surtout en Istrie et dans les villes thermales. Les chirurgies dentaire et esthétique sont les plus demandées, une agence de voyage s'est spécialisée sur ce secteur (www.medicrotour.com).

L'ASSURANCE VOYAGE, LE BON RÉFLEXE POUR PARTIR L'ESPRIT TRANQUILLE

avec CATHERINE DIBOUES, responsable du marché voyage, loisir et mobilités chez Allianz TraveL

© ELIZAVETA - STOCK.ADOBE.COM

En cas d'annulation de voyage, peut-on bénéficier d'un remboursement des frais engagés ?

L'assurance voyage propose une indemnisation lorsque l'on doit abandonner son projet de séjour pour une raison indépendante de sa volonté. Contrairement aux idées reçues, les assurances liées aux cartes bancaires ne proposent pas toutes une assurance annulation.

Que se passe-t-il en cas de retard de vol ?

Avec l'assurance voyage Allianz Travel, les frais supplémentaires liés à l'attente sont pris en charge, à partir de 2h de retard. Il peut s'agir des frais de restauration, de transport lors d'un changement d'aéroport ou d'une éventuelle nuit d'hôtel.

L'assurance voyage couvre-t-elle la perte ou le dommage des bagages ?

Allianz Travel indemnise les voyageurs en cas de bagages endommagés ou perdus par la compagnie aérienne. Cela comprend l'indemnisation du bagage et son contenu.

Quelles sont les destinations couvertes par votre zoning Europe svp ? Est-ce uniquement l'UE ou l'ensemble du continent européen ?

Les pays européens ont des accords avec l'administration française. Avant de partir, il faut demander la carte européenne d'assurance maladie. La sécurité sociale et la mutuelle prennent alors en charge les frais médicaux, selon leurs barèmes. Les frais médicaux étant majoritairement plus élevés qu'en France, l'assurance voyage permet de se voir remboursé du reste à charge.

En cas de souci de santé sur place, que faut-il faire ?

En cas de doute ou pour des symptômes légers, nous proposons un service de téléconsultation médicale, par téléphone et en visio, qui permet d'être conseillé et orienté par un professionnel ainsi que d'obtenir une ordonnance si besoin. Pour une situation plus grave, il est nécessaire d'appeler les urgences locales, dont les numéros sont disponibles sur notre application mobile. Une fois à l'hôpital et dans un état stable, on appelle Allianz Travel pour déclencher les procédures de prises en charge. Notre centre d'assistance fonctionne 24h/24, 7j/7.

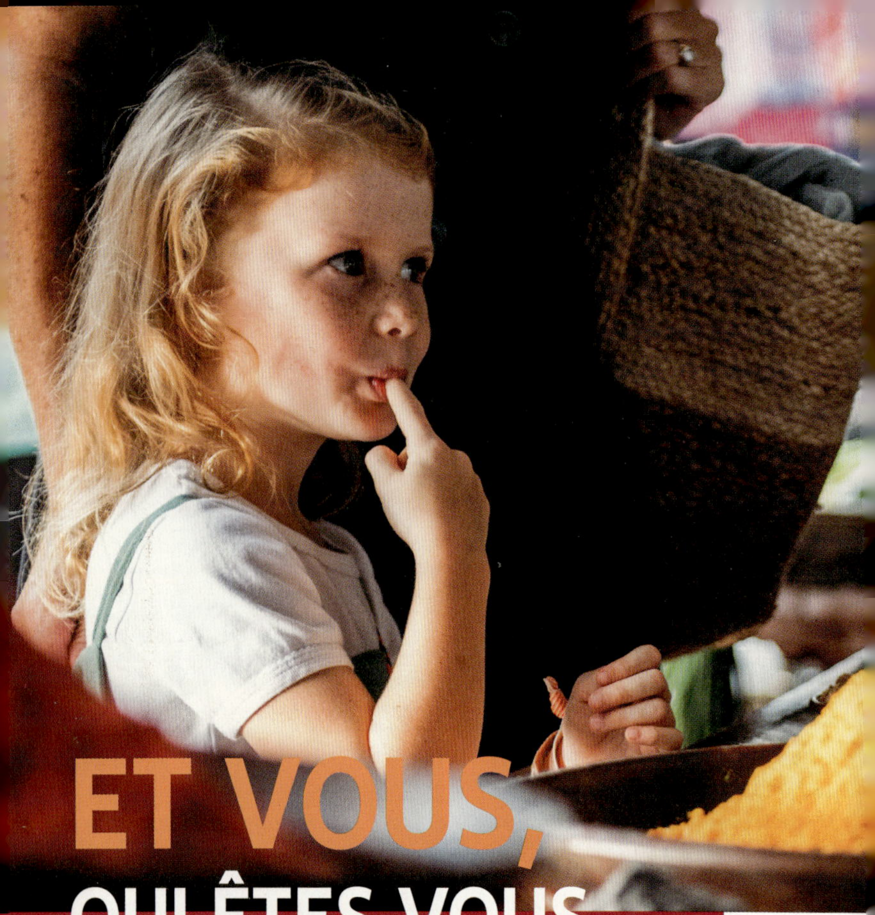

SÉCURITÉ

La Croatie est l'un des pays les plus sûrs d'Europe. Avec un taux de criminalité avoisinant les 25 % en 2021 (52 % en France), la Croatie donne l'assurance de passer de bonnes vacances en toute sécurité, même pour une femme seule, même la nuit. Bien sûr, il convient de respecter certaines convenances et prudent (e) sur certains points :

- Le vol. Les pickpockets et arnaques diverses se produisent surtout dans les zones les plus touristiques, les festivals de musiques actuelles, les cabarets, les bars à escort et établissements de striptease (risque de racket toujours possible). L'abus d'alcool peut engendrer des comportements à risques. Toujours avoir sur soi ses papiers d'identité et une copie en cas de perte ou vol. Disposer rapidement du numéro d'assistance de la carte bancaire afin de faire opposition au plus vite.
- La drogue. La consommation récréative de cannabis ou tout autre produit psycho-actif est illégale. Se faire attraper avec une petite quantité sur soi est passible d'une amende de 700 € à 3 500 €, selon la nature du produit.
- Le hooliganisme dans les stades. Les supporters de foot croates peuvent se déchainer pendant et après les matches de foot.
- La voiture bien garée. Elle doit être verrouillée sans effets de valeur à l'intérieur.
- Les feux de broussaille fréquents en été. Vigilance redoublée sur la route, en pinède.
- Les sujets qui fâchent. Ne pas aborder frontalement les responsabilités et conséquences de la dernière guerre ni le rapport à la religion ou à l'homosexualité (éviter les gestes ou comportements explicites).

LANGUES PARLÉES

La langue officielle du pays, le croate, appartient au groupe méridional des langues slaves, de la famille indo-européennes. Même si les linguistes et les traducteurs utilisent le terme *serbo-croate* pour définir la langue parlée en Croatie, en Bosnie-Herzégovine, en Serbie et au Monténégro, il n'existe plus officiellement. Chaque pays se retranchant derrière sa propre langue. En revanche, des différences partielles existent sur certains mots, certaines conjugaisons ou déclinaisons. L'alphabet latin est d'usage en Croatie et en Bosnie-Herzégovine tandis que l'alphabet cyrillique est utilisé avec le latin en Serbie, au Monténégro et dans la République serbe de Bosnie.
Presque tous les jeunes pratiquent l'anglais, surtout ceux qui travaillent dans les secteurs du tourisme et du commerce. L'italien est très présent en Istrie, l'allemand est aussi assez courant alors que le hongrois, lui, est parlé dans les régions de l'est de la Croatie.

LES PHRASES CLÉS

Bonjour, je voudrais réserver un billet aller/retour pour…
Bok, htio/htjela bih razervirati povratnu/kartu u jednom smjeru za...

J'ai raté mon avion. Je voudrais échanger mon billet s'il vous plaît.
Propustio/la sam avion.Volio/voljela bih zamijeniti kartu.

Mon vol est très en retard. Ma correspondance sera bien assurée ?
Moj let je vrlo okasnio. Hoću li ostvariti vezu?

Mes bagages ont été égarés, à qui dois-je m'adresser ?
Moj prtljag je izgubljen, s kim bih trebao/la razgovarati?

Louez-vous des voitures avec chauffeur ?
Unajmljujete li automobile s vozačem?

Je n'ai presque plus d'essence. Où se trouve la station-service la plus proche ?
Skoro mi je nestalo benzina. Gdje je najbliža benzinska stanica?

S'Y RENDRE

Que ce soit en avion, en train, en voiture ou en bateau, la Croatie est facile d'accès. Le plus souvent, les Français arrivent par avion, les compagnies augmentant leurs vols pendant la période estivale. Si l'hiver reste relativement déserté, excepté à Zagreb, les saisons du printemps à l'automne voient plusieurs compagnies européennes se partager le ciel croate. Elles multiplient leurs rotations avec la capitale ainsi qu'avec les villes de la côte adriatique (Pula, Rijeka, Zadar, Split, Dubrovnik), que ce soit en vols réguliers ou *low cost*. Selon la saison, les délais de réservation et les promotions, on peut obtenir des tarifs très intéressants. Mieux vaut donc s'y prendre à l'avance et consulter les comparateurs de vols sur Internet.

Des bus internationaux circulent toute l'année, confortables, aux tarifs plus ou moins alignés. Les pionniers d'Eurolines et les cars Flixbus assurent le trajet pour la Croatie.

AIR FRANCE

✆ 09 69 39 36 54

www.airfrance.fr

Réservations en ligne ou par téléphone, tous les jours de 8h à 20h.

Toute l'année, la compagnie nationale tricolore propose des vols quotidiens directs de Paris à Zagreb. Durée de vol : 2h. Notons que des vols directs de Paris-Zadar sont disponibles en été. Mais il est aussi possible de partir depuis d'autres villes de France (Bordeaux, Lyon, Marseille, Nice, Strasbourg, Toulouse, etc.) ou d'ailleurs en Europe (Bruxelles, Francfort, Genève, etc.). Une correspondance ou un trajet en train est alors requis, et le vol peut être assuré par une compagnie partenaire membre de l'alliance SkyTeam, comme par exemple KLM.

EASYJET

✆ 09 77 40 77 70

Compagnie aérienne low cost.

Une des premières compagnies *low cost* en Europe. Billets bon marché si réservés plus de deux mois à l'avance. Dessert directement Dubrovnik depuis Orly, Lyon et Genève de juillet à septembre. Vols A/R à partir de 100 €. Il existe aussi un vol Lyon-Split et un Bâle/Mulhouse-Split en saison. Si vous prévoyez d'enregistrer un bagage en soute, le supplément, lors de l'achat du billet, augmente s'il est payé à l'aéroport le jour du départ. Le plus simple : faire l'enregistrement en ligne, l'impression papier du billet ou sur l'application mobile.

CROATIA AIRLINES

Roissypôle Le Dôme 1, 3e étage

ROISSY-EN-FRANCE ✆ 01 48 16 40 00

www.croatiaairlines.com

Comptoir à l'aéroport ouvert du lundi au vendredi de 9h à 18h.

Au départ de Paris (aéroport Roissy Charles de Gaulle), la compagnie croate dessert quotidiennement Zagreb et assure toute l'année des vols aller-retour hebdomadaires directs, trois pour Dubrovnik et Split, un vol pour Zadar, un vol pour Pula. L'été, des vols hebdomadaires directs (Lyon-Split ou Nice-Dubrovnik). En réservant vos billets à l'avance, vous pourrez obtenir des tarifs économiques. Et toujours à chaque voyage, le plaisir de feuilleter l'élégant magazine trimestriel de la compagnie. Les informations touristiques du site Internet sont bien documentées.

LUFTHANSA

✆ 01 70 48 91 70

www.lufthansa.com

Au départ de Paris-Charles de Gaulle, mais aussi de Lyon et de Nice, la compagnie allemande est présente en Croatie via son partenaire Croatia Airlines. Elle propose toute l'année des vols réguliers avec comme destinations Zagreb, Split ou Dubrovnik *via* Munich ou Francfort. On pourra bénéficier à bord d'un service de qualité, petite collation et boisson gratuites pour chaque vol, même les plus courts. Le confort et la sécurité sanitaire comptent parmi les caractéristiques de cette compagnie aérienne, les mieux cotés d'Europe.

RYANAIR

✆ 08 92 56 21 50

www.ryanair.com

Ses vols décollent de Beauvais, dans l'Oise (avec des navettes de Paris, Porte Maillot). On aime souvent ses prix, mais ses conditions de voyages un peu moins. Pour vous rendre en Croatie sans supplément, il vous faudra par exemple voyager avec un sac qui se place sous le siège passager. Mais ces conditions de transports mises à part, il faut reconnaître à Ryanair des rotations intéressantes à prix très doux. Pour la Croatie, la compagnie irlandaise propose, d'avril à octobre, des vols depuis Bruxelles pour Pula, depuis Beauvais et Marseille pour Zadar.

FLIXBUS

www.flixbus.fr

La compagnie allemande de bus *low-cost* est installée en Croatie depuis 2016 et couvre bien l'ensemble du territoire. Flixbus possède des points de vente dans les grandes gares routières des principales villes et destinations touristiques du pays : Zagreb, Split, Zadar, Dubrovnik, sur toute la côte ouest de l'Istrie, l'île de Krk. La réservation en boutique est plus onéreuse que *via* le site Internet ou l'application. Le trajet est ponctué d'arrêts fréquents, et on trouve à bord une connexion Wifi gratuite, la climatisation, WC.

TRANSAVIA

✆ 08 92 05 88 88

www.transavia.com

Filiale *low cost* de la compagnie Air France/KLM, Transavia assure, au départ de Paris Orly-Sud, des liaisons à bas prix principalement vers des pays du bassin méditerranéen, et des villes en Croatie (Rijeka, Pula, Split, Zadar, Dubrovnik). Des horaires nocturnes à l'aller sont à prévoir (hôtel et taxi ou attente à l'aéroport ouvert la nuit) tout comme l'enregistrement des bagages, qui ne doivent pas excéder 20 kg en portage (supplément pour les sacs en soute). En vol, aucune boisson offerte mais possibilité de petit déjeuner ou collation payants.

EUROMER & CIEL VOYAGES

5 - 7, quai de Sauvages

MONTPELLIER

✆ 04 67 65 95 12

www.euromer.com

Ouvert du lundi au samedi de 9h à 18h45 et le samedi de 9h à 17h45.

Spécialiste des traversées maritimes en Europe, cette centrale de réservations représente les grandes compagnies croates sur l'Adriatique (Jadrolinija, Snav et Blue Line). L'agence propose, de fin avril à fin octobre, des rotations régulières entre l'Italie et la Croatie. Au départ de Venise, avec la compagnie Venezia Lines, plusieurs possibilités hebdomadaires, des allers-retours pour la Slovénie (Piran), l'Istrie (Umag, Poreč, Rovinj, Pula) mais aussi Rabac/Mali Losinj. Egalement, Ancône-Starigrad (Hvar) /Split/Vis/Zadar, Dubrovnik/Sobra, et bien d'autres.

VOLOTEA

✆ + 34 93 11 717 77

www.volotea.com

Compagnie espagnole récemment créée, Volotea s'est rapidement placée parmi les meilleures du secteur low cost dans le transport aérien. En Europe, ses avions relient plusieurs capitales régionales par des vols directs et sans escale (Boeing 717 et Airbus A319) à des prix très économiques et encore plus serrés grâce à un système d'abonnement pour les voyageurs réguliers. Nombreuses destinations toute l'année dans le Sud et, en Croatie, pendant la période estivale, à partir de Lyon, Marseille et Nantes, on peut se rendre à Pula, Split, Dubrovnik et Venise.

VENEZIA LINES

Trg Matije Gupca 11 - **POREČ** ✆ +385 52 422 896

www.venezialines.com

De janvier à mai et d'octobre à décembre, en semaine de 8h à 17h. En été tous les jours de 8h à 18h.

Une compagnie maritime italienne, représentée en France par Euromer (Montpellier), qui intéressera les voyageurs du sud de la France. De mai à fin octobre, des catamarans rapides font la liaison depuis Venise jusqu'en Slovénie (Piran), en Istrie (Umag, Rovinj et Pula), plusieurs fois par jour en été. Comptez entre 60 et 86 € la traversée. Réserver via Euromer, aux embarcadères (Venise, Poreč, Pula, etc.) ou sur le site Internet de la compagnie. À consulter impérativement avant le départ, la crise sanitaire mondiale ayant affecté durablement le trafic maritime.

SÉJOURS ET CIRCUITS

Vous trouverez ici la liste non exhaustive des tours-opérateurs, qui sont spécialisés sur la destination ou proposent des voyages thématiques en Croatie. Les agences spécialisées conçoivent elles-mêmes leurs itinéraires et circuits et sont en général de bon conseil, car ils connaissent bien le pays et font intervenir des relais locaux. À noter, des tarifs souvent plus élevés que ceux des généralistes. Dans cette rubrique, nous évoquons également les réceptifs qui nous paraissent les plus professionnels pour organiser votre voyage. Les agences réceptives établies sont bien sûr plus chères que les chauffeurs/guides indépendants. C'est un fait que ces agences ont souvent pignon sur rue, connaissent bien les différents circuits, sont réactives et disponibles, et peuvent (bien) vous aider en cas de pépin sur place. Elles ont des assurances, paient des taxes, des impôts... De ce fait, leurs charges sont bien plus importantes.

ACCENT DE L'EST

LUSSAN
✆ +33 1 80 92 60 05
accentdelest.wordpress.com

Cette agence de voyages, comme son nom l'indique, se spécialise depuis plus de 20 ans dans les pays d'Europe centrale et de l'Est : Croatie, Hongrie, Pays baltes, Pologne, République tchèque, Roumanie, Russie, Slovénie, Ukraine, Bulgarie, Ouzbékistan, Monténégro. Elle propose des circuits individuels, en groupe, avec ou sans hébergement, ou location de voiture. L'agence propose aussi des séjours sur mesure pour visiter la Croatie ou des combinés. Réservation des hôtels et de tout type d'hébergements, forfaits semaine thalasso, bien-être, location de voiture, etc.

AMSLAV

60, rue de Richelieu - **PARIS** (2e) ✆ 01 44 88 20 40
www.amslav.com

Du lundi au vendredi de 9h à 12h et de 14 à 18h. Le samedi de 10 à 13h et de 14 à 18h (sur rendez-vous).

Spécialiste de la Russie et des pays de l'Est, l'agence Amslav propose des forfaits vols + hébergement (hôtel, location d'appartement) et des séjours balnéaires en direction de plusieurs pays, dont la Croatie. Une croisière en goélette au départ de Split, la côte dalmate jusqu'à Dubrovnik, un circuit autotours de 8 jours avec dates de départ garanties incluant les lacs de Plitvice, Zagreb et un passage en Bosnie (Sarajevo et Mostar), un combiné avec les pays limitrophes (Monténégro, Slovénie). Rendez-vous au sein de l'agence afin de concevoir un séjour sur mesure.

ARTS ET VIE

251, rue de Vaugirard - **PARIS** (15e)
✆ 01 40 43 20 21
www.artsetvie.com

Autres agences : Grenoble, Lyon, Marseille et Nice. Du lundi au vendredi de 9h à 12h30 et de 14h à 17h.

Depuis 60 ans, Arts et Vie développe un tourisme ouvert au savoir, à la découverte culturelle et humaine. L'esprit des voyages s'inscrit dans une tradition associative caractérisée par une ambiance conviviale, riche en rencontres, en patrimoine et civilisations du monde. Tous les circuits sont animés et conduits par des guides passionnés, soucieux de faire partager leur enthousiasme. En Croatie, des circuits d'une durée de 5 à 12 jours tels que l'escapade « Dubrovnik, l'ancienne Raguse », les « Croisière croate » ou « Croisière adriatique ».

CFA VOYAGES

16, Boulevard de la Villette
PARIS (19e)
✆ 01 40 03 98 45
www.cfavoyages.fr
Du lundi au vendredi 9h30-12h30 et 13h30-18h00 et samedi 10h-18h.

Spécialiste de l'Asie, l'agence de voyages propose aussi la réservation des billets d'avion à destination de l'Europe. En Croatie, une sélection de vols secs pour Zagreb, Split, Dubrovnik, des circuits en autocars sur toute la côte adriatique, sur l'Istrie, des séjours en clubs vacances, en partenariat avec Fram, des locations saisonnières en bordure de mer à Pula, mais aussi dans l'Istrie Verte, des villas avec piscines à Pazin. Apporte également des conseils pratiques (réservation et location de voiture) afin de bien préparer son séjour en amont.

COMPTOIR DES VOYAGES

2-18, rue Saint-Victor
PARIS (5e)
✆ 01 53 10 30 15
www.comptoir.fr
Ouvert du lundi au samedi de 14h30 à 18h. Conseillers disponibles dès 10h par téléphone.

Comptoir des Voyages a comme concept de vendre une destination animée par de vrais spécialistes originaires ou ayant vécu dans le pays. Les Comptoirs ont chacun leur spécificité mais sont tous spécialisés dans le voyage en individuel à la carte. En Croatie, optez pour la Croatie côté ville ou sur la Croatie côté île selon vos envies (« Duo de charme sur l'Adriatique », « 101 visages dalmates »...), pour des *citytrips* en 3 jours (« Dubrovnik, calme et volupté », « Vite à Split ! ») et des voyages adaptés aux familles (« Ah les Crocroates ! » en 9 jours).

FILOVENT

8, rue de l'Est
BOULOGNE-BILLANCOURT
✆ 01 70 80 97 52
www.filovent.com
Accueil téléphonique du lundi au samedi de 9h à 19h.

Pour cette agence, spécialiste de la navigation, tout a commencé en 1992 avec la location de voiliers, puis fut fondée la société Riverand-Boat, pour la croisière fluviale en bateaux sans permis, sur les canaux et rivières de France et d'Europe. Aujourd'hui, Filovent s'est largement ouvert à la plaisance. En Croatie, quantité de bases nautiques sont implantées sur toute la côte adriatique, en Istrie. On peut y louer, en famille, à deux ou en groupe, un bateau, voilier ou catamaran, avec ou sans permis, avec ou sans skipper. Une offre de croisières également.

VOYAGES ET RANDONNÉES

Fremifin
LAVELINE-DEVANT-BRUYÈRES
✆ 03 86 40 88 79 77
www.rando-slovenie.fr

© VOYAGES ET RANDONNEES

Spécialiste de la Croatie et de la Slovénie, Fabien et son équipe ont aussi une expertise sur l'Italie, l'Autriche et Malte où il a trois idées de vacances. Un circuit (13 jours) de Zagreb à Dubrovnik en passant par le massif du Velebit et la côte dalmate ; un séjour (7 nuits) en mer sur un ancien bateau de marchandises à partir de Split, jusque Mijet et en passant par Hvar, Korcula, Dubrovnik, Mjlet. La 3e proposition, loin du tourisme de masse, part à la découverte de Vis, l'une des îles les plus éloignées et encore préservées de Croatie.

GRAND ANGLE

52, rue du Tortolon
AUTRANS-MÉAUDRE EN VERCORS
✆ 04 76 95 23 00
www.grandangle.fr
Du lundi au vendredi de 9h à 12h et de 14h à 17h. Voyage «l'Archipel de Stockholm» à 1 130 €.

Spécialiste de la randonnée, du trek et du vélo, Grand Angle propose de nombreux circuits, accompagnés ou en liberté, à pied, à cheval, en VTT. Le tour-opérateur réalise aussi des voyages sur mesure. En Croatie, c'est principalement la découverte de la Dalmatie qui se décline sous plusieurs formules et niveaux de difficulté faibles. Parmi ces voyages, « Croatie : îles et cités de la Dalmatie » permet de découvrir Split, Dubrovnik, Korčula, Hvar, Mljet. Pour les circuits vélo en Istrie, on entre dans trois pays : l'Italie, la Slovénie et la Croatie.

RIVAGES DU MONDE

19, rue du 4-Septembre
PARIS (2e)
✆ 01 83 79 80 79
www.rivagesdumonde.fr
Ouvert du lundi au vendredi, de 9h à 13h et de 14h à 18h sur rendez-vous.

Spécialistes des croisières fluviales et maritimes, l'agence parisienne propose un circuit dans la mer Adriatique, à la découverte des principales localités et ports de la côte croate. Au départ de Zagreb (avion), un car attend à l'aéroport direction Rijeka, où le bateau est prêt pour les voyageurs. 10 jours, à bord *du M/Y Casablanca*, un traditionnel et confortable yacht (38 passagers maxi), avec escales et visites guidées incluses (options pour les Lacs de Plitvice ou le Monténégro). Retour en France par avion (aéroport de Dubrovnik).

RIVES DU MONDE

49, rue de la Montagne-Sainte-Geneviève
PARIS
(5e) ✆ 01 46 33 56 65
www.rives-du-monde.com
Agence en ligne.

Pour ce spécialiste des croisières à travers le monde, la Croatie était un passage obligé. L'agence propose une découverte de la Dalmatie centrale et sud (8 jours), avec le départ et l'arrivée de Split (transfert au port de Krilo Jesenice), à bord d'un gréement traditionnel avec cabines. Cap sur les îles (Korčula, Mljet, Hvar, Brač), les criques, les baies, les ports et les cités historiques où l'on ancre pour un repas, une baignade, une balade, une soirée... Dubrovnik est bien sûr au programme. Vous pouvez également privatiser votre goélette.

SUBOCÉA

7, port de la Pointe Rouge
MARSEILLE (8e)
✆ 04 28 70 89 00
www.subocea.com

Spécialistes de la plongée dans le monde. En Croatie, le centre phocéen a choisi l'île de Vis pour un séjour d'une semaine avec sorties en mer, au cours duquel on découvre des épaves et des ruines sous-marines, mais aussi des visites à terre. Le club local, équipé de 2 catamarans, peut accueillir jusqu'à 25 plongeurs avec équipements complets. L'agence s'occupe de réserver votre billet d'avion, du transfert à l'aéroport de Split, ainsi que du transport jusqu'au port où vous prendrez le ferry direction Vis et de l'installation à l'hôtel Bisevo (Komiža).

TSELANA TRAVEL

14, rue des Deux Ponts
PARIS (2e)
✆ 01 55 35 00 30
www.tselana.com
Du lundi au jeudi de 10h à 19h, le vendredi de 10h à 18h et le week-end sur rendez-vous.

Créée en 2003 par trois passionnés des paysages désertiques de l'Afrique australe, l'agence de voyages haut de gamme propose depuis un très large choix de destinations. Tselana Travel associe vos envies (aventure, insolite, romantique, famille, désert, plongée, safari…) à sa connaissance approfondie des pays. En Croatie, on parlera plus d'expériences, comme l'île de Hvar à vélo, une cure thermale à Opatija, du yoga à Vis, du golf sur la Riviera adriatique, de la randonnée aux lacs Plitvice, de la voile ou en yacht privé autour des îles Hvar, Mljet, Krk, Brač.

VOYAGEURS DU MONDE

55, rue Sainte-Anne - **PARIS** (2e) ✆ 01 88 33 06 93
www.voyageursdumonde.fr
Du lundi au samedi 9h30-19h. Agences dans toutes les grandes villes de France, à Bruxelles, Genève, Montréal et Québec.

Depuis plus de 30 ans, Voyageurs du Monde construit pour vous un univers totalement dédié au voyage sur mesure et en individuel. Parmi les nombreux voyages sur mesure créés pour la Croatie, les voyages itinérants « De Split à Dubrovnik - Adresses élégantes et patrimoine mondial » en 5 jours, « De Split à l'île de Hvar - La Dalmatie en adresses à part » en 8 jours, « Criques, palais & petits ports de pêche - La Croatie & ses îles » en 11 jours, et « Aventures à vélo, en bateau, sur la route - La Croatie en famille » en 12 jours, sont de belles idées de séjours.

ADAMO TRAVEL

MAGROVICA d.o.o. Sali 112
SALI
✆ +385 23 377 208
www.adamo.hr
Ouvert tous les jours en saison estivale de 8h30 à 18h.

Sur le port, à gauche en sortant du ferry, une agence privée qui fonctionne comme un office de tourisme officiel avec une vraie expertise sur l'île. Information et réservation sur tout type d'hébergements, location de bateaux, kayak, voitures, scooters, vélos et même mise en relation avec le taxi collectif. Pour les sorties en mer, les excursions dans les Kornati ou dans le parc naturel de Telašćica, c'est ici que l'on achète les billets d'entrée ainsi que des cartes topographiques bien utiles. Accueil efficace et sympathique.

ALMA VISIO TOURS

Vlaška 66
ZAGREB
✆ +385 1 888 7822
Informations, réservations, prise de contacts via le compte Facebook de l'agence.

Spécialiste des séjours thématiques selon les centres d'intérêt de chacun, Alma Visio Tours organise sur mesure des vacances nature, culture, patrimoine, agrotourisme, pèlerinage, activités sportives, croisières en voilier, safari-photo, plongée, chasse, pêche… Des voyages organisés pour tous (individuels, groupes, jeunes, seniors, scolaires, séminaires d'entreprise, congressistes), en partenariat avec des réceptifs locaux (guides, moniteurs…). Accueil professionnel, en français. Pour ceux qui veulent un programme personnalisé.

ATLAS

Izidora Kršnjavog 1
ZAGREB
✆ +385 1 24 1 5 611
www.atlas-croatia.com
Agence ouverte du lundi au vendredi de 8h à 21h, samedi de 9h à 14h.

Atlas fait partie d'un réseau d'agences en Croatie, les premières a avoir organisé des circuits en cars avec accompagnateurs, sur tout le territoire. Des séjours plus ou moins longs, à la découverte du patrimoine naturel et culturel, excursions à la journée, programmes personnalisés, congrès internationaux, réunions et événementiels pour des groupes ou individuels, transferts aéroports. Propose également des charters sur voiliers et plusieurs types de croisières sur l'Adriatique, des billets d'avion et de ferry, la location de voiture et hébergements.

AVANSA TRAVEL

Obala Stjepana Radića 40
DUBROVNIK
✆ +385 20 492 313
www.avansa-travel.com
Ouvert tous les jours en été de 8h à 20h. Consignes à bagages. Tarif : 5 kn/heure.

Juste à côté de l'agence Jadrolinija et à deux pas de l'embarcadère pour les ferries et catamarans, cette boutique d'articles de plage fait aussi office de tourisme. En plus de bons conseils, elle propose des excursions en car ou en bateau, en Croatie et dans les pays voisins. Aussi, des visites guidées de Dubrovnik, des solutions pour l'hébergement, de la location de bateaux, de voitures. Elle vous aide pour les transfert en aéroport, et bien d'autres choses encore. On peut aussi y déposer son sac en consigne. Bon accueil et sourire.

GLOBUS TOURS / HVAR CAR RENTAL

Riva b.b.
JELSA
✆ +385 91 355 55 53
www.hvarcarrental.com
Ouvert tous les jours en saison.

Cette agence familiale située sur la riva peut proposer diverses prestations, de l'hébergement aux excursions. Mais la grosse partie de l'activité reste la location de véhicules, motorisés ou non, des voitures de tourisme (VWUp, VWGolf 7, Opel Corsa, Škoda Fabia) mais aussi des scooters et des vélos – le catalogue est bien fourni avec une société dédiée uniquement à ça (Hvar Car Rental). Avec cette agence, il est possible également d'organiser des transferts aéroports.

MG EXPRESS

Brajkovici 31
✆ +33 598 921 29 00
www.mgexpress.hr

L'agence réceptive a été fondée par Maria-Gracia Bačac dans les années 1990 à Brajkovići (Istrie). Spécialisée dans l'accueil des clients francophones, MG Express propose ses services dans sa région (transports, réservations d'hôtels, restaurants, transferts aéroport, location de véhicules, excursions, culture, etc.). Ses circuits vous font découvrir la Croatie et d'autres pays de l'ex-Yougoslavie, ainsi que l'Albanie, la Macédoine du Nord, la Grèce, la Bulgarie, la Roumanie et la Hongrie, valorisant ainsi le potentiel touristique de l'Europe du Sud-Est.

HUCK FINN ADVENTURE TRAVEL CROATIA

Leskovarova 14
ZAGREB
✆ +385 1 618 3333
www.huckfinncroatia.com
Ouvert du lundi au vendredi de 9h à 17h.

Soucieuse d'un tourisme responsable, cette agence croate s'inspire du roman *Les Aventures de Huckleberry Finn* (1884), de l'auteur américain Mark Twain. La découverte du pays passe par des activités de plein air plus ou moins sportives (voile, kayak de mer, vélo, plongée en apnée, canoës, rafting, randonnées), des excursions d'une journée, des séjours avec guides et autres voyages nature et patrimoine sur mesure… en réduisant au minimum l'impact environnemental.

BEMEX TOURS

13 bis, avenue de la Motte Picquet
PARIS (7e) ✆ 01 46 08 40 40
www.bemextours.com

Ouvert du lundi au vendredi de 10h à 18h30 et le samedi (mi-mai à fin juillet). Visites à l'agence sur rendez-vous.

Depuis 1985, le spécialiste en France de la Croatie couvre toute la côte adriatique, de l'Istrie jusqu'à Dubrovnik, en passant par les îles dalmates et les pays limitrophes. Voyages et séjours en formules tout compris, circuits en autotour ou bateau, croisières dans l'Adriatique en goélette caïque ou en yacht au départ de Dubrovnik, Split, Trogir et Opatija ainsi que des combinés terre/mer... Possibilité de privatiser un bateau, d'alterner les types d'hébergement et les lieux de séjour, de multiplier les thématiques, plaisance, balnéaire, parcs nationaux...

ICROATIATRAVEL

Čret 24
ZAGREB
✆ +385 91 5442 680

Cette affaire familiale travaille avec des guides professionnels qui proposent des circuits sur mesure et des thématiques intéressantes d'un point de vue culturel. Visites du patrimoine croate, archéologie régionale, photo tour en ville, promenades gourmandes et nocturnes, excursions botanique et ornithologique, activités de plein air. Renseignements et réservations par téléphone et plus d'information sur le compte Facebook de l'agence. Pour le point de départ des circuits, rendez-vous devant l'office de tourisme de la place du ban Josip Jelačić.

RAFTING FOUR RIVERS ADVENTURES

Belaj 61, Duga Resa
KARLOVAC
✆ + 385 914 748 377

Ouvert tous les jours en été.

Une agence touristique qui organise depuis plus de 20 ans des activités sportives en pleine nature, sur les rivières (rafting, canoë-kayak, paddle). Les descentes en groupes se pratiquent toujours avec une équipe de professionnels, qui a pris soin de surveiller la météo et le matériel de chacun, jusqu'aux casques que l'on obtient sur place. Au final, des heures, demi-journées ou journées de fun, de sensations fortes, le tout bien encadré, en toute sécurité.

SVETA ANA TRAVEL AGENCY

Poljice 26 - **GRUDA** ✆ +385 99 33 33 002
www.sveta-ana-travel.com

Agence en ligne uniquement ; deux sites Internet dont un réservé aux excursions privées dans la région de Dubrovnik.

Une agence réceptive créée par Roger Schlachter, franco-croate, et son épouse Helena, originaire de Dubrovnik. Guides touristiques au départ, ils l'ouvrent, en 2013, en visant particulièrement les vacanciers francophones. Composée d'une équipe dynamique, l'agence propose aujourd'hui des circuits découvertes dans toute la Croatie et des voyages combinés, par exemple un autotour individuel (Croatie, Monténégro, Bosnie-Herzégovine) en quinze jours ou un randotour en groupe (îles dalmates, Split, Dubrovnik) en huit jours. Quantité d'autres idées sur le site Internet.

GLOBESAILOR SAS

141, avenue de Clichy
PARIS (17e)
✆ +33 1 80 88 45 70
www.globesailor.fr

Cette société parisienne a développé un moteur de recherche multicritères qui répertorie les flottes de bateaux gérés par les loueurs professionnels dans plus de 150 destinations. Pratique pour obtenir des devis de location sur mesure, réserver en direct au loueur du bateau. Les demandes sont envoyées directement aux meilleurs loueurs de la côte Adriatique. Les bateaux référencés répondent aux critères de maintenance, confort et garanties obligatoires. Organise aussi des croisières, en catamarans, dans les îles adriatiques (à partir de Seget Donji).

QUOTATRIP

www.quotatrip.com

Voyages sur mesure.

QuotaTrip est une nouvelle plateforme de réservation de voyage en ligne qui met en relation des voyageurs à la recherche d'expériences authentiques et uniques et des agences de voyages locales sélectionnées pour leurs compétences et leur sérieux. Le réseau de QuotaTrip couvre près de 200 destinations du monde entier. Le but de ce rapprochement est simple : proposer un séjour entièrement personnalisé aux utilisateurs. QuotaTrip promet ainsi l'assurance d'un voyage serein, sur mesure, sans intermédiaires et sans frais supplémentaires.

LE VOYAGE-SUR-MESURE

AVEC STEVEN LE CHEVALIER ET MATHIEU VALLY DE QUOTATRIP

Quel est le concept de l'agence QuotaTrip ?

Quotatrip est la première plateforme de mise en relation entre voyageurs et agences locales. Grâce à elle, les voyageurs peuvent enfin échanger en direct avec des agences qui sont sur place et concevoir un voyage unique, au meilleur prix et 100% personnalisé.

Pourquoi voyager avec des agences locales ?

À l'inverse des agences traditionnelles, les agences locales sont des expertes de la destination choisie. Ce sont aussi les mieux placées pour concevoir des séjours qui sortent des sentiers battus. Elles sont ainsi en mesure de répondre à l'ensemble des envies, le voyageur rentre dans l'univers de l'equi-tourisme = le tourisme sans intermédiaire.

Quels sont les autres avantages pour les voyageurs ?

Il y a une multitude d'avantages. Cela permet notamment de ne pas voyager comme tout le monde, d'organiser de manière simple et rapide un séjour sur mesure et au meilleur prix. Fini les mauvaises surprises, les voyageurs posent toutes les questions qu'ils souhaitent et bénéficient d'un accompagnement sur mesure, de la conception du projet jusqu'à sa réalisation en toute sécurité car les agences référencées sont sélectionnées et recommandées par les journalistes des guides du Petitfute en toute impartialité.

Les démarches sont-elle simples à effectuer ?

Les sites de voyage en ligne font perdre beaucoup de temps aux internautes sans pour autant répondre entièrement à leurs désirs. QuotaTrip propose un formulaire simple et rapide qui permet de décrire les souhaits, les envies et les besoins. L'internaute reçoit aussitôt gratuitement et sans engagement les offres de trois ou quatre agences locales avec qui il peut ensuite échanger afin de personnaliser son projet grâce à la messagerie mise en place.

Quelles sont les destinations proposées ?

Notre plateforme propose plus de 21 000 projets de voyage sur plus de 100 destinations à travers le monde. De l'Amérique latine en passant par l'Asie et l'Afrique, nos mille agences partenaires sont là pour répondre à vos projets de voyage.

Décrivez votre projet de voyage. Échangez en direct avec les agences locales et partez au meilleur prix.

***Plus d'informations** : quotatrip.com*

© D.R

© D.R

© D.R

SE LOGER

On trouve en Croatie de multiples possibilités d'hébergements. Le pays compte plus de 500 hôtels toutes catégories confondues et des centaines de complexes hôteliers et campings, nombreux au sud sur la côte adriatique. Il existe également un réseau très développé de locations saisonnières privées : chambres, studios, appartements, villas, maisons de pêcheur et même des phares ainsi que des chambres d'hôte. Les marinas offrent aux plaisanciers des milliers de places à quai près des ports et stations balnéaires.

Pour la période estivale, il faut réserver au plus tôt pour obtenir de meilleurs choix et des tarifs intéressants. Les agences de voyages en France, en boutique et/ou *via* un site Internet travaillent directement avec les hôtels, centrales de réservation et loueurs privés. Sur place, les agences réceptives et les offices de tourisme centralisent les hébergements de proximité et peuvent répondre aux demandes de dernière minute.

CROATIAN CAMPING UNION

Pionirska 1
POREČ
✆ +385 52 451 324
www.camping.hr

Portail officiel en ligne des campings en Croatie. Depuis que le phénomène a explosé dans les années 1960, la qualité des campings croates est reconnue. Aujourd'hui, l'image d'Epinal de la tente ou caravane tirée par la voiture a laissé place aux bungalows modernes, vans et autres camping-cars high-tech. Pour les vacanciers, il faut donc un gros catalogue en ligne, qui va du petit camping tranquille, proche de la mer aux mégakamps familiaux avec des mobil-homes, des grands parcs d'animations, quantité d'infrastructures et services qui vont avec.

AGENCE IMMOBILIERE RENTERGO

Jakše Čedomila Čuke 4
ZADAR
✆ +385 98 298 744
zadar-travel.com/accommodation

Location d'appartements toute l'année. Catalogue consultable en ligne.

Pour trouver un appartement à Zadar, on peut se fier aux centrales de réservations internationales ou s'adresser à des spécialistes de la location saisonnière locaux. Cette entreprise gère un catalogue d'appartements à Zadar et dans la région. Un choix restreint de biens immobiliers privés mais toujours « exclusifs », avec vue sur la mer, confort contemporain, entretien, services touristiques avec ses partenaires (location de véhicules ou de bateaux, excursions).

BEWELCOME €€

www.bewelcome.org

Le système est simple : être hébergé chez l'habitant, partout dans le monde. C'est le site Internet qui se charge de contacter les accueillants et les postulants puis de les mettre en contact, que ce soit en ligne ou dans la vraie vie. Avec leur carte interactive, les profils *des « welcomers »* s'affichent, avec leurs disponibilités. Certains font part de leurs projets de voyage afin de pouvoir trouver des affinités, des opportunités d'action avec les membres du site. Idéal pour un voyage solidaire et plein de belles rencontres !

LOVE HOME SWAP €€

www.lovehomeswap.com

Partir en vacances seul, en famille ou avec un groupe d'amis sans payer le logement, c'est possible si vous pouvez vous-même échanger votre studio, appartement ou maison, que ce soit à Paris, Marseille ou autre lieu qui intéresse. Vous pouvez ainsi trouver un appartement ou une villa balnéaires en Croatie, un château en Espagne (très rare !), un mobil-home à Sydney, une immense maison avec piscine à Miami ou un superbe appart à Tokyo, c'est l'idée. Il faut que cela convienne aux deux parties. Pour bénéficier de ce système, il faut s' inscrire sur le site Internet.

SE DÉPLACER

Les avions pour les principales villes de la côte sont réguliers et fréquents (il n'est pas nécessaire de réserver.) C'est le moyen le plus rapide, mais pas le plus écologique de rejoindre la côte adriatique depuis Zagreb. Le billet d'avion pour Dubrovnik coûte environ 700 kn. L'hiver, les avions sont parfois obligés d'éviter l'aéroport de Dubrovnik. Ils atterrissent alors à l'aéroport de Split, mieux équipé ; une liaison par autocar est assurée. Le réseau des bus est nettement plus dense que celui des trains. Si l'on n'est pas véhiculé, c'est le moyen le plus pratique pour se déplacer. Les gares routières sont bien conçues. Les agences de location de voitures sont nombreuses en Croatie, dans les grandes villes comme dans les aéroports. Le permis de conduire français est reconnu en Croatie. Les conducteurs étrangers doivent se munir de leur carte grise et de leur carte verte (carte internationale d'assurance automobile).

ARRIVA-AUTOTRANS

Trg Žabica 1 - **RIJEKA**

Principal opérateur de bus en Croatie, Autotrans est désormais dans le groupe Arriva. La compagnie, dont le siège social se trouve à Rijeka, gère des points de vente sur tout le territoire. Services nationaux, régionaux et interurbains réguliers. Des bus reliant Zagreb aux régions (Slavonie, Dalmatie, Istrie, Kvarner), sur les îles (Krk, Cres, Lošinj, Rab, Pag, Brač et Korčula). Des internationaux réguliers entre les villes croates et l'Italie, la Slovénie, l'Allemagne, la Serbie et la Bosnie-Herzégovine. Ponctualité, Wifi gratuit à bord et un certain confort.

VIGNETTE OBLIGATOIRE POUR LA SLOVÉNIE

Depuis la France, si vous partez avec votre véhicule, deux itinéraires s'imposent : par les grands axes au nord-est, via l'Allemagne, l'Autriche et la Slovénie, ou bien depuis le Sud-Est, via l'Italie et la Slovénie. Dans les deux cas, il faudra traverser la Slovénie. Or, l'achat et l'affichage d'une vignette permettant de circuler sur les autoroutes et les voies rapides, y compris sur le périphérique de Ljubljana, est obligatoire en Slovénie. Son coût varie selon la durée de votre séjour sur le territoire. Elle peut être achetée dans les stations-service des autoroutes. Toute personne circulant sans vignette valide est punie d'une amende (de 300 à 800 €).

CROATIA BUS

Marina Držića 4

ZAGREB

✆ +385 01 235 2345

www.croatiabus.hr

Agence ouverte du lundi au vendredi de 8h à 16h.

Une compagnie nationale, avec des bureaux implantés dans la gare routière, qui assure plusieurs liaisons pour les grandes villes du pays ainsi que des trajets internationaux (Allemagne, Autriche, Slovénie, Bosnie-Herzégovine). Les bus et autocars sont souvent confortables mais les trajets restent longs, considérant la vitesse modérée, surtout sur le littoral quand le relief escarpé impose encore plus de prudence. Pour relier Dubrovnik à Zagreb, par exemple, il faut compter environ 12 heures, avec des arrêts et des pauses dans les restos routiers.

SOCIÉTÉ NATIONALE DES CHEMINS DE FER CROATES

✆ 8525

www.hzpp.hr

S'il n'est pas le mode de transport le plus développé, le train en Croatie reste intéressant pour ceux qui voyagent de nuit, sans contrainte de temps. Des correspondances avec des pays frontaliers (Italie, Slovénie, Autriche, Hongrie, Serbie), des lignes directes à partir de Zagreb vers Rijeka, Split, Osijek.

- **De Split à Zagreb.** On peut prendre le train de nuit avec son véhicule (voiture, deux-roues) et le récupérer en arrivant. Economies de carburant et de péage assurées.

NOVA RENTAL CAR

Zračna luka Split
SPLIT
✆ +385 21 203 380
www.rentacarsplit.net
Bureau ouvert de 7h à 21h tous les jours. Véhicules à partir de 20 € par jour.

Un loueur croate qui a su s'imposer face aux grandes marques internationales. Présent dans tous les aéroports du pays, il reste le plus compétitif du marché croate. Large choix de modèles de toutes marques. Ce que l'on apprécie, le plein d'essence à la prise du véhicule et le fait de pouvoir récupérer la voiture dans une ville et la rendre dans une autre. Premier contact plutôt chaleureux et explications sur les différentes options des voitures. Pour tous les budgets. Partez en toute confiance sillonner les routes de la Croatie.

PEUGEOT CLUB

Uz Glavicu 7
DUBROVNIK
✆ +385 098 243 294
www.peugeot-rentacar.hr
Ouvert tous les jours en saison de 8h à 20h.

Une société croate qui, malgré le nom, ne loue pas que des Peugeot ! Chevrolet, Renault, Opel font partie du catalogue ainsi que des scooters, à des prix sensiblement moins élevés que les franchises internationales. Exemple : la Clio à 30 € par jour, la Peugeot 208 à 40 €. Loue également des scooters (20 € à 35 €). Possibilité de disposer du véhicule à Dubrovnik et de le ramener dans une autre ville. Se renseigner auprès de ce bureau central. La société s'occupe de votre transfert depuis l'aéroport de Dubrovnik. Paiement en espèces ou en carte Bleue.

DISCOVERY CAR RENTAL

Marka Marulica 19
DUBROVNIK
✆ +385 98 440 968
www.discoveryrent.com.hr

Cette agence met à la location un large choix de véhicules toutes catégories, pour tous les profils de conducteurs : mini, économique, compacte, familiale, mini-van, luxe, etc. Ceux qui ne souhaitent pas une voiture pourront également choisir parmi une large flotte de scooters. Vous pouvez retirer et remettre le véhicule où vous le souhaitez. L'agence Discovery Car Rental propose des transferts depuis et vers l'aéroport et organise des excursions en Bosnie ou au Monténégro. Service soigné et explicatif quant aux diverses conditions de location.

ENTERPRISE RENT A CAR CROATIA

Škorpikova 32
ZAGREB
✆ +385 99 733 0862
www.enterprise.hr

© ENTERPRISE RENT A CAR

Cette enseigne, reconnue dans une centaine de pays, est bien représentée en Croatie, présente sur la côte adriatique (Zadar, Split, Makarska, Dubrovnik), à Rovinj, Pula, Rijeka et Zagreb. L'avantage, c'est que l'on peut louer son véhicule à l'aéroport de la capitale, visiter le nord du pays puis descendre vers le sud *via* l'Istrie, le golfe du Kvarner et la rendre à l'aéroport de Dubrovnik. Ou l'inverse ! Prix compétitif. Flotte moderne et équipe très professionnelle.

ROCKER MOTORCYCLE

Kustošijanska 32 - **ZAGREB** ✆ +385 92 302 1927
www.rockermoto.com
Ouvert du lundi au vendredi de 9h à 16h et le samedi de 10h à 12h. Location : 1 jour 90 €, la semaine 490 €.

En 2009, une bande de copains motards décide de vivre de leur passion. Pionniers sur le secteur ils furent les premiers à investir dans la location de motos pour touristes qu'ils traitent plus comme des comparses que des clients. Conseils techniques, avis sur les différentes routes et les itinéraires (Croatie, Slovénie, Bosnie-Herzégovine, Monténégro), mais aussi assistance en cas de problèmes : autant de services que les *bikers* vous proposent avec la bécane ! Il vous faudra bien sûr posséder le permis moto avec deux ans d'expérience et être âgé de plus de 25 ans.

S'INFORMER

Durant l'ère yougoslave, la presse était sous la coupe du gouvernement. Pendant la dernière guerre, les chaînes de télévision et les radios publiques étaient utilisées comme moyens de propagande. Depuis la fin des conflits et suite aux changements de régimes, après les élections de 2000, les médias sont devenus plus indépendants. Chaque région possède son quotidien régional : *SlobodnaDalmacija* pour la Dalmatie, *Novilist* pour le Kvarner, *Jutarnjilist* et Večernjilist sont publiés à Zagreb. Certaines radios d'informations quotidiennes diffusent en langues étrangères durant la saison touristique. Par exemple, sur HRT1 (92.1 FM), des flashes en anglais arrivent chaque jour. Sur HRT2 (98.5 FM), les actualités en croate sont suivies de rapports du HAK (circulation routière). Ces dernières années, de nombreux organismes publics ou privés, des agences de communication touristiques ainsi que des particuliers et les réseaux sociaux ont investi sur le Web. L'utilisation quasi généralisée des smartphones et tablettes a établi le Wifi partout pour les applis.

CARNETS DE VOYAGE

36, Boulevard de la Bastille
PARIS (12e)
phoenix-publications.com

Trimestriel consacré à des destinations de voyage avec des focus dédiés à la découverte des régions.

Trimestriel consacré à des destinations de voyage avec des focus dédiés à la découverte des régions, *Carnets de Voyage*, le magazine des voyages réussis. Tous les 3 mois, la revue vous invite à découvrir à travers ses reportages le meilleur des destinations. Grande ou petite escapade à la découverte d'une ville, d'une région, en France, en Europe ou dans le monde à travers des reportages photo uniques complétés de conseils pratiques et de bonnes adresses pour nous faciliter le voyage avec enfin, un agenda des rendez-vous à ne pas manquer.

DESTINATION EUROPE

3, RUE CHATEAUBRIAND - **CHAMALIÈRES**
https://shop-vasco.com/

Vous faire découvrir le continent d'une manière ludique et intelligente, tel est l'objectif de Destination Europe.

Vous faire découvrir le monde d'une manière ludique et intelligente, tel est l'objectif des éditions Vasco qui, avec Destination Europe, lancent en 2022 leur sixième titre *Voyage*. Fervent défenseur du slow tourisme et respectueux des pays visités, Destination Europe souhaite également nous faire vivre cette merveilleuse idée qu'est l'unité européenne. Quoi de mieux, en effet, que les voyages pour comprendre les peuples et leurs cultures ? Histoire, patrimoine, culture ou bien encore gastronomie, aucun domaine ne sera négligé.

ISTRIA

F. Pionirska 1
POREČ
✆ +385 52 452 797
www.istra.hr

Édité par le bureau de tourisme régional, ce site Internet officiel, entièrement consacré à l'Istrie, fonctionne comme une agence de voyages en ligne. Très bien organisé avec des entrées interactives (vidéos) et de multiples conseils selon la destination, la saison du séjour, les centres d'intérêt et les services personnalisés, le mode de voyage… Informations pratiques, réservation d'hôtels, guide touristique sur la région, excursions, festivals, etc. Des brochures à télécharger, une appli pour smartphone. En anglais, italien, allemand et croate.

TIME OUT CROATIA

www.timeoutcroatia.com

Les éditions locales du journal ne sont plus imprimées mais le site Internet s'intéresse toujours à toutes les régions de Croatie. Une bonne source d'informations en ligne pour le voyageur avec des *wish lists* (listes d'envie) pour plusieurs villes touristiques, un top 43 (!) de choses à faire en Croatie, le top 20 à faire à Dubrovnik, Split et Rijeka, un top 71 à faire à Zagreb… Nombreuses chroniques sur la vie culturelle du pays, les sorties nocturnes, un choix d'hôtels, de bars-restaurants et de boutiques sur tout le territoire.

RESTER

Pour les futurs investisseurs, la chambre de commerce croate, basée à Bruxelles, l'ambassade de la République de Croatie en France ou l'office de tourisme de la Croatie à Paris sont des relais utiles. Après accord du ministère de l'Intérieur croate, les visas de travail sont délivrés par la section consulaire aux travailleurs, aux étudiants désirant poursuivre des études ou effectuer un stage, le délai d'obtention variant de trois semaines à un mois. La demande doit être accompagnée d'une attestation de l'employeur ou de l'institution de tutelle de l'intéressé(e) précisant la durée envisagée du séjour. La Croatie a décidé d'attirer les télétravailleurs du monde entier. Les *digital nomads* européens ne nécessitent pas de visa. Ils pourront faire leur demande auprès d'une mission diplomatique, d'un poste consulaire ou d'une administration de police correspondant à leur adresse de résidence temporaire. Voir, sur le site du gouvernement croate, les conditions et les documents à fournir (assurance maladie, adresse en Croatie, casier judiciaire vierge, moyens de subsistance pendant le séjour, etc.).

MINISTÈRE DE L'EUROPE ET DES AFFAIRES ÉTRANGÈRES

www.diplomatie.gouv.fr

Site Internet officiel pour connaître les formalités d'entrée et séjour dans le pays. Dans la rubrique « Services aux Français », vous trouverez un guide de l'expatriation, les modalités de demandes de documents officiels. Sur la page d'accueil en sélectionnant le pays, vous obtenez les contacts des ambassades. Dans l'espace politique, économie et socio-culturel, quantité d'informations et de communications utiles pour qui s'intéresse aux réalités du pays.

BUSINESS FRANCE

77, Boulevard Saint-Jacques
PARIS (14e)
✆ 01 40 73 30 00
Ouvert en semaine de 8h30 à 18h30.

L'Agence pour le développement international des entreprises françaises travaille en étroite collaboration avec les missions économiques. Le site Internet recense toutes les actions menées, les ouvrages publiés, les événements programmés et renvoie sur la page du Volontariat International en Entreprise (VIE). Fondée en 2015, cette structure est née de la fusion entre Ubifrance et l'Agence française pour les investissements internationaux. Elle est affiliée au Ministère de l'Europe et des Affaires étrangères et au Ministère de l'Économie et des Finances.

CHAMBRE FRANCO-CROATE DE COMMERCE ET D'INDUSTRIE

Hebrangova 2
ZAGREB
✆ +385 1 562 47 48
chambrefrancocroate.com

Cette association a été créée pour faciliter les échanges économiques franco-croates, afin de mieux comprendre le fonctionnement des entreprises locales. Pour ceux qui souhaitent démarrer une affaire en Croatie, il peut être utile d'être en synergie avec les attentes du marché. La CFCCI propose des formations où les participants sont en immersion professionnelle. Ils échangent avec distributeurs, importateurs, fournisseurs ou autres partenaires. Aide à la traduction également.

AGS DÉMÉNAGEMENT INTERNATIONAL

✆ +385 1 660 8151
www.ags-demenagement.com

Depuis quarante ans, l'entreprise enlève et livre tous les types d'effets privés dans 82 pays. Le siège social en France est basé à Marseille et, en Croatie, sa filiale est basée près de l'aéroport de Zagreb. Le transport du matériel se fera après acceptation du devis client, par voies aérienne, maritime ou routière, selon le cubage. Tout est bien expliqué sur le site Internet. AGS soutient le Pacte mondial des Nations unies et plante un arbre pour tout déménagement international.

INDEX

© GORANSTIMAC - ISTOCKPHOTO.COM

Parc national de Lrka.

R

S

EDITION
Directeurs de collection et auteurs : Dominique AUZIAS et Jean-Paul LABOURDETTE
Auteurs : Patricia BUSSY, Sarah DEHAUT, Martin FOUQUET, Baptiste THARREAU, Romain RISSO, Juliette SOULEZ, Benoît HOCQUET, Amandine GLEVAREC, Juliette COURTOIS, Héloïse LEUSSIER, Christophe DENIAU, Jean-Paul LABOURDETTE, Dominique AUZIAS et alter
Directeur Editorial : Stéphan SZEREMETA
Rédaction Monde : Laure CHATAIGNON, Morgane VESLIN, Pierre-Yves SOUCHET, Natalia COLLIER
Rédaction France : Briséis CREAC'H-MENUT, Nicolas WODARCZAK, Mélanie COTTARD, Audrey VEDOVOTTO

FABRICATION
Maquette et Montage : Romain AUDREN, Julie BORDES, Delphine PAGANO
Iconographie et Cartographie : Anne DIOT, Julien DOUCET

WEB ET NUMERIQUE
Directeur Web : Louis GENEAU de LAMARLIERE
Développeurs : Guillaume BARBET, Adeline CAUX et Roland SPOUTIL
Intégrateur Web : Mickael LATTES, Antoine DION
Webdesigner : Caroline LAFFAITEUR
Community Traffic Manager : Alice BARBIER, Mariana BURLAMAQUI et Noémie LE SAUX

DIRECTION COMMERCIALE
Directeur commercial : Guillaume VORBURGER
Coordinatrice des Régies commerciales : Manon GUERIN
Account Manager Marketplace : Leila ROUGEOT assistée de Lola FAVRE-MOT
Responsable Régies locales : Michel GRANSEIGNE
Responsables Développement régie inter : Jean-Marc FARAGUET et Guillaume LABOUREUR
Chefs de Publicité Régie internationale : Camille ESMIEU
Chefs de Publicité Régie nationale : Caroline AUBRY, François BRIANCON-MARJOLLET, Perrine DE CARNE MARCEIN, Amélie NOËL,

DIFFUSION ET PROMOTION
Directrice des Ventes : Bénédicte MOULET assistée d'Aissatou DIOP
Responsable des ventes : Jean-Pierre GHEZ assisté de Nelly BRION
Relations Presse-Partenariats : Jean-Mary MARCHAL

ADMINISTRATION
Président : Jean-Paul LABOURDETTE
Directrice des Ressources Humaines : Dina BOURDEAU assistée de Sandra DOS REIS et Eva BAELEN
Directrice Administrative et Financière : Valérie DECOTTIGNIES
Comptabilité : Guillaume PETIT, Aminata BAGAYOKO, Jeannine DEMIRDJIAN
Recouvrement : Fabien BONNAN assisté de Sandra BRIJLALL
Responsable informatique : Elie NZUZI-LEBA

PETIT FUTÉ CROATIE
LES NOUVELLES EDITIONS DE L'UNIVERSITE
18, rue des Volontaires - 75015 Paris.
✆ 01 53 69 70 00 - Fax 01 42 73 15 24
Internet : www.petitfute.com
SAS au capital de 1 000 000 € -
RC PARIS B 309 769 966
Couverture : Paysage de la mer Adriatique Dubrovnik, Croatie © Dreamer4787 - iStockPhoto.com
Impression : IMPRIMERIE CHIRAT - 42540 Saint-Just-la-Pendue
Achevé d'imprimer : février 2022
Dépôt légal : 21/03/2022
ISBN : 9782305069777

Pour nous contacter par email, indiquez le nom de famille en minuscule suivi de @petitfute.com
Pour le courrier des lecteurs : info@petitfute.com

IMPRIMÉ EN FRANCE

COLLABOREZ
À LA PROCHAINE ÉDITION